【传世经典 文白对照】

资治通鉴

八

宋纪

〔宋〕司马光　编撰

沈志华　张宏儒　主编

中华书局

目录

卷第一百一十九　宋纪一

起庚申(420)尽癸亥(423)凡四年

高祖武皇帝
永初元年(庚申,420)

1　春,正月己亥,魏主还宫。

2　秦王炽磐立其子乞伏暮末为太子,仍领抚军大将军、都督中外诸军事,大赦,改元建弘。

3　宋王欲受禅而难于发言,乃集朝臣宴饮,从容言曰:"桓玄篡位,鼎命已移。我首唱大义,兴复帝室,南征北伐,平定四海,功成业著,遂荷九锡。今年将衰暮,崇极如此,物忌盛满,非可久安。今欲奉还爵位,归老京师。"群臣惟盛称功德,莫谕其意。日晚,坐散。中书令傅亮还外,乃悟,而宫门已闭,亮叩扉请见,王即开门见之。亮入,但曰:"臣暂宜还都。"王解其意,无复他言,直云:"须几人自送?"亮曰:"数十人可也。"即时奉辞。亮出,已夜,见长星竟天,拊髀叹曰:"我常不信天文,今始验矣。"亮至建康,夏,四月,征王入辅。王留子义康为都督豫司雍并四州诸军事、豫州刺史,镇寿阳。义康尚幼,以相国参军南阳刘湛为长史,决府、州事。湛自弱年即有宰物之情,常自比管、葛,博涉书史,不为文章,不喜谈议。王甚重之。

高祖武皇帝

宋武帝永初元年(庚申,公元420年)

1 春季,正月己亥(十四日),北魏国主拓跋嗣回宫。

2 西秦王乞伏炽磐封他的儿子乞伏暮末为太子,仍然兼任抚军大将军,总掌全国内外的军事,宣布大赦,改年号为建弘。

3 东晋宋王刘裕希望晋恭帝司马德文能以禅让的形式把帝位传给自己,却难以启齿,于是,他召集手下朝臣饮酒欢宴。在筵席上,刘裕若无其事地说:"当年桓玄篡位,晋国大权旁落。是我首先提倡大义,复兴皇帝宗室,南征北讨,平定了天下,可谓大功告成,业绩卓著,于是承蒙皇上恩赐而有九锡之尊。如今我的年纪也快老了,地位又如此尊崇,无以复加,天下的事最忌讳装得太满而溢出来,那样就不可以得到长久的安宁了。现在我要将爵位奉还皇上,回到京师颐养天年。"群臣不理解他的真正含义,只是一味盛称他的功德。这日天色已晚,群臣散去。中书令傅亮走出宫门,方才悟出宋王一席话的真实用意,但是宫门已经关闭,傅亮便叩门请求见宋王,宋王即令开门召见他。傅亮入宫,只说:"我应该暂且返回京师。"宋王刘裕明白他的用意,也不再多说别的,直接问:"你需要多少人护送?"傅亮回答说:"数十人就足够了。"随即与宋王刘裕辞别。傅亮出宫时已是半夜时分,只见彗星划过夜空,傅亮拍腿叹曰:"我过去常常不信天象,今天看来天象开始应验了。"傅亮来到京师建康,当时正值初夏四月,晋恭帝征召刘裕入京辅弼。宋王刘裕让他的儿子刘义康留守,都督豫、司、雍、并四州诸军事,豫州刺史,坐镇寿阳。刘义康年纪还很幼小,刘裕于是任用相国参军南阳人刘湛为长史,帮助决策和处理府、州日常军政事务。刘湛自幼就有做宰辅的远大志向,常常以管仲、诸葛亮自比,他博览书史,却不喜做文章,不爱空发议论。刘裕特别器重他的才干。

4　五月乙酉,魏更谥宣武帝曰道武帝。

5　魏淮南公司马国璠、池阳子司马道赐谋外叛,司马文思告之。庚戌,魏主杀国璠、道赐,赐文思爵郁林公。国璠等连引平城豪桀,坐族诛者数十人,章安侯封懿之子玄之当坐。魏主以玄之燕朝旧族,欲宥其一子。玄之曰:“弟子磨奴早孤,乞全其命。”乃杀玄之四子而宥磨奴。

6　六月壬戌,王至建康。傅亮讽晋恭帝禅位于宋,具诏草呈帝,使书之。帝欣然操笔,谓左右曰:“桓玄之时,晋氏已无天下,重为刘公所延,将二十载。今日之事,本所甘心。”遂书赤纸为诏。

甲子,帝逊于琅邪第,百官拜辞,秘书监徐广流涕哀恸。

丁卯,王为坛于南郊,即皇帝位。礼毕,自石头备法驾入建康宫。徐广又悲感流涕,侍中谢晦谓之曰:“徐公得无小过!”广曰:“君为宋朝佐命,身是晋室遗老,悲欢之事,固不可同。”广,邈之弟也。

帝临太极殿,大赦,改元。其犯乡论清议,一皆荡涤,与之更始。

　　裴子野论曰:昔重华受终,四凶流放;武王克殷,顽民迁洛。天下之恶一也,乡论清议,除之,过矣!

4 五月乙酉(初二),北魏变更宣武帝拓跋珪的谥号,改称道武帝。

5 北魏淮南公司马国璠、池阳子司马道赐阴谋反叛,司马文思告发了他们。庚戌(二十七日),北魏国主拓跋嗣杀司马国璠与司马道赐,赐封司马文思为郁林公。司马国璠一伙的阴谋牵连了平城的大户豪强,全族被诛的就有数十人,章安侯封懿的儿子封玄之也应斩首。北魏国主念及封玄之是燕朝旧族,想要宽宥他的一个儿子。封玄之说:"我的侄儿封磨奴幼年丧父,乞求您留他一命。"北魏国主于是杀掉了封玄之的四个儿子而饶恕了封磨奴。

6 六月壬戌(初九),宋王刘裕来到建康。傅亮用委婉的语言暗示晋恭帝将帝位禅让给宋王,并且草拟了退位诏书呈给晋恭帝,让他亲自抄写一遍。晋恭帝欣然提笔,并对左右侍臣说:"桓玄之乱的时候,晋王朝已失掉天下,后来幸赖刘公才得以延续将近二十年。今日禅位给他,是我甘心所为。"于是将傅亮呈来的草稿作为正式诏书抄写在红纸上。

甲子(十一日),晋恭帝司马德文让位,回到了琅邪旧邸,百官叩拜辞别,秘书监徐广痛哭流涕,不胜哀恸。

丁卯(十四日),宋王刘裕在南郊设坛,即帝位。典礼结束后,刘裕乘皇帝的车驾从石头进入建康宫。徐广又悲痛不已。侍中谢晦对他说:"徐公如此未免有点过分了吧!"徐广说:"您是宋朝佐命大臣,我是晋室遗老,悲欢之情,当然是各不相同。"徐广是徐邈的弟弟。

刘宋武帝刘裕登太极殿,大赦天下,改年号为永初。刘裕宣布,凡是行为不道德,受过舆论抨击的人,一律清除罪名,使之改过自新。

> 裴子野评论说:当年虞舜接受国家大任,流放共工、驩兜、三苗、鲧等四凶;武王征服殷商,将顽劣的遗民迁到洛阳。天下的罪恶何时都是相同的,而刘裕一概免除触犯众怒的人的罪名,是做得太过分了!

7　奉晋恭帝为零陵王。优崇之礼,皆仿晋初故事,即宫于故秣陵县,使冠军将军刘遵考将兵防卫。降褚后为王妃。

追尊皇考为孝穆皇帝,皇妣赵氏为孝穆皇后;尊王太后萧氏为皇太后。上事萧太后素谨,及即位,春秋已高,每旦入朝太后,未尝失时刻。

诏晋氏封爵,当随运改,独置始兴、庐陵、始安、长沙、康乐五公,降爵为县公及县侯,以奉王导、谢安、温峤、陶侃、谢玄之祀,其宣力义熙、豫同艰难者,一仍本秩。

庚午,以司空道怜为太尉,封长沙王。追封司徒道规为临川王,以道怜子义庆袭其爵。其馀功臣徐羡之等,增位进爵各有差。

追封刘穆之为南康郡公,王镇恶为龙阳县侯。上每叹念穆之,曰:"穆之不死,当助我治天下。可谓'人之云亡,邦国殄瘁'!"又曰:"穆之死,人轻易我。"

立皇子桂阳公义真为庐陵王,彭城公义隆为宜都王,义康为彭城王。

己卯,改《泰始历》为《永初历》。

8　魏主如翳犊山,遂至冯卤池。闻上受禅,驿召崔浩告之曰:"卿往年之言验矣,朕于今日始信天道。"

9　秋,七月丁酉,魏主如五原。

10　甲辰,诏以凉公歆为都督高昌等七郡诸军事、征西大将军、酒泉公。秦王炽磐为安西大将军。

刘宋武帝封晋恭帝为零陵王。他对待晋室的优崇之礼，一律仿照晋初优待魏室的先例。随即又在故秣陵县为晋恭帝兴建王宫，派遣冠军将军刘遵考率兵保卫。又将晋恭帝的皇后褚灵媛降为王妃。

刘宋武帝追尊他的父亲为孝穆皇帝，母亲赵氏为孝穆皇后；尊封其继母王太后萧氏为皇太后。刘裕侍奉萧太后一向恭谨，即皇帝位以后，虽然他年事已高，每天清晨必入后宫给太后请安，从未错过时辰。

刘裕又下诏说，晋朝时所封的爵位，应当随着改朝换姓而有所更改，于是他将过去封置的始兴公、庐陵公、始安公、长沙公由郡公降爵为县公，康乐公由县公降为县侯，以使王导、谢安、温峤、陶侃、谢玄等人的祭祀香火得以延续。凡是当年与刘裕同甘共苦抗击过桓玄的人，仍保持其爵位和俸禄不变。

庚午(十七日)，刘宋武帝提升司空刘道怜为太尉，封他为长沙王。追封司徒刘道规为临川王，并以刘道怜的儿子刘义庆继承刘道规的爵位。其馀的功臣如徐羡之等人，也分别加官增禄或进升爵位。

刘宋武帝又追封刘穆之为南康郡公，王镇恶为龙阳县侯。刘裕常常想念刘穆之，叹息着说："刘穆之如果不死，一定能帮助我治理天下。真可谓是'好人散去，国家遭殃'！"又说："刘穆之一死，人们将很容易对付我了。"

刘宋武帝又封皇子桂阳公刘义真为庐陵王、彭城公刘义隆为宜都王，刘义康为彭城王。

己卯(二十六日)，取消《泰始历》，改用《永初历》。

8　北魏国主拓跋嗣前往翳犊山，又西去冯卤池。他闻知刘裕接受禅让，用驿车征召崔浩到行宫，对他说："你当年的预言全部都应验了，我到今日才开始相信天道。"

9　秋季，七月丁酉(十五日)，北魏国主拓跋嗣抵达五原。

10　甲辰(二十二日)，刘裕下诏，任命西凉公李歆为都督高昌等七郡诸军事、征西大将军，进封他为酒泉公。又任命西秦王乞伏炽磐为安西大将军。

11　交州刺史杜慧度击林邑,大破之,所杀过半。林邑乞降,前后为所钞掠者皆遣还。慧度在交州,为政纤密,一如治家,吏民畏而爱之。城门夜开,道不拾遗。

12　丁未,魏主如云中。

13　河西王蒙逊欲伐凉,先引兵攻秦浩亹。既至,潜师还屯川岩。

凉公歆欲乘虚袭张掖。宋繇、张体顺切谏,不听。太后尹氏谓歆曰:"汝新造之国,地狭民希,自守犹惧不足,何暇伐人! 先王临终,殷勤戒汝,深慎用兵,保境宁民,以俟天时。言犹在耳,奈何弃之! 蒙逊善用兵,非汝之敌,数年以来,常有兼并之志。汝国虽小,足为善政,修德养民,静以待之。彼若昏暴,民将归汝;若其休明,汝将事之。岂得轻为举动,侥冀非望! 以吾观之,非但丧师,殆将亡国!"亦不听。宋繇叹曰:"今兹大事去矣!"

歆将步骑三万东出。蒙逊闻之曰:"歆已入吾术中,然闻吾旋师,必不敢前。"乃露布西境,云已克浩亹,将进攻黄谷。歆闻之,喜,进入都渎涧。蒙逊引兵击之,战于怀城,歆大败。或劝歆还保酒泉。歆曰:"吾违老母之言以取败,不杀此胡,何面目复见我母!"遂勒兵战于蓼泉,为蒙逊所杀。歆弟酒泉太守翻、新城太守预、领羽林右监密、左将军眺、右将军亮西奔敦煌。

11 刘宋交州刺史杜慧度进攻林邑,大破林邑军,斩杀敌人过半。林邑国王请求投降,并将前后入寇所抢劫掳掠的人口和财产全部归还。杜慧度在交州任职,处理公务,细密谨慎,仿佛管理自己的家事,官吏和百姓对他都十分敬畏。城门夜不关闭,路不拾遗。

12 丁未(二十五日),北魏国主拓跋嗣抵达云中。

13 北凉河西王沮渠蒙逊准备进攻西凉,于是,他设计先在东方进攻西秦的浩亹。大军一到浩亹,立即秘密回师,驻军川岩。

西凉公李歆得到沮渠蒙逊进攻浩亹的消息,便想要乘北凉西部防务空虚,进攻张掖。右长史宋繇、左长史张体顺恳切地劝阻他,李歆不听。李歆的母亲、太后尹氏警告李歆说:"你的王国是一个新建的国家,地狭民少,自卫还怕力量不够,哪有馀力去讨伐别人! 先王临死时,一再叮咛你,对于军事行动千万要慎重,要保境安民,等待良机。言犹在耳,为什么就抛在一边? 沮渠蒙逊善于用兵,你不是他的对手,何况他多年来一直有吞并我们的野心。你的王国虽然很小,但足以施行善政,修德养民,休养生息以等待时机。沮渠蒙逊如果昏庸暴虐,人民自会归附于你;他如果英明有德政,你应该事奉于他。怎么可以轻举妄动,去讨伐别人,只图侥幸成功。依我看来,你此番举动,不但会全军覆没,还将亡国!"李歆还是不接受。宋繇叹息说:"到如此地步,大势去矣!"

李歆率领步骑兵三万人自都城酒泉,向东进发。沮渠蒙逊闻知,说:"李歆已经中了我的圈套,但是如果他听说我回军埋伏,一定不敢继续前进。"于是沮渠蒙逊下令在西部边境,遍传攻克浩亹的消息,并扬言大军还要进攻黄谷。李歆得到这个消息,大喜,立即率大军开进都渍涧。沮渠蒙逊率军进攻,两支军队在怀城决战,结果李歆率领的西凉国军大败。有人劝李歆退军保卫都城酒泉。李歆说:"我违背母亲的教训才遭到如此挫败,不杀掉这个胡蛮,我有何面目再见老母。"于是又强逼手下的将士在蓼泉与蒙逊军队展开第二次会战,西凉军大败,李歆被沮渠蒙逊杀掉。李歆的弟弟酒泉太守李翻、新城太守李预、兼领羽林军右监李密、左将军李眺、右将军李亮,放弃酒泉,向西逃往敦煌。

　　蒙逊入酒泉,禁侵掠,士民安堵。以宋繇为吏部郎中,委之选举。凉之旧臣有才望者,咸礼而用之。以其子牧犍为酒泉太守。敦煌太守李恂,翻之弟也,与翻等弃敦煌奔北山。蒙逊以索嗣之子元绪行敦煌太守。

　　蒙逊还姑臧,见凉太后尹氏而劳之。尹氏曰:"李氏为胡所灭,知复何言!"或谓尹氏曰:"今母子之命在人掌握,奈何傲之!且国亡子死,曾无忧色,何也?"尹氏曰:"存亡死生,皆有天命,奈何更如凡人,为儿女子之悲乎!吾老妇人,国亡家破,岂可复惜徐生,为人臣妾乎!惟速死为幸耳。"蒙逊嘉而赦之,娶其女为牧犍妇。

14　八月辛未,追谥妃臧氏为敬皇后。癸酉,立王太子义符为皇太子。

15　闰月壬午,诏晋帝诸陵悉置守卫。

16　九月,秦振武将军王基等袭河西王蒙逊胡园戍,俘二千馀人而还。

17　李恂在敦煌有惠政。索元绪粗险好杀,大失人和。郡人宋承、张弘密信招恂。冬,恂帅数十骑入敦煌,元绪东奔凉兴。承等推恂为冠军将军、凉州刺史,改元永建。河西王蒙逊遣世子政德攻敦煌,恂闭城不战。

18　十二月丁亥,杏城羌酋狄温子帅三千馀家降魏。

19　是岁,魏姚夫人卒,追谥昭哀皇后。

沮渠蒙逊于是进入酒泉,他严申纪律,禁止士兵抢劫,人民生活安定。沮渠蒙逊任命宋繇为吏部郎中,掌管全国官员的任免和升迁调补。西凉旧有臣僚中有才干和声望的,都以礼对待他们并延聘任官。沮渠蒙逊任命他的儿子沮渠牧犍为酒泉太守。西凉敦煌太守李恂,是李翻的弟弟,这时也与李翻等一道放弃敦煌,逃往北山。沮渠蒙逊任命索嗣的儿子索元绪代理敦煌太守。

　　沮渠蒙逊返回都城姑臧,见到西凉国尹太后,极尽安抚慰问。尹太后说:"李氏家族为胡人所灭,还有什么可说。"有人对尹太后说:"而今,你们母子的性命都握在别人手中,怎么可以如此傲慢!况且国家灭亡,儿子被杀,你却连一点忧色都没有,为什么?"尹太后说:"存亡生死,都是上天的旨意,为什么要像普通人那样,作小儿女般的悲恸?我已经是个老太婆了,如今国破家亡,怎么可以爱惜馀生,为人家臣妾呢!我只求快快死掉,就是万幸了。"沮渠蒙逊嘉许她的言行,赦免了她,并娶她的女儿做自己儿子沮渠牧犍的妻子。

　　14　八月辛未(十九日),刘裕追赠妃臧氏谥号敬皇后。癸酉(二十一日),立王太子刘义符为皇太子。

　　15　闰月壬午(初一),刘裕下诏:东晋历代皇帝陵墓,都设置守卫。

　　16　九月,西秦振武将军王基等在胡园戍袭击了北凉河西王沮渠蒙逊的部队,俘获两千馀人而回。

　　17　西凉敦煌太守李恂在任时,对百姓有德政,深得民心。北凉新派的太守索元绪粗暴凶狠,阴险嗜杀,大失人心。敦煌人宋承、张弘秘密写信给前太守李恂,请他回来主政。这年冬季,李恂率领骑兵数十人进入敦煌,索元绪向东逃往凉兴。宋承等推举李恂为冠军将军、凉州刺史,改年号为永建。北凉河西王沮渠蒙逊派遣世子沮渠政德进攻敦煌,李恂等紧闭城门,不出来应战。

　　18　十二月丁亥(初七日),夏国所属杏城羌族部落首长狄温子,率三千馀家背叛夏国,投奔北魏。

　　19　本年,北魏姚夫人去世,追赠谥号昭哀皇后。

二年(辛酉,421)

1　春,正月辛酉,上祀南郊,大赦。

　　　裴子野论曰:夫郊祀天地,修岁事也。赦彼有罪,夫何
为哉!

2　以扬州刺史庐陵王义真为司徒,尚书仆射徐羡之为
尚书令、扬州刺史,中书令傅亮为尚书仆射。

3　辛未,魏主嗣行如公阳。

4　河西王蒙逊帅众二万攻李恂于敦煌。

5　秦王炽磐遣征北将军木弈干、辅国将军元基攻上邽,
遇霖雨而还。

6　三月甲子,魏阳平王熙卒。

7　魏主发代都六千人筑苑,东包白登,周三十馀里。

8　河西王蒙逊筑堤壅水以灌敦煌。李恂乞降,不许。
恂将宋承等举城降,恂自杀。蒙逊屠其城,获恂弟子宝,囚于
姑臧。于是西域诸国皆诣蒙逊称臣朝贡。

9　夏,四月己卯朔,诏所在淫祠自蒋子文以下皆除之。
其先贤及以勋德立祠者,不在此例。

10　吐谷浑王阿柴遣使降秦,秦王炽磐以阿柴为征西大
将军,开府仪同三司、安州牧、白兰王。

11　六月乙酉,魏主北巡至蟠羊山。秋,七月,西巡至河。

12　河西王蒙逊遣右卫将军沮渠鄯善、建节将军沮渠苟
生帅众七千伐秦。秦王炽磐遣征北将军木弈干等帅步骑五
千拒之,败鄯善等于五涧,虏苟生,斩首二千而还。

宋武帝永初二年(辛酉,公元421年)

1 春季,正月辛酉(十二日),刘宋武帝到南郊圜丘,祭祀天神,大赦天下。

> 裴子野评论说:在南郊祭祀天神地神,是每年例行的典礼。刘裕却赦免有罪的人,不知他的用心何在!

2 刘宋武帝提升扬州刺史庐陵王刘义真为司徒,尚书仆射徐羡之为尚书令、扬州刺史,中书令傅亮为尚书仆射。

3 辛未(二十二日),北魏国主拓跋嗣一行前往公阳。

4 北凉河西王沮渠蒙逊亲自率兵两万人攻打西凉李恂所据守的敦煌。

5 西秦王乞伏炽磐,派遣征北将军乞伏木弈干、辅国将军乞伏元基攻打夏国所属的上邽,遇到连绵大雨,班师回朝。

6 三月甲子(十六日),北魏阳平王拓跋熙去世。

7 北魏国主拓跋嗣征调代都百姓六千人兴筑御花园,东面包括白登,周围三十余里。

8 北凉河西王沮渠蒙逊筑长堤,采用水攻的方法,把敦煌城围困起来。李恂请求投降,沮渠蒙逊拒绝。李恂手下的大将宋承等再次背叛,举献城池投降了沮渠蒙逊,李恂自杀。沮渠蒙逊下令屠城,生擒了李恂的侄儿李宝,送到姑臧囚禁起来。于是,西域各国纷纷请求归附北凉,自称臣属,遣使朝贡。

9 夏季,四月己卯朔(初一),刘宋武帝下诏:所有淫祠,包括蒋子文以下的宗祠,一律撤除。但是祭祀先辈圣贤,以及有功勋、有德望的先辈宗祠,仍可保留。

10 吐谷浑王慕容阿柴,派遣使臣向西秦投降。西秦国王乞伏炽磐任命慕容阿柴为征西大将军、开府仪同三司、安州牧、白兰王。

11 六月乙酉(初八),北魏国主拓跋嗣向北巡视,抵达蟠羊山。秋季,七月,拓跋嗣又向北巡视,抵达黄河。

12 北凉河西王沮渠蒙逊派遣右卫将军沮渠鄯善、建节将军沮渠苟生率军七千人攻打西秦。西秦王乞伏炽磐派遣征北将军乞伏木弈干等统帅步骑兵五千人抵抗北凉军队的进攻,在五涧大败沮渠鄯善的军队,生擒沮渠苟生,斩首两千余人,班师告捷。

13　初,帝以毒酒一罂授前琅邪郎中令张伟,使鸩零陵王,伟叹曰:"鸩君以求生,不如死!"乃于道自饮而卒。伟,邵之兄也。太常褚秀之、侍中褚淡之,皆王之妃兄也,王每生男,帝辄令秀之兄弟方便杀之。王自逊位,深虑祸及,与褚妃共处一室,自煮食于床前,饮食所资,皆出褚妃,故宋人莫得伺其隙。九月,帝令淡之与兄右卫将军叔度往视妃,妃出就别室相见。兵人逾垣而入,进药于王。王不肯饮,曰:"佛教,自杀者不复得人身。"兵人以被掩杀之。帝帅百官临于朝堂三日。

14　庚戌,魏主还宫。

15　冬,十月己亥,诏以河西王蒙逊为镇军大将军、开府仪同三司、凉州刺史。

16　己亥,魏主如代。

17　十一月辛亥,葬晋恭帝于冲平陵,帝帅百官瞻送。

18　十二月丙申,魏主西巡,至云中。

19　秦王炽磐遣征西将军孔子等帅骑二万击契汗秃真于罗川。

20　河西王蒙逊所署晋昌太守唐契据郡叛,蒙逊遣世子政德讨之。契,瑶之子也。

21　上之为宋公也,谢瞻为宋台中书侍郎,其弟晦为右卫将军。时晦权遇已重,自彭城还都迎家,宾客辐凑,门巷填咽。瞻在家惊骇,谓晦曰:"汝名位未多,而人归趣乃尔!吾家素以恬退为业,不愿干豫时事,交游不过亲朋。而汝遂势倾朝野,此岂门户之福邪!"乃以篱隔门庭曰:"吾不忍见此。"

13　当初，刘宋武帝曾把一瓦罐毒酒交给前琅邪郎中令张伟，让他毒死东晋废帝、改封为零陵王的司马德文，张伟叹息说："毒杀君王而求活命，不如一死。"于是就在路上自饮而亡。张伟是张邵的哥哥。太常褚秀之、侍中褚淡之，二人都是零陵王的王妃褚灵秀的哥哥，司马德文的妻妾中，每每有人生下男孩，刘裕便命褚秀之兄弟趁便扼杀。司马德文逊位后，他深恐自己也不免毒手，就与褚妃同住一室，在床前煮饭烧汤，饮食等所需用的都由褚妃亲手操办，所以刘裕的人一时没有机会下手。九月，刘宋武帝命令褚淡之与其兄右卫将军褚叔度前往探视他们的妹妹褚妃，褚妃出来到另一间房子与二兄相见。伏兵翻墙而入，把毒药递给零陵王司马德文。司马德文不肯饮服，说："佛教规定，自杀而死的，再世投胎时将不能得到人身。"士卒一拥而上，用被蒙住司马德文的头，将他闷死。刘裕率领文武百官亲临朝堂哭泣哀悼三天。

14　庚戌(初五)，北魏国主拓跋嗣回宫。

15　冬季，十月己亥(二十四日)，刘宋武帝下诏，任命北凉河西王沮渠蒙逊为镇军大将军、开府仪同三司、凉州刺史。

16　己亥(二十四日)，北魏国主拓跋嗣前往代郡。

17　十一月辛亥(初七)，刘宋将晋恭帝司马德文安葬于冲平陵，刘宋武帝亲自率领文武百官护送灵柩。

18　十二月丙申(二十二日)，北魏国主拓跋嗣视察西部边防，抵达云中。

19　西秦王乞伏炽磐派遣征西将军乞伏孔子等率领骑兵两万人，袭击匈奴部落酋长契汗秃真据守的罗川。

20　北凉河西王沮渠蒙逊所属的晋昌太守唐契据郡叛变，沮渠蒙逊派遣其世子沮渠政德讨伐叛军。唐契是唐瑶的儿子。

21　刘宋武帝刘裕还是东晋朝廷的宋公时，谢瞻为宋台中书侍郎，他的弟弟谢晦为右卫将军。当时谢晦的权势和地位已经很高，他自彭城回京迎接家属，宾客们从四面八方涌来，车马盈门堵塞巷口。谢瞻在家看到如此情形不胜惊骇，对谢晦说："你的声望和职位并不很高，人们却如此奉承你！我们谢家一向淡泊名利，不愿干预朝政，交游的人不是亲戚便是朋友。而你却权倾朝野，这哪里是家门之福！"于是，他用篱笆把两家门庭隔开说："我不忍心见到这种场面。"

及还彭城，言于宋公曰："臣本素士，父祖位不过二千石。弟年始三十，志用凡近，荣冠台府，位任显密。福过灾生，其应无远，特乞降黜，以保衰门。"前后屡陈之。晦或以朝廷密事语瞻，瞻故向亲旧陈说，用为戏笑，以绝其言。及上即位，晦以佐命功，位任益重，瞻愈忧惧。是岁，瞻为豫章太守，遇病不疗。临终，遗晦书曰："吾得启体幸全，亦何所恨！弟思自勉励，为国为家。"

三年（壬戌，422）

1 春，正月甲辰朔，魏主自云中西巡，至屋窦城。

2 癸丑，以徐羡之为司空、录尚书事，刺史如故。江州刺史王弘为卫将军、开府仪同三司；中领军谢晦为领军将军兼散骑常侍，入直殿省，总统宿卫。徐羡之起自布衣，又无术学，直以志力局度，一旦居廊庙，朝野推服，咸谓有宰臣之望。沉密寡言，不以忧喜见色。颇工弈棋，观戏，常若未解，当世倍以此推之。傅亮、蔡廓常言："徐公晓万事，安异同。"尝与傅亮、谢晦宴聚，亮、晦才学辩博，羡之风度详整，时然后言。郑鲜之叹曰："观徐、傅言论，不复以学问为长。"

3 秦征西将军孔子等大破契汗秃真，获男女二万口，牛羊五十馀万头。秃真帅骑数千西走，其别部树奚帅户五千降秦。

等回到彭城,谢瞻对宋公刘裕说:"我本出身于清贫之家,祖、父的官禄不过两千石,我的弟弟谢晦年方三十,志向平庸,才能不高,却荣居高位,地位格外尊崇,掌理机要。享福太过,灾难必生,应验不远,请求您贬降谢晦的官阶,以保存我们衰微的家门!"此后又多次向刘裕陈请。谢晦有时把朝廷中的机密告诉谢瞻,谢瞻就故意传给亲戚朋友,作为取笑的谈资,目的在于使谢晦闭口。宋公刘裕即位后,谢晦因有辅助开国的功劳,官位更高,责任愈重,谢瞻也为此更加忧惧。这年,谢瞻担任豫章太守,患病不治。临终前,他留一封遗嘱给谢晦,说:"我幸能保全肢体,还有什么恨事? 你要自思勉励,为国也为家。"

宋武帝永初三年(壬戌,公元422年)

1 春季,正月甲辰朔(初一),北魏国主拓跋嗣从云中出发继续向西巡视,抵达屋窦城。

2 癸丑(初十),刘宋武帝提升徐羡之为司空、录尚书事,继续兼任扬州刺史。任命江州刺史王弘为卫将军、开府仪同三司;中领军谢晦为领军将军兼散骑常侍,入宫值班,总管宫廷安全保卫事务。徐羡之由平民起家,又没有道术学识,但有很大的志向和气度,一旦居于高位,掌理国家大权,朝野上下,都推崇佩服,都认为他有宰相的声望。徐羡之平时沉默寡言,喜怒不形于色。精于下棋,但观看别人对局,又好像什么都不懂,当时的人因此加倍推崇他。傅亮、蔡廓常说:"徐公通晓万事,善于调解纠纷。"徐羡之曾经与傅亮、谢晦酒筵欢聚,傅亮、谢晦才学渊博,善于词辩,徐羡之风度庄重严肃,在适当的时候才发言。奉常官郑鲜之曾叹息地说:"观察徐羡之、傅亮的言论,就不再以学问见长了。"

3 西秦国征西将军乞伏孔子等大破匈奴部落酋长契汗秃真的军队,俘获男女共两万馀人,牛羊五十馀万头。契汗秃真仅率数千人向西逃走。另外一支匈奴部落首长契汗树奕,率领五千户人家投降了西秦。

4 二月丁丑,诏分豫州淮以东为南豫州,治历阳,以彭城王义康为刺史。又分荆州十郡置湘州,治临湘,以左卫将军张邵为刺史。

5 丙戌,魏主还宫。

6 三月,上不豫,太尉长沙王道怜、司空徐羡之、尚书仆射傅亮、领军将军谢晦、护军将军檀道济并入侍医药。群臣请祈祷神祇,上不许,唯使侍中谢方明以疾告宗庙而已。上性不信奇怪,微时多符瑞,及贵,史官审以所闻,上拒而不答。

檀道济出为镇北将军、南兖州刺史,镇广陵,悉监淮南诸军。

皇太子多狎群小,谢晦言于上曰:"陛下春秋既高,宜思存万世,神器至重,不可使负荷非才。"上曰:"庐陵何如?"晦曰:"臣请观焉。"出造庐陵王义真,义真盛欲与谈,晦不甚答。还曰:"德轻于才,非人主也。"丁未,出义真为都督南豫豫雍司秦并六州诸军事、车骑将军、开府仪同三司、南豫州刺史。是后,大州率加都督,多者或至五十州,不可复详载矣。

7 帝疾瘳,己未,大赦。

8 秦、雍流民南入梁州。庚申,遣使送绢万匹,且漕荆、雍之谷以赈之。

9 刁逵之诛也,其子弥亡命。辛酉,弥帅数十人入京口,太尉留府司马陆仲元击斩之。

10 乙丑,魏河南王曜卒。

4 二月丁丑(初四),刘宋武帝下诏,分割豫州淮河以东土地为南豫州,州治设在历阳,任命彭城王刘义康为南豫州刺史。又分割荆州十个郡,建立湘州,州治设在临湘,任命左卫将军张邵为湘州刺史。

5 丙戌(十三日),北魏国主拓跋嗣回宫。

6 三月,刘宋武帝病重,太尉长沙王刘道怜、司空徐羡之、尚书仆射傅亮、领军将军谢晦、护军将军檀道济一道进宫,侍候皇帝治疗服药。朝中大臣们请求向神灵祈祷,皇帝不许,只派侍中谢方明到宗庙焚香,把病情向祖先报告。刘宋武帝一向不信神怪,当他还是一个平民的时候,曾有许多祥兆,等到后来大贵,史官们向他查证传闻,他都拒而不答。

檀道济出任镇北将军、南兖州刺史,镇守广陵,兼领淮南各路军队。

皇太子刘义符常和一些奸佞小人厮混,谢晦曾对刘宋武帝说:"陛下年事已高,应考虑如何使大业万世长存,帝位至关重要,不能交给没有才能的人。"刘裕问道:"你看庐陵王刘义真如何?"谢晦说:"且容我观察观察!"出宫后即去拜访庐陵王刘义真。刘义真盛情款待谢晦,并想要与他长谈,谢晦支吾其辞,不愿答话。回宫对宋武帝刘裕说:"德行低于才能,不是人主呵。"丁未(初五),刘裕命刘义真出任都督南豫、豫、雍、司、秦、并六州诸军事、车骑将军、开府仪同三司和南豫州刺史。从此以后,大州州牧官职之上又加都督之职便成定例,有的都督所辖,最多达到五十多个州,已无法详细列出。

7 刘宋武帝大病稍愈,己未(十七日),大赦天下。

8 秦州、雍州逃难的流民南下进入了刘宋所辖的梁州。庚申(十八日),刘宋武帝派遣使臣送一万匹绢,并且将荆州、雍州二处的谷米漕运到梁州,赈济那里的流民。

9 当初,刁逵伏诛,他的儿子刁弥逃亡。辛酉(十九日),刁弥率领数十人攻入京口,太尉留府司马陆仲元迎击,并斩杀了刁弥。

10 乙丑(二十三日),北魏河南王拓跋曜去世。

11 夏,四月甲戌,魏立皇子焘为太平王,拜相国,加大将军;丕为乐平王,弥为安定王,范为乐安王,健为永昌王,崇为建宁王,俊为新兴王。

12 乙亥,诏封仇池公杨盛为武都王。

13 秦王炽磐以折冲将军乞伏是辰为西胡校尉,筑列浑城于汧罗以镇之。

14 五月,帝疾甚,召太子诫之曰:"檀道济虽有干略,而无远志,非如兄韶有难御之气也。徐羡之、傅亮,当无异图。谢晦数从征伐,颇识机变,若有同异,必此人也。"又为手诏曰:"后世若有幼主,朝事一委宰相,母后不烦临朝。"司空徐羡之、中书令傅亮、领军将军谢晦、镇北将军檀道济同被顾命。癸亥,帝殂于西殿。帝清简寡欲,严整有法度,被服居处,俭于布素,游宴甚稀,嫔御至少。尝得后秦高祖从女,有盛宠,颇以废事。谢晦微谏,即时遣出。财帛皆在外府,内无私藏。岭南尝献入筒细布,一端八丈,帝恶其精丽劳人,即付有司弹太守,以布还之,并制岭南禁作此布。公主出适,遣送不过二十万,无锦绣之物。内外奉禁,莫敢为侈靡。

太子即皇帝位,年十七,大赦,尊皇太后曰太皇太后,立妃司马氏为皇后。后,晋恭帝女海盐公主也。

15 魏主服寒食散,频年药发,灾异屡见,颇以自忧。遣中使密问白马公崔浩曰:"属者日食赵、代之分。朕疾弥年不愈,恐一旦不讳,诸子并少,将若之何? 其为我思身后之计!"浩曰:"陛下春秋富盛,行就平愈,必不得已,请陈瞽言。自圣代龙兴,不崇储贰,

11　夏季,四月甲戌(初二),北魏国主拓跋嗣封皇子拓跋焘为太平王,拜授相国,加授大将军;封皇子拓跋丕为乐平王,拓跋弥为安定王,拓跋范为乐安王,拓跋健为永昌王,拓跋崇为建宁王,拓跋俊为新兴王。

12　乙亥(初三),刘宋武帝下诏封仇池公杨盛为武都王。

13　西秦王乞伏炽磐,任命折冲将军乞伏是辰为西胡校尉,并在汧罗兴筑列浑城镇守。

14　五月,刘宋武帝病重,他把太子刘义符召到床前,告诫他说:"檀道济虽有才干,精于谋略,却无野心,不像他的哥哥檀道韶,有一种难以驾驭的气质。徐羡之、傅亮,当不会有其他企图。谢晦多次随我南北征战,善于随机应变,将来如果有问题,一定是他。"然后,刘裕又亲笔写下遗诏:"后世如果出现年幼的君主,朝中政事一概委托给宰相,皇太后用不着临朝主政。"司空徐羡之、中书令傅亮、领军将军谢晦、镇北将军檀道济共同接受遗命。癸亥(二十一日),刘宋武帝刘裕在西殿去世。刘裕生前清心寡欲,生活俭朴,起居有常,严整有度。衣服和住所都很朴素,游览欢宴也次数很少,后宫嫔妃也不多。他曾经获得后秦文桓帝姚兴的侄女,对她备加宠爱,并因此耽误了政事。谢晦稍加劝谏,他立即把姚妃遣送出宫。刘裕的财产全放在国库,宫内没有私藏。岭南曾经进贡过一种筒装细布,一筒竟能容纳八丈。刘裕嫌它过于精美华丽,耗费人力,于是他命令有关机构弹劾岭南太守,把进贡的细布还给当地,并且亲自下令禁止岭南织做这种细布。公主出嫁,嫁妆不过二十万,另外再也没有锦绣等精品。宫内宫外,都严奉禁约,没有人敢奢侈浪费。

皇太子刘义符即皇帝位,年仅十七岁,下令大赦,尊皇太后萧文寿为太皇太后,封太子妃司马茂英为皇后。司马茂英是晋恭帝的女儿海盐公主。

15　北魏国主拓跋嗣一直服用寒食散,一连几年,药性发作,天上变异与地上灾难也屡屡出现,他自己深感忧虑。于是拓跋嗣派宦官秘密询问白马公崔浩说:"最近,赵、代地区多次发生日食,而朕的病又多年不愈,我担心如果我一旦去世,皇子们还都年幼,那该如何是好?请你为我考虑考虑身后之事。"崔浩回答说:"陛下正值壮年,您的病很快就会痊愈。如果您一定要听听我的意见,那我就说几句不一定合适的话。自从我们魏国创立以来,一向不注重选立储君,

是以永兴之始,社稷几危。今宜早建东宫,选贤公卿以为师傅,左右信臣以为宾友。入总万机,出抚戎政。如此,则陛下可以优游无为,颐神养寿。万岁之后,国有成主,民有所归,奸宄息望,祸无自生矣。皇子焘年将周星,明睿温和,立子以长,礼之大经,若必待成人然后择之,倒错天伦,则召乱之道也。"魏主复以问南平公长孙嵩。对曰:"立长则顺,置贤则人服。焘长且贤,天所命也。"帝从之,立太平王焘为皇太子,使之居正殿临朝,为国副主。以长孙嵩及山阳公奚斤、北新公安同为左辅,坐东厢,西面;崔浩与太尉穆观、散骑常侍代人丘堆为右弼,坐西厢,东面。百官总己以听焉。帝避居西宫,时隐而窥之,听其决断,大悦,谓侍臣曰:"嵩宿德旧臣,历事四世,功存社稷;斤辩捷智谋,名闻遐迩;同晓解俗情,明练于事;观达于政要,识吾旨趣;浩博闻强识,精察天人;堆虽无大用,然在公专谨。以此六人辅相太子,吾与汝曹巡行四境,伐叛柔服,足以得志于天下矣。"

嵩实姓拔拔,斤姓达奚,观姓丘穆陵,堆姓丘敦。是时,魏之群臣出于代北者,姓多重复,及高祖迁洛,始皆改之。旧史恶其烦杂难知,故皆从后姓以就简易,今从之。

所以永兴初年发生的宫廷巨变,国家几乎倾覆。现在我们亟待要做的就是早早建东宫立太子,遴选贤明的公卿做太子的师傅,让您左右亲信的大臣做他的宾客和朋友。让太子在京师时主持朝政,出京时则统率军队安抚百姓,讨伐敌人。如果这样,陛下您就可以身心悠闲,不必亲自处理政事,在宫中颐养天年。陛下百年之后,国家有现成的君主,百姓亦有所归附,奸佞之徒不敢再生其他企图,灾祸也无从出现。皇子拓跋焘,年将十二岁,聪明睿智,性情温和,以长子立为太子,是礼制的最高原则,如果一定要等到他们长大成人,再在他们中间选择太子,那就很可能废长立幼,使天伦倒错,从而招致天下大乱。”北魏国主又就立太子的问题征询南平公长孙嵩的意见。长孙嵩回答说:“立长为储君,名正言顺,选贤为太子,则人心信服。拓跋焘既是长子又很贤能,这是上天的旨意。”北魏国主同意他的意见,于是,下诏立太平王拓跋焘为皇太子,并让他坐在正殿,处理朝中大事,作为国家的副主。北魏国主又任命长孙嵩及山阳公奚斤、北新公安同为左辅官,座位设在东厢,面向西方;命白马公崔浩、太尉穆观、散骑常侍代郡人丘堆为右辅官,座位设在西厢,面向东方,共同辅弼太子。百官则居于左右辅官之下,听候差遣。拓跋嗣则避居西宫,但亦不时悄悄出来,从旁窥视,观察太子和辅臣如何裁断政事。他听后非常高兴,对左右侍臣说:“长孙嵩是德高望重的老臣,曾经事奉过四代皇帝,功在国家;奚斤足智多谋,能言善辩,远近闻名;安同通晓世情,了解民间疾苦,处事明达干练;穆观深通政务,能领悟我的旨意;崔浩博闻强记,精于观察天象和民情;丘堆虽无大才,但他专心为公,谨慎处世。用这样六个人来辅佐太子,我跟你们只要巡视四方边境,对叛逆加以讨伐,对臣服者加以安抚,就足以称霸天下了。”

公孙嵩本姓“拔拔”,奚斤姓“达奚”,穆观姓“丘穆陵”,丘堆姓“丘敦”。当时,北魏的文武官员,凡出身于代郡以北的,仍保持多音节的复姓,等到孝文帝拓跋宏迁都洛阳以后,才开始改为单姓。旧史家嫌恶复姓繁复难记,所以在叙述改姓前的事时,也采用改姓后的姓,以求简易。本书也采用这个做法。

魏主又以典东西部刘絜、门下奏事代人古弼、直郎徒河卢鲁元忠谨恭勤,使之给侍东宫,分典机要,宣纳辞令。太子聪明,有大度。群臣时奏所疑,帝曰:"此非我所知,当决之汝曹国主也。"

16　六月壬申,以尚书仆射傅亮为中书监、尚书令,以领军将军谢晦领中书令,侍中谢方明为丹杨尹。方明善治郡,所至有能名。承代前人,不易其政,必宜改者,则以渐移变,使无迹可寻。

17　戊子,长沙景王道怜卒。

18　魏建义将军刁雍寇青州,州兵击破之。雍收散卒,走保大乡山。

19　秋,七月己酉,葬武皇帝于初宁陵,庙号高祖。

20　河西王蒙逊遣前将军沮渠成都帅众一万,耀兵岭南,遂屯五涧。九月,秦王炽磐遣征北将军出连虔等帅骑六千击之。

21　初,魏主闻高祖克长安,大惧,遣使请和,自是每岁交聘不绝。及高祖殂,殿中将军沈范等奉使在魏,还,及河,魏主遣人追执之,议发兵取洛阳、虎牢、滑台。崔浩谏曰:"陛下不以刘裕欻起,纳其使贡,裕亦敬事陛下。不幸今死,遽乘丧伐之,虽得之不足为美。且国家今日亦未能一举取江南也,而徒有伐丧之名,窃为陛下不取。臣谓宜遣人吊祭,存其孤弱,恤其凶灾,使义声布于天下,则江南不攻自服矣。况裕新死,党与未离,兵临其境,必相帅拒战,功不可必。不如

北魏国主拓跋嗣又因为典东西部官刘絜、门下奏事代郡人古弼、直郎徒河人卢鲁元等人忠心谨慎,节俭勤劳,分派他们为东宫官属,分别负责掌管机要,传达政令和报告。太子拓跋焘聪明,胸襟开阔。文武百官有时就疑难问题请示拓跋嗣,拓跋嗣就说:"这个我不知道,去让你们的太子决定吧!"

16　六月壬申(初一),刘宋任命尚书仆射傅亮为中书监、尚书令,领军将军谢晦为中书令,侍中谢方明为丹杨尹。谢方明善于治理地方,凡是他任过职的地方,都盛赞他的才能。他继续前任的工作,不改其方针政策,如果有非改不可的,他就逐渐地加以改变,使人看不出更改的痕迹。

17　戊子(十七日),刘宋太尉、长沙景王刘道怜去世。

18　北魏建义将军刁雍进犯刘宋的青州,青州守兵击退了敌人的进攻。刁雍于是收集残兵,逃入大乡山自保。

19　秋季,七月己酉(初八),刘宋在初宁陵安葬了武帝刘裕,庙号高祖。

20　北凉河西王沮渠蒙逊派遣前将军沮渠成都率军一万人,到岭南显示武力,然后大军屯驻在五涧。九月,西秦王乞伏炽磐派遣征北将军出连虔等,率领骑兵六千人袭击沮渠成都的部队。

21　最初,北魏国主拓跋嗣,听到东晋的太尉刘裕攻克长安的消息,大为恐惧,立即派遣使臣请和。从此以后,两国使臣每年互访,来往不断。刘裕去世的时候,刘宋使臣殿中将军沈范,正出使北魏,告辞返回,刚到黄河,北魏国主便派人追赶,生擒而回。北魏还打算发兵攻取黄河南岸的洛阳、虎牢和滑台。白马公崔浩劝阻说:"当初陛下您没有因为刘裕骤然得势,而接纳他派遣的使臣和礼物,而刘裕对陛下也十分恭敬。他现在不幸去世了,我们却乘人家遭丧而兴兵讨伐,即使得手也不是光彩的事。更何况以我们国家眼下的实力,也不可能一举夺取江南,却只落得个伐丧的恶名,我自以为陛下不该这样做。在我看来,我们应该派使节前往吊丧,抚慰孤儿寡妇,同情他们的不幸,从而使我们仁义的名声传播天下,这样一来,长江以南的江山,不攻自服了。况且如今刘裕刚刚去世,其党羽还不曾离析,一旦大军压境,他们势必会同心协力抵抗,我们不一定能成功。不如

缓之，待其强臣争权，变难必起，然后命将出师，可以兵不疲劳，坐收淮北也。"魏主曰："刘裕乘姚兴之死而灭之，今我乘裕丧而伐之，何为不可？"浩曰："不然。姚兴死，诸子交争，故裕乘衅伐之。今江南无衅，不可比也。"魏主不从，假司空奚斤节，加晋兵大将军、行扬州刺史，使督宋兵将军交州刺史周几、吴兵将军广州刺史公孙表同入寇。

22　乙巳，魏主如灅南宫，遂如广宁。

23　辛亥，魏人筑平城外郭，周围三十二里。

24　魏主如乔山。遂东如幽州。冬，十月甲戌，还宫。

25　魏军将发，公卿集议于监国之前，以先攻城与先略地。奚斤欲先攻城，崔浩曰："南人长于守城。昔苻氏攻襄阳，经年不拔。今以大兵坐攻小城，若不时克，挫伤军势，敌得徐严而来，我急彼锐，此危道也。不如分军略地，至淮为限，列置守宰，收敛租谷，则洛阳、滑台、虎牢更在军北，绝望南救，必沿河东走。不则为囿中之物，何忧其不获也！"公孙表固请攻城，魏主从之。

于是奚斤等帅步骑二万，济河，营于滑台之东。时司州刺史毛德祖戍虎牢，东郡太守王景度告急于德祖，德祖遣司马翟广等将步骑三千救之。

稍稍延缓,等待他们的权臣争权内讧,变故和灾难必然发生,然后我们再调兵遣将,军士还不曾疲劳,即可坐收淮北的大片土地。"北魏国主拓跋嗣问道:"当年刘裕乘姚兴之死,一举灭掉了秦国。如今我要乘刘裕之死,讨伐刘宋,有什么不可以?"崔浩说:"那不一样。姚兴死后,他的儿子们拼命内争,刘裕才得以乘机讨伐。现在,江南的刘宋无机可乘,所以不可同日而语呀!"北魏国主拒不接受崔浩的意见,授司空奚斤以符节,命他加授晋兵大将军、代理扬州刺史等官职,率领宋兵将军、交州刺史周几,吴兵将军、广州刺史公孙表等,一起向刘宋进攻。

22 乙巳(初五),北魏国主拓跋嗣抵达濡南宫,又前往广宁。

23 辛亥(十一日),北魏在首都平城兴筑外城,周围三十二里。

24 北魏国主拓跋嗣抵达乔山,再东行到达幽州。冬季,十月甲戌(初五),回宫。

25 北魏南征的大军将要出发,朝中的公卿显官在太子拓跋焘的殿前举行会议,讨论应先攻城池还是先占领土地。奚斤认为应先攻取城池,崔浩反对,说:"南方人擅长守城。从前前秦苻氏进攻襄阳,一年有馀,不能破城。现在,我们以大军攻小城,如果不立即攻克,必定会挫伤军力,敌人就会慢慢地增援,我军疲劳而敌人气势正盛,这是十分危险的办法。我们不如分别派兵,夺取土地,以淮河为界限,依次委派地方官,征收田赋租金,把洛阳、滑台、虎牢远隔在我们大军的后方。当他们对南方的救援感到绝望的时候,必定会沿黄河往东走。即使不走,他们也已经是我们园中的猎物,还用担心不能擒获?"吴军将军公孙表却仍然坚持先行攻城,拓跋嗣最后应允了公孙表的请求。

于是,北魏的晋兵大将军奚斤,统率着征南大军步骑兵两万人,渡过了黄河,在滑台之东安营扎寨。这时,刘宋的司州刺史毛德祖镇守虎牢,东郡太守王景度向毛德祖紧急求救。于是,毛德祖派遣司马翟广等率领步骑兵三千人前去救援。

　　先是，司马楚之聚众在陈留之境，闻魏兵济河，遣使迎降。魏以楚之为征南将军、荆州刺史，使侵扰北境。德祖遣长社令王法政将五百人戍邵陵，将军刘怜将二百骑戍雍丘以备之。楚之引兵袭怜，不克。会台送军资，怜出迎之，酸枣民王玉驰以告魏。丁酉，魏尚书滑稽引兵袭仓垣，兵吏悉逾城走，陈留太守冯翊严稜诣斤降。魏以王玉为陈留太守，给兵守仓垣。

　　斤等攻滑台，不拔，求益兵，魏主怒，切责之。壬辰，自将诸国兵五万馀人南出天关，逾恒岭，为斤等声援。

　　26　秦出连虔与河西沮渠成都战，禽之。

　　27　十一月，魏太子焘将兵出屯塞上，使安定王弥与安同居守。

　　庚戌，斤等急攻滑台，拔之。王景度出走。景度司马阳瓒为魏所执，不降而死。魏主以成皋侯苟兒为兖州刺史，镇滑台。

　　斤等进击翟广等于土楼，破之，乘胜进逼虎牢。毛德祖与战，屡破之。魏主别遣黑稍将军于栗磾将三千人屯河阳，谋取金墉，德祖遣振威将军窦晃等缘河拒之。十二月丙戌，魏主至冀州，遣楚兵将军、徐州刺史叔孙建将兵自平原济河，徇青、兖。豫州刺史刘粹遣治中高道瑾将步骑五百据项城，徐州刺史王仲德将兵屯湖陆。于栗磾济河，与奚斤并力攻窦晃等，破之。

在此之前，司马楚之在陈留境内招兵买马，集结力量。他听说北魏大军渡过黄河的消息，立即派遣使臣前往迎降。于是，北魏便任命司马楚之为征南将军、荆州刺史，命他侵略并骚扰刘宋的北部边境。毛德祖派遣长社县令王法政，率领五百人守卫邵陵，将军刘怜率领两百骑兵驻防雍丘，准备迎击敌人。司马楚之率军突袭刘怜，不能攻克。这时，正赶上刘宋朝廷为守军送来军用物资，刘怜出城迎接，酸枣县的居民王玉飞奔告诉了北魏军队。丁酉（二十八日），北魏尚书滑稽率兵袭击仓垣，守兵和官吏全都翻城逃走，陈留太守、冯翊人严稜向奚斤投降。北魏任命王玉为陈留太守，拨给他军队，镇守仓垣。

奚斤等率兵围攻滑台，不能攻破，请求增兵。北魏国主拓跋嗣闻之大怒，严厉斥责了奚斤。壬辰（二十三日），拓跋嗣亲自率领各部落联军五万馀人南下，出天关，越过恒岭，声援奚斤。

26　西秦征北将军出连虔与沮渠成都作战，生擒了他。

27　十一月，北魏国太子拓跋焘率军出京，在塞上屯聚军队。命令安定王拓跋弥和北新公安同留守京师。

庚戌（十一日），北魏大将奚斤等猛攻滑台，终于攻克。刘宋守将东郡太守王景度逃走。王景度手下的司马阳瓒被北魏兵擒获，不降被杀。拓跋嗣任命成皋侯苟儿为兖州刺史，镇守滑台。

奚斤等进攻翟广所驻守的土楼，很快攻破翟广军队，乘胜进逼虎牢。镇守虎牢的刘宋司州刺史毛德祖反攻，多次击败北魏军。拓跋嗣又另派黑矟将军于栗磾，率领三千人屯驻河阳，打算夺取金墉。毛德祖派遣振威将军窦晃等，沿黄河南岸布防抵抗。十二月丙戌（十八日），拓跋嗣抵达冀州，派遣楚兵将军、徐州刺史叔孙建率兵，从平原渡过黄河，夺取青州、兖州。刘宋豫州刺史刘粹，派遣总管内务的治中高道瑾率领步骑兵五百人，据守项城，徐州刺史王仲德率兵屯驻湖陆。北魏大将于栗磾渡过黄河，与奚斤合兵进攻刘宋振威将军窦晃，大破窦晃的军队。

　　魏主遣中领军代人娥清、期思侯柔然间大肥将兵七千人会周几、叔孙建南渡河,军于碻磝。癸未,兖州刺史徐琰弃尹卯南走。于是泰山、高平、金乡等郡皆没于魏。叔孙建等东入青州,司马爱之、季之先聚众于济东,皆降于魏。

　　戊子,魏兵逼虎牢。青州刺史东莞竺夔镇东阳城,遣使告急。己丑,诏南兖州刺史檀道济监征讨诸军事,与王仲德共救之。庐陵王义真遣龙骧将军沈叔狸将三千人就刘粹,量宜赴援。

　　28　秦王炽磐征秦州牧昙达为左丞相、征东大将军。

营阳王
景平元年(癸亥,423)

　　1　春,正月己亥朔,大赦,改元。

　　2　辛丑,帝祀南郊。

　　3　魏于栗磾攻金墉,癸卯,河南太守王涓之弃城走。魏主以栗磾为豫州刺史,镇洛阳。

　　4　魏主南巡恒岳,丙辰,至邺。

　　5　己未,诏征豫章太守蔡廓为吏部尚书,廓谓傅亮曰:"选事若悉以见付,不论。不然,不能拜也。"亮以语录事尚书徐羡之,羡之曰:"黄、散以下悉以委蔡,吾徒不复措怀。自此以上,故宜共参同异。"廓曰:"我不能为徐干木署纸尾!"遂不拜。干木,羡之小字也。选案黄纸,录尚书与吏部尚书连名,故廓云然。

北魏国主拓跋嗣派遣中领军代郡人娥清、期思侯柔然人闾大肥率兵七千人，会同宋兵将军周几、楚兵将军叔孙建等，南渡黄河，驻扎在碻磝。癸未(十五日)，刘宋兖州刺史徐琰，放弃尹卯城向南逃走。于是，泰山、高平、金乡等郡，全部陷入北魏之手。北魏楚兵将军叔孙建等向东攻入青州。东晋逃亡的皇族司马爱之、司马季之等，原先便在济水之东集结部众，这时也都投降了北魏。

戊子(二十日)，北魏南征军逼进虎牢。刘宋青州刺史东莞人竺夔当时正在镇守东阳城，立即派人告急求救。己丑(二十一日)，刘宋皇帝刘义符下诏，命令南兖州刺史檀道济督察征讨诸军事，会同徐州刺史王仲德一起前去救援。庐陵王刘义真派遣龙骧将军沈叔狸率兵三千人，奔赴豫州刺史刘粹的驻地，察看时机前去救援。

28　西秦王乞伏炽磐召回秦州牧乞伏昙达，任命他为左丞相、征东大将军。

营阳王
宋营阳王景平元年(癸亥，公元 423 年)

1　春季，正月己亥朔(初一)，刘宋大赦天下，改年号为景平。

2　辛丑(初三)，刘宋少帝刘义符到南郊祭祀。

3　北魏黑矟将军于栗磾进攻金墉。癸卯(初五)，刘宋河南太守王涓之弃城逃走。北魏国主拓跋嗣任命于栗磾为豫州刺史，镇守洛阳。

4　北魏国主拓跋嗣南巡到北岳恒山。丙辰(十八日)，抵达邺城。

5　己未(二十一日)，刘宋少帝刘义符下诏，征召豫章太守蔡廓为吏部尚书。蔡廓对尚书令傅亮说："全国文职官员的任免和升迁调补的权力，如果全部交给我，我就接受。否则，我将不接受任命。"傅亮把这番话转达给录事尚书徐羡之，徐羡之说："黄门侍郎、散骑常侍以下的任免，全权委托蔡廓，我们不再参与意见。但这些官职以上的人选，还应该由我们共同研究统一意见。"蔡廓说："我不能在徐干木签署过的黄纸尾上署名！"拒绝授予的官职。干木，是徐羡之的小名。文官任免和升迁调补的签呈文件，通常写在黄纸上，然后由录事尚书与吏部尚书共同签名，方才有效，所以蔡廓才这样说。

沈约论曰:蔡廓固辞铨衡,耻为志屈。岂不知选、录同体,义无偏断乎! 良以主教时难,不欲居通塞之任。远矣哉!

6　庚申,檀道济军于彭城。

魏叔孙建入临淄,所向城邑皆溃。竺夔聚民保东阳城,其不入城者,使各依据山险,芟夷禾稼,魏军至,无所得食。济南太守垣苗帅众依夔。

刁雍见魏主于邺,魏主曰:"叔孙建等入青州,民皆藏避,攻城不下。彼素服卿威信,今遣卿助之。"乃以雍为青州刺史,给雍骑,使行募兵以取青州。魏兵济河向青州者凡六万骑,刁雍募兵得五千人,抚慰士民,皆送租供军。

7　柔然寇魏边。二月戊辰,魏筑长城,自赤城西至五原,延袤二千馀里,备置戍卒,以备柔然。

8　丁丑,太皇太后萧氏殂。

9　河西王蒙逊及吐谷浑王阿柴皆遣使入贡。庚辰,诏以蒙逊为都督凉秦河沙四州诸军事、骠骑大将军、凉州牧、河西王;以阿柴为督塞表诸军事、安西将军、沙州刺史、浇河公。

10　三月壬子,葬孝懿皇后于兴宁陵。

沈约评论说:蔡廓坚决不接受吏部尚书的职位,把不能全权做主使自己的意志服从于他人看作是一种耻辱。他难道不知道吏部尚书和录尚书事是两位一体,不能有所偏重吗?实际上他是鉴于当时君主昏庸,时势艰难,而不愿一人担当可以疏通人才也可以阻塞人才的渠道的责任而已。见识实在远大啊!

　　6　庚申(二十二日),刘宋镇北将军檀道济的大军驻扎在彭城。

　　北魏楚兵将军叔孙建攻入临淄,他的大军所到,刘宋城池全部崩溃。刘宋青州刺史竺夔召集百姓,于东阳城固守城垣。凡是不愿入城的居民,也令他们分别依据险要的山势,把田野里的庄稼全部割掉。使北魏军来到后,无法就地取得粮食。济南太守垣苗率众投靠了竺夔。

　　北魏建义将军刁雍前往邺城觐见北魏国主拓跋嗣,拓跋嗣说:"叔孙建等进入青州地区,老百姓纷纷躲藏,而城又久攻不下。你在青州一向有威信,现在我派你前去助阵。"于是,任命刁雍为青州刺史,拨付给他马匹,命他一路招募士卒来攻取青州。北魏南征军渡过黄河,奔赴青州的骑兵共有六万,刁雍一路募兵又集结五千人,他对境内的绅士平民竭力安抚,当地人都愿为刁雍的军队提供粮草。

　　7　柔然汗国南下侵略北魏的边境。二月戊辰(初一),北魏兴筑长城,从赤城往西直到五原,连绵两千余里,同时在边境各要塞配备戍卒,以抵御柔然。

　　8　丁丑(初十),刘宋太皇太后萧氏去世。

　　9　北凉河西王沮渠蒙逊,以及吐谷浑王慕容阿柴,都派遣使臣向刘宋进贡。庚辰(十三日),刘宋朝廷下诏,任命沮渠蒙逊为都督凉、秦、河、沙四州诸军事、骠骑大将军、凉州牧、河西王;任命慕容阿柴为督塞表诸军事、安西将军、沙州刺史、浇河公。

　　10　三月壬子(十五日),刘宋在兴宁陵安葬太皇太后萧文寿,谥号孝懿皇后。

11　魏奚斤、公孙表等共攻虎牢,魏主自邺遣兵助之。毛德祖于城内穴地入七丈,分为六道,出魏围外。募敢死之士四百人,使参军范道基等帅之,从穴中出,掩袭其后。魏军惊扰,斩首数百级,焚其攻具而还。魏兵虽退散,随复更合,攻之益急。

奚斤自虎牢将步骑三千攻颍川太守李元德等于许昌,元德等败走。魏以颍川人庾龙为颍川太守,戍许昌。

毛德祖出兵与公孙表大战,从朝至晡,杀魏兵数百。会奚斤自许昌还,合击德祖,大破之,亡甲士千馀人,复婴城自守。

魏主又遣万馀人从白沙渡河,屯濮阳南。

朝议以项城去魏不远,非轻军所抗,使刘粹召高道瑾还寿阳。若沈叔貍已进,亦宜且追。粹奏:"虏攻虎牢,未复南向,若遽摄军舍项城,则淮西诸郡无所凭依。沈叔貍已顿肥口,又不宜遽退。"时李元德帅散卒二百至项,刘粹使助高道瑾戍守,请宥其奔败之罪,朝议并许之。

乙巳,魏主畋于韩陵山,遂如汲郡,至枋头。

初,毛德祖在北,与公孙表有旧。表有权略,德祖患之,乃与交通音问。密遣人说奚斤,云表与之连谋。每答表书,多所治定。表以书示斤,斤疑之,以告魏主。先是,表与太史令王亮少同营署,好轻侮亮。亮奏"表置军虎牢东,不得便地,故令贼不时灭"。魏主素好术数,以为然,积前后忿,使人夜就帐中缢杀之。

11　北魏大将奚斤、公孙表等合兵进攻虎牢,北魏国主拓跋嗣从邺城遣兵助战。刘宋司州刺史毛德祖,在虎牢城内挖掘地道,深达七丈,分为六道,直通魏军的包围圈外。同时又遴选敢死勇士四百人,由参军范道基率领,从地道爬出去袭击敌人的后背,北魏军队不胜惊慌。范道基斩杀敌人数百,然后焚毁了敌人攻城的器械,返回城中。北魏兵遭此突袭,虽然暂时溃散,很快又集结到一起,更猛烈地进攻虎牢城。

奚斤从虎牢统率步骑兵三千人,在许昌攻打颍川太守李元德,李元德放弃守城败退逃走。北魏任命颍川人庾龙为颍川太守,据守许昌。

毛德祖率兵出城与北魏吴兵将军公孙表大战,从早晨到傍晚,斩杀魏兵数百人。正巧奚斤从许昌得胜而回,二人合击毛德祖,毛德祖大败,损失士卒一千多人,只好固守城池坚持守御。

北魏国主拓跋嗣又派出一万馀人,从白沙渡黄河南下,屯驻濮阳南。

刘宋朝臣们经讨论一致认为,项城距北魏南征军很近,守军力量薄弱,难以抵御魏军的攻击。于是命令豫州刺史刘粹,召回项城守将高道瑾,退守寿阳。如果龙骧将军沈叔狸已经开进悬壶,也一并撤退。刘粹上疏力争说:"敌人正集中力量进攻虎牢,尚未南下,如果我们轻率地放弃项城,淮河以西各郡就失去依靠。沈叔狸的军队已进驻肥口,也不应立即撤退。"当时,颍川刺史李元德率领残兵败将两百人逃回项城,刘粹命令他帮助高道瑾严守项城,并请示朝廷宽免了李元德许昌战败之罪,朝议同意了。

乙巳(初八),北魏国主拓跋嗣到韩陵山狩猎,然后抵达汲郡,又前往枋头。

当初,毛德祖在北方时,与北魏吴兵将军公孙表有旧谊。公孙表有权谋,毛德祖深感忧虑,于是决定用反间手段。他致信公孙表,向他问候,公孙表也回信答谢。然后毛德祖秘密派人告诉北魏晋兵大将军奚斤,说公孙表与毛德祖有阴谋。毛德祖每次给公孙表的信,都故意涂改。公孙表每次接到毛德祖的信,都呈给奚斤看,奚斤却更加怀疑,于是就把毛德祖和公孙表的事报告了拓跋嗣。先前,公孙表与太史令王亮,同在一个官署做事,公孙表一向看不起王亮,经常侮辱王亮。现在,王亮乘机上奏拓跋嗣说:"公孙表把军营安扎在虎牢之东,方向不利,有意使敌人不致立时覆灭。"北魏国主拓跋嗣一向迷信巫术,认为果然如此,又勾起多年的积怨,于是,派人深夜入公孙表的军帐,把公孙表绞死。

乙卯，魏主济自灵昌津，遂如东郡、陈留。

叔孙建将三万骑逼东阳城，城中文武才一千五百人，竺夔、垣苗悉力固守，时出奇兵击魏，破之。魏步骑绕城列陈十馀里，大治攻具。夔作四重堑，魏人填其三重，为橦车以攻城，夔遣人从地道中出，以大麻绲挽之令折。魏人复作长围，进攻逾急。历时浸久，城转堕坏，战士多死伤，馀众困乏，旦暮且陷。檀道济至彭城，以司、青二州并急，而所领兵少，不足分赴。青州道近，竺夔兵弱，乃与王仲德兼行先救之。

甲子，刘粹遣李元德袭许昌，斩庾龙。元德因留绥抚，并上租粮。

魏主至盟津。于栗磾造浮桥于冶阪津。乙丑，魏主引兵北济，西如河内。娥清、周几、闾大肥徇地至湖陆、高平，民屯聚而射之。清等尽攻破高平诸县，灭数千家，虏掠万馀口。兖州刺史郑顺之戍湖陆，以兵少不敢出。

魏主又遣并州刺史伊楼拔助奚斤攻虎牢。毛德祖随方抗拒，颇杀魏兵，而将士稍零落。

夏，四月丁卯，魏主如成皋，绝虎牢汲河之路。停三日，自督众攻城，竟不能下，遂如洛阳观《石经》。遣使祀嵩高。

乙卯(十八日),北魏国主拓跋嗣从灵昌津渡黄河南下,前往东郡、陈留。

北魏楚兵将军叔孙建率领三万骑兵进逼东阳城,城中文武官兵才一千五百人。刘宋青州刺史竺夔、济南太守垣苗全力固守,而且不时出奇兵袭击魏军,击败了北魏的进攻。于是北魏步、骑兵绕城排列,阵地纵深十多里,大规模地制造攻城武器。竺夔组织挖掘的四道堑濠,魏军填平了三道,并制造橦车撞击城墙。竺夔派人从地道中出击,用粗绳把撞车拉翻,使它摧折。魏军又组成大的包围圈,攻势越发凶猛。时间一久,东阳城城墙纷纷崩溃,战士死伤惨重,剩下的残兵,又困又乏,东阳城陷落在即。这时,刘宋镇北将军檀道济率军抵达彭城,因司州、青州同时告急,所率军队人数太少,不能分兵救援。因距青州的东阳城道路较近,竺夔兵力又弱,檀道济便与徐州刺史王仲德日夜兼程,先赶赴东阳城救援。

甲子(二十七日),刘宋豫州刺史刘粹,派颍川太守李元德袭击许昌,斩杀北魏委任的颍川太守庾龙。李元德于是留驻许昌,安抚百姓,缴上征收的租赋。

北魏国主拓跋嗣抵达盟津。黑矟将军于栗磾在冶阪津搭建黄河浮桥。乙丑(二十八日),拓跋嗣率军北渡黄河,向西前往河内。中领军娥清、宋兵将军周几、期思侯闾大肥带兵征略土地,他们先后到达湖陆、高平,当地的居民聚集在城堡中,发箭射击。娥清等大怒,连续攻破高平各县,屠杀数千家,掠获一万馀人。当时,刘宋兖州刺史郑顺之驻守湖陆,因手下兵少,不敢出击。

北魏国主拓跋嗣又派遣并州刺史伊楼拔帮助奚斤进攻虎牢。刘宋守将毛德祖随机应变,顽强抵抗,斩杀很多魏兵,而自己的将士也日渐减少。

夏季,四月丁卯(初一),北魏国主拓跋嗣到达成皋,切断了虎牢到黄河汲水的道路。停留了三日,然后亲自督战,攻打虎牢城,仍然没有攻下,于是他前往洛阳观看《石经》。派遣使臣祭祀嵩山。

叔孙建攻东阳,堕其北城三十许步。刁雍请速入,建不许,遂不克。及闻檀道济等将至,雍又谓建曰:"贼畏官军突骑,以锁连车为函陈。大岘已南,处处狭隘,车不得方轨,雍请将所募兵五千据险以邀之,破之必矣。"时天暑,魏军多疫。建曰:"兵人疫病过半,若相持不休,兵自死尽,何须复战!今全军而返,计之上也。"己巳,道济军于临朐。壬申,建等烧营及器械而遁。道济至东阳,粮尽,不能追。竺夔以东阳城坏,不可守,移镇不其城。

叔孙建自东阳趋滑台,道济分遣王仲德向尹卯。道济停军湖陆,仲德未至尹卯,闻魏兵已远,还就道济。刁雍遂留镇尹卯,招集谯、梁、彭、沛民五千馀家,置二十七营以领之。

12　蛮王梅安帅渠帅数十人入贡于魏。初,诸蛮本居江、淮之间,其后种落滋蔓,布于数州,东连寿春,西通巴、蜀,北接汝、颍,往往有之。在魏世不甚为患。及晋,稍益繁昌,渐为寇暴。及刘、石乱中原,诸蛮无所忌惮,渐复北徙,伊阙以南,满于山谷矣。

13　河西世子政德攻晋昌,克之。唐契及弟和、甥李宝同奔伊吾,招集遗民,归附者至二千馀家,臣于柔然,柔然以契为伊吾王。

北魏楚兵将军叔孙建正在攻打东阳城,东阳城的北城坍塌三十余步。北魏青州刺史刁雍请示从此缺口冲进城去,叔孙建不同意,于是东阳城仍攻取不下。等到他们听说檀道济的援军即将到来,刁雍又对叔孙建说:"竺夔等畏惧我们骑兵的突击,所以把车辆锁在一起,构筑方阵。大岘山以南,道路狭窄,车辆不能并行,我请您允许我带领我所募集的五千士卒,据守险要,阻击宋兵,定能取胜。"当时正值大暑,天气炎热,魏军士卒很多都染上了瘟疫。叔孙建说:"部队中一半以上的士卒都染上了疫病,如果僵持下去,士卒会死光,哪里需要敌人再战?现在保存实力,安全撤退是上策。"己巳(初三),刘宋征北将军檀道济驻军临朐。壬申(初六),叔孙建等焚烧大营及各种军械,撤退。檀道济大军抵达东阳,军饷不济,不能追击北魏逃军。青州刺史竺夔因东阳城破坏较重,不能再守,于是移兵不其城镇守。

叔孙建率部从东阳前往滑台,刘宋大将檀道济派遣王仲德向尹卯挺进。檀道济则驻军湖陆。王仲德还没有到尹卯,听说魏兵已逃得很远,于是不再追赶,回军与檀道济会合。而北魏的青州刺史刁雍留下驻守尹卯,招募谯郡、梁郡、彭城郡、沛郡等地百姓五千馀家,设立二十七个营塞由刁雍统一指挥。

12　中原蛮族首领梅安率领手下将帅数十人,向北魏进贡。最初,各个蛮族部落本来居住在淮河、长江之间地带,后来部落人口增长很快,使蛮族人的势力遍布数州,东连寿春,西达巴、蜀,北到汝水、颍水,到处都有。在曹魏时期,为患还不太大。到了晋朝,蛮族更加繁盛,于是渐渐变成强大的强盗势力。等到刘渊、石勒等南侵大乱中原时,这些蛮族部落更加肆无忌惮,又逐渐向北迁徙,于是,伊阙以南的地区,山间谷底遍布的全是蛮族。

13　北凉王国世子沮渠政德,攻击唐契据守的晋昌,随即攻克。唐契跟他的弟弟唐和、外甥李宝一道逃往伊吾,招收逃亡的遗民,归附他们的有两千馀家,向柔然汗国称臣。柔然汗国封唐契为伊吾王。

14 秦王炽磐谓其群臣曰:"今宋虽奄有江南,夏人雄据关中,皆不足与也。独魏主奕世英武,贤能为用,且谶云,'恒代之北当有真人',吾将举国而事之。"乃遣尚书郎莫者阿胡等入见于魏,贡黄金二百斤,并陈伐夏方略。

15 闰月丁未,魏主如河内,登太行,至高都。

叔孙建自滑台西就奚斤,共攻虎牢。虎牢被围二百日,无日不战,劲兵战死殆尽,而魏增兵转多。魏人毁其外城,毛德祖于其内更筑三重城以拒之,魏人又毁其二重。德祖唯保一城,昼夜相拒,将士眼皆生创。德祖抚之以恩,终无离心。时檀道济军湖陆,刘粹军项城,沈叔狸军高桥,皆畏魏兵强,不敢进。丁巳,魏人作地道以泄虎牢城中井,井深四十丈,山势峻峭,不可得防。城中人马渴乏,被创者不复出血,重以饥疫。魏仍急攻之,己未,城陷。将士欲扶德祖出走,德祖曰:"我誓与此城俱毙,义不使城亡而身存也!"魏主命将士:"得德祖者,必生致之。"将军代人豆代田执德祖以献。将佐在城中者,皆为魏所虏,唯参军范道基将二百人突围南还。魏士卒疫死者亦什二三。

奚斤等悉定司、兖、豫诸郡县,置守宰以抚之。魏主命周几镇河南,河南人安之。

徐羡之、傅亮、谢晦以亡失境土,上表自劾。诏勿问。

14　西秦王乞伏炽磐对他的文武百官说:"现在刘宋虽然拥有江南,夏国雄踞关中,都没有什么了不起。唯独北魏国主,世代英明威武,能任用贤才,而且谶书说:'恒山及代郡之北,一定有真龙天子。'我将统率全国官民,事奉魏主。"于是,乞伏炽磐派遣尚书郎莫者阿胡等人,前往北魏朝见,进贡黄金两百斤,并呈献讨伐夏国方略。

15　闰月丁未(十一日),北魏国主拓跋嗣抵达河内,登太行山,又到达高都。

北魏将军叔孙建,从滑台向西增援,与大将奚斤合兵一处,攻打虎牢城。虎牢被围困已有两百多天,没有一天不在作战,守城的精锐士卒几乎全部战死,而北魏围城军却越增越多。北魏军已摧毁了虎牢的外城。刘宋守将毛德祖又构筑了三层内城用来抵御,北魏再摧毁其中二城。毛德祖只保住最后一城,日夜奋战,守城的将士不能睡眠,眼睛都长疮。毛德祖与士卒恩义相结,始终团结一心。这时,檀道济驻军湖陆,豫州刺史刘粹驻军项城,龙骧将军沈叔狸驻军高桥,都畏惧北魏兵强势盛,不敢前来救援。丁巳(二十一日),北魏军挖地道,宣泄虎牢城里的井水,井深四十丈,山势高峻陡峭,守军无法阻止魏军挖掘。城中开始缺水,人马干渴困倦,受伤的人已流不出鲜血,再加上饥饿和瘟疫,守军难以坚持下去。北魏军仍然发动急攻。己未(二十三日),城破。将士想要保护毛德祖突围,毛德祖说:"我发誓与此城一同毁灭,大义所在,我不能使城陷而我仍然生存。"拓跋嗣传令攻城将士:"碰上毛德祖,必须生擒。"北魏将军、代郡人豆代田俘虏了毛德祖,呈献给拓跋嗣。刘宋将领在虎牢城中的,也都被魏军生擒,唯独参军范道基率领两百人突围,返回江南。北魏南征士卒死于瘟疫的,也有十分之二三。

北魏大将奚斤等完全占领了刘宋的司州、兖州、豫州所属各郡县,设置地方官安抚治理。北魏国主拓跋嗣命将军周几镇守河南,河南人安于北魏的统治。

刘宋司空徐羡之、尚书令傅亮、领军将军谢晦因为前方战败,丧失国土,上疏皇帝刘义符,自请处分。刘义符下诏,不予追究。

16　徐羡之兄子吴郡太守佩之颇豫政事,与侍中王韶之、程道惠、中书舍人邢安泰、潘盛结为党友。时谢晦久病,不堪见客。佩之等疑其诈疾,有异图,乃称羡之意以告傅亮,欲令亮作诏诛之。亮曰:“我等三人同受顾命,岂可自相诛戮!诸君果行此事,亮当角巾步出掖门耳。”佩之等乃止。

17　五月,魏主还平城。

18　六月己亥,魏宜都文成王穆观卒。

19　丙辰,魏主北巡,至参合陂。

20　秋,七月,尊帝母张夫人为皇太后。

21　魏主如三会屋侯泉。八月辛丑,如马邑,观灅源。

22　柔然寇河西,河西王蒙逊命世子政德击之。政德轻骑进战,为柔然所杀。蒙逊立次子兴为世子。

23　九月乙亥,魏主还宫。召奚斤还平城,留兵守虎牢;使娥清、周几镇枋头;以司马楚之所将户口置汝南、南阳、南顿、新蔡四郡,以益豫州。

24　冬,十月癸卯,魏人广西宫外垣,周二十里。

25　秃发傉檀之死也,河西王蒙逊遣人诱其故太子虎台,许以番禾、西安二郡处之,且借之兵,使伐秦,报其父雠,复取故地。虎台阴许之,事泄而止。秦王炽磐之后,虎台之妹也,炽磐待之如初。后密与虎台谋曰:“秦本我之仇雠,虽以婚姻待之,盖时宜耳。先王之薨,又非天命。遗令不治者,欲全济子孙故也。为人子者,岂可臣妾于仇雠而不思报复乎!”乃与武卫将军越质洛城谋弑炽磐。后妹为炽磐左夫人,知其谋而告之,炽磐杀后及虎台等十馀人。

16　徐羡之的侄儿、吴郡太守徐佩之经常干预朝廷政事,与侍中王韶之、程道惠,中书舍人邢安泰、潘盛,结成党羽。当时谢晦一直患病,不能接见宾客。徐佩之怀疑谢晦装病,另有阴谋,于是他声称这是徐羡之的想法,把它告诉了傅亮,想要让傅亮草拟诏书,诛杀谢晦。傅亮说:"我们三人共同接受先帝遗诏,怎么可以自相残杀!你们一定要这样做,我只好换上平民衣服,徒步走出宫城侧门!"徐佩之一伙才罢休。

17　五月,北魏国主拓跋嗣返回平城。

18　六月己亥(初四),北魏宜都文成王穆观去世。

19　丙辰(二十一日),北魏国主向北视察,抵达参合陂。

20　秋季,七月,刘宋少帝尊母亲张夫人为皇太后。

21　北魏国主拓跋嗣到达三会屋侯泉。八月辛丑(初七),又抵达马邑,察看灅水源头。

22　柔然汗国攻击河西,河西王沮渠蒙逊命令他的世子沮渠政德迎战。沮渠政德率轻骑兵进攻,为柔然所杀。沮渠蒙逊立其次子沮渠兴为世子。

23　九月乙亥(十一日),北魏国主拓跋嗣回宫。命正在南征的大将军奚斤返回平城,留下军队镇守虎牢;命中领军娥清、将军周几镇守枋头;以司马楚之率领的部众设置汝南、南阳、南顿、新蔡四郡,来增加豫州的管辖范围。

24　冬季,十月癸卯(初十),北魏扩建平城西宫外墙,周长二十里。

25　当初,南凉景王秃发傉檀被毒死后,河西王沮渠蒙逊派人引诱南凉太子秃发虎台,承诺把番禾、西安二郡借给他,并借给他军队,让他去讨伐西秦,为父报仇,光复故土。秃发虎台暗地里答应下来了,后来消息泄漏,只好作罢。西秦王乞伏炽磐的王后,是秃发虎台的妹妹,所以乞伏炽磐对待秃发虎台仍跟从前一样。但是王后却与其兄秃发虎台秘密策划说:"西秦本是我们的世仇,虽然结成了姻亲,也不过是一时权宜之计。先王的死,不是寿终天年。临死吩咐不要治疗,是为了保全后代子孙的缘故啊。身为子女,怎么甘心做仇人的臣仆姬妾,而不想复仇!"于是,他们与武卫将军越质洛城共同策划谋杀乞伏炽磐。王后的妹妹是乞伏炽磐的左夫人,知道了她兄姊的阴谋后,报告了乞伏炽磐,乞伏炽磐于是斩杀王后、秃发虎台等十馀人。

26　十一月，魏周几寇许昌，许昌溃，颍川太守李元德奔项。戊辰，魏人围汝阳，汝阳太守王公度亦奔项。刘粹遣其将姚耸夫等将兵助守项城。魏人夷许昌城，毁钟城，以立封疆而还。

27　己巳，魏太宗殂。壬申，世祖即位，大赦。十二月庚子，魏葬明元帝于金陵。庙号太宗。

魏主追尊其母杜贵嫔为密皇后。自司徒长孙嵩以下普增爵位。以襄城公卢鲁元为中书监，会稽公刘絜为尚书令，司卫监尉眷、散骑侍郎刘库仁等八人分典四部。眷，古真之弟子也。

以河内镇将代人罗结为侍中、外都大官，总三十六曹事。结时年一百七，精爽不衰，魏主以其忠悫，亲任之，使兼长秋卿，监典后宫，出入卧内。年一百一十，乃听归老，朝廷每有大事，遣骑访焉。又十年乃卒。

左光禄大夫崔浩研精经术，练习制度，凡朝廷礼仪，军国书诏，无不关掌。浩不好老、庄之书，曰："此矫诬之说，不近人情。老聃习礼，仲尼所师，岂肯为败法之书以乱先王之治乎！"尤不信佛法，曰："何为事此胡神！"及世祖即位，左右多毁之。帝不得已，命浩以公归第，然素知其贤，每有疑议，辄召问之。浩纤妍洁白如美妇，常自谓才比张良而稽古过之。既归第，因修服食养性之术。

26 十一月,北魏将军周几进攻许昌,许昌城崩溃,刘宋颍川太守李元德逃奔项城。戊辰(初五),北魏军围攻汝阳,刘宋汝阳太守王公度也逃到项城。于是,刘宋豫州刺史刘粹派遣将领姚耸夫等率兵增援,固守项城。北魏军夷平了许昌城,毁坏了钟城的城墙,确定魏宋新的边界,然后便回去了。

27 己巳(初六),北魏国主拓跋嗣去世。壬申(初九),太子拓跋焘登极,大赦天下。十二月庚子(初八),北魏在金陵安葬了明元帝拓跋嗣,庙号太宗。

北魏新国主拓跋焘追尊其母杜贵嫔为密皇后。自司徒长孙嵩以下普遍擢升爵位。任命襄城公卢鲁元为中书监,会稽公刘絜为尚书令,司卫监尉眷、散骑侍郎刘库仁等八人分别掌管东、西、南、北四部。尉眷是尉古真的侄儿。

北魏任命河内镇将代郡人罗结为侍中、外都大官,总管三十六个部门的事务。罗结当时已有一百零七岁,精力旺盛,拓跋焘认为他忠诚憨直,十分尊敬信任他,命他再兼长秋卿,负责管理后宫日常事务,可以出入卧室寝殿。一百一十岁时,才准许他告老还乡,朝廷每有大事,仍派人骑马去向他请教。又过了十年他才去世。

北魏左光禄大夫崔浩精通儒家经典,对于朝廷制度和各级机构的功能,尤其熟悉。因此,凡是朝廷礼仪典章、军国诏令,全由他负责。崔浩不喜欢老子、庄子的著作,说:"这些都是虚妄、矫情的学说,和人情世态不大切近。老聃研究礼仪,是被孔丘尊为老师的人,怎么竟然写出败坏礼教的著作,而搞乱先古圣王的治世之道呢!"崔浩尤其不信佛教,说:"为什么要崇拜这个胡人的神!"拓跋焘即位后,他的左右亲信大臣常常攻击崔浩。拓跋焘不得已,只好命崔浩保留公爵,返回私宅。但是,因为他素知崔浩的贤明智慧,朝廷凡是发生争议,出现疑难问题,拓跋焘总是要召见他,听取他的意见。崔浩肌肤洁白细腻,如同美妇,常自以为才干可与张良相比,而考辨古制方面更超过张良。返回私宅后,崔浩又研究修身养性的办法。

初,嵩山道士寇谦之,赞之弟也,修张道陵之术,自言尝遇老子降,命谦之继道陵为天师,授以辟谷轻身之术及《科戒》二十卷,使之清整道教。又遇神人李谱文,云老子之玄孙也。授以《图箓真经》六十馀卷,使之辅佐北方太平真君。出天宫静轮之法,其中数篇,李君之手笔也。谦之奉其书献于魏主。朝野多未之信,崔浩独师事之,从受其术,且上书赞明其事曰:"臣闻圣王受命,必有天应,《河图》《洛书》皆寄言于虫兽之文,未若今日人神接对,手笔粲然,辞旨深妙,自古无比。岂可以世俗常虑而忽上灵之命!臣窃惧之。"帝欣然,使谒者奉玉帛、牲牢祭嵩岳,迎致谦之弟子在山中者,以崇奉天师,显扬新法,宣布天下。起天师道场于平城之东南,重坛五层。给道士百二十人衣食,每月设厨会数千人。

臣光曰:老、庄之书,大指欲同死生,轻去就。而为神仙者,服饵修炼以求轻举,炼草石为金银,其为术正相戾矣。是以刘歆《七略》叙道家为诸子,神仙为方技。其后复有符水、禁咒之术,至谦之遂合而为一。至今循之,其讹甚矣!崔浩不喜佛、老之书而信谦之之言,其故何哉!昔臧文仲祀爰居,孔子以为不智。如谦之者,其为爰居亦大矣。"《诗》三百,一言以蔽之,曰思无邪。"君子之于择术,可不慎哉!

最初，嵩山道士寇谦之，即寇赞之的弟弟，修炼张道陵的法术，自称曾经见过老子降临人世，老子命令他继承张道陵的法统，担任天师，并传授他不进饮食和飞腾升空的法术，以及符咒《科戒》二十卷，命他重新清理整顿道教。后来，又遇见了神人李谱文，据说是老子李耳的玄孙。授以《图箓真经》六十馀卷，命他辅佐北方太平真君。又传授天宫静轮之法，其中有几篇还是出自李谱文的手笔。寇谦之把这本书呈献给北魏国主拓跋焘。朝野上下很多人都不相信，唯独崔浩把寇谦之当作老师尊奉，追随他学习法术，并且上疏皇帝赞扬寇谦之说："臣曾经听说，圣明的君王接受天命，上天必定有祥瑞相应。《河图》《洛书》都是像虫子一样的古文字，不像今天，人神面对，手书笔迹十分清晰，辞意深奥奇妙，自古以来，无与伦比。怎么可以因世俗的顾虑，忽视上天的旨意！臣感到恐惧。"拓跋焘大喜，命令谒者携带玉器、绸缎、猪牛羊祭祀嵩山，并迎接寇谦之在山中修炼的弟子到平城，表示崇奉天师，宣扬道法，遍告天下周知。于是，在平城东南建立天师道场，设坛，坛高五层。朝廷供给道士一百二十人衣服饮食，每月道场设置厨房，供给膳食，与会的有数千人。

臣司马光说：老子、庄子的著作，主要是要人们超脱生死，把生与死一样看待，轻视人世的来去进退。而要成仙的人，靠吞服丹药，常加修炼以求飞腾升天，烧炼草木石以求变成黄金白银。这方法跟老庄的基本思想恰恰相反。所以刘歆著《七略》，把道家归入《诸子略》，神仙归入《方技略》。此后又有符水、咒语等等法术，到寇谦之将以上种种合而为一。一直因循至今，这是一个大错误啊！崔浩不崇信佛教，不喜读老子的著作，却相信寇谦之的话，这是什么缘故呢？过去臧文仲祭祀爰居鸟，孔丘认为他不明智。至于寇谦之，比起爰居鸟，则大得多了！《诗经》三百首，一言以蔽之，就是思无邪。"君子对于思想和学说的选择，不能不谨慎啊！

卷第一百二十　宋纪二

起甲子(424)尽丁卯(427)凡四年

太祖文皇帝上之上
元嘉元年(甲子,424)

1　春,正月,魏改元始光。

2　丙寅,魏安定殇王弥卒。

3　营阳王居丧无礼,好与左右狎昵,游戏无度。特进致仕范泰上封事曰:"伏闻陛下时在后园,颇习武备,鼓鞞在宫,声闻于外。黩武掖庭之内,喧哗省闼之间,非徒不足以威四夷,只生远近之怪。陛下践阼,委政宰臣,实同高宗谅暗之美。而更亲狎小人,惧非社稷至计,经世之道也。"不听。泰,宁之子也。

南豫州刺史庐陵王义真,警悟爱文义,而性轻易,与太子左卫率谢灵运、员外常侍颜延之、慧琳道人情好款密。尝云:"得志之日,以灵运、延之为宰相,慧琳为西豫州都督。"灵运,玄之孙也,性褊傲,不遵法度。朝廷但以文义处之,不以为有实用。灵运自谓才能宜参权要,常怀愤邑。延之,含之曾孙也,嗜酒放纵。

太祖文皇帝上之上

宋文帝元嘉元年(甲子,公元 424 年)

1　春季,正月,北魏改年号为始光。

2　丙寅(初四),北魏安定殇王拓跋弥去世。

3　营阳王刘义符在为其父刘宋武帝刘裕服丧期间,喜欢与左右侍从亲昵轻佻,嬉戏游乐,不能自我节制。以特进衔退休的范泰,向刘义符呈上一本用皂囊封板的奏章,说:"我听说陛下常常在后花园习武练功,鼓鞞虽在宫中,鼓声却远传宫外。在禁宫深院,打闹砍杀,又在朝廷各部公堂之间,喧哗嘶喊。如此,则不但不能威服四方夷族,而只能使远近各邦觉得怪诞不经。陛下即位以来,把政务都交给了宰相大臣,实际上同商朝的高宗武丁一样,有着服丧期间闭口不言的美誉。想不到您却与小人亲近,恐怕这不是治理国家的好办法和维持世风的好策略。"刘义符没有理会范泰的劝告。范泰是范宁的儿子。

刘宋南豫州刺史庐陵王刘义真,聪睿敏捷,喜爱文学,但是性情轻浮,常与太子左卫率谢灵运、员外常侍颜延之以及慧琳道人等情投意合,过从甚密。刘义真曾经说:"有朝一日我当上皇帝,就任命谢灵运、颜延之任宰相,慧琳道人为西豫州都督。"谢灵运是谢玄的孙子,性情傲慢偏激,不遵守法令及世俗的约束。当时朝廷只把他放在文学侍从之臣的位置上,却不认为他有从事实际工作的才干。而谢灵运却自认为他的才能,应该参与朝廷机要,因而常常愤愤不平。颜延之是颜含的曾孙,喜爱饮酒,放荡不羁。

徐羡之等恶义真与灵运等游,义真故吏范晏从容戒之,义真曰:"灵运空疏,延之隘薄,魏文帝所谓'古今文人类不护细行'者也。但性情所得,未能忘言于悟赏耳。"于是羡之等以为灵运、延之构扇异同,非毁执政,出灵运为永嘉太守,延之为始安太守。

义真至历阳,多所求索,执政每裁量不尽与。义真深怨之,数有不平之言,又表求还都,谘议参军庐江何尚之屡谏,不听。时羡之等已密谋废帝,而次立者应在义真。乃因义真与帝有隙,先奏列其罪恶,废为庶人,徙新安郡。前吉阳令堂邑张约之上疏曰:"庐陵王少蒙先皇优慈之遇,长受陛下睦爱之恩,故在心必言,所怀必亮,容犯臣子之道,致招骄恣之愆。至于天姿凤成,实有卓然之美,宜在容养,录善掩瑕,训尽义方,进退以渐。今猥加剥辱,幽徙远郡,上伤陛下常棣之笃,下令远近怅然失图。臣伏思大宋开基造次,根条未繁,宜广树藩戚,敦睦以道。人谁无过,贵能自新。以武皇之爱子,陛下之懿弟,岂可以其一眚,长致沦弃哉!"书奏,以约之为梁州府参军,寻杀之。

4　夏,四月甲辰,魏主东巡大宁。

5　秦王炽磐遣镇南将军吉毗等帅步骑一万南伐白苟、车孚、崔提、旁为四国,皆降之。

司空徐羡之等对刘义真与谢灵运的交游,十分厌恶。刘义真的旧部范晏曾婉言规劝刘义真,刘义真说:"谢灵运思想空疏不切实际,颜延之心胸狭窄,见识浅薄,正如魏文帝曹丕所说的,'古今文人,多不拘小节'啊!然而,我们几人性情相投,不能像古人说的互相理解而忘了言语那样。"于是,徐羡之等认为谢灵运、颜延之挑拨是非,离间亲王与朝廷的关系,诽谤朝廷要臣,贬谢灵运为永嘉太守,颜延之为始安太守。

刘义真来到历阳之后,不断向朝廷索要供应,掌权的朝臣每次都裁减,不完全听命。刘义真深怀怨恨,经常有愤懑不平的言论,又上书朝廷请求回到京师建康。谘议参军庐江人何尚之多次进言劝阻,刘义真拒不接受。此时,徐羡之等已经在密谋策划废黜少帝刘义符。问题在于废黜刘义符后,身为次子的刘义真依照顺序,应当继位。于是,徐羡之等便利用刘义真与刘义符之间早已存在的宿怨,先上疏弹劾刘义真的种种罪行,将刘义真贬为平民,放逐到新安郡。前吉阳县令堂邑人张约之上疏说:"庐陵王从小就得到先帝优厚慈爱的待遇,长大后又受到陛下和睦友爱的恩宠,所以心里有什么话,一定要说出来,内心想什么,一定会不加掩饰地表现出来。或许在某些地方违背了为臣之道,招致骄傲放纵而带来的灾祸。但他聪明早熟,确有过人的才华,应该对他宽容教养,发挥他的长处,宽恕他的缺点,以恰当的方法训诫引导,升降都不应该过急。如今朝廷突然剥夺了他的爵位,把他放逐并幽禁到边远的地方。对上伤害了陛下手足之情,对下使远近民心仓皇失措。我认为,我们大宋刚刚建立,宗室枝叶未繁,应该广泛树立藩属屏障,互相之间,敦厚和睦。人谁能无过,可贵的是能够改过自新。刘义真是武皇帝的爱子,是陛下的品德美好的弟弟,怎么可以因为他一时之过,就长期地舍弃放逐!"奏疏呈上后,朝廷任命张约之为梁州府参军,不久,便把他杀了。

4 夏季,四月甲辰(十四日),北魏国主拓跋焘向东巡视,抵达大宁。

5 西秦王乞伏炽磐派遣镇南将军乞伏吉毗等,率领步、骑兵共一万人,向南讨伐白苟、车孚、崔提、旁为等四个部族,全部降服。

6　徐羨之等以南兖州刺史檀道济先朝旧将,威服殿省,且有兵众,乃召道济及江州刺史王弘入朝。五月,皆至建康,以废立之谋告之。

甲申,谢晦以领军府屋败,悉令家人出外,聚将士于府内,又使中书舍人邢安泰、潘盛为内应。夜,邀檀道济同宿,晦悚动不得眠,道济就寝便熟,晦以此服之。

时帝于华林园为列肆,亲自沽卖。又与左右引船为乐,夕,游天渊池,即龙舟而寝。乙酉诘旦,道济引兵居前,羨之等继其后,入自云龙门。安泰等先诫宿卫,莫有御者。帝未兴,军士进杀二侍者,伤帝指,扶出东阁,收玺绶,群臣拜辞,卫送故太子宫。

侍中程道惠劝羨之等立皇弟南豫州刺史义恭。羨之等以宜都王义隆素有令望,又多符瑞,乃称皇太后令,数帝过恶,废为营阳王,以宜都王纂承大统,赦死罪以下。又称皇太后令,奉还玺绶,并废皇后为营阳王妃,迁营阳王于吴。使檀道济入守朝堂。王至吴,止金昌亭。六月癸丑,羨之等使邢安泰就弑之。王多力,突走出昌门,追者以门关踣而弑之。

　　裴子野论曰:古者人君养子,能言而师授之辞,能行而傅相之礼。宋之教诲,雅异于斯,居中则任仆妾,处外则近趋走。太子、皇子,有帅,有侍,是二职者,皆台皂也。制其行止,授其法则,导达臧否,罔弗由之。

6 刘宋司空徐羨之等因南兖州刺史檀道济是刘宋武帝时代的大将,威望震慑朝廷内外,而且掌握强大的军队,于是,便征召檀道济及江州刺史王弘入朝。五月,二人先后抵达京师建康,徐羨之等就把废立皇帝的计划告诉了他们。

甲申(二十四日),领军将军谢晦声称:领军将军府第破败,于是将家人全部迁到别的地方,而在府中聚集了将士,又派中书舍人邢安泰、潘盛为内应。这天夜里,谢晦邀请檀道济同居一室,谢晦又紧张又激动,不能合眼,檀道济却倒头便睡,十分酣畅,谢晦不由得大为敬服。

当时,少帝刘义符在皇家华林园开了一排商店,亲自买入卖出,讨价还价。又跟左右佞臣一起,划船取乐。傍晚,刘义符又率左右游逛天渊池,夜里就睡在龙舟上。乙酉(二十五日)凌晨,檀道济引兵开路,徐羨之等随后继进,从云龙门入宫。邢安泰等已先行说服了皇家禁卫军,所以没有人出来阻挡。刘义符还没有起床,军士已经闯入,杀掉刘义符的两个侍从,砍伤刘义符的手指,将刘义符扶持出东阁,收缴了皇帝的玉玺和绶带。文武百官向他叩拜辞行,由军士把刘义符送回到他的故居太子宫。

侍中程道惠劝徐羨之等人拥立皇弟、南豫州刺史刘义恭。徐羨之等却认为宜都王刘义隆一向有很高的声望,又多有祥瑞之兆出现,于是,就宣称奉皇太后张氏之命,列举刘义符的过失罪恶,废为营阳王,而由宜都王刘义隆继承皇帝之位,赦免死罪以下人犯。又声称奉皇太后之命,收回皇帝印信,贬皇后司马茂英为营阳王妃,把刘义符送到吴郡。由檀道济入宫守卫朝堂。刘义符抵达吴郡后,被软禁在金昌亭。六月癸丑(二十四日),徐羨之等派邢安泰前去刺杀刘义符。刘义符年轻力壮,备战突围,逃出昌门,追兵用门闩捶击,将刘义符打翻在地杀死。

裴子野评论说:古代君王养育儿子,在他们会说话的时候,由师傅教他文辞;会走路的时候,由师傅教他礼仪。刘宋国的皇家教育,一向与此不同:皇子在宫里的时候,交给奴仆婢女;在宫外,则依靠左右跟班。不论是太子,还是皇子,都有所属的"帅"和"侍",但是,担任这两种职务的人,都是等级低下的臣仆。太子、皇子的言谈举止,教育修养,以及善恶行为都由他们诱导。

言不及于礼义,识不达于今古,谨敕者能劝之以吝啬,狂愚者或诱之以凶慝。虽有师傅,多以耆艾大夫为之;虽有友及文学,多以膏粱年少为之。具位而已,亦弗与游。幼王临州,长史行事;宣传教命,又有典签。往往专恣,窃弄威权,是以本根虽茂而端良甚寡。嗣君冲幼,世继奸回,虽恶物丑类,天然自出,然习则生常,其流远矣。降及太宗,举天下而弃之,亦昵比之为也。呜呼!有国有家,其鉴之矣!

7 傅亮帅行台百官奉法驾迎宜都王于江陵。祠部尚书蔡廓至寻阳,遇疾不堪前。亮与之别。廓曰:"营阳在吴,宜厚加供奉。一旦不幸,卿诸人有弑主之名,欲立于世,将可得邪!"时亮已与羡之议害营阳王,乃驰信止之,不及。羡之大怒曰:"与人共计议,如何旋背即卖恶于人邪!"羡之等又遣使者杀前庐陵王义真于新安。

羡之以荆州地重,恐宜都王至,或别用人,乃亟以录命除领军将军谢晦行都督荆湘等七州诸军事、荆州刺史,欲令居外为援,精兵旧将,悉以配之。

而他们口中从不谈论礼义，见识浅薄。因此，拘束谨慎的人，能把太子和皇子引向小气鄙俗，而狂妄粗暴的人，则可能把太子和皇子引向凶暴与邪恶。太子、皇子们虽然也有老师，多由年迈力衰的大臣充任；虽然也有"友"和文学这些设置，但多是些纨绔子弟充当。徒有其名而已，皇子们也不愿跟这些人来往。年幼的亲王，赴州就任，而负实际责任的，却是长史；推广教化，执行政务，又有典签一官。这些人往往窃弄权柄，恣意横行。所以，皇族根部虽然很茂盛，优良的枝叶却很少。继位的小皇帝年纪幼小，邪恶奸佞之人世代不断。虽然恶物丑类，出自上天，然而习惯已成，流毒久远呵！直到刘宋太宗皇帝刘彧，更是无道，连整个国家都丢弃了他，也是由于亲近奸佞小人的缘故呀！呜呼！有国有家的人，应当以此为鉴。

7　刘宋尚书令傅亮，率领行台的文武百官，携带皇帝专用的法驾，前往江陵迎接宜都王刘义隆。随行的祠部尚书蔡廓走到寻阳，患病不能继续前进。傅亮与蔡廓辞别。蔡廓说："如今营阳王刘义符在吴郡，朝廷的供奉应十分优厚。万一发生不幸，你们几人有弑君之罪名，到那时候，仍想活在世上就难了！"当时，傅亮已经与徐羡之商量好，决定谋害营阳王刘义符，听了蔡廓这番话后，便急忙写信给徐羡之，阻止这次行动，但已来不及。徐羡之大怒，说："与人共同商议的计划，怎么能够转过身就改变主意，而把恶名加给别人呢！"徐羡之等又派杀手，杀死了流放在新安的庐陵王刘义真。

徐羡之认为荆州之地十分重要，恐怕宜都王刘义隆抵达京师后，或许任命别人继任，于是他以录尚书事、总领朝政的名义，任命领军将军谢晦代理都督荆、湘等七州诸军事，兼荆州刺史，希望谢晦居外地作为声援。于是，为谢晦配备了精锐军队和能征善战的将领。

秋，七月，行台至江陵，立行门于城南，题曰"大司马门"。傅亮帅百僚诣门上表，进玺绂，仪物甚盛。宜都王时年十八，下教曰："猥以不德，谬降大命，顾己兢悸，何以克堪！辄当暂归朝廷，展哀陵寝，并与贤彦申写所怀。望体其心，勿为辞费。"府州佐史并称臣，请题榜诸门，一依宫省。王皆不许。教州、府、国纲纪宥所统内见刑，原通责。

诸将佐闻营阳、庐陵王死，皆以为疑，劝王不可东下。司马王华曰："先帝有大功于天下，四海所服。虽嗣主不纲，人望未改。徐羡之中才寒士，傅亮布衣诸生，非有晋宣帝、王大将军之心明矣。受寄崇重，未容遽敢背德。畏庐陵严断，将来必不自容。以殿下宽睿慈仁，远近所知，且越次奉迎，冀以见德。悠悠之论，殆必不然。又，羡之等五人，同功并位，孰肯相让！就怀不轨，势必不行。废主若存，虑其将来受祸，致此杀害。盖由贪生过深，宁敢一朝顿怀逆志！不过欲握权自固，以少主仰待耳。殿下但当长驱六辔，以副天人之心。"王曰："卿复欲为宋昌邪！"长史王昙首、南蛮校尉到彦之皆劝王行，昙首仍陈天人符应，王乃曰："诸公受遗，不容背义。且劳臣旧将，内外充满，今兵力又足以制物，夫何所疑！"乃命王华总后任，留镇荆州。王欲使到彦之将兵前驱，彦之曰："了彼不反，便应朝服顺流；若使有虞，此师既不足恃，更开嫌隙之端，非所以副远迩之望也。"会雍州刺史褚叔度卒，乃遣彦之权镇襄阳。

秋季,七月,行台到江陵,把象征性的宫城城门,立在城南,题名:"大司马门"。傅亮率领文武百官前往"大司马门",呈上奏章、皇帝玉玺和服装,仪式盛大隆重。宜都王刘义隆当时年仅十八岁,发布文告说:"我无才无德,蒙上天错爱降下大命。我实在惶恐惊悸,怎么能够担负起如此大任!现在暂且回到京师,哀祭祖先陵墓,并与朝中贤能的大臣陈述我的意见,希望诸位大臣体谅我的用心,不要再说别的。"荆州府州长史及其他辅助官员一律称臣,并请求仿效国都宫城,更改各门名称。刘义隆一概不许。而且命令荆州、都督府和宜都国的官署宽恕管辖地区内已判决的罪人和无力还债的犯人。

　　刘义隆左右将领和亲信闻知营阳王刘义符、庐陵王刘义真二人被杀身死,都认为可疑,劝刘义隆不要东下。司马王华说:"先帝功盖天下,四海威服。虽然继承人违法犯纪,皇家的威望却没有改变。徐羡之才能中等,出身寒士,傅亮也是由平民起家的书生,他们并没有晋宣帝司马懿、王敦那样的野心,这一点是很明显的。他们接受托孤的重任,享有崇高的地位,一时不会背叛。只是害怕庐陵王刘义真的不宽宥,将来无地自容,才痛下毒手。殿下聪睿机敏,仁慈宽厚,远近闻名。他们这次破格率众前来奉迎,是希望殿下感激他们。毫无根据的谣言,一定不是真的。另外,徐羡之等五人,功劳地位相同,谁肯服谁?即使他们中有人心怀不轨,企图背叛,也势必不成。被废黜的君主如果活着,他们担心将来遭到报复,所以才起杀机。是因为他们过于贪生怕死的缘故,他们怎么敢一朝之间突然谋反呢!只不过想牢牢地掌握大权,巩固地位,奉立年轻的君主使自己得到重视而已!殿下只管坐上六匹马拉的车驾,长驱直入,才能不辜负上天及百姓的希望。"宜都王刘义隆说:"你莫非想当宋昌第二!"长史王昙首、南蛮校尉到彦之等都劝刘义隆动身东行。王昙首又分析了天象和人间的种种祥瑞征兆,刘义隆才说:"徐羡之等接受先帝的遗命,不至于背义忘恩。而且功臣旧将,布满朝廷内外,现有的兵力又足以制服叛乱,如此,我还有什么可疑虑的呢!"于是,刘义隆命令王华总管善后事务,留守荆州。又想派到彦之率军作前锋,先行出发开道。到彦之说:"如果肯定他们不反,就应该穿上官服,顺流而下;倘若万一发生不测,我的这支军队根本不能抵御,却使他们由此产生误会,不符合远近人民对我们的期望。"正好雍州刺史褚叔度去世,刘义隆就派遣到彦之暂且镇守襄阳。

甲戌，王发江陵，引见傅亮，号泣，哀动左右。既而问义真及少帝废本末，悲哭呜咽，侍侧者莫能仰视。亮流汗沾背，不能对。乃布腹心于到彦之、王华等，深自结纳。王以府州文武严兵自卫，台所遣百官众力不得近部伍。中兵参军朱容子抱刀处王所乘舟户外，不解带者累旬。

8　魏主还宫。

9　秦王炽磐遣太子暮末帅征北将军木弈干等步骑三万出貂渠谷，攻河西白草岭、临松郡，皆破之，徙民二万馀口而还。

10　八月丙申，宜都王至建康，群臣迎拜于新亭。徐羡之问傅亮曰：“王可方谁？”亮曰：“晋文、景以上人。”羡之曰：“必能明我赤心。”亮曰：“不然。”

丁酉，王谒初宁陵，还，止中堂。百官奉玺绶，王辞让数四，乃受之，即皇帝位于中堂。备法驾入宫，御太极前殿，大赦，改元，文武赐位二等。

戊戌，谒太庙。诏复庐陵王先封，迎其枢及孙修华、谢妃还建康。

庚子，以行荆州刺史谢晦为真。晦将行，与蔡廓别，屏人问曰：“吾其免乎？”廓曰：“卿受先帝顾命，任以社稷，废昏立明，义无不可。但杀人二兄而以之北面，挟震主之威，据上流之重，以古推今，自免为难。”晦始惧不得去，既发，顾望石头城喜曰：“今得脱矣！”

甲戌(十五日),刘义隆一行从江陵出发,他接见了傅亮,痛哭不已,悲哀的情绪感动了左右侍从人员。过了一会儿,刘义隆又问及刘义真及少帝刘义符被废及被杀的经过,不胜哀恸,悲哭不止,两旁侍从都不敢抬头。傅亮汗流浃背,张口结舌不能应对。过后,傅亮派心腹去结交到彦之、王华这些人,与他们建立亲密的关系。刘义隆命令他的府州文武百官和军队加强保护,严密戒备。从建康来的临时朝廷的文武官员和军队则不能接近他的队伍。中兵参军朱容子,手抱佩刀,守卫在刘义隆所乘船舱房门外,衣不解带地守卫长达几十天。

8　北魏国主拓跋焘回宫。

9　西秦王乞伏炽磐派遣太子乞伏暮末统率征北将军木弈干等以及步骑兵三万多人,从貂渠谷出击,进攻北凉的白草岭和临松郡,秦军都攻破这几个地方,俘虏居民两万馀人而还。

10　八月丙申(初八),宜都王刘义隆抵达京师建康,朝廷文武百官都赶赴新亭迎接叩拜。徐羡之问傅亮说:"王可以比历史上的谁?"傅亮说:"比晋文帝、景帝还要高明。"徐羡之说:"他一定明白我们的一片忠心。"傅亮说:"未必。"

丁酉(初九),刘义隆拜谒了其父宋武帝的陵墓初宁陵,回来停留在中堂。朝廷的文武百官呈上皇帝的印信,刘义隆推让了四次,才接受,在中堂继承了皇位。然后又乘坐皇帝专用的法驾入宫,登太极前殿,下令大赦,改年号为元嘉,文武百官一律加官二等。

戊戌(初十),刘宋文帝祭拜皇家祖庙。下诏恢复刘义真庐陵王的封号,把刘义真的灵柩及刘义真的母亲孙修华、刘义真的正室谢妃迎回建康。

庚子(十二日),刘宋文帝下诏,命代理荆州刺史谢晦改为实任。谢晦赴任前,向蔡廓辞行。谢晦屏去左右侍从,问蔡廓:"你看我能够幸免吗?"蔡廓说:"你们接受先帝临终托孤大事,以社稷的兴衰为己任,废黜昏庸无道的君主而改立英明的皇帝,从道义上讲,没有什么不可。可是,杀害人家的两个哥哥,却又北面称臣,则有震主之威。你又镇守长江上流重镇,这样,以古推今,你恐怕在劫难逃。"谢晦这才开始害怕无法得以逃脱,等到船只离岸,谢晦回首顾望石头城,按捺不住内心的喜悦,说:"今日终于得以脱险了!"

　　癸卯，徐羡之进位司徒，王弘晋位司空，傅亮加开府仪同三司，谢晦进号卫将军，檀道济进号征北将军。

　　有司奏车驾依故事临华林园听讼。诏曰："政刑多所未悉，可如先者，二公推讯。"

　　帝以王昙首、王华为侍中，昙首领右卫将军，华领骁骑将军，朱容子为右军将军。

11　甲辰，追尊帝母胡婕妤曰章皇后。封皇弟义恭为江夏王，义宣为竟陵王，义季为衡阳王；仍以义宣为左将军，镇石头。

　　徐羡之等欲即以到彦之为雍州，帝不许。征彦之为中领军，委以戎政。彦之自襄阳南下，谢晦已至镇，虑彦之不过己。彦之至杨口，步往江陵，深布诚款。晦亦厚自结纳。彦之留马及利剑、名刀以与晦，晦由此大安。

12　柔然纥升盖可汗闻魏太宗殂，将六万骑入云中，杀掠吏民，攻拔盛乐宫。魏世祖自将轻骑讨之，三日二夜至云中。纥升盖引骑围魏主五十馀重，骑逼马首，相次如堵。将士大惧，魏主颜色自若，众情乃安。纥升盖以弟子于陟斤为大将，魏人射杀之。纥升盖惧，遁去。尚书令刘絜言于魏主曰："大檀自恃其众，必将复来，请俟收田毕，大发兵为二道，东西并进以讨之。"魏主然之。

13　九月丙子，立妃袁氏为皇后。耽之曾孙也。

癸卯(十五日),文帝下诏,擢升司空徐羡之为司徒,王弘晋升为司空,傅亮加授开府仪同三司,谢晦则加授卫将军,檀道济进号征北将军。

有关机构上疏奏请文帝,依照惯例,到华林园听取诉讼。文帝下诏说:"我对于政务刑法很不熟悉,可以跟从前一样,仍请徐羡之、王弘二公主持。"

随后,文帝又任命王昙首、王华为侍中,王昙首还兼任右卫将军,王华兼任骁骑将军,朱容子为右军将军。

11 甲辰(十六日),文帝追尊生母胡婕妤为章皇后。封皇弟刘义恭为江夏王,刘义宣为竟陵王,刘义季为衡阳王;仍命刘义宣任左将军,镇守石头。

徐羡之等打算任命到彦之实任雍州刺史,文帝不许。文帝征召到彦之来京,担任中领军,负责京师守卫。到彦之于是从襄阳南下赴京,这时,领军将军谢晦已经到荆州,担心到彦之不会来看自己。到彦之一到杨口,就从陆路前往江陵探望谢晦,真挚地表达自己的诚意。谢晦也推心置腹,缔结友情。到彦之留下自己的名马及利剑、名刀赠给谢晦,谢晦至此才完全放心。

12 柔然汗国纥升盖可汗郁久闾大檀闻知北魏明元帝拓跋嗣去世的消息,率骑兵六万人攻入云中地区,屠杀掳掠吏民百姓,并且攻陷了盛乐宫。北魏国主拓跋焘,亲自率领轻骑兵前往讨伐,他们三天两夜,才抵达云中。纥升盖可汗率领柔然骑兵将拓跋焘的轻骑队伍包围五十馀重,铁骑紧逼拓跋焘的马首,依次排列,如同铁墙。北魏将士大为恐惧,拓跋焘却神情自若,十分镇静,军心这才安定。纥升盖可汗任命他的侄儿郁久闾于陟斤为大将,北魏用箭射杀了他。纥升盖可汗郁久闾大檀恐慌,率柔然大军逃走。尚书令刘絜对拓跋焘说:"郁久闾大檀仗恃他们兵多将广,一定会卷土重来。请等秋天田里的庄稼收割以后,我们派遣大军分兵两路,从东、西两个方向同时并进,加以讨伐。"拓跋焘允准。

13 九月丙子(十八日),刘宋文帝封王妃袁齐妫为皇后。袁齐妫是袁耽的曾孙女。

14 冬，十月，吐谷浑威王阿柴卒。阿柴有子二十人。疾病，召诸子弟谓之曰："先公车骑，以大业之故，舍其子拾虔而授孤。孤敢私于纬代而忘先君之志乎！我死，汝曹当奉慕瑰为主。"纬代者，阿柴之长子；慕瑰者，阿柴之母弟、叔父乌纥提之子也。

阿柴又命诸子各献一箭，取一箭授其弟慕利延使折之。慕利延折之。又取十九箭使折之，慕利延不能折。阿柴乃谕之曰："汝曹知之乎？孤则易折，众则难摧。汝曹当戮力一心，然后可以保国宁家。"言终而卒。

慕瑰亦有才略，抚秦、凉失业之民及氐、羌杂种至五六百落，部众转盛。

15 十二月，魏主命安集将军长孙翰、安北将军尉眷北击柔然，魏主自将屯柞山。柔然北遁，诸军追之，大获而还。翰，肥之子也。

16 诏拜营阳王母张氏为营阳太妃。

17 林邑王范阳迈寇日南、九德诸郡。

18 宕昌王梁弥忽遣子弥黄入见于魏。宕昌，羌之别种也。羌地东接中国，西通西域，长数千里，各有酋帅，部落分地，不相统摄。而宕昌最强，有民二万馀落，诸种畏之。

19 夏主将废太子瑰而立少子酒泉公伦。瑰闻之，将兵七万北伐伦。伦将骑三万拒之，战于高平，伦败死。伦兄太原公昌将骑一万袭瑰，杀之，并其众八万五千，归于统万。夏主大悦，立昌为太子。

14　冬季,十月,吐谷浑可汗慕容阿柴去世。慕容阿柴共有二十个儿子。患病时,慕容阿柴把他的子弟们召集到病榻前,对他们说:"先公车骑将军因维持汗国大业的缘故,不教他的儿子慕容拾虔继承汗位,而把大任交给了我。我怎么敢用私心把汗位传给自己的儿子慕容纬代,而忘记先帝的伟大志向呢!我死后,你们要拥戴慕容慕璝为汗。"慕容纬代是慕容阿柴的长子,慕容慕璝是慕容阿柴同母异父的弟弟、叔父慕容乌纥提的儿子。

慕容阿柴又命令所有的儿子,每人各拿出一箭,在其中抽出一支,叫他的弟弟慕容慕利延折断,慕容慕利延就把它折断。慕容阿柴又把剩下的十九支箭合在一起,叫慕容慕利延折断,慕利延无法折断。慕容阿柴于是告诫大家说:"你们知道吗?一支箭容易折断,一把箭则难以摧折。你们应该同心合力,然后才可以保国保家。"说完就去世了。

慕容慕璝也富有才干韬略,他妥善地安抚了来自凉州、秦州失业的难民,以及羌族、氐族等各部族共五六百馀部落,增加了部众人数和国家的实力。

15　十二月,北魏国主拓跋焘派安集将军长孙翰、安北将军尉眷,北上进攻柔然汗国。拓跋焘亲自率兵,屯驻在柞山。柔然汗国的部众闻讯北逃,北魏的几路大军紧紧追击,大获全胜而回。长孙翰是长孙肥的儿子。

16　刘宋文帝下诏,封营阳王的母亲张氏为营阳太妃。

17　林邑王范阳迈,进犯刘宋日南、九德等郡。

18　宕昌王梁弥忽,派遣他的儿子梁弥黄,前往北魏朝见。宕昌,是羌族的一个支派。羌族所居住的地域,东与中原相接,西与西域相通,东西长数千里。羌族各支各有首领,部落与部落之间也分地而居,不相管辖。其中,属宕昌部的实力最强,共有两万多个部落,其他各部族都非常畏惧他们。

19　夏王赫连勃勃准备废黜太子赫连璝而改立幼子酒泉公赫连伦。赫连璝听到这个消息,立即率兵七万人北上进攻赫连伦。赫连伦率兵三万人迎击,双方在高平大战,赫连伦兵败身死。赫连伦的同胞兄、太原公赫连昌率骑兵一万人袭击赫连璝的大军,斩杀赫连璝,收服了他的部众八万五千人,回到国都统万。夏王大喜,封赫连昌为太子。

夏主好自矜大,名其四门:东曰招魏,南曰朝宋,西曰服凉,北曰平朔。

二年(乙丑,425)

1　春,正月,徐羡之、傅亮上表归政。表三上,帝乃许之。丙寅,始亲万机。羡之仍逊位还第。徐佩之、程道惠及吴兴太守王韶之等并谓非宜,敦劝甚苦。乃复奉诏视事。

2　辛未,帝祀南郊,大赦。

3　己卯,魏主还平城。

4　二月,燕有女子化为男。燕主以问群臣。尚书左丞傅权对曰:"西汉之末,雌鸡化为雄,犹有王莽之祸。况今女化为男,臣将为君之兆也。"

5　三月丙寅,魏主尊保母窦氏为保太后。密后之姐也,世祖尚幼,太宗以窦氏慈良,有操行,使保养之。窦氏抚视有恩,训导有礼,世祖德之,故加以尊号,奉养不异所生。

6　丁巳,魏以长孙嵩为太尉,长孙翰为司徒,奚斤为司空。

7　夏,四月,秦王炽磐遣平远将军叱卢犍等袭河西镇南将军沮渠白蹄于临松,擒之,徙其民五千馀户于枹罕。

8　魏主遣龙骧将军步堆等来聘,始复通好。

夏王赫连勃勃一向妄自尊大,他给都城统万的四个城门分别命名:东门为招魏门,南门为朝宋门,西门为服凉门,北门为平朔门。

宋文帝元嘉二年(乙丑,公元 425 年)

1 春季,正月,刘宋司徒徐羡之、尚书令傅亮上书刘宋文帝,请求皇帝亲自主持朝政,归还政权。一连上奏了三次,刘宋文帝才批准。丙寅(初十),宋文帝开始亲自处理朝廷政务。徐羡之于是辞职返回私宅。徐佩之、侍中程道惠、吴兴太守王韶之等都认为徐羡之此举不合适,苦苦规劝敦促徐羡之返回朝廷。徐羡之于是接受诏书,当朝视事。

2 辛未(十五日),刘宋文帝前往南郊,祭祀天神。下令大赦。

3 己卯(二十三日),北魏国主拓跋焘返回首都平城。

4 二月,北燕国中有女子变成了男子。北燕王以此询问朝中文武官员的意见。尚书左丞傅权回答说:"西汉末年,母鸡变为公鸡,结果出现了王莽篡汉的大祸。何况今天发生的是女子变为男子,这是臣属变成君王的先兆!"

5 三月丙寅(十一日),北魏国主拓跋焘尊奉他的乳母窦氏为保太后。拓跋焘的母亲杜贵嫔死时,拓跋焘年纪尚幼。明元帝拓跋嗣因为窦氏心地善良,品德好,所以让她哺育拓跋焘。窦氏精心照顾拓跋焘,至为疼爱,教导也很有方,拓跋焘十分感激,所以继位后奉上尊号,奉养她跟生母一样。

6 丁巳(初二),北魏国主拓跋焘任命长孙嵩为太尉,长孙翰为司徒,奚斤为司空。

7 夏季,四月,西秦王乞伏炽磐派遣平远将军叱卢捷等袭击北凉国镇南将军沮渠白蹄镇守的临松,擒获沮渠白蹄,把临松五千馀户居民迁徙到西秦首都枹罕。

8 北魏国主拓跋焘派遣龙骧将军步堆等前往刘宋访问,两国又恢复了友好关系。

9 六月,武都惠文王杨盛卒。初,盛闻晋亡,不改义熙年号,谓世子玄曰:"吾老矣,当终为晋臣,汝善事宋帝。"及盛卒,玄自称都督陇右诸军事、征西大将军、开府仪同三司、秦州刺史、武都王,遣使来告丧,始用元嘉年号。

10 秋,七月,秦王炽磐遣镇南将军吉毗等南击黑水羌酋丘担,大破之。

11 八月,夏武烈帝殂,葬嘉平陵,庙号世祖,太子昌即皇帝位。大赦,改元承光。

12 王弘自以始不预定策,不受司空。表让弥年,乃许之。乙酉,以弘为车骑大将军、开府仪同三司。

13 冬,十月,丘担以其众降秦,秦以担为归善将军。拜折冲将军乞伏信帝为平羌校尉以镇之。

14 癸卯,魏主大伐柔然,五道并进:长孙翰等从东道,出黑漠,廷尉卿长孙道生等出白、黑二漠之间,魏主从中道,东平公娥清出栗园,奚斤等从西道,出尔寒山。诸军至漠南,舍辎重,轻骑,赍十五日粮,度漠击之。柔然部落大惊,绝迹北走。

15 十一月,以武都世子玄为北秦州刺史、武都王。

16 初,会稽孔宁子为帝镇西谘议参军,及即位,以宁子为步兵校尉。与侍中王华并有富贵之愿,疾徐羡之、傅亮专权,日夜构之于帝。会谢晦二女当适彭城王义康、新野侯义宾,遣其妻曹氏及长子世休送女至建康。帝欲

9　六月,受东晋封号的氐族首领、武都惠文王杨盛去世。当初,杨盛听说东晋灭亡的消息,坚持不改东晋的义熙年号,对他的世子杨玄说:"我已经老朽了,应当至死当晋朝的臣民,而你们则应好好事奉宋国皇帝。"等到杨盛去世,杨玄自称都督陇右诸军事、征西大将军、开府仪同三司、秦州刺史和武都王,派遣使臣前往刘宋报丧,开始改用元嘉年号。

10　秋季,七月,西秦王乞伏炽磐派镇南将军乞伏吉毗等,南下袭击黑水羌族部落酋长丘担,大败丘担的军队。

11　八月,夏国武烈帝赫连勃勃去世,安葬在嘉平陵,庙号称世祖,太子赫连昌即皇帝位。下令大赦,改年号为承光。

12　刘宋重臣王弘因最初未能参与废黜少帝、拥戴文帝的政变,因此不接受司空一职的任命。不断地呈上奏章,辞让了一年,文帝才下诏批准。乙酉(初二),宋文帝任命王弘为车骑大将军、开府仪同三司。

13　冬季,十月,黑水羌族部落酋长丘担,率领他的部众归降西秦,西秦任命丘担为归善将军。另行任命折冲将军乞伏信帝为平羌校尉,以镇抚归附的黑水羌族部落。

14　癸卯(二十一日),北魏国主拓跋焘大规模讨伐柔然汗国,五路兵马,同时并进:司徒长孙翰等从东路,出黑漠;廷尉卿长孙道生等出兵白漠、黑漠之间;拓跋焘亲自率军,从中道直入;东平公娥清出栗园;奚斤等从西道,出尔寒山。几路军队到达漠南以后,舍弃辎重,改作轻骑兵,每人带十五天的干粮,深入大漠攻击。柔然各部落大吃一惊,全部撤退,向北逃窜。

15　十一月,刘宋任命武都惠文王杨盛的世子杨玄为北秦州刺史、武都王。

16　最初,会稽人孔宁子为刘义隆镇西谘议参军。文帝即位以后,任命孔宁子为步兵校尉。孔宁子与侍中王华都有追求荣华富贵的强烈愿望,对徐羡之、傅亮等专揽大权深怀不满,他们日夜在刘义隆面前捏造罪状,陷害徐、傅二人。正巧,谢晦的两个女儿,将分别嫁给彭城王刘义康、新野侯刘义宾,所以,谢晦派他的妻子曹氏和长子谢世休送女儿抵达首都建康。宋文帝刘义隆打算

诛羡之、亮,并发兵讨晦,声言当伐魏,又言拜京陵,治行装舰。亮与晦书曰:"薄伐河朔,事犹未已,朝野之虑,忧惧者多。"又言"朝士多谏北征,上当遣外监万幼宗往相谘访"。时朝廷处分异常,其谋颇泄。

三年(丙寅,426)

1 春,正月,谢晦弟黄门侍郎曕驰使告晦,晦犹谓不然,以傅亮书示谘议参军何承天曰:"计幼宗一二日必至。傅公虑我好事,故先遣此书。"承天曰:"外间所闻,咸谓西讨已定,幼宗岂有上理!"晦尚谓虚妄,使承天豫立答诏启草,言伐虏宜须明年。江夏内史程道惠得寻阳人书,言"朝廷将有大处分,其事已审",使其辅国府中兵参军乐冏封以示晦。晦问承天曰:"若果尔,卿令我云何?"对曰:"蒙将军殊顾,常思报德。事变至矣,何敢隐情! 然明日戒严,动用军法,区区所怀,惧不得尽。"晦惧曰:"卿岂欲我自裁邪?"承天曰:"尚未至此。以王者之重,举天下以攻一州,大小既殊,逆顺又异。境外求全,上计也。其次,以腹心将兵屯义阳,将军自帅大众战于夏口。若败,即趋义阳以出北境,其次也。"晦良久曰:"荆州用武之地,兵粮易给,聊且决战,走复何晚!"乃使承天造立表檄,又与卫军谘议参军琅邪颜劭谋举兵,劭饮药而死。

诛杀徐羡之、傅亮,并准备发兵讨伐谢晦。于是,他宣称要征伐北魏,又声称到京口的兴宁陵祭拜祖母孝懿皇后,整治行装,放到战舰上。傅亮写信给谢晦说:"目前,朝廷就要动员讨伐黄河以北,事情并不到此为止。朝廷内外的官吏和百姓,对此多深感忧虑和恐惧。"又写道:"朝中多数官员都劝阻皇上北征,皇上将要派遣外监万幼宗去荆州听取你的意见。"当时朝廷的举动不同寻常,宋文帝的清洗计划有些泄漏。

宋文帝元嘉三年(丙寅,公元 426 年)

1 春季,正月,谢晦的弟弟黄门侍郎谢嚼,派专人飞驰警告谢晦。但谢晦仍以为不至于此,并拿出傅亮的信给谘议参军何承天看,说:"估计万幼宗一二日之内就会到达,傅亮怕我招惹是非,所以先送此信。"何承天说:"我在外面听到的,都说向西讨伐我们的计划已经确定,万幼宗怎么会有到这里来的道理!"谢晦仍然认为谣言虚妄不可信,就命何承天先行起草回答诏书的奏章,建议朝廷如果讨伐北魏,最好延到明年。江夏内史程道惠接到一封寻阳方面送来的信,信中说:"朝廷将有大规模的非常行动,事情已经明确了。"程道惠派辅国府中兵参军乐同,把信封好送给谢晦。谢晦问何承天:"如果真有不测,你认为我该怎么办呢?"何承天说:"我蒙受将军您的特殊照顾,常想报答您的恩惠。如今事情已经发生了变化,怎么敢隐瞒真情!可是,一旦明天下令戒严,动用军法制裁,我心中要说的话,恐怕不能说尽。"谢晦惊恐地问道:"你难道让我自杀吗?"何承天说:"还不到这个地步。以帝王的威严和全国的力量去进攻一个州,实力大小悬殊,民心逆顺又迥异,您到国外保全性命,是上策。其次,派心腹将领驻军义阳,将军您亲率大军与敌人在夏口决战。如果失败,可以取道义阳北上出境,投奔北魏,这是中策。"谢晦沉吟良久才说:"荆州是兵家必争之地,兵力和粮草都容易接济,不妨先来一次决战,打败了再走也不晚。"于是,命令何承天撰写檄文,又与卫军谘议参军琅邪人颜邵商讨起兵反抗,颜邵服毒自杀。

晦立幡戒严,谓司马庾登之曰:"今当自下,欲屈卿以三千人守城,备御刘粹。"登之曰:"下官亲老在都,又素无部众,情计二三,不敢受此旨。"晦仍问诸将佐:"战士三千足守城否?"南蛮司马周超对曰:"非徒守城而已,若有外寇,可以立功。"登之因曰:"超必能辨,下官请解司马、南郡以授之。"晦即于坐命超为司马,领南义阳太守。转登之为长史,南郡如故。登之,蕴之孙也。

帝以王弘、檀道济始不预废弑之谋,弘弟昙首又为帝所亲委,事将发,密使报弘,且召道济,欲使讨晦。王华等皆以为不可,帝曰:"道济止于胁从,本非创谋,杀害之事,又所不关。吾抚而使之,必将无虑。"乙丑,道济至建康。

丙寅,下诏暴羡之、亮、晦杀营阳、庐陵王之罪,命有司诛之,且曰:"晦据有上流,或不即罪,朕当亲帅六师为其过防。可遣中领军到彦之即日电发,征北将军檀道济骆驿继路,符卫军府州,以时收翦,已命雍州刺史刘粹等断其走伏。罪止元凶,馀无所问。"

是日,诏召羡之、亮。羡之行至西明门外,谢晦正直,遣报亮云:"殿内有异处分。"亮辞以嫂病暂还,遣使报羡之,羡之还西州,乘内人问讯车出郭,步走至新林,入陶灶中自经死。亮乘车出郭门,乘马奔兄迪墓,屯骑校尉郭泓收之。至广莫门,上遣中书舍人以诏书示亮,并谓曰:"以公江陵之诚,当使诸子无恙。"亮读诏书讫,曰:"亮受先帝布衣之眷,遂蒙顾托。黜昏立明,社稷之计也。欲加之罪,其无辞乎!"于是诛亮而徙其妻子于建安。诛羡之二子,而宥其兄子佩之。又诛晦子世休,收系谢嚼。

谢晦竖起大旗,下令戒严,对司马庾登之说:"我现在要亲自东下出征,打算委屈你以三千人守卫江陵,防备刘粹。"庾登之说:"我的双亲都已年迈,身在建康,而我自己又从来没有过直属的部队,我考虑再三,不敢接受这项命令。"谢晦又问其他将领和佐臣:"战士三千人,够不够守城?"南蛮司马周超说:"不仅足够守城,如有敌人从外面攻击,还可以立功。"庾登之于是说:"周超一定能够胜任,我愿意解除司马和南郡太守两个职务转授给他。"谢晦当即就在座位上任命周超为司马,兼任南义阳郡太守。改庾登之为长史,仍任南郡太守。庾登之是庾蕴的孙子。

刘宋文帝认为王弘、檀道济在开始并没有参与废弑刘义真、刘义符的阴谋,王弘的弟弟王昙首又是刘宋文帝亲近信任的心腹。所以,在开始行动之前,刘宋文帝秘密派人告诉王弘,并且召见檀道济,打算派檀道济去讨伐谢晦。王华等人都坚决反对。刘宋文帝说:"檀道济当初只不过是被胁迫而随从徐羡之等行事,本不是他主动提出,而谋杀的事,更与他没有关系。我安抚并使用他,不必有其他顾虑。"乙丑(十五日),檀道济抵达建康。

丙寅(十六日),刘宋文帝下诏公布徐羡之、傅亮、谢晦杀害营阳王刘义符、庐陵王刘义真的罪状,命有关部门逮捕诛杀,并且说:"谢晦据守长江上游,可能不会立即伏法,朕将亲自统率朝廷的大军前往讨伐。可派中领军到彦之即日开始急速出发,征北将军檀道济陆续出发为后继。符卫军府及荆州官属,应及时逮捕并诛杀谢晦。已命雍州刺史刘粹等截击,切断其逃跑或潜伏的道路。罪犯只限谢晦一人,其他胁从者一律不加追究。"

这天,文帝下诏召见徐羡之、傅亮。徐羡之走到建康城西明门外,谢嚼正在值班,派人飞报傅亮说:"殿内举动异常!"傅亮马上借口嫂嫂生病,暂时回家,派人通知徐羡之,徐羡之回到西城,乘坐宫廷内部人出差的车逃出建康城,又步行走到新林,在一个烧陶器的窑里,自缢身亡。傅亮乘车逃出建康城,再乘马逃奔其兄傅迪的墓园,屯骑校尉郭泓将他逮捕。到建康城北门广莫门,文帝派中书舍人拿诏书给傅亮看,对他说:"因你当初在江陵迎驾时,态度至为诚恳,所以饶恕你的儿子们不死。"傅亮读过诏书说:"我出身平民,蒙先帝垂爱,赋予托孤大任。废黜昏君,迎立明主,全是为国家百年大计。要想把罪过强加在我身上,还怕没有借口吗?"于是,傅亮被杀,他的妻室和子女被放逐到建安。又斩杀了徐羡之的两个儿子,而饶恕了他的侄儿徐佩之。诛杀了谢晦的儿子谢世休,逮捕谢嚼。

帝将讨谢晦,问策于檀道济,对曰:"臣昔与晦同从北征,入关十策,晦有其九,才略明练,殆为少敌。然未尝孤军决胜,戎事恐非其长。臣悉晦智,晦悉臣勇。今奉王命以讨之,可未陈而擒也。"丁卯,征王弘为侍中、司徒、录尚书事、扬州刺史,以彭城王义康为都督荆湘等八州诸军事、荆州刺史。

乐冏复遣使告谢晦以徐、傅及曒等已诛。晦先举羡之、亮哀,次发子弟凶问,既而自出射堂勒兵。晦从高祖征讨,指麾处分,莫不曲尽其宜,数日间,四远投集,得精兵三万人。乃奉表称羡之、亮等忠贞,横被冤酷。且言:"臣等若志欲执权,不专为国,初废营阳,陛下在远,武皇之子尚有童幼,拥以号令,谁敢非之!岂得溯流三千里,虚馆七旬,仰望鸾旗者哉!故庐陵王,于营阳之世积怨犯上,自贻非命。不有所废,将何以兴!耿弁不以贼遗君、父,臣亦何负于宋室邪!此皆王弘、王昙首、王华险躁猜忌,谗构成祸。今当举兵以除君侧之恶。"

2　秦王炽磐复遣使如魏,请用师于夏。

3　初,袁皇后生皇子劭,后自详视,使驰白帝曰:"此儿形貌异常,必破国亡家,不可举。"即欲杀之。帝狼狈至后殿户外,手拨幔禁之,乃止。以尚在谅暗,故秘之。闰月丙戌,始言劭生。

刘宋文帝将要讨伐谢晦,向檀道济询问策略。檀道济说:"我当年与谢晦一同北伐,当时得以入关的十项计策,有九项是由谢晦提出的。谢晦才略精明老练,大约很少有敌手。但他从没有单独带领部队打过胜仗,战场上的军事行动,恐怕不是他所擅长的。我了解谢晦的才智,谢晦也了解我的勇敢。今天我奉皇帝的命令来讨伐他,可以在他没有摆开阵势以前,就把他擒获。"丁卯(十七日),宋文帝召见王弘,并任命他为侍中、司徒、录尚书事和扬州刺史,任命彭城王刘义康为都督荆、湘等八州诸军事和荆州刺史。

辅国府中兵参军乐冏,再派人报告谢晦,说徐羡之、傅亮、谢嚼等已被杀。于是,谢晦先为徐羡之、傅亮举行祭礼,又为弟弟及儿子发布死讯,然后亲自走出虎帐统率军队。谢晦当年随刘宋武帝南征北讨,经验丰富,所以发号施令,指挥调动,莫不切实妥当,几天之间,人们从四面八方投奔谢晦,很快就聚集了精兵三万人。于是,谢晦上表,盛赞徐羡之、傅亮等都是忠贞之臣,却遭受横暴的冤杀。又说:"我们这些人如果想长久地把握权柄,不一心为国家着想,我们当初在废黜营阳王时,陛下您远在荆州,武皇帝的儿子中还有幼童,我们完全可以拥戴小皇帝,发号施令,谁敢说个不字!怎么会逆流而上三千里,虚位七十多天,去迎接陛下的鸾旗!已故的庐陵王刘义真,在营阳王在位的时候,就曾积恨,冒犯皇上,是他自己死于非命。不有所废黜,怎么会有兴起!耿弇不曾把贼寇遗留给君王,我又有什么地方辜负了宋皇室呢!这都是因为王弘、王昙首、王华一伙阴险、狂暴,多所猜忌和挑拨离间造成的灾祸。现在,我要发动大军,以清除陛下身边的邪恶之徒。"

2 西秦王乞伏炽磐,再次派使臣前往北魏,请求对夏国采取军事行动。

3 最初,刘宋文帝的皇后袁氏,生下皇子刘劭以后,端详婴儿良久,派人飞快报告刘义隆,说:"此儿相貌异常,将来一定会弄得国破家亡,不能养他!"就要动手把婴儿弄死。刘义隆急急忙忙赶到后殿门外,用手拨开门帘阻止,这才留下刘劭一命。只是,在为父亲守丧期间生子,违犯礼教,所以一直保密。闰正月丙戌(初六),才宣布皇子刘劭诞生。

4 帝下诏戒严,大赦,诸军相次进路以讨谢晦。晦以弟遯为竟陵内史,将万人总留任,帅众二万发江陵,列舟舰自江津至于破冢,旌旗蔽日。叹曰:"恨不得以此为勤王之师。"

晦欲遣兵袭湘州刺史张邵,何承天以邵兄益州刺史茂度与晦善,曰:"邵意趣未可知,不宜遽击之。"晦以书招邵,邵不从。

5 二月戊午,以金紫光禄大夫王敬弘为尚书左仆射,建安太守郑鲜之为右仆射。敬弘,廙之曾孙也。

庚申,上发建康。命王弘与彭城王义康居守,入居中书下省,侍中殷景仁参掌留任。帝姊会稽长公主留止台内,总摄六宫。

谢晦自江陵东下,何承天留府不从。晦至江口,到彦之已至彭城洲。庾登之据巴陵,畏懦不敢进,会霖雨连日,参军刘和之曰:"彼此共有雨耳。檀征北寻至,东军方强,惟宜速战。"登之恇怯,使小将陈祐作大囊,贮茅悬于帆樯,云可以焚舰,用火宜须晴,以缓战期。晦然之,停军十五日。乃使中兵参军孔延秀攻将军萧欣于彭城洲,破之。又攻洲口栅,陷之。诸将咸欲退还夏口,到彦之不可,乃保隐圻。晦又上表自讼,且自矜其捷,曰:"陛下若枭四凶于庙庭,悬三监于绛阙,臣便勒众旋旗,还保所任。"

初,晦与徐羡之、傅亮为自全之计:以为晦据上流,而檀道济镇广陵,各有强兵,足以制朝廷。羡之、亮居中秉权,可得持久。及闻道济帅众来上,惶惧无计。

4 刘宋文帝下诏戒严,实行大赦,各路军队依次出发,讨伐谢晦。谢晦任命他的弟弟谢遯为竟陵内史,率领一万人留守江陵。他自己则亲自率兵两万人从江陵出发,他指挥的战舰,从江津一直排列到破冢,旌旗招展,遮天蔽日。谢晦长叹一声,说:"真恨不得这是一支保护皇家的大军!"

谢晦想要派兵袭击湘州刺史张邵,何承天因为张邵的哥哥、益州刺史张茂度与谢晦私交甚好,就说:"张邵的态度还不明朗,不应该轻率地发动攻击。"谢晦写信招抚张邵,张邵不肯追随谢晦。

5 二月戊午(初九),刘宋文帝任命金紫光禄大夫王敬弘为尚书左仆射,任命建安太守郑鲜之为右仆射。王敬弘是王廙的曾孙。

庚申(十一日),刘义隆从建康出发。命令王弘与彭城王刘义康留守京师建康,进驻中书下省,侍中殷景仁也参与负责留守京师的任务。文帝的姐姐会稽长公主刘兴弟住进皇宫,总管后宫事务。

谢晦从江陵东下,何承天留守江陵没有随从。谢晦抵达西江口,到彦之的军队已开进彭城洲。庾登之据守巴陵,胆怯畏缩,不敢前进。当时正值大雨连绵,数日不停,参军刘和之警告庾登之说:"我们遇雨,敌人也遇雨。征北将军檀道济的大军不久就要到了,官军实力正强,我们应该速战速决才好。"庾登之还是畏惧不敢战,却令手下的小军官陈祐,制造了一个大型口袋,装满茅草悬挂在桅杆之上,声称可以用来焚毁敌人的舰船。用火攻必须等到天晴,他用这个办法,延缓会战的日期。谢晦却同意了庾登之的做法,逗留了十五日,才派中兵参军孔延秀进攻驻扎在彭城洲的将军萧欣,大败萧欣的军队,又进攻彭城洲口官军营垒阵地,一举攻克。官军的大小将领都主张退走,据守夏口,到彦之反对,于是退守隐圻。谢晦又上疏为自己辩护,并且十分骄傲地仗恃自己在军事上的胜利,说:"陛下如果把'四凶'斩首,把'三监'的人头悬挂在宫墙上,我就立刻停止进攻,回转旌旗,折返我的任所。"

当初,谢晦与徐羡之、傅亮为了保全自己,就让谢晦把守长江上游,又把檀道济安置在广陵,使他们各自拥有强兵,足以挟制朝廷。徐羡之、傅亮在朝中居高官、掌实权,可以维持长久的安定。等到谢晦听说檀道济率兵来攻打自己,不禁大为惶恐,束手无策。

道济既至,与到彦之军合,牵舰缘岸。晦始见舰数不多,轻之,不即出战。至晚,因风帆上,前后连咽。西人离沮,无复斗心。戊辰,台军至忌置洲尾,列舰过江,晦军一时皆溃。晦夜出,投巴陵,得小船还江陵。

先是,帝遣雍州刺史刘粹自陆道帅步骑袭江陵,至沙桥,周超帅万馀人逆战,大破之,士卒伤死者过半。俄而晦败问至。初,晦与粹善,以粹子旷之为参军。帝疑之,王弘曰:"粹无私,必无忧也。"及受命南讨,一无所顾,帝以此嘉之。晦亦不杀旷之,遣还粹所。

丙子,帝自芜湖东还。

晦至江陵,无他处分,唯愧谢周超而已。其夜,超舍军单舸诣到彦之降。晦众散略尽,乃携其弟遯等七骑北走。遯肥壮,不能乘马,晦每待之,行不得速。己卯,至安陆延头,为戍主光顺之所执,槛送建康。

到彦之至马头,何承天自归。彦之因监荆州府事,以周超为参军。刘粹以沙桥之败告,乃执之。于是诛晦、曒、遯及其兄弟之子,并同党孔延秀、周超等。晦女彭城王妃被发徒跣,与晦诀曰:"大丈夫当横尸战场,奈何狼藉都市!"庾登之以无任,免官禁锢。何承天及南蛮行参军新兴王玄谟等皆见原。晦之走也,左右皆弃之,唯延陵盖追随不舍,帝以盖为镇军功曹督护。

檀道济的大军一到隐圻,立即与到彦之的军队合兵一处,战舰沿岸停泊。谢晦最初看见战舰不多,毫不在意,也不马上发动攻击。到了晚上,东风大起,官军的船舰,帆篷满张,陆续抵达,前后相连,塞满江面。谢晦军队的士气涣散,军心沮丧,不再有斗志。戊辰(十九日),官军舰队挺进到忌置洲尾,战舰排列着渡过长江,谢晦的军队一触即溃,全军大败。谢晦在夜色的掩护下出走,投奔巴陵,找到一艘小船回到江陵。

最初,刘宋文帝派遣雍州刺史刘粹从陆路,率领步骑兵袭击江陵,刘粹的军队刚到沙桥,谢晦的司马周超就率军一万多人迎战,刘粹军大败,死伤的士卒在一半以上。不久,就传来谢晦战败的消息。最初,谢晦与刘粹私交甚好,并任命刘粹的儿子刘旷之为参军。刘宋文帝怀疑刘粹,王弘说:"刘粹没有野心,一定不会出差错。"等到刘粹接受朝廷的命令讨伐谢晦,则义无反顾,宋文帝因此对刘粹备加赞许。谢晦也并没有因此杀害刘旷之,反而把他送回到刘粹那里。

丙子(二十七日),刘宋文帝从芜湖东归建康。

谢晦逃回江陵,也没有做其他部署,只是惭愧地向周超道歉。当天晚上,周超舍弃他指挥的军队,一个人乘舟前往到彦之的营地请降。谢晦的部将全部散尽,于是,谢晦携同他的弟弟谢遯等人共七匹马向北逃去。谢遯体胖且壮,不能骑马,谢晦常常要停下来等候,因此他们的速度很慢。己卯(三十日),谢晦一行才逃到安陆延头,被当地戍守的将领光顺之俘虏,用囚车送到京师建康。

到彦之的军队进抵马头,谢晦的谘议参军何承天投降。到彦之于是主持荆州政务,任命周超为参军。等到刘粹把沙桥之败的情形上报,才逮捕了周超。于是,刘义隆下令斩谢晦、谢瞞、谢遯以及他们兄弟的儿子,同时被斩的还有谢晦的同党孔延秀、周超等人。谢晦的女儿、彭城王妃披散头发,光着双脚,与父亲诀别,她说:"大丈夫应当战死沙场,为什么要行为不法以致在都城的市上被斩!"庾登之因为在谢晦军中没有实权,所以被免除官职,监禁起来。何承天及南蛮行参军、新兴人王玄谟等都得到朝廷的赦免。谢晦败走的时候,左右亲信都抛弃他各自逃命,唯独延陵盖一人追随谢晦不肯离去,刘宋文帝又命延陵盖为镇军功曹督护。

　　晦之起兵,引魏南蛮校尉王慧龙为援。慧龙帅众一万拔思陵戍,进围项城,闻晦败,乃退。

　　益州刺史张茂度受诏袭江陵。晦败,茂度军始至白帝。议者疑茂度有贰心,帝以茂度弟邵有诚节,赦不问,代还。

　　三月辛巳,帝还建康,征谢灵运为秘书监,颜延之为中书侍郎,赏遇甚厚。
　　帝以慧琳道人善谈论,因与议朝廷大事,遂参权要,宾客辐凑,门车常有数十两,四方赠赂相系,方筵七八,座上恒满。琳著高屐,披貂裘,置通呈、书佐。会稽孔觊尝诣之,遇宾客填咽,暄凉而已。觊慨然曰:“遂有黑衣宰相,可谓冠屦失所矣!”

　　夏,五月乙未,以檀道济为征南大将军、开府仪同三司、江州刺史,到彦之为南豫州刺史。遣散骑常侍袁渝等十六人分行诸州郡县,观察吏政,访求民隐。又使郡县各言损益。丙午,上临延贤堂听讼,自是每岁三讯。

　　左仆射王敬弘,性恬淡,有重名。关署文案,初不省读。尝预听讼,上问以疑狱,敬弘不对。上变色,问左右:“何故不以讯牒副仆射?”敬弘曰:“臣乃得讯牒读之,正自不解。”上甚不悦,虽加礼敬,不复以时务及之。

谢晦起兵之时,曾联络北魏南蛮校尉王慧龙为外援。王慧龙率军队一万人,攻陷思陵戍,进而包围了项城,等到听说谢晦战败,才退回北魏境内。

益州刺史张茂度也曾接受刘宋文帝的诏书去袭击江陵。谢晦战败的时候,张茂度的军队才到白帝城。当时的人怀疑张茂度对朝廷有二心,文帝却因为张茂度的弟弟张邵忠诚,有节操,对张茂度的行为不加追究,只是派人接替而召他回京师。

三月辛巳(初二),刘宋文帝返回建康,征召谢灵运担任秘书监,颜延之为中书侍郎,赏赐和礼遇都非常优厚。

文帝因为慧琳道人擅长谈论分析,所以常跟他商讨国家大事,慧琳道人因此得到参与国家机要的机会。于是,宾客们四面八方争先恐后地拥到慧琳道人的门庭,门前等候召见的车常有数十辆之多,各地送来的财物,前后相接,每天的筵席就有七八桌,座位常满。慧琳道人脚穿高齿木屐,身披貂皮外衣,在府中设立负责传达的通呈官和掌书翰的官佐。会稽人孔觊曾经拜访慧琳道人,正遇宾客拥挤,两个人只能寒暄两句,不能多说别的话。孔觊感慨叹息,说:"如今穿黑衣服的和尚都做了宰相,这真可以说衣冠文士失所了!"

夏季,五月乙未(十七日),刘宋文帝任命檀道济为征南大将军、开府仪同三司和江州刺史,擢升到彦之为南豫州刺史。又派遣散骑常侍袁渝等十六人,分别巡察各州郡县,考察官员的政绩,访求民间无处申诉的疾苦。刘宋文帝还命郡县上疏奏报当地的行政得失。丙午(二十八日),刘宋文帝亲自到延贤堂听取诉讼。从此,每年前来三次。

左仆射王敬弘,性情恬然,甘于淡泊,在朝廷内外享有盛誉。可是在核定文稿时,从来不事先审阅。有一次,他随同刘宋文帝听取民间诉讼,文帝就一件有疑问的案件询问王敬弘,王敬弘回答不出。文帝脸色大变,问左右侍臣:"你们为什么不把案卷的副本送给左仆射?"王敬弘回答说:"我已看到了案卷的副本,可是看不懂。"文帝非常不高兴,虽然对他仍然礼敬,却不再与他讨论国家大事。

六月，以右卫将军王华为中护军，侍中如故。华以王弘辅政，王昙首为上所亲任，与己相埒，自谓力用不尽，每叹息曰：“宰相顿有数人，天下何由得治！”是时，宰相无常官，唯人主所与议论政事、委以机密者，皆宰相也，故华有是言。亦有任侍中而不为宰相者，然尚书令仆、中书监令、侍中、侍郎、给事中，皆当时要官也。

华与刘湛、王昙首、殷景仁俱为侍中，风力局干，冠冕一时。上尝与四人于合殿宴饮，甚悦。既罢出，上目送良久，叹曰：“此四贤，一时之秀，同管喉唇，恐后世难继也。”

黄门侍郎谢弘微与华等皆上所重，当时号曰五臣。弘微，琰之从孙也。精神端审，时然后言，婢仆之前不妄语笑。由是尊卑大小，敬之若神。从叔混特重之，常曰：“微子异不伤物，同不害正，吾无间然。”

上欲封王昙首、王华等，抚御床曰：“此坐非卿兄弟，无复今日。”因出封诏以示之。昙首固辞曰：“近日之事，赖陛下英明，罪人斯得。臣等岂可因国之灾以为身幸！”上乃止。

6　魏主诏问公卿：“今当用兵，赫连、蠕蠕，二国何先？”长孙嵩、长孙翰、奚斤皆曰：“赫连土著，未能为患。不如先伐蠕蠕，若追而及之，可以大获；不及，则猎于阴山，取其禽兽皮角以充军实。”太常崔浩曰：“蠕蠕鸟集兽逃，举大众追之则不能及，轻兵追之又不足以制敌。赫连氏土地不过千里，政刑残虐，人神所弃，宜先伐之。”

六月,刘宋文帝任命右卫将军王华为中护军,同时仍兼任侍中。王华认为,司徒王弘是文帝的辅弼之臣,侍中王昙首又是皇上十分信任的心腹,他们的地位与自己相当。因此,王华自以为自己的才能无法完全施展,他常常叹息着说:"朝中宰相,一时之间多达数人,天下怎么能够治理!"当时,朝中没有固定的宰相,只要谁与皇帝讨论国家大事,国家机要大事交给谁办,谁就是宰相,所以王华才有这样的议论。当时也有任侍中的职务而不是宰相的人,然而,尚书令、仆射、中书监、中书令、侍中、侍郎、给事中等都是重要的官职。

王华与刘湛、王昙首、殷景仁都担任侍中的职务,他们风采卓然,精明干练,荣显一时。文帝曾经在合殿设宴款待他们四人,与他们共同欢饮,特别高兴。筵席散后,文帝目送他们好久,叹息道:"这四位贤才,是一时之俊杰,像我的喉唇一样重要,恐怕后世很难再出现。"

黄门侍郎谢弘微与王华等都深得刘宋文帝的重用,当时他与王华、刘湛、王昙首、殷景仁等号称五臣。谢弘微是谢琰的侄孙。他一向端庄严谨,在适当的时机,才开口说话,在仆役奴婢面前,也从不随便说笑。因此不论尊卑大小,都像对待神明一样恭敬他。他的堂叔谢混对他尤其推崇敬重,常说:"谢弘微这人,与别人相异时不会伤害别人,与别人相同时也不会违背正道,对他我是没有什么毛病可挑的了。"

刘宋文帝打算封王昙首、王华等人爵位,他抚摸着御座说:"这个宝座,如果不是你们兄弟,我今天就坐不上。"于是,他就拿出封爵的诏书给他们看。王昙首坚决辞让说:"近来发生的事,全仰赖陛下英明决断,使罪人得到应有的惩罚。我们怎么可以因为国家的灾难,而自己得到好处!"文帝才作罢。

6 北魏国主拓跋焘下诏书遍问朝中文武大臣:"现在我们要出兵讨伐赫连和柔然,应当先讨伐哪一国?"太尉长孙嵩、司徒长孙翰、司空奚斤都说:"赫连氏土生土长,暂时还不足为患。不如先伐柔然,如果能够追到他们,可以大获全胜;如果追不到,我们则到阴山狩猎,可以获取大批禽兽的毛皮骨角,用来充实军用物资。"太常崔浩说:"柔然来的时候,像飞鸟一样霎时集结;去的时候,也像野兽一样霎时逃散。用大军追赶,一定不会追上,如果用少量的军队追赶,又无法把他们制服。赫连氏土地不过一千里,政治残暴,刑法酷烈,得不到上天的保佑和人民的拥护,应当先行讨伐赫连。"

尚书刘絜、武京侯安原请先伐燕。于是魏主自云中西巡至五原,因畋于阴山,东至和兜山。秋,八月,还平城。

7　诏殿中将军吉恒聘于魏。

8　燕太子永卒,立次子翼为太子。

9　秦王炽磐伐河西,至廉川,遣太子暮末等步骑三万攻西安,不克,又攻番禾。河西王蒙逊发兵御之,且遣使说夏主,使乘虚袭枹罕。夏主遣征南大将军呼卢古将骑二万攻苑川,车骑大将军韦伐将骑三万攻南安。炽磐闻之,引归。九月,徙其境内老弱、畜产于浇河及莫河仍寒川,留左丞相昙达守枹罕。韦伐攻拔南安,获秦秦州刺史翟爽、南安太守李亮。

10　吐谷浑握逵等帅部众二万落叛秦,奔昂川,附于吐谷浑王慕瓌。

11　大旱,蝗。

12　左光禄大夫范泰上表曰:"妇人有三从之义,无自专之道。谢晦妇女犹在尚方,唯陛下留意。"有诏原之。

13　魏主闻夏世祖殂,诸子相图,国人不安,欲伐之。长孙嵩等皆曰:"彼若城守,以逸待劳,大檀闻之,乘虚入寇,此危道也。"崔浩曰:"往年以来,荧惑再守羽林钩己而行,其占秦亡。今年五星并出东方,利以西伐。天人相应,不可失也。"嵩固争之,帝大怒,责嵩在官贪污,命武士顿辱之。于是遣司空奚斤帅四万五千人袭蒲阪,宋兵将军周几帅万人袭陕城,以河东太守薛谨为乡导。谨,辩之子也。

尚书刘絜、武京侯安原则请求先行讨伐北燕。于是,北魏国主拓跋焘从云中向西视察,抵达五原,率军到阴山狩猎,又往东抵达和兜山。秋季,八月,拓跋焘才返回平城。

7　刘宋文帝下诏,派殿中将军吉恒出使北魏。

8　北燕太子冯永去世,文成帝冯跋封次子冯翼为太子。

9　西秦王乞伏炽磐讨伐北凉,大军抵达廉川,乞伏炽磐派遣太子乞伏暮末等率领步、骑兵共三万人,进攻西安,不能攻克,于是又转攻番禾。北凉河西王沮渠蒙逊出军迎战,极力抵御,同时又派使臣出使夏国游说,请夏国国主赫连昌乘西秦国内空虚之际,袭击西秦的都城枹罕。夏国国主赫连昌派遣征南大将军呼卢古率领骑兵两万人,进攻西秦的苑川;派车骑大将军韦伐率领骑兵三万人,进攻南安。西秦国王乞伏炽磐听到这个消息,立即从北凉撤军回国。九月,乞伏炽磐把境内的老弱妇孺和家畜,集中迁徙到浇河郡和莫河的仍寒川,同时又命令左丞相乞伏昙达留守京师枹罕。夏国的车骑大将军韦伐,率众攻陷了南安城,生擒了西秦秦州刺史翟爽和南安太守李亮。

10　隶属西秦的吐谷浑部落酋长慕容握逵,率所属两万多个居民聚居点背叛西秦,逃到昴川,归附了吐谷浑可汗慕容慕璝。

11　天下大旱,蝗灾。

12　刘宋左光禄大夫范泰上疏说:“女子有三从的大义,而没有自作主张的道理。现在谢晦家的妇女仍被羁押在尚方作坊里做苦工,敬请陛下考虑。”于是,刘宋文帝下诏赦免了她们。

13　北魏国主拓跋焘听到夏国主赫连勃勃去世,儿子们内讧,民心不安的消息,打算征讨夏国。长孙嵩等人都说:“夏国如果围绕城池固守,以逸待劳,而柔然汗国的郁久间大檀听说了这一消息,会乘我们国内空虚,大举进攻,这可是危险的策略。”太常崔浩说:“说起当年,火星两次紧傍着羽林星如钩成‘己’字状运转,算卦占卜都预示了秦国一定灭亡。今年,金、木、水、火、土五星同时出现在东方,显示西征一定胜利。上天的旨意和凡世的人心是互相呼应的,良机不可失去。”长孙嵩仍然坚持不能西征,拓跋焘暴跳如雷,斥责长孙嵩做官贪赃枉法,命令武士强按他的头,猛烈触地,殴打侮辱。于是,拓跋焘派遣司空奚斤率领四万五千人袭击夏国的蒲阪,派宋兵将军周几率一万多人袭击陕城,命令河东太守薛谨为大军的向导。薛谨是薛辩的儿子。

　　魏主欲以中书博士平棘李顺总前驱之兵,访于崔浩,浩曰:"顺诚有筹略。然臣与之婚姻,深知其为人果于去就,不可专委。"帝乃止。浩与顺由是有隙。

　　冬,十月丁巳,魏主发平城。

　　14　秦左丞相昙达与夏呼卢古战于嶵岘山,昙达兵败。十一月,呼卢古、韦伐进攻枹罕。秦王炽磐迁保定连。呼卢古入南城,镇京将军赵寿生率死士三百人力战,却之。呼卢古、韦伐又攻沙州刺史出连虔于湟河,虔遣后将军乞伏万年击败之。又攻西平,执安西将军库洛干,坑战士五千馀人,掠民二万馀户而去。

　　15　仇池氐杨兴平求内附。梁、南秦二州刺史吉翰遣始平太守庞谘据武兴。氐王杨玄遣其弟难当将兵拒谘,谘击走之。

　　16　魏主行至君子津,会天暴寒,冰合,戊寅,帅轻骑二万济河袭统万。壬午,冬至,夏主方燕群臣,魏师奄至,上下惊扰。魏主军于黑水,去城三十馀里。夏主出战而败,退走入城。门未及闭,内三郎豆代田帅众乘胜入西宫,焚其西门。宫门闭,代田逾宫垣而出。魏主拜代田勇武将军。魏军夜宿城北,癸未,分兵四掠,杀获数万,得牛马十馀万。魏主谓诸将曰:"统万未可得也,他年当与卿等取之。"乃徙其民万馀家而还。

北魏国主拓跋焘打算让中书博士、平棘人李顺全权指挥前锋部队。他征求崔浩的意见，崔浩说："李顺确实很有谋略，善于筹划。但是，我与李顺是姻亲，深知他为人在趋就与背离方面非常果决，不可委任他要职。"拓跋焘于是停止了他的任命。崔浩和李顺之间，却因此产生了隔阂。

冬季，十月丁巳(十一日)，拓跋焘一行从首都平城出发。

14　西秦左丞相乞伏昙达与夏国的征南大将军呼卢古在嵚岘山会战，乞伏昙达兵败。十一月，呼卢古与车骑大将军韦伐合兵进攻西秦的都城枹罕。西秦王乞伏炽磐迁都定连，率众据城死守。夏国大将呼卢古攻入枹罕南城。西秦镇京将军赵寿生率领敢死队三百人，浴血抵抗，击退呼卢古。呼卢古、韦伐又合兵攻打沙州刺史出连虔据守的湟河。出连虔派遣后将军乞伏万年击退了呼卢古和韦伐的进攻。呼卢古、韦伐率军再攻西平，俘获了西秦的安西将军库洛干，活埋了西秦战士五千馀人，掠走居民两万馀户，班师回国。

15　仇池氐族部落酋长杨兴平请求归附刘宋。刘宋梁州、南秦州二州刺史吉翰派始平太守庞谘进军占据武兴。氐王杨玄派他的弟弟杨难当率军迎击庞谘，被庞谘击退。

16　北魏国主拓跋焘，抵达君子津，正遇天气酷寒，气温急骤下降，黄河冰封。戊寅(初三)，拓跋焘亲自统率轻骑兵两万人，踏冰渡过黄河，袭击夏国都城统万。壬午(初七)，冬至，夏王赫连昌正在与文武群臣欢歌宴饮。北魏大军的突然出现，使夏国上下不胜惊恐。北魏国主拓跋焘驻军在黑水，距统万城只有三十馀里。赫连昌率兵迎战，大败而回，急向城中撤退。城门还没有来得及关闭，北魏禁军内三郎豆代田率众乘胜攻进西宫，纵火焚烧了西宫城门。夏军关闭了所有的宫门，豆代田跳出宫墙撤退。拓跋焘擢升豆代田为勇武将军。这天夜里，北魏军队在城北扎营。癸未(初八)，北魏军队四处出动，抢夺掳掠，斩杀及俘虏夏国军民数万人，缴获牛马十馀万头。拓跋焘对他手下的各位大将说："统万城恐怕打不下了，以后跟各位再来攻取。"于是，裹胁当地居民一万馀户，班师回国。

夏弘农太守曹达闻周几将至,不战而走。魏师乘胜长驱,遂入三辅。会几卒于军中,蒲阪守将东平公乙斗闻奚斤将至,遣使诣统万告急。使者至统万,魏军已围其城,还,告乙斗曰:"统万已败矣。"乙斗惧,弃城西奔长安,斤遂克蒲阪。夏主之弟助兴先守长安,乙斗至,与助兴弃长安,西奔安定。十二月,斤入长安,秦、雍氐羌皆诣斤降。河西王蒙逊及氐王杨玄闻之,皆遣使附魏。

17　前吴郡太守徐佩之聚党百馀人,谋以明年正会于殿中作乱,事觉,壬戌,收斩之。

18　营阳太妃张氏卒。

19　秦征南将军吉毗镇南漒,陇西人辛澹帅户三千据城逐毗,毗走还枹罕,澹南奔仇池。

20　魏初得中原,民多逃隐。天兴中,诏采诸漏户,令输缯帛。于是自占为绸茧罗縠户者甚众,不隶郡县,赋役不均。是岁,始诏一切罢之,以属郡县。

四年(丁卯,427)

1　春,正月辛巳,帝祀南郊。

2　乙酉,魏主还平城。统万徙民在道多死,能至平城者什才六七。

夏国的弘农太守曹达听说北魏将军周几率军将要打来,没等大军到达,先弃城逃走。北魏军队乘胜长驱直入,迅速深入夏国南部腹地三辅。不料周几在行军途中去世。夏国镇守蒲阪的守将东平公赫连乙斗听说北魏司空奚斤率领的大军就要到达,派使者往都城统万告急。使者到统万时,看到北魏的大军已经包围统万,便回去报告赫连乙斗:"统万已经被攻陷。"赫连乙斗惊惧不已,放弃蒲阪城,向西逃往长安。奚斤于是攻克了蒲阪。夏王赫连昌的弟弟赫连助兴正在镇守长安,赫连乙斗到后,赫连助兴与赫连乙斗放弃长安向西逃往安定。十二月,奚斤率军进入长安,夏国秦州、雍州所属的氐族部落和羌族部落,全向奚斤投降。北凉河西王沮渠蒙逊和氐王杨玄听到这个消息,也都派遣使臣归附北魏。

17 刘宋前吴郡太守徐佩之,集结党羽一百馀人,阴谋策划第二年元旦朝会时,在殿中发动叛乱。事情泄漏。壬戌(十七日),逮捕了徐佩之,斩首。

18 刘宋营阳太妃张氏去世。

19 西秦征南将军吉毗镇守南漒,陇西人辛澹率领部众三千馀户,占据南漒城,驱逐吉毗。吉毗逃回枹罕,辛澹向东南撤退,逃往仇池。

20 北魏最初占领中原时,当地的居民大多逃亡、隐藏。天兴年间,拓跋珪下诏清查这些没有纳入户籍的人家,命他们缴纳绸缎布匹。于是,自己申报缴纳绸缎布匹的人家非常多,不隶属任何郡县,使赋税徭役很不均匀。这一年,北魏国主拓跋焘下诏停止一切清查,将上述人家隶属郡县。

宋文帝元嘉四年(丁卯,公元427年)

1 春季,正月辛巳(初七),刘宋文帝前往都城建康南郊,祭祀天神。

2 乙酉(十一日),北魏国主拓跋焘回到平城。从统万迁徙的民户在途中死亡甚多,能到达平城的,不过十分之六七。

　　己亥,魏主如幽州。夏主遣平原公定帅众二万向长安。魏主闻之,伐木阴山,大造攻具,再谋伐夏。

　　3　山羌叛秦。二月,秦王炽磐遣左丞相昙达招慰武始诸羌,征南将军吉毗招慰洮阳诸羌。羌人执昙达送夏。吉毗为羌所击,奔还,士马死伤者什八九。

　　4　魏主还平城。

　　5　乙卯,帝如丹徒。己巳,谒京陵。初,高祖既贵,命藏微时耕具以示子孙。帝至故宫,见之,有惭色。近侍或进曰:"大舜躬耕历山,伯禹亲事水土。陛下不睹遗物,安知先帝之至德,稼穑之艰难乎!"

　　6　二月丙子,魏主遣高凉王礼镇长安。礼,斤之孙也。又诏执金吾桓贷造桥于君子津。

　　7　丁丑,魏广平王连卒。

　　8　丁亥,帝还建康。

　　9　戊子,尚书右仆射郑鲜之卒。

　　10　秦王炽磐以辅国将军段晖为凉州刺史,镇乐都;平西将军麹景为沙州刺史,镇西平;宁朔将军出连辅政为梁州刺史,镇赤水。

　　11　夏,四月丁未,魏员外散骑常侍步堆等来聘。

　　12　庚戌,以廷尉王徽之为交州刺史,征前刺史杜弘文。弘文有疾,自舆就路。或劝之待病愈,弘文曰:"吾杖节三世,常欲投躯帝庭,况被征乎!"遂行,卒于广州。弘文,慧度之子也。

己亥(二十五日),拓跋焘前往幽州。夏主赫连昌派遣平原公赫连定率军两万人,准备收复长安。拓跋焘听到消息后,下令砍伐阴山林木,大规模兴造攻城工具,准备再次进攻夏国。

3　山地羌族部落背叛了西秦。二月,西秦王乞伏炽磐派遣左丞相乞伏昙达,招抚慰问武始山地羌族部落,又命征南将军吉毗安抚洮阳各个羌族部落。羌族人生擒西秦乞伏昙达,把他献给夏国。吉毗也受到洮阳羌族的攻击,大败而回,士卒马匹死亡伤残的占十之八九。

4　北魏国主拓跋焘回到首都平城。

5　乙卯(十一日),刘宋文帝前往丹徒。己巳(二十五日),祭拜京陵。最初,刘宋武帝在富贵之后,下令把他幼年贫穷微贱时所用耕田农具收藏起来,以展示给子孙。文帝抵达故宫,看到他父亲早年用过的那些耕具,深感惭愧。他身边侍臣中有人进言说:"当年大舜亲自在历山耕田种地,大禹也曾亲自治水土。陛下不看到这些遗物,怎么能够知道先帝崇高的仁德和耕种的艰难呢!"

6　二月丙子(初三),北魏国主拓跋焘亲自委派高凉王拓跋礼镇守长安。拓跋礼是拓跋斤的孙子。同时又下诏命令执金吾桓贷在君子津建造大桥。

7　丁丑(初四),北魏广平王拓跋连去世。

8　丁亥(十四日),刘宋文帝返回建康。

9　戊子(十五日),刘宋尚书右仆射郑鲜之去世。

10　西秦王乞伏炽磐任命辅国将军段晖为凉州刺史,驻守乐都;任命平西将军麹景为沙州刺史,镇守西平;又命宁朔将军出连辅政为梁州刺史,坐镇赤水。

11　夏季,四月丁未(初四),北魏特使员外散骑常侍步堆等前往刘宋访问。

12　庚戌(初七),刘宋任命廷尉王徽之为交州刺史,征召前交州刺史杜弘文回京。当时杜弘文正患重病,得到命令后,亲自备车上路。有人劝告他等病稍好些再走,杜弘文说:"我家祖孙三代镇守边陲,平时就渴望到京城去,何况今日又得到皇帝的征召!"于是,杜弘文抱病启程,走到广州去世。杜弘文是杜慧度的儿子。

13　魏奚斤与夏平原公定相持于长安。魏主欲乘虚伐统万,简兵练士,部分诸将,命司徒长孙翰等将三万骑为前驱,常山王素等将步兵三万为后继,南阳王伏真等将步兵三万部送攻具,将军贺多罗将精骑三千为前候。素,遵之子也。五月,魏主发平城,命龙骧将军代人陆俟督诸军镇大碛以备柔然。辛巳,济君子津。

14　壬午,中护军王华卒。

15　魏主至拔邻山,筑城,舍辎重,以轻骑三万倍道先行。群臣咸谏曰:"统万城坚,非朝夕可拔。今轻军讨之,进不可克,退无所资,不若与步兵、攻具一时俱往。"帝曰:"用兵之术,攻城最下;必不得已,然后用之。今以步兵、攻具皆进,彼必惧而坚守。若攻不时拔,食尽兵疲,外无所掠,进退无地。不如以轻骑直抵其城,彼见步兵未至,意必宽弛。吾羸形以诱之,彼或出战,则成擒矣。所以然者,吾之军士去家二千馀里,又隔大河,所谓'置之死地而后生'者也。故以之攻城则不足,决战则有馀矣。"遂行。

16　六月癸卯朔,日有食之。

17　魏主至统万,分军伏于深谷,以少众至城下。夏将狄子玉降魏,言:"夏主闻有魏师,遣使召平原公定,定曰:'统万坚峻,未易攻拔。待我擒奚斤,然后徐往,内外击之,蔑不济矣。'故夏主坚守以待之。"魏主患之,乃退军以示弱,遣娥清及永昌王健帅骑五千西掠居民。

13　北魏司空奚斤,跟夏国的平原公赫连定在长安对峙。北魏国主拓跋焘打算乘夏国后方空虚,攻打夏国的都城统万,于是挑选精兵,严格训练,部署将领。拓跋焘还任命司徒长孙翰等率领三万骑兵为前锋;任命常山王拓跋素等率领步兵三万人为后继;派遣南阳王拓跋伏真等率领步兵三万人,护送攻城工具;又任命将军贺多罗,率领三千精锐骑兵,在前锋部队之前,负责搜索侦察。拓跋素是拓跋遵的儿子。五月,北魏国主拓跋焘亲自从平城出发,临行前又命令龙骧将军、代郡人陆俟统率北方各路兵马镇守大碛,防备柔然汗国乘虚来攻。辛巳(初九),拓跋焘一行从君子津渡黄河西上。

14　壬午(初十),刘宋中护军王华去世。

15　北魏国主拓跋焘抵达拔邻山,在那里兴筑城堡,留下辎重,然后率领轻骑兵三万人,加速先行进发。朝中随行的文武官员都劝阻他说:"统万城十分坚固,不是一日之内就可以攻克的。如今您率领轻装部队去讨伐,恐怕不能一时攻破,想要退回又没有粮饷及其他军用物资,不如与步兵一道,携带攻城工具进攻统万。"拓跋焘说:"用兵的策略,攻城是最下策;非到万不得已,不可使用。现在我们如果与步兵和攻城工具一起开进,敌人见状,一定会恐惧并坚守城池。如果我们不能按时攻下,粮食吃完,兵士疲劳,城外又没什么可以抢夺的,那时我们就会进退不得,陷入窘境。不如先用骑兵长驱直抵统万城下,敌人见到我们的步兵没有来,一定不太在意。我们再故意装出羸弱不堪的样子,引诱他们出击,他们如果出城迎战,就正巧中了我们的计谋,被我们生擒。所以这样的原因,是因为我们的将士离家两千余里,又隔着一条黄河,这就是所谓'置之死地而后生'啊! 三万人的轻骑兵,攻城自然不够,但用来决战,还绰绰有余。"于是大军启程。

16　六月癸卯朔(初一),出现日食。

17　北魏国主拓跋焘抵达统万,大军分别埋伏在深谷之中,只派少数部队来到城下。夏国的大将狄子玉投降了北魏,他向拓跋焘报告说:"夏王赫连昌听说北魏大军将到,就派人征召平原公赫连定回军,赫连定说:'统万城坚固险峻,不容易攻破,等我生擒奚斤然后再赶赴统万,内外夹击北魏大军,没有不成功的道理。'所以夏王赫连昌专心守城,等待赫连定。"拓跋焘听到这席话,十分忧虑。于是命令军队撤退,显示懦弱。又派遣娥清和永昌王拓跋健率领骑兵五千人向西大肆劫掠居民。

　　魏军士有得罪亡奔夏者，言魏军粮尽，士卒食菜，辎重在后，步兵未至，宜急击之。夏主从之，甲辰，将步骑三万出城。长孙翰等皆言："夏兵步陈难陷，宜避其锋。"魏主曰："吾远来求贼，惟恐不出。今既出矣，乃避而不击，彼奋我弱，非计也。"遂收众伪遁，引而疲之。

　　夏兵为两翼，鼓噪追之，行五六里，会有风雨从东南来，扬沙晦冥。宦者赵倪，颇晓方术，言于魏主曰："今风雨从贼上来，我向之，彼背之，天不助人。且将士饥渴，愿陛下摄骑避之，更待后日。"崔浩叱之曰："是何言也！吾千里制胜，一日之中，岂得变易！贼贪进不止，后军已绝，宜隐军分出，掩击不意。风道在人，岂有常也！"魏主曰"善！"乃分骑为左右队以掎之。魏主马蹶而坠，几为夏兵所获。拓跋齐以身捍蔽，决死力战，夏兵乃退。魏主腾马得上，刺夏尚书斛黎文，杀之，又杀骑兵十馀人，身中流矢，奋击不辍，夏众大溃。齐，翳槐之玄孙也。

北魏军中的士卒有人因犯罪逃走,投降了夏军,他向夏国报告说,魏军的粮草已经用尽,军中士卒每天只吃菜,而辎重补给还在后方,步兵也尚未到达,应当乘机快速袭击他们。"赫连昌同意。甲辰(初二),赫连昌亲自统率步骑兵共三万人出城。北魏的大臣司徒长孙翰等人都说:"夏国军队的阵势难以攻破,我们应该避开他的锋锐。"拓跋焘说:"我们远道而来,就是要引诱敌人出城,唯恐他们不出。现在他们既然出城了,我们却避而不打,只能使敌人士气旺盛,我们却被削弱,这不是用兵的好计策!"于是,命令部队集结假装逃走,引诱敌人追赶,使他们疲惫。

夏国的军队兵分两路,左右追击包抄,鼓声震天。追了五六里路,就赶上大风雨从东南而来,漫漫尘沙,遮天蔽日。北魏军中的宦官赵倪,相当通晓神道法术,就对魏主拓跋焘说:"如今风雨是从敌人那边袭来,我们逆风,敌人顺风,这表明天不助我。更何况我们的将士饥渴交加,希望陛下暂时避开他们的锋锐,等以后再寻找时机。"太常崔浩厉声喝止说:"这是什么话!我们千里而来,自有制胜的策略,一天之内怎么可以说变就变!敌人贪图胜利的战果,不会停止追击,根本没有后继军队。我们应该把精兵隐蔽起来,分别出击,对他们做一次意外的突袭。刮风下雨,要看人们怎么利用,怎么可以硬套常规而认定对我们不利!"拓跋焘说:"你说的极对!"于是,把骑兵分作两队,牵制敌军。北魏国主拓跋焘忽因坐骑失蹄摔倒,掉下马来,几乎被夏国的军卒所抓获。拓跋齐用自己的身体护卫遮挡敌人对拓跋焘的进攻,拼死尽力搏战,夏国围攻的士兵才被打退。北魏国主拓跋焘趁此机会,翻身跳上马背,直刺夏国尚书斛黎文,当即把他杀死,随后又杀死敌人骑兵十多个人,自己也被流箭射中,但他仍然奋力杀敌,苦战不休,夏的部队完全崩溃。拓跋齐是拓跋翳槐的玄孙。

魏人乘胜逐夏主至城北,杀夏主之弟河南公满及兄子蒙逊,死者万馀人。夏主不及入城,遂奔上邦。魏主微服逐奔者,入其城。拓跋齐固谏,不听。夏人觉之,诸门悉闭。魏主因与齐等入其宫中,得妇人裙,系之槊上,魏主乘之而上,仅乃得免。会日暮,夏尚书仆射问至奉夏主之母出走,长孙翰将八千骑追夏主至高平,不及而还。

乙巳,魏主入城,获夏王、公、卿、将、校及诸母、后妃、姊妹、宫人以万数,马三十馀万匹,牛羊数千万头,府库珍宝、车旗、器物不可胜计,颁赐将士有差。

初,夏世祖性豪侈,筑统万城,高十仞,基厚三十步,上广十步,宫墙高五仞,其坚可以厉刀斧。台榭壮大,皆雕镂图画,被以绮绣,穷极文采。魏主顾谓左右曰:“蕞尔国而用民如此,欲不亡得乎!”

得夏太史令张渊、徐辩,复以为太史令。得故晋将毛脩之、秦将军库洛干,归库洛干于秦,以毛脩之善烹调,用为太官令。魏主见夏著作郎天水赵逸所为文,誉夏主太过,怒曰:“此竖无道,何敢如是!谁所为邪?当速推之!”崔浩曰:“文士褒贬,多过其实,盖非得已,不足罪也。”乃止。魏主纳夏世祖三女为贵人。

北魏军队乘胜把夏国残兵追到统万城北,杀死了夏王赫连昌的弟弟河南公赫连满和他的侄儿赫连蒙逊,杀死士卒一万多人。夏王赫连昌来不及跑进城去,于是便逃奔上邽。北魏国主拓跋焘换上士兵的服装追赶逃跑的敌人,并进入了统万城。拓跋齐苦苦劝阻,拓跋焘坚决不听。后来夏国人发觉了这件事,把几个城门都关了起来。拓跋焘于是与拓跋齐等人混进内宫之中,弄到了几件女人穿的裙子,用它当绳索,绑在铁槊上,拓跋焘借此爬上城墙,逃出城外,才免于被抓。等到了黄昏的时候,夏国的尚书仆射问至保护赫连昌的母亲逃出城外。北魏司徒长孙翰率领八百骑兵追赶夏王赫连昌,一直追到高平,没有追上,便回来了。

乙巳(初三),北魏国主拓跋焘进入统万城,俘虏夏国的亲王、公爵、高级文官、军事将领以及皇后和嫔妃,赫连昌的姐妹、宫女等数以万计。还缴获马匹三十馀万匹,牛羊几千万头,国库中的珍宝、车辆、旌旗,各种精美的器物,多得不可胜数,拓跋焘把它们按等级分别赏赐给自己的将士。

当初,夏王赫连勃勃性情奢侈,兴筑了这座统万城,城墙高十仞,墙基厚达三十步,上宽十步,宫墙高约五仞,它坚硬得可以用来磨砺刀斧。亭台楼阁、水榭也都十分雄伟壮丽,全都雕刻图案,用锦绣装饰,精致奢华,无以复加。北魏国主拓跋焘看到这些,回头对左右侍从官员说:“拳头大的一个小国,却把百姓奴役到这种地步,怎么能够不亡国呢?”

北魏还俘虏了夏国太史令张渊和徐辩,任命他们仍旧担任太史令。拓跋焘还俘虏了前东晋的大将毛脩之以及西秦的将领库洛干,把库洛干送回西秦。因毛脩之擅长烹调,就任命他为北魏的太官令。拓跋焘还看到一篇夏国著作郎天水人赵逸写的文章,过分吹捧赫连昌,大怒说:“这小子是个无道君主,竟敢胆敢如此,谁写的文章?应当快快查出问罪!”崔浩劝阻说:“御用文人写文章,无论是赞颂,还是抨击,大多数都是言过其实,不一定发自内心,只不过是不得不写而已,用不着惩罚。”拓跋焘这才作罢。拓跋焘把赫连勃勃的三个女儿收入后宫做自己的妃子。

　　奚斤与夏平原公定犹相拒于长安。魏主命宗正娥清、太仆丘堆帅骑五千略地关右。定闻统万已破,遂奔上邽。斤追至雍,不及而还。清、堆攻夏贰城,拔之。

　　魏主诏斤等班师。斤上言:"赫连昌亡保上邽,鸠合馀烬,未有蟠据之资。今因其危,灭之为易。请益铠马,平昌而还。"魏主不许。斤固请,乃许之,给斤兵万人,遣将军刘拔送马三千匹,并留娥清、丘堆使共击夏。

　　辛酉,魏主自统万东还,以常山王素为征南大将军、假节,与执金吾桓贷、莫云留镇统万。云,题之弟也。

18　秦王炽磐还枹罕。

19　秋,七月己卯,魏主至柞岭。柔然寇云中,闻魏已克统万,乃遁去。

20　秦王炽磐谓群臣曰:"孤知赫连氏必无成,冒险归魏,今果如孤言。"八月,遣其叔父平远将军渥头等入贡于魏。

21　壬子,魏主还至平城,以所获颁赐留台百官有差。

　　魏主为人,壮健鸷勇,临城对陈,亲犯矢石,左右死伤相继,神色自若。由是将士畏服,咸尽死力。性俭率,服御饮膳,取给而已。君臣请增峻京城及修宫室曰:"《易》云:'王公设险,以守其国。'又萧何云:'天子以四海为家,不壮不丽,无以重威。'"帝曰:"古人有言:'在德不在险。'屈丐蒸土筑城而朕灭之,岂在城也? 今天下未平,方须民力,土功之事,朕所未为。萧何之对,非雅言也。"

北魏司空奚斤与夏国的平原公赫连定仍在长安对峙。北魏国主拓跋焘命令宗正娥清、太仆丘堆率骑兵五千人开赴关右一带,去占领地盘。赫连定听说统万城已经被攻破,于是他率众投奔上邽。奚斤率部追击,追到雍城,没有追上,只好班师。娥清与丘堆联合进攻夏国的贰城,顺利攻克。

拓跋焘下诏命令奚斤等将领班师。奚斤上疏说:"如今赫连昌逃到上邽自保,集结残部,还不足以长久盘踞在那里。现在,我们乘他危急,彻底消灭他极其容易。请增加士卒和马匹,等我削平赫连昌再班师。"拓跋焘不许。奚斤坚决请求,拓跋焘才应允,又拨给奚斤士卒一万人,派遣将军刘拔送去战马三千四,并且留下娥清、丘堆二人,命令他们配合奚斤一道消灭夏国的残馀力量。

辛酉(十九日),北魏国主拓跋焘从统万出发,向东回国。拓跋焘任命常山王拓跋素为征南大将军、假节,命他与执金吾桓贷、莫云留下镇守统万。莫云是莫题的弟弟。

18　西秦王乞伏炽磐回到了原来的首都枹罕城。

19　秋季,七月己卯(初七),北魏国主拓跋焘抵达柞岭。当时,柔然汗国正在进犯云中,他们听说北魏的军队已经攻克了统万,才撤退北逃。

20　西秦王乞伏炽磐对他手下的文武群臣说:"我早就知道赫连氏必定不会成大气候,才冒险归降了北魏,现在发生的一切都应验了我的预言。"八月,乞伏炽磐派他的叔父、平远将军乞伏渥头等人到北魏朝拜进贡。

21　壬子(十一日),北魏国主拓跋焘返抵首都平城,把缴获的战利品按等级分别赏赐给留守的文武百官。

拓跋焘为人壮健勇敢,沉着稳重,无论是攻打城池,还是两军对阵,短兵相接,都能亲自冒着乱箭飞石,身先士卒。他的左右士卒相继倒下,或死或伤,他却神色自若,毫不畏惧。因此,将士们对他无不畏惧钦佩,都愿尽力效死。他生性节俭,衣服饮食够用就已满足。文武百官请求加固京师的城墙,修缮皇宫的建筑,说:"《易经》说:'王公设险,固守国家。'萧何也曾经说过:'天子以四海为家,不壮不丽,不能增加威严。'"拓跋焘却说:"古人曾经说过:'只在恩德,不在险要。'赫连屈丐用蒸过的土建筑城墙,却被我灭掉了,这怎么在城的坚固不坚固呢? 而今,天下还没有太平,正需要人力,大兴土木的事,我不想去做。萧何的话并不正确。"

每以为财者军国之本,不可轻费。至于赏赐,皆死事勋绩之家,亲戚贵宠未尝横有所及。命将出师,指授节度,违之者多致负败。明于知人,或拔士于卒伍之中,唯其才用所长,不论本末。听察精敏,下无遁情,赏不违贱,罚不避贵,虽所甚爱之人,终无宽假。常曰:"法者,朕与天下共之,何敢轻也。"然性残忍,果于杀戮,往往已杀而复悔之。

22 九月丁酉,安定民举城降魏。

23 氐王杨玄遣将军苻白作围秦梁州刺史出连辅政于赤水。城中粮尽,民执辅政以降。辅政至骆谷,逃还。冬,十月,秦以骁骑将军吴汉为平南将军、梁州刺史,镇南漒。

24 十一月,魏主遣军司马公孙轨兼大鸿胪,持节策,拜杨玄为都督荆梁等四州诸军事、梁州刺史、南秦王。及境,玄不出迎。轨责让之,欲奉策以还,玄惧而郊迎。魏主善之,以轨为尚书。轨,表之子也。

25 十二月,秦梁州刺史吴汉为群羌所攻,帅户二千还于枹罕。

26 魏主行如中山。癸卯,还平城。

拓跋焘常常把财物看作军队和国家的基础,不可以轻意浪费。至于赏赐,也都赏给为国死难将士的遗属或有功之家,皇亲国戚、备受恩宠的人和显贵达官很少有人无缘无故得到赏赐。他选任将领出征,亲自指挥谋划,面授机宜,凡是违背他旨意的人,大多失败。他知人善任,有时在士卒中选拔将领,只看重并使用他的才干,不在乎他的出身。拓跋焘观察敏锐,部下没有什么隐情能逃出他的眼睛。他赏赐不论贫贱,惩罚不避权贵,赏罚分明,即使是他平时最宠爱的人,也绝不纵容包庇。他常说:"国家的法律,是我与天下臣民应共同遵守的,怎么敢轻视呢。"然而,拓跋焘却生性残忍,杀人从不手软,但是杀人之后,又常常后悔。

22 九月丁酉(二十六日),夏国所属的安定城居民献出城池,投降北魏。

23 氐王杨玄派遣将军符白作,在赤水围攻西秦梁州刺史出连辅政。赤水城中粮草断绝,百姓生擒出连辅政,开城门投降。出连辅政在被押送途中,走到骆谷,逃回西秦。冬季,十月,西秦王乞伏炽磐任命骁骑将军吴汉为平南将军和梁州刺史,驻守南漒。

24 十一月,北魏国主拓跋焘派遣军司马公孙轨兼任大鸿胪,持符节策命,去封氐王杨玄为都督荆、梁等四州诸军事和梁州刺史,封为南秦王。公孙轨一行抵达杨玄辖境之后,杨玄却不出来迎接。公孙轨斥责他,并打算奉诏书回去。杨玄才感到恐惧,亲自赶到郊外迎接。拓跋焘认为公孙轨处理得当,提升公孙轨为尚书。公孙轨是公孙表的儿子。

25 十二月,西秦梁州刺史吴汉,遭到羌族各部落的攻击,率领两千户部属返回枹罕。

26 北魏国主拓跋焘出巡,前往中山。癸卯(初四),返回首都平城。

卷第一百二十一　宋纪三

起戊辰(428)尽庚午(430)凡三年

太祖文皇帝上之中
元嘉五年(戊辰,428)

1　春,正月辛未,魏京兆王黎卒。

2　荆州刺史、彭城王义康,性聪察,在州职事修治。左光禄大夫范泰谓司徒王弘曰:"天下事重,权要难居。卿兄弟盛满,当深存降挹。彭城王,帝之次弟,宜征还入朝,共参朝政。"弘纳其言。时大旱、疾疫,弘上表引咎逊位,帝不许。

3　秦商州刺史领浇河太守姚潜叛,降河西,秦王炽磐以尚书焦嵩代潜,帅骑三千讨之。二月,嵩为吐谷浑元绪所执。

4　魏改元神麚。

5　魏平北将军尉眷攻夏主于上邽,夏主退屯平凉。奚斤进军安定,与丘堆、娥清军合。斤马多疫死,士卒乏粮,乃深垒自固。遣丘堆督租于民间,士卒暴掠,不设儆备,夏主袭之,堆兵败,以数百骑还城。夏主乘胜,日来城下钞掠,不得刍牧,诸将患之,监军侍御史安颉曰:"受诏灭贼,今更为贼所困,退守穷城。若不为贼杀,当坐法诛,进退皆无生理。

太祖文皇帝上之中

宋文帝元嘉五年(戊辰,公元 428 年)

1　春季,正月辛未(初二),北魏京兆王拓跋黎去世。

2　刘宋荆州刺史、彭城王刘义康,性情聪敏明睿,详察下情,他在荆州,凡是职权范围内的事都办得很好。刘宋左光禄大夫范泰对司徒王弘说:"国家大事,责任很重,权要的地位,也很难久居。你们兄弟的权力和地位,已经达到了顶峰,应该深深地想到要谦虚谨慎。彭城王刘义康是皇上的二弟,最好征召他回京,共同参与处理朝廷大事。"王弘接受了范泰的劝告。当时,刘宋境内正遭受严重的旱灾,瘟疫流行,王弘上疏引咎自责,请求解除自己的职务,刘宋文帝没有批准。

3　西秦国商州刺史兼浇河太守姚瀒反叛,投降了北凉。西秦王乞伏炽磐任命尚书焦嵩取代姚瀒任商州刺史兼浇河太守,并率领三千人讨伐姚瀒。二月,焦嵩被吐谷浑汗国酋长慕容元绪擒获。

4　北魏改年号为神麚。

5　北魏平北将军尉眷,围攻夏王赫连昌所在的上邽,赫连昌退到平凉据守。北魏大将奚斤率领军队抵达安定,与丘堆、娥清率领的大军会师。奚斤军中的战马染上了瘟疫,大批死亡,士卒又缺乏粮饷,所以只好深挖沟堑,营造堡垒固守。奚斤派遣丘堆率军队到乡村征粮逼租,北魏的士卒残暴无端,大肆抢掠,对敌人未加防备,夏主赫连昌乘机进攻,丘堆的军队大败,仅有几百名骑兵生还,逃回安定。赫连昌乘胜追击,每天到城下抢掠,北魏的军队得不到粮秣,将领们深感忧虑。监军侍御史安颉说道:"我们接受朝廷的诏命是要消灭敌寇,而如今我们却被敌人包围,困守孤城。即令不被敌人杀戮,也要受到军法的惩罚,无论是进、是退都没有生路。

而诸王公晏然曾不为计乎?"斤曰:"今军士无马,以步击骑,必无胜理,当须京师救骑至合击之。"颉曰:"今猛寇游逸于外,吾兵疲食尽,不一决战,则死在旦夕,救骑何可待乎!等于就死,死战,不亦可乎!"斤又以马少为辞。颉曰:"今敛诸将所乘马,可得二百匹,颉请募敢死之士出击之,就不能破敌,亦可以折其锐。且赫连昌狷而无谋,好勇而轻,每自出挑战,众皆识之。若伏兵掩击,昌可擒也。"斤犹难之。颉乃阴与尉眷等谋,选骑待之。既而夏主来攻城,颉出应之。夏主自出陈前搏战,军士识其貌,争赴之。会天大风扬尘,昼昏,夏主败走。颉追之,夏主马蹶而坠,遂擒之。颉,同之子也。

夏大将军、领司徒、平原王定收其馀众数万,奔还平凉,即皇帝位,大赦,改元胜光。

三月辛巳,赫连昌至平城,魏主馆之于西宫,门内器用皆给乘舆之副,又以妹始平公主妻之,假常忠将军,赐爵会稽公。以安颉为建节将军,赐爵西平公;尉眷为宁北将军,进爵渔阳公。

魏主常使赫连昌侍从左右,与之单骑共逐鹿,深入山涧。昌素有勇名,诸将咸以为不可。魏主曰:"天命有在,亦何所惧!"亲遇如初。

而各位王爷爵爷还安稳地坐在那里，就没有克敌制胜的计谋吗？"奚斤说："现在我们的军士没有马匹，用步兵来进攻骑兵，断然没有取胜的可能，只有等朝廷派救兵和战马赶来救援，内外夹击敌人。"安颉说："现在强敌在城外示威，我们城内的士卒精疲力尽，粮食又已经吃完，如果不立刻与敌人决战，我们早晚之间就会全军覆没，救兵怎么能够等到呢？与其等死，反正也是死，决一死战不也是一样的吗？"奚斤又以战马太少为理由，推辞不肯决战。安颉说："现在我们把各个将领的坐骑集中起来，可以凑到两百匹，我请求招募敢死的士卒，冲出城去打击敌人，即使不能击破敌人，也可以打击他们的锐气。况且，赫连昌急躁无谋，却轻率好斗，常常亲自出阵挑战，军中的士卒都认识他的模样。如果设伏兵突然袭击他，一定能生擒赫连昌。"奚斤仍然面有难色。安颉于是与尉眷等人暗中谋划，挑选精骑等待时机。不久，赫连昌果然又来攻城，安颉出城应战。赫连昌亲自出阵与安颉交锋，北魏的士卒都认出他的面貌，争相围攻赫连昌。正值狂风突起，尘沙飞扬遮天蔽日，白天如同黑夜一样昏暗，赫连昌抵挡不住，打马逃走。安颉在后紧追，赫连昌的坐骑突然栽倒，赫连昌坠马倒地，于是被安颉生擒。安颉是安同的儿子。

夏国的大将军、领司徒、平原王赫连定，收集夏军残部数万人，一路奔走，逃回平凉。赫连定即皇帝位，下令实行大赦，改年号为胜光。

三月辛巳（十三日），赫连昌被押解到平城，北魏国主拓跋焘在西宫为赫连昌安排了客舍，房间里的日常用具都跟皇帝使用的一样，又把自己的妹妹始平公主嫁给他，给他常忠将军头衔，并封为会稽公。拓跋焘任命安颉为建节将军，封为西平公；尉眷为宁北将军，晋封他为渔阳公。

拓跋焘常常让赫连昌侍从在自己身边，两人单独打猎，两马相并追逐麋鹿深入高山危谷。赫连昌一向享有勇猛的威名，拓跋焘手下的将领们都认为拓跋焘不可这样做。拓跋焘却说："天命自有定数，有什么可畏惧的呢！"所以对赫连昌仍然亲近，跟当初一样。

　　奚斤自以为元帅,而昌为偏裨所擒,深耻之。乃舍辎重,赍三日粮,追夏主于平凉。娥清欲循水而往,斤不从,自北道邀其走路。至马髦岭,夏军将遁,会魏小将有罪亡归于夏,告以魏军食少无水。夏主乃分兵邀斤,前后夹击之,魏兵大溃,斤及娥清、刘拔皆为夏所擒,士卒死者六七千人。

　　丘堆守辎重在安定,闻斤败,弃辎重奔长安,与高凉王礼偕奔蒲阪,夏人复取长安。魏主大怒,命安颉斩丘堆,代将其众,镇蒲阪以拒之。

　　6　夏,四月,夏主遣使请和于魏,魏主以诏谕之使降。

　　7　壬子,魏主西巡。戊午,畋于河西。大赦。

　　8　五月,秦文昭王炽磐卒,太子暮末即位,大赦,改元永弘。

　　9　平陆令河南成粲复劝王弘逊位,弘从之,累表陈请。帝不得已,六月庚戌,以弘为卫将军、开府仪同三司。

　　10　甲寅,魏主如长川。

　　11　葬秦文昭王于武平陵,庙号太祖。秦王暮末以右丞相元基为侍中、相国、都督中外诸军、录尚书事,以镇军大将军、河州牧谦屯为骠骑大将军,征安北将军、凉州刺史段晖为辅国大将军、御史大夫,叔父右禁将军千年为镇北将军、凉州牧,镇湟河,以征北将军木弈干为尚书令、车骑大将军,以征南将军吉毗为尚书仆射、卫大将军。

奚斤自以为是元帅,但夏王赫连昌却被他手下的偏将活捉了,因此深感羞耻。于是他命令军队舍弃辎重,只带三日粮秣,进攻赫连定据守的平凉。娥清建议沿着泾水而行,奚斤不同意,坚持走北道以便截击赫连定的退路。北魏军走到马髦岭,夏国军队正要逃走,正巧北魏军中的一名小将因为犯罪投降了夏军,把北魏军中缺粮少水的窘况都报告了赫连定。赫连定于是分兵几路拦截奚斤的军队,前后夹击,北魏军顿时溃败,奚斤、娥清、刘拔等将领都被夏军活捉,士卒中也有六七千人战死。

北魏大将丘堆在安定城留守,看管军用物资,他听说奚斤战败的消息,立刻放弃辎重逃往长安,又与高凉王拓跋礼一道放弃长安,逃奔蒲阪,夏国的军队又重新占据了长安城。拓跋焘闻知大怒,命令安颉斩丘堆,代替他统领部众镇守蒲阪来抗拒夏军。

6　夏季,四月,夏王赫连定派使臣到北魏国,请求和解。北魏国主拓跋焘下诏命令赫连定投降。

7　壬子(十五日),北魏国主拓跋焘向西巡察。戊午(二十一日),拓跋焘在河西打猎。下令大赦。

8　五月,西秦文昭王乞伏炽磐去世,太子乞伏暮末继承王位,大赦天下,改年号为永弘。

9　刘宋平陆县令、河南人成粲,再度劝司徒王弘急流勇退,王弘采纳了他的建议,一再上疏,坚决请求辞去职务。刘宋文帝不得已,六月庚戌(十四日),调任王弘为卫将军、开府仪同三司。

10　甲寅(十八日),北魏国主拓跋焘抵达长川。

11　西秦国在武平陵安葬了文昭王乞伏炽磐,庙号太祖。西秦王乞伏暮末任命右丞相乞伏元基为侍中、相国、都督中外诸军事、录尚书事等职务;同时任命镇军大将军、河州牧乞伏谦屯为骠骑大将军;征召安北将军、凉州刺史段晖为辅国大将军、御史大夫;任命叔父、右禁将军乞伏千年为镇北将军、凉州牧,镇守湟河;又任命征北将军乞伏木弈干为尚书令、车骑大将军;任命征南将军吉毗为尚书仆射、卫大将军。

河西王蒙逊因秦丧,伐秦西平,西平太守麹承谓之曰:"殿下若先取乐都,则西平必为殿下之有。苟望风请服,亦明主之所疾也。"蒙逊乃释西平,攻乐都。相国元基帅骑三千救乐都,甫入城,而河西兵至,攻其外城,克之。绝其水道,城中饥渴,死者太半。东羌乞提从元基救乐都,阴与河西通谋,下绳引内其兵,登城者百馀人,鼓噪烧门。元基帅左右奋击,河西兵乃退。

初,文昭王疾病,谓暮末曰:"吾死之后,汝能保境则善矣。沮渠成都为蒙逊所亲重,汝宜归之。"至是,暮末遣使诣蒙逊,许归成都以求和。蒙逊引兵还,遣使入秦吊祭。暮末厚资送成都,遣将军王伐送之。蒙逊犹疑之,使恢武将军沮渠奇珍伏兵于抪天岭,执伐并其骑士三百人以归。既而遣尚书郎王杼送伐还秦,并遗暮末马千匹及锦罽银缯。秋,七月,暮末遣记室郎中马艾如河西报聘。

12 魏主还宫。八月,复如广宁观温泉。

柔然纥升盖可汗遣其子将万馀骑寇魏边,魏主自广宁还,追之,不及。九月,还宫。

冬,十月甲辰,魏主北巡。壬子,畋于牛川。

13 秦凉州牧乞伏千年,嗜酒残虐,不恤政事,秦王暮末遣使让之,千年惧,奔河西。暮末以叔父光禄大夫沃陵为凉州牧,镇湟河。

北凉河西王沮渠蒙逊,利用乞伏炽磐去世的机会,进攻西秦所属的西平,西平太守麹承对前来攻城的沮渠蒙逊说:"殿下如果能够先攻取乐都,那么西平一定会归附殿下。假如我望风而降,英明君主也看不起这样的守将。"沮渠蒙逊于是放弃西平,改变方向去进攻乐都。西秦的相国乞伏元基率领骑兵三千人救援乐都,刚刚进城,沮渠蒙逊的大军也开到了城下,开始攻击,很快就攻陷了乐都外城。乐都城的水源被切断,城中有一半以上的人死于饥渴。东羌部落酋长乞提原来跟随乞伏元基救援乐都,却暗中与城外的北凉军队勾结,从城上抛下绳索,从内部牵引北凉士卒登城,很快登城的北凉军士达百馀人,他们大声呐喊,纵火焚烧城门。乞伏元基率领左右亲军奋力抗击,北凉的军队才被打退。

当初,文昭王乞伏炽磐重病时,曾对太子乞伏暮末说:"我死以后,你能够保住国土不失,就已经不错了。沮渠成都一向得到沮渠蒙逊的信任和重用,你应该把他送回国去。"这时,乞伏暮末遣使来到沮渠蒙逊的营中,答应归还沮渠成都,请求和解。沮渠蒙逊接受了西秦的建议,撤军回国,随即又派遣使臣赴西秦吊丧。乞伏暮末用厚重的礼物,送沮渠成都回国,并派将军王伐护送。沮渠蒙逊对西秦的做法仍深怀疑虑,就派恢武将军沮渠奇珍,在扣天岭设下埋伏,擒获王伐及其三百骑兵回国。不久,又派尚书郎王杼护送王伐返回了西秦,并送给乞伏暮末战马一千匹以及其他锦缎绫罗。秋季,七月,乞伏暮末派遣记室郎中马艾前往北凉进行访问。

12 北魏国主拓跋焘回宫。八月,拓跋焘又前往广宁观赏温泉。

柔然汗国纥升盖可汗郁久间大檀,派他的儿子率领一万多骑兵进犯北魏的边境,拓跋焘从广宁返回首都平城,率兵追击柔然汗国的军队,没有追上。九月,拓跋焘回宫。

冬季,十月甲辰(初十),拓跋焘到北方巡视。壬子(十八日),到牛川狩猎。

13 西秦凉州牧乞伏千年,酗酒暴虐,不理公务,西秦王乞伏暮末派遣使臣责备他,乞伏千年大为恐惧,投奔北凉。乞伏暮末任命他的叔父、光禄大夫乞伏沃陵为凉州牧,镇守湟河。

14 徐州刺史王仲德遣步骑二千伐魏济阳、陈留。

15 魏主还宫。

16 魏定州丁零鲜于台阳等二千馀家叛,入西山,州郡不能讨。闰月,魏主遣镇南将军叔孙建讨之。

17 十一月乙未朔,日有食之。

18 魏主如西河校猎。十二月甲申,还宫。

19 河西王蒙逊伐秦,至磐夷,秦相国元基等将骑万五千拒之。蒙逊还攻西平,征房将军出连辅政等将骑二千救之。

20 秘书监谢灵运,自以名辈才能,应参时政。上唯接以文义,每侍宴谈赏而已。王昙首、王华、殷景仁,名位素出灵运下,并见任遇,灵运意甚不平,多称疾不朝直;或出郭游行,且二百里,经旬不归,既无表闻,又不请急。上不欲伤大臣意,讽令自解。灵运乃上表陈疾,上赐假,令还会稽。而灵运游饮自若,为法司所纠,坐免官。

21 是岁,师子王刹利摩诃及天竺迦毗黎王月爱皆遣使奉表入贡,表辞皆如浮屠之言。

22 魏镇远将军平舒侯燕凤卒。

六年(己巳,429)

1 春,正月,王弘上表乞解州、录,以授彭城王义康,帝优诏不许。癸丑,以义康为侍中、都督扬南徐兖三州诸军事、司徒、录尚书事、领南徐州刺史。弘与义康二府并置佐领兵,共辅朝政。弘既多疾,且欲委远大权,每事推让义康。由是义康专总内外之务。

14　刘宋徐州刺史王仲德派遣步骑兵两千,进攻北魏所属的济阳、陈留。

15　北魏国主拓跋焘回宫。

16　北魏定州丁零部落酋长鲜于台阳等率两千多家背叛了北魏,进入西山,地方州郡都无力讨伐他们。闰月,拓跋焘命镇南将军叔孙建前往征讨。

17　十一月乙未朔(初一),出现日食。

18　北魏国主拓跋焘前往西河,举行围猎。十二月甲申(二十一日),回宫。

19　北凉河西王沮渠蒙逊再次讨伐西秦,北凉军开到磐夷,遇到西秦相国乞伏元基率领骑兵一万五千人阻击。沮渠蒙逊率军回攻西平,西秦征虏将军出连辅政等率领骑兵两千人赶赴救援。

20　刘宋秘书监谢灵运,自以为他的才能、名望和辈分,都足以有资格参与朝政。可是刘宋文帝只看重他的文才,只是常常让他参加宴会,跟他谈论和欣赏诗文而已。王昙首、王华、殷景仁的名望和地位,一向居于谢灵运之下,他们都得到了重用,并被委以国家机要大事,谢灵运因此愤愤不平,经常声称有病,不参加朝会;有时出城游玩旅行,走出两百多里,十多日也不回来,即不上疏奏报,也从不请假。刘宋文帝不愿伤害大臣的面子,婉转地让他自己辞职。谢灵运于是上书,声称自己有病,刘义隆批准他休假,让他返回会稽养病。谢灵运回会稽后,仍然游乐欢宴,被法司纠举,于是被免除了官职。

21　这一年,师子国王刹利摩诃以及天竺迦毗黎王月爱都派遣使臣前往刘宋进贡。他们奏章上的辞句都类似佛经上的语言。

22　北魏镇远将军、平舒侯燕凤去世。

宋文帝元嘉六年(己巳,公元429年)

1　春季,正月,刘宋扬州刺史王弘上疏要求辞去扬州刺史和录尚书事等职,并请求皇上把这两项要职委任给彭城王刘义康。刘宋文帝下达一份褒奖诏书,但没有批准。癸丑(二十日),刘宋文帝下诏任命刘义康为侍中,都督扬、南徐、兖三州诸军事、司徒、录尚书事,并兼任南徐州刺史。王弘与刘义康二人的官署,都设置属官卫,二人共同辅佐朝廷政务。王弘体弱多病,况且又早下决心远离权势,因此每件事都推给刘义康处理。刘义康于是负起全部责任,一个人总管内外事务。

又以抚军将军江夏王义恭为都督荆湘等八州诸军事、荆州刺史,以侍中刘湛为南蛮校尉,行府州事。帝与义恭书,诫之曰:"天下艰难,家国事重,虽曰守成,实亦未易。隆替安危,在吾曹耳,岂可不感寻王业,大惧负荷!

"汝性褊急,志之所滞,其欲必行。意所不存,从物回改。此最弊事,宜念裁抑。卫青遇士大夫以礼,与小人有恩;西门、安于,矫性齐美;关羽、张飞,任偏同弊。行己举事,深宜鉴此!

"若事异今日,嗣子幼蒙,司徒当周公之事,汝不可不尽祗顺之理。尔时天下安危,决汝二人耳。

"汝一月自用钱不可过三十万,若能省此,益美。西楚府舍,略所谙究,计当不须改作,日求新异。凡讯狱多决当时,难可逆虑,此实为难。至讯日,虚怀博尽,慎无以喜怒加人。能择善者而从之,美自归己。不可专意自决,以矜独断之明也!

"名器深宜慎惜,不可妄以假人。昵近爵赐,尤应裁量。吾于左右虽为少恩,如闻外论不以为非也。

"以贵凌物,物不服;以威加人,人不厌。此易达事耳。

刘宋文帝又任命抚军将军、江夏王刘义恭为都督荆、湘等八州诸军事、荆州刺史,任命侍中刘湛为南蛮校尉,代理府、州政务。刘宋文帝写信给刘义恭,告诫他说:"天下时事,十分艰难,家事国事,关系重大,虽说是继承并保住现成的基业,实际上也还是相当不容易。国家的兴隆或衰落,安定或危覆都在于我们的努力,怎么可以不感到王业艰难而寻求治国之道,从而对自己肩负重担而惶恐不安呢!

　　"你的性情急躁偏激,心里想着什么,就要不顾一切地达到目的。有时你的心里并没有某些愿望,一受外界引诱,你就立刻产生欲望。这是最容易招致祸端的,应该时刻提醒自己,极力克制。卫青对待士大夫礼貌谦恭,对小人也有恩惠;西门豹性情刚直急躁,常常佩带苇草;董安于性情宽容,做事缓慢,常常佩带弓弦,都是为了警告自己,矫正自己的性情,他们的美名一齐得到了后世的传颂;关羽、张飞则不然,二人的性格都任性偏激,各趋极端。你待己处事,要深刻体会古人的行为,作为借鉴。

　　"倘若有一天朝中发生不测,我的儿子年纪还小,身为司徒的刘义康必然要负起周公的责任,你也不可不尽到恭敬辅弼的道义。到那个时候,国家的安危存亡,就全取决于你们二人了。

　　"你每月的私人开支,不能超过三十万,倘若还能比这节省,那就更好。荆州的府舍,我略为熟悉了解,估计还不用重新改建,去追求新异。至于讯案断狱,大多要当时裁决,很难事先做周到的考虑,当然,这是一件很不容易的事。在审讯的时候,要虚心听取各方面的陈述,千万谨慎处置,不要把自己的喜怒强加于人。平时做事,能择善而从,自己就会获得好的声誉。切不可一意孤行,来炫耀自己的独断和英明。

　　"名分一定要谨慎珍惜,不可以随便赏给他人。对亲近的人封赐爵位,则更应再三考虑定夺。我对于身边的人,虽然很少有特别的赏赐,但如果听说外面有人议论我,我也不认为他们说得不对。

　　"凭权势欺凌别人,别人自然不服;用威望统辖别人,别人便不会满意。这是显而易见的事。

"声乐嬉游,不宜令过。蒲酒渔猎,一切勿为。供用奉身,皆有节度。奇服异器,不宜兴长。

"又宜数引见佐吏。相见不数,则彼我不亲;不亲,无因得尽人情;人情不尽,复何由知众事也!"

2　夏酒泉公隽自平凉奔魏。

3　丁零鲜于台阳等请降于魏,魏主赦之。

4　秦出连辅政等未至西平,河西王蒙逊拔西平,执太守麹承。

5　二月,秦王暮末立妃梁氏为皇后,子万载为太子。

6　三月丁巳,立皇子劭为太子。戊午,大赦。

7　辛酉,以左卫将军殷景仁为中领军。帝以章太后早亡,奉太后所生苏氏甚谨。苏氏卒,帝往临哭,欲追加封爵,使群臣议之,景仁以为古典无之,乃止。

8　初,秦尚书陇西辛进从文昭王游陵霄观,弹飞鸟,误中秦王暮末之母,伤其面。及暮末即位,问母面伤之由,母以状告。暮末怒,杀进并其五族二十七人。

9　夏,四月癸亥,以尚书左仆射王敬弘为尚书令,临川王义庆为左仆射,吏部尚书济阳江夷为右仆射。

10　初,魏太祖命尚书邓渊撰《国记》十馀卷,未成而止。世祖更命崔浩与中书侍郎邓颖等续成之,为《国书》三十卷。颖,渊之子也。

"声色犬马、嬉戏游乐都不能过分。饮酒赌博、捕鱼狩猎这一切都不应该做。日常用品、衣服饮食,都应有节制。至于新奇的服饰和器物,不应鼓励制作。

"你还应该多多接见府中的官员。召见的次数少,就会彼此不亲近;不亲近,你就没有办法知道官员们的思想感情;不了解他们的思想感情,因此也就无法知道民间的具体情况。"

2 夏国的酒泉公赫连隽从平凉出逃,投奔北魏。

3 丁零部落酋长鲜于台阳等人,请求再次归降北魏,北魏国主拓跋焘赦免了他们的罪过。

4 西秦征房将军出连辅政等率领援军还没有赶到西平,北凉王沮渠蒙逊已经攻陷了西平城,活捉了西平太守翷承。

5 二月,西秦王乞伏暮末立妃梁氏为王后,封王子乞伏万载为太子。

6 三月丁巳(二十五日),刘宋文帝立皇子刘劭为太子。戊午(二十六日),下令大赦。

7 辛酉(二十九日),刘宋文帝任命左卫将军殷景仁为中领军。刘宋文帝因为生母章太后胡氏早死,侍奉外祖母苏氏十分恭谨。苏氏去世后,刘宋文帝到灵前恸哭,并打算追封爵位,命文武官员讨论。殷景仁认为自古没有封外祖母爵位的先例,刘宋文帝才作罢。

8 当初,西秦尚书、陇西人辛进,跟从文昭王乞伏炽磐在陵霄观游览,用弹弓射击飞鸟,不想竟误中秦王乞伏暮末的母亲,损伤了她的脸。等到乞伏暮末即位,问及他母亲面部受伤的原因,他母亲把当时的情况据实地告诉了他。乞伏暮末大发雷霆,斩杀了辛进及其五族内的亲属二十七人。

9 夏季,四月癸亥(初二),刘宋文帝任命尚书左仆射王敬弘为尚书令,临川王刘义庆为左仆射,吏部尚书、济阳人江夷为右仆射。

10 当初,北魏道武帝拓跋珪命令尚书邓渊撰写《国记》十多卷,书未写成就停止了。于是,拓跋焘改命崔浩与中书侍郎邓颖等人继续编撰,称《国书》,共三十卷。邓颖是邓渊的儿子。

11 魏主将击柔然，治兵于南郊，先祭天，然后部勒行陈。内外群臣皆不欲行，保太后固止之，独崔浩劝之。

尚书令刘絜等共推太史令张渊、徐辩使言于魏主曰："今兹己巳，三阴之岁，岁星袭月，太白在西方，不可举兵。北伐必败，虽克，不利于上。"群臣因共赞之曰："渊等少时尝谏苻坚南伐，坚不从而败。所言无不中，不可违也。"魏主意不快，诏浩与渊等论难于前。

浩诘渊、辩曰："阳为德，阴为刑。故日食修德，月食修刑。夫王者用刑，小则肆诸市朝，大则陈诸原野。今出兵以讨有罪，乃所以修刑也。臣窃观天文，比年以来，月行掩昴，至今犹然。其占，三年天子大破旄头之国。蠕蠕、高车，旄头之众也。愿陛下勿疑。"渊、辩复曰："蠕蠕，荒外无用之物，得其地不可耕而食，得其民不可臣而使，轻疾无常，难得而制。有何汲汲，而劳士马以伐之？"浩曰："渊、辩言天道，犹是其职，至于人事形势，尤非其所知。此乃汉世常谈，施之于今，殊不合事宜。何则？蠕蠕本国家北边之臣，中间叛去。今诛其元恶，收其良民，令复旧役，非无用也。世人皆谓渊、辩通解数术，明决成败，臣请试问之：属者统万未亡之前，有无败征？若其不知，是无术也；知而不言，是不忠也。"时赫连昌在坐，渊等自以未尝有言，惭不能对。魏主大悦。

11　北魏国主拓跋焘将进攻柔然汗国,在首都平城的南郊举行阅兵大典。先行祭拜天神,然后下令排列战阵。朝廷内外的文武群臣都不愿意打这一仗,连拓跋焘的乳娘保太后都坚决劝阻,只有太常崔浩极力赞成。

尚书令刘絜等人共同推举太史令张渊、徐辩向拓跋焘分析形势说:"今年是己巳年,恰恰是三种阴气聚集在一起的年份,木星突然靠近月亮,太白星出现在西方,不可以发动军事进攻。北伐一定失败,即使取胜,也对皇上不利。"文武群臣也异口同声地称赞张渊和徐辩的说法,都说:"张渊年轻的时候,曾经劝阻过苻坚,不可以南伐,苻坚不肯接受,结果大败。张渊的预言几乎没有一件事不应验的,不可以违背。"拓跋焘心里不高兴,下诏命令崔浩与张渊在御前辩论。

崔浩质问张渊、徐辩说:"阳是恩德,阴是刑杀。所以出现日食时,君主要积德;出现月食的时候,就要注意刑罚。帝王使用刑法,从小处说是把犯人处决于市朝,从大处说是对敌国用兵于原野。今天,出兵讨伐有罪之国,正是加强刑罚。我观察天象,近年以来月亮运行遮盖昴星,到现在仍然如此。这表明,三年之内天子将大破旄头星所对应的王国。柔然、高车都是旄头星分野的部众,希望陛下不要犹豫怀疑。"张渊、徐辩说:"柔然,是远荒外没有用的东西,我们得到他们的土地不能耕种收获粮食,得到他们的百姓也不能当作臣民驱使。而且他们疾速往来,行动没有规律,很难攻取并彻底制服。有什么事如此急迫,要动员大队人马去讨伐他们?"崔浩说:"张渊、徐辩如果谈论天文,还是他们的本职。至于说到人间的事情和当前的形势,恐怕不是他们能确切了解的。这是汉朝以来的老生常谈,用在今天,完全不切实际。为什么呢?柔然本来是我们国家北方的藩属,后来背叛而去。今天我们要诛杀叛贼元凶,收回善良的百姓,使他们能够为我国效力,不是毫无用处的。世上的人都信服张渊、徐辩深通天文历法,预知成功或失败,那么,我倒想问问他们,在统万城没有攻克之前有没有溃败的征兆?如果不知道,是没有能力;如果知道了却不说,是对皇上不忠。"当时,夏国前国主赫连昌也在座,张渊等人因为自己确实没有说过,十分惭愧,无法回答。拓跋焘非常高兴。

　　既罢，公卿或尤浩曰："今南寇方伺国隙，而舍之北伐。若蠕蠕远遁，前无所获，后有疆寇，将何以待之？"浩曰："不然。今不先破蠕蠕，则无以待南寇。南人闻国家克统万以来，内怀恐惧，故扬声动众以卫淮北。比吾破蠕蠕，往还之间，南寇必不动也。且彼步我骑，彼能北来，我亦南往。在彼甚困，于我未劳。况南北殊俗，水陆异宜，设使国家与之河南，彼亦不能守也。何以言之？以刘裕之雄杰，吞并关中，留其爱子，辅以良将，精兵数万，犹不能守，全军覆没，号哭之声，至今未已。况义隆今日君臣，非裕时之比。主上英武，士马精强，彼若果来，譬如以驹犊斗虎狼也，何惧之有！蠕蠕恃其绝远，谓国家力不能制，自宽日久。故夏则散众放畜，秋肥乃聚，背寒向温，南来寇钞。今掩其不备，必望尘骇散。牡马护牝，牝马恋驹，驱驰难制，不得水草，不过数日，必聚而困弊，可一举而灭也。暂劳永逸，时不可失，患在上无此意。今上意已决，奈何止之！"寇谦之谓浩曰："蠕蠕果可克乎？"浩曰："必克。但恐诸将琐琐，前后顾虑，不能乘胜深入，使不全举耳。"

御前辩论结束后，朝中公卿重臣中有人责怪崔浩说："如今南方宋国的敌人正在伺机侵入，而我们却置之不顾兴兵北伐。如果柔然听说我们攻来，逃得无影无踪，我们前进没有收获，后面却有强敌逼近，那时我们将怎么办？"崔浩说："事情不会是这样的。如今我们如果不先攻破柔然，就没有办法对付南方的敌寇。南方人自从听说我们攻克夏国都城统万以来，对我们一直深怀恐惧，所以扬言要出动军队，来保卫淮河以北的土地。等到我们击破柔然，一去一回的时间里，南寇一定不敢兴兵动武。况且，南寇多是步兵而我们主要是骑兵，他们能北来，我们也可以南下。在他们来说已经疲惫不堪，而对我们来说还不曾疲劳。更何况南方和北方的风俗习惯大不相同，南方河道交错，北方一片平原，即使我国把黄河以南的土地让给他们，他们也守不住。为什么这样说呢？当年，以刘宋武帝刘裕的雄才大略，吞并了关中，留下他的爱子镇守，又配备了经验丰富的战将和数万名精兵，还没有守住，最后落得个全军覆没。原野中的哭号之声，至今还没有停止。况且，今日刘义隆和他的文武群臣，其才略根本无法与刘裕时代的君臣相比。而我们的皇上英明威武，军队兵强马壮。如果他们真的打来，就像是马驹、牛犊与虎狼争斗一样，有什么可畏惧的呢！柔然一直仗恃与我国距离遥远，以为我国没有力量制服他们，防备松懈已经很久。一到夏季，就把部众解散，各处逐水草放牧；秋季马肥兵壮，才又聚集，离开寒冷的荒野，面向温暖的中原，南下掠夺。而今我们乘其不备出兵，他们一看到飞扬的尘沙，一定会惊慌失措地四处逃散。公马护着母马，母马恋着小马，难以控制驱赶，等到找不着水草，不过几天的工夫，他们会再行聚集，乘他们疲劳困顿之际，我们的军队就可以一举歼灭他们。短时间的劳苦将换来永久的安逸，这样的时机千万不能放弃，我在忧虑皇上没有这样的决心。现在皇上的决心已经下定了，为什么还要阻挠！"寇谦之问崔浩说："柔然果真可以一举攻克吗？"崔浩回答说："必克无疑。只恐怕将领们顾虑太多，瞻前顾后，不能乘胜深入，以致不能一举取得彻底的胜利。"

先是，帝因魏使者还，告魏主曰："汝趣归我河南地！不然，将尽我将士之力。"魏主方议伐柔然，闻之，大笑，谓公卿曰："龟鳖小竖，自救不暇，夫何能为！就使能来，若不先灭蠕蠕，乃是坐待寇至，腹背受敌，非良策也。吾行决矣。"

庚寅，魏主发平城，使北平王长孙嵩、广陵公楼伏连居守。魏主自东道向黑山，使平阳王长孙翰自西道向大娥山，同会柔然之庭。

12 五月壬辰朔，日有食之。

13 王敬弘固让尚书令，表求还东。癸巳，更以敬弘为侍中、特进、左光禄大夫，听其东归。

14 丁未，魏主至漠南，舍辎重，帅轻骑兼马袭击柔然，至栗水。柔然纥升盖可汗先不设备，民畜满野，惊怖散去，莫相收摄。纥升盖烧庐舍，绝迹西走，莫知所之。其弟匹黎先主东部，闻有魏寇，帅众欲就其兄。遇长孙翰，翰邀击，大破之，杀其大人数百。

15 夏主欲复取统万，引兵东至侯尼城，不敢进而还。

16 河西王蒙逊伐秦，秦王暮末留相国元基守枹罕，迁保定连。
南安太守翟承伯等据罕幵谷以应河西，暮末击破之，进至治城。

在此之前,刘宋文帝趁北魏使者回国,让使者转告北魏国主拓跋焘说:"你应该赶快归还我黄河以南的领土!否则,我们的将士只好竭力攻取。"当时,拓跋焘正在讨论讨伐柔然的事宜,听到这个消息,大笑不已,对左右大臣们说:"龟鳖小丑,他救护自己还来不及,还能有什么作为!即使他真能打来,如果我们不先灭掉柔然,那就是在家门口坐等敌人来攻,腹背受敌,不是好的计策。我决心立即讨伐柔然。"

庚寅(二十九日),拓跋焘从平城出发,命令北平王长孙嵩、广陵公楼伏连等留守京师。拓跋焘向东取道黑山,派平阳王长孙翰向西取道大娥山,约定在柔然汗国的王庭会师。

12 五月壬辰朔(初一),出现日食。

13 王敬弘坚决辞让尚书令,上疏请求返回故乡会稽。癸巳(初二),刘宋文帝改任王敬弘为侍中、特进、左光禄大夫,准许他回乡。

14 丁未(十六日),北魏国主拓跋焘抵达漠南,留下所有辎重,亲自率领轻骑兵和备用马匹袭击柔然汗国,大军很快逼近栗水。柔然汗国纥升盖可汗郁久闾大檀果然事先没有防备,原野上到处都有牲畜和放牧的人们,当他们发现北魏的大军突然袭来,惊慌失措各自逃散,根本无法集结。纥升盖可汗只好放火焚烧房屋,向西逃走,没有人知道他的下落。纥升盖可汗的弟弟郁久闾匹黎先主持东部的防务,听说北魏的军队大举攻来,立即召集他的部众打算向他的哥哥靠拢。刚刚出发,就与北魏平阳王长孙翰的军队遭遇,长孙翰拦截并袭击了郁久闾匹黎先及其部队,大破柔然军,斩杀他们的头目数百人。

15 夏主赫连定打算收复统万城,他统率大军向东抵达侯尼城,不敢再向前进发,只好班师。

16 北凉河西王沮渠蒙逊讨伐西秦,西秦王乞伏暮末命相国乞伏元基留守都城枹罕,他自己则退保定连城。

西秦南安太守翟承伯叛变,他据守罕幵谷,响应北凉军队的进攻。乞伏暮末大败翟承伯的军队,进抵沼城。

西安太守莫者幼眷据汧川以叛,暮末讨之,为幼眷所败,还于定连。

蒙逊至枹罕,遣世子兴国进攻定连。六月,暮末逆击兴国于治城,擒之,追击蒙逊至谭郊。

吐谷浑王慕璝遣其弟没利延将骑五千会蒙逊伐秦,暮末遣辅国大将军段晖等邀击,大破之。

17　柔然纥升盖可汗既走,部落四散,窜伏山谷,杂畜布野,无人收视。魏主循栗水西行,至菟园水,分军搜讨,东西五千里,南北三千里,俘斩甚众。高车诸部乘魏兵势,钞掠柔然。柔然种类前后降魏者三十馀万落,获戎马百馀万匹,畜产、车庐,弥漫山泽,亡虑数百万。

魏主循弱水西行,至涿邪山,诸将虑深入有伏兵,劝魏主留止,寇谦之以崔浩之言告魏主,魏主不从。秋,七月,引兵东还。至黑山,以所获班赐将士有差。既而得降人言:"可汗先被病,闻魏兵至,不知所为,乃焚穹庐,以车自载,将数百人入南山。民畜窘聚,无人统领,相去百八十里。追兵不至,乃徐西遁,唯此得免。"后闻凉州贾胡言:"若复前行二日,则尽灭之矣。"魏主深悔之。

纥升盖可汗愤悒而卒,子吴提立,号敕连可汗。

西秦西安太守莫者幼眷,占据洴川,背叛西秦,乞伏暮末发兵讨伐,被莫者幼眷击败,乞伏暮末又回到定连。

沮渠蒙逊大军包围了西秦的都城枹罕,又派他的世子沮渠兴国进攻定连。六月,乞伏暮末在冶城反击沮渠兴国的围攻,生擒沮渠兴国。沮渠蒙逊率军立即撤退,乞伏暮末追击北凉军,一直追到谭郊。

吐谷浑可汗慕容慕璝,派他的弟弟慕容没利延率领骑兵五千人与沮渠蒙逊的大军会师,合兵讨伐西秦。西秦王乞伏暮末派遣辅国大将军段晖等拦击敌人,大败北凉军和吐谷浑汗国的骑兵。

17 柔然汗国纥升盖可汗郁久闾大檀逃走以后,他的部落四处流散,躲藏在荒山深谷之中,牛马等牲畜遍布原野,没有人收集照料。北魏国主拓跋焘沿着栗水一直向西行进,抵达菟园水,大军分散搜索柔然军残部,东西五千里,南北三千里,斩杀和俘虏的敌人很多。高车国的部落,乘着北魏的兵势,攻打并掠夺柔然汗国。这样一来,柔然汗国的各部落先后投降北魏的就有三十多万个居民点,北魏军缴获的战马达一百多万匹,牲畜、车辆帐篷,遍布山谷水畔,大约有几百万之多。

拓跋焘又沿着弱水向西前进,抵达涿邪山,北魏的将领们考虑到,再向西深入恐怕会遇埋伏,所以都劝拓跋焘停止,寇谦之又把崔浩讲的那番话告诉拓跋焘,希望大军乘胜追击,彻底消灭柔然军,拓跋焘没有采纳。于是,秋季,七月,拓跋焘率领大军向东回国。到了黑山,把战利品依照等级分别赏赐给将士们。不久,听到投降的柔然人的报告,说:“可汗前些时,害病卧床,听说魏兵杀来,不知如何是好,仓猝之间焚烧了毡帐,躺在车上,率领几百人潜入南山。人和牲畜挤在一起,没有人统领,距涿邪山只有一百八十里。只因魏国的军队没有继续追赶,才慢慢向西逃去,得以幸免。”后来,还听到凉州的匈奴商人说:“魏军如果再前进二日,柔然汗国就被彻底消灭了。”拓跋焘听到这些话,深为后悔。

柔然汗国纥升盖可汗郁久闾大檀忧愤交加,不久去世。他的儿子郁久闾吴提继承汗位,号称敕连可汗。

18　武都孝昭王杨玄疾病，欲以国授其弟难当。难当固辞，请立玄子保宗而辅之，玄许之。玄卒，保宗立。难当妻姚氏劝难当自立，难当乃废保宗，自称都督雍凉秦三州诸军事、征西大将军、开府仪同三司、秦州刺史、武都王。

19　河西王蒙逊遣使送谷三十万斛以赎世子兴国于秦，秦王暮末不许。蒙逊乃立兴国母弟菩提为世子，暮末以兴国为散骑常侍，以其妹平昌公主妻之。

20　八月，魏主至漠南，闻高车东部屯巳尼陂，人畜甚众，去魏军千馀里，遣左仆射安原等将万骑击之。高车诸部迎降者数十万落，获马牛羊百馀万。

冬，十月，魏主还平城。徙柔然、高车降附之民于漠南，东至濡源，西暨五原阴山，三千里中，使之耕牧而收其贡赋。命长孙翰、刘絜、安原及侍中代人古弼同镇抚之。自是魏之民间马牛羊及毡皮为之价贱。

魏主加崔浩侍中、特进、抚军大将军，以赏其谋画之功。浩善占天文，常置铜铤于醋器中，夜有所见，即以铤画纸作字以记其异。魏主每如浩家，问以灾异，或仓猝不及束带。奉进疏食，不暇精美，魏主必为之举箸，或立尝而还。魏主尝引浩出入卧内，从容谓浩曰："卿才智渊博，事朕祖考，著忠三世，故朕引卿以自近。卿宜尽忠规谏，勿有所隐。朕虽或时忿恚，不从卿言，然终久深思卿言也。"尝指浩以示新降高车渠帅曰："汝曹视此人尪纤懦弱，不能弯弓持矛，然其胸中所怀，乃过于兵甲。

18　武都孝昭王杨玄患病不起,打算把王位传授给他的弟弟杨难当。杨难当坚决拒绝接受,请求立杨玄的儿子杨保宗继承大位,他自己辅佐侄子,杨玄同意。杨玄逝世后,杨保宗继位。可是杨难当的妻子姚氏劝说杨难当自立为王,于是杨难当废黜了杨保宗,自封为都督雍州、凉州、秦州三州诸军事、征西大将军、开府仪同三司、秦州刺史和武都王。

19　北凉河西王沮渠蒙逊派遣使臣出使西秦,送谷三十万斛请求赎回世子沮渠兴国,西秦王乞伏暮末拒绝了。沮渠蒙逊于是立沮渠兴国的胞弟沮渠菩提为世子,乞伏暮末则任命沮渠兴国为散骑常侍,并把自己的妹妹平昌公主嫁给他。

20　八月,北魏国主拓跋焘抵达漠南,听说高车国东部屯居在巳尼陂,人口繁盛,牲畜众多,距魏军只有一千多里。于是,拓跋焘派遣左仆射安原等统率一万名骑兵进攻高车。高车国各部落投降魏军的有几十万个居民点,魏军缴获的牛羊也有一百多万头。

冬季,十月,拓跋焘返回首都平城。把柔然汗国、高车国各部落降附的百姓迁徙到漠南,安置在东到濡源、西到五原阴山的三千多里广阔草原上,命他们在这里耕种、放牧,而由政府向他们征收赋税。拓跋焘命令长孙翰、刘絜、安原以及侍中、代郡人古弼共同镇守安抚他们。从此以后,北魏民间马、牛、羊及毡皮的价格下降。

拓跋焘加授崔浩侍中、特进、抚军大将军等职务,酬赏他谋划的功劳。崔浩善于根据天象预告未来,常把生铜放在装有醋的容器中,夜间观天每每有所发现,立即用那块生铜在纸上写字,记录异象。拓跋焘每次到崔浩家问询有关灾异天变的情况,有时崔浩仓猝出来迎接,连腰带都来不及系上。崔浩呈献的饮食也十分粗糙,来不及精心烹调。拓跋焘总是拿起筷子吃一点,有时站着尝一口就走。拓跋焘曾经把崔浩领到他的寝殿,语重心长地对崔浩说:"你富有才智,学识渊博,侍奉过我的祖父和父亲,忠心耿耿辅佐了三代君王,所以我一向把你当作亲信近臣。你应该竭尽忠心,直言规劝,不要有什么隐瞒。我虽有时盛怒,不听你的劝告,但是我最后还是深切地体会了你的意思。"拓跋焘还曾经指着崔浩,介绍给新近投降北魏的高车部落首长们说:"你们看这个人虽然瘦小文弱,既不能弯弓,又拿不动铁矛,然而,他胸中的智谋远胜于兵甲。

朕虽有征伐之志而不能自决，前后有功，皆此人所教也。"又敕尚书曰："凡军国大计，汝曹所不能决者，皆当咨浩，然后施行。"

21　秦王暮末之弟轲殊罗烝于文昭王左夫人秃发氏，暮末知而禁之。轲殊罗惧，与叔父什寅谋杀暮末，奉沮渠兴国以奔河西。使秃发氏盗门钥，钥误，门者以告暮末。暮末悉收其党，杀之，而赦轲殊罗。执什寅，鞭之，什寅曰："我负汝死，不负汝鞭！"暮末怒，刳其腹，投尸于河。

22　夏主少凶暴无赖，不为世祖所知。是月，畋于阴槃，登苟蓝山，望统万城泣曰："先帝若以朕承大业者，岂有今日之事乎！"

23　十一月己丑朔，日有食之，不尽如钩。星昼见，至晡方没，河北地阔。

24　魏主西巡，至柞山。

25　十二月，河西王蒙逊、吐谷浑王慕瓌皆遣使入贡。

26　是岁，魏内都大官中山文懿公李先、青冀二州刺史安同皆卒。先年九十五。

27　秦地震，野草皆自反。

七年(庚午，430)

1　春，正月癸巳，以吐谷浑王慕瓌为征西将军、沙州刺史、陇西公。

我虽有征伐的志向,却不能决断,前前后后建立的功勋业绩,都是得到这个人的教导呀!"拓跋焘又特意下诏命令尚书省,说:"凡是军国大事,你们所不能决定的,都应该向崔浩请教,然后再付诸实施。"

21　西秦王乞伏暮末的弟弟乞伏轲殊罗与他父亲乞伏炽磐的遗孀、左夫人秃发氏通奸,乞伏暮末得知此事后禁止他。乞伏轲殊罗惊恐不安,于是与他的叔父乞伏什寅策划谋杀乞伏暮末,然后带着沮渠兴国投奔北凉。乞伏轲殊罗让秃发氏偷取寝殿的钥匙,不想却偷错了钥匙,守门人把情况报告给乞伏暮末。乞伏暮末逮捕了所有参与这项阴谋的同党,全部杀掉,只赦免了乞伏轲殊罗。乞伏暮末又逮捕叔父乞伏什寅,鞭打不止,乞伏什寅说:"我欠你一命,甘愿受死,但不愿挨你的鞭子。"乞伏暮末大怒,剖开乞伏什寅的肚子,把他的尸体扔进河里。

22　夏主赫连定小的时候就凶狠残暴,不务正业,武烈帝赫连勃勃不了解。本月,赫连定在阴槃狩猎,他登上苟蓝山遥望统万城,痛哭不已,说:"先帝如果早让我继承大业,怎么会有今天的事!"

23　十一月己丑朔(初一),出现日食,太阳只剩下像钩一样的小部分。白天可见星辰,直到下午才发生日全食,黄河以北地区,一片黑暗。

24　北魏国主拓跋焘向西巡视,抵达柞山。

25　十二月,北凉河西王沮渠蒙逊、吐谷浑可汗慕容慕璝都派使臣,往刘宋进贡。

26　本年,北魏内都大官、中山文懿公李先以及青州、冀州二州刺史安同先后去世。李先卒年九十五岁。

27　西秦发生地震,野草都根部朝天。

宋文帝元嘉七年(庚午,公元 430 年)

1　春季,正月癸巳(初六),刘宋文帝任命吐谷浑可汗慕容慕璝为征西将军、沙州刺史,封为陇西公。

2 庚子，魏主还宫。壬寅，大赦。癸卯，复如广宁，临温泉。

3 二月丁卯，魏阳平威王长孙翰卒。

4 戊辰，魏主还宫。

5 帝自践位以来，有恢复河南之志。三月戊子，诏简甲卒五万给右将军到彦之，统安北将军王仲德、兖州刺史竺灵秀舟师入河，又使骁骑将军段宏将精骑八千直指虎牢，豫州刺史刘德武将兵一万继进，后将军长沙王义欣将兵三万监征讨诸军事。义欣，道怜之子也。

先遣殿中将军田奇使于魏，告魏主曰："河南旧是宋土，中为彼所侵，今当修复旧境，不关河北。"魏主大怒曰："我生发未燥，已闻河南是我地。此岂可得！必若进军，今当权敛戍相避，须冬寒地净，河冰坚合，自更取之。"

甲午，以前南广平太守尹冲为司州刺史。

长沙王义欣出镇彭城，为众军声援。以游击将军胡藩戍广陵，行府州事。

6 壬寅，魏封赫连昌为秦王。

7 魏有新徙敕勒千馀家，苦于将吏侵渔，出怨言，期以草生马肥，亡归漠北。尚书令刘絜、左仆射安原奏请及河冰未解，徙之河西，向春冰解，使不得北遁。魏主曰："此曹习俗，放散日久，譬如圈中之鹿，急则奔突，缓之自定。吾区处自有道，不烦徙也。"絜等固请不已，乃听分徙三万馀落于河西，西至白盐池。

2　庚子(十三日)，北魏国主拓跋焘回宫。壬寅(十五日)，下令大赦。癸卯(十六日)，又前往广宁，观赏温泉。

3　二月丁卯(初十)，北魏阳平威王长孙翰去世。

4　戊辰(十一日)，北魏国主拓跋焘回宫。

5　刘宋文帝自从即位以来，就有收复黄河以南失地的雄心。三月戊子(初二)，文帝下诏挑选披甲精兵五万人，分配给右将军到彦之，并责令到彦之统率安北将军王仲德、兖州刺史竺灵秀乘战舰进入黄河。同时，刘宋文帝又派骁骑将军段宏率领精锐骑兵八千人，直指虎牢，命令豫州刺史刘德武率军一万人随后进发，命令后将军、长沙王刘义欣统兵三万人，监征讨诸军事。刘义欣是刘道怜的儿子。

在军事行动开始以前，刘宋文帝先派殿中将军田奇出使北魏，正告北魏国主拓跋焘说："黄河以南的土地本来就是宋国的领土，中途却被你们侵占。现在，我们收复旧土恢复旧日疆界，与黄河以北的国家毫无关系。"拓跋焘暴怒如雷，喝道："我生下来头发还没干，就已经听说黄河以南是我国的土地。这块土地怎么是你们能妄想得到的呢！你们如果一定要出兵攻取，现在我们会暂且撤军相避，等到冬天天寒地冻，黄河结上坚冰，我们自然会重新夺回来。"

甲午(初八)，刘宋文帝任命前南广平太守尹冲为司州刺史。

长沙王刘义欣出兵坐镇彭城，为各路大军的声援。又命游击将军胡藩戍守广陵，全权代理州、府事务。

6　壬寅(十六日)，北魏国主拓跋焘封被俘的前夏王赫连昌为秦王。

7　北魏新近强行迁徙的敕勒部落牧民一千馀家，不堪北魏军将和官吏的敲诈勒索之苦，怨声载道，暗中约定等到野草繁盛牧马肥壮时，逃回漠北的故乡。尚书令刘絜、左仆射安原上疏拓跋焘，奏请趁黄河冰封尚未融化的时候，把他们强行迁移到河西，等到春天黄河冰解，让他们无法向北逃走。拓跋焘说："他们这些人的习俗，就是长期游牧放荡。就好像关在栅栏里的野鹿，逼得太急就会乱闯乱跳，对他们缓和宽容一些，自然就会安定下来了。我自有对付办法，不必再行迁徙了。"刘絜等人一再请求，拓跋焘最后只好允许分出三万多居民点的牧民迁移到河西，向西行进到白盐池。

敕勒皆惊骇,曰:"圈我于河西,欲杀我也!"谋西奔凉州。刘絜屯五原河北,安原屯悦拔城以备之。癸卯,敕勒数千骑叛北走,絜追讨之。走者无食,相枕而死。

8 魏南边诸将表称:"宋人大严,将入寇,请兵三万,先其未发,逆击之,足以挫其锐气,使不敢深入。"因请悉诛河北流民在境上者以绝其乡导。魏主使公卿议之,皆以为当然。崔浩曰:"不可。南方下湿,入夏之后,水潦方降,草木蒙密,地气郁蒸,易生疾疬,不可行师。且彼既严备,则城守必固。留屯久攻,则粮运不继。分军四掠,则众力单寡,无以应敌。以今击之,未见其利。彼若果能北来,宜待其劳倦,秋凉马肥,因敌取食,徐往击之,此万全之计也。朝廷群臣及西北守将,从陛下征伐,西平赫连,北破蠕蠕,多获美女、珍宝,牛马成群。南边诸将闻而慕之,亦欲南钞以取资财,皆营私计,为国生事,不可从也。"魏主乃止。

诸将复表:"南寇已至,所部兵少,乞简幽州以南劲兵助己戍守,及就漳水造船严备以拒之。"公卿皆以为宜如所请,并署司马楚之、鲁轨、韩延之等为将帅,使招诱南人。浩曰:"非长策也。楚之等皆彼所畏忌,今闻国家悉发幽州以南精兵,大造舟舰,

敕勒部的牧民都惊骇不已,说:"朝廷把我们圈到河西,是要杀我们啊!"于是,又策划乘机向西逃奔凉州。刘絜当时屯驻在五原黄河以北,安原则驻扎在悦拔城,严密防备。癸卯(十七日),敕勒部落的移民几千人骑马向北逃去,刘絜指挥军队紧紧追击。敕勒部落逃走的人因为无食无水,互相枕着死在一起。

8 北魏守卫南方边境的将领们上疏说:"宋人已经戒严,很快就要向我们进攻,我们请求增援三万人,在他们尚未进攻之前先发制人迎击敌人。这样,足以挫折他们的锐气,使他们不敢深入我们国土。"因而,请求朝廷,把边境一带黄河以北的流民全部屠杀,以便断绝刘宋军的向导。拓跋焘命令朝廷中的文武大臣讨论,大家全都同意。崔浩却说:"不行。南方地势低洼潮湿,入夏以后雨水增多,草木茂盛,地气闷热,容易生病,不利于军事行动。况且,宋国已经加强戒备,因此城防一定坚固。我们的军队驻守城下长期进攻,后方粮秣就会供应不上。把军队分散,四处掠夺,就会使本来集中的力量分散削弱,没有办法对付敌人。所以,在眼下这个季节出师进攻宋国,还没看出有什么好处。宋国的军队假如真的敢来进攻,我们应当以逸待劳,与他们周旋,等到秋天天气凉爽战马肥壮的时候,夺取敌人的粮食,慢慢地进行反击,这才是万全之计呀。朝廷中文武群臣和西北边防守将跟从陛下出征作战,向西削平了夏国的赫连氏,向北大破柔然汗国,俘获了许多美女、珍宝和成群的牛马。驻守南部边防的将领们听说后早就羡慕不已,也想南下攻打宋国,抢劫资财,他们都是为自己的利益,却为国家惹是生非,他们的请求,万万不能答应。"拓跋焘才停止。

北魏南部边防守将又上疏奏报:"南方的敌寇已经攻来,我们的兵员太少,请朝廷挑选幽州以南的劲旅帮助守卫城池,并请在漳水沿岸,建造战舰,来抵抗宋兵的进攻。"北魏朝中的文武大臣们,都认为应该批准这项请求,并应该任命司马楚之、鲁轨、韩延之等为将帅,使他们引诱刘宋的百姓归附。崔浩却说:"这不是长久之计。司马楚之等人都是宋国畏惧和忌惮的人物,如今宋国一旦听说我们调动全部幽州以南的精锐部队,并且兴造舰只,

随以轻骑,谓国家欲存立司马氏,诛除刘宗。必举国震骇,惧于灭亡,当悉发精锐,并心竭力,以死争之,则我南边诸将无以御之。今公卿欲以威力却敌,乃所以速之也。张虚声而召实害,此之谓矣。故楚之之徒,往则彼来,止则彼息,其势然也。且楚之等皆纤利小才,止能招合轻薄无赖而不能成大功,徒使国家兵连祸结而已。昔鲁轨说姚兴以取荆州,至则败散,为蛮人掠卖为奴,终于祸及姚泓,此已然之效也。”魏主未以为然。浩乃复陈天时,以为南方举兵必不利,曰:“今兹害气在扬州,一也;庚午自刑,先发者伤,二也;日食昼晦,宿值斗、牛,三也;荧惑伏于翼、轸,主乱及丧,四也;太白未出,进兵者败,五也。夫兴国之君,先修人事,次尽地利,后观天时,故万举万全。今刘义隆新造之国,人事未洽。灾变屡见,天时不协;舟行水涸,地利不尽。三者无一可,而义隆行之,必败无疑。”魏主不能违众言,乃诏冀、定、相三州造船三千艘,简幽州以南戍兵集河上以备之。

9　秦乞伏什寅母弟前将军白养、镇卫将军去列,以什寅之死,有怨言,秦王暮末皆杀之。

10　夏,四月甲子,魏主如云中。

又有大批轻骑兵为后继部队,他们会以为我们朝廷打算恢复晋朝司马氏的政权,消灭刘氏家族。一定会全国震惊,害怕灭亡,于是,他们就会动员全国的精锐部队,齐心竭力,拼死抵抗。这样一来,我们南方驻防的各将领就无法抵抗宋军的攻势。现在诸位大臣打算用声威击退敌人,其结果只能是加速他们的进攻。虚张声势,却招来了实际的损害,指的正是这种做法。所以司马楚之这些叛变过来的将领去打宋国,宋国一定北来;不去,他们一定停止,这是必然的。而且司马楚之这些人,都是目光短浅、贪图小便宜的人物,只能招集一些见识浅薄的无赖之徒,不能成就大事,白白使国家兵连祸结而已。当年鲁轨劝说姚兴派叛军夺取荆州,刚进入东晋境内,大军突然瓦解,士卒们被南蛮人活捉,卖为奴隶,造成的灾祸最终殃及姚泓的统治,这是现成的结果啊!"拓跋焘对崔浩这一席话却不以为然。崔浩于是又为拓跋焘分析天象,说明刘宋发动军事攻击,一定会损兵折将,说:"今年的'害气'在扬州,这是第一。今年是'庚午','庚''午'相克,先发动战争的必受伤害,这是第二。发生日食白天昏暗,太阳停留在斗宿牛宿,这是第三。火星隐藏在翼宿、轸宿,预示天下大乱和丧亡,这是第四。金星没有出现,军事上的攻击一定失败,这是第五。作为一个有志于振兴国家的君主,应该先治理好百姓的事,然后充分利用地利,最后顺应天时,所以才能做什么事都成功。而今,刘义隆统治的是一个刚刚建立的国家,君臣与百姓的关系并未融洽。天变和灾异多次出现,这是天时不助;各地河水干涸,舟行困难,这是地利不畅。天时、地利、人和三者之中,没有一项对他们有利,而刘义隆却举兵进攻,结果一定要失败,毫无疑问。"拓跋焘还是不能不考虑大多数人的意见,于是下诏命令在冀州、相州、定州三州造战船三千艘,选派幽州以南各地驻军在黄河北岸集结戒备。

　　9　西秦国乞伏什寅的胞弟、前将军乞伏白养和镇卫将军乞伏去列二人对于乞伏什寅的死,深怀怨恨,口出怨言,被乞伏暮末先后杀死。

　　10　夏季,四月甲子(初八),北魏国主拓跋焘前往云中。

11 敕勒万馀落复叛走,魏主使尚书封铁追讨,灭之。

12 六月己卯,以氐王杨难当为冠军将军、秦州刺史、武都王。

13 魏主使平南大将军、丹阳王大毗屯河上,以司马楚之为安南大将军,封琅邪王,屯颍川以备宋。

14 吐谷浑王慕璝将其众万八千袭秦定连,秦辅国大将军段晖等击走之。

15 到彦之自淮入泗,水渗,日行才十里,自四月至秋七月,始至须昌。乃溯河西上。

魏主以河南四镇兵少,命诸军悉收众北渡。戊子,魏碻磝戍兵弃城去。戊戌,滑台戍兵亦去。庚子,魏主以大鸿胪阳平公杜超为都督冀定相三州诸军事、太宰,进爵阳平王,镇邺,为诸军节度。超,密太后之兄也。庚戌,魏洛阳、虎牢戍兵皆弃城去。

到彦之留朱修之守滑台,尹冲守虎牢,建武将军杜骥守金墉。骥,预之玄孙也。诸军进屯灵昌津,列守南岸,至于潼关。于是司、兖既平,诸军皆喜,王仲德独有忧色,曰:"诸贤不谙北土情伪,必堕其计。胡虏虽仁义不足,而凶狡有馀,今敛戍北归,必并力完聚。若河冰既合,将复南来,岂可不以为忧乎!"

16 甲寅,林邑王范阳迈遣使入贡,自陈与交州不睦,乞蒙恕宥。

11　被北魏俘虏的敕勒部落的牧民一万多居民点,再次叛逃。拓跋焘派尚书封铁前去追击讨伐,把他们全部消灭了。

12　六月己卯(二十四日),刘宋朝廷任命氐王杨难当为冠军将军、秦州刺史,晋封武都王。

13　北魏国主拓跋焘,命令平南大将军、丹阳王拓跋大毗驻防黄河北岸,任命司马楚之为安南大将军,封琅邪王,屯驻颍川来防备宋军的进攻。

14　吐谷浑汗国可汗慕容慕璝,率领他的部众一万八千人,突袭西秦所属的定连,西秦辅国大将军段晖等,击退了来犯的吐谷浑军队。

15　刘宋右将军到彦之,率领大军从淮河进入泗水,天旱水浅,每天行军才十里,从四月出发一直到秋季七月,才抵达须昌。于是,进入黄河逆流而上。

北魏国主拓跋焘认为黄河以南四个军事重镇的兵力太少,命令坐镇的各路将军一律收兵,撤退到黄河以北。戊子(初四),北魏驻防在碻磝的军队弃城而去。戊戌(十四日),滑台的守军也撤离。庚子(十六日),拓跋焘任命大鸿胪、阳平公杜超为都督定、相、冀三州诸军事、太宰,晋封为阳平王,负责镇守邺城,总领各路大军。杜超,是拓跋焘乳娘、密太后杜氏的哥哥。庚戌(二十六日),洛阳、虎牢的北魏守军也都弃城逃去。

到彦之留下司徒从事郎中朱修之镇守滑台,司州刺史尹冲驻守虎牢,建武将军杜骥驻守金墉。杜骥是杜预的玄孙。刘宋其他各路大军进驻灵昌津,沿黄河南岸列阵守御,一直到潼关。于是,司州、兖州全部收复,各路军队都大喜过望。只有安北将军王仲德满面忧愁,说:"各位将军完全不了解北方的真实情况,一定会中敌人的计谋。胡虏虽仁义道德不足,凶险狡诈却有余,他们今天弃城北归,一定正在集结会师。如果黄河冰封,势必会再次南下进攻,怎能不让人担忧!"

16　甲寅(三十日),林邑国王范阳迈派遣使臣到刘宋进贡,承认与刘宋所属的交州有冲突,请求宽恕。

17　八月，魏主遣冠军将军安颉督护诸军，击到彦之。丙寅，彦之遣裨将吴兴姚耸夫渡河攻冶坂，与颉战。耸夫兵败，死者甚众。戊寅，魏主遣征西大将军长孙道生会丹杨王大毗屯河上以御彦之。

18　燕太祖寝疾，召中书监申秀、侍中阳哲于内殿，属以后事。九月，病甚，輦而临轩，命太子翼摄国事，勒兵听政，以备非常。

宋夫人欲立其子受居，恶翼听政，谓翼曰：“上疾将瘳，奈何遽欲代父临天下乎！”翼性仁弱，遂还东宫，日三往省疾。宋夫人矫诏绝内外，遣阉寺传问而已，翼及诸子、大臣并不得见，唯中给事胡福独得出入，专掌禁卫。

福虑宋夫人遂成其谋，乃言于司徒、录尚书事、中山公弘，弘与壮士数十人被甲入禁中，宿卫皆不战而散。宋夫人命闭东阁，弘家僮库斗头劲捷有勇力，逾阁而入，至于皇堂，射杀女御一人。太祖惊惧而殂，弘遂即天王位，遣人巡城告曰：“天降凶祸，大行崩背，太子不侍疾，群公不奔丧，疑有逆谋，社稷将危。吾备介弟之亲，遂摄大位以宁国家。百官扣门入者，进陛二等。”

太子翼帅东宫兵出战而败，兵皆溃去，弘遣使赐翼死。太祖有子百馀人，弘皆杀之。谥太祖曰文成皇帝，葬长谷陵。

17　八月，北魏国主拓跋焘，派遣冠军将军安颉统御各路人马，袭击刘宋到彦之的军队。丙寅(十二日)，到彦之派遣副将军吴兴人姚耸夫渡黄河北上，进攻冶坂，迎战安颉。结果，姚耸夫兵败，战死的士卒很多。戊寅(二十四日)，拓跋焘派征西大将军长孙道生会合丹杨王拓跋大毗屯兵黄河北岸，防御刘宋到彦之。

18　北燕王冯跋重病，征召中书监申秀、侍中阳哲来到寝殿嘱托后事。九月，冯跋病情加重，乘辇车到金銮殿，命令皇太子冯翼主持朝政，统率全国的军队，防止发生意外的变化。

冯跋的妃子宋夫人，打算立自己的儿子冯受居继承帝位，她厌恶太子冯翼主持朝政，对冯翼说："皇上的病就要痊愈了，你何必急于代替父亲君临天下呢?"冯翼的性情文弱仁厚，他听从了宋夫人的话，退位返回了东宫，每天三次去看望父皇。冯翼出来后，宋夫人就假传圣旨，不许朝廷内外的官员再进宫探病，如有事，只能派宦官传达。冯翼及其他几个皇子、朝中文武重臣全都不能见到皇帝，唯有中给事胡福一个人，可以自由出入，专门负责皇宫的安全警卫。

胡福非常忧虑宋夫人的阴谋将会成功，于是，就把宋夫人的异常举动报告给司徒、录尚书事、中山公冯弘，冯弘亲自率领几十个全副武装的武士，闯进后宫，负责宫廷禁卫的军队未加抵抗就一哄而散了。宋夫人命令关闭东门，冯弘的家僮库斗头敏捷而有勇力，翻墙跳过阁门进入寝宫，一箭射死一个宫女。冯跋惊惧而死，冯弘乘势登上了大位，他派人到城里街巷中宣告："天上降下大祸，皇帝驾崩，太子冯翼不在病榻前侍候，朝中文武大臣也不赶来奔丧，恐怕有人阴谋叛逆不道，危及社稷。于是我以天王大弟的身份，登上大位，安定国家。百官中入宫朝见的人，晋级二等。"

太子冯翼统率东宫卫队出宫抵抗，大败，他手下的士卒全部溃散，冯弘派人逼迫冯翼自尽。文成帝冯跋，共有儿子一百多人，冯弘把他们全部杀死。谥冯跋为文成皇帝，庙号为太祖，安葬于长谷陵。

19 己丑，夏主遣其弟谓以代伐魏鄜城，魏平西将军始平公隗归等击之，杀万馀人，谓以代遁去。夏主自将数万人邀击隗归于鄜城东，留其弟上谷公社干、广阳公度洛孤守平凉，遣使来求和，约合兵灭魏，遥分河北：自恒山以东属宋，以西属夏。

魏主闻之，治兵将伐夏，群臣咸曰："刘义隆兵犹在河中，舍之西行，前寇未必可克，而义隆乘虚济河，则失山东矣。"魏主以问崔浩，对曰："义隆与赫连定遥相招引，以虚声唱和，共窥大国，义隆望定进，定待义隆前，皆莫敢先入。譬如连鸡，不得俱飞，无能为害也。臣始谓义隆军来，当屯止河中，两道北上，东道向冀州，西道冲邺，如此，则陛下当自讨之，不得徐行。今则不然。东西列兵径二千里，一处不过数千，形分势弱。以此观之，伫儿情见，此不过欲固河自守，无北渡意也。赫连定残根易摧，拟之必仆。克定之后，东出潼关，席卷而前，则威震南极，江、淮以北无立草矣。圣策独发，非愚近所及，愿陛下勿疑。"甲辰，魏主如统万，遂袭平凉，以卫兵将军王斤镇蒲坂。斤，建之子也。

20 秦自正月不雨，至于九月，民流叛者甚众。

19 己丑(初六),夏王赫连定派他的弟弟赫连谓以代攻击北魏的鄜城。北魏平西将军、始平公拓跋隗归等,率兵反击,杀死夏军一万多人,赫连谓以代远逃。赫连定又亲自统率数万人,在鄜城以东截击拓跋隗归,留下他的弟弟、上谷公赫连社干和广阳公赫连度洛孤驻守平凉。又派使臣出使刘宋请求和解,约定联合起来灭掉北魏,预先瓜分黄河以北地区:从恒山(太行山)以东,属刘宋;恒山(太行山)以西,划归夏国。

北魏国主拓跋焘得到这个消息,立即动员军队,准备进攻夏国,朝廷中的文武群臣都说:"刘义隆的大军,还在黄河中游逗留,我们却放弃南方的防御,转赴西征。前面夏国的军队未必能一举攻克,后方的刘义隆就要举兵渡过黄河,乘虚而入,我们就会失去太行山以东的大片领土。"拓跋焘又征求崔浩的意见,崔浩回答说:"刘义隆与赫连定遥相勾结,互相呼应,只不过是虚张声势,一唱一和,共同窥伺强邻。刘义隆希望赫连定大举进攻,赫连定却等待刘义隆先打,结果没有一个敢先打进我们的国土。他们就像被捆缚在一起的两只鸡一样,不能同时起飞,当然也就不会产生威胁。我当初认为:刘义隆的大军开来,应该据守黄河中游,分兵两路北伐。东路军直指冀州,西路军则进攻邺城,这样一来,陛下您就可以亲自出马打击他们,不能怠慢。现在形势的发展却完全不同,宋军从东向西所设的防线,长达两千多里,每个地方分布的兵力最多不过几千人,兵力分散,力量削弱。如此看来,他们困顿虚弱的本质已经暴露无遗,这只不过是打算固守黄河防线,并没有北伐的意图。而赫连定,就像枯树的残根,很容易摧毁,一击就倒。我们攻克赫连定以后,就可以东出潼关,席卷向前,必会威震最南面的地方,而长江、淮河以北将没有一根草可以生存。皇上的英明决断,不是一般愚劣之人所能领会的,希望陛下不要迟疑。"甲辰(二十一日),拓跋焘前往统万,于是指挥军队袭击平凉,命卫兵将军王斤镇守蒲坂。王斤是王建的儿子。

20 西秦从正月以后,天旱无雨,直到九月,百姓流亡叛逃的人数很多。

21 冬,十月,以竟陵王义宣为南徐州刺史,犹戍石头。

22 戊午,立钱署,铸四铢钱。

23 到彦之、王仲德沿河置守,还保东平。

乙亥,魏安颉自委粟津济河,攻金墉。金墉不治既久,又无粮食,杜骥欲弃城走,恐获罪。初,高祖灭秦,迁其钟虡于江南,有大钟没于洛水,帝使姚耸夫将千五百人往取之。骥绐之曰:"金墉城已修完,粮食亦足,所乏者人耳。今虏骑南渡,当相与并力御之。大功既立,牵钟未晚。"耸夫从之。既至,见城不可守,乃引去,骥遂南遁。丙子,安颉拔洛阳,杀将士五千馀人。杜骥归,言于帝曰:"本欲以死固守,姚耸夫及城遽走,人情沮败,不可复禁。"上大怒,诛耸夫于寿阳。耸夫勇健,诸偏裨莫及也。

魏河北诸军会于七女津。到彦之恐其南渡,遣裨将王蟠龙溯流夺其船,杜超等击斩之。安颉与龙骧将军陆侯进攻虎牢,辛巳,拔之。尹冲及荥阳太守清河崔模降魏。

24 秦王暮末为河西所逼,遣其臣王恺、乌讷阗请迎于魏,魏人许以平凉、安定封之。暮末乃焚城邑,毁宝器,帅户万五千,东如上邽。至高田谷,给事黄门侍郎郭恒谋劫沮渠兴国以叛。事觉,暮末杀之。夏主闻暮末将至,发兵拒之。暮末留保南安,其故地皆入于吐谷浑。

21　冬季,十月,刘宋文帝任命竟陵王刘义宣为南徐州刺史,仍旧驻守石头。

22　戊午(初五),刘宋设置钱币署,铸造四铢钱。

23　刘宋右将军到彦之、安北将军王仲德,沿黄河南岸布防之后,回守东平。

乙亥(二十二日),北魏冠军将军安颉从委粟津渡过黄河南下,攻打金墉城。金墉已经很久没有得到修缮,防御工事破败,加上城中缺少粮食,刘宋守将杜骥打算弃城逃走,又惧怕受到朝廷的军法惩治。当初,刘裕消灭后秦时,把后秦皇家巨钟运回江南,途中有一只巨钟沉没洛水。这时,刘宋文帝派姚耸夫率领一千五百人前去打捞。杜骥哄骗姚耸夫说:"金墉城已修整完竣,粮食也充足,最为缺少的就是兵员。如今魏国胡虏的骑兵大举南下,我们应当齐心协力地抵御敌人的进攻。等大功告成,再去打捞沉钟也不迟。"姚耸夫同意了杜骥的一番话。等到了金墉,姚耸夫看到城池难以据守,于是率军退走,杜骥也乘机放弃破城,向南逃走。丙子(二十三日),北魏将军安颉攻陷洛阳城,屠杀刘宋守城将士五千馀人。杜骥逃回京师,向刘宋文帝报告说:"我本打算拼死固守金墉,可是姚耸夫刚一进城转身就走,使城中的将士人心涣散,情绪低落,难以挽救。"刘宋文帝听到这些,暴怒如雷,立即下诏将姚耸夫在寿阳就地斩首。姚耸夫勇猛善战,其他将领都赶不上他。

北魏黄河以北的各路军队在七女津会师。刘宋右将军到彦之担心敌人要渡过黄河南下进攻,就派副将军王蟠龙逆流而上,劫夺敌人的战船,却被北魏阳平王杜超击败,王蟠龙被杀。于是,北魏冠军将军安颉、龙骧将军陆侯合兵进攻虎牢。辛巳(二十八日),攻克虎牢城。刘宋守将、司州刺史尹冲以及荥阳太守、清河人崔模投降了北魏。

24　西秦王乞伏暮末,在北凉的军事威胁下,派使臣王恺、乌讷阗出使北魏,请求派兵援助。北魏许诺把尚在夏国掌握中的平凉郡和安定郡封给乞伏暮末。乞伏暮末于是纵火焚烧城邑,捣毁了宝物,统率部众一万五千户,向东前往上邽。乞伏暮末的大队人马刚走到高田谷,给事黄门侍郎郭恒等人阴谋劫持沮渠兴国,反叛西秦。郭恒的密谋泄漏,乞伏暮末杀掉了郭恒。夏王赫连定听说乞伏暮末的大军将来进攻,发兵抵抗。乞伏暮末只好就地固守南安,西秦的故土全被吐谷浑汗国占领。

25　十一月乙酉，魏主至平凉，夏上谷公社干等婴城固守。魏主使赫连昌招之，不下，乃使安西将军古弼等将兵趣安定。夏主自郦城还安定，将步骑二万北救平凉，与弼遇，弼伪退以诱之。夏主追之，魏主使高车驰击之，夏兵大败，斩首数千级。夏主还走，登鹑觚原，为方陈以自固，魏兵就围之。

26　壬辰，加征南大将军檀道济都督征讨诸军事，帅众伐魏。

甲午，魏寿光侯叔孙建、汝阴公长孙道生济河而南。

到彦之闻洛阳、虎牢不守，诸军相继奔败，欲引兵还。殿中将军垣护之以书谏之，以为宜使竺灵秀助朱脩之守滑台，自帅大军进拟河北，且曰：“昔人有连年攻战，失众乏粮，犹张胆争前，莫肯轻退。况今青州丰穰，济漕流通，士马饱逸，威力无损。若空弃滑台，坐丧成业，岂朝廷受任之旨邪！”彦之不从。护之，苗之子也。

彦之欲焚舟步走，王仲德曰：“洛阳既陷，虎牢不守，自然之势也。今虏去我犹千里，滑台尚有强兵，若遽舍舟南走，士卒必散。当引舟入济，至马耳谷口，更详所宜。”彦之先有目疾，至是大动。且将士疾疫，乃引兵自清入济。南至历城，焚舟弃甲，步趋彭城。竺灵秀弃须昌，南奔湖陆，青、兖大扰。长沙王义欣在彭城，将佐恐魏兵大至，劝义欣委镇还都，义欣不从。

25　十一月乙酉(初三),北魏国主拓跋焘抵达平凉,夏国的守将、上谷公赫连社干等人环城固守。拓跋焘命赫连昌招抚他们,赫连社干等不听赫连昌的招抚,于是,拓跋焘派安西将军古弼等率兵直指安定。夏王赫连定从鄜城返回安定,率领步骑兵两万人向北增援平凉,途中,正巧与古弼率领的北魏军遭遇,古弼假装撤退,诱敌深入。夏王赫连定紧追不舍,拓跋焘派高车部落飞速增援,截击夏国军队,夏军大败,被斩首的士卒达几千人。赫连定仓皇逃回,退守鹑觚原,布置方阵自保。北魏军队赶来把他团团包围。

26　壬辰(初十),刘宋加授征南大将军檀道济为都督征讨诸军事,统率大队人马讨伐北魏。

甲午(十二日),北魏寿光侯叔孙建、汝阴公长孙道生渡过黄河南下。

宋右将军到彦之听说洛阳、虎牢失守,各路军队相继失败的消息,打算撤军。殿中将军垣护之,写信给到彦之劝阻他,认为到彦之应派竺灵秀帮助朱脩之死守滑台,然后亲自统率军队进攻黄河以北,还说:"过去,曾有人连年攻战,损兵折将,粮草断绝,仍然奋勇出击,不肯轻易向后退却。何况如今青州粮食丰收,粮草充足,济河漕运畅通,将士战马都饱食强健,战斗力并没有受到削弱。如果白白地放弃滑台,坐视成功的大业丢失,岂不是辜负了朝廷的重托吗!"到彦之没有接受。垣护之是垣苗的儿子。

到彦之打算烧毁战船步行撤退,安北将军王仲德说:"洛阳陷落,虎牢失守,这是必然的趋势。但是,现在敌人距我们还有千里之遥,滑台城又有强兵把守,如果突然放弃战船步行逃走,士卒们一定会四处溃散。我们应该乘战船进入济河,等到了马耳谷的关口,再做进一步的决定。"到彦之原先就有眼病,这时更加严重,疼痛难忍。况且军中将士染上瘟疫的人也很多,到彦之于是率军从清口驶进济水。南下抵达历城,焚毁战舟,抛弃铠甲,步行直奔彭城。兖州刺史竺灵秀也放弃须昌,南下逃往湖陆,青州、兖州陷于混乱。长沙王刘义欣这时正在彭城,他的将领们惧怕北魏大军大批攻来,都劝刘义欣放弃彭城返回京师,刘义欣没有听从。

魏兵攻济南,济南太守武进萧承之帅数百人拒之。魏众大集,承之使偃兵,开城门。众曰:"贼众我寡,奈何轻敌之甚!"承之曰:"今悬守穷城,事已危急。若复示弱,必为所屠,唯当见强以待之耳。"魏人疑有伏兵,遂引去。

27　魏军围夏主数日,断其水草,人马饥渴。丁酉,夏主引众下鹑觚原。魏武卫将军丘眷击之,夏众大溃,死者万馀人。夏主中重创,单骑走,收其馀众,驱民五万,西保上邽。魏人获夏主之弟丹杨公乌视拔、武陵公秃骨及公侯以下百馀人。是日,魏兵乘胜进攻安定,夏东平公乙斗弃城奔长安,驱略数千家,西奔上邽。

28　戊戌,魏叔孙建攻竺灵秀于湖陆,灵秀大败,死者五千馀人。建还屯范城。

29　己亥,魏主如安定。庚子,还,临平凉,掘堑围之。安慰初附,赦秦、雍之民,赐复七年。夏陇西守将降魏。

30　辛丑,魏安颉督诸军攻滑台。

31　河西王蒙逊遣尚书郎宗舒等入贡于魏,魏主与之宴,执崔浩之手以示舒等曰:"汝所闻崔公,此则是也。才略之美,于今无比。朕动止咨之,豫陈成败,若合符契,未尝失也。"

32　魏以叔孙建都督冀、青等四州诸军事。

北魏的军队开始进攻济南,济南太守、武进人萧承之率领几百名士卒奋勇抵抗。北魏军队聚集城下,准备攻城。萧承之命令士卒们隐蔽起来,大开城门。萧承之的部下说:"现在敌众我寡,怎么可以如此轻敌!"萧承之说:"我们困守一座被抛弃在敌人后方的孤城,情势危急。如果向敌人示弱,必定会遭到屠杀,只有摆出强大的姿态来等待敌人。"北魏兵看到这种情形,怀疑城里有重兵埋伏,于是撤退。

27　北魏军队围攻赫连定已有几天,切断了水源和粮草运输线,夏国的人马饥渴交加。丁酉(十五日),夏王赫连定率众攻下了鹑觚原。北魏武卫将军丘眷截击敌人,夏国军队全军溃败,被杀一万多人。赫连定也身负重伤,只身骑马逃跑,途中又集结残兵败将,驱使老百姓五万人,向西退保上邽。魏军生擒赫连定的弟弟、丹杨公赫连乌视拔,武陵公赫连秃骨以及公、侯以下的贵族和大臣一百多人。这天,北魏军又乘胜进攻安定,守城的夏国东平公赫连乙斗丢弃城池,逃奔长安,又强行裹胁百姓数千家向西逃往上邽。

28　戊戌(十六日),北魏寿光侯叔孙建,进攻刘宋兖州刺史竺灵秀据守的湖陆,竺灵秀大败,被斩杀的士卒达五千多人。叔孙建得胜收兵,驻防范城。

29　己亥(十七日),北魏国主拓跋焘抵达安定。庚子(十八日),返回平凉城外,指挥将士在平凉城四周,深挖沟堑,重重包围。拓跋焘又安抚慰问新归附的百姓,免除秦、雍二州百姓的赋役七年。夏国陇西守将向北魏军投降。

30　辛丑(十九日),北魏冠军将军安颉,督率各路军队攻打滑台。

31　北凉河西王沮渠蒙逊派遣尚书郎宗舒等人,到北魏进贡,拓跋焘设宴招待了宗舒等人。拓跋焘拉住崔浩的手,向宗舒介绍说:"你们听说的崔先生,就是这位。他智略与才华的高妙,举世无双。我的一举一动,都要征求他的意见。他预测战场上的成败,就像合在一起的符信一样,不差分毫,从来没有失误。"

32　北魏朝廷任命叔孙建为都督冀州、青州等四州诸军事。

33 魏尚书库结帅骑五千迎秦王暮末。秦卫将军吉毗以为不宜内徙，暮末从之，库结引还。

南安诸羌万馀人叛秦，推安南将军、督八郡诸军事、广宁太守焦遗为主，遗不从。乃劫遗族子长城护军亮为主，帅众攻南安。暮末请救于氐王杨难当。难当遣将军符献帅骑三千救之，暮末与之合击诸羌。诸羌溃，亮奔还广宁，暮末进军攻之。以手令与焦遗使取亮，十二月，遗斩亮首出降，暮末进遗号镇国将军。秦略阳太守弘农杨显以郡降夏。

34 辛酉，以长沙王义欣为豫州刺史，镇寿阳。寿阳土荒民散，城郭颓败，盗贼公行。义欣随宜经理，境内安业，道不拾遗，城府完实，遂为盛藩。芍陂久废，义欣修治堤防，引河水入陂，溉田万馀顷，无复旱灾。

35 丁卯，夏上谷公社干、广阳公度洛孤出降，魏克平凉。

关中侯豆代田得奚斤、娥清等，献于魏主。魏主以夏主之后赐代田，命斤膝行执酒以奉代田，谓斤曰："全汝生者，代田也。"赐代田爵井陉侯，加散骑常侍、右卫将军，领内都幢将。

夏长安、临晋、武功守将皆走，关中悉入于魏。魏主留巴东公延普镇安定，以镇西将军王斤镇长安。壬申，魏主东还，以奚斤为宰士，使负酒食以从。

王斤骄矜不法，信用左右，调役百姓。民不堪命，南奔汉川者数千家。魏主案治得实，斩斤以徇。

33 北魏尚书库结率领骑兵五千,迎接西秦国王乞伏暮末。西秦卫将军吉毗认为不应内迁投靠北魏,乞伏暮末同意。库结只好领兵而回。

南安的各羌族部落一万多人背叛了西秦的统治,共同推举安南将军、督八郡诸军事、广宁太守焦遗为盟主,焦遗拒绝。羌族部众于是劫持焦遗的族侄、长城护军焦亮为盟主,聚众攻打南安城。乞伏暮末向氐王杨难当请求援兵。杨难当派将军符献率骑兵三千人,赶赴救援,与乞伏暮末合兵反击各羌族部落军队的进攻。羌军溃败,焦亮逃回广宁,乞伏暮末进攻广宁。亲自下手令命焦遗诛杀焦亮。十二月,焦遗将焦亮斩首,出城投降。乞伏暮末为焦遗加封号称镇国将军。西秦略阳太守、弘农人杨显献出郡城,投降夏国。

34 辛酉(初九),刘宋朝廷任命长沙王刘义欣为豫州刺史,镇守寿阳。寿阳土地荒芜,人民流散,城垣坍塌,盗贼公开抢劫。刘义欣根据具体情况,采取适当的措施治理寿阳,不久,寿阳境内的人民就安居乐业,路不拾遗,城池坚固,仓廪充实,于是成了强盛的藩镇势力。芍陂也早已残旧不堪,刘义欣修整堤防,引肥河水入芍陂,灌溉农田一万多顷,从此没有再出现旱灾。

35 丁卯(十五日),夏国守将、上谷公赫连社干、广阳公赫连度洛孤出城投降,北魏军攻克了平凉。

北魏关中侯豆代田,救出了被俘司空奚斤、宗正娥清等,呈献给拓跋焘。拓跋焘把赫连定的皇后赏赐给豆代田,命令奚斤跪下用膝盖行走,向豆代田敬酒。拓跋焘对奚斤说:"是豆代田保全了你的性命。"赐封豆代田为井陉侯,加授散骑常侍、右卫将军,兼领内都幢将。

夏国长安、临晋、武功等城的守将都弃城逃走,关中大片土地都纳入魏国版图。拓跋焘留下巴东公拓跋延普镇守安定,命镇西将军王斤镇守长安。壬申(二十日),拓跋焘班师东还,任命奚斤为宰士,命他背驮着酒类、饭菜跟从左右。

北魏镇西将军王斤骄恣纵欲,多行不法,纵容左右亲信,随意调动和役使百姓。人民不堪忍受,向南逃往刘宋汉川的有几千家。拓跋焘访查证实了王斤的罪状,斩王斤示众。

36 右将军到彦之、安北将军王仲德皆下狱免官,兖州刺史竺灵秀坐弃军伏诛。上见垣护之书而善之,以为北高平太守。

彦之之北伐也,甲兵资实甚盛。及败还,委弃荡尽,府藏、武库为之空虚。他日,上与群臣宴,有荒外降人在坐。上问尚书库部郎顾琛:"库中仗犹有几许?"琛诡对:"有十万人仗。"上既问而悔之,得琛对,甚喜。琛,和之曾孙也。

37 彭城王义康与王弘并录尚书,义康意犹怏怏,欲得扬州,形于辞旨。以弘弟昙首居中,为上所亲委,愈不悦。弘以老病,屡乞骸骨,昙首自求吴郡,上皆不许。义康谓人曰:"王公久病不起,神州讵宜卧治!"昙首劝弘减府中文武之半以授义康,上听割二千人,义康乃悦。

36 刘宋右将军到彦之、安北将军王仲德都被免职,逮捕入狱,兖州刺史竺灵秀,因弃军逃跑,斩首。文帝看到殿中将军垣护之给到彦之的信,大加称许,随即任命垣护之为北高平太守。

到彦之大军北伐之时,武器及各种军用物资十分充实。等到大败而回,一路上抛弃殆尽。朝廷仓库和武器库,因此空虚。有一天,文帝召集大臣们宴饮,有远方归降的人在座。文帝问尚书库部郎顾琛:"军械库中还有多少武器?"顾琛虚报说:"足够十万人使用。"文帝问完就很后悔,听到顾琛的回答,才略觉宽慰,十分高兴。顾琛是顾和的曾孙。

37 刘宋彭城王刘义康,与王弘共同担任录尚书事,刘义康仍感到怏怏不快,打算代替王弘兼任扬州刺史,在言辞中毫不隐瞒。又因为王弘的弟弟王昙首在朝中担任要职,深得皇上的倚重和信赖,就愈加不满。这时王弘年老多病,多次请求辞职回乡,王昙首主动要求担任吴郡太守,文帝都一概不许。刘义康对别人说:"王弘患病长期卧床,难道能在床上治理天下吗?"王昙首劝王弘把府中文武官员的一半,分给刘义康管理。文帝下诏同意拨给刘义康两千人,刘义康这才高兴。

卷第一百二十二　宋纪四

起辛未(431)尽乙亥(435)凡五年

太祖文皇帝上之下

元嘉八年(辛未,431)

1　春,正月壬午朔,燕大赦,改元大兴。

2　丙申,檀道济等自清水救滑台,魏叔孙建、长孙道生拒之。丁酉,道济至寿张,遇魏安平公乙旃眷,道济帅宁朔将军王仲德、骁骑将军段宏奋击,大破之。转战至高梁亭,斩魏济州刺史悉烦库结。

3　夏主击秦将姚献,败之。遂遣其叔父北平公韦伐帅众一万攻南安。城中大饥,人相食。秦侍中征虏将军出连辅政、侍中右卫将军乞伏延祚、吏部尚书乞伏跋跋逾城奔夏。秦王暮末穷蹙,舆榇出降,并沮渠兴国送于上邽。秦太子司直焦楷奔广宁,泣谓其父遗曰:"大人荷国宠灵,居藩镇重任。今本朝颠覆,岂得不率见众唱大义以殄寇雠!"遗曰:"今主上已陷贼庭,吾非爱死而忘义,顾以大兵追之,是趣绝其命也。不如择王族之贤者,奉以为主而伐之,庶有济也。"楷乃筑坛誓众,二旬之间,赴者万馀人。会遗病卒,楷不能独举事,亡奔河西。

太祖文皇帝上之下
宋文帝元嘉八年(辛未,公元431年)

1　春季,正月壬午朔(初一),北燕大赦天下,改年号为大兴。

2　丙申(十五日),刘宋征南大将军檀道济等,从清水出兵,救援被北魏军围攻的滑台,北魏寿光侯叔孙建、征西大将军长孙道生率军抵抗。丁酉(十六日),檀道济的军队抵达寿张,与北魏安平公拓跋乙旃眷的军队遭遇,檀道济率领宁朔将军王仲德、骁骑将军段宏奋勇抗击魏军,大破拓跋乙旃眷的军队。又转战开进高梁亭,斩杀北魏济州刺史悉烦库结。

3　夏主赫连定突袭西秦大将姚献,大败姚献军。随即又派遣他的叔父,北平公赫连韦伐率领一万人攻打西秦国王乞伏暮末据守的南安城。当时,南安城中正发生饥馑,人与人相食。西秦侍中、征虏将军出连辅政,侍中、右卫将军乞伏延祚,吏部尚书乞伏跋跋等,逃出城去,投降了夏国。西秦王乞伏暮末穷途末路,用车辆载着空棺材出城投降。赫连韦伐把乞伏暮末连同沮渠兴国,一并押送到上邽。西秦国太子司直焦楷逃奔广宁,哭泣着对他的父亲、广宁太守焦遗说:"您一向承蒙朝廷的重用,身居藩镇大员,统领一方。如今国家颠覆,您怎能不率领大家,首倡大义,消灭寇仇!"焦遗说:"现在主上已经陷入敌手,我不是那种惜命忘义的人,如果派大兵追击,只能加速主上的死亡。不如选择王族中贤能之人,拥护他继承王位,然后再去出兵讨伐,或许还有希望。"焦楷于是修筑高台,召集部众盟誓,二十天的时间里,竟有一万馀人赶来归附。不巧的是,焦遗病逝,焦楷没有力量独立承担这项大事,于是,率领部下逃往北凉。

4 二月戊午,以尚书右仆射江夷为湘州刺史。

5 檀道济等进至济上,二十馀日间,前后与魏三十馀战,道济多捷。军至历城,叔孙建等纵轻骑邀其前后,焚烧草谷,道济军乏食,不能进。由是安颉、司马楚之等得专力攻滑台,魏主复使楚兵将军王慧龙助之。朱脩之坚守数月,粮尽,与士卒熏鼠食之。辛酉,魏克滑台,执脩之及东郡太守申谟,虏获万馀人。谟,钟之曾孙也。

6 癸酉,魏主还平城,大飨,告庙,将帅及百官皆受赏,战士赐复十年。

于是魏南鄙大水,民多饿死。尚书令刘絜言于魏主曰:“自顷边寇内侵,戎车屡驾。天赞圣明,所在克殄。方难既平,皆蒙优锡。而郡国之民,虽不征讨,服勤农桑,以供军国,实经世之大本,府库之所资。今自山以东,遍遭水害,应加哀矜,以弘覆育。”魏主从之,复境内一岁租赋。

7 檀道济等食尽,自历城引还。军士有亡降魏者,具告之。魏人追之,众恟惧,将溃。道济夜唱筹量沙,以所馀少米覆其上。及旦,魏军见之,谓道济资粮有馀,以降者为妄而斩之。时道济兵少,魏兵甚盛,骑士四合。道济命军士皆被甲,己白服乘舆,引兵徐出。魏人以为有伏兵,不敢逼,稍稍引退,道济全军而返。

4 二月戊午(初七),刘宋朝廷任命尚书右仆射江夷为湘州刺史。

5 刘宋征南大将军檀道济的船队开进济水,二十多天的时间里,先后与魏军交战三十多次,而檀道济多半取胜。宋军开到历城,北魏叔孙建等派遣轻骑兵,往来截击,出没在大军的前前后后,还纵火焚烧了刘宋军的粮草,檀道济因为军中缺粮,不能前进。所以北魏冠军将军安颉、安南大将军司马楚之等能够以全部力量进攻滑台。拓跋焘又派楚兵将军王慧龙增援。刘宋滑台守将朱脩之,坚守滑台已有几个月之久,城中粮食吃光了,士卒们用烟熏出老鼠,烤熟吃掉。辛酉(初十),北魏军攻破滑台,朱脩之和东郡太守申谟以及一万馀名士卒被俘。申谟是申钟的曾孙。

6 癸酉(二十二日),北魏国主拓跋焘返回首都平城,举行盛大典礼,祭告祖庙。朝廷中所有的将帅和官员都得到了赏赐,士卒们一律免除十年的赋役。

这时,北魏南部边境发生严重的水灾,百姓多半饿死。尚书令刘絜对拓跋焘说:"自从宋寇侵犯我们国土,我们屡次抗击。上天帮助圣明的君主,保佑我们的军队所向披靡。如今,战事已经平息,有功的将领也都得到了赏赐。各个州郡和封国的老百姓,虽然没有亲自出征讨伐,但是他们勤奋地务农养蚕,供应国家和军队的需要,实在是治理国家的根本,更是国库薪饷的重要来源。现在,从崤山以东,遍地洪水成灾,应该妥善抚慰和可怜这些受灾的百姓,弘扬朝廷一向保护和养育百姓的恩德。"拓跋焘同意他的劝告,下诏免除全国百姓一年的田赋和捐税。

7 刘宋征南大将军檀道济的大军因为粮尽,只好从历城撤军。刘宋军中有逃走投降北魏军的士卒,把刘宋军的困难境遇,一一报告给北魏军。于是,北魏军追击刘宋军,刘宋军军心涣散,人人自危,马上就要溃散。檀道济用夜色的掩护,命士卒把沙子当作粮食,一斗一斗地量,而且边量边唱出数字,然后用军中仅剩下的一点谷米覆在沙子上。第二天早晨,北魏看到这种情况,以为檀道济军中的粮食还很充裕,就给那个降卒定了欺骗之罪杀掉了。当时,檀道济兵员很少,而北魏兵人多势众,骑兵部队从四面八方包围了檀道济军。檀道济命令军士们都披上铠甲,而自己则穿着白色的便服,率领军队缓缓地出城。北魏军以为檀道济有伏兵,不敢逼近宋军,而且还稍稍撤退,这样,檀道济保全了军队,安全撤军。

青州刺史萧思话闻道济南归,欲委镇保险,济南太守萧承之固谏,不从。丁丑,思话弃镇奔平昌。参军刘振之戍下邳,闻之,亦委城走。魏军竟不至,而东阳积聚已为百姓所焚。思话坐征,系尚方。

8 燕王立夫人慕容氏为王后。

9 庚戌,魏安颉等还平城。魏主嘉朱脩之守节,妻以宗女。

初,帝之遣到彦之也,戒之曰:"若北国兵动,先其未至,径前入河;若其不动,留彭城勿进。"及安颉得宋俘,魏主始闻其言。谓公卿曰:"卿辈前谓我用崔浩计为谬,惊怖固谏。常胜之家,始皆自谓逾人,至于归终,乃不能及。"

司马楚之上疏,以为诸方已平,请大举伐宋,魏主以兵久劳,不许。征楚之为散骑常侍,以王慧龙为荥阳太守。

慧龙在郡十年,农战并修,大著声绩,归附者万馀家。帝纵反间于魏,云:"慧龙自以功高位下,欲引宋人入寇,因执司马楚之以叛。"魏主闻之,赐慧龙玺书曰:"刘义隆畏将军如虎,欲相中害。朕自知之。风尘之言,想不足介意。"帝复遣刺客吕玄伯刺之,曰:"得慧龙首,封二百户男,赏绢千匹。"玄伯诈为降人,求屏人有所论。慧龙疑之,使人探其怀,得尺刀。

刘宋青州刺史萧思话听说檀道济的大军撤退南下,就打算放弃城池退到险要地带自保,济南太守萧承之一再劝阻他,萧思话都没有接受。丁丑(二十六日),萧思话弃城逃奔平昌。参军刘振之正驻守下邳,听说这个消息,也弃城逃走。结果,北魏军竟然没有来,但是东阳城积聚的大批物资,却被百姓纵火焚毁。萧思话被指控有罪,召回京师,逮捕下狱。

8 北燕王冯弘,封夫人慕容氏为皇后。

9 庚戌,北魏冠军将军安颉等人返回平城。北魏国主拓跋焘,非常赞赏刘宋滑台守将朱脩之的气节,把皇族宗室的女儿嫁给他。

当初,刘宋文帝派到彦之北伐出征前,就告诫他说:"如果魏国的军队有所举动,你们应该在敌人没有攻到之前,先行渡过黄河;如果他们没有动静,你们就要留守彭城,不要前进。"等到安颉俘虏刘宋的将士,拓跋焘才听到刘宋文帝的这席话,对朝中的文武大臣们说:"以前,你们总说我用崔浩的计策是错误的,以致惊惧失措,百般劝阻。一直打胜仗的人,开始都自以为超过了别人,到了最后,才发现自己还不如别人。"

北魏安南大将军司马楚之上疏,认为北魏四方邻国都已经平定,请求朝廷出兵大举进攻刘宋。拓跋焘则认为连年征战,将士们早已疲劳不堪,没有同意。征召司马楚之回京,任命他为散骑常侍,任命王慧龙为荥阳太守。

王慧龙在荥阳十年,既劝民农桑,又积极备战,成绩显著,声名远播,前后赶来归附的百姓有一万多家。刘宋文帝乘机施用了反间计,派人四处散布说:"王慧龙自认为劳苦功高,却长期不得重用,所以打算勾引宋人前来进犯,然后活捉司马楚之背叛魏国。"拓跋焘听到这些传言,颁赐给王慧龙一封亲笔诏书,说:"刘义隆害怕将军就像害怕老虎一样,打算从中陷害,我知道他的诡计。至于外面的风言风语,想你不会介意。"刘宋文帝又派刺客吕玄伯前去刺杀王慧龙,许诺说:"你如果砍下王慧龙的人头,封你为食邑两百户男爵,赏绢一千匹。"于是,吕玄伯假装投降,要求单独面见王慧龙,声称有话要说。王慧龙有点疑心,派人搜身,结果从腰中搜出短刀。

玄伯叩头请死,慧龙曰:"各为其主耳。"释之。左右谏曰:"宋人为谋未已,不杀玄伯,无以制将来。"慧龙曰:"死生有命,彼亦安能害我!我以仁义为扞蔽,又何忧乎!"遂舍之。

10　夏,五月庚寅,魏主如云中。

11　六月乙丑,大赦。

12　夏主杀乞伏暮末及其宗族五百人。

13　夏主畏魏人之逼,拥秦民十馀万口,自治城济河,欲击河西王蒙逊而夺其地。吐谷浑王慕瓌遣益州刺史慕利延、宁州刺史拾虔帅骑三万,乘其半济,邀击之,执夏主定以归,沮渠兴国被创而死。拾虔,树洛干之子也。

14　魏之边吏获柔然逻者二十馀人,魏主赐衣服而遣之。柔然感悦。闰月乙未,柔然敕连可汗遣使诣魏,魏主厚礼之。

15　魏主遣散骑侍郎周绍来聘,且求昏。帝依违答之。

16　荆州刺史江夏王义恭,年寝长,欲专政事,长史刘湛每裁抑之,遂与湛有隙。帝心重湛,使人诘让义恭,且和解之。是时,王华、王昙首皆卒,领军将军殷景仁素与湛善,白帝以时贤零落,征湛为太子詹事,加给事中,共参政事。以雍州刺史张邵代湛为抚军长史、南蛮校尉。

吕玄伯叩头请求处死,王慧龙说:"我们都是各自为主上行事罢了。"释放了吕玄伯。王慧龙的左右亲信都劝阻他说:"宋人的阴谋不会停止,不杀吕玄伯,没有办法阻止将来再发生这样的事。"王慧龙却说:"生死都是命中注定的,他刘义隆又怎么能害得了我!我只用仁义作为屏藩来保护自己,又有什么可忧虑的呢?"于是释放了吕玄伯。

10 夏季,五月庚寅(十一日),北魏国主拓跋焘前往云中。

11 六月乙丑(十六日),刘宋下令大赦。

12 夏主赫连定斩杀了被俘的西秦王乞伏暮末,以及西秦国皇族五百人。

13 夏主赫连定惧怕北魏的逼迫,劫持西秦国的老百姓十多万人,从治城渡过黄河,打算袭击北凉河西王沮渠蒙逊,夺取北凉的国土。吐谷浑可汗慕容慕璝,派遣益州刺史慕容慕利延、宁州刺史慕容拾虔,统率三万骑兵,乘夏军渡河过了一半,截击敌人,生擒了夏王赫连定,乘胜班师。北凉前世子沮渠兴国在战役中受重伤而死。慕容拾虔是慕容树洛干的儿子。

14 北魏边防官员俘获柔然汗国的巡逻兵二十多人,拓跋焘赏赐给他们衣服,释放了他们。柔然汗国又感动又喜悦。闰月乙未(十六日),柔然汗国敕连可汗,派使臣出使北魏,北魏国主拓跋焘用优厚的礼节招待了他们。

15 北魏国主拓跋焘派散骑侍郎周绍出使刘宋,并且请求皇家通婚。刘宋文帝含糊其辞地回答了他。

16 刘宋荆州刺史、江夏王刘义恭,年纪渐渐长大,打算独自处理政务,而王府长史刘湛总是阻挠他,于是刘义恭与刘湛之间产生了裂痕。刘宋文帝心里十分尊重刘湛,派人诘问并责备刘义恭,而且从中调解他们之间的矛盾。这时,王华、王昙首都已去世,领军将军殷景仁一向与刘湛关系密切,提醒文帝说,当今不少贤才去世,建议文帝征召刘湛为太子詹事,加官给事中,共同参与朝政。文帝又任命雍州刺史张邵代替刘湛为抚军长史、南蛮校尉。

　　顷之，邵坐在雍州营私蓄聚，赃满二百四十五万，下廷尉，当死。左卫将军谢述上表，陈邵先朝旧勋，宜蒙优贷。帝手诏酬纳，免邵官，削爵土。述谓其子综曰："主上矜邵夙诚，特加曲恕，吾所言谬会，故特见酬纳耳。若此迹宣布，则为侵夺主恩，不可之大者也。"使综对前焚之。帝后谓邵曰："卿之获免，谢述有力焉。"

17　秋，七月己酉，魏主如河西。

18　八月乙酉，河西王蒙逊遣子安周入侍于魏。

19　吐谷浑王慕璝遣侍郎谢太宁奉表于魏，请送赫连定。己丑，魏以慕璝为大将军、西秦王。

20　左仆射临川王义庆固求解职。甲辰，以义庆为中书令，丹杨尹如故。

21　九月癸丑，魏主还宫。庚申，加太尉长孙嵩柱国大将军，以左光禄大夫崔浩为司徒，征西大将军长孙道生为司空。道生性清俭，一熊皮鄣泥，数十年不易。魏主使歌工历颂群臣曰："智如崔浩，廉若道生。"

22　魏主欲选使者诣河西，崔浩荐尚书李顺，乃以顺为太常，拜河西王蒙逊为侍中、都督凉州西域羌戎诸军事、太傅、行征西大将军、凉州牧、凉王，王武威、张掖、敦煌、酒泉、西海、金城、西平七郡。册曰："盛衰存亡，与魏升降。北尽穷发，南极庸、岷，西被昆岭，东至河曲，王实征之，以夹辅皇室。"置将相、群卿、百官，承制假授。建天子旌旗，出入警跸，如汉初诸侯王故事。

不久，张邵因为在雍州时，营私舞弊，中饱私囊，赃款高达两百四十五万，被逮捕下廷狱，按律应当处以死刑。左卫将军谢述上疏，陈述张邵是刘裕时代的旧功臣，应得到宽恕优待。文帝采纳了谢述的建议，亲自下诏书，命令免除张邵的官职，削去了张邵的爵位和采邑。谢述对他的儿子谢综说："皇上怜惜张邵一向忠诚，特别赦免了他的罪过。我的建议只是碰巧与皇上的意图相吻合，被皇上采纳了。如果借此四处宣扬，那就侵夺了皇家的恩德，是绝对不可行的。"让谢综当着他的面，把奏章烧掉。文帝后来对张邵说："对于你的死罪的免除，谢述可出了大力的呀！"

17　秋季，七月己酉(初一)，北魏国主拓跋焘前往河西。

18　八月乙酉(初七)，北凉河西王沮渠蒙逊派他的儿子沮渠安周，前往北魏充当人质。

19　吐谷浑可汗慕容慕璝，派侍郎谢太宁出使北魏，呈上奏章，表示愿意献出所俘虏的夏主赫连定。己丑(十一日)，北魏任命吐谷浑可汗慕容慕璝为大将军，封为西秦王。

20　刘宋左仆射、临川王刘义庆坚决要求辞去职务。甲辰(二十六日)，刘宋文帝任命刘义庆为中书令，仍兼任丹杨尹。

21　九月癸丑(初六)，北魏国主拓跋焘回宫。庚申(十三日)，加授太尉长孙嵩为柱国大将军，任命左光禄大夫崔浩为司徒，征西大将军长孙道生为司空。长孙道生性情淡泊、清廉节俭，一个用熊皮做的遮泥障，数十年都不换。拓跋焘让歌工一一歌颂群臣："像崔浩那样足智多谋，像长孙道生那样两袖清风。"

22　北魏国主拓跋焘打算选派使者出使北凉，崔浩推荐尚书李顺，于是拓跋焘任命李顺为太常，诏书任命北凉河西王沮渠蒙逊为侍中，都督凉州、西域、羌、戎诸军事、太傅、行征西大将军、凉州牧和凉王，采邑包括武威、张掖、敦煌、酒泉、西海、金城、西平等七郡。册封的诏书上说："凉国的盛衰存亡，都要与魏国联为一体，死生与共。北到穷发，南到上庸和岷山，西至昆仑山，东至河曲的广大地区，都归凉王的征讨统治，从旁辅佐皇室。"同时，在凉国设置将军、宰相、各位公卿、文武百官，凉王可以代表皇帝直接任命。还可以竖起天子专用的旌旗，出行时开路清道，戒备森严，全然仿照汉朝初年各侯王的制度。

23 壬申,魏主诏曰:"今二寇摧殄,将偃武修文,理废职,举逸民。范阳卢玄、博陵崔绰、赵郡李灵、河间邢颖、勃海高允、广平游雅、太原张伟等,皆贤隽之胄,冠冕周邦。《易》曰:'我有好爵,吾与尔縻之。'如玄之比者,尽敕州郡以礼发遣。"遂征玄等及州郡所遣至者数百人,差次叙用。崔绰以母老固辞。玄等皆拜中书博士。玄,谌之曾孙;灵,顺之从父兄也。

玄舅崔浩,每与玄言,辄叹曰:"对子真使我怀古之情更深。"浩欲大整流品,明辨姓族。玄止之曰:"夫创制立事,各有其时。乐为此者,讵有几人!宜加三思。"浩不从,由是得罪于众。

24 初,魏昭成帝始制法令:"反逆者族;其馀当死者听入金、马赎罪;杀人者听与死家牛马、葬具以平之;盗官物,一备五;私物,一备十。"四部大人共坐王庭决辞讼,无系讯连逮之苦,境内安之。太祖入中原,患前代律令峻密,命三公郎王德删定,务崇简易。季年被疾,刑罚滥酷。太宗承之,吏文亦深。冬,十月戊寅,世祖命崔浩更定律令,除五岁、四岁刑,增一年刑。巫蛊者,负杀羊、抱犬沉诸渊。初令官阶九品者得以官爵除刑。妇人当刑而孕,产后百日乃决。阙左悬登闻鼓以达冤人。

23 壬申(二十五日),北魏国主拓跋焘下诏说:"如今宋、夏二寇已经分别被我们击败和消灭了。我们将停止武备,发展文事,整顿过去被废弛和忽略的工作,荐举过去隐居不出来做官的人。范阳人卢玄、博陵人崔绰、赵郡人李灵、河间人邢颍、勃海人高允、广平人游雅、太原人张伟等人,都是圣贤的后裔,他们的才干在地方州郡都是第一流的。《易经》说:'我有好的酒器,和你一起享用。'凡是才华能与卢玄相仿佛的,各州郡都要遵照朝廷的敕令,礼敬贤才并把他们送京师来。"于是,征召卢玄等人以及地方州郡荐举的贤士几百人来京,依照他们的能力,分别委以官职。崔绰因为母亲年迈,坚决拒绝做官。卢玄等人都被授予中书博士。卢玄是卢谌的曾孙,李灵是李顺的堂兄。

卢玄的舅舅是司徒崔浩,崔浩每次跟卢玄谈话,常常叹息说:"面对卢子真,使我思古之幽情更深。"当时,崔浩打算严格整顿朝中官员的流品,辨明官员的出身和姓氏等级。卢玄劝阻他说:"创立一种制度,改革现行的规章,必须因时而宜。赞成您这项措施的,能有几个人!希望您能三思而行。"崔浩没有听从,因此便得罪了许多大臣。

24 当初,北魏部落时代酋长、代王拓跋什翼犍时开始制定法令:"谋反叛逆者诛灭全族;其他犯有死罪的人可以缴纳金钱、马匹赎罪;杀人凶手允许他们给死者家属牛马、葬具私自和解;盗窃官府财物,偷一赔五;盗窃私物,偷一赔十。"当时,四部总监共同坐在公堂之上,一道处理诉讼案件,从没有羁押、囚禁、久拖不决的苦处,境内安定。道武帝拓跋珪进入中原以后,认为前代的法律过于苛刻严密,于是,命令三公郎王德重新删改、制定新的法律,一切都以简单易懂为原则。拓跋珪晚年身患重病,滥施刑罚,法律残酷。明元帝拓跋嗣继位后,继承了前代的法律制度,对官吏权限职责等的规定,也有些过于苛刻。冬季,十月戊寅(初一),太武帝拓跋焘命令司徒崔浩重新制定法令,废除了五年、四年有期徒刑,增设一年有期徒刑。用巫术毒害人的人,身背黑色羊,胸前抱狗,投入河潭。新定法令,凡官阶在九品之内的官员犯法,可以用官职和爵位赎罪。妇人当执行死刑而怀有身孕的,生产一百天后再予处决。又规定在宫阙的左边悬挂登闻鼓,使有冤情的人,能够击鼓申冤。

25　魏主如漠南。十一月丙辰,北部敕勒莫弗库若干帅所部数万骑,驱鹿数百万头,诣魏主行在。魏主大猎以赐从官。十二月丁丑,还宫。

26　是岁,凉王改元义和。

27　林邑王范阳迈寇九德,交州兵击却之。

九年(壬申,432)

1　春,正月丙午,魏主尊保太后窦氏为皇太后,立贵人赫连氏为皇后,子晃为皇太子,大赦,改元延和。

2　燕王立慕容后之子王仁为太子。

3　三月庚戌,卫将军王弘进位太保,加中书监。丁巳,征南大将军檀道济进位司空,还镇寻阳。

4　壬申,吐谷浑王慕璝送赫连定于魏,魏人杀之。慕璝上表曰:"臣俘擒僭逆,献捷王府,爵秩虽崇而土不增廓,车旗既饰而财不周赏,愿垂鉴察。"魏主下其议。公卿以为:"慕璝所致唯定而已,塞外之民皆为己有,而贪求无厌,不可许也。"魏主乃诏曰:"西秦王所得金城、枹罕、陇西之地,朕即与之,乃是裂土,何须复廓。西秦款至,绵绢随使疏数,临时增益,非一赐而止也。"自是慕璝贡使至魏者稍简。

5　魏方士祁纤奏改代为万年,以代尹为万年尹,代令为万年令。崔浩曰:"昔太祖应天受命,兼称代、魏以法殷商。国家积德,当享年万亿,不待假名以为益也。纤之所闻,皆非正义,宜复旧号。"魏主从之。

25 北魏国主拓跋焘前往漠南。十一月丙辰(初十),北方敕勒部落酋长库若干,率领他的部众数万名骑兵,驱赶着几百万头的鹿群,拜谒拓跋焘的行宫。于是,拓跋焘举行大规模的狩猎,赏赐随从的官员。十二月丁丑(初一),拓跋焘回宫。

26 本年,北凉改年号为义和。

27 林邑王范阳迈,攻击刘宋的九德郡,刘宋交州军队击退了他们。

宋文帝元嘉九年(壬申,公元432年)

1 春季,正月丙午(初一),北魏国主拓跋焘,尊封他的乳母保太后窦氏为皇太后,封贵人赫连氏为皇后,封儿子拓跋晃为皇太子,大赦天下,改年号为延和。

2 北燕王冯弘,封慕容皇后生的儿子冯王仁为太子。

3 三月庚戌(初六),刘宋卫将军王弘晋升为太保,加授中书监。丁巳(十三日),征南大将军檀道济晋升为司空,回寻阳镇守。

4 壬申(二十八日),吐谷浑汗国可汗慕容慕璝将夏王赫连定献给北魏,北魏斩杀赫连定。慕容慕璝上疏说:"我生擒了叛逆赫连定,呈献给皇上。陛下赏赐的官爵虽然尊崇,但土地却没有增加;车辆旗帜虽然已经得到装饰,但是却没有财物赏赐部下,希望您能俯察下情。"拓跋焘把他的奏章交给朝廷文武官员们讨论。大臣们认为:"慕容慕璝的功劳,不过是俘虏了赫连定而已,塞外的百姓都已归吐谷浑汗国所有,但慕容慕璝却贪得无厌,不能答应他的要求。"拓跋焘于是下诏说:"西秦王所攻下的金城、枹罕、陇西等地,我同意归你,这已经是分封给你的采邑了,还有什么必要再增加土地? 西秦对我们具有诚意,我们赏赐的绵绢,根据来使次数是否频繁,临时增加,并不是只赏赐一次,以后不再有。"从此,慕容慕璝所派的出使北魏的贡使稍加减少。

5 北魏的方士祁纤上奏朝廷,建议把代郡改称万年,改代尹为万年尹,代令为万年令。司徒崔浩说:"从前,太祖道武帝顺应天命人心,效法殷商,而兼称代魏,国家累积下来的恩德,应该使国家的寿命长达亿万年之久,不必借助名称得益。祁纤所奏报的,都不是正当大义,应当恢复旧号。"拓跋焘采纳了崔浩的意见。

6　夏,五月壬申,华容文昭公王弘卒。弘明敏有思致,而轻率少威仪。性褊隘,好折辱人,人以此少之。虽贵显,不营财利。及卒,家无馀业。帝闻之,特赐钱百万,米千斛。

7　魏主治兵于南郊,谋伐燕。

8　帝遣使者赵道生聘于魏。

9　六月戊寅,司徒、南徐州刺史彭城王义康改领扬州刺史。

10　诏分青州置冀州,治历城。

11　吐谷浑王慕璝遣其司马赵叙入贡,且来告捷。

12　庚寅,魏主伐燕。命太子晃录尚书事,时晃才五岁。又遣左仆射安原、建宁王崇等屯漠南以备柔然。

13　辛卯,魏主遣散骑常侍邓颖来聘。

14　乙未,以吐谷浑王慕璝为都督西秦河沙三州诸军事、征西大将军、西秦河二州刺史,进爵陇西王,且命慕璝悉归南方将士先没于夏者,得百五十馀人。

又加北秦州刺史杨难当征西将军。难当以兄子保宗为镇南将军,镇宕昌;以其子顺为秦州刺史,守上邽。保宗谋袭难当,事泄,难当囚之。

15　壬寅,以江夏王义恭为都督南兖等六州诸军事、开府仪同三司、南兖州刺史,临川王义庆为都督荆雍等七州诸军事、荆州刺史,竟陵王义宣为中书监,衡阳王义季为南徐州刺史。初,高祖以荆州居上流之重,土地广远,资实兵甲居朝廷之半,

6 夏季,五月壬申(二十九日),刘宋太保、华容文昭公王弘去世。王弘聪明敏捷有思想,但往往轻率行事,威仪不足以使人佩服。他性情狭隘偏激,常常侮辱别人,人们因而对他表示不满。他虽然地位尊崇,又是朝中显贵,却不营求财利。到了去世的时候,家里竟没有多馀的财产。刘宋文帝听说后,特地赏赐王弘的家属钱一百万,米一千斛。

7 北魏国主拓跋焘,在京师南郊训练兵马,准备攻打北燕。

8 刘宋文帝派遣使者赵道生,前往北魏访问。

9 六月戊寅(初五),刘宋司徒、南徐州刺史、彭城王刘义康,改任扬州刺史。

10 刘宋文帝下诏,把青州分割出一部分,设置冀州,州治在历城。

11 吐谷浑汗国可汗慕容慕𪭢,派司马赵叙到刘宋进贡,并奏报军事上的大捷。

12 庚寅(十七日),北魏国主拓跋焘亲自率军进攻北燕。拓跋焘命令太子拓跋晃录尚书事,当时拓跋晃只有五岁。拓跋焘又派左仆射安原、建宁王拓跋崇等人,驻防漠南,准备抵御柔然汗国的进攻。

13 辛卯(十八日),北魏国主拓跋焘派散骑常侍邓颖出使刘宋,进行回访。

14 乙未(二十二日),刘宋任命吐谷浑可汗慕容慕𪭢为都督西秦、河、沙三州诸军事,征西大将军,西秦、河二州刺史,封爵为陇西王,又命令慕容慕𪭢全部归还被夏国俘获的南方将士,共一百五十馀人。

刘宋朝廷又加授北秦州刺史杨难当为征西将军。杨难当任命侄子杨保宗为镇南将军,镇守宕昌;任命儿子杨顺为秦州刺史,驻守上邽。杨保宗谋划袭击他的叔父杨难当,事情泄漏,杨难当囚禁了杨保宗。

15 壬寅(二十九日),刘宋朝廷任命江夏王刘义恭为都督南兖等六州诸军事、开府仪同三司、南兖州刺史,任命临川王刘义庆为都督荆、雍等七州诸军事、荆州刺史,任命竟陵王刘义宣为中书监,衡阳王刘义季为南徐州刺史。当初,刘宋武帝刘裕认为,荆州是长江上游的军事重镇,土地辽阔,财物和军事实力占全国的一半,

故遗诏令诸子居之。上以义庆宗室令美,且烈武王有大功于社稷,故特用之。

16　秋,七月己未,魏主至濡水。庚申,遣安东将军奚斤发幽州民及密云丁零万馀人,运攻具,出南道,会和龙。魏主至辽西,燕王遣其侍御史崔聘奉牛酒犒师。己巳,魏主至和龙。

17　庚午,以领军将军殷景仁为尚书仆射,太子詹事刘湛为领军将军。

18　益州刺史刘道济,粹之弟也,信任长史费谦、别驾张熙等,聚敛兴利,伤政害民,立官冶,禁民鼓铸而贵卖铁器,商贾失业,吁嗟满路。

流民许穆之,变姓名称司马飞龙,自云晋室近亲,往依氐王杨难当。难当因民之怨,资飞龙以兵,使侵扰益州。飞龙招合蜀人,得千馀人,攻杀巴兴令,逐阴平太守。道济遣军击斩之。

道济欲以五城人帛氏奴、梁显为参军督护,费谦固执不与。氏奴等与乡人赵广构扇县人,诈言司马殿下犹在阳泉山中,聚众得数千人,引向广汉。道济参军程展会治中李抗之将五百人击之,皆败死。巴西人唐频聚众应之,赵广等进攻涪城,陷之。于是涪陵、江阳、遂宁诸郡守皆弃城走,蜀土侨、旧俱反。

19　燕石城太守李崇等十郡降于魏。魏主发其民三万穿围堑以守和龙。崇,绩之子也。

所以临死前下遗诏,命令必须由皇子来镇守。刘宋文帝认为刘义庆是宗室子弟,并有美好的声誉,何况他的父亲、烈武王刘道规对宋国的建立有大功,所以特别擢用了他。

16　秋季,七月己未(十七日),北魏国主拓跋焘,率军抵达濡水。庚申(十八日),拓跋焘派安东将军奚斤征发幽州百姓和密云境内的丁零部落一万馀人,运送攻城器具,通过南道,与北魏大军在北燕都城和龙城下会师。拓跋焘抵达辽西,北燕王冯弘派遣侍御史崔聘,呈上美酒牛肉,犒赏北魏军队。己巳(二十七日),拓跋焘抵达和龙。

17　庚午(二十八日),刘宋任命领军将军殷景仁为尚书仆射,太子詹事刘湛为领军将军。

18　刘宋益州刺史刘道济是刘粹的弟弟。他宠信王府的长史费谦、别驾张熙等人,所行的是收聚搜刮财利的做法,损害正常治理,祸害百姓。他设立官营的冶铸机构,禁止民间冶炼铸造,而用高价出卖铁器,造成商人失业,百姓怨声载道。

流民许穆之,改名换姓为司马飞龙,自称是东晋皇室的近亲,投奔了氐王杨难当。杨难当利用益州的民怨,借给司马飞龙一支军队,让他率兵进犯并骚扰益州。司马飞龙在蜀郡招兵买马,集结了一千多人,攻打巴兴县城,杀死了巴兴县令,又驱逐了阴平太守。刘道济派军队击斩了司马飞龙及其军队。

刘道济打算任命五城人帛氐奴、梁显为参军督护,长史费谦坚决反对。于是,帛氐奴与他的同乡赵广相互勾结,煽动县民,宣称司马飞龙仍在阳泉山中,聚集部众几千人,进军广汉。刘道济派参军程展,会同治中李抗之,率领五百人攻击,战败,二人阵亡。巴西人唐频聚众响应帛氐奴,赵广等人进攻涪城,涪城陷落。于是,涪陵、江阳、遂宁等郡的太守都闻风弃城逃走,随即益州境内的土著居民和外地侨民,一时间全都揭竿而起,纷纷起兵。

19　北燕石城太守李崇等十个郡,投降了北魏大军。北魏国主拓跋焘,征发北燕百姓三万人,兴筑工事,挖掘壕沟,守卫和龙城。李崇是李绩的儿子。

八月，燕王使数万人出战，魏昌黎公丘等击破之，死者万馀人。燕尚书高绍帅万馀家保羌胡固。辛巳，魏主攻绍，斩之。平东将军贺多罗攻带方，抚军大将军永昌王健攻建德，骠骑大将军乐平王丕攻冀阳，皆拔之。

九月乙卯，魏主引兵西还，徙营丘、成周、辽东、乐浪、带方、玄菟六郡民三万家于幽州。

燕尚书郭渊劝燕王送款献女于魏，乞为附庸。燕王曰："负衅在前，结忿已深，降附取死，不如守志更图也。"

魏主之围和龙也，宿卫之士多在战陈，行宫人少。云中镇将朱脩之谋与南人袭杀魏主，因入和龙，浮海南归。以告冠军将军毛脩之，毛脩之不从，乃止。既而事泄，朱脩之逃奔燕。魏人数伐燕，燕王遣脩之南归求救。脩之泛海至东莱，遂还建康，拜黄门侍郎。

20　赵广等进攻成都，刘道济婴城自守。贼众屯聚日久，不见司马飞龙，欲散去。广惧，将三千人及羽仪诣阳泉寺，诈云迎飞龙。至，则谓道人枹罕程道养曰："汝但自言是飞龙，则坐享富贵，不则断头！"道养惶怖许诺。广乃推道养为蜀王、车骑大将军、益梁二州牧，改元泰始，备置百官。以道养弟道助为骠骑将军、长沙王，镇涪城。赵广、帛氏奴、梁显及其党张寻、严遐皆为将军，奉道养还成都，众至十馀万，四面围城。使人谓道济曰："但送费谦、张熙来，我辈自解去。"道济遣中兵参军裴方明、任浪之各将千馀人出战，皆败还。

八月，北燕王派数万人出城迎战北魏军，北魏昌黎公拓跋丘击败北燕军，斩杀一万多人。北燕国尚书高绍率领一万多家，退保羌胡固。辛巳(初九)，拓跋焘亲自率军进攻高绍的军队，斩杀了高绍。与此同时，北魏的平东将军贺多罗进攻带方，抚军大将军、永昌王拓跋健进攻建德，骠骑大将军、乐平王拓跋丕进攻冀阳，全部攻克。

九月乙卯(十四日)，拓跋焘班师，西去回国，将营丘、成周、辽东、乐浪、带方、玄菟等六个郡的百姓三万多家，迁徙到幽州。

北燕尚书郭渊曾经劝北燕王冯弘，向北魏表示诚意，献上女儿，充当北魏的藩属。冯弘说："两国之间早就产生裂痕，结下的仇怨已经很深了，降附北魏是自取灭亡，还不如固守城池，等待转机。"

拓跋焘包围和龙城时，他身边护驾的卫士都在沙场冲锋陷阵，留在行宫的很少。北魏云中镇将朱修之阴谋策划并联络南方降附之人，突袭并杀掉拓跋焘，然后投奔北燕和龙，再乘海船回到刘宋。朱修之把这个阴谋告诉了刘宋降将、冠军将军毛修之，毛修之拒绝参与，朱修之只好作罢。不久，阴谋泄漏，朱修之逃奔北燕。北魏军多次猛攻北燕，北燕王冯弘派朱修之南归，向刘宋求救。朱修之经海道到东莱，既而回到建康，刘宋朝廷任命他为黄门侍郎。

20　刘宋益州叛民赵广等，率众进攻成都，益州太守刘道济只好绕城防御。叛军集结已经很长时间，却看不到首领司马飞龙，就打算各自散去。赵广大为惶恐，率领三千人和迎驾的仪仗队前往阳泉寺，声称迎接司马飞龙。到阳泉寺后，他对那里的道士、枪军人程道养说："你只要自称是司马飞龙，就可以稳享荣华富贵，否则你的人头就保不住了。"程道养听罢惊慌失措，只好应允。于是，赵广就推举程道养为蜀王、车骑大将军、益梁二州州牧，改年号为泰始，设置文武百官。又任命程道养的弟弟程道助为骠骑将军、长沙王，负责镇守涪城。此外，赵广、帛氏奴、梁显及其党羽张寻、严遐等，也都任将军，拥奉着程道养返回成都。很快，四面八方前来投奔的百姓多至十多万人，把成都城围得水泄不通。赵广等派人告刘道济说："只要你交出费谦、张熙二人，我们一定自动解散。"刘道济派城里的中兵参军裴方明、任浪之等二人，分别率领士卒一千多人出城迎战，都大败而回。

21　冬,十一月乙巳,魏主还平城。

22　壬子,以少府中山甄法崇为益州刺史。

23　初,燕王嫡妃王氏,生长乐公崇,崇于兄弟为最长。及即位,立慕容氏为王后,王氏不得立,又黜崇,使镇肥如。崇母弟广平公朗、乐陵公邈相谓曰:"今国家将亡,人无愚智皆知之。王复受慕容后之谮,吾兄弟死无日矣。"乃相与亡奔辽西,说崇使降魏,崇从之。会魏主使给事郎王德招崇,十二月己丑,崇使邈如魏,请举郡降。燕王闻之,使其将封羽围崇于辽西。

24　魏主征诸名士之未仕者,州郡多逼遣之。魏主闻之,下诏令守宰以礼申谕,任其进退,毋得逼遣。

25　初,帝以少子绍为庐陵孝献王嗣,以江夏王义恭子朗为营阳王嗣。庚寅,封绍为庐陵王,朗为南丰县王。

26　裴方明等复出击程道养营,破之,焚其积聚。

贼党江阳杨孟子将千馀人屯城南,参军梁俊之统南楼,投书说谕孟子,邀使入城见刘道济,道济版为主簿,克期讨贼。赵广知其谋,孟子惧,将所领奔晋原,晋原太守文仲兴与之同拒守。赵广遣帛氏奴攻晋原,破之,仲兴、孟子皆死。裴方明复出击贼,屡战,破之,贼遂大溃。程道养收众得七千人,还广汉,赵广别将五千馀人还涪城。

21 冬季,十一月乙巳(初四),北魏国主拓跋焘返回平城。

22 壬子(十一日),刘宋朝廷任命少府、中山人甄法崇为益州刺史。

23 当初,北燕王冯弘的嫡妃王氏,生下了长乐公冯崇,冯崇在他的兄弟中年纪最大。等到冯弘即位后,立慕容氏为王后,王氏却不能当王后,接着冯弘又废黜了冯崇,派他出去镇守肥如。冯崇的同胞弟弟、广平公冯朗和乐陵公冯邈私下商量说:"如今,国家危在旦夕,不论是聪明人还是愚昧的人都看得非常清楚。现在父王又听信慕容王后的谗言,我们兄弟死期不远了。"于是兄弟两人相伴一同逃往辽西,劝说冯崇投降北魏,冯崇同意了。正巧,北魏国主拓跋焘派给事郎王德向冯崇招降。十二月己丑(十九日),冯崇派冯邈前往北魏,准备献出全部投降。冯弘听到这个消息,派将领封羽在辽西团团包围了冯崇。

24 北魏国主拓跋焘征召国内没有做官的知名人士,地方州郡官府多强行逼迫遣送。拓跋焘听到这个消息,立即颁下诏书,命令地方官要有礼节地传达皇上的旨意,让他们自己决定去留,不得强行遣送。

25 当初,刘宋文帝把自己的小儿子刘绍过继给庐陵王刘义真为子,命江夏王刘义恭的儿子刘朗过继给营阳王刘义符为子。庚寅(二十日),封刘绍为庐陵王,封刘朗为南丰县王。

26 刘宋成都中兵参军裴方明等人再次出城进攻程道养的大营,大破叛军,然后纵火焚烧了叛军的军用物资。

叛军将领、江阳人杨孟子率领一千多人屯驻城南,参军梁俊之镇守成都南城城楼,梁俊之写信劝说杨孟子归降,杨孟子投降,进城见到刘道济,刘道济暂时任命他为主簿,约定日期,共同讨伐叛军。赵广知道了杨孟子的阴谋,杨孟子非常恐惧,率领他手下的部众逃往晋原,晋原太守文仲兴与杨孟子共同抵抗固守城池。赵广派帛氐奴进攻晋原,攻破晋原城,文仲兴、杨孟子先后战死。裴方明再次出城,几次战斗,打败了叛军,叛军四处溃散。程道养集结残兵败将七千人,回到了广汉,赵广另率五千人,返回涪城。

先是,张熙说道济橐仓谷,故自九月末围城至十二月,粮储俱尽。方明将二千人出城求食,为贼所败,单马独还,贼众复大集。方明夜缒而上,道济为设食,涕泣不能食。道济曰:"卿非大丈夫,小败何苦!贼势既衰,台兵垂至,但令卿还,何忧于贼!"即减左右以配之。贼于城外扬言,云"方明已死",城中大恐。道济夜列炬火,出方明以示众,众乃安。道济悉出财物于北射堂,令方明募人。时城中或传道济已死,莫有应者。梁俊之说道济遣左右给使三十馀人出外,且告之曰:"吾病小损,各听归家休息。"给使既出,城中乃安,应募者日有千馀人。

27 初,晋谢混尚晋陵公主。混死,诏公主与谢氏绝婚。公主悉以混家事委混从子弘微。混仍世宰辅,僮仆千人,唯有二女,年数岁,弘微为之纪理生业,一钱尺帛有文簿。九年而高祖即位,公主降号东乡君,听还谢氏。入门,室宇仓廪,不异平日,田畴垦辟,有加于旧。东乡君叹曰:"仆射平生重此子,可谓知人。仆射为不亡矣!"亲旧见者为之流涕。是岁,东乡君卒,公私咸谓赀财宜归二女,田宅、僮仆应属弘微。弘微一无所取,自以私禄葬东乡君。

当初，别驾张熙建议益州刺史刘道济出售仓库粮食，所以从九月底叛军包围成都城起，一直到十二月，储存的粮食全都吃光了。裴方明率领两千人出城寻找粮食充饥，被叛军打败。裴方明单枪匹马，一个人得以生还，叛军又重新聚集围城。裴方明半夜逃到城下，城里的士卒用绳子把他接回城里。刘道济为裴方明准备饭食，裴方明痛哭流涕，不能下咽。刘道济说："你这样不是一个大丈夫，这次小小的败仗，不值得如此沮丧！敌人的势力在逐渐衰落，朝廷的援军就要开到，只要你能活着回来，就不必担心敌人不败。"随即，刘道济挑选一部分左右亲兵分配给裴方明指挥。叛军在城外四处扬言，声称"裴方明已经战死"，城中的将士听到这个谣言都十分恐慌。刘道济在当天夜里，命人点燃一排火把，让裴方明出来与大家相见。这样，城中的军心才安定。刘道济拿出所有的财物放在北射堂，命裴方明等人招募新军。当时城中有人谣传刘道济已经死了，因而没有人肯来应征。梁俊之建议刘道济把事奉左右的奴仆三十多人送出刺史府，并告诉他们："我的病情已经稍微减轻，你们可以随便回家休息。"奴仆侍从们出了刺史府之后，城中百姓的情绪才稳定下来，每天前来应募当兵的有一千多人。

　　27　当初，东晋的谢混娶晋陵公主为妻。谢混死后，晋安帝司马德宗下诏，命晋陵公主与谢家断绝婚姻关系。晋陵公主于是把谢家的事全都托付给谢混的侄儿谢弘微。谢混家几世都是朝廷宰相辅臣，仅僮仆就有一千人之多。谢混没有儿子，只有两个女儿，年纪也仅有几岁，谢弘微为谢混经营生计，一文钱或一尺丝帛都登记入账。过了九年，刘裕称帝即位，晋陵公主降号称东乡君，刘宋朝廷准许她再回到谢家。东乡君进门以后，看到房屋粮仓跟平时一样，又开垦一些荒地，农田比以前还多。东乡君叹息说："谢混在世时，一直看重这个孩子，可以说有知人之明。谢混可以虽死犹生了。"亲戚旧友看到这情形，也不禁为之流泪。这一年，东乡君去世了，无论官府和谢氏家族都认为，谢家的金银财宝应归两个女儿，而田宅、仆役应该归谢弘微所有。谢弘微却什么都不要，而且用自己的俸禄，安葬了东乡君。

　　混女夫殷叡好摴蒱,闻弘微不取财物,乃夺其妻妹及伯母、两姑之分以还戏责。内人皆化弘微之让,一无所争。或讥之曰:"谢氏累世财产,充殷君一朝戏责,理之不允,莫此为大。卿视而不言,譬弃物江海以为廉耳。设使立清名而令家内不足,亦吾所不取也。"弘微曰:"亲戚争财,为鄙之甚,今内人尚能无言,岂可导之使争乎! 分多共少,不至有乏,身死之后,岂复见关也?"

　　28　秃发保周自凉奔魏,魏封保周为张掖公。

　　29　魏李顺复奉使至凉。凉王蒙逊遣中兵校郎杨定归谓顺曰:"年衰多疾,腰髀不随,不堪拜伏。比三五日消息小差,当相见。"顺曰:"王之老疾,朝廷所知,岂得自安,不见诏使!"明日,蒙逊延顺入至庭中,蒙逊箕坐隐几,无动起之状。顺正色大言曰:"不谓此叟无礼乃至于此! 今不忧覆亡而敢陵侮天地,魂魄逝矣,何用见之!"握节将出。凉王使定归追止之,曰:"太常既雅恕衰疾,传闻朝廷有不拜之诏,是以敢自安耳。"顺曰:"齐桓公九合诸侯,一匡天下。周天子赐胙,命无下拜,桓公犹不敢失臣礼,下拜登受。今王虽功高,未如齐桓。朝廷虽相崇重,未有不拜之诏,而遽自偃蹇,此岂社稷之福邪!"蒙逊乃起,拜受诏。

谢混的女婿殷叡喜欢赌博，听说谢弘微不要谢家的财物，于是，夺取妻子的妹妹、伯母和两位姑母应得的谢家财产，用来偿还赌债。谢家人受谢弘微谦让精神的感化，没有任何争执。有人指责谢弘微说："谢氏家族几代的家产，都成了殷叡一日之间的赌债，没有比这更不合理的事情了。你却视而不见，就好像把财物都抛进江海之中却自以为清廉一样。假如为了博取一个清白的名声，而使家里生计困难，也是我认为不可取的做法。"谢弘微说："亲戚之间争夺财物，是最为卑鄙的事情。如今家里的人都还不干预，我怎么可以教她们去争！家产分多分少，总不至于匮乏，人死之后，谁还在乎身外之物？"

28　投奔北凉的秃发保周，又从北凉逃奔北魏。北魏朝廷封秃发保周为张掖公。

29　北魏太常李顺，再次出使北凉。北凉王沮渠蒙逊派中兵校郎杨定归对李顺说："我年老多病，腰腿不太灵便，不能下跪叩拜。等三五天稍稍好转，再与你相见。"李顺说："你年迈多疾，朝廷早就知道，怎么可以自己苟且偷安，不出来会见钦差大使！"第二天，沮渠蒙逊请李顺入宫，来到庭上，沮渠蒙逊却摊开两腿坐在几案后面，全无起身行礼的表示。李顺态度严肃，大声说："没有想到你这个老头儿竟无礼到这种地步！如今你不担心国破家亡，竟敢侮辱天地，你已经魂飞魄散了，还有什么必要见你。"于是，他带着符节，转身就要出去。沮渠蒙逊急忙让杨定归追上，并劝阻他说："太常你既然已经宽恕我们主上年老有病，而且又听说朝廷有特许不行叩拜大礼的诏命，所以才敢这样放肆。"李顺说："当年齐桓公九次荣任各诸侯国的盟主，匡扶号令天下。周天子赏赐他祭祀用的肉，命他不必叩拜，齐桓公却仍不失臣子对君主的礼节，仍在台下叩拜，再上台接受祭肉。如今大王的功德虽高，终究比不上齐桓公。朝廷虽然特别尊重你，却从来没有下过特许不拜的诏书，而你自己却举止傲慢，这怎么能是贵国的福分！"沮渠蒙逊这才起身叩拜，接受诏书。

　　使还，魏主问以凉事。顺曰："蒙逊控制河右，逾三十年，经涉艰难，粗识机变，绥集荒裔，群下畏服。虽不能贻厥孙谋，犹足以终其一世。然礼者德之舆，敬者身之基也。蒙逊无礼、不敬，以臣观之，不复年矣。"魏主曰："易世之后，何时当灭？"顺曰："蒙逊诸子，臣略见之，皆庸才也。如闻敦煌太守牧犍，器性粗立，继蒙逊者，必此人也。然比之于父，皆云不及。此殆天之所以资圣明也。"魏主曰："朕方有事东方，未暇西略。如卿所言，不过数年之外，不为晚也。"

　　初，罽宾沙门昙无谶，自云能使鬼治病，且有秘术。凉王蒙逊甚重之，谓之"圣人"，诸女及子妇皆往受术。魏主闻之，使李顺往征之。蒙逊留不遣，仍杀之。魏主由是怒凉。

　　蒙逊荒淫猜虐，群下苦之。

十年（癸酉，433）

1　春，正月乙卯，魏主遣永昌王健督诸军救辽西。

2　己未，大赦。

3　丙寅，魏以乐安王范为都督秦雍等五州诸军事、卫大将军、开府仪同三司、长安镇都大将。魏主以范年少，更选旧德平西将军崔徽、征北大将军雁门张黎为之副，共镇长安。徽，宏之弟也。范谦恭宽惠，徽务敦大体，黎清约公平，政刑简易，轻徭薄赋，关中遂安。

李顺回到平城,北魏国主拓跋焘询问北凉的情况。李顺回答说:"沮渠蒙逊控制河西,已超过三十年了。他历经艰难,也多少知道随机应变。怀柔远方民族,群臣及部众既敬畏又服从。虽不能给子孙留下基业,仍足以在有生之年掌握大权。然而,礼仪是道德的表现,恭敬是修身的基础。沮渠蒙逊无礼,不敬,在我看来,他的日子也不长了。"拓跋焘说:"下一代继位后,什么时候会灭亡?"李顺说:"沮渠蒙逊的几个儿子,经我大致考察,都是平庸无能之辈。譬如,我听说敦煌太守沮渠牧犍还比较成器,将来继承王位的一定是他。可是他与他的父亲蒙逊相比还差得很远。这是上天用他来帮助您建立伟业呀!"拓跋焘说:"我现在正在东方,与燕国用兵,还没有机会进攻西方。如果真的像你所说的那样,我们吞并凉国也就是数年之后的事,并不算晚。"

最初,罽宾的僧人昙无谶,自称能够驱使鬼神,医治百病,而且有秘密的法术。北凉王沮渠蒙逊非常重视他,称他为"圣人",沮渠蒙逊的女儿和儿媳也都在昙无谶那里接受他的法术。北魏国主拓跋焘听说后,派李顺前往北凉征召昙无谶。沮渠蒙逊却不肯放行,然后杀了昙无谶。因此,拓跋焘对北凉十分恼怒。

沮渠蒙逊荒淫无道,猜忌暴虐,群臣和百姓深感痛苦。

宋文帝元嘉十年(癸酉,公元433年)

1 春季,正月乙卯(十五日),北魏国主拓跋焘派遣永昌王拓跋健督率各路兵马,赶赴辽西救援。

2 己未(十九日),刘宋下令大赦。

3 丙寅(二十六日),北魏朝廷任命乐安王拓跋范为都督秦、雍等五州诸军事、卫大将军、开府仪同三司、长安镇都大将等职。北魏国主拓跋焘因为拓跋范年纪幼小,又特别选拔了德高望重的老将平西将军崔徽,以及征北大将军、雁门人张黎担任拓跋范副将,共同镇守长安。崔徽是崔宏的弟弟。拓跋范谦虚恭谨,对属下宽厚体谅,崔徽能顾全大局,张黎清廉公正,使当地政务简单,刑法合理,役少税轻,关中安定。

4　二月庚午,魏主以冯崇为都督幽平东夷诸军事、车骑大将军、幽平二州牧,封辽西王,录其国尚书事,食辽西十郡,承制假授尚书、刺史、征虏已下官。

5　魏平凉休屠征西将军金崖、羌泾州刺史狄子玉与安定镇将延普争权,崖、子玉举兵攻普,不克,退保胡空谷。魏主以虎牢镇大将陆俟为安定镇大将,击崖等,皆擒之。

魏主征陆俟为散骑常侍,出为怀荒镇大将。未期岁,高车诸莫弗讼俟严急无恩,复请前镇将郎孤。魏主征俟还,以孤代之。俟既至,言于帝曰:"不过期年,郎孤必败,高车必叛。"帝怒,切责之,使以建业公归第。明年,诸莫弗果杀郎孤而叛。帝大惊,立召俟问之曰:"卿何以知其然也?"俟曰:"高车不知上下之礼,故臣临之以威,制之以法,欲以渐训导,使知分限。而诸莫弗恶臣所为,讼臣无恩,称孤之美。臣以罪去,孤获还镇,悦其称誉,益收名声,专用宽恕待之。无礼之人,易生骄慢,不过期年,无复上下,孤所不堪,必将复以法裁之。如此,则众心怨怼,必生祸乱矣。"帝笑曰:"卿身虽短,思虑何长也!"即日复以为散骑常侍。

6　壬午,魏主如河西,遣兼散骑常侍宋宣来聘,且为太子晃求婚。帝依违答之。

4　二月庚午(初一),北魏国主拓跋焘任命冯崇为都督幽州、平州、东夷等地诸军事、车骑大将军、幽平二州州牧等职,封为辽西王,以及录辽西封国尚书事,指定辽西十郡为他的采邑,并可按照朝廷旧制有权任命尚书、刺史、征虏将军以下的官职。

5　北魏平凉地区匈奴族休屠部落人、征西将军金崖和羌族人、泾州刺史狄子玉二人,与安定的守将延普争夺权力,金崖、狄子玉兴兵攻打延普,没有取胜,率军撤退,固守胡空谷。拓跋焘任命驻守虎牢镇的大将陆俟为安定镇大将军,袭击金崖、狄子玉的部众,生擒了金、狄二人。

拓跋焘随即征召陆俟担任散骑常侍,出任怀荒镇大将。不到一年,北方高车部落酋长都指控陆俟执法严苛,性情暴躁,对属下没有恩德,请求准许前镇将郎孤复职。拓跋焘于是将陆俟召还回京,重新起用郎孤代替陆俟。陆俟回到京师后,对皇上拓跋焘说:“用不了一年,郎孤一定失败,高车部落一定叛变。”拓跋焘大怒,严厉斥责了陆俟,不再授予他官职,命他以建业公的身份返回私宅。第二年,高车部落各酋长果然杀掉郎孤,背叛了朝廷。拓跋焘十分惊异,立即召见陆俟,询问他说:“你是怎么知道会出现今天的局面呢?”陆俟说:“高车人不知道上下尊卑的礼节,所以我才用威严的手段统治他们,用法律制服和约束他们的行为,打算逐渐引导和训练,使他们知道尊卑,懂得约束自己的行为。然而,高车各部落酋长却厌恶我的所作所为,就控告我严酷寡恩,而盛赞郎孤的美德。我因罪被免职回家,郎孤得以官复原职重新镇守怀荒镇,他为自己的声誉沾沾自喜,更加用意博得别人对他的赞誉,专用宽厚的态度对待他们。像高车部落这般不懂礼义的人,更容易骄傲怠慢,不过一年,就不再有一点上下的观念,朗孤也不能忍受他们的所为,就又用刑法制裁他们。这样一来,高车部落心怀怨恨,一定产生祸乱。”拓跋焘笑着说:“你的身材虽短,思虑却很长远!”当日,又重新任命陆俟为散骑常侍。

6　壬午(十三日),北魏国主拓跋焘前往河西,同时派遣兼散骑常侍宋宣前往刘宋访问,并为太子拓跋晃求婚。刘宋文帝不置可否,一味搪塞。

7 刘道济卒,梁俊之、裴方明等密埋其尸于斋后,诈为道济教命以答签疏,虽其母妻亦不知也。程道养于毁金桥登坛郊天,方明将三千人出击之,道养等大败,退保广汉。

荆州刺史临川王义庆以巴东太守周籍之督巴西等五郡诸军事,将二千人救成都。

8 三月,亡人司马天助降于魏,自称晋会稽世子元显之子。魏人以为青、徐二州刺史、东海公。

9 壬子,魏主还宫。

10 赵广等自广汉至郫,连营百数。周籍之与裴方明等合兵攻郫,克之,进击广等于广汉,广等走还涪及五城。夏,四月戊寅,始发刘道济丧。

11 帝闻梁、南秦二州刺史甄法护刑政不治,失氐、羌之和,乃自徒中起萧思话为梁、南秦二州刺史。法护,法崇之兄也。

12 凉王蒙逊病甚,国人共议,以世子菩提幼弱,立菩提之兄敦煌太守牧犍为世子,加中外都督、大将军、录尚书事。蒙逊卒,谥曰武宣王,庙号太祖。牧犍即河西王位,大赦,改元永和。立子封坛为世子,加抚军大将军、录尚书事。遣使请命于魏。牧犍聪颖好学,和雅有度量,故国人立之。

先是,魏主遣李顺迎武宣王女为夫人,会卒,牧犍称先王遗意,遣左丞宋繇送其妹兴平公主于魏,拜右昭仪。

7 刘宋益州刺史刘道济去世，梁俊之、裴方明等人在秘密状态下，把他的尸体掩埋在书斋后面，然后摹仿刘道济的笔迹，批答下属的签呈和文书，就连刘道济的母亲、妻子也不知道真相。叛军首领、蜀王程道养，在毁金桥登上土坛，祭祀天神，裴方明率三千人出击，程道养等大败，退守广汉。

荆州刺史、临川王刘义庆任命巴东太守周籍之为督巴西等五郡诸军事，率领两千士卒救援成都。

8 三月，流亡中的前东晋皇族司马天助投降了北魏，他自称是东晋会稽王世子司马元显的儿子。北魏朝廷任命司马天助为青州、徐州二州刺史和东海公。

9 壬子(十三日)，北魏国主拓跋焘回宫。

10 赵广等人从广汉来到郫县，构筑阵地，数百个营盘互相连接。周籍之和裴方明等合兵一处，共同进攻郫县，攻克郫县后，又进兵广汉击败了赵广，赵广等人先后逃回涪城和五城。夏季，四月戊寅(初十)，裴方明等才发布刘道济的死讯。

11 刘宋文帝听说梁州、南秦州刺史甄法护统治不力，造成氐族和羌族部落对朝廷怀有二心，于是，文帝起用正在服刑的囚徒萧思话为梁、南秦二州刺史。甄法护是甄法崇的哥哥。

12 北凉王沮渠蒙逊病情严重，国内贵族和大臣们共同商议，认为世子沮渠菩提年纪太小，身体不好，决定立沮渠菩提的哥哥、敦煌太守沮渠牧犍为世子，并加授沮渠牧犍为中外都督、大将军、录尚书事。不久，沮渠蒙逊去世，谥号为武宣王，庙号称太祖。沮渠牧犍继承王位，下令大赦，改年号为永和。又立自己的儿子沮渠封坛为世子，加授抚军大将军、录尚书事。沮渠牧犍又派使节前往北魏，请求任命。沮渠牧犍聪明好学，文雅和气，宽厚而有度量，所以贵族们拥护他登上王位。

当初，北魏国主拓跋焘派李顺迎娶沮渠蒙逊的女儿为夫人，正巧赶上沮渠蒙逊去世，沮渠牧犍声称遵照先王沮渠蒙逊的遗意，派朝廷左丞宋繇，护送他的妹妹兴平公主到北魏，拓跋焘封兴平公主为右昭仪。

　　魏主谓李顺曰："卿言蒙逊死，今则验矣。又言牧犍立，何其妙哉！朕克凉州，亦当不远。"于是赐绢千匹，厩马一乘，进号安西将军，宠待弥厚，政事无巨细皆与之参议。

　　遣顺拜牧犍都督凉沙河三州西域羌戎诸军事、车骑将军、开府仪同三司、凉州刺史、河西王，以宋繇为河西王右相。牧犍以无功受赏，留顺，上表乞安、平一号。优诏不许。

　　牧犍尊敦煌刘昞为国师，亲拜之，命官属以下皆北面受业。

　　13　五月己亥，魏主如山北。

　　14　林邑王范阳迈遣使入贡，求领交州。诏答以道远，不许。

　　15　裴方明进军向涪城，破张寻、唐频，擒程道助，斩严遏，于是赵广等皆奔散。

　　16　六月，魏永昌王健、左仆射安原督诸军击和龙，将军楼勃别将五千骑围凡城。燕守将封羽以凡城降，收其三千馀家而还。

　　17　辛巳，魏人发秦、雍兵一万，筑小城于长安城内。

　　18　秋，八月，冯崇上表请说降其父，魏主不听。

　　19　九月，益州刺史甄法崇至成都，收费谦，诛之。程道养、张寻将二千馀家逃入郫山，馀党各拥众藏窜山谷，时出为寇不绝。

　　20　戊午，魏主遣兼大鸿胪崔赜持节拜氐王杨难当为征南大将军、开府仪同三司、秦梁二州牧、南秦王。赜，逞之子也。

拓跋焘对李顺说:"你说过蒙逊死期不远,今天应验了。你还说沮渠牧犍将即位,也应验了,多么奇妙呵!我攻克凉州的日子,恐怕也不远了。"于是,赏赐李顺绢一千匹,御马四匹,进号安西将军,从此对李顺倍加宠信尊重,朝廷政事无论大小都与他共同商量讨论。

拓跋焘又派李顺出使北凉,拜沮渠牧犍为都督凉、沙、河三州和西域羌、戎诸军事,车骑将军、开府仪同三司、凉州刺史、河西王,同时又任命宋繇为北凉国右宰相。沮渠牧犍自以为无功受赏,于心不安,就留下李顺,上疏表示,只要被任命为安西或平西将军一个称号,就足够了。拓跋焘下诏,措辞温和地婉拒了。

沮渠牧犍尊奉敦煌人刘昞为国师,亲自拜授,命朝中官属以下,都北面向他叩拜,接受他的训导。

13 五月己亥(初一),北魏国主拓跋焘前往山北。

14 林邑国王范阳迈派使臣到刘宋进贡,要求兼任交州刺史。刘宋文帝下诏,借口林邑距交州太远,没有准许。

15 刘宋成都守将裴方明,向叛军的大营涪城进军,先后击败张寻、唐频,生擒程道助,斩杀严遐。从此赵广等人四处逃散,叛军瓦解。

16 六月,北魏永昌王拓跋健、左仆射安原等督率各路军队进攻和龙,将军楼勃另外率五千骑兵围攻凡城。北燕凡城守将封羽举献城池投降,北魏军裹胁凡城三千多家百姓班师。

17 辛巳(十四日),北魏朝廷征调秦州、雍州的士卒一万人,在长安城内另筑一小城。

18 秋季,八月,北燕投降北魏的皇子冯崇上疏朝廷,请允许回国劝说他的父亲冯弘投降,拓跋焘不准。

19 九月,刘宋益州刺史甄法崇抵达成都,逮捕了费谦,斩首。叛军领袖程道养、张寻等率两千多家逃入郪山,其馀党羽也各自统率部众隐藏在深山峡谷之中,时常出山骚扰不绝。

20 戊午(二十二日),北魏国主拓跋焘派兼大鸿胪崔赜携带符节任命氐王杨难当为征南大将军、开府仪同三司、秦、梁二州牧、南秦王。崔赜是崔逞的儿子。

21　杨难当因萧思话未至,甄法护将下,举兵袭梁州,破白马,获晋昌太守张范,败法护参军鲁安期等。又攻葭萌,获晋寿太守范延朗。冬,十一月丁未,法护弃城奔洋川之西城。难当遂有汉中之地,以其司马赵温为梁、秦二州刺史。

22　甲寅,魏主还宫。

23　十二月己巳,魏大赦。

24　辛未,魏主如阴山之北。

25　魏宁朔将军卢玄来聘。

26　前秘书监谢灵运,好为山泽之游,穷幽极险,从者数百人,伐木开径。百姓惊扰,以为山贼。会稽太守孟𫖮与灵运有隙,表其有异志,发兵自防。灵运诣阙自陈,上以为临川内史。

灵运游放自若,废弃郡事,为有司所纠。是岁,司徒遣使随州从事郑望生收灵运。灵运执望生,兴兵逃逸,作诗曰:"韩亡子房奋,秦帝鲁连耻。"追讨,擒之。廷尉奏灵运率众反叛,论正斩刑。上爱其才,欲免官而已。彭城王义康坚执,谓不宜恕。乃降死一等,徙广州。

久之,或告灵运令人买兵器,结健儿,欲于三江口篡取之,不果。诏于广州弃市。

灵运恃才放逸,多所陵忽,故及于祸。

27　魏立徐州于外黄,以刁雍为刺史。

21　氐王杨难当趁刘宋新任梁、南秦二州刺史萧思话尚未到任,而原刺史甄法护即将东下之机,大举兴兵,进攻梁州,攻克白马城,俘虏了晋昌太守张范,打败了甄法护手下的参军鲁安期等的军队。随即,杨难当又攻打葭萌,生擒晋寿太守范延朗。冬季,十一月丁未(十二日),甄法护弃城逃走,投奔洋川郡的西城。杨难当于是占据了汉中的广大地区,任命他手下的司马赵温为梁、秦二州刺史。

22　甲寅(十九日),北魏国主拓跋焘回宫。

23　十二月己巳(初五),北魏实行大赦。

24　辛未(初七),拓跋焘前往阴山之北。

25　北魏宁朔将军卢玄来刘宋访问。

26　刘宋前秘书监谢灵运,喜欢游历山川,探险搜奇,跟从他游玩的有几百人,往往在山林中伐木开路。当地百姓不胜惊恐,以为是山贼前来抢劫。会稽太守孟颛与谢灵运有矛盾,上疏朝廷,指控谢灵运心怀不轨,阴谋叛乱,并且发动军队防备。谢灵运亲自赴皇宫门前,为自己申辩。文帝刘义隆任命他为临川内史。

谢灵运任职后,仍然巡游放纵,全然不管郡中政事,被有关部门弹劾。这一年,司徒刘义康派使节随同州从事郑望生,前往逮捕谢灵运。谢灵运却生擒郑望生,率领军队逃走,写下诗句说:“韩亡子房奋,秦帝鲁连耻。”刘宋朝廷派兵追赶讨伐,生擒谢灵运。廷尉上奏朝廷说,谢灵运率众反叛朝廷,论他的罪行,应判死刑。文帝珍爱谢灵运的才华,打算只免掉他的官职,不必伏法。彭城王刘义康却坚持认为,谢灵运的罪过不宜宽恕。于是,文帝下诏,谢灵运减罪一等,流放到广州。

过了很长时间,有人告发谢灵运命人购买兵器,结交武士,打算在夺取三江口后反叛,没有成功。刘义隆下诏,将谢灵运在广州就地斩首,弃市示众。

谢灵运恃才傲物,放荡不羁,看不起别人,不注意小节,结果招来大祸。

27　北魏在外黄设置徐州,任命刁雍为徐州刺史。

十一年(甲戌,434)

1 春,正月戊戌,燕王遣使请和于魏。魏主不许。

2 杨难当以克汉中告捷于魏,送雍州流民七千家于长安。萧思话至襄阳,遣横野司马萧承之为前驱。承之缘道收兵,得千人,进据磝头。杨难当焚掠汉中,引众西还,留赵温守梁州,又遣其魏兴太守薛健据黄金山。思话遣阴平太守萧坦攻铁城戍,拔之。

二月,赵温、薛健与其冯翊太守蒲甲子合攻坦营,坦击破之,温等退保西水。临川王义庆遣龙骧将军裴方明将三千人助承之,拔黄金戍而据之。温弃州城,退据小城,健、甲子退保下桃城。思话继至,与承之共击赵温等,屡破之。行参军王灵济别将出洋川,攻南城,拔之,擒其守将赵英。南城空无所资,灵济引兵还,与承之合。

3 魏主以西海公主妻柔然敕连可汗。又纳其妹为夫人,遣颍川王提往逆之。丁卯,敕连遣其异母兄秃鹿傀送妹,并献马二千匹。魏主以其妹为左昭仪。提,曜之子也。

4 辛卯,魏主还宫。三月甲寅,复如河西。

5 杨难当遣其子和将兵与蒲甲子等共击萧承之,相拒四十馀日,围承之数十重,短兵接,弓矢无所复施。氐悉衣犀甲,戈矛所不能入。承之断稍长数尺,以大斧椎之,一稍辄贯数人。氐不能当,烧营走,据大桃。闰月,承之等追击之,至南城。氐败走,斩获甚众,悉收汉中故地,置戍于葭萌水。

宋文帝元嘉十一年(甲戌,公元434年)

1　春季,正月戊戌(初四),北燕王冯弘派使臣出使北魏,请求和解。北魏国主拓跋焘拒绝。

2　氐王杨难当把他攻克刘宋汉中的捷报奏报北魏朝廷,并把雍州逃到汉中的流民七千家送往长安。刘宋新委任的梁州、南秦州刺史萧思话抵达襄阳后,立即派遣横野将军府司马萧承之为前锋,准备收复失地。萧承之沿途招兵买马,募集一千人,进驻磝头。杨难当在汉中大肆烧杀抢劫,然后率众离开了汉中,向西返回仇池,留下赵温据守梁州,又派他的魏兴太守薛健屯驻黄金山。萧思话派阴平太守萧坦进攻铁城戍,攻克了铁城戍。

二月,氐王杨难当的部将赵温、薛健与他们的冯翊太守蒲甲子,联兵进攻萧坦的大营,萧坦率兵打败了他们,赵温等人只好撤退,盘踞在西水。刘宋临川王刘义庆派遣龙骧将军裴方明率领士卒三千人援助萧承之,攻克并占据了黄金戍。赵温放弃州城,退保小城,薛健和蒲甲子则退保下桃城。萧思话率军随后到达,与萧承之合师攻打赵温等人,屡战屡胜。刘宋行参军王灵济另率一支队伍,直指洋川,攻击南城,攻克敌镇,生擒守将赵英。南城粮秣一空,无法供给军队,王灵济只好率兵撤退,与萧承之会师。

3　北魏国主拓跋焘,把西海公主嫁给了柔然汗国的敕连可汗郁久闾吴提。同时,又娶郁久闾吴提的妹妹为夫人,派遣颍川王拓跋提前往送亲迎亲。丁卯(初四),敕连可汗郁久闾吴提派他的异母哥哥秃鹿傀,护送妹妹南下,并向北魏献马两千匹。拓跋焘封他的妹妹为左昭仪。拓跋提是拓跋曜的儿子。

4　辛卯(二十八日),北魏国主拓跋焘回宫。三月甲寅(二十一日),拓跋焘又前往河西。

5　杨难当派他的儿子杨和率兵与蒲甲子等共同进攻萧承之,双方对峙四十多天,氐王的军队将萧承之的部队包围了几十重,两军短兵相接,弓箭飞石都无法施用。氐军士卒都身穿犀牛皮制成的铠甲,刀砍不入,枪刺不进。萧承之命令折断长稍,仅留几尺长,然后用大斧捶击断稍,一稍可以穿透数个敌人。氐军不能抵挡,纵火焚烧了大营,仓皇逃走,屯据大桃。闰三月,萧承之等率军乘胜追击,直抵南城。氐军战败逃走,被斩杀的士卒众多。这样,刘宋全部收复了汉中故土,在葭萌水留军驻防。

初,桓希既败,氏王杨盛据汉中,梁州刺史范元之、傅歆皆治魏兴,唯得魏兴、上庸、新城三郡。及索邈为刺史,乃治南城。至是,南城为氏所焚,不可复固,萧思话徙镇南郑。

6　甲戌,赫连昌叛魏西走。丙子,河西候将格杀之。魏人并其群弟诛之。

7　己卯,魏主还宫。

8　辛巳,燕王遣尚书高颙上表称藩,请罪于魏,乞以季女充掖庭。魏主乃许之,征其太子王仁入朝。

燕王送魏使者于什门还平城。什门在燕二十一年,不屈节。魏主下诏褒称,以比苏武,拜治书御史,赐羊千口,帛千匹,策告宗庙,颁示天下。

9　戊子,休屠金当川围魏阴密。夏,四月乙未,魏征西大将军常山王素击之。丁未,魏主行如河西。壬戌,获当川,斩之。

10　甄法护坐委镇,赐死于狱。杨难当遣使奉表谢罪,帝下诏赦之。

11　河西王牧犍遣使上表,告嗣位。戊寅,诏以牧犍为都督凉秦等四州诸军事、征西大将军、凉州刺史、河西王。

12　六月甲辰,魏主还宫。

13　燕王不遣太子质魏,散骑常侍刘滋谏曰:"昔刘禅有重山之险,孙皓有长江之阻,皆为晋擒。何则? 强弱之势异也。今吾弱于吴、蜀而魏强于晋,不从其欲,将有危亡之祸。

当初,桓希战败,氏王杨盛占据汉中,东晋梁州刺史范元之、傅歆都把州政府设在魏兴,所统辖的地区也只有魏兴、上庸、新城三郡。等到索邈担任梁州刺史,则把州治设在南城。到这时,南城被氏军纵火焚烧,不能再重新加固,萧思话决定把州治迁到南郑。

6 甲戌(十一日),前夏王赫连昌背叛了北魏,向西逃走。丙子(十三日),北魏河西边哨将领斩杀赫连昌。不久北魏朝廷下令诛杀赫连昌所有的兄弟。

7 己卯(十六日),北魏国主拓跋焘回宫。

8 辛巳(十八日),北燕王冯弘派尚书高颙上疏北魏朝廷请罪,甘为北魏藩属,并乞请献出自己的小女儿充实北魏后宫。拓跋焘允许,征召北燕的太子冯王仁,前来平城朝见。

冯弘把当年北魏的使者于什门送归平城。于什门在燕国被囚禁二十一年,不曾丧失气节。拓跋焘下诏褒奖于什门,把他比作苏武,任命他为治书御史,赏赐羊一千头,布帛一千匹,把这件事记载下来祭告列祖列宗,并布告天下。

9 戊子(二十五日),北魏叛变的平凉匈奴族休屠部落首领金当川,包围了北魏的阴密。夏季,四月乙未(初三),北魏征西大将军、常山王拓跋素进攻金当川。丁未(十五日),北魏皇帝拓跋焘前往河西。壬戌(三十日),北魏军擒获金当川,就地斩首。

10 刘宋前任梁州、南秦州刺史甄法护因弃城逃走,被朝廷强令在狱中自尽。氏王杨难当派使节携奏章前往刘宋谢罪,刘宋文帝下诏赦免他。

11 北凉王沮渠牧犍派人出使刘宋,呈上奏章,报告他已继位。戊寅,刘宋文帝下诏,任命沮渠牧犍为都督凉、秦等四州诸军事、征西大将军、凉州刺史,封河西王。

12 六月甲辰(十三日),北魏国主拓跋焘回宫。

13 北燕王冯弘不愿意把太子冯王仁送到北魏充当人质,散骑常侍刘滋谏说:"当年,刘禅拥有重山作为屏障,孙皓也拥有长江天险,结果还是都被晋朝生擒。这是为什么呢?是由于实力的强弱太悬殊了。如今,我国的势力比当年的吴国、蜀国还弱,而魏国的势力比当年的晋国还要强盛,不满足魏国的要求,国家会有危亡的惨祸。

愿亟遣太子,而修政事,抚百姓,收离散,赈饥穷,劝农桑,省赋役,社稷犹庶几可保。"燕王怒,杀之。

辛亥,魏主遣抚军大将军永昌王健等伐燕,收其禾稼,徙民而还。

14　秋,七月壬午,魏主如美稷,遂至隰城,命阳平王它督诸军击山胡白龙于西河。它,熙之子也。

魏主轻山胡,日引数十骑登山临视之。白龙伏壮士十馀处掩击之,魏主坠马,几为所擒。内入行长代人陈建以身扞之,大呼奋击,杀胡数人,身被十馀创,魏主乃免。

九月戊子,大破胡众,斩白龙,屠其城。冬,十月甲午,魏人破白龙馀党于五原,诛数千人,以其妻子赐将士。

十一月,魏主还宫。十二月甲辰,复如云中。

十二年(乙亥,435)

1　春,正月己未朔,日有食之。

2　辛酉,大赦。

3　辛未,上祀南郊。

4　燕王数为魏所攻,遣使诣建康称藩奉贡。癸酉,诏封为燕王,江南谓之黄龙国。

5　甲申,魏大赦,改元太延。

希望您尽快遣送太子到魏国,稳定局势,然后在国内整顿吏治,安抚百姓,招集流离失所的难民,赈济穷困饥饿中的人,发展农业,鼓励种桑养蚕,减轻赋役,燕国的江山社稷或许还能保住。"冯弘大怒,杀掉了刘滋。

辛亥(二十日),北魏国主拓跋焘派抚军大将军、永昌王拓跋健等人讨伐北燕,收获了当地的庄稼,强行胁迫北燕的百姓随军班师回国。

14 秋季,七月壬午(二十一日),北魏国主拓跋焘抵达美稷,又前往隰城,在那里,拓跋焘下令阳平王拓跋它督率各路兵马在西河进攻山胡部落酋长白龙。拓跋它是拓跋熙的儿子。

拓跋焘轻视山胡部落,每天他都只带几十名骑兵登山俯视。白龙在周围十多个地方都埋伏了精兵,突然袭击拓跋焘,拓跋焘从马上掉下来,几乎被山胡伏兵生擒。幸亏内入行长、代人陈建以身相护,一面大声呼喊,一面英勇奋击,斩杀山胡士卒几人,身上受伤十多处,才使拓跋焘得以幸免。

九月戊子(二十八日),北魏军大败山胡部落军,斩杀了山胡酋长白龙,屠杀了全城的居民。冬季,十月甲午(初五),北魏军又攻克白龙馀党据守的五原,诛杀几千人,拓跋焘把被杀的山胡部落士卒的妻子儿女赏赐给军中将士。

十一月,拓跋焘回宫。十二月甲辰(十六日),拓跋焘再去云中。

宋文帝元嘉十二年(乙亥,公元 435 年)

1 春季,正月己未朔(初一),出现日食。

2 辛酉(初三),刘宋实行大赦。

3 辛未(十三日),刘宋文帝赴南郊祭祀天神。

4 北燕多次被北魏围攻,北燕王冯弘派使臣来到刘宋的首都建康进贡,甘为藩属。癸酉(十五日),刘宋文帝下诏,封北燕王冯弘为燕王,江南人称北燕为黄龙国。

5 甲申(二十六日),北魏实行大赦,改年号为太延。

6 有老父投书于敦煌东门,求之,不获。书曰:"凉王三十年若七年。"河西王牧犍以问奉常张慎,对曰:"昔虢之将亡,神降于莘。愿陛下崇德修政,以享三十年之祚。若盘于游田,荒于酒色,臣恐七年将有大变。"牧犍不悦。

7 二月丁未,魏主还宫。

8 三月癸亥,燕王遣大将汤烛入贡于魏,辞以太子王仁有疾,故未之遣。

9 领军将军刘湛与仆射殷景仁素善,湛之入也,景仁实引之。湛既至,以景仁位遇本不逾己,而一旦居前,意甚愤愤;俱被时遇,以景仁专管内任,谓为间己,猜隙渐生。知帝信仗景仁,不可移夺。时司徒义康专秉朝权,湛尝为义康上佐,遂委心自结,欲因宰相之力以回上意,倾黜景仁,独当时务。

夏,四月己巳,帝加景仁中书令、中护军,即家为府,湛加太子詹事。湛愈愤怒,使义康毁景仁于帝,帝遇之益隆。景仁对亲旧叹曰:"引之令入,入便噬人!"乃称疾解职,表疏累上。帝不许,使停家养病。

湛议遣人若劫盗者于外杀之,以为帝虽知,当有以解之,不能伤义康至亲之爱。帝微闻之,迁护军府于西掖门外,使近宫禁,故湛谋不行。

6　北凉有位老叟把一封信投放到敦煌城的东门之内,官府派人追查,没有找到。那封信上说:"凉王三十年如七年。"北凉河西王沮渠牧犍就信的含义请教奉常张慎,张慎说:"当年虢国快要灭亡的时候,有神仙降临在莘。我希望陛下推广恩德,励精图治,可能还可以在国王的宝座上统治三十年。如果过分沉溺于游猎,贪恋酒色而荒废政事,我担心七年以后,将有大变。"沮渠牧犍听罢很不高兴。

7　二月丁未(二十日),北魏国主拓跋焘回宫。

8　三月癸亥(初六),北燕王冯弘派大将汤烛前往北魏进贡,借口太子冯王仁有病,所以没有派他来魏国。

9　刘宋领军将军刘湛与仆射殷景仁一向私交很好,刘湛入朝做官,实际上是由殷景仁推荐的。刘湛任职以后,却认为殷景仁的职位本来不比自己高,而现在竟位居自己之上,于是愤愤不平。当时刘、殷二人都被刘宋文帝宠信,刘湛认为殷景仁专门负责内部事务,恐怕会离间自己与皇上的关系,逐渐萌生了猜忌之心。刘湛深知皇帝信任并依靠殷景仁,难以夺宠。当时司徒刘义康掌握朝中大权,刘湛曾经担任过刘义康的上佐,于是他尽力结交刘义康,打算用刘义康的影响改变皇上的意图,罢黜殷景仁,以独揽朝政。

夏季,四月己巳,刘宋文帝加授殷景仁中书令、中护军等官职,可以在私宅办公,刘湛加授太子詹事。刘湛因此更加恼怒,怂恿刘义康在文帝面前诋毁殷景仁,而文帝却更加信任殷景仁。殷景仁对亲朋旧友叹息道:"我把他引荐入朝,进了朝廷就咬人!"于是,殷景仁称病要求辞职,一再上疏。刘宋文帝没有批准,让他在家安心养病。

刘湛建议刘义康乘殷景仁外出时,派人假扮强盗杀掉他,即使皇上知道了真相,也可以想办法解释,总不致因殷景仁的缘故伤害了与刘义康的手足之情。文帝略知他们的阴谋,就把殷景仁的中护军府迁到西掖门外,使它靠近皇宫禁院。因此,刘湛的阴谋不能施行。

　　义康僚属及诸附丽湛者,潜相约勒,无敢历殷氏之门。彭城王主簿沛郡刘敬文父成,未悟其机,诣景仁求郡。敬文遽往谢湛曰:"老父悖耄,遂就殷铁干禄。由敬文暗浅,上负生成,阖门惭惧,无地自处。"唯后将军司马庾炳之游二人之间,皆得其欢心,而密输忠于朝廷。景仁卧家不朝谒,帝常使炳之衔命往来,湛不疑也。炳之,登之之弟也,

　　10　燕王遣右卫将军孙德来乞师。

　　11　五月庚申,魏主进宜都公穆寿爵为王,汝阴公长孙道生为上党王,宜城公奚斤为恒农王,广陵公楼伏连为广陵王;加寿征东大将军。寿辞曰:"臣祖父崇所以得效功前朝,流福于后者,由梁眷之忠也。今眷元勋未录,而臣独奕世受赏,心实愧之。"魏主悦,求眷后,得其孙,赐爵郡公。寿,观之子也。

　　12　龟兹、疏勒、乌孙、悦般、渴槃陁、鄯善、焉耆、车师、粟持九国入贡于魏。魏主以汉世虽通西域,有求则卑辞而来,无求则骄慢不服。盖自知去中国绝远,大兵不能至故也。今报使往来,徒为劳费,终无所益,欲不遣使。有司固请,以为:"九国不惮险远,慕义入贡,不宜拒绝,以抑将来。"乃遣使者王恩生等二十辈使西域。恩生等始渡流沙,为柔然所执,恩生见敕连可汗,持魏节不屈。魏主闻之,切责敕连,敕连乃遣恩生等还,竟不能达西域。

刘义康的幕僚以及追随刘湛的党羽,暗中相互约束,谁也不敢登殷景仁的门。彭城王府主簿、沛郡人刘敬文的父亲刘成,不明白其中的内幕,来到殷景仁家请求担任郡守。刘敬文知道后,赶紧晋见刘湛谢罪说:"我父亲老糊涂了,竟到殷铁(景仁)家中求职。都怪我愚蠢浅薄,辜负大恩,我们全家惭愧恐惧,无地自容。"当时,只有后将军司马庾炳之在殷、刘二人之间来往交游,二人对他都很信任,而庾炳之内心里还是忠于朝廷。殷景仁有病在家不能每天朝见,文帝常派庾炳之传递消息,刘湛也不疑心。庾炳之是庾登之的弟弟。

10　北燕王冯弘派右卫将军到刘宋,乞求派兵救援。

11　五月庚申(初五),北魏国主拓跋焘进封宜都公穆寿为宜都王,汝阴公长孙道生为上党王,宜城公奚斤为恒农王,广陵公楼伏连为广陵王。此外加授穆寿为征东大将军。穆寿推辞说:"我祖父穆崇之所以能够在前朝为朝廷效力建立功勋,使福祉荫及后代,全是由于梁眷的忠诚。现在,梁眷有大功却尚未获得录用,我却累世独受朝廷赏赐,心里实感惭愧。"拓跋焘非常高兴,四处寻访梁眷的后人,终于找到了梁眷的一个孙子,赐封为郡公。穆寿是穆观的儿子。

12　西域龟兹、疏勒、乌孙、悦般、渴槃陀、鄯善、焉耆、车师、粟特等九国都派使臣向北魏进贡。拓跋焘认为,虽然从汉朝开始,西域各国就与中原互通使臣,但是,西域人通常都是有求时言辞恭谨,归附朝廷,没有求于中原时,就态度傲慢,不受朝廷约束。因为他们知道西域距中原太远,中原军队不能远征。所以如今让使节互相往来,劳民伤财,终究没有什么益处,因此不打算遣使回访。有关部门一再请求,认为:"西域九国不远万里,不惧路途多险,仰慕我朝的仁义恩德,前来朝贡,不应拒绝,那样会阻止将来关系的发展。"于是,北魏朝廷派出使者王恩生等二十人出使西域各国,王恩生等刚渡过沙漠就被柔然汗国俘虏,王恩生等见到敕连可汗郁久闾吴提,手持北魏皇帝的符节,不肯屈服。拓跋焘听说后,派人严厉斥责敕连可汗,敕连可汗只好放王恩生等人回国,最终未能到达西域。

13　甲戌，魏主如云中。

14　六月甲午，魏主以时和年丰，嘉瑞沓臻，诏大酺五日，遍祭百神，用答天贶。

15　丙午，高句丽王琏遣使入贡于魏，且请国讳。魏主使录帝系及讳以与之；拜琏都督辽海诸军事、征东将军、辽东郡公、高句丽王。琏，钊之曾孙也。

16　戊申，魏主命骠骑大将军乐平王丕、镇东大将军徒河屈垣等帅骑四万伐燕。

17　扬州诸郡大水，己酉，运徐、豫、南兖谷以赈之。扬州西曹主簿沈亮建议，以为酒糜谷而不足疗饥，请权禁止。诏从之。亮，林子之子也。

18　秋，七月，魏主畋于稒阳。

19　己卯，魏乐平王丕等至和龙。燕王以牛酒犒军，献甲三千。屈垣责其不送侍子，掠男女六千口而还。

20　八月丙戌，魏主如河西。九月甲戌，还宫。

21　魏左仆射河间公安原，恃宠骄恣。或告原谋为逆。冬，十月癸卯，原坐族诛。

22　甲辰，魏主如定州。十一月乙丑，如冀州。己巳，畋于广川。丙子，如邺。

23　魏人数伐燕，燕日危蹙，上下忧惧。太常杨崏复劝燕王速遣太子入侍。燕王曰："吾未忍为此。若事急，且东依高丽以图后举。"崏曰："魏举天下以击一隅，理无不克。高丽

13　甲戌(十八日),拓跋焘前往云中。

14　六月甲午(初八),北魏国主拓跋焘认为最近风调雨顺,五谷丰登,吉祥的征兆频频出现,于是下诏,命全国聚会饮酒五天,祭拜所有神祇,报答上天的赐福。

15　丙午(二十日),高句丽王高琏派使臣向北魏进贡。同时请求示知当今皇帝以及列祖列宗的名字,以免犯讳。拓跋焘下令抄录皇帝世系和祖先的名字给他们;任命高琏为都督辽海诸军事、征东将军、辽东郡公、高句丽王。高琏是高钊的曾孙。

16　戊申(二十二日),北魏国主拓跋焘命令骠骑大将军、乐平王拓跋丕,镇东大将军、徒河人屈垣等率领骑兵四万人攻打北燕。

17　刘宋扬州各郡发生严重水灾。己酉(二十三日),刘宋朝廷运送徐州、豫州、南兖州的谷米到扬州,赈济灾民。扬州西曹主簿沈亮建议,酿酒浪费谷米而不能充饥,请朝廷下诏暂时禁止。刘宋文帝下诏依从这个建议。沈亮是沈林子的儿子。

18　秋季,七月,北魏国主拓跋焘在稒阳狩猎。

19　己卯(二十四日),北魏乐平王拓跋丕等人抵达北燕都城和龙城下。北燕王冯弘用牛肉和美酒犒赏北魏军,献出铠甲三千副。北魏镇东大将屈垣斥责冯弘不送儿子做人质,掳掠了男女六千口回国。

20　八月丙戌(初一),北魏国主拓跋焘前往河西。九月甲戌(二十日),拓跋焘回宫。

21　北魏朝廷左仆射、河间公安原仗恃皇上对他的宠信,骄傲狂恣。有人告发安原阴谋反叛。冬季,十月,安原及其全族被杀。

22　甲辰(二十日),北魏国主拓跋焘前往定州。十一月乙丑(十二日),再往冀州。己巳(十六日),拓跋焘在广川狩猎。丙子(二十三日),前往邺城。

23　北魏多次派兵讨伐北燕,北燕国势危急,全国上下笼罩在恐惧的氛围中。太常杨峤再次劝说北燕王冯弘迅速派太子冯王仁到魏国做人质。冯弘说:"我实在不忍心这样做。如果国家危急,我打算暂且去东方投靠高句丽,等待时机,再重新振兴国家。"杨峤说:"北魏发动全国的军队来攻打一个小国,没有不攻克的道理。高句丽王室

无信,始虽相亲,终恐为变。"燕王不听,密遣尚书阳伊请迎于高丽。

24 丹杨尹萧摹之上言:"佛化被于中国,已历四代,形像塔寺,所在千数。自顷以来,情敬浮末,不以精诚为至,更以奢竞为重,材竹铜彩,糜损无极。无关神祇,有累人事,不为之防,流遁未息。请自今欲铸铜像及造塔寺者,皆当列言,须报乃得为之。"诏从之。摹之,思话从叔也。

25 魏秦州刺史薛谨击吐没骨,灭之。

26 杨难当释杨保宗之囚,使镇童亭。

一向不讲信用,开始时虽然表示亲近,最后恐怕还是会发生变化。"冯弘不听,秘密派遣尚书阳伊去高句丽,请求派军迎接。

24　刘宋丹杨尹萧摹之上疏进言:"佛教传入中国,已经历四个朝代。佛像、宝塔、寺庙数以千计。最近以来,世俗崇尚浮华,不以正心诚意为人生的重要内容,却更加争相比赛奢侈,木材、竹料、铜铁、绸缎的消耗浪费没有限制。对神祇并无益处,对百姓却有伤害,如不加以禁止,流弊不会自动停止。请下令从今以后,如有打算铸铜像和建造宝塔、寺庙的人,都应事先呈报,等批准后才可以动工。"文帝下诏同意。萧摹之是萧思话的堂叔。

25　北魏秦州刺史薛谨,袭击吐没骨部落,彻底消灭了该部落。

26　氐王杨难当释放了被囚禁的侄儿杨保宗,命令他镇守童亭。

卷第一百二十三　宋纪五

起丙子(436)尽辛巳(441)凡六年

太祖文皇帝中之上
元嘉十三年(丙子,436)

1　春,正月癸丑朔,上有疾,不朝会。

2　甲寅,魏主还宫。

3　二月戊子,燕王遣使入贡于魏,请送侍子。魏主不许,将举兵讨之。壬辰,遣使者十馀辈诣东方高丽等诸国告谕之。

4　司空、江州刺史、永修公檀道济,立功前朝,威名甚重,左右腹心并经百战,诸子又有才气,朝廷疑畏之。帝久疾不愈,刘湛说司徒义康,以为"宫车一日晏驾,道济不复可制"。会帝疾笃,义康言于帝,召道济入朝。其妻向氏谓道济曰:"高世之勋,自古所忌。今无事相召,祸其至矣。"既至,留之累月。帝稍间,将遣还,已下渚,未发。会帝疾动,义康矫诏召道济入祖道,因执之。三月己未,下诏称:"道济潜散金货,招诱剽猾,因朕寝疾,规肆祸心。"收付廷尉,并其子给事黄门侍郎植等十一人诛之,唯宥其孙孺。又杀司空参军薛彤、高进之。二人皆道济腹心,有勇力,时人比之关、张。

太祖文皇帝中之上

宋文帝元嘉十三年(丙子,公元 436 年)

1 春季,正月癸丑朔(初一),刘宋文帝患病,不举行朝会。

2 甲寅(初二),北魏国主拓跋焘回宫。

3 二月戊子(初六),北燕王冯弘派使臣向北魏进贡,请求允许立即送太子冯王仁充当人质。拓跋焘拒绝,并准备兴兵讨伐北燕。壬辰(初十),北魏派出使节十馀人,分别前往东方高丽等国,宣告北魏将对北燕采取军事行动。

4 刘宋司空、江州刺史、永修公檀道济,在刘裕时代就立下奇功,享有很重的威名,他左右心腹战将都身经百战,几个儿子都有才气,朝廷对他又猜忌又畏惧。这时,文帝久病不愈,领军将军刘湛劝说司徒刘义康,认为"皇上一旦驾崩,檀道济将不可控制"。正巧文帝的病情加重,刘义康劝说文帝,征召檀道济入京朝见。檀道济的妻子向氏对他说:"高于世人的功勋大臣,自古以来都易被猜忌。如今没有战事却召你入京,大祸降临了。"檀道济来到建康以后,文帝留他在京一个多月。文帝病情稍稍好转,就要遣送他回到任所,船已下到码头,还没有出发。而文帝的病情突然加重,刘义康假传圣旨召回檀道济,声称为他设宴饯行,趁机将他逮捕。三月己未(初八),刘宋文帝下诏称:"檀道济暗中散发金银财物,招募地痞无赖,乘我病重之时,图谋不轨。"将檀道济交到专管司法的廷尉处理,连同他的儿子、给事黄门侍郎檀植等十一人一并诛杀,仅仅饶恕了他年幼的孙子。同时,又杀死了司空参军薛彤、高进之二人。他们都是檀道济的心腹爱将,勇猛善战,当时人们把他们比作关羽、张飞。

道济见收,愤怒,目光如炬,脱帻投地曰:"乃坏汝万里长城!"魏人闻之,喜曰:"道济死,吴子辈不足复惮。"

庚申,大赦。以中军将军南谯王义宣为江州刺史。

5　辛未,魏平东将军娥清、安西将军古弼将精骑一万伐燕,平州刺史拓跋婴帅辽西诸军会之。

6　氐王杨难当自称大秦王,改元建义。立妻为王后,世子为太子,置百官皆如天子之制。然犹贡奉宋、魏不绝。

7　夏,四月,魏娥清、古弼攻燕白狼城,克之。

高丽遣其将葛卢孟光将众数万随阳伊至和龙迎燕王。高丽屯于临川。燕尚书令郭生因民之惮迁,开城门纳魏兵,魏人疑之,不入。生遂勒兵攻燕王,王引高丽兵入自东门,与生战于阙下,生中流矢死。葛卢孟光入城,命军士脱弊褐,取燕武库精仗以给之,大掠城中。

五月乙卯,燕王帅龙城见户东徙,焚宫殿,火一旬不灭。令妇人被甲居中,阳伊等勒精兵居外,葛卢孟光帅骑殿后,方轨而进,前后八十馀里。古弼部将高苟子帅骑欲追之,弼醉,拔刀止之,故燕王得逃去。魏主闻之,怒,槛车征弼及娥清至平城,皆黜为门卒。

檀道济被逮捕时,怒不可遏,两道目光像火炬一样,把头巾狠狠地摔在地上说:"你们是在毁坏你们自己的万里长城!"北魏人听到檀道济被杀的消息非常高兴,都说:"檀道济死了,东吴那些竖子就没有值得我们忌惮的了。"

庚申(初九),刘宋大赦天下。朝廷任命中军将军、南谯王刘义宣为江州刺史。

5 辛未(二十日),北魏平东将军娥清、安西将军古弼统率精锐骑兵一万人,讨伐北燕,平州刺史拓跋婴,率领辽西各路军队与娥清等会师。

6 氐王杨难当自称大秦王,改年号为建义。封正室为王后,封世子为太子,仿照天子的制度设置文武百官。然而,他仍然向刘宋和北魏进贡,从不停止。

7 夏季,四月,北魏大将娥清、古弼围攻北燕的白狼城,一举攻克。

高丽派遣将领葛卢孟光率领几万部众,随同北燕的使臣阳伊来到和龙迎接北燕王冯弘。然后高丽军队屯驻在临川。北燕尚书令郭生因为百姓不愿迁徙他乡,开启城门迎接城外的北魏军,魏军却以为北燕故意诱敌深入,不敢进城。郭生于是指挥军队,进攻冯弘,冯弘开启东门迎接高丽军入城,与郭生的叛军在皇宫前会战,郭生身中流箭阵亡。葛卢孟光率军进入和龙城,他命令高丽将士脱掉身上的破军衣,夺取了北燕的军械库中的精良武器铠甲,重新武装自己的军队,在和龙城中大肆抢劫。

五月乙卯(初五),北燕王冯弘率领和龙城中所有的居民向东迁徙,临走前,北燕军纵火焚烧了宫殿,大火烧了十天还不曾熄灭。北燕逃亡的队伍中,由妇女身披铠甲在大军中间,阳伊等率精兵在外,高丽的将领葛卢孟光率领骑兵殿后,组成方阵前进,前后长达八十馀里。北魏安西将军古弼的部将高苟子打算率领骑兵追赶,古弼当时酩酊大醉,拔出佩刀阻止高苟子,因此,北燕王冯弘等得以逃脱。北魏国主拓跋焘听说后,怒不可止,把古弼和娥清装入囚车,押返平城,二人都被罢黜官职,贬为看门士卒。

戊午,魏主遣散骑常侍封拨使高丽,令送燕王。

8　丁卯,魏主如河西。

9　六月,诏宁朔将军萧汪之将兵讨程道养。军至郫口,帛氏奴请降。道养兵败,还入郫山。

10　赫连定之西迁也,杨难当遂据上邽。秋,七月,魏主遣骠骑大将军乐平王丕、尚书令刘絜督河西、高平诸军以讨之,先遣平东将军崔颐赍诏书谕难当。

11　魏散骑侍郎游雅来聘。

12　己未,零陵王太妃褚氏卒,追谥曰晋恭思皇后,葬以晋礼。

13　八月,魏主畋于河西。

14　魏主遣广平公张黎发定州兵一万二千通莎泉道。

15　九月庚戌,魏乐平王丕等至略阳。杨难当惧,请奉诏,摄上邽守兵还仇池。诸将议以为:“不诛其豪帅,军还之后,必相聚为乱。又,大众远出,不有所掠,无以充军实,赏将士。”丕将从之,中书侍郎高允参丕军事,谏曰:“如诸将之谋,是伤其向化之心。大军既还,为乱必速。”丕乃止,抚慰初附,秋毫不犯,秦、陇遂安。难当以其子顺为雍州刺史,镇下辨。

16　高丽不送燕王于魏,遣使奉表,称“当与冯弘俱奉王化”。魏主以高丽违诏,议击之,将发陇右骑卒。刘絜曰:“秦、陇新民,且当优复,俟其饶实,然后用之。”乐平王丕曰:“和龙新定,宜广修农桑以丰军实,然后进取,则高丽一举可灭也。”魏主乃止。

戊午(初八),北魏国主拓跋焘派散骑常侍封拨出使高丽,命令他们把北燕王冯弘送往北魏。

8 丁卯(十七日),北魏国主拓跋焘前往河西。

9 六月,刘宋文帝下诏,命宁朔将军萧汪之率兵讨伐程道养。萧汪之的军队开到郫口,帛氐奴投降。随即,程道养兵败,又潜入郫山。

10 前夏王赫连定西迁以后,氐王杨难当就占据了上邽。秋季,七月,北魏国主拓跋焘派遣骠骑大将军、乐平王拓跋丕,尚书令刘絜等人督率河西、高平的各路军队讨伐杨难当。在大军开进以前,拓跋焘先派平东将军崔赜,携带皇帝诏书,晓谕杨难当。

11 北魏散骑侍郎游雅,到刘宋访问。

12 己未(初十),刘宋零陵王的母亲、太妃褚灵媛去世,刘宋朝廷追加谥号称晋恭思皇后,用东晋皇家的礼节和仪式安葬她。

13 八月,北魏国主拓跋焘在河西狩猎。

14 北魏国主拓跋焘派广平公张黎征调定州的军队一万二千人,开通莎泉大道。

15 九月庚戌(初二),北魏乐平王拓跋丕的大军抵达略阳。杨难当这才感到恐慌,言请接受诏令,把驻守在上邽的军队撤回仇池。北魏军各将领讨论,一致认为:"不杀掉这个凶悍的首领,等我们班师以后,他们一定会重新集结作乱。另外,我们大军离家远征,如果不掠夺些财物,无法补充军饷,也无法犒赏将士。"拓跋丕打算听从众将的意见,中书侍郎高允正在军中担任拓跋丕的军事参谋,他劝阻拓跋丕说:"如果听从诸位将领的意见,就会伤害他们归化朝廷的心意。大军班师后,叛乱必将来得更快。"拓跋丕才打消进攻的念头,妥善地安抚新近归附的部落,军纪严明,秋毫无犯,秦、陇地区于是民心安定。杨难当任命他的儿子杨顺为雍州刺史,驻守下辨。

16 高丽不把北燕王冯弘送交给北魏,并且派使臣携带奏疏出使北魏,请求"准许跟冯弘同时接受朝廷的教化"。拓跋焘根据高丽违反朝廷命令的种种表现,与群臣讨论讨伐高丽,要征调陇右的精锐骑兵。刘絜说:"秦、陇地区新近归附,应当减免那里的赋役,等他们富庶充实以后,再加以使用。"乐平王拓跋丕说:"和龙新近平定,应当大力劝农种桑、发展生产,来充实军备。然后再进一步攻取,高丽就可以被我们一举消灭了。"拓跋焘于是放弃了进攻的计划。

17　癸丑,封皇子濬为始兴王,骏为武陵王。

18　冬,十一月己酉,魏主如稒阳,驱野马于云中,置野马苑。闰月壬子,还宫。

19　初,高祖克长安,得古铜浑仪,仪状虽举,不缀七曜。是岁,诏太史令钱乐之更铸浑仪,径六尺八分,以水转之,昏明中星与天相应。

20　柔然与魏绝和亲,犯魏边。

21　吐谷浑惠王慕璝卒,弟慕利延立。

十四年(丁丑,437)

1　春,正月戊子,魏北平宣王长孙嵩卒。

2　辛卯,大赦。

3　二月乙卯,魏主如幽州。三月丁丑,魏主以南平王浑为镇东大将军、仪同三司,镇和龙。己卯,还宫。

4　帝遣散骑常侍刘熙伯如魏议纳币,会帝女亡而止。

5　夏,四月,赵广、张寻、梁显等各帅众降。别将王道恩斩程道养,送首,馀党悉平。丁未,以辅国将军周籍之为益州刺史。

6　魏主以民官多贪,夏,五月己丑,诏吏民得举告守令不如法者。于是奸猾专求牧宰之失,迫胁在位,横于闾里。而长吏咸降心待之,贪纵如故。

17　癸丑(初五),刘宋文帝封皇子刘濬为始兴王,刘骏为武陵王。

18　冬季,十一月己酉(初一),北魏国主拓跋焘前往稒阳,驱赶野马到云中,在那里设置了野马苑。闰十一月壬子(初五),拓跋焘回宫。

19　当初,还作为东晋太尉的刘裕攻克长安时,得到了一部古人制作的铜质浑天仪,浑天仪的构架虽然完整,但七星已经残缺。这一年,刘宋文帝下诏,命令太史令钱乐之重新铸造浑天仪,直径六尺八分,用水作为动力旋转,仪上日出、日落和日中时的星象与天上的星象相对应。

20　柔然汗国与北魏断绝了和亲友好关系,开始骚扰北魏的边境。

21　吐谷浑汗国可汗慕容慕璝去世,他的弟弟慕容慕利延继承汗位。

宋文帝元嘉十四年(丁丑,公元437年)

1　春季,正月戊子(十二日),北魏北平宣王长孙嵩去世。

2　辛卯(十五日),刘宋下令大赦。

3　二月乙卯(初九),北魏国主拓跋焘前往幽州。三月丁丑(初二),拓跋焘任命南平王拓跋浑为镇东大将军、仪同三司,镇守和龙。己卯(初四),拓跋焘回宫。

4　刘宋文帝刘义隆派遣散骑常侍刘熙伯出使北魏,商量公主出嫁的事宜,正巧,公主去世,因而停止。

5　夏季,四月,益州叛民领袖赵广、张寻、梁显等人率众投降了朝廷。别将王道恩斩杀了程道养,送程道养的人头进京,程道养的馀党被平定。丁未(初二),刘宋朝廷任命辅国将军周籍之为益州刺史。

6　北魏国主拓跋焘认为地方郡守、县令大多贪赃枉法,夏季,五月己丑(十五日),拓跋焘下诏,命令官吏和百姓可以检举告发地方郡守、县令贪污不法的行为。从此,地方一些地痞流氓乘机专挑地方官的过失,威胁要挟在位的地方官,在民间横行。地方官则自低身份对待这些人,照样贪赃枉法。

7 丙申,魏主如云中。

8 秋,七月戊子,魏永昌王健等讨山胡白龙馀党于西河,灭之。

9 八月甲辰,魏主如河西。九月甲申,还宫。

10 丁酉,魏主遣使者拜吐谷浑王慕利延为镇西大将军、仪同三司,改封西平王。

11 冬,十月癸卯,魏主如云中。十一月壬申,还宫。

12 魏主复遣散骑侍郎董琬、高明等多赍金帛使西域,招抚九国。琬等至乌孙,其王甚喜,曰:"破落那、者舌二国皆欲称臣致贡于魏,但无路自致耳,今使君宜过抚之。"乃遣导译送琬诣破落那,明诣者舌。旁国闻之,争遣使者随琬等入贡,凡十六国,自是每岁朝贡不绝。

13 魏主以其妹武威公主妻河西王牧犍,河西王遣宋繇奉表诣平城谢,且问公主所宜称。魏主使群臣议之,皆曰:"母以子贵,妻从夫爵。牧犍母宜称河西国太后,公主于其国称王后,于京师则称公主。"魏主从之。

初,牧犍娶凉武昭王之女,及魏公主至,李氏与其母尹氏迁居酒泉。顷之,李氏卒,尹氏抚之,不哭,曰:"汝国破家亡,今死晚矣。"牧犍之弟无讳镇酒泉,谓尹氏曰:"后诸孙在伊吾,后欲就之乎?"尹氏未测其意,绐之曰:"吾子孙漂荡,托身异域。馀生无几,当死此,不复为毡裘之鬼也。"未几,潜奔伊吾。无讳遣骑追及之,尹氏谓追骑曰:"沮渠酒泉许吾归北,何为复追!汝取吾首以往,吾不复还矣。"追骑不敢逼,引还。尹氏卒于伊吾。

7　丙申(二十二日),北魏国主拓跋焘前往云中。

8　秋季,七月戊子(十五日),北魏永昌王拓跋健等讨伐山胡部落首长白龙的馀党所据守的西河,彻底消灭了他们。

9　八月甲辰(初一),北魏国主拓跋焘前往河西。九月甲申(十二日),拓跋焘回宫。

10　丁酉(二十五日),北魏国主拓跋焘派使臣出使吐谷浑汗国,封新即位的吐谷浑可汗慕容慕利延为镇西大将军、仪同三司,改封为西平王。

11　冬季,十月癸卯(初一),北魏国主拓跋焘前往云中。十一月壬申(初一),回宫。

12　北魏国主拓跋焘再次派遣散骑侍郎董琬、高明等携带大批金银布帛出使西域,招抚西域九国。董琬等人来到乌孙,乌孙国王大为欢喜,说:"破落那、者舌二国,也都想向魏国称臣进贡,可是没有门路可以表达自己的意向,如今你们应绕道前往安抚他们。"于是,乌孙国王特派向导兼翻译送董琬前往破落那,高明前往者舌。邻近的其他国家听到这个消息,也争先恐后地派遣使臣,随同董琬等人一道向北魏进贡,共有十六国之多。从此以后,西域各国每年都到北魏朝贡,从不停止。

13　北魏国主拓跋焘把他的妹妹武威公主嫁给河西王沮渠牧犍,沮渠牧犍派右相宋繇携带奏书前往平城谢恩,并请教将来怎么称呼武威公主。拓跋焘让大臣们讨论,都说:"母以子贵,妻随夫爵。沮渠牧犍的母亲应称为河西国太后,武威公主在河西国内应称作王后,在京师则仍旧称为公主。"拓跋焘同意。

当初,沮渠牧犍娶西凉武昭王李暠的女儿为妻,现在,北魏的公主下嫁,李氏与她的母亲迁居酒泉。不久,李氏逝世,她的母亲尹氏抚摸她的尸体,却不曾恸哭,说:"你国破家亡,今天才死,死得太晚了。"当时,沮渠牧犍的弟弟沮渠无讳镇守酒泉,对尹氏说:"您的几个孙儿都在伊吾,你是否打算投奔他们去呢?"尹氏没有揣测出沮渠无讳的真实用意,就欺骗他说:"我的子孙们到处逃亡,流落天涯,在他乡异域寄身。我还能活几天,就死在这儿吧,不再去当游牧地区的野鬼了。"不久,尹氏偷偷地投奔伊吾。沮渠无讳派骑兵追上了她,尹氏对追赶她的骑兵说:"沮渠无讳允许我回到北方,为什么还要派兵追赶!你拿我的人头回去交差吧,我不会再回去了。"追兵不敢逼迫,只好返回。尹氏最后在伊吾去世。

牧犍遣将军沮渠旁周入贡于魏，魏主遣侍中古弼、尚书李顺赐其侍臣衣服，并征世子封坛入侍。是岁，牧犍遣封坛如魏，亦遣使诣建康，献杂书及敦煌赵𣆀所撰《甲寅元历》，并求杂书数十种，帝皆与之。

李顺自河西还，魏主问之曰："卿往年言取凉州之策，朕以东方有事，未遑也。今和龙已平，吾欲即以此年西征，可乎？"对曰："臣畴昔所言，以今观之，私谓不谬。然国家戎车屡动，士马疲劳，西征之议，请俟他年。"魏主乃止。

十五年(戊寅,438)

1　春，二月丁未，以吐谷浑王慕利延为都督西秦河沙三州诸军事、镇西大将军、西秦河二州刺史、陇西王。

2　三月癸未，魏主诏罢沙门年五十以下者。

3　初，燕王弘至辽东，高丽王琏遣使劳之曰："龙城王冯君，爰适野次，士马劳乎？"弘惭怒，称制让之。高丽处之平郭，寻徙北丰。弘素侮高丽，政刑赏罚，犹如其国。高丽乃夺其侍人，取其太子王仁为质。弘怨高丽，遣使上表求迎，上遣使者王白驹等迎之，并令高丽资遣。高丽王不欲使弘南来，遣将孙漱、高仇等杀弘于北丰，并其子孙十馀人，谥弘曰昭成皇帝。白驹等帅所领七千馀人掩讨漱、仇，杀仇，生擒漱。高丽王以白驹等专杀，遣使执送之。上以远国，不欲违其意，下白驹等狱，已而原之。

沮渠牧犍派将军沮渠旁周向北魏进贡,北魏国主拓跋焘派侍中古弼、尚书李顺赐赏北凉侍从臣僚衣服,并征召北凉世子沮渠封坛到京师平城充当人质。这一年,河西王沮渠牧犍派遣沮渠封坛到平城,同时也遣使前往刘宋都城建康,呈献各种书籍以及敦煌人赵𣇉撰写的《甲寅元历》,并索取杂书数十种,刘宋文帝都满足了他们。

北魏尚书李顺从北凉回国,北魏国主拓跋焘问他说:"你当年提出的攻取北凉的计划,我当时因为正对燕国用兵,没有来得及实行。如今和龙已经平定,我打算立即在年内西征,你看怎么样?"李顺回答说:"我当年说的那番话,用今天的形势来验证,我自以为没有错误。但是国家频频兴兵,东征西讨,士卒和战马都疲劳不堪,西征的计划,还是请推迟几年再说。"北魏国主拓跋焘同意了。

宋文帝元嘉十五年(戊寅,公元438年)

1　春季,二月丁未(初七),刘宋朝廷任命吐谷浑可汗慕容慕利延为都督西秦、河、沙三州诸军事,兼任镇西大将军、西秦河二州刺史,封陇西王。

2　三月癸未(十三日),北魏国主拓跋焘下诏命令五十岁以下的和尚,一律还俗。

3　当初,北燕王冯弘来到辽东以后,高丽王高琏派遣使臣慰劳他说:"龙城王冯君,光临敝国荒郊,人马都很劳苦吧?"冯弘又惭愧又恼怒,以国王的身份斥责高琏。高丽王高琏把冯弘安置在平郭,不久,又迁往北丰。冯弘一向轻侮高丽,政务刑法,奖励惩罚,仍然像在燕国一样。高丽于是强行夺走了冯弘的侍从,逼迫北燕的太子冯王仁做人质。冯弘怨恨高丽,派使臣到刘宋请求迎他南下,刘宋文帝派使臣王白驹等迎接冯弘一行,并令高丽出资遣送。高丽王高琏不愿放冯弘南下,就派他手下的将领孙漱、高仇等人,在北丰杀掉了冯弘,以及冯弘的子孙十馀人,追赠冯弘谥号为昭成皇帝。刘宋使臣王白驹等率领七千多人讨伐孙漱、高仇,斩杀了高仇,生擒孙漱。高琏认为王白驹在他的国土上擅自杀害他的大将,派人逮捕王白驹,遣送回国。刘宋文帝认为高丽是远方国家,不愿让高琏失望,就把王白驹等人关进监狱,不久就宽恕了他们。

4 夏,四月,纳故黄门侍郎殷淳女为太子劭妃。

5 五月戊寅,魏大赦。

6 丙申,魏主如五原。秋,七月,自五原北伐柔然。命乐平王丕督十五将出东道,永昌王健督十五将出西道,魏主自出中道。至浚稽山,复分中道为二:陈留王崇从大泽向涿邪山,魏主从浚稽北向天山,西登白阜,不见柔然而还。时漠北大旱,无水草,人马多死。

7 冬,十一月丁卯朔,日有食之。

8 十二月丁巳,魏主至平城。

9 豫章雷次宗好学,隐居庐山。尝征为散骑侍郎,不就。是岁,以处士征至建康,为开馆于鸡笼山,使聚徒教授。帝雅好艺文,使丹杨尹庐江何尚之立玄学,太子率更令何承天立史学,司徒参军谢元立文学,并次宗儒学为四学。元,灵运之从祖弟也。帝数幸次宗学馆,令次宗以巾褠侍讲,资给甚厚。又除给事中,不就。久之,还庐山。

臣光曰:《易》曰:"君子多识前言往行以畜其德。"孔子曰:"辞达而已矣。"然则史者儒之一端,文者儒之馀事。至于老、庄虚无,固非所以为教也。夫学者所以求道。天下无二道,安有四学哉!

10 帝性仁厚恭俭,勤于为政。守法而不峻,容物而不弛。百官皆久于其职,守宰以六期为断,吏不苟免,民有所系。三十年间,四境之内,晏安无事,户口蕃息,出租供徭,止于岁赋,

4　夏季,四月,刘宋文帝迎娶已故黄门侍郎殷淳的女儿,为太子刘劭的正妃。

5　五月戊寅(初九),北魏下令大赦。

6　丙申(二十七日),北魏国主拓跋焘前往五原。秋季,七月,拓跋焘从五原向北进攻,讨伐柔然汗国。拓跋焘命令乐平王拓跋丕督率十五个将领从东路出兵,永昌王拓跋健督率十五个将领从西路出兵,拓跋焘则亲自率军从中路进攻。大军开到浚稽山,又分中路军为两部分:一部分由陈留王拓跋崇率领,从大泽直指涿邪山,一部分由拓跋焘统率,从浚稽一直向北,直奔天山,再向西登上白阜山,没有发现柔然汗国的部落,班师回国。当时漠北发生严重的旱灾,没有水草,北魏军中的人和马匹死亡很多。

7　冬季,十一月丁卯朔(初一),发生日食。

8　十二月丁巳(二十二日),北魏国主拓跋焘抵达平城。

9　刘宋豫章人雷次宗勤奋好学,隐居在庐山。刘宋朝廷曾经征召他为散骑侍郎,他拒绝入仕。这一年,雷次宗以隐士的身份被征召到首都建康,朝廷在鸡笼山为他开设学院,让他招聚学生,讲授学业。刘宋文帝素来喜欢文艺学术,特命丹杨尹、庐江人何尚之专设玄学,命太子率更令何承天设立史学,命司徒参军谢元开设文学,加上雷次宗的儒学并称为"四学"。谢元是谢灵运的族弟。文帝多次临幸雷次宗的学馆,命令雷次宗不必穿朝服为皇上讲授儒学,赏赐的财物特别丰厚。文帝又任命雷次宗为给事中,雷次宗拒绝。过了很久,雷次宗回到庐山。

　　臣司马光说:《易经》里有言:"贤明的人大多都熟知前人的教诲,接受过去的经验,用来培养自己的德性。"孔子曾说:"辞意通达便可以了。"那么,史学是儒学的一部分,文学只是儒学的馀事。至于老子、庄子的虚无学说,则根本不可以讲授和传播。做学问的人,是在于追求真理。而天下的真理没有第二个,怎么可以有"四学"呢!

10　刘宋文帝性情宽厚仁慈,恭谨勤俭,勤奋刻苦,从不荒怠朝廷政务。他遵循法规而不苛刻,对人宽容却不放纵。朝廷的文武百官都能久居职位,郡守、县宰也都以六年为一任期,官吏不轻易免职,百姓才有所依托。三十年间,刘宋境内,平安无事,人口繁盛,至于租赋差徭,从不增加,只收取常赋,从不额外征收。

晨出暮归,自事而已。间阎之间,讲诵相闻。士敦操尚,乡耻轻薄。江左风俗,于斯为美,后之言政治者,皆称元嘉焉。

十六年(己卯,439)

1　春,正月庚寅,司徒义康进位大将军、领司徒,南兖州刺史、江夏王义恭进位司空。

2　魏主如定州。

3　初,高祖遗诏,令诸子次第居荆州。临川王义庆在荆州八年,欲为之选代,其次应在南谯王义宣。帝以义宣人才凡鄙,置不用。二月己亥,以衡阳王义季为都督荆湘等八州诸军事、荆州刺史。义季尝春月出畋,有老父被苦而耕,左右斥之,老父曰:"盘于游畋,古人所戒。今阳和布气,一日不耕,民失其时,奈何以从禽之乐而驱斥老农也!"义季止马曰:"贤者也。"命赐之食,辞曰:"大王不夺农时,则境内之民皆饱大王之食,老夫何敢独受大王之赐乎!"义季问其名,不告而退。

4　三月,魏雍州刺史葛那寇上洛,上洛太守镡长生弃郡走。

5　辛未,魏主还宫。

6　杨保宗与兄保显自童亭奔魏。庚寅,魏主以保宗为都督陇西诸军事、征西大将军、开府仪同三司、秦州牧、武都王,镇上邽,妻以公主。保显为镇西将军、晋寿公。

百姓早晨出去耕作,晚上回家休息,可以随意做事,安居乐业。乡里街巷之间,读书的声音不绝于耳。士大夫重视操守,乡下人也讨厌轻薄无识的人。江左的风俗,在这个时代最为美好,后代评论前世政治得失的人,都称道元嘉治世。

宋文帝元嘉十六年(己卯,公元 439 年)

1 春季,正月庚寅(二十五日),刘宋朝廷提升司徒刘义康为大将军,仍兼任司徒职务,提升南兖州刺史、江夏王刘义恭为司空。

2 北魏国主拓跋焘前往定州。

3 当初,刘宋武帝有遗诏,命令他的几个儿子依照长幼次序,驻守荆州。这时,临川王刘义庆在荆州已经有八年了,朝廷打算另选一个亲王代替他,按照顺序,应该派南谯王刘义宣。刘宋文帝却认为刘义宣的人品和才能都很平庸低下,不予任用。二月己亥(初五),文帝任命衡阳王刘义季为都督荆、湘等八州诸军事和荆州刺史。刘义季曾经在春天外出打猎,有个老农夫身披苦衣,在田中耕种,不肯回避,刘义季的左右侍从斥责老农,老农说:"游猎取乐,古人深以为戒。如今天暖气湿,一天不耕种,百姓就会错过农时,怎么可以放纵狩猎的快乐,而驱赶勤于耕作的老农呢!"刘义季听罢,勒住马缰说:"他是贤人!"命令左右亲信赐给老农食物,老农拒绝说:"大王您不侵夺农时,境内的百姓都可以吃饱大王赐予的饮食,我老汉怎么敢独自领受您的赏赐呢!"刘义季询问老农的姓名,老农不肯回答,告退。

4 三月,北魏雍州刺史葛那进攻刘宋所属的上洛,刘宋上洛太守镡长生放弃郡城逃走。

5 辛未(初七),北魏国主拓跋焘回宫。

6 氐王杨难当的侄儿杨保宗与他的哥哥杨保显从驻地童亭投奔北魏。庚寅(二十六日),北魏国主拓跋焘任命杨保宗为都督陇西诸军事、征西大将军、开府仪同三司、秦州牧、武都王,镇守上邽,并把皇室公主嫁给他为妻。又任命杨保显为镇西将军,封晋寿公。

7　河西王牧犍通于其嫂李氏,兄弟三人传嬖之。李氏与牧犍之姊共毒魏公主,魏主遣解毒医乘传救之,得愈。魏主征李氏,牧犍不遣,厚资给,使居酒泉。

魏每遣使者诣西域,常诏牧犍发导护送出流沙。使者自西域还,至武威,牧犍左右有告魏使者曰:"我君承蠕蠕可汗妄言云:'去岁魏天子自来伐我,士马疫死,大败而还,我擒其长弟乐平王丕。'我君大喜,宣言于国。又闻可汗遣使告西域诸国,称:'魏已削弱,今天下唯我为强,若更有魏使,勿复供奉'。西域诸国颇有贰心。"使还,具以状闻。魏主遣尚书贺多罗使凉州观虚实,多罗还,亦言牧犍虽外修臣礼,内实乖悖。

魏主欲讨之,以问崔浩。对曰:"牧犍逆心已露,不可不诛。官军往年北伐,虽不克获,实无所损。战马三十万匹,计在道死伤不满八千,常岁嬴死亦不减万匹。而远方乘虚,遽谓衰耗不能复振。今出其不意,大军猝至,彼必骇扰,不知所为,擒之必矣。"魏主曰:"善!吾意亦以为然。"于是大集公卿议于西堂。

弘农王奚斤等三十馀人皆曰:"牧犍,西垂下国,虽心不纯臣,然继父位以来,职贡不乏。朝廷待以藩臣,妻以公主。今其罪恶未彰,宜加恕宥。国家新征蠕蠕,士马疲弊,未可大举。且闻其土地卤瘠,难得水草,大军既至,彼必婴城固守。攻之不拔,野无所掠,此危道也。"

7　河西王沮渠牧犍与他的嫂子李氏通奸,他们兄弟三人都轮流和她相好。于是,李氏与沮渠牧犍的姐姐合谋下毒害北魏武威公主,北魏国主拓跋焘派出解毒医生乘坐驿站的马车驰往救治,才把武威公主救活。拓跋焘下令索取李氏,沮渠牧犍不肯交出,只是给李氏很多财物,命她迁居酒泉。

北魏每次派遣使者出使西域,常常命令沮渠牧犍派出向导,护送魏使走出流沙出没的大沙漠。北魏使臣从西域返回,抵达武威。沮渠牧犍左右有人告诉北魏的使臣说:"我们大王听到了柔然汗国的可汗大言不惭地说:'去年,魏国的皇帝亲自来讨伐我们,结果士卒和战马大多染上疫病而死,大军惨败而回,我们生擒了北魏皇帝的弟弟乐平王拓跋丕。'我们大王听说后非常高兴,在国内大肆宣传。又听说柔然汗国可汗派使臣出使西域各国,声称:'现在魏国已经被削弱,普天之下只有我们汗国才是最强大的,如果再有魏国的使臣前来访问,你们不要供奉他们。'因此,西域各国对魏国也怀有二心。"北魏使臣回国以后,把所听到的一切,一一汇报给朝廷。北魏国主拓跋焘派尚书贺多罗出使北凉观察虚实,贺多罗回来,也说沮渠牧犍虽然表面上对魏称臣纳贡,内心却乖张叛离。

北魏国主拓跋焘打算讨伐北凉,向崔浩询问对策。崔浩说:"沮渠牧犍叛逆朝廷的动机早就暴露了,不能不杀。我军前几年北伐,虽说没有取得太大的胜利,实际上也没遭受什么损失。战马共三十万匹,算起来在征途中死伤的不满八千,平时每年正常死亡的也不少于一万匹。而远方借此便咬定我们的国力消耗殆尽,不能恢复。现在,我军出其不意,突然出现在他们面前,他们必定惊恐万状,自相骚扰,不知如何是好,我们一定可以擒获敌人。"北魏国主拓跋焘说:"太好了,我也是这样想的。"于是,召集朝廷文武百官在太极殿西堂讨论。

弘农王奚斤等三十馀人都说:"沮渠牧犍是西方边陲归附的下等小国,虽然心中对我们不太臣服,但是自从继位以后,每年进贡从不间断,不减少。朝廷也把他作为一个藩臣来看待,嫁公主给他为妻。现在他的罪行还不十分明显,应该加以宽恕。我国最近刚刚讨伐柔然汗国归来,人马疲惫,不能够再大举兴兵征讨了。况且,我还听说,凉国的土地贫瘠,盐碱地居多,水草也不多,我们大军兵临城下,他们一定环城固守。我军久攻不克,荒郊野外也没有什么可劫掠,这可是个危险的策略。"

初，崔浩恶尚书李顺，顺使凉州凡十二返，魏主以为能。凉武宣王数与顺游宴，对其群下时为骄慢之语。恐顺泄之，随以金宝纳于顺怀，顺亦为之隐。浩知之，密以白魏主，魏主未之信。及议伐凉州，顺与尚书古弼皆曰："自温圉水以西至姑臧，地皆枯石，绝无水草。彼人言，姑臧城南天梯山上，冬有积雪，深至丈馀，春夏消释，下流成川，居民引以溉灌。彼闻军至，决此渠口，水必乏绝。环城百里之内，地不生草，人马饥渴，难以久留。斤等之议是也。"魏主乃命浩与斤等相诘难，众无复他言，但云"彼无水草"。浩曰："《汉书·地理志》称'凉州之畜为天下饶'，若无水草，畜何以蕃？又，汉人终不于无水草之地筑城郭，建郡县也。且雪之消释，仅能敛尘，何得通渠溉灌乎！此言大为欺诬矣。"李顺曰："耳闻不如目见，吾尝目见，何可共辩？"浩曰："汝受人金钱，欲为之游说，谓我目不见便可欺邪！"帝隐听，闻之，乃出见斤等，辞色严厉，群臣不敢复言，唯唯而已。

群臣既出，振威将军代人伊馛言于帝曰："凉州若果无水草，彼何以为国？众议皆不可用，宜从浩言。"帝善之。

夏，五月丁丑，魏主治兵于西郊。六月甲辰，发平城。使侍中宜都王穆寿辅太子晃监国，决留台事，内外听焉。又使大将军长乐王嵇敬、辅国大将军建宁王崇将二万人屯漠南以备柔然。命公卿为书以让河西王牧犍，数其十二罪，且曰：

当初，崔浩讨厌尚书李顺，李顺出使北凉，往返共十二次，拓跋焘认为李顺有才能。当年，北凉武宣王沮渠蒙逊多次与李顺一起游乐宴饮，沮渠蒙逊常对群臣下属说一些骄傲无礼的大话。害怕李顺泄漏给北魏朝廷，就随手把金银财宝塞进李顺的怀里，李顺也就替他隐瞒。崔浩知道后，就秘密报告给北魏国主拓跋焘，拓跋焘不相信。等到这时讨论进攻北凉的方案时，李顺和尚书古弼都说："从温围水以西直到姑臧，遍地都是枯石，绝对没有水草。当地人说：姑臧城南的天梯山上，冬天有积雪，深达几丈。春季和夏季的时候，积雪融化，从山上流下来，形成河流，当地居民就是引雪水入渠，灌溉农田的。如果凉州人听说我们大军开到，一定会断绝渠口，让水流尽，我军的人马就无水可用。姑臧城方圆百里之内，土地因无水杂草不生，我军人马饥渴，也难以久留。奚斤他们的意见是正确的。"拓跋焘于是让崔浩和奚斤辩论，众人再没有别的话可说，只是声称"凉州没有水草"。崔浩说："《汉书·地理志》中讲道'凉州的畜产，天下最为富饶'，如果那里没有水草，牲畜怎么繁殖？另外，汉朝绝不会在没有水草的土地上兴筑城郭，设置郡县。况且，高山冰雪融化以后，只能浸湿地皮，收敛尘土，怎么能够挖通渠道，灌溉农田呢！这种话实在是荒谬不可信。"李顺说："耳闻不如亲眼所见。我曾经亲眼看到，你有什么资格和我辩论？"崔浩说："你接受了人家的金钱贿赂，想要替人家说话，你以为我没有亲眼看到就能被你蒙蔽吗！"隐藏在屏风后面的拓跋焘听到这些话，就走出来面见奚斤等人，声音和表情都十分严厉，文武群臣不敢再多说什么，只是唯唯听命而已。

文武群臣走出太极殿后，振威将军代郡人伊䭾对拓跋焘说："凉州如果真的没有水草，他们怎么建立王国？大多数人说的都不可采用，您应该听崔浩的话。"拓跋焘同意他的说法。

夏季，五月丁丑（十四日），北魏国主拓跋焘在平城西郊训练军队。六月甲辰（十一日），大军从平城出发。命令侍中、宜都王穆寿辅佐太子拓跋晃，主持朝政，裁决日常事务，朝廷内外一律遵从。拓跋焘又派大将军、长乐王嵇敬，以及辅国大将军、建宁王拓跋崇，率领两万人屯驻漠南，防备柔然汗国乘虚进攻。拓跋焘又命令大臣们发布文告，历数河西王沮渠牧犍的十二项罪状，并且警告沮渠牧犍说：

"若亲帅群臣委贽远迎,谒拜马首,上策也;六军既临,面缚舆榇,其次也;若守迷穷城,不时悛悟,身死族灭,为世大戮。宜思厥中,自求多福!"

8　己酉,改封陇西王吐谷浑慕利延为河南王。

9　魏主自云中济河。秋,七月己巳,至上郡属国城。壬午,留辎重,部分诸军,使抚军大将军永昌王健、尚书令刘絜与常山王素为前锋,两道并进,骠骑大将军乐平王丕、太宰阳平王杜超为后继,以平西将军源贺为乡导。

魏主问贺以取凉州方略,对曰:"姑臧城旁有四部鲜卑,皆臣祖父旧民,臣愿处军前,宣国威信,示以祸福,必相帅归命。外援既服,然后取其孤城,如反掌耳。"魏主曰:"善!"

八月甲午,永昌王健获河西畜产二十馀万。

河西王牧犍闻有魏师,惊曰:"何为乃尔!"用左丞姚定国计,不肯出迎,求救于柔然。遣其弟征南大将军董来将兵万馀人出战于城南,望风奔溃。刘絜用卜者言,以为日辰不利,敛兵不追,董来遂得入城。魏主由是怒之。

丙申,魏主至姑臧,遣使谕牧犍令出降。牧犍闻柔然欲入魏边为寇,冀幸魏主东还,遂婴城固守。其兄子祖逾城出降。魏主具知其情,乃分军围之。源贺引兵招慰诸部下三万馀落,故魏主得专攻姑臧,无复外虑。

"你如果亲自率领群臣,伏在地上,远远地出来迎接,然后在我马首跪拜请罪,这是上策;我军兵临城下,你双手反绑携带空棺出城迎接,这是中策;你要是困守孤城,不及时醒悟,就要身死族灭,受到天下最酷烈的惩罚! 你要权衡利害,为自己寻一条生路。"

8　己酉(十六日),刘宋改封陇西王吐谷浑可汗慕容慕利延为河南王。

9　北魏国主拓跋焘从云中渡过黄河。秋季,七月己巳(初七),抵达上郡属国城。壬午(二十日),大军留下辎重,部署分派各军,命令抚军大将军、永昌王拓跋健,与尚书令刘絜、常山王拓跋素为前锋,分两路同时进发,又命令骠骑大将军、乐平王拓跋丕,太宰、阳平王杜超为后备军,又命平西将军源贺为向导。

北魏国主拓跋焘曾向源贺询问攻取北凉的作战方案,源贺回答说:"北凉的首都姑臧城的旁边,有四个鲜卑族部落,都是我祖父的老部下,我愿意在大军未到之前,先抵那里,向他们宣扬帝国的威信,向他们分析祸福利害,他们一定会相继归降。城外的援军一旦瓦解,然后我们攻取孤城,就易如反掌了。"拓跋焘说:"太好了!"

八月甲午(初二),北魏永昌王拓跋健缴获北凉的各种牲畜共二十馀万头。

河西王沮渠牧犍听说北魏大军前来进攻的消息,大吃一惊,说:"怎么会是这样!"随后,他采用了左丞相姚定国的计策,不肯出城迎接北魏的皇帝,却向柔然汗国请求救兵。沮渠牧犍派他的弟弟征南大将军沮渠董来,统兵一万多人,在城南出城迎战北魏军,北凉军望风崩溃。北魏前锋将领刘絜听信占卜人的预言,以为日子不吉利,所以召回军队没有乘胜追击,沮渠董来才得以逃进姑臧城。北魏国主拓跋焘因此对刘絜十分恼怒。

丙申(初四),北魏国主拓跋焘抵达姑臧城下,派人通知沮渠牧犍,让他迅速出城投降。沮渠牧犍听说柔然汗国就要进攻北魏的边境,所以他还希望拓跋焘率军东还,援救国内,于是,沮渠牧犍命令将士绕城固守。沮渠牧犍的侄儿沮渠祖,翻越城墙投降了北魏军。北魏国主拓跋焘了解了北凉的真实情况,于是分军包围了姑臧城。源贺率兵招抚了他祖父的旧部三万多个居民点,所以拓跋焘得以集中全力攻城,不再有顾虑。

魏主见姑臧城外水草丰饶,由是恨李顺,谓崔浩曰:"卿之昔言,今果验矣。"对曰:"臣之言不敢不实,类皆如此。"

魏主之将伐凉州也,太子晃亦以为疑。至是,魏主赐太子诏曰:"姑臧城西门外,涌泉合于城北,其大如河。自馀沟渠流入漠中,其间乃无燥地。故有此敕,以释汝疑。"

10 庚子,立皇子铄为南平王。

11 九月丙戌,河西王牧犍兄子万年帅所领降魏。姑臧城溃,牧犍帅其文武五千人面缚请降。魏主释其缚而礼之。收其城内户口二十馀万,仓库珍宝不可胜计。使张掖王秃发保周、龙骧将军穆罴、安远将军源贺分徇诸郡,杂胡降者又数十万。

初,牧犍以其弟无讳为沙州刺史、都督建康以西诸军事、领酒泉太守,宜得为秦州刺史、都督丹岭以西诸军事、领张掖太守,安周为乐都太守,从弟唐兒为敦煌太守。及姑臧破,魏主遣镇南将军代人奚眷击张掖,镇北将军封沓击乐都。宜得烧仓库,西奔酒泉,安周南奔吐谷浑,封沓掠数千户而还。奚眷进攻酒泉,无讳、宜得收遗民奔晋昌,遂就唐兒于敦煌。魏主使弋阳公元絜守酒泉,及武威、张掖皆置将守之。

魏主置酒姑臧,谓群臣曰:"崔公智略有馀,吾不复以为奇。伊馣弓马之士,而所见乃与崔公同,深可奇也。"馣善射,能曳牛却行,走及奔马,而性忠谨,故魏主特爱之。

北魏国主拓跋焘看到姑臧城外水草茂盛，由此痛恨李顺，对崔浩说："你当年说过的话，今天果然应验了。"崔浩回答说："我不敢不讲实话，一向如此。"

北魏国主拓跋焘决计讨伐北凉，太子拓跋晃对父亲的所为有些顾虑。这时，拓跋焘在诏书中告诉他："姑臧城西门外边，有源源涌出的泉水，一直与北门外的泉水相接，水流之大，就像一条河。除供灌溉农田外，其余都顺着沟渠流到沙漠之中，因此这一带没有干田燥地。特意敕书告诉你，以解除你的顾虑。"

10　庚子（初八），刘宋皇帝立皇子刘铄为南平王。

11　九月丙戌（二十五日），河西王沮渠牧犍的侄儿沮渠万年率领他的部众投降北魏。姑臧城随即被魏军攻陷，沮渠牧犍率领朝中文武官员五千人，双手反绑，亲自向北魏军投降。拓跋焘解开沮渠牧犍的绳索，以礼相待。共接收姑臧城内的居民二十余万户，仓库中的珍奇异宝不可胜数。拓跋焘又命令张掖王秃发保周、龙骧将军穆罴、安远将军源贺，分别向地方各郡宣布消息，各族胡人投降北魏的又有几十万。

当初，沮渠牧犍任命他的弟弟沮渠无讳为沙州刺史、都督建康以西诸军事，兼任酒泉太守，任命沮渠宜得为秦州刺史、都督丹岭以西诸军事，兼任张掖太守，任命沮渠安周为乐都太守，还任命他的堂弟沮渠唐兒为敦煌太守。等到姑臧城被攻陷，北魏国主拓跋焘派镇南将军、代郡人奚眷袭击张掖，派镇北将军封沓进攻乐都。沮渠宜得烧毁仓库，向西逃往酒泉，沮渠安周则向南逃往吐谷浑。封沓裹胁数千户居民班师。奚眷则继续进攻酒泉，沮渠无讳与沮渠宜得一道，招集残部投奔晋昌，又前往敦煌投奔沮渠唐兒。拓跋焘命令弋阳公元絜驻守酒泉，武威、张掖两城也分别遣将驻守。

北魏国主拓跋焘在姑臧城大宴群臣，他对文武百官们说："崔公足智多谋，我已经不再感到新奇。伊馛是一个擅长骑马射箭的武夫，他的见识竟能与崔公相同，实在是令人惊奇。"伊馛擅长射箭，力气也很大，能拖着牛倒着走，跑起来，能够赶上奔腾的马，同时伊馛又十分忠诚谨慎，拓跋焘特别喜爱他。

魏主之西伐也,穆寿送至河上,魏主敕之曰:"吴提与牧犍相结素深,闻朕讨牧犍,吴提必犯塞,朕故留壮兵肥马,使卿辅佐太子。收田既毕,即发兵诣漠南,分伏要害以待虏至,引使深入,然后击之,无不克矣。凉州路远,朕不得救,卿勿违朕言!"寿顿首受命。寿雅信中书博士公孙质,以为谋主。寿、质皆信卜筮,以为柔然必不来,不为之备。质,轨之弟也。

柔然敕连可汗闻魏主向姑臧,乘虚入寇。留其兄乞列归与嵇敬、建宁王崇相拒于北镇。自帅精骑深入,至善无七介山,平城大骇,民争走中城。穆寿不知所为,欲塞西郭门,请太子避保南山,窦太后不听而止。遣司空长孙道生、征北大将军张黎拒之于吐颓山。会嵇敬、建宁王崇击破乞列归于阴山之北,擒之,并其伯父他吾无鹿胡及将帅五百人,斩首万馀级。敕连闻之,遁去,追至漠南而还。

冬,十月辛酉,魏主东还,留乐平王丕及征西将军贺多罗镇凉州,徙沮渠牧犍宗族及吏民三万户于平城。

12　癸亥,秃发保周帅诸部鲜卑据张掖叛魏。

13　十二月乙亥,太子劭加元服,大赦。劭美须眉,好读书,便弓马,喜延宾客。意之所欲,上必从之,东宫置兵与羽林等。

北魏国主拓跋焘即将率军西征时,宜都王穆寿一直送他到黄河岸边。拓跋焘告诫他说:"柔然汗国可汗郁久闾吴提与沮渠牧犍交情很深,他听说我要征讨沮渠牧犍,一定会来进犯我国边境,所以我故意留下精兵和壮马,使你辅佐太子。等到田里的庄稼收割完毕,我立即发兵征讨漠南,我军分别潜伏在要害地区,等待柔然贼到来,再诱敌深入,然后攻击他们,必能全部攻克。凉州离国内太远,我不能救你的危难,你千万不要违背我的嘱咐!"穆寿叩头接受了命令。穆寿一向信任中书博士公孙质,就把他当做自己的谋士。而穆寿、公孙质二人都相信占筮卜卦,认为柔然汗国的军队一定不会前来进犯,因此不加防备。公孙质是公孙轨的弟弟。

柔然汗国敕连可汗郁久闾吴提听说拓跋焘西征姑臧,立即乘北魏国内空虚,大举入侵。当时,郁久闾吴提留他的哥哥郁久闾乞列归与北魏长乐王嵇敬、建宁王拓跋崇在北镇相持。郁久闾吴提自己则亲自率兵深入北魏腹地,直抵善无的七介山。北魏首都平城居民大为惊恐,争相逃进内城。穆寿不知所措,打算堵塞西城门,请太子拓跋晃逃往南山躲避,窦太后不让他这样处理,才告停止。随即,穆寿派遣司空长孙道生、征北大将军张黎在吐颓山狙击敌人。正巧赶上嵇敬和建宁王拓跋崇在阴山北面击败了郁久闾乞列归的军队,并生擒郁久闾乞列归及其伯父郁久闾他吾无鹿胡,以及柔然的将领五百人,斩杀士卒一万多人。柔然汗国敕连可汗郁久闾吴提听说后,率部逃走,北魏的军队一直追到漠南才返回。

冬季,十月辛酉(初一),北魏国主拓跋焘东返,留下乐平王拓跋丕以及征西将军贺多罗镇守凉州,强行迁徙沮渠牧犍王室以及北凉的官员和老百姓共三万户到平城。

12 癸亥(初三),北魏张掖王秃发保周率鲜卑各部据守张掖叛变。

13 十二月乙亥(十六日),刘宋太子刘劭举行冠礼,大赦天下。刘劭眉目清秀,喜欢读书,擅长骑马射箭,喜爱延接宾客。只要他有所打算,文帝都一一满足,于是刘劭在东宫设置亲兵的数目与羽林军相等。

14　壬午,魏主至平城,以柔然入寇,无大失亡,故穆寿等得不诛。魏主犹以妹婿待沮渠牧犍,征西大将军、河西王如故。牧犍母卒,葬以太妃之礼。武宣王置守冢三十家。

凉州自张氏以来,号为多士。沮渠牧犍尤喜文学,以敦煌阚骃为姑臧太守,张湛为兵部尚书,刘昞、索敞、阴兴为国师助教,金城宋钦为世子洗马,赵柔为金部郎,广平程骏、骏从弟弘为世子侍讲。魏主克凉州,皆礼而用之,以阚骃、刘昞为乐平王丕从事中郎。安定胡叟,少有俊才,往从牧犍,牧犍不甚重之,叟谓程弘曰:“贵主居僻陋之国而淫名僭礼,以小事大而心不纯壹,外慕仁义而实无道德,其亡可翘足待也。吾将择木,先集于魏。与子暂违,非久阔也。”遂适魏。岁馀而牧犍败。魏主以叟为先识,拜虎威将军,赐爵始复男。河内常爽,世寓凉州,不受礼命,魏主以为宣威将军。河西右相宋繇从魏主至平城而卒。

魏主以索敞为中书博士。时魏朝方尚武功,贵游子弟不以讲学为意。敞为博士十馀年,勤于诱导,肃而有礼,贵游皆严惮之,多所成立,前后显达至尚书、牧守者数十人。常爽置馆于温水之右,教授七百馀人。爽立赏罚之科,弟子事之如严君。由是魏之儒风始振。高允每称爽训厉有方,曰:“文翁柔胜,先生刚克,立教虽殊,成人一也。”

14　壬午(二十三日),北魏国主拓跋焘返回平城,因柔然汗国的进攻没有造成重大的损失和伤亡,所以没有处决宜都王穆寿等人。拓跋焘仍把沮渠牧犍当作妹婿来对待,仍命沮渠牧犍像过去一样担任征西大将军、河西王。沮渠牧犍的母亲去世,拓跋焘下令用太妃的礼仪安葬。另外,又为北凉武宣王沮渠蒙逊专门设置守冢户三十家。

凉州自从前凉国建立以来,一直号称人才济济。沮渠牧犍尤其喜欢文学,任命敦煌人阚骃为姑臧太守,张湛为兵部尚书,刘昞、索敞、阴兴为国师助教,金城人宋钦为世子洗马,赵柔为金部郎,广平人程骏,以及程骏的堂弟程弘为世子侍讲。北魏国主拓跋焘攻克凉州以后,对这些士大夫都以礼相待,因才而用,任命阚骃、刘昞为乐平王拓跋丕的从事中郎。安定人胡叟,自幼便才华横溢,前往姑臧为沮渠牧犍效力,沮渠牧犍却不十分重视他。胡叟对程弘说:"贵国的主人身居穷乡僻壤的小国,却敢滥用名分,超越礼制,以小国事奉大国却又不诚心敬服,表面上仰慕仁义,实际上却不讲道德,他的灭亡就在眼前了。我将像鸟儿一样,择木而栖,先到魏国去。与你暂且辞别,不会久别的。"于是,胡叟来到北魏。一年之后,北凉灭亡。拓跋焘因为胡叟有先见之明,任命他为虎威将军,赐封爵位为始复男爵。河内人常爽世世代代寓居凉州,从不接受北凉的礼遇和任官,拓跋焘任命他为宣威将军。河西人、北凉国右丞相宋繇,随从拓跋焘到平城,不久去世。

北魏国主拓跋焘又委任索敞为中书博士。当时北魏朝廷正崇尚武功,贵族子弟都不把读书当作一件大事。索敞担任中书博士十馀年,勤于诱导,对学生严肃而有礼节,贵族子弟们都敬畏他,大多数都能刻苦学习,建功立业,前后在朝中担任尚书、牧守的,就有几十人。常爽在温水的西岸设置学馆,教授学生七百多人。常爽订立赏罚条例,弟子们服从他,就像事奉严明的君主。从此以后,北魏的读书风气开始振兴。中书侍郎高允每每称赞常爽对待学生教训有方,说:"汉代的文翁以柔取胜,而先生您却用刚直的方法取胜,方法虽然有异,但造就人才的功效是一样的。"

陈留江强，寓居凉州，献经、史、诸子千馀卷及书法，亦拜中书博士。魏主命崔浩监秘书事，综理史职，以中书侍郎高允、散骑侍郎张伟参典著作。浩启称："阴仲达、段承根，凉土美才，请同修国史。"皆除著作郎。仲达，武威人；承根，晖之子也。

浩集诸历家，考校汉元以来日月薄食、五星行度，并讥前史之失，别为《魏历》，以示高允。允曰："汉元年，十月，五星聚东井，此乃历术之浅事。今讥汉史而不觉此谬，恐后人之讥今犹今之讥古也。"浩曰："所谬云何？"允曰："按《星传》：'太白、辰星，常附日而行。'十月日在尾、箕，昏没于申南，而东井方出于寅北，二星何得背日而行？是史官欲神其事，不复推之于理也。"浩曰："天文欲为变者，何所不可邪？"允曰："此不可以空言争，宜更审之。"坐者咸怪允之言，唯东宫少傅游雅曰："高君精于历数，当不虚也。"后岁馀，浩谓允曰："先所论者，本不经心。及更考究，果如君言。五星乃以前三月聚东井，非十月也。"众乃叹服。允虽明历，初不推步及为人论说，唯游雅知之。雅数以灾异问允，允曰："阴阳灾异，知之甚难。既已知之，复恐漏泄，不如不知也。天下妙理至多，何以问此！"雅乃止。魏主问允："为政何先？"时魏多封禁良田，允曰："臣少贱，唯知农事。若国家广田积谷，公私有备，则饥馑不足忧矣。"帝乃命悉除田禁以赋百姓。

陈留人江疆，寄居在凉州，他向北魏朝廷呈献经、史以及诸子百家的经典有一千多卷，另外还有研究文字学的书籍，也被拓跋焘任命为中书博士。拓跋焘命崔浩监理秘书事，综合整理历史史料文献，又任命中书侍郎高允、散骑侍郎张伟参与处理掌管这些事并修撰史籍。崔浩奏称："阴仲达、段承根都是凉州的才子，请征召他们共同修撰国史。"二人都被授予著作郎。阴仲达是武威人，段承根是段晖的儿子。

　　崔浩收集各家历书，考订核对汉朝建立以来发生的日食、月食，以及金、木、水、火、土五星运行的度数，对从前史书的错误加以批评，又另行编纂了一部《魏历》，请高允过目。高允说："汉高祖元年十月时，五星会聚在井宿，这是历书上一个小错。现在你不满于汉朝人修的史书，却觉察不到自己的荒谬，恐怕后人也会像我们今天批评古人一样，来批评我们。"崔浩说："你所谓的荒谬指什么？"高允说："根据《星传》：'金星、水星，常常环绕太阳转行。'十月，太阳早晨在尾宿、箕宿之间，黄昏时，在申南消失，而井宿这时才从寅北出现，金星和火星怎么会背着太阳运行？这是史官为了增加事件的神秘色彩，不再加以客观推断和考究的结果。"崔浩说："天文现象发生异常变化，怎么会不可能呢？"高允说："这不是我们空口无凭地争辩所能解决的，应该更进一步地考察审断。"当时在座的人都认为高允的谈论怪诞，只有东宫少傅游雅说："高允先生精通历法，应不会是空言虚论。"一年多以后，崔浩对高允说："上次我们谈论的，我没有仔细研究。等到重新考核推断，果然像你所说的那样。五星是在前三个月在井宿聚集，而不是十月。"众人都赞叹佩服。高允虽然通晓天文历法，却从不推算及向众人论说，只有游雅知道他的学识。游雅多次就灾变询问高允，高允说："阴阳灾变，很难明知。即使已经知道了，又害怕泄漏天机，还不如不知道呢。天下值得探索的道理很多，何必偏问这个！"游雅才不再问下去。拓跋焘曾问高允："治理国家，什么是第一位的？"当时北魏境内的许多良田，都被朝廷封为禁地，因此，高允说："我幼年贫贱，只知道农事。如果国家扩大农田、积聚谷米，使朝廷和百姓都有粮食储备，就不忧虑饥馑了。"拓跋焘于是下令，解除被封为禁地的农田，让百姓耕作，国家收取田赋。

15 吐谷浑王慕利延闻魏克凉州,大惧,帅众西遁,逾沙漠。魏主以其兄慕瓌有擒赫连定之功,遣使抚谕之,慕利延乃还故地。

16 氐王杨难当将兵数万寇魏上邽,秦州人多应之。东平吕罗汉说镇将拓跋意头曰:"难当众盛,今不出战,示之以弱,众情离沮,不可守也。"意头遣罗汉将精骑千馀出冲难当陈,所向披靡,杀其左右骑八人,难当大惊。会魏主以玺书责让难当,难当引还仇池。

17 南丰太妃司马氏卒,故营阳王之后也。

18 赵广、张寻等复谋反,伏诛。

十七年(庚辰,440)
1 春,正月己酉,沮渠无讳寇魏酒泉,元絜轻之,出城与语。壬子,无讳执絜以围酒泉。

2 二月,魏假通直常侍邢颖来聘。
3 三月,沮渠无讳拔酒泉。
4 夏,四月戊午朔,日有食之。
5 庚辰,沮渠无讳寇魏张掖,秃发保周屯删丹。丙戌,魏主遣抚军大将军永昌王健督诸将讨之。

15　吐谷浑可汗慕容慕利延听说北魏已经攻克北凉,大为惊恐,率领他的部众向西逃去,越过了沙漠。北魏国主拓跋焘因为吐谷浑可汗的哥哥、前可汗慕容慕璝有生擒并呈献赫连定的功劳,因此派使臣招抚逃走的吐谷浑可汗慕容慕利延,慕容慕利延才率部众返回故地。

16　氐王杨难当率兵几万人进犯北魏的上邽,秦州百姓响应他的很多。东平人吕罗汉劝说北魏的守将拓跋意头说:"杨难当势力正强盛,现在不出城迎战,就等于向敌人示弱,我军士气将受挫折,军民就会离散,那时城池就守不住了。"拓跋意头就派吕罗汉率领精锐骑兵一千多人,出城冲击杨难当的战阵,北魏骑兵所向披靡,斩杀杨难当左右亲兵共八人,杨难当大为惊慌。这时,拓跋焘斥责杨难当的诏书也到了,杨难当于是率众退回了仇池。

17　刘宋南丰太妃司马氏去世,司马氏是已故营阳王刘义符的王后。

18　被招抚的刘宋叛民首领赵广、张寻等再度反叛朝廷,被斩首。

宋文帝元嘉十七年(庚辰,公元440年)

1　春季,正月己酉(二十日),逃亡到敦煌的前北凉沙州刺史沮渠无讳进攻北魏占领的酒泉,北魏弋阳公元絜轻视沮渠无讳,出城与敌人对话。壬子(二十三日),沮渠无讳生擒元絜,然后包围了酒泉。

2　二月,北魏的通直常侍邢颖,来刘宋访问。

3　三月,沮渠无讳攻克酒泉。

4　夏季,四月戊午朔(初一),出现日食。

5　庚辰(二十三日),沮渠无讳继续进攻北魏占领下的张掖,已背叛北魏的张掖守将秃发保周屯驻在删丹。丙戌(二十九日),北魏国主拓跋焘派抚军大将军、永昌王拓跋健率领各路兵马讨伐沮渠无讳等。

6　司徒义康专总朝权。上羸疾积年,心劳辄发,屡至危殆。义康尽心营奉,药石非口所亲尝不进,或连夕不寐。内外众事皆专决施行。性好吏职,纠剔文案,莫不精尽。上由是多委以事,凡所陈奏,入无不可;方伯以下,并令义康选用,生杀大事,或以录命断之。势倾远近,朝野辐凑,每旦府门常有车数百乘,义康倾身引接,未尝懈倦。复能强记,耳目所经,终身不忘,好于稠人广席,标题所忆以示聪明。士之干练者,多被意遇。尝谓刘湛曰:"王敬弘、王球之属,竟何所堪!坐取富贵,复那可解!"然素无学术,不识大体,朝士有才用者皆引入己府,府僚无施及忤旨者乃斥为台官。自谓兄弟至亲,不复存君臣形迹,率心而行,曾无猜防。私置僮六千馀人,不以言台。四方献馈,皆以上品荐义康而以次者供御。上尝冬月啖甘,叹其形味并劣。义康曰:"今年甘殊有佳者。"遣人还东府取甘,大供御者三寸。

领军刘湛与仆射殷景仁有隙,湛欲倚义康之重以倾之。义康权势已盛,湛愈推崇之,无复人臣之礼,上浸不能平。湛初入朝,上恩礼甚厚。湛善论治道,谙前代故事,叙致铨理,听者忘疲。每入云龙门,御者即解驾,左右及羽仪随意分散,不夕不出,以此为常。及晚节驱煽义康,上意虽内离而接遇不改,尝谓所亲曰:"刘班方自西还,吾与语,常视日早晚,虑其将去。比入,吾亦视日早晚,苦其不去。"

6　刘宋司徒刘义康独揽朝政大权。文帝多年患病,稍微操劳,旧病就复发,多次病危。刘义康对文帝尽心侍奉,药物非经自己亲口尝过,绝不让皇上服用,有时一连几夜都不睡觉。朝廷内外的大小事务,他都一个人决定施行。因为生性就喜爱办理公务,所以阅读公文、处理诉讼等政务,他都处理得无不精密妥善。文帝因此把很多大事都委派给他,刘义康只要有奏请,立即就被批准;州刺史以下官员的人选,文帝都授权刘义康选拔任用;至于赦免和诛杀这类大事,有时刘义康就以录尚书事的身份裁决。因而,刘义康的势力倾动远近,朝野上下的各方人士,都集中在他周围,每天早晨,刘义康府第前面常有车数百辆,刘义康对来访客人一一迎接,从不懈怠。刘义康记忆力极强,一经耳闻目睹,终生不忘,他喜好在大庭广众的场合下,提起自己记忆中的事情,用来显示自己的聪明才干。许多有才能的士大夫,都被他委以重任。刘义康曾对刘湛说:"王敬弘、王球这些人,有什么能力!坐享荣华富贵,真让人费解!"然而,刘义康一向没有学问,不识大体,朝中有才干的士大夫都被他延聘到相府中来,相府没有才能的,或冒犯他的幕僚,都被贬斥到其他机构任职。他自以为,兄弟之间是至亲手足,因此他也不严格用君臣的礼节约束自己的行为,常常任性行事,从不考虑他的行为是否会触犯禁忌。他在府中私养僮仆六千多人,未曾上奏朝廷。各地进贡的物品,都把上品呈献给刘义康,而把次等的呈献文帝。有一年冬天文帝吃柑,叹息柑的外形和味道太差。刘义康说:"今年的柑也有好的!"于是派人到府中去取,取来的柑比进贡文帝的直径大三寸。

领军将军刘湛与仆射殷景仁结怨很深,刘湛打算倚靠刘义康的势力,排挤殷景仁。当时刘义康的势力十分强盛,刘湛更加推崇他的权势,使刘义康对文帝不再保持臣属的礼节,文帝逐渐感到不平。刘湛刚刚进朝廷做官时,文帝对他十分优待。刘湛擅长谈论经邦治国的道理,熟悉前代的历史掌故,每每说起来,条分缕析,使倾听的人忘记疲劳。每次进宫朝见,一到云龙门,车夫就解开车马,刘湛的左右侍从及仪仗队伍也都各自散去,不到傍晚不出来,都习以为常了。等到后来,刘湛煽动和唆使刘义康恣意妄为,文帝对他心怀不满,但对他礼遇却仍不改变。文帝曾对他的亲信说:"当年刘班(刘湛)从西方回来,我与他谈话,常看时间早晚,唯恐他离去。最近他入宫,我也常看时间早晚,苦于他不快走。"

殷景仁密言于上曰:"相王权重,非社稷计,宜少加裁抑!"上阴然之。

司徒左长史刘斌,湛之宗也,大将军从事中郎王履,谧之孙也,及主簿刘敬文,祭酒鲁郡孔胤秀,皆以倾谄有宠于义康。见上多疾,皆谓"宫车一日晏驾,宜立长君"。上尝疾笃,使义康具顾命诏。义康还省,流涕以告湛及景仁。湛曰:"天下艰难,讵是幼主所御!"义康、景仁并不答。而胤秀等辄就尚书议曹索晋咸康末立康帝旧事,义康不知也。及上疾瘳,微闻之。而斌等密谋,欲使大业终归义康,遂邀结朋党,伺察禁省,有不与己同者,必百方构陷之,又采拾景仁短长,或虚造异同以告湛。自是主、相之势分矣。

义康欲以刘斌为丹杨尹,言次,启上陈其家贫,言未卒,上曰:"以为吴郡。"后会稽太守羊玄保求还,义康又欲以斌代之,启上曰:"羊玄保求还,不审以谁为会稽?"上时未有所拟,仓猝曰:"我已用王鸿。"自去年秋,上不复往东府。

五月癸巳,刘湛遭母忧去职。湛自知罪衅已彰,无复全地,谓所亲曰:"今年必败。常日正赖口舌争之,故得推迁耳。今既穷毒,无复此望,祸至其能久乎!"

7 乙巳,沮渠无讳复围张掖,不克,退保临松。魏主不复加讨,但以诏谕之。

8 六月丁丑,魏皇孙濬生,大赦,改元太平真君,取寇谦之《神书》云"辅佐北方太平真君"故也。

殷景仁秘密报告文帝说："相王刘义康权势太重,并非国家久远的考虑,应该对他稍加抑制!"文帝心里暗暗同意。

司徒左长史刘斌是刘湛的同族,大将军从事中郎王履是王谧的孙子,他们和主簿刘敬文、祭酒鲁郡人孔胤秀都因为阴险谄媚,排挤别人,而深得刘义康的宠信。他们看到文帝刘义隆多病,都说"皇上一旦逝世,应该拥护年长的人为君主"。文帝一度病重,命刘义康起草托孤诏书。刘义康回到府中,痛哭流涕地告诉刘湛和殷景仁。刘湛说:"治理国家,不胜艰难,怎么是年幼君主所能驾驭的!"刘义康、殷景仁都没有搭腔。而孔胤秀等人擅自前往尚书议曹,索取当年晋成帝咸康末年改立他的弟弟晋康帝的旧档案,刘义康并不知道这件事。等到文帝病愈后,略微听到这些情况。而刘斌等人却加紧活动,秘密策划,打算让刘义康最后登上帝位,于是,他们结成死党,窥视朝廷和宫中的变化,凡是与自己不同心的,就千方百计地陷害他。同时,他们又百般搜集殷景仁的材料,或者捏造事实提供给刘湛。从此以后,皇帝与宰相之间,离心离德。

刘义康打算任用刘斌为丹杨尹,说话中间向文帝报告刘斌家境贫寒,还没有说完,文帝就说:"可以让他去当吴郡太守。"后来,会稽太守羊玄保请求调回京师,刘义康又打算让刘斌接替他,就上奏文帝说:"羊玄保请求调回,不知用谁去管会稽的事?"文帝当时还没有考虑妥当,仓猝之间回答说:"我已任用了王鸿!"从去年秋天开始,文帝就不再临幸刘义康的相府。

五月癸巳(初六),刘湛因母亲去世,按礼制离职回家守丧。刘湛自知自己的罪行已经暴露,不再有保全性命的可能,便对亲近的人说:"今年一定失败。过去只靠口舌之利为自己争辩,所以得以支吾拖延而已。如今人情事理已经发展到了尽头,就要遭受荼毒,不再有什么希望了,末日到来的时间不会太久了!"

7 乙巳(十八日),前北凉沙州刺史沮渠无讳再次包围张掖,不能攻克,于是撤退,固守临松。北魏国主拓跋焘也不再举兵进攻,只是下诏命他投降归顺。

8 六月丁丑(二十一日),北魏国主拓跋焘的皇孙拓跋濬诞生,下令大赦,改年号为太平真君。因道士寇谦之的《神书》上有言"辅佐北方太平真君",所以采用这个年号。

9 太子劭诣京口拜京陵,司徒义康、竟陵王诞等并从,南兖州刺史、江夏王义恭自江都会之。

10 秋,七月己丑,魏永昌王健击破秃发保周于番禾。保周走,遣安南将军尉眷追之。

11 丙申,魏太后窦氏殂。

12 壬子,皇后袁氏殂。

13 癸丑,秃发保周穷迫自杀。

八月甲申,沮渠无讳使其中尉梁伟诣魏永昌王健请降,归酒泉郡及所虏将士元絜等。魏主使尉眷留镇凉州。

14 九月壬子,葬元皇后。

15 上以司徒彭城王义康嫌隙已著,将成祸乱。冬,十月戊申,收刘湛付廷尉,下诏暴其罪恶,就狱诛之,并诛其子黯、亮、俨及其党刘斌、刘敬文、孔胤秀等八人,徙尚书库部郎何默子等五人于广州,因大赦。是日,敕义康入宿,留止中书省。其夕,分收湛等,青州刺史杜骥勒兵殿内以备非常。遣人宣旨告义康以湛等罪状。义康上表逊位,诏以义康为江州刺史,侍中、大将军如故,出镇豫章。

初,殷景仁卧疾五年,虽不见上,而密函去来,日以十数,朝政大小,必以咨之,影迹周密,莫有窥其际者。收湛之日,景仁使拂拭衣冠,左右皆不晓其意。其夜,上出华林园延贤堂,召景仁。景仁犹称脚疾,以小床舆就坐。诛讨处分,一以委之。

初,檀道济荐吴兴沈庆之忠谨晓兵,上使领队防东掖门。刘湛为领军,尝谓之曰:"卿在省岁久,比当相论。"庆之正色曰:"下官在省十年,自应得转,不复以此仰累!"收湛之夕,上开门召庆之,庆之戎服缚袴而入,上曰:"卿何意乃尔急装?"庆之曰:"夜半唤队主,不容缓服。"上遣庆之收刘斌,杀之。

9　刘宋太子刘劭前往京口拜谒京陵，司徒刘义康、竟陵王刘诞等随同前往，南兖州刺史、江夏王刘义恭从江都前来会合。

10　秋季，七月己丑（初三），北魏永昌王拓跋健在番禾击败了秃发保周。秃发保周逃走，拓跋健派安南将军尉眷追击。

11　丙申（初十），北魏皇太后窦氏去世。

12　壬子（二十六日），刘宋皇后袁氏去世。

13　癸丑（二十七日），秃发保周走投无路，自杀。

八月甲申（二十九日），沮渠无讳派他的中尉梁伟前往北魏永昌王拓跋健的营地，请求投降。归还酒泉郡，释放被俘的北魏将领元絜等人。北魏国主拓跋焘命令尉眷留下，镇守凉州。

14　九月壬子（二十七日），刘宋安葬元皇后。

15　刘宋文帝认为司徒、彭城王刘义康的猜忌怨恨已经明显，势必酿成祸乱。冬季，十月戊申，命令逮捕刘湛交付廷尉，并且下诏公布刘湛的罪行，在狱中就地处决，同时斩杀了刘湛的儿子刘黯、刘亮、刘俨以及刘湛的党羽刘斌、刘敬文、孔胤秀等八人，下令将尚书库部郎何默子等五人流放到广州，因此下令大赦。这天，文帝命令刘义康进宫值班，随即把他软禁在中书省。晚上，分别逮捕了刘湛等人，青州刺史杜骥统兵在皇宫防备意外情况发生。最后，文帝派人把刘湛等人的罪状传达给刘义康。刘义康上疏请求辞职，文帝下诏命刘义康为江州刺史，仍然保留侍中、大将军职，出京镇守豫章。

当初，殷景仁卧病五年，虽然不与皇上相见，但是密信往来，每天有十几次，朝廷大事小事，文帝都征求他的意见，行踪十分隐秘，竟没有一个人发现蛛丝马迹。逮捕刘湛那天，殷景仁命令家人打扫衣冠，左右家人都不明白他的用意。那天夜里，文帝前往华林园延贤堂，召见殷景仁。殷景仁仍然声称患有脚病，用小椅子抬进宫就座。文帝把诛杀讨伐刘湛党羽的所有事情，全都委任殷景仁处理。

当初，檀道济举荐吴兴人沈庆之忠诚谨慎，通晓兵法，文帝命他领兵在东掖门驻防。刘湛为领军将军，曾经对他说："你留在这个职位上已经很久，最近应该考虑这个问题。"沈庆之面色严肃地说："我在这里已经十年了，自然应该调职，不敢再麻烦你。"逮捕刘湛的那天晚上，文帝开启宫门召见沈庆之，沈庆之全副武装束紧裤管进门觐见，文帝说："你为什么这般装束？"沈庆之说："皇上夜半召见队主，定有急事，不能宽服大袖。"文帝派沈庆之逮捕刘斌，斩首。

　　骁骑将军徐湛之,逵之之子也,与义康尤亲厚,上深衔之。义康败,湛之被收,罪当死。其母会稽公主,于兄弟为长嫡,素为上所礼。家事大小,必咨而后行。高祖微时,尝自于新洲伐荻,有纳布衫袄,臧皇后手所作也。既贵,以付公主曰:"后世有骄奢不节,可以此衣示之。"至是,公主入宫见上,号哭,不复施臣妾之礼,以锦囊盛纳衣掷地曰:"汝家本贫贱,此是我母为汝父所作。今日得一饱餐,遽欲杀我儿邪!"上乃赦之。

　　吏部尚书王球,履之叔父也。以简淡有美名,为上所重。履性进利,深结义康及湛,球屡戒之,不从。诛湛之夕,履徒跣告球,球命左右为取履,先温酒与之,谓曰:"常日语汝云何?"履怖惧不得答,球徐曰:"阿父在,汝亦何忧!"上以球故,履得免死,废于家。

　　义康方用事,人争求亲昵,唯司徒主簿江湛早能自疏,求出为武陵内史。檀道济尝为其子求婚于湛,湛固辞。道济因义康以请之,湛拒之愈坚。故不染于二公之难。上闻而嘉之。湛,夷之子也。

　　彭城王义康停省十馀日,见上奉辞,便下渚。上惟对之恸哭,馀无所言。上遣沙门慧琳视之,义康曰:"弟子有还理不?"慧琳曰:"恨公不读数百卷书!"

　　初,吴兴太守谢述,裕之弟也。累佐义康,数有规益,早卒。义康将南,叹曰:"昔谢述惟劝吾退,刘班惟劝吾进。今班存而述死,其败也宜哉!"上亦曰:"谢述若存,义康必不至此。"

骁骑将军徐湛之是徐逵之的儿子,与刘义康关系特别亲密,文帝心里恼恨他。刘义康失败后,徐湛之被捕,罪当处死。他的母亲会稽公主,在兄弟姊妹中,她是臧皇后所生,年龄又最大,一向被文帝礼遇。皇室事务不论大小,他一定征求意见以后再决定。刘宋武帝刘裕贫贱的时候,曾经到新洲砍割荻草,身穿补过的布衫棉袄,都是臧皇后亲手缝制的。宋武帝即皇帝位以后,把穿过的旧衣服拿给公主看,说:"后世子孙,如有人骄奢不知节俭,你可以把衣服拿给他们看。"现在,因为徐湛之,会稽公主入宫觐见皇上,大声哭号,不再向文帝行臣妾礼节,并把用绸缎包裹的旧衣服抛在地上说:"你们家本来出身贫贱,这是我母亲为你父亲做的衣裳。才吃一天饱饭,就要杀我的儿子!"文帝于是赦免徐湛之的死罪。

吏部尚书王球是王履的叔父。他淡泊于名利,一向俭朴,名声很好,为文帝所重。王履却生性务进好利,与刘义康及刘湛交情很深,王球多次劝告他,他不听从。诛杀刘湛的那天晚上,王履光着双脚,跑去把情况告诉了王球,王球命左右侍从为他取来鞋子,端上温酒为他压惊,对他说:"我平时都跟你说什么了呢?"王履吓得答不出来,王球慢慢地说:"有你叔叔在,你还担忧什么!"文帝因为尊重王球的缘故,赦免了王履的死罪,免职回家。

刘义康权势鼎盛的时候,人们都争相奉迎,与他亲近,唯独司徒主簿江湛早有远见,与他疏远,要求出任武陵内史。檀道济曾经为他的儿子向江湛求婚,江湛坚决推辞。檀道济又请刘义康出面,江湛推辞的态度更加坚决。因此没有受到檀道济、刘义康大祸的牵连。文帝听说后,对他加以奖励。江湛是江夷的儿子。

彭城王刘义康被软禁在中书省十多天,觐见皇上并辞行,来到码头。文帝看到他时,悲伤痛哭,没有一句话。文帝派僧人慧琳去看望他,刘义康说:"您看我还有回到京师的可能吗?"慧琳说:"真遗憾你不多读几百卷书!"

当初,吴兴太守谢述是谢裕的弟弟。多年辅佐刘义康,屡次规劝,不幸早死。刘义康将要南下豫章,叹息说:"当初只有谢述劝我急流勇退,刘班(刘湛)劝我不断进取。后来刘班活着,谢述却死了,我身败名裂也是理所应当的了。"文帝也说:"谢述如果活着,刘义康也不会落到这个地步。"

以征虏司马萧斌为义康谘议参军，领豫章太守，事无大小，皆以委之。斌，摹之之子也。使龙骧将军萧承之将兵防守。义康左右爱念者，并听随从。资奉优厚，信赐相系，朝廷大事皆报示之。

久之，上就会稽公主宴集，甚欢。主起，再拜叩头，悲不自胜。上不晓其意，自起扶之。主曰："车子岁暮必不为陛下所容，今特请其命。"因恸哭，上亦流涕，指蒋山曰："必无此虑。若违今誓，便是负初宁陵。"即封所饮酒赐义康，并书曰："会稽姊饮宴忆弟，所馀酒今封送。"故终主之身，义康得无恙。

臣光曰：文帝之于义康，友爱之情，其始非不隆也。终于失兄弟之欢，亏君臣之义。迹其乱阶，正由刘湛权利之心无有厌已。《诗》云"贪人败类"，其是之谓乎！

16　征南兖州刺史江夏王义恭为司徒、录尚书事。戊寅，以临川王义庆为南兖州刺史，殷景仁为扬州刺史，仆射、吏部尚书如故。义恭惩彭城之败，虽为总录，奉行文书而已，上乃安之。上年给相府钱二千万，他物称此。而义恭性奢，用常不足，上又别给钱，年至千万。

17　十一月丁亥，魏主如山北。

18　殷景仁既拜扬州，羸疾遂笃，上为之敕西州道上不得有车声。癸丑，卒。

文帝任命征虏司马萧斌为刘义康谘议参军,兼任豫章太守,大小事务都委任他决断。萧斌是萧摹之的儿子。又命龙骧将军萧承之率军驻防戒备。刘义康左右亲信僚属,有愿追随的,都准许一同前往。文帝赐赏刘义康的财物十分丰厚,而且信件不断,朝中大事都告诉刘义康。

过了很久,文帝驾临会稽公主家赴宴,兄弟姐妹在一起非常愉快。突然,会稽公主起身跪在地上,再拜叩头,不胜悲伤。文帝不明白她的用意,亲自把她扶起来。会稽公主说:"车子(义康)到了晚年,陛下一定不能容他,今天特地求你饶他一命。"随后痛哭不止,文帝也泪流满面,他指着蒋山说:"你不必担心。我如果违背今天的誓言,就是辜负了高祖。"于是,把正在饮用的酒封起来,送给刘义康,附一封信说:"我与会稽姐宴饮,想起了你,把剩下的酒封起来送给你。"因此,会稽公主在世的日子里,刘义康得以平安。

臣司马光说:宋文帝与刘义康手足友爱的情意,开始时不是不重。但最后却以失去兄弟之间的感情,损害君臣之间的大义而终。追溯祸乱的根源,正是由于刘湛贪权慕利的欲望没有止境。《诗经》说"贪婪的人败坏同类",正是对这种情况的形容呵!

16 刘宋文帝刘义隆征召南兖州刺史、江夏王刘义恭为司徒、录尚书事。戊寅(二十三日),任命临川王刘义庆为南兖州刺史,殷景仁为扬州刺史,像过去一样任仆射、吏部尚书。刘义恭吸取刘义康失败的教训,虽然担任录尚书事,却不敢过问政事,只在文书上签字而已,文帝这才放心。文帝每年拨付相府的钱有两千万,其他物品也与此差不多。但是刘义恭生性奢侈,费用常常不足,文帝又另外给他一些钱,每年高达一千万。

17 十一月丁亥(初三),北魏国主拓跋焘前往山北。

18 刘宋扬州刺史殷景仁到任后,病情愈加严重,文帝下令,禁止西州道上有车马经过,以免发出声音。癸丑(二十九日),殷景仁去世。

十二月癸亥，以光禄大夫王球为仆射。戊辰，以始兴王
浚为扬州刺史。时浚尚幼，州事悉委后军长史范晔、主簿沈
璞。晔，泰之子；璞，林子之子也。晔寻迁左卫将军，以吏部
郎沈演之为右卫将军，对掌禁旅。又以庾炳之为吏部郎，俱
参机密。演之，劲之曾孙也。

晔有隽才，而薄情浅行，数犯名教，为士流所鄙。性躁
竞，自谓才用不尽，常怏怏不得志。吏部尚书何尚之言于帝
曰："范晔志趣异常，请出为广州刺史。若在内衅成，不得不
加铁钺，铁钺亟行，非国家之美也。"帝曰："始诛刘湛，复迁范
晔，人将谓卿等不能容才，朕信受谗言。但共知其如此，无能
为害也。"

19　是岁，魏宁南将军王慧龙卒，吕玄伯留守其墓，终身
不去。

20　魏主欲以伊馛为尚书，封郡公，馛辞曰："尚书务殷，
公爵至重，非臣年少愚近所宜膺受。"帝问其所欲，对曰："中、
秘二省多诸文士，若恩矜不已，请参其次。"帝善之，以为中护
军将军、秘书监。

21　大秦王杨难当复称武都王。

十八年(辛巳,441)

1　春，正月癸卯，魏以沮渠无讳为征西大将军、凉州牧、
酒泉王。

2　彭城王义康至豫章，辞刺史。甲辰，以义康都督江、
交、广三州诸军事。前龙骧参军巴东扶令育诣阙上表，称："昔
袁盎谏汉文帝曰：'淮南王若道路遇霜露死，陛下有杀弟之名。'

十二月癸亥(初九),文帝任命光禄大夫王球为仆射。戊辰(十四日),任命始兴王刘浚为扬州刺史。当时刘浚年纪幼小,州里具体事务全部委派给后军长史范晔和主簿沈璞。范晔是范泰的儿子,沈璞是沈林子的儿子。不久,范晔提升为左卫将军,同时朝廷任命吏部郎沈演之为右卫将军,共同掌理皇家禁军。文帝还任命庾炳之为吏部郎,都参与处理朝廷机要。沈演之是沈劲的曾孙。

范晔富有才干,却轻薄放荡,多次触犯礼教人伦规范,受到士大夫们的鄙视。他热衷名利,急于进取,自以为才能无法充分发挥,常常闷闷不乐。吏部尚书何尚之对文帝说:"范晔野心太大,志趣与常人不同,应该派他出去担任广州刺史。如果留在朝廷,一旦犯下罪行,就不能不施刑戮,不断施刑戮,不是国家的好事。"文帝说:"刚杀了刘湛,又把范晔赶出京师,别人会议论你们不能包容有才能的人,说我听信谗言。只要我们都知道范晔的问题,他就不能为害朝廷了。"

19　本年,北魏宁南将军王慧龙去世,吕玄伯留守他的墓园,终身不肯离去。

20　北魏国主拓跋焘打算任命伊馛为尚书,封郡公,伊馛辞让说:"尚书职务繁忙重要,公爵地位崇高,不是像我这样的年少愚鲁的臣属所能胜任的。"拓跋焘问他想担任什么职位,伊馛回答说:"中书省、秘书省中的官员大多是文士,如果承蒙赏赐的话,请允许我参加他们的行列。"拓跋焘欣然同意,就任命他为中护军将军、秘书监。

21　自称为大秦王的氐王杨难当,又恢复旧号,称武都王。

宋文帝元嘉十八年(辛巳,公元441年)

1　春季,正月癸卯(二十日),北魏朝廷任命沮渠无讳为征西大将军、凉州牧、酒泉王。

2　刘宋彭城王刘义康抵达豫章,辞去江州刺史的职务。甲辰(二十一日),宋文帝任命刘义康为都督江、交、广三州诸军事。前龙骧参军、巴东人扶令育前往皇宫呈上奏章,说:"当年袁盎劝阻汉文帝说:'淮南王刘长如果在路上遇到风霜而死,陛下有杀弟的罪名。'

文帝不用,追悔无及。彭城王义康,先朝之爱子,陛下之次弟,若有迷谬之愆,正可数之以善恶,导之以义方,奈何信疑似之嫌,一旦黜削,远送南垂!草莱黔首,皆为陛下痛之。庐陵往事,足为龟鉴。恐义康年穷命尽,奄忽于南,臣虽微贱,窃为陛下羞之。陛下徒知恶枝之宜伐,岂知伐枝之伤树?伏愿亟召义康返于京甸,兄弟协和,群臣辑睦,则四海之望塞,多言之路绝矣。何必司徒公、扬州牧然后可以置彭城王哉。若臣所言于国为非,请伏重诛以谢陛下。"表奏,即收付建康狱,赐死。

裴子野论曰:夫在上为善,若云行雨施,万物受其赐;及其恶也,若天裂地震,万物所惊骇,其谁弗知,其谁弗见!岂戮一人之身,钳一夫之口,所能攘逃,所能弭灭哉?是皆不胜其忿怒而有增于疾疹也。以太祖之含弘,尚掩耳于彭城之戮。自斯以后,谁易由言!有宋累叶,罕闻直谅,岂骨鲠之气,俗愧前古?抑时王刑政使之然乎?张约陨于权臣,扶育毙于哲后,宋之鼎镬,吁,可畏哉!

3 魏新兴王俊荒淫不法,三月庚戌,降爵为公。俊母先得罪死,俊积怨望,有逆谋。事觉,赐死。

4 辛亥,魏赐郁久闾乞列归爵为朔方王,沮渠万年为张掖王。

5 夏,四月,沮渠唐儿叛沮渠无讳。无讳留从弟天周守酒泉,与弟宜得引兵击唐儿,唐儿败死。魏以无讳终为边患,庚辰,遣镇南将军奚眷击酒泉。

汉文帝刘恒没有接受，后悔也来不及了。彭城王刘义康是先帝钟爱的儿子，是陛下的二弟，一时糊涂犯了错误，陛下可以用善恶的标准责备他，引导他走向一条正确的道路，怎么可以相信未加证实的嫌疑，一日之间罢官黜爵，贬谪到南方边陲！荒野小民，都为陛下痛心。庐陵王被迁被杀的往事，足以引为借鉴。深恐刘义康一旦不幸丧命，死在南方，我虽然身份低微卑贱，也暗为陛下羞惭。陛下只知坏掉的枝叶应该砍掉，怎么不知道砍枝叶也会伤及树干呢？我诚心希望陛下把刘义康迅速召回京师，兄弟和睦友爱，君臣互相勉励，这样，四海之内的怨恨就会消除了，诽谤的谣言也可以息止了。并不一定非要重新把彭城王置于司徒公、扬州牧的位置上啊！如果我的话对国家有害，我愿意被处死向陛下谢罪。"奏章呈上以后，朝廷便把他逮捕，投入建康监狱，命他自杀。

　　裴子野评论说：身居高位的人行善施恩，就如同聚集云彩，降下甘霖，天下万物都得到他的恩惠；可是，身居高位的人做下恶事，就如同天崩地裂，天下万物所受到的惊恐，谁不知道，谁看不到！岂是夺去一个人的性命，钳住一个人的口舌就能掩盖逃脱、就能消灭的？这都是因为不能克制自己的怒火，而加重已有的疾病呀！以刘义隆的宽宏大度，还要对杀害刘义康的劝谏掩耳不听。从此以后，谁还敢轻易说话！刘宋一朝几代，很少有直言谏诤的人，这岂是朝中正直骨鲠的大臣不如古人？还是当时政治、刑法不够开明造成的结果？张约冤死在权臣手中，扶令育却死在明君的手里，刘宋的杀人法网酷刑，唉！真可怕呀！

　　3　北魏新兴王拓跋俊荒淫不法，三月庚戌（二十八日），降为公爵。拓跋俊的母亲在这以前因罪被杀，拓跋俊一直心怀怨恨，阴谋反叛朝廷。事情泄漏，被赐死。

　　4　辛亥（二十九日），北魏封柔然汗国郁久闾乞列归为朔方王，封沮渠万年为张掖王。

　　5　夏季，四月，敦煌太守沮渠唐儿背叛了沮渠无讳。沮渠无讳留下他的堂弟沮渠天周镇守酒泉，他亲自与他的弟弟沮渠宜得率兵追击沮渠唐儿，沮渠唐儿战败身死。北魏朝廷担心沮渠无讳早晚是边疆的隐患，庚辰（二十八日），北魏国主拓跋焘派镇南将军奚眷进攻酒泉。

6　秋，八月辛亥，魏遣散骑侍郎张伟来聘。

7　九月戊戌，魏永昌王健卒。

8　冬，十一月戊子，王球卒。己亥，以丹杨尹孟颛为尚书仆射。

9　酒泉城中食尽，万馀口皆饿死，沮渠天周杀妻以食战士。庚子，魏奚眷拔酒泉，获天周，送平城，杀之。沮渠无讳乏食，且畏魏兵之盛，乃谋西度流沙，遣其弟安周西击鄯善。鄯善王欲降，会魏使者至，劝令拒守。安周不能克，退保东城。

10　氐王杨难当倾国入寇，谋据蜀土，遣其建忠将军苻冲出东洛以御梁州兵。梁、秦二州刺史刘真道击冲斩之。真道，怀敬之子也。难当攻拔葭萌，获晋寿太守申坦，遂围涪城。巴西、梓潼二郡太守刘道锡婴城固守，难当攻之十馀日，不克，乃还。道锡，道产之弟也。十二月癸亥，诏龙骧将军裴方明等帅甲士三千人，又发荆、雍二州兵以讨难当，皆受刘真道节度。

11　晋宁太守爨松子反，宁州刺史徐循讨平之。

12　天门蛮田向求等反，破溇中。荆州刺史衡阳王义季遣行参军曹孙念讨破之。

13　魏寇谦之言于魏主曰："今陛下以真君御世，建静轮天宫之法，开古以来，未之有也。应登受符书以彰圣德。"帝从之。

6　秋季，八月辛亥(初一)，北魏派散骑侍郎张伟出访刘宋。

7　九月戊戌(十九日)，北魏永昌王拓跋健去世。

8　冬季，十一月戊子(初十)，刘宋仆射王球去世。己亥(二十一日)，刘宋朝廷任命丹杨尹孟颉为尚书仆射。

9　被北魏围困的酒泉城中粮食吃尽，一万多人饿死，守将沮渠天周杀掉自己的妻子，分送战士们充饥。庚子(二十二日)，北魏军将领奚眷攻克酒泉城，俘虏了沮渠天周，押送到平城斩首。沮渠无讳的军中也缺乏粮食，又害怕北魏的强大兵力，于是打算向西渡过沙漠，派他的弟弟沮渠安周向西进攻鄯善国。鄯善国王打算投降，正巧北魏的使臣赶到，劝他坚决防守。因此沮渠安周难以攻克，只好撤退，固守已占据的东城。

10　氐王杨难当动员全国的兵马入侵刘宋，计划占据蜀地，派他手下的战将、建忠将军符冲，从东洛出兵抵御刘宋梁州的军队。刘宋梁、秦二州刺史刘真道迎击符冲，斩杀了符冲。刘真道是刘怀敬的儿子。杨难当攻陷葭萌，俘获了宋晋寿太守申坦，进而又包围了涪城。刘宋巴西、梓潼二郡太守刘道锡绕城固守，杨难当连续进攻十多日，不能攻克，于是返回。刘道锡是刘道产的弟弟。十二月癸亥(十五日)，刘宋文帝下诏，命令龙骧将军裴方明等率领全副武装的士卒三千人，又征调荆州、雍州二州的兵力讨伐杨难当，都由刘真道统一指挥。

11　刘宋晋宁太守爨松子谋反，宁州刺史徐循镇压了叛军。

12　天门蛮族酋长田向求等人谋反，攻陷溇中。刘宋荆州刺史、衡阳王刘义季派遣代理参军曹孙念彻底平定叛乱。

13　北魏道士寇谦之对北魏国主拓跋焘说："现在陛下是以真君的名义统治天下，建立静轮天宫大法，这是开天辟地以来从未有过的事。应该登台接受符书表彰和宣扬皇上圣明的恩德。"拓跋焘同意了。

卷第一百二十四　宋纪六

起壬午(442)尽丙戌(446)凡五年

太祖文皇帝中之中

元嘉十九年(壬午,442)

1　春,正月甲申,魏主备法驾,诣道坛受符箓,旗帜尽青。自是每帝即位皆受箓。谦之又奏作静轮宫,必令其高不闻鸡犬,欲以上接天神。崔浩劝帝为之,功费万计,经年不成。太子晃谏曰:“天人道殊,卑高定分,不可相接,理在必然。今虚耗府库,疲弊百姓,为无益之事,将安用之!必如谦之所言,请因东山万仞之高,为功差易。”帝不从。

2　夏,四月,沮渠无讳将万馀家,弃敦煌西就沮渠安周。未至,鄯善王比龙畏之,将其众奔且末,其世子降于安周。无讳遂据鄯善,其士卒经流沙渴死者太半。

李宝自伊吾帅众二千入据敦煌,缮修城府,安集故民。

沮渠牧犍之亡也,凉州人阚爽据高昌,自称太守。唐契为柔然所逼,拥众西趋高昌,欲夺其地。柔然遣其将阿若追击之,契败死。契弟和收馀众奔车师前部王伊洛。时沮渠安周屯横截城,和攻拔之,又拔高宁、白力二城,遣使请降于魏。

太祖文皇帝中之中

宋文帝元嘉十九年(壬午,公元442年)

1 春季,正月甲申(初七),北魏国主拓跋焘备好车驾,打着全青色的旗帜来到道教神坛前接受符箓。从此以后,北魏每位皇帝即位时都要接受符箓。寇谦之又奏请建造静轮宫,并一定要建得很高,高到人在上面听不到鸡鸣犬吠之声,目的是想伸到天上与天神相接。宰相崔浩也力劝太武帝拓跋焘兴建,花费了数以万计的财力物力,建了几年仍未完工。太子拓跋晃劝谏太武帝说:"上天与世人的道不同,谁高谁低已有定分,二者不能相接,这是理所当然的事。现在我们白白地浪费财力物力,老百姓也累得疲惫不堪,做这种无益的事,干什么呢?如果一定要照寇谦之所说的去做,我请求建造在万仞高的东山上,这样做,工事就容易些。"太武帝没有接受。

2 夏季,四月,沮渠无讳率领一万多家舍弃敦煌,西去沮渠安周那里与他会合。还没有到,鄯善王比龙已经很害怕,他率领人马逃到且末,他的世子向沮渠安周投降。沮渠无讳于是占据了鄯善,但他的士卒在过沙漠地区时因干渴而死亡的人超过了一半。

逃亡到伊吾的李宝这时又从伊吾率将士两千人进占了敦煌,修缮敦煌城府,安定集结当地百姓。

沮渠牧犍从高昌逃走之后,凉州人阚爽占据了高昌并自封太守。唐契由于受柔然国逼迫难以忍受,于是率其部下西去高昌,并想攻取高昌。柔然派遣大将阿若追杀他们,唐契战败而亡。唐契的弟弟唐和召集残馀将士投奔车师前部王伊洛。这时,沮渠安周正屯居在横截城,唐和攻克了横截城,又攻克了高宁、白力二城,并派遣使节前往北魏,请求归降。

3 甲戌,上以疾愈,大赦。

4 五月,裴方明等至汉中,与刘真道等分兵攻武兴、下辩、白水,皆取之。杨难当遣建节将军符弘祖守兰皋,使其子抚军大将军和将重兵为后继。方明与弘祖战于浊水,大破之,斩弘祖。和退走,追至赤亭,又破之。难当奔上邽,获难当兄子建节将军保炽。难当以其子虎为益州刺史,守阴平,闻难当走,引兵还,至下辩。方明使其子肃之邀击之,擒虎,送建康,斩之,仇池平。以辅国司马胡崇之为北秦州刺史,镇其地。立杨保炽为杨玄后,使守仇池。魏人遣中山王辰迎杨难当诣平城。秋七月,以刘真道为雍州刺史,裴方明为梁、南秦二州刺史。方明辞不拜。

丙寅,魏主使安西将军古弼督陇右诸军及殿中虎贲与武都王杨保宗自祁山南入,征西将军渔阳皮豹子与琅邪王司马楚之督关中诸军自散关西入,俱会仇池。又使谯王司马文思督洛、豫诸军南趋襄阳,征南将军刁雍东趋广陵,移书徐州,称为杨难当报仇。

5 甲戌晦,日有食之。

6 唐契之攻阚爽也,爽遣使诈降于沮渠无讳,欲与之共击契。八月,无讳将其众趋高昌,比至,契已死,爽闭门拒之。九月,无讳将卫兴奴夜袭高昌,屠其城,爽奔柔然。无讳据高昌,遣其常侍氾隽奉表诣建康。诏以无讳都督凉河沙三州诸军事、征西大将军、凉州刺史、河西王。

7 冬,十月己卯,魏立皇子伏罗为晋王,翰为秦王,谭为燕王,建为楚王,余为吴王。

8 甲申,柔然遣使诣建康。

3　甲戌(二十八日)，刘宋文帝刘义隆因病痊愈，大赦天下。

4　五月，龙骧将军裴方明等抵达汉中，他联合梁州刺史刘真道等人分别派兵攻取了武兴、下辩、白水三地。杨难当派遣建节将军符弘祖据守兰皋城，又派他自己的儿子抚军大将军杨和率重兵作为他的后续部队。裴方明与符弘祖在浊水大战，裴方明大胜，将符弘祖斩首。杨和溃退而逃，裴方明追到了赤亭，又把杨和击败。杨难当逃奔到了上邽，裴方明生擒杨难当的侄子、建节将军杨保炽。杨难当任命自己的儿子杨虎为益州刺史，镇守阴平，杨虎听说杨难当离开上邽，便率兵返回，走到下辩。裴方明已派他的儿子裴肃之赶来拦击，抓获杨虎，押送到建康斩首，仇池平定。刘宋朝廷派辅国司马胡崇之担任北秦州刺史，镇守该地。又命杨保炽承继杨玄王位，驻守仇池。北魏朝廷派遣中山王拓跋辰迎接杨难当到平城。秋季，七月，任命刘真道做雍州刺史，裴方明为梁、南秦二州刺史。但裴方明辞谢了。

丙寅(二十二日)，北魏国主派安西将军古弼督统陇右各支军队及朝廷内的勇士与武都王杨保宗从祁山向南开进，征西将军渔阳人皮豹子与琅邪王司马楚之督统关中的诸路军队从散关向西开进，两路人马在仇池会师。又派谯王司马文思督统洛、豫各支部队南近襄阳，征南将军习雍东近广陵，并派人将文告传送到徐州，声称替杨难当报仇。

5　甲戌晦(三十日)，出现日食。

6　唐契向阚爽进攻，阚爽派使节诈降沮渠无讳，表示与沮渠无讳共同攻打唐契。八月，沮渠无讳率兵前往高昌，将要到达时，唐契已战死，阚爽紧闭城门拒绝会见沮渠无讳。九月，沮渠无讳带领卫兴奴夜袭高昌，血洗全城。阚爽投奔柔然。沮渠无讳占据高昌，派常侍氾隽带着奏表到了建康。刘宋文帝下诏任命沮渠无讳为都督凉、河、沙三州诸军事、征西大将军、凉州刺史和河西王。

7　冬季，十月己卯(初六)，北魏封皇子拓跋伏罗为晋王，拓跋翰为秦王，拓跋谭为燕王，拓跋建为楚王，拓跋余为吴王。

8　甲申(十一日)，柔然派使节到宋都城建康。

9　十二月辛巳,魏襄城孝王卢鲁元卒。

10　丙申,诏鲁郡修孔子庙及学舍,蠋墓侧五户课役以供洒扫。

11　李宝遣其弟怀达、子承奉表诣平城。魏人以宝为都督西垂诸军事、镇西大将军、开府仪同三司、沙州牧、敦煌公,四品以下听承制假授。

12　雍州刺史晋安襄侯刘道产卒。道产善为政,民安其业,小大丰赡,由是民间有《襄阳乐歌》。山蛮前后不可制者皆出,缘沔为村落,户口殷盛。及卒,蛮追送至沔口。未几,群蛮大动,征西司马朱脩之讨之,不利。诏建威将军沈庆之代之,杀虏万馀人。

13　魏主使尚书李顺差次群臣,赐以爵位。顺受贿,品第不平。是岁,凉州人徐桀告之,魏主怒,且以顺保庇沮渠氏,面欺误国,赐顺死。

二十年(癸未,443)

1　春,正月,魏皮豹子进击乐乡,将军王奂之等败没。魏军进至下辩,将军强玄明等败死。二月,胡崇之与魏战于浊水,崇之为魏所擒,馀众走还汉中。将军姜道祖兵败,降魏,魏遂取仇池。杨保炽走。

2　丙午,魏主如恒山之阳。三月庚申,还宫。

3　壬戌,乌洛侯国遣使如魏。初,魏之居北荒也,凿石为庙,在乌洛侯西北,以祀其先,高七十尺,深九十步。及乌洛侯使者至魏,言石庙具在,魏主遣中书侍郎李敞诣石庙致祭,刻祝文于壁而还,去平城四千馀里。

9　十二月辛巳(二十四日),北魏襄城孝王卢鲁元去世。

10　丙申(二十四日),刘宋文帝下诏,让鲁郡修缮孔庙及学校房舍。免除孔子墓地附近五家住户的赋税差役,让他们清扫保护孔庙。

11　李宝派他的弟弟李怀达、儿子李承带着奏表到达平城。北魏任命李宝为都督西垂诸军事、镇西大将军、开府仪同三司、沙州牧和敦煌公,四品以下官员均由他秉承皇帝旨意全权委派。

12　刘宋雍州刺史晋安襄侯刘道产去世。刘道产善于治理政务,老百姓安居乐业,户户富庶,因此,民间流传有《襄阳乐歌》。一直藏在山中没人能制服的山蛮,在刘道产执政时都走出深山,沿着沔水定居下来,而且人丁兴旺。刘道产死后,山蛮一直送他的灵柩到沔口。不久,山蛮纷纷叛乱,征西司马朱脩之出兵讨伐,没有成功。文帝诏令建威将军沈庆之代替朱脩之前去讨伐山蛮,结果杀伤俘虏山蛮一万多人。

13　北魏国主让尚书李顺评定文武百官的等级,并据此来进行封赏赐爵。李顺接受贿赂,所定等级极不公平。这年,凉州人徐桀告发了他,魏主大怒,又想起李顺庇护北凉沮渠氏一事,认为李顺是在公开欺君误国,所以命令李顺自杀。

宋文帝元嘉二十年(癸未,公元443年)

1　春季,正月,北魏征西将军皮豹子进犯乐乡,刘宋将军王奂之等战败,全军覆灭。北魏军队进抵下辨,刘宋将军强玄明等战败而亡。二月,刘宋刺史胡崇之与北魏军队在浊水相战,胡崇之被北魏所俘,剩馀的部下士卒逃回汉中。将军姜道祖也大败,投降了北魏,北魏于是夺取了仇池。杨保炽逃走。

2　丙午,北魏国主前往恒山之南。三月庚申(二十日),魏主回到皇宫。

3　壬戌(二十二日),乌洛侯国派使节前往北魏。当初,北魏居住在荒凉的北方边地的时候,在乌洛侯国的西北祭祀祖先,凿石头建寺庙,高七十尺,深九十步。乌洛侯使者到达北魏的时候,说石庙仍在,魏主便派中书侍郎李敞到石庙去祭祀。李敞在石庙的墙壁上刻下祝文后返回,石庙距平城四千多里。

4　魏河间公齐与武都王杨保宗对镇雒谷,保宗弟文德说保宗,令闭险自固以叛魏。或以告齐,夏四月,齐诱执保宗,送平城,杀之。前镇东司苻达、征西从事中郎任朓等遂举兵立杨文德为主,据白崖,分兵取诸戍,进围仇池,自号征西将军、秦河梁三州牧、仇池公。

5　甲午,立皇子诞为广陵王。

6　丁酉,魏大赦。

7　己亥,魏主如阴山。

8　五月,魏古弼发上邽、高平、岍城诸军击杨文德,文德退走。皮豹子督关中诸军至下辩,闻仇池解围,欲还。弼遣人谓豹子曰:“宋人耻败,必将复来。军还之后,再举为难,不如练兵蓄力以待之。不出秋冬,宋师必至。以逸待劳,无不克矣。”豹子从之。魏以豹子为仇池镇将。

杨文德遣使来求援。秋,七月癸丑,诏以文德为都督北秦雍二州诸军事、征西大将军、北秦州刺史、武都王。文德屯葭芦城,以任朓为左司马。武都、阴平氐多归之。

9　甲子,前雍州刺史刘真道、梁南秦二州刺史裴方明坐破仇池减匿金宝及善马,下狱死。

10　九月辛巳,魏主如漠南。甲辰,舍辎重,以轻骑袭柔然,分军为四道:乐安王范、建宁王崇各统十五将出东道,乐平王丕督十五将出西道,魏主出中道,中山王辰督十五将为后继。

4　北魏河间公拓跋齐和武都王杨保宗分别驻守在雒谷两旁。杨保宗的弟弟杨文德劝杨保宗据守险要,以此背叛北魏。有人将此报告给了拓跋齐。夏季,四月,拓跋齐诱使杨保宗前来并抓住了他,将他押送平城杀掉。前任镇东将军苻达、征西从事中郎任胐等于是起兵立杨文德为盟主,占据白崖,分几路大军夺取各个据点,进兵包围了仇池,杨文德自封为征西将军,秦、河、梁三州牧和仇池公。

5　甲午(二十四日),刘宋立皇子刘诞为广陵王。

6　丁酉(二十七日),北魏实行大赦。

7　己亥(二十九日),北魏国主拓跋焘前去阴山。

8　五月,北魏安西将军古弼征发上邽、高平、岍城等地的几支军队进攻杨文德,杨文德退走。征西将军皮豹子督统关中各路大军到下辩,听说仇池解除围困,打算回去。古弼马上派人对皮豹子说:"宋国耻于这次战败,一定会再回来。你的军队回去之后,再次举兵是很难的,不如在此训练士卒,积蓄力量等待宋兵。出不了秋冬二季,宋军一定会来。我们以逸待劳,没有不能攻克的。"皮豹子听从了他的话。北魏任命皮豹子做仇池镇将。

杨文德派使节来宋求援。秋季,七月,癸丑(十四日),刘宋文帝下诏,任命杨文德为都督北秦、雍二州诸军事、征西大将军、北秦州刺史、武都王。杨文德屯兵葭芦城,任命任胐为左司马。武都、阴平一带的氐人大多归附于他。

9　甲子(二十五日),刘宋前雍州刺史刘真道,梁、南秦二州刺史裴方明被查出在仇池侵吞金银财宝及良马一事,被抓进牢狱,处以死刑。

10　九月辛巳,北魏国主前往漠南。甲辰(初六),魏军舍弃辎重,率轻骑袭击柔然。分兵四路:乐安王拓跋范、建宁王拓跋崇各率十五名将领从东路进军,乐平王拓跋丕督统十五名将领从西路进军,北魏国主从中路进军,中山王拓跋辰督统十五名将领作为后援。

　　魏主至鹿浑谷,遇敕连可汗。太子晃言于魏主曰:"贼不意大军猝至,宜掩其不备,速进击之。"尚书令刘絜固谏,以为"贼营中尘盛,其众必多,出至平地,恐为所围,不如须诸军大集,然后击之"。晃曰:"尘之盛者,由军士惊怖扰乱故也,何得营上而有此尘乎!"魏主疑之,不急击。柔然遁去,追至石水,不及而还。既而获柔然候骑曰:"柔然不觉魏军至,上下惶骇,引众北走,经六七日,知无追者,乃始徐行。"魏主深恨之。自是军国大事,皆与太子谋之。

　　司马楚之别将兵督军粮,镇北将军封沓亡降柔然,说柔然令击楚之以绝军食。俄而军中有告失驴耳者,诸将莫晓其故,楚之曰:"此必贼遣奸人入营觇伺,割驴耳以为信耳。贼至不久,宜急为之备。"乃伐柳为城,以水灌之令冻。城立而柔然至,冰坚滑,不可攻,乃散走。

　　11　十一月,将军姜道盛与杨文德合众二万攻魏浊水戍,魏皮豹子、河间公齐救之,道盛败死。

　　12　甲子,魏主还,至朔方,下诏令皇太子副理万机,总统百揆。且曰:"诸功臣勤劳日久,皆当以爵归第,随时朝请,飨宴朕前,论道陈谟而已,不宜复烦以剧职。更举贤俊以备百官。"十二月丁卯,魏主还平城。

北魏国主来到鹿浑谷,正好与柔然国的敕连可汗相遇。太子拓跋晃对北魏国主说:"柔然贼兵没想到我们的大部队突然到此,我们该趁他们没有防备时立刻进攻。"尚书令刘絜却竭力劝阻,他认为:"柔然军营中尘土很大,他们的人一定很多,到平地去与他们交战,恐怕会被柔然军队包围,不如等到各路大军会集到这里之后再攻打。"拓跋晃说:"柔然军营尘土飞扬,是因为柔然士卒惊慌失措到处乱跑所造成的,不然,怎么会在军营上空有如此多的尘土呢!"魏主为此也将信将疑,没有马上攻打。柔然部队趁机逃走,魏主追赶到石水,没有追上而返回。不久,俘获了柔然的侦察骑兵说:"柔然国没有发觉魏兵的到来,所以当得知魏兵已到时,整个军营慌作一团,敕连可汗赶快率将士向北而逃,跑了六七天,知道后面没有追赶的魏兵,才开始缓步行进。"魏主听后非常后悔。从此以后,每遇军队或国家大事,魏主都要和拓跋晃商量。

琅邪王司马楚之另外率领一支部队督运军粮。镇北将军封沓逃走归降柔然,他劝说柔然攻打司马楚之,以断绝北魏兵士的粮饷。不久,司马楚之军中有人报告说有一头驴子的耳朵没有了,各位将领不知这是什么缘故,司马楚之说:"这一定是贼军派奸人偷偷到我们这里察看动静,割掉一只驴的耳朵作为证据。贼军马上就会来进犯,我们应该迅速做好准备。"于是,司马楚之命砍伐柳树建造城堡,然后把水浇在上面使之结冰。城堡刚刚建好,柔然兵就到了,由于城堡地面冰坚而滑,柔然兵无法攻城,于是就撤走了。

11　十一月,刘宋将军姜道盛同杨文德合兵共两万人,攻打北魏的浊水戍。北魏皮豹子和河间公拓跋齐赶来营救,姜道盛战败身亡。

12　甲子(二十七日),北魏国主拓跋焘在返回京城的途中来到朔方,下诏让太子拓跋晃协佐总管全国日常事务,统领文武百官。拓跋焘还说:"各位功臣劳苦很长时间了,都应该按自己的爵位回到府中去养老。按时朝见或在朕面前参加宴会,谈论一些治国之道,陈述一下自己的见解,这样也就可以了,不适于再担任繁重的职务来劳烦自身。我们要另外推荐贤能俊才来完备百官职位。"十二月丁卯(初一),北魏国主返回平城。

二十一年(甲申,444)

1　春,正月己亥,帝耕藉田,大赦。

2　壬寅,魏太子始总百揆,命侍中、中书监穆寿、司徒崔浩、侍中张黎、古弼辅太子决庶政,上书者皆称臣,仪与表同。

古弼为人,忠慎质直。尝以上谷苑囿太广,乞减太半以赐贫民,入见魏主,欲奏其事。帝方与给事中刘树围棋,志不在弼。弼侍坐良久,不获陈闻。忽起,捽树头,掣下床,搏其耳,殴其背,曰:"朝廷不治,实尔之罪!"帝失容,舍棋曰:"不听奏事,朕之过也,树何罪!置之!"弼具以状闻,帝皆可其奏。弼曰:"为人臣无礼至此,其罪大矣。"出诣公车,免冠徒跣请罪。帝召入,谓曰:"吾闻筑社之役,蹇蹶而筑之,端冕而事之,神降之福。然则卿有何罪!其冠履就职。苟可以利社稷,便百姓者,竭力为之,勿顾虑也。"

太子课民稼穑,使无牛者借人牛以耕种,而为之芸田以偿之,凡耕种二十二亩而芸七亩,大略以是为率。使民各标姓名于田首以知其勤惰,禁饮酒游戏者。于是垦田大增。

3　戊申,魏主诏:"王、公以下至庶人,有私养沙门、巫觋于家者,皆遣诣官曹。过二月十五日不出,沙门、巫觋死,主人门诛。"庚戌,又诏:"王、公、卿、大夫之子皆诣太学,其百工、商贾之子,当各习父兄之业,毋得私立学校。违者,师死,主人门诛。"

宋文帝元嘉二十一年(甲申,公元444年)

1 春季,正月己亥(初三),刘宋文帝举行亲耕仪式,实行大赦。

2 壬寅(初六),北魏太子拓跋晃开始总管百官事务。拓跋焘任命侍中兼中书监穆寿,司徒崔浩,侍中张黎、古弼辅佐太子拓跋晃裁决日常政务。凡上书给太子时都要称臣,礼仪与所称呼的尊卑一致。

古弼为人忠厚谨慎,善良正直。曾经因为上谷的皇家苑囿占地面积太大而请求减去一半面积,赐给贫民百姓,他进宫觐见拓跋焘,打算奏请这件事。拓跋焘正在同给事中刘树下围棋,他的心思没在古弼身上。古弼坐等许久,没有得到说话的机会,他忽然跳起来,揪住刘树的头发,把他拉下床,揪着他的耳朵殴打他的后背,说:"朝廷没有治理好,实在是你的罪过!"太武帝拓跋焘大惊失色,放下棋子说:"不听你奏请事情,是我的过错,刘树有什么罪过!放了他!"古弼把要奏请的事情全都说了出来,太武帝完全同意。古弼说:"我身为臣属,竟无礼到这种程度,罪过实在太大。"说完出宫来到公车官署,脱掉帽子、光着脚请求处罚。太武帝拓跋焘召他入宫,对他说:"我听说过建造社坛的工事,是要一跛一拐地去干活。完工后,要衣冠端正地去祭祀,神灵就降福于他。可是你有什么罪过呢!戴上帽子穿上鞋做你该做的事去吧。如果是对国家有利,方便百姓的事,就要尽全力去做,不要有任何顾虑。"

太子拓跋晃督促百姓种庄稼,让没有牛的人家去向有牛的人家借牛来耕种,然后再替有牛的人家锄地来作为偿还,通常是耕种二十二亩,替人家锄地七亩,大概都以这种比例来进行。让百姓把自己的姓名标在地头,这样就可以看到谁勤谁懒。同时,下令禁止百姓喝酒和游玩。因此,开垦的农田面积大大增加。

3 戊申(十二日),北魏国主拓跋焘下诏说:"王、公以下直到平民,私自在家供养僧侣、男女巫师的人都要送到官府。超过二月十五日而不交出者,处死僧侣和巫师,私藏者满门抄斩。"庚戌(十四日),又下诏说:"王、公、卿、大夫的儿子都要送到太学读书,而百工、商人之子,都要学习并继承父兄的职业,不能私设学校。违犯规定的,老师处死,当事人全家抄斩。"

4　二月辛未,魏中山王辰、内都坐大官薛辨、尚书奚眷等八将坐击柔然后期,斩于都南。

初,魏尚书令刘絜,久典机要,恃宠自专,魏主心恶之。及将袭柔然,絜谏曰:"蠕蠕迁徙无常,前者出师,劳而无功,不如广农积谷以待其来。"崔浩固劝魏主行,魏主从之。絜耻其言不用,欲败魏师。魏主与诸将期会鹿浑谷,絜矫诏易其期。帝至鹿浑谷六日,诸将不至,柔然遂远遁,追之不及。军还,经漠中,粮尽,士卒多死。絜阴使人惊魏军,劝帝委军轻还,帝不从。絜以军出无功,请治崔浩之罪。帝曰:"诸将失期,遇贼不击,浩何罪也!"浩以絜矫诏事白帝,帝至五原,收絜,囚之。帝之北行也,絜私谓所亲曰:"若车驾不返,吾当立乐平王。"絜闻尚书右丞张嵩家有图谶,问曰:"刘氏应王,继国家后,吾有姓名否?"嵩曰:"有姓无名。"帝闻之,命有司穷治,索嵩家,得谶书。事连南康公狄邻,絜、嵩、邻皆夷三族,死者百馀人。絜在势要,好作威福,诸将破敌,所得财物皆与絜分之。既死,籍其家,财巨万,帝每言之则切齿。

癸酉,乐平戾王丕以忧卒。初,魏主筑白台,高二百馀尺。丕梦登其上,四顾不见人,命术士董道秀筮之,道秀曰:"大吉。"丕默有喜色。及丕卒,道秀亦坐弃市。高允闻之,曰:"夫筮者皆当依附爻象,劝以忠孝。王之问道秀也,道秀宜曰:'穷高为亢。《易》曰:"亢龙有悔。"又曰:"高而无民。"皆不祥也,王不可以不戒。'如此,则王安于上,身全于下矣。道秀反之,宜其死也。"

4 二月辛未(初六),北魏中山王拓跋辰、内都坐大官薛辨、尚书奚眷等八名将领因在攻打柔然时没能按时到达,在平城南郊被斩首。

当初,北魏尚书令刘絜长期主管朝廷机要事务,他依仗主上的宠信,独断专行,北魏国主拓跋焘厌恶他。北魏要去攻袭柔然汗国时,刘絜劝谏说:"柔然经常迁徙,没有固定居处,上次我们出兵,劳而无功,不如扩大农业生产、广屯粮食,等待他们前来。"司徒崔浩则坚持劝魏主前去征讨,拓跋焘接受了他的建议。刘絜为自己的建议未被采纳而感到羞愧,打算想办法使北魏军队打败仗。魏主与各位将领约好日期在鹿浑谷会师,刘絜却假传诏令,私改了日期。太武帝拓跋焘到达鹿浑谷已经六天,其他将领还未到达,柔然王于是远远逃走,北魏将士追赶而未追上。北魏军队回师,途经沙漠地带,粮食已经吃完,将士死了很多。刘絜又私下派人惊扰魏军军心,刘絜本人力劝太武帝抛下军队自己轻装回京,太武帝没有接受。刘絜以这次军队出师无功而要求追究崔浩的罪责。太武帝说:"各路将领延误了会师日期,我自己遇上贼兵而没有攻打,崔浩有什么罪呢!"崔浩把刘絜假传诏令之事告诉了太武帝,太武帝抵达五原,将刘絜逮捕囚禁起来。太武帝北征时,刘絜暗中对与他亲近的人说:"如果车驾回不来了,我就拥立乐平王拓跋丕做皇帝。"刘絜听说尚书右丞张嵩家藏有图谶,就问张嵩:"刘氏应该称王,承继国家以后的大业,那里有我的姓名吗?"张嵩说:"有姓而没有名。"太武帝听到这件事后,命令有关部门严厉追究查治,搜查张嵩家宅,果然得到了那本谶书。这件事还牵连了南康公狄邻。最终,刘絜、张嵩和狄邻都被屠灭三族,死了一百多人。刘絜在位时,喜欢作威作福,将领们打败了敌人,得到的财宝都要与他同分。刘絜被处死后,查抄他的家,财产以万万计。太武帝每次谈起这件事都恨得咬牙切齿。

癸酉(初八),乐平庚王拓跋丕忧虑过度而去世。当初,魏主曾建造白台,高二百多尺。拓跋丕梦见自己登上了白台,四处望去却不见人影,他叫术士董道秀为他占卜,董道秀说:"大吉。"拓跋丕面露喜色。等到拓跋丕去世,董道秀也因罪被押往刑场斩首。高允听说这件事后,说:"占卜的人都应当按照六爻的形象去规劝人们忠于国家孝敬父母。乐平王向董道秀问卦时,董道秀应该说:'高到极点就是亢。《易经》说:"亢龙有悔。"又说:"高则无民。"都是不吉祥的兆头,乐平王不能不以此为戒。'如果这样,在上,乐平王平安无事;在下,董道秀保全性命。董道秀却反其道而行之,他当然应该被处死。"

5　庚辰,魏主幸庐。

6　己丑,江夏王义恭进位太尉,领司徒。

7　庚寅,以侍中、领右卫将军沈演之为中领军,左卫将军范晔为太子詹事。

8　辛卯,立皇子宏为建平王。

9　三月甲辰,魏主还宫。

10　癸丑,魏主遣司空长孙道生镇统万。

11　夏,四月乙亥,魏侍中、太宰、阳平王杜超为帐下所杀。

12　六月,魏北部民杀立义将军衡阳公莫孤,帅五千馀落北走,遣兵追击之,至漠南,杀其渠师,馀徙冀、相、定三州为营户。

13　吐谷浑王慕利延兄子纬世与魏使者谋降魏,慕利延杀之。是月,纬世弟叱力延等八人奔魏,魏以叱力延为归义王。

14　沮渠无讳卒,弟安周代立。

15　魏入中国以来,虽颇用古礼祀天地、宗庙、百神,而犹循其旧俗,所祀胡神甚众。崔浩请存合于祀典者五十七所,其馀复重及小神悉罢之。魏主从之。

16　秋,七月癸卯,魏东雍州刺史沮渠秉谋反,伏诛。

17　八月乙丑,魏主畋于河西,尚书令古弼留守。诏以肥马给猎骑,弼悉以弱者给之。帝大怒曰:“笔头奴敢裁量朕!朕还台,先斩此奴!”弼头锐,故帝常以笔目之。弼官属惶怖,恐并坐诛,弼曰:“吾为人臣,不使人主盘于游畋,其罪小;不备不虞,乏军国之用,其罪大。今蠕蠕

5　庚辰(十五日),北魏国主来到庐地。

6　己丑(二十四日),刘宋江夏王刘义恭晋升太尉,兼任司徒。

7　庚寅(二十五日),刘宋任命侍中兼右卫将军沈演之为中领军,左卫将军范晔为太子詹事。

8　辛卯(二十六日),刘宋立皇子刘宏为建平王。

9　三月甲辰(初九),北魏国主回到皇宫。

10　癸丑(十八日),北魏国主派司空长孙道生镇守统万。

11　夏季,四月乙亥(十一日),北魏侍中、太宰、阳平王杜超被手下的卫士杀死。

12　六月,北魏北方地区百姓杀了立义将军衡阳公莫孤,聚集五千多帐落向北逃去,北魏朝廷派兵前去追击,追到漠南,杀了他们的首领,其馀的百姓则迁到冀、相、定三州成为营户。

13　吐谷浑可汗慕容慕利延的侄子慕容纬世同北魏使节密谋要向北魏投降,慕容慕利延杀了他。这个月,慕容纬世的弟弟慕容叱力延等八人投奔北魏,北魏朝廷封慕容叱力延为归义王。

14　沮渠无讳去世,他的弟弟沮渠安周代替他为王。

15　北魏进入中原以来,虽然也常常使用古代礼仪来祭祀天地、祖庙和各种神灵,却仍在沿循旧有习俗,祭祀的胡族神很多。司徒崔浩请求只留下符合祭祀典章的五十七所寺庙,其馀重复的寺庙和过小的神祇都取消。魏主同意他的建议。

16　秋季,七月癸卯(初十),北魏东雍州刺史沮渠秉图谋造反,被朝廷处死。

17　八月乙丑(初三),北魏国主太武帝去河西狩猎,尚书令古弼留守平城。太武帝下诏让古弼将肥壮的马送给打猎骑兵,但古弼提供的却全是瘦弱的马。太武帝勃然大怒说:“笔头奴胆敢对我的诏令打折扣。我回去,先斩了这个奴才!”古弼的头长得很尖,太武帝经常把他的脑袋比作笔尖。古弼的属下官员惶然恐怖,唯恐自己受牵连被杀。古弼却说:“我身为人臣,不让皇帝沉湎于游玩狩猎之中,这个罪过是小的;如果不预防国家出现的不测之事,使国家缺少军队所用的物资,这个罪过才是大的。现在柔然

方强,南寇未灭,吾以肥马供军,弱马供猎,为国远虑,虽死何伤!且吾自为之,非诸君之忧也。"帝闻之,叹曰:"有臣如此,国之宝也。"赐衣一袭,马二匹,鹿十头。

他日,魏主复畋于山北,获麋鹿数千头。诏尚书发车五百乘以运之。诏使已去,魏主谓左右曰:"笔公必不与我,汝辈不如以马运之。"遂还。行百馀里,得弼表曰:"今秋谷悬黄,麻菽布野,猪鹿窃食,鸟雁侵费,风雨所耗,朝夕三倍。乞赐矜缓,使得收载。"帝曰:"果如吾言,笔公可谓社稷之臣矣!"

18 魏主使员外散骑常侍高济来聘。

19 戊辰,以荆州刺史衡阳王义季为征北大将军、开府仪同三司、南兖州刺史,以南谯王义宣为荆州刺史。初,帝以义宣不才,故不用,会稽公主屡以为言,帝不得已用之。先赐中诏敕之曰:"师护以在西久,比表求还,今欲听许,以汝代之。师护虽无殊绩,絜己节用,通怀期物,不恣群下,声著西土,为士庶所安,论者乃未议迁之。今之回换,更为汝与师护年时一辈,欲各试其能。汝往,脱有一事减之者,既于西夏交有巨碍,迁代之讥,必归责于吾矣。此事亦易勉耳,无为使人复生评论也!"义宣至镇,勤自课厉,事亦修理。

正处于强盛时期,南方贼寇还未消灭,我把肥壮的马供给军队所用,瘦弱的马供皇帝打猎,这是为国家做长远打算,虽然被处死了又有什么关系呢?况且这一切是我一个人所做的,你们不要担心。"太武帝听说后,感叹说:"我有这样的臣子,是国家之宝啊。"赏赐给古弼一套礼服、两匹马和十头鹿。

又一天,北魏太武帝再次去山北打猎,捕获了几千头麋鹿。太武帝下诏给尚书,让尚书派出五百辆车来运送麋鹿。拿着诏书的信使已经走了,太武帝对左右将士说:"笔头公一定不会给我这么多车,你们不如用马来运送。"说完他就回宫了。太武帝刚走了一百多里,就收到古弼的奏表说:"今年秋天谷穗下垂而且颜色金黄,桑麻大豆遍布在田野里,野猪野鹿偷吃,飞鸟大雁啄食,加之风吹雨打,这样损耗早晚就会相差三倍。乞请您允许推迟延缓运送麋鹿,以便把谷子尽快收割运送完毕。"太武帝说:"果然如我所说的那样,笔头公可称得上是国家栋梁的大臣了!"

18　北魏太武帝派员外散骑常侍高济去刘宋探访。

19　戊辰(初六),刘宋朝廷任命荆州刺史衡阳王刘义季为征北大将军、开府仪同三司和南兖州刺史,南谯王刘义宣为荆州刺史。当初,文帝认为刘义宣没有什么才能,因而不用他,会稽公主总是替刘义宣说话,文帝才不得不用他。正式诏令下达之前,文帝先给他下了一份手诏,告诫他说:"师护刘义季在西边待得时间太长了,近来表奏要求回来,现在我打算答应他,让你接替他的职务。师护虽然没有特殊的成就,但他洁身自好,俭朴廉正,胸怀宽广,待人诚实,不骄纵属下,因而其声名在西部广为传诵,被士族和平民所拥戴,监察论政的人才没有提出调他离任的动议。现在我换了你,还是因为你跟师护辈分一样,想试试你们各自的能力。你去西边,假若有一件事处理得不如他,就会同荆楚一带产生隔阂,讥刺我换人不当,将责任归于我一身。对这个差事,你也不过就是努力治理,谨慎为之罢了,不能让别人又来指指点点,说出别的话来。"刘义宣到了住地,勤勉严格,各种事务做得也有条不紊。

庚辰,会稽长公主卒。

20 吐谷浑叱力延等请师于魏以讨吐谷浑王慕利延,魏主使晋王伏罗督诸军击之。

21 九月甲辰,以沮渠安周为都督凉河沙三州诸军事、凉州刺史、河西王。

22 丁未,魏主如漠南,将袭柔然,柔然敕连可汗远遁,乃止。敕连寻卒,子吐贺真立,号处罗可汗。

23 魏晋王伏罗至乐都,引兵从间道袭吐谷浑,至大母桥。吐谷浑王慕利延大惊,逃奔白兰,慕利延兄子拾寅奔河西。魏军斩首五千馀级。慕利延从弟伏念等帅万三千落降于魏。

24 冬,十月己卯,以左军将军徐琼为兖州刺史,大将军参军申恬为冀州刺史。徙兖州镇须昌,冀州镇历下。恬,谟之弟也。

25 十二月,魏主还平城。

26 是岁,沙州牧李宝入朝于魏,魏人留之,以为外都大官。

27 太子率更令何承天撰《元嘉新历》,表上之。以月食之冲知日所在。又以中星检之,知尧时冬至日在须女十度,今在斗十七度。又测景校二至,差三日有馀,知今之南至日应在斗十三四度。于是更立新法,冬至徙上三日五时,日之所在,移旧四度。又月有迟疾,前历合朔,月食不在朔望。今皆以赢缩定其小馀,以正朔望之日。诏付外详之。太史令钱乐之等奏,皆如承天所上,唯月有频三大,频二小,比旧法殊为乖异,谓宜仍旧。诏可。

庚辰(十八日),刘宋会稽长公主去世。

20　吐谷浑的慕容叱力延等请求北魏朝廷出兵讨伐吐谷浑可汗慕容慕利延,太武帝派晋王拓跋伏罗督统各路大军袭击慕容慕利延。

21　九月甲辰(十二日),刘宋朝廷任命沮渠安周为都督凉、河、沙三州诸军事,凉州刺史和河西王。

22　丁未(十五日),北魏国主前去漠南,准备袭击柔然,柔然敕连可汗远远逃走,于是停下。不久,敕连可汗去世,他的儿子郁久闾吐贺真继位,号称处罗可汗。

23　北魏晋王拓跋伏罗到达乐都,带领军队从小路袭击吐谷浑,到达大母桥。吐谷浑可汗慕容慕利延非常惊恐,逃到了白兰,他的侄子慕容拾寅逃奔河西。北魏军队杀了五千多吐谷浑人。慕容慕利延的堂弟慕容伏念等人率一万三千多帐落向北魏投降。

24　冬季,十月己卯(十七日),刘宋任命左军将军徐琼做兖州刺史,大将军参军申恬为冀州刺史。将兖州的治所迁到须昌,冀州治所迁到了历下。申恬是申谟的弟弟。

25　十二月,北魏太武帝回到了平城。

26　这一年,沙州牧李宝来到平城朝见魏主。北魏朝廷把他留在了平城,任命他为外都大官。

27　刘宋太子率更令何承天撰写《元嘉新历》,呈报给文帝。他认为从月食时日月相对的关系就能知道太阳的位置。他又用中星进行检查,测出帝尧时期冬至这天太阳位于须女星十度之处,现在在斗星十七度的位置上。何承天还测量了日影,以此来校正冬至和夏至,最后测有三天多的误差。他认为现在的冬至太阳应该在斗星十三四度的位置上。于是,他改订新的历法:将冬至往前移动了三天零五个时辰。太阳从它现在的位置上向原来的位置上移动了四度。又由于月亮运转或快或慢,把原来的历法中的初一和十五拿来对照,发现月食并不在初一和十五这两个日子上。现在,他全部用每月天数的多少来推出闰月,以此调正了初一、十五的位置。文帝下诏交给宫外其他大臣详细考察。太史令钱乐之等上奏,认为这一切都和何承天所讲的一样,但是何承天历法的月份有一连三个月都为大月、一连两个月都是小月的情况,比起旧历法来差异较大,更加有谬,认为还应该使用旧历法。文帝下诏同意。

二十二年(乙酉,445)

1　春,正月辛卯朔,始行新历。初,汉京房以十二律中吕上生黄钟,不满九寸,更演为六十律。钱乐之复演为三百六十律,日当一管。何承天立议,以为上下相生,三分损益其一,盖古人简易之法,犹如古历周天三百六十五度四分度之一也。而京房不悟,谬为六十。乃更设新律,林钟长六寸一厘,则从中吕还得黄钟,十二旋宫,声韵无失。

2　壬辰,以武陵王骏为雍州刺史。帝欲经略关、河,故以骏镇襄阳。

3　魏主使散骑常侍宋愔来聘。

4　二月,魏主如上党,西至吐京,讨徙叛胡,出配郡县。

5　甲戌,立皇子祎为东海王,昶为义阳王。

6　三月庚申,魏主还宫。

7　魏诏:"诸疑狱皆付中书,以经义量决。"

8　夏,四月庚戌,魏主遣征西大将军高凉王那等击吐谷浑王慕利延于白兰,秦州刺史代人封敕文、安远将军乙乌头击慕利延兄子什归于枹罕。

9　河西之亡也,鄯善人以其地与魏邻,大惧,曰:"通其使人,知我国虚实,取亡必速。"乃闭断魏道,使者往来,辄钞劫之。由是西域不通者数年。魏主使散骑常侍万度归发凉州以西兵击鄯善。

10　六月壬辰,魏主北巡。

11　帝谋伐魏,罢南豫州入豫州,以南豫州刺史南平王铄为豫州刺史。

宋文帝元嘉二十二年(乙酉,公元445年)

1　春季,正月辛卯朔(初一),刘宋开始使用新历法。当初,西汉京房将十二音律中的中吕、上生、黄钟,凡没有超过九寸的,都改到六十音律。钱乐之又把它扩大到三百六十音律,每日使用一种乐器。何承天提出见解,认为上下相生,于三分之中增减其一,是古人所用的简便易行的方法,如同古代历法中的能见到的天空三百六十五度四分度中的一个单位。但京房却没有明白其中的真义,而把它错误地定为六十。于是,何承天改设新的音律,林钟长六寸一厘,便从中吕回到黄钟的位置,每十二律吕又回到第一音级,声韵毫无损失。

2　壬辰(初二),刘宋文帝任命武陵王刘骏为雍州刺史。文帝想要收回关、河一带北方土地,因此让刘骏去镇守襄阳。

3　北魏国主让散骑常侍宋愔来宋探访。

4　二月,北魏国主来到上党,西到吐京,征讨并迁移叛变的胡人,将他们发配到各郡县。

5　甲戌(十四日),文帝立皇子刘祎为东海王,刘昶为义阳王。

6　三月庚申,北魏国主返回平城。

7　北魏朝廷下诏说:"所有有疑问的诉讼案件都交给中书,中书凭借经典来衡量裁决。"

8　夏季,四月庚戌,北魏国主派遣征西大将军高凉王拓跋那等人在白兰袭击逃亡的吐谷浑可汗慕容慕利延,秦州刺史代郡人封敕文、安远将军乙乌头在枹罕向慕容慕利延的侄子慕容什归发起了进攻。

9　河西灭亡后,鄯善人认为自己的土地与北魏相邻,大为惊惧,说:"如果允许北魏的使节到我们这里来,知道我们的虚实,我们会很快灭亡。"于是,将与北魏相通的道路全部封锁。北魏的使节来往经过这里,他们就抢劫。因此,北魏与西域隔绝了几年的时间。北魏国主派散骑常侍万度归率凉州以西的士卒攻打鄯善人。

10　六月壬辰(初五),北魏国主到北方巡视。

11　刘宋文帝计划讨伐北魏,他先撤销南豫州,将其归并到豫州,任命南豫州刺史南平王刘铄为豫州刺史。

12 秋,七月己未,以尚书仆射孟顗为左仆射,中护军何尚之为右仆射。

13 武陵王骏将之镇,时缘沔诸蛮犹为寇,水陆梗碍。骏分军遣抚军中兵参军沈庆之掩击,大破之,骏至镇,蛮断驿道,欲攻随郡。随郡太守河东柳元景募得六七百人,邀击,大破之。遂平诸蛮,获七万馀口。涢山蛮最强,沈庆之讨平之,获三万馀口,徙万馀口于建康。

14 吐谷浑什归闻魏军将至,弃城夜遁。八月丁亥,封敕文入枹罕,分徙其民千家还上邽,留乙乌头守枹罕。

15 万度归至敦煌,留辎重,以轻骑五千度流沙,袭鄯善,壬辰,鄯善王真达面缚出降。度归留军屯守,与真达诣平城,西域复通。

16 魏主如阴山之北,发诸州兵三分之一,各于其州戒严,以须后命。徙诸种杂民五千馀家于北边,令就北畜牧,以饵柔然。

17 壬寅,魏高凉王那军至宁头城,吐谷浑王慕利延拥其部落西度流沙。吐谷浑慕瓆之子被囊逆战,那击破之。被囊遁走,中山公杜丰帅精骑追之,度三危,至雪山,生擒被囊及吐谷浑什归、乞伏炽磐之子成龙,皆送平城。慕利延遂西入于阗,杀其王,据其地,死者数万人。

18 九月癸酉,上饯衡阳王义季于武帐冈。上将行,敕诸子且勿食,至会所设馔。日旰,不至,有饥色。上乃谓曰:"汝曹少长丰佚,不见百姓艰难。今使汝曹识有饥苦,知以节俭御物耳。"

12 秋季,七月己未(初二),刘宋文帝任命尚书仆射孟𫖮为左仆射,中护军何尚之为右仆射。

13 刘宋武陵王刘骏将到襄阳镇守,此时,沔水两岸各蛮族仍然以打家劫舍为生,水陆交通受到阻塞。刘骏派出一部分军队由抚军中兵参军沈庆之指挥突然攻袭那些强盗,把他们打得大败。刘骏到达襄阳后,蛮夷人切断了他与外界通信的道路,打算攻打随郡。随郡太守河东人柳元景招募到六七百人截击蛮夷人,将他们打得大败。各地蛮夷叛乱因此平定,共俘获了七万多人。涢山蛮夷势力最强,沈庆之前去讨伐,平定了那里,俘获三万多人,将一万多人迁移到了都城建康。

14 吐谷浑的慕容什归听说北魏军将要到达枹罕,他放弃城池,连夜逃走。八月丁亥(初一),封敕文进入枹罕,将一千多户百姓迁入上邽,让乙乌头留守枹罕。

15 北魏万度归到达敦煌。他留下辎重,率领轻骑兵五千人向西渡过流沙,袭击鄯善人的部落。壬辰(初六),鄯善王真达反绑双臂出来投降。万度归留下部分军队驻守,他同真达回到了平城。西域之路再次开通。

16 北魏国主到了阴山之北,下令发动每个州三分之一的兵力在本州警戒,等待以后命令。把五千多户不同民族的居民迁移到北方边地,让他们在北方放牧牲畜,以引诱柔然。

17 壬寅(十六日),北魏高凉王拓跋那率兵到达宁头城。吐谷浑可汗慕容慕利延带着他的部落穿过沙漠向西逃去。吐谷浑前可汗慕容慕璝之子慕容被囊领兵迎战,被拓跋那击败。慕容被囊逃走,中山公杜丰又率精锐骑兵追赶,穿过三危山,来到雪山,活捉了慕容被囊、慕容什归和乞伏炽磐的儿子乞伏成龙,将他们全部押送到平城。慕容慕利延于是又向西进入于阗国,杀了国王,占领了该国的属地,死了几万人。

18 九月癸酉(十七日),刘宋文帝在武帐冈为衡阳王刘义季饯行。文帝将要离开皇宫时,他告诉儿子暂时不要吃东西,等到达送别刘义季的地方再设宴进餐。直到太阳西斜,刘义季还没有来到,大家饿得脸色很难看。文帝这才对大家说:"你们从小生活在富裕安适的环境中,看不到老百姓生活的艰难。今天就是想让你们知道还有饥饿困苦,让你们以后知道使用东西要节俭罢了。"

裴子野论曰：善乎太祖之训也！夫侈兴于有馀，俭生于不足。欲其隐约，莫若贫贱！习其险艰，利以任使。为其情伪，易以躬临。太祖若能率此训也，难其志操，卑其礼秩，教成德立，然后授以政事，则无怠无荒，可播之于九服矣。

高祖思固本枝，崇树禖祦。后世遵守，迭据方岳。及乎泰始之初，升明之季，绝咽于衾衽者动数十人。国之存亡，既不是系，早肆民上，非善诲也。

19　魏民间讹言"灭魏者吴"，卢水胡盖吴聚众反于杏城，诸种胡争应之，有众十馀万。遣其党赵绾来，上表自归。冬，十月戊子，长安镇副将拓跋纥帅众讨吴，纥败死。吴众愈盛，民皆渡渭奔南山。魏主发高平敕勒骑赴长安，命将军叔孙拔领摄并、秦、雍三州兵屯渭北。

20　十一月，魏发冀州民造浮桥于碻磝津。

21　盖吴遣别部帅白广平西掠新平，安定诸胡皆聚众应之。又分兵东掠临晋巴东，将军章直击破之，溺死于河者三万馀人。吴又遣兵西掠，至长安，将军叔孙拔与战于渭北，大破之，斩首三万馀级。

河东蜀薛永宗聚众以应吴，袭击闻喜。闻喜县无兵仗，令忧惶无计。县人裴骏帅厉乡豪击之，永宗引去。

裴子野评论说:太祖刘义隆这番训导真是正确啊!奢华浪费产生在富足的环境中,节俭出在贫穷困苦之中。如果打算让他懂得忧困然后成材的道理,不如让他生长在贫贱的环境中。学会在艰难困苦的环境中生活,能更好地担当重任。亲身经历民情真伪,易于君临天下。太祖如若能以他的训导为表率,就应该让他的儿子们的志向操行受到磨炼,降低他们的官职待遇,教育他们树立良好的道德风范,然后再将国家大事交给他们,他们就不会懈怠、荒唐行事,就可以让远近悦服。

高祖刘裕打算巩固本家族的地位,对皇家襁褓中的婴儿都封以很高的爵位。后代也遵循他的办法,先后让小孩子独镇一方。到了泰始初年、升明末年,幼小亲王在襁褓中就被掐死的动辄有几十人。国家存亡,既然不维系在那些小孩子身上,那么让他们过早地居于万民之上的高位,实在不是好的教诲。

19 北魏民间传言"灭亡北魏的是吴"。卢水胡人盖吴在杏城聚众反叛,各族胡人都争先恐后地前来响应,聚有部众十多万人。盖吴派遣他的同伙赵绾来到刘宋朝廷,上疏请求归降。冬季,十月戊子(初三),长安镇副将拓跋纥率众兵征讨盖吴,却战败而死。盖吴的兵卒越来越多,老百姓都渡过渭水逃奔南山。北魏国主征调高平敕勒骑兵奔赴长安,命令将军叔孙拔统领并、秦、雍三州的军队屯居渭水之北。

20 十一月,北魏调遣冀州百姓在碻磝津建造浮桥。

21 盖吴派遣另一支部队的统帅白广平西去新平劫掠财物,安定的各族胡人群起响应,盖吴又分兵向东劫掠临晋以东的地方,北魏将军章直把他击败,被河水淹死达三万多人。盖吴又派兵向西劫掠,走到长安,与北魏将军叔孙拔在渭水之北交战,结果被叔孙拔打得大败,斩首三万多人。

河东蜀人薛永宗聚众响应盖吴,袭击闻喜。由于闻喜县没有军队驻守,县令惊忧害怕不知如何是好。本县人裴骏率领各乡豪士对抗,薛永宗引兵撤退。

魏主命薛谨之子拔纠合宗、乡,壁于河际,以断二寇往来之路。庚午,魏主使殿中尚书拓跋处直等将二万骑讨薛永宗,殿中尚书乙拔将三万骑讨盖吴,西平公寇提将万骑讨白广平。吴自号天台王,署置百官。

22　辛未,魏主还宫。

23　魏选六州骁骑二万,使永昌王仁、高凉王那分将之为二道,掠淮、泗以北,徙青、徐之民以实河北。

24　癸未,魏主西巡。

25　初,鲁国孔熙先博学文史,兼通数术,有纵横才志。为员外散骑侍郎,不为时所知,愤愤不得志。父默之为广州刺史,以赃获罪,大将军彭城王义康为救解得免。及义康迁豫章,熙先密怀报效。且以为天文、图谶,帝必以非道晏驾,由骨肉相残,江州应出天子。以范晔志意不满,欲引与同谋,而熙先素不为晔所重。太子中舍人谢综,晔之甥也,熙先倾身事之,综引熙先与晔相识。

熙先家饶于财,数与晔博,故为拙行,以物输之。晔既利其财,又爱其文艺,由是情好款洽。熙先乃从容说晔曰:"大将军英断聪敏,人神攸属,失职南垂,天下愤怨。小人受先君遗命,以死报大将军之德。顷人情骚动,天文舛错,此所谓时运之至,不可推移者也。若顺天人之心,结英豪之士,表里相应,发于肘腋。然后诛除异我,崇奉明圣,号令天下,谁敢不从! 小人请以七尺之躯,三寸之舌,立功立事而归诸君子,丈人以为何如?"晔甚愕然。

北魏国主命令薛谨的儿子薛拔纠合宗族乡里百姓,在黄河边上建造营垒,以此来切断盖吴与薛永宗相联系的道路。庚午(十五日),拓跋焘派殿中尚书拓跋处直等人率二万骑兵讨伐薛永宗,派殿中尚书乙拔率三万骑兵讨伐盖吴,派西平公寇提统领一万骑兵讨伐白广平。盖吴自称天台王,手下设置文武百官。

22 辛未(十六日),北魏国主拓跋焘回到平城宫内。

23 北魏朝廷从六个州中选出二万骁勇骑兵,派永昌王拓跋仁、高凉王拓跋那分别统率,分二路劫掠淮河、泗水以北的地方,迁移青州、徐州老百姓充实河北。

24 癸未(二十八日),北魏国主拓跋焘去西部巡察。

25 当初,鲁国人孔熙先精通文学和历史,并通晓数术,有纵横天下的才气和抱负。担任员外散骑侍郎时,不被当世人所了解,愤愤而不得志。他的父亲孔默之任广州刺史,因为贪赃枉法犯罪,多亏大将军彭城王刘义康相救才免于判刑。刘义康被贬到豫章时,孔熙先感激刘义康,决心效力报恩。而且他又认为根据天文、图谶,都表明刘宋文帝一定死于非命,原因是骨肉互相残杀,江州应该出天子。孔熙先感到范晔心中也有对朝廷的不满情绪,想拉范晔一起来谋划。但是,孔熙先平时并不被范晔所看重。太子中舍人谢综是范晔的外甥,孔熙先全力以赴来巴结谢综,谢综将孔熙先引见给范晔,让他们相识。

孔熙先家非常富有,他常常和范晔在一块儿赌博,他故意赌得不好,将钱输给范晔。范晔既爱他的钱财,又喜欢他的才华,由此,二人慢慢亲近起来。孔熙先才渐渐地游说范晔道:"大将军刘义康果断聪敏,百姓及神明都愿归属于他,但他却被罢免职务发配到南部边陲,普天之下都为他愤恨不平。小人我接受了先父的遗言,要以死来报答大将军义康的大恩大德。近来,天下人心骚动不定,天象错乱,这就是人们常说的时运已经来到,这是不可以改变的事情。如果我们顺应上天、百姓的心愿,结交英雄豪杰,内外接应,在宫廷内起兵。尔后杀掉反对我们的人,拥戴圣明的天子,号令天下,有谁能敢不服从呢!小人我愿意用我这七尺之躯、三寸不烂之舌,建立大功、成就大事而归之于各位君子,老人家认为怎么样?"范晔感到非常吃惊。

熙先曰:"昔毛玠竭节于魏武,张温毕议于孙权,彼二人者,皆国之俊乂,岂言行玷缺,然后至于祸辱哉?皆以廉直劲正,不得久容。丈人之于本朝,不深于二主,人间雅誉,过于两臣,谗夫侧目,为日久矣,比肩竞逐,庸可遂乎!近者殷铁一言而刘班碎首,彼岂父兄之仇,百世之怨乎?所争不过荣名势利先后之间耳。及其末也,唯恐陷之不深,发之不早,戮及百口,犹曰未厌。是可为寒心悼惧,岂书籍远事也哉!今建大勋,奉贤哲,图难于易,以安易危,享厚利,收鸿名,一旦苟举而有之,岂可弃置而不取哉!"晔犹疑未决。熙先曰:"又有过于此者,愚则未敢道耳。"晔曰:"何谓也?"熙先曰:"丈人奕叶清通,而不得连姻帝室,人以犬豕相遇,而丈人曾不耻之,欲为之死,不亦惑乎!"晔门无内行,故熙先以此激之。晔默然不应,反意乃决。

晔与沈演之并为帝所知,晔先至,必待演之俱入,演之先至,尝独被引,晔以此为怨。晔累经义康府佐,中间获罪于义康。谢综及父述,皆为义康所厚,综弟约娶义康女。综为义康记室参军,自豫章还,申义康意于晔,求解晚隙,复敦往好。大将军府史仲承祖,有宠于义康,闻熙先有谋,密相结纳。丹杨尹徐湛之,素为义康所爱,承祖因此结事湛之,告以密计。道人法略、尼法静,皆感义康旧恩,并与熙先往来。法静妹夫许曜,领队在台,许为内应。法静

孔熙先说:"从前,毛玠对魏武帝曹操忠心耿耿,张温对孙权侃侃而谈,那二人都是国家的俊杰,难道他们是因为自己的言行不当而后招致祸害屈辱的吗?他们都是因为自己太廉洁正直、刚烈清正而不能长期被人所容纳。老人家您在本朝受到的信任程度并不比曹操、孙权宠信毛玠、张温更深,可是您在老百姓中间的名声却远远超过那两个忠臣。想要诬陷您的人对您侧目而视已经很久了,而您却要同他们肩并肩地平等竞争,这怎么能够办得到呢!最近,殷铁(景仁)只一句话,刘班就被击碎头颅,他们难道是因为父兄之间的仇恨或是存有百代的宿怨吗?他们之间所争夺的实际上不过是名利、权势谁先谁后的问题。争到最后,双方都怕自己陷得不深、动手不早,杀了一百人还说自己并未满足。这可以说是令人心寒、恐慌的,这难道是书读得多了就不懂得世事的缘故吗!现在,是建立大的功业,崇奉贤明睿智之人的良好时机,在容易的时候图谋难办的事,用安逸代替危险,而且,也可以享受荣华富贵,坐收大的美名,一个早晨举兵就能够得到这些,怎么能放弃而不去争取呢!"范晔犹豫不决。孔熙先说:"还有比这更厉害的事情,我不敢说出来。"范晔说:"是什么?"孔熙先说:"老人家您代代清白,却不能和皇室联姻,人家把您当作猪狗来对待,而您却不曾认为这是一种耻辱,还想要为皇帝献身,这不也是很糊涂的事吗?"范晔家人品行不端,所以,孔熙先就用这些来激怒范晔。范晔默不作声,造反的决心于是下定了。

范晔和吏部尚书沈演之都为文帝所信任。每次范晔先到朝廷时,一定要等待沈演之,然后一同入宫。可是沈演之先到,却曾经单独被文帝先行召见,范晔因为这事怀有怨气。范晔曾经做过刘义康的府佐,在此期间,他得罪过刘义康。但谢综和他的父亲谢述却都受到刘义康的厚待,谢综的弟弟谢约又娶了刘义康的女儿。谢综现在是刘义康的记室参军,他从豫章回到建康,向范晔申述了刘义康对他所表示的歉意,请求范晔谅解过去的隔阂,于是,二人又像往日一样友好。大将军府史仲承祖受到刘义康的宠爱,听说孔熙先图谋反叛,于是与他秘密结交。丹杨尹徐湛之平素也一直被刘义康所喜爱,所以仲承祖便因此极力结交奉事徐湛之,并把孔熙先等人的秘密计划告诉了徐湛之。道士法略、尼姑法静都感激刘义康的旧恩,也跟孔熙先来往。法静的妹夫许曜在宫廷中率领禁卫,他向孔熙先等人许诺做他们的内应。法静

之豫章,熙先付以笺书,陈说图谶。于是密相署置,及素所不善者,并入死目。熙先又使弟休先作檄文,称:"贼臣赵伯符肆兵犯跸,祸流储宰,湛之、晔等投命奋戈,即日斩伯符首及其党与。今遣护军将军臧质奉玺绶迎彭城王正位辰极。"熙先以为举大事宜须以义康之旨谕众,晔又诈作义康与湛之书,令诛君侧之恶,宣示同党。

帝之燕武帐冈也,晔等谋以其日作乱。许曜侍帝,扣刀目晔,晔不敢仰视。俄而座散,徐湛之恐事不济,密以其谋白帝。帝使湛之具探取本末,得其檄书、选署姓名,上之。帝乃命有司收掩穷治。其夜,呼晔置客省,先于外收综及熙先兄弟,皆款服。帝遣使诘问晔,晔犹隐拒。熙先闻之,笑曰:"凡处分、符檄、书疏,皆范所造,云何于今方作如此抵蹋邪?"帝以晔墨迹示之,乃具陈本末。

明日,仗士送付廷尉。熙先望风吐款,辞气不桡。上奇其才,遣人慰勉之曰:"以卿之才而滞于集书省,理应有异志,此乃我负卿也。"又责前吏部尚书何尚之曰:"使孔熙先年将三十作散骑郎,那不作贼!"熙先于狱中上书谢恩,且陈图谶,深戒上以骨肉之祸,曰:"愿勿遗弃,存之中书。若囚死之后,或可追录,庶九泉之下,少塞衅责。"

到豫章,孔熙先先交给她一封信,向刘义康陈说图谶的含义。这样,他们暗地计划部署,对于平素与他们关系不好的人,都一并列入诛死的名册里。孔熙先又派他的弟弟孔休先作一篇声讨的文章,言称:"叛臣赵伯符恣意使用武器冒犯皇帝,并对皇太子刘劭造成了极大的威胁,为此,徐湛之、范晔等人不顾自己的性命奋力挥戈战斗,即日内杀赵伯符和他的党羽。现在,派护军将军臧质捧着皇帝的玉玺绶带去迎接彭城王刘义康正式登基。"孔熙先认为发起大事应该用刘义康的旨令告谕大家,于是,范晔又伪造刘义康写给徐湛之的书信,命令他杀掉文帝身边的坏人,把这封信拿给同党看。

文帝到武帐冈赴宴,范晔等人图谋在这天发动叛乱。许曜侍卫文帝,将佩刀微微拔出,向范晔使眼色,范晔不敢抬起头来看。不一会儿,宴席结束,徐湛之害怕事情不能成功,就将孔熙先等人的阴谋全都报了文帝。文帝让徐湛之仔细探听事情的先后情况,徐湛之拿到了他们起兵的檄文以及被选入参加叛乱的人的名单呈送给文帝。文帝于是命令有关部门严密搜捕追查。这天夜里,范晔被召唤入宫后就被软禁在客省内。事先已经在外面逮捕了谢综和孔熙先兄弟,他们全部服罪。文帝又派人审问范晔,范晔还在隐瞒抗拒。孔熙先听到这个情况后,大笑着说:"我们所有的筹划、讨伐檄文及信件等等都出于范晔之手,为什么到现在还这样抵赖呢?"文帝将范晔亲笔写的东西拿出来给他看,他才将事件的始末招供出来。

第二天,全副武装的兵士将他们送交廷尉。孔熙先吐露真情,从容道来,言辞语气没有丝毫胆怯。文帝对他的才华感到十分惊奇,派人慰问并勉励他说:"凭着你的才气,在集书省埋没这么久,理该有别的想法,这是我亏待了你。"他又责怪前吏部尚书何尚之说:"让年龄即将三十的孔熙先做散骑郎,他怎么能不成为叛贼!"孔熙先在狱中上书文帝,感谢他的恩典,并将图谶上所显示的征兆告诉文帝,特别告诫文帝要小心骨肉之间的祸变,他说:"请不要把我写的这些东西扔掉,把它放在中书省。如果我坐监死了以后,也许可以想起来查看,我在九泉之下,也会稍稍减少我闯下这一大祸的罪责。"

晔在狱为诗曰："虽无嵇生琴,庶同夏侯色。"晔本意谓入狱即死,而上穷治其狱,遂经二旬,晔更有生望。狱吏戏之曰："外传詹事或当长系。"晔闻之,惊喜。综、熙先笑之曰:"詹事畴昔攘袂瞋目,跃马顾盼,自以为一世之雄。今扰攘纷纭,畏死乃尔!设令赐以性命,人臣图主,何颜可以生存!"

十二月乙未,晔、综、熙先及其子弟、党与皆伏诛。晔母至市,涕泣责晔,以手击晔颈,晔颜色不怍。妹及妓妾来别,晔悲涕流涟。综曰:"舅殊不及夏侯色。"晔收泪而止。

谢约不预逆谋,见兄综与熙先游,常谏之曰:"此人轻事好奇,不近于道,果锐无检,未可与狎。"综不从而败。综母以子弟自蹈逆乱,独不出视。晔语综曰:"姊今不来,胜人多矣。"

收籍晔家,乐器服玩,并皆珍丽,妓妾不胜珠翠。母居止单陋,唯有一厨盛樵薪。弟子冬无被,叔父单布衣。

裴子野论曰:夫有逸群之才,必思冲天之据;盖俗之量,则偾常均之下。其能守之以道,将之以礼,殆为鲜乎!刘弘仁,范蔚宗,皆恃志而贪权,矜才以徇逆,累叶风素,一朝而陨。向之所谓智能,翻为亡身之具矣。

范晔在狱中作诗说:"虽无嵇生琴,庶同夏侯色。"范晔本来以为自己入狱当天就会被处死,可是,文帝却在彻底追查这一案件,过了二十天没有什么动静,范晔又有了生的希望。狱吏嘲弄他说:"外边传说太子詹事有可能被长期囚禁狱中。"范晔听后,惊喜交加。谢综、孔熙先笑话他说:"詹事范晔当初是卷袖怒目,跃马驰骋,顾盼自如,自认为是一代豪杰。如今混乱纷纭,却怕死到了这种程度,即便皇上赐他不死,作为人臣而图谋皇上,他还有什么脸面活着呢?"

十二月乙未(十一日),范晔、谢综、孔熙先和他们的儿子、兄弟及同党全部被杀。范晔的母亲赶到刑场,痛哭流涕责骂范晔,用手打范晔的脖子,范晔并未显出惭愧的样子。范晔的妹妹及妻妾歌妓们前来作别时,范晔却悲从心起,涕泪横流。谢综在一边说:"舅舅这样做可赶不上夏侯玄那时的样子。"范晔于是又止住了泪水。

谢约没有参与这场反叛,当初他看见哥哥谢综与孔熙先聚在一起时,常劝诫他说:"孔熙先这个人常常轻率从事,行为离奇,不走正路,做事果断决绝却不检点,不能和他过于亲近。"谢综没有听从而导致身败。谢综的母亲因为儿子和弟弟自己制造叛乱,独独不到法场上去看他们。范晔对谢综说:"我姐姐今天不来,比别人高明得多。"

朝廷没收范晔家产,见那些音乐器具、服饰珍玩,都非常珍奇华丽,歌妓妻妾们有用不完的珠宝翡翠,唯独范晔母亲居住的房子简陋不堪,只有一个堆着木柴的厨房。他的侄子冬天没有棉被盖,叔父冬天只穿一件单薄的布衣。

裴子野评论说:有超过常人才能的人,一定有一飞冲天的抱负;有超世越俗胸怀的人,常常不想久居人下。能够恪守道德规范,用礼教去约束自己行为的,恐怕很少!刘弘仁刘湛、范蔚宗范晔都志傲而贪权,矜傲自己的才能而图谋叛逆,几代留存下来的清白家风毁于一旦。平时所称道的智慧才能,反而成了他们毁灭自身的工具。

26　徐湛之所陈多不尽，为晔等辞所连引，上赦不问。臧质，熹之子也，先为徐、兖二州刺史，与晔厚善，晔败，以为义兴太守。

有司奏削彭城王义康爵，收付廷尉治罪。丁酉，诏免义康及其男女皆为庶人，绝属籍，徙付安成郡。以宁朔将军沈卲为安成相，领兵防守。卲，璞之兄也。义康在安成，读书，见淮南厉王长事，废书叹曰："自古有此，我乃不知，得罪为宜也。"

庚戌，以前豫州刺史赵伯符为护军将军。伯符，孝穆皇后之弟子也。

27　初，江左二郊无乐，宗庙虽有登歌，亦无二舞。是岁，南郊始设登歌。

28　魏安南、平南府移书兖州，以南国侨置诸州多滥北境名号。又欲游猎具区，兖州答移曰："必若因土立州，则彼立徐、扬，岂有其地？复知欲游猎具区，观化南国。开馆饰邸，则有司存。呼韩入汉，厥仪未泯，馈饩之秩，每存丰厚。"

二十三年（丙戌，446）

1　春，正月庚申，尚书左仆射孟颚罢。

2　戊辰，魏主军至东雍州，临薛永宗垒，崔浩曰："永宗未知陛下自来，众心纵弛。今北风迅疾，宜急击之。"魏主从之，庚午，围其垒。永宗出战，大败，与家人皆赴汾水死。其族人安都先据弘农，弃城来奔。

26　丹杨尹徐湛之向文帝告发,有很多没有陈说出来,被范晔等人在供词中牵连出来,但文帝赦免了他,不再追究。臧质是臧熹的儿子,曾经做徐、兖二州的刺史,与范晔关系很好,范晔被处死之后,文帝调他做了义兴太守。

有关部门奏请文帝削掉彭城王刘义康的爵位,将他逮捕交给廷尉定罪。丁酉(十三日),文帝下诏免去刘义康及其亲属的爵位官职,全部贬为平民,从宗室中除名,将他们解送到安成郡。任命宁朔将军沈邵为安成相,统领军队防守、看管。沈邵是沈璞的哥哥。刘义康在安成,用看书来消磨时光,当他看到西汉的淮南厉王刘长的事情时,丢下书感叹着说:"古时就有这样的事,我却一点都不知道。看起来我获罪受惩也是应该的了。"

庚戌(二十六日),刘宋文帝任命前豫州刺史赵伯符为护军将军。赵伯符是孝穆皇后赵氏的侄子。

27　当初,江左在皇帝南、北郊祭时还都没有音乐,皇室祖庙虽然有祭祀时唱的歌,但也没有文、武这二种舞蹈。这一年,南郊祭祀开始作了祭祀歌。

28　北魏安南府和平南府送给刘宋兖州一封信,指责刘宋土地上所设的各种侨州大多乱用北魏各州的名称。同时,他们要求去太湖游玩狩猎。兖州府回信答复说:"如果一定要就土地来设立州郡,那么,你们设立徐州和扬州,难道也有这块土地吗?我们又知道你们想来太湖游玩狩猎,参观我们南国的风土教化,设置旅邸并进行装饰,由有关部门负责办理。当年呼韩邪单于到汉朝时所使用的仪式并未废除,用来款待你们的生肉粗米,经常储存而且丰富。"

宋文帝元嘉二十三年(丙戌,公元446年)

1　春季,正月庚申(初六),刘宋尚书左仆射孟顗被免职。

2　戊辰(十四日),北魏国主率领军队来到东部的雍州,临近薛永宗的城堡,崔浩说:"薛永宗不知道陛下您亲自前来,他们的军心一定放纵松弛。现在正是北风又急又快的时候,我们应该趁此机会赶快攻打。"拓跋焘同意他的意见。庚午(十六日),北魏军队包围了薛永宗营垒。薛永宗出来迎战,结果大败,他和家里人都投入汾水自杀。他的同族人薛安都在此之前据守弘农,听到这个消息后,放弃了弘农而投奔刘宋。

辛未，魏主南如汾阴，济河，至洛水桥。闻盖吴在长安北，帝以渭北地无谷草，欲渡渭南，循渭而西。以问崔浩，对曰："夫击蛇者先击其首，首破则尾不能掉。今盖吴营去此六十里，轻骑趋之，一日可到，到则破之必矣。破吴，南向长安亦不过一日，一日之乏，未至有伤。若从南道，则吴徐入北山，猝未可平。"帝不从，自渭南向长安，庚辰，至戏水。吴众闻之，悉散入北地山，军无所获。帝悔之。二月丙戌，帝至长安，丙申，如盩厔，历陈仓，还，如雍城，所过诛民、夷与盖吴通谋者。乙拔等诸军大破盖吴于杏城。

吴复遣使上表求援，诏以吴为都督关陇诸军事、雍州刺史、北地公，使雍、梁二州发兵屯境上，为吴声援。遣使赐吴印一百二十一纽，使吴随宜假授。

3　初，林邑王范阳迈，虽进使入贡，而寇盗不绝，使贡亦薄陋。帝遣交州刺史檀和之讨之。南阳宗悫，家世儒素，悫独好武事，常言"愿乘长风破万里浪"。及和之伐林邑，悫自奋请从军，诏以悫为振武将军，和之遣悫为前锋。阳迈闻军出，遣使请还所掠日南民，输金一万斤，银十万斤。帝诏和之："若阳迈果有款诚，亦许其归顺。"和之至朱梧戍，遣府户曹参军姜仲基等诣阳迈，阳迈执之。和之乃进军围林邑将范扶龙于区粟城。阳迈遣其将范毗沙达救之，宗悫潜兵迎击毗沙达，破之。

辛未(十七日),北魏国主拓跋焘南去汾阴,渡过黄河,来到洛水桥。听说盖吴驻扎在长安北边,拓跋焘认为渭河以北没有粮食和青草,就打算渡到渭河的南部,沿着渭河向西挺进。拓跋焘问崔浩这个想法如何,崔浩回答说:"打蛇的人先打蛇头,头被击坏,尾巴就无法调动了。如今盖吴营地与我们相距六十里,派轻骑前去攻打,一天就能到了,到达那里,就一定能击败盖吴。打败盖吴后,我们再南下长安也不过一天,多一天的辛苦并不会有什么损失。如果从渭河之南进发,盖吴就会从容地进入北山,我们一下子是平定不了他们的。"拓跋焘没有按照崔浩说的去做,而从渭河南岸向长安进发。庚辰(二十六日),军队到达戏水。盖吴众人得到消息,全都分散进入北山,北魏军队没有什么收获。拓跋焘为此非常后悔。二月丙戌(初二),拓跋焘到达长安,丙申(十二日),到达盩厔,又经过陈仓,尔后返回,前往雍城,所过之处,凡遇到汉人、蛮夷与盖吴串通的人一律诛杀。殿中尚书乙拔等各路大军在杏城大败盖吴。

盖吴又派使节去刘宋呈上奏表请求救援,文帝下诏任命盖吴为都督关、陇诸军事、雍州刺史,封为北地公。然后又派雍、梁二州出动军队驻扎在边境,作为盖吴的声援后盾。派遣使节赐给盖吴一百二十一个大印,让盖吴随时代替朝廷封赐官爵。

3 当初,林邑王范阳迈虽然派遣使节向刘宋朝廷进贡,但依旧不断犯事骚扰,他们进献的贡品很少而且简陋。于是,文帝派交州刺史檀和之去讨伐林邑。南阳人宗悫世世代代都是清白的儒士,只有宗悫喜欢军事,他常常说:"我愿乘长风破万里浪。"檀和之要去讨伐林邑时,宗悫自告奋勇请求从军,文帝任命宗悫为振武将军,檀和之派宗悫为前锋。范阳迈听说宋军要来讨伐,就派使节请求文帝还回所掳掠的日南老百姓,并用一万斤黄金、十万斤白银作为赎金。文帝给檀和之下诏说:"如果范阳迈真的有这么大的诚意,应该允许他归顺。"檀和之到达朱梧戍,派府户曹参军姜仲基等人前去拜访范阳迈,范阳迈却把他们抓了起来。于是,檀和之率兵包围了林邑将领范扶龙所驻守的区粟城。范阳迈派他的大将范毗沙达前去营救,宗悫悄悄派兵迎击范毗沙达,把他打得大败。

4 魏主与崔浩皆信重寇谦之,奉其道。浩素不喜佛法,每言于魏主,以为佛法虚诞,为世费害,宜悉除之。及魏主讨盖吴,至长安,入佛寺,沙门饮从官酒。从官入其室,见大有兵器,出以白帝,帝怒曰:"此非沙门所用,必与盖吴通谋,欲为乱耳。"命有司按诛阖寺沙门,阅其财产,大得酿具及州郡牧守、富人所寄藏物以万计,又为窟室以匿妇女。浩因说帝悉诛天下沙门,毁诸经像,帝从之。寇谦之与浩固争,浩不从。先尽诛长安沙门,焚毁经像,并敕留台下四方,令一用长安法。诏曰:"昔后汉荒君,信惑邪伪以乱天常,自古九州之中,未尝有此。夸诞大言,不本人情,叔季之世,莫不眩焉。由是政教不行,礼义大坏,九服之内,鞠为丘墟。朕承天绪,欲除伪定真,复羲、农之治,其一切荡除,灭其踪迹。自今已后,敢有事胡神及造形像泥人、铜人者门诛。有非常之人,然后能行非常之事,非朕孰能去此历代之伪物!有司宣告征镇诸军、刺史,诸有浮图形像及胡经,皆击破焚烧,沙门无少长悉坑之!"太子晃素好佛法,屡谏不听。乃缓宣诏书,使远近豫闻之,得各为计,沙门多亡匿获免,或收藏经像,唯塔庙在魏境者无复孑遗。

4　北魏国主拓跋焘同司徒崔浩都很尊重信任寇谦之,也信奉寇谦之的道教。崔浩向来就不喜欢佛教,经常向太武帝进言,认为佛教虚幻荒诞,在世上浪费财物损害百姓,应该全部灭掉。太武帝讨伐盖吴,来到长安,进入一座佛教寺院,和尚让太武帝的侍从将官喝酒。太武帝的侍从将官来到和尚居住的房里时,发现那里有许多兵器,出来告诉了太武帝。太武帝勃然大怒,说:"这不是和尚应该使用的东西,他们一定是同盖吴相通,想作乱的。"于是,命令有关部门将全寺院的和尚都杀了。查封寺院的财产时,又发现酿酒的工具及州郡牧守、富人们所寄藏在这里数以万计的东西,又发现和尚挖的用来藏匿妇女的地下密室。崔浩因此劝说太武帝将世上的和尚全都斩尽杀绝,毁掉各种佛经佛像,太武帝接受了他的建议。寇谦之极力劝阻崔浩,崔浩不听。他们首先杀了长安的和尚,焚毁佛经和佛像,并下诏给留台,让他通令全国,按长安诛杀和尚的办法去做。诏书上说:"从前,后汉荒淫无道的昏君信奉迷惑人的又假又邪的神来扰乱天道常规,这是自古以来,在九州之内未曾发生过的事。夸张荒诞的大话,根本不符合人的常情常理,在国家将要灭亡时是没有人不受到迷惑的。因此,国家政治教化不能推行,礼义大遭破坏,普天之下,都变成了荒丘废墟。我承继上天的旨令,想要铲除伪善,保留真正实在的东西,恢复伏羲、神农时期的太平安定的社会,应将佛教全都荡除,消灭它的痕迹。从今以后,胆敢事奉胡人所信奉的神以及塑造这些神的泥像、铜像者满门抄斩。有不平常的人,然后才会有不平常的事。不是我,又有谁能消除这历经多少代的虚假的东西!有关部门要通告在外地征战或驻守的各位将领、刺史,凡有佛像和佛经等等的东西都必须打破焚烧,和尚不管年纪大小都活埋了。"太子拓跋晃平素就喜欢佛法,他多次劝谏,但太武帝不听。他只好拖延时间,慢慢将诏书发下去,这就使远近寺院的和尚事先得到消息,各自想办法脱身,许多和尚都逃走藏了起来,幸免于难,有的把佛经佛像收藏起来,只有在北魏境内的佛塔、寺庙全都不复存在。

5　魏主徙长安工巧二千家于平城。还,至洛水,分军诛李闰叛羌。

6　太原颜白鹿私入魏境,为魏人所得,将杀之,诈云青州刺史杜骥使其归诚。魏人送白鹿诣平城,魏主喜曰:"我外家也。"使崔浩作书与骥,且命永昌王仁、高凉王那将兵迎骥,攻冀州刺史申恬于历城。杜骥遣其府司马夏侯祖欢等将兵救历城。魏人遂寇兖、青、冀三州,至清东而还,杀掠甚众,北边骚动。

帝以魏寇为忧,咨访群臣。御史中丞何承天上表,以为:"凡备匈奴之策,不过二科:武夫尽征伐之谋,儒生讲和亲之约。今欲追踪卫、霍,自非大田淮、泗,内实青、徐,使民有赢储,野有积谷,然后发精卒十万,一举荡夷,则不足为也。若但欲遣军追讨,报其侵暴,则彼必轻骑奔走,不肯会战。徒兴巨费,不损于彼,报复之役,将遂无已,斯策之最末者也。安边固守,于计为长。臣窃以曹、孙之霸,才均智敌,江、淮之间,不居各数百里。何者?斥候之郊,非耕牧之地,故坚壁清野以俟其来,整甲缮兵以乘其弊。保民全境,不出此涂。要而归之,其策有四:一曰移远就近。今青、兖旧民及冀州新附,在界首者三万馀家,可悉徙置大岘之南,以实内地。二曰多筑城邑以居新徙之家,假其经用,春夏佃牧,秋冬入保。

5　北魏国主将长安的能工巧匠二千户迁到平城。回师，走到洛水，拓跋焘又派出部分军队诛杀以李闰为首反叛的羌族部落。

6　刘宋太原人颜白鹿私下进入北魏境内，被北魏抓获，要杀他，他欺骗对方说，青州刺史杜骥派他来归降北魏。北魏人将颜白鹿送到平城，太武帝高兴地说："杜骥是我外家的人。"太武帝让崔浩给杜骥写信，并且命令永昌王拓跋仁、高凉王拓跋那率军迎接杜骥，并到历城攻伐冀州刺史申恬。杜骥派他的司马夏侯祖欢等人统率军队前去历城援救，北魏军队攻打兖、青、冀三州，直打到清水东边才回来，诛杀掳掠了许多人，刘宋北部边境的百姓深感不安，有些骚动。

文帝对北魏的侵犯非常担心，向大臣征求意见。御史中丞何承天呈上奏表，认为："大凡防备匈奴侵犯的计策不过有两种：武将想尽征伐作战的办法，儒士却主张利用和亲的办法建立互不侵犯的关系。现在想要追寻卫青、霍去病的做法，自然就非要在淮河、泗水流域扩大农田面积不可，并使青州、徐州内部力量充实起来，老百姓有丰盈的存储，田野里有积存起来的谷子，然后，发动十万精兵，一举荡平夷蛮，就不是什么费力的事了。如果仅仅是想派兵追击讨伐，报复其侵犯暴虐的仇怨，他们一定会轻装逃走，不肯与我们正面打一仗。白白地浪费巨大的财物，而他们却无丝毫损失，这种互相报复的征伐，从此将不会停止，这是最下等的办法。安定边境，巩固边防才是长远之计。我私下里认为，曹操、孙权之所以能各霸一方，是因为他们才能智慧势均力敌。长江、淮河之间地带，各自有数百里没有人家居住。为什么？因为那是各自细探出没的地方，而不是耕地放牧的地方。因此，坚壁清野等待他们的到来，整顿士卒修缮兵器以抓住他们的弱点。保护老百姓，维持国家领土的完整，不会超出这条途径。简要归纳说来，办法有四项：一是将住在远处的老百姓迁到附近来。现在青州、兖州的当地百姓和冀州新归附的人，在边界上住有三万多户，可以将他们全部迁到大岘的南边，以此来充实境内的力量。二是多多修建城邑，让新迁来的人家有房子住，朝廷借给他们一些费用，让他们春夏两季种田放牧，秋冬两季进入城堡避乱。

寇至之时，一城千家，堪战之士，不下二千，其馀羸弱，犹能登埤鼓噪，足抗群虏三万矣。三曰纂偶车牛以载粮械。计千家之资，不下五百耦牛，为车五百两，参合钩连以卫其众。设使城不可固，平行趋险，贼所不能干，有急征发，信宿可聚。四曰计丁课仗。凡战士二千，随其便能，各自有仗，素所服习，铭刻由己，还保输之于库，出行请以自新。弓矟利铁，民不得者，官以渐充之。数年之内，军用粗备矣。近郡之师，远屯清、济，功费既重，嗟怨亦深，以臣料之，未若即用彼众之易也。今因民所利，导而帅之，兵强而敌不戒，国富而民不劳，比于优复队伍，坐食粮廪者，不可同年而校矣。”

7　魏金城边固、天水梁会，与秦、益杂民万馀户据上邽东城反，攻逼西城。秦、益二州刺史封敕文拒却之。氐、羌万馀人，休官、屠各二万馀人皆起兵应固、会，敕文击固，斩之，馀众推会为主，与敕文相攻。

8　夏，四月甲申，魏主至长安。

9　丁未，大赦。

10　仇池人李洪聚众，自言应王。梁会求救于氐王杨文德，文德曰：“两雄不并立，若须我者，宜先杀洪。”会诱洪斩之，送首于文德。五月癸亥，魏主遣安丰公闾根帅骑赴上邽，未至，会弃东城走。敕文先掘重堑于外，严兵守之，格斗从夜至旦。敕文曰：“贼知无生路，致死于我，多杀伤士卒，未易克也。”

寇贼前来进犯，一个城堡内有一千户，能够参加战斗的人不会少于二千，剩下那些老幼病残的，还能登到城堡上呐喊助战，这样一来，足能抵抗住寇贼三万人。三是将百姓使用的车、牛编排搭配起来，用来拉粮食、武器。合计一千户的财产，不少于一千头牛、五百辆车，将它们放在一起，相互搭配好，用来保护众人。即使城池不牢固了，还可以从平地进入险要地带，这样一来，贼寇就不能再进一步侵犯了，一旦有紧急情况发生，临时聚众，两夜就可以聚合好。四是计算士卒数目、准备武器。一个城池大致要有二千名士卒，按照他们各自的长处，发给他们不同的器械，使他们每个人都有武器，平时进行军事训练，让他们自己刻上记号，练习完毕后，将武器交回到军库内统一保存，出战时就把它们拿出来自己将它磨好。在民间不能得到的弓箭和锐利的铁制武器，官府应该逐渐补充齐全。几年之内，军事等方面的准备就可初具规模了。附近各郡军队，要到很远的清水、济水驻扎，费事费财，哀怨和叹息也会更深。依我所见，不如用当地的老百姓更容易些。现在，我们应该按照对老百姓有好处的准则去做，引导并统率他们，这样，兵力强盛就没有敌寇进犯的忧虑，国家富强了而老百姓并不劳苦，同原来免除士卒的赋税，只是坐吃粮食相比，是不能相提并论的。"

7　北魏金城人边固、天水人梁会和秦、益两地杂居的老百姓一万多户据守上邽东城，起来造反，他们的攻势直逼西城。秦、益二州刺史封敕文抵抗并击退了叛乱者。氐、羌两族一万多人，休官、屠各部族两万多人都起兵响应边固、梁会。封敕文迎击边固，把他杀了，其馀造反的人又推举梁会做他们的领头人，同封敕文相对抗。

8　夏季，四月甲申(初一)，北魏国主拓跋焘到达长安。

9　丁未(二十四日)，刘宋实行大赦。

10　仇池人李洪集结百姓，自称应该做王。梁会向氐王杨文德求救，杨文德说："两雄不能同行并立，如果一定需要我帮忙，你应该先杀了李洪。"于是，梁会诱骗出李洪将他杀了，并把李洪的头颅送给杨文德。五月癸亥(十一日)，北魏国主拓跋焘派安丰公闾根率领骑兵奔赴上邽，还未到达，梁会就已放弃上邽东城逃走了。封敕文事先就在外围挖好了几重壕沟，然后派兵严加防守，两军在这里搏斗，从夜里一直杀到第二天早晨。封敕文说："贼人知道他们没有活路，同我们以命相拼，杀死和杀伤了我们很多士卒，我们不容易战胜他们。"

乃以白虎幡宣告会众,降者赦之,会众遂溃。分兵追讨,悉平之。略阳人王元达聚众屯松多川,敕文又讨平之。

11 盖吴收兵屯杏城,自号秦地王,声势复振。魏主遣永昌王仁、高凉王那督北道诸军讨之。

12 檀和之等拔区粟,斩范扶龙,乘胜入象浦。林邑王阳迈倾国来战,以具装被象,前后无际。宗悫曰:"吾闻外国有师子,威服百兽。"乃制其形,与象相拒,象果惊走,林邑兵大败。和之遂克林邑,阳迈父子挺身走。所获未名之宝,不可胜计,宗悫一无所取,还家之日,衣栉萧然。

13 六月癸未朔,日有食之。

14 甲申,魏发冀、相、定三州兵二万人屯长安南山诸谷,以备盖吴窜逸。丙戌,又发司、幽、定、冀四州兵十万人筑畿上塞围,起上谷,西至河,广纵千里。

15 帝筑北堤,立玄武湖,筑景阳山于华林园。

16 秋,七月辛未,以散骑常侍杜坦为青州刺史。坦,骥之兄也。初,杜预之子耽,避晋乱,居河西,仕张氏。前秦克凉州,子孙始还关中。高祖灭后秦,坦兄弟从高祖过江。时江东王、谢诸族方盛,北人晚渡者,朝廷悉以伧荒遇之,虽复人才可施,皆不得践清涂。上尝与坦论金日䃅,曰:"恨今无复此辈人!"坦曰:"日䃅假生今世,养马不暇,岂办见知!"上变色曰:

于是，封敕文高举起一块白虎幡，大声告诉梁会部下，投降的可得到赦免。梁会部众立刻崩溃。封敕文分别派兵讨伐，结果将这次造反全部平定了。略阳人王元达集结民众屯居于松多川，封敕文又前去讨伐，平定了他们。

11　北魏叛民首领盖吴收集残馀部众屯居杏城，自封为秦地王，声势又高涨起来。北魏国主派永昌王拓跋仁、高凉王拓跋那督统北道各路军队前去讨伐。

12　檀和之等人攻下区粟，斩了范扶龙，并乘胜追击到象浦。林邑国王范阳迈发动全国兵力出来迎战，把马匹的锐甲披到大象身上，象阵前后望不到头。宗悫说："我听说外国有狮子，它的威严可以使百兽顺从。"于是，他们制造了许多狮子形的东西，与大象相对峙，大象果然被狮子惊吓逃跑，林邑国军队大败。檀和之于是攻占了林邑国。范阳迈父子赶紧逃走。刘宋军队得到叫不上名字的财宝不可胜数，宗悫没拿一件东西，打完仗回家那天，他的穿着仍很俭朴。

13　六月癸未朔（初一），出现日食。

14　甲申（初二），北魏出动冀、相、定三州二万兵，屯驻长安南山各个山谷中，防备盖吴败后窜逃到别的地方去。丙戌（初四），又出动司、幽、定、冀四州十万兵修筑京畿外围的要塞，这一工程东起上谷，西到黄河，绵延覆盖达一千里。

15　刘宋文帝下令修筑北堤，建造玄武湖，在华林园建造景阳山。

16　秋季，七月辛未（二十日），文帝任命散骑常侍杜坦为青州刺史。杜坦是杜骥的哥哥。当初，晋朝名将杜预的儿子杜耽为躲避晋朝战乱迁移到河西居住，在张氏那里做官。前秦攻克了凉州后，杜家的子孙才回到关中。刘宋高祖灭了后秦后，杜坦兄弟跟着高祖渡过长江。此时，江东的王、谢几个家族正处于兴盛时期，晚来的北方人就受到歧视，朝廷把他们看成是从北方荒凉之地来的乡巴佬，即便有才能可以任用也不允许在朝廷中担任清贵之官。文帝曾同杜坦谈论过金日磾，说："遗憾的是现在世上再也没有金日磾这类难得之才了！"杜坦说："假如金日磾生活在今天，让他去养马都忙不过来，哪里还能为人所知呢！"文帝脸色大变说：

"卿何量朝廷之薄也!"坦曰:"请以臣言之:臣本中华高族,晋氏丧乱,播迁凉土,世业相承,不殒其旧。直以南渡不早,便以荒伧赐隔。日碑,胡人,身为牧圉,乃超登内侍,齿列名贤。圣朝虽复拔才,臣恐未必能也。"上默然。

17 八月,魏高凉王那等破盖吴,获其二叔。诸将欲送诣平城,长安镇将陆俟曰:"长安险固,风俗豪忮,平时犹不可忽,况承荒乱之馀乎! 今不斩吴,则长安之变未已也。吴一身潜窜,非其亲信,谁能获之! 若停十万之众以追一人,又非长策。不如私许吴叔,免其妻子,使自追吴,擒之必矣。"诸将咸曰:"今贼党众已散,唯吴一身,何所能至?"俟曰:"诸君不见毒蛇乎! 不断其首,犹能为害。吴天性凶狡,今若得脱,必自称王者不死,以惑愚民,为患愈大。"诸将曰:"公言是也。但得贼不杀,而更遣之,若遂往不返,将何以任其罪?"俟曰:"此罪,我为诸君任之。"高凉王那亦以俟计为然,遂赦二叔,与刻期而遣之。及期,吴叔不至,诸将皆咎俟,俟曰:"彼伺之未得其便耳,必不负也。"后数日,吴叔果以吴首来,传诣平城。永昌王仁讨吴馀党白广平、路那罗,悉平之。以陆俟为内都大官。

"你为什么认为朝廷对人太薄了呢?"杜坦说:"请以我自身为例:我原来是中华的豪富望族,因为晋室丧乱,不得不迁移到凉州居住,世世代代承袭官职,并没有因为迁徙而受到削减。可是,如今仅仅是因为我们渡江南晚了些,就把我们排斥为边远的粗野之人。金日磾是匈奴人,身为朝廷马厩管马之人,却能越级提拔做到了内侍,而且与其他名才贤士相并列。如果像现在这样,即使圣明的朝廷再次选拔贤才,恐怕也不一定能轮到我的。"文帝听罢默不作声。

17 八月,北魏高凉王拓跋那等率将士击败盖吴,俘获了盖吴的两个叔父。将士想要把他们押送到平城,镇守长安的大将陆俟说:"长安险要坚固,风俗豪爽强悍,和平时期都不应该被忽视,何况正是在战乱之后呢!现在如果不杀了盖吴,长安的战乱就不会停止。盖吴如今一人潜逃鼠窜,不是他的亲信,谁能把他抓获呢!如果留下十万人去追捕盖吴一人,也不是长久之策。我们不如私下里释放盖吴的叔父,同时也赦免他们的妻子和孩子,让他们自己去寻找盖吴,这样,我们一定会抓到盖吴。"众将领都说:"现在盗贼党羽已经溃散,只有盖吴一人逃走了,他能逃到什么地方呢?"陆俟说:"各位没有看见过毒蛇吗?不斩断它的头,它还能去伤害人。盖吴天性凶狠狡诈,如今如果得以逃脱,一定会宣称做王的人不会被杀死,以此来迷惑愚昧无知的百姓,这样一来,给我们造成的祸患会更大。"众将领说:"你说得很对。只是俘获了贼寇不杀,反而放走,假如他们不再回来了,谁来承担这一罪过呢?"陆俟说:"这一罪过,我替各位承担。"高凉王拓跋那也认为陆俟的计策是正确的,于是赦免盖吴的两个叔父,同他们定下返回日期后就将他们放走了。到了约定的日期,盖吴的两个叔父没有回来,各将领都怪罪陆俟,陆俟说:"他们只不过是还没有机会下手罢了,他们一定不会辜负我们。"几天后,盖吴的叔父果然拿着盖吴的头回来了,消息很快传到了平城。永昌王拓跋仁讨伐盖吴馀党白广平和路那罗,都平定了。北魏任命陆俟为内都大官。

会安定卢水胡刘超等聚众万馀人反,魏主以俟威恩著于关中,复加俟都督秦、雍二州诸军事,镇长安,谓俟曰:"关中奉化日浅,恩信未洽,吏民数为逆乱。今朕以重兵授卿,则超等必同心协力,据险拒守,未易攻也。若兵少,则不能制贼。卿当自以方略取之。"俟乃单马之镇。超等闻之,大喜,以俟为无能为也。

俟既至,谕以成败,诱纳超女,与为姻戚以招之。超自恃其众,犹无降意。俟乃帅其帐下亲往见超,超使人逆谓俟曰:"从者过三百人,当以弓马相待;不及三百人,当以酒食相供。"俟乃将二百骑诣超。超设备甚严,俟纵酒尽醉而还。顷之,俟复选敢死士五百人出猎,因诣超营。约曰:"发机当以醉为限。"既饮,俟阳醉,上马大呼,手斩超首,士卒应声纵击,杀伤千数,遂平之。魏主征俟还,为外都大官。

18　是岁,吐谷浑复还旧土。

正巧又赶上安定的卢水胡人刘超等人集聚一万多人造反,北魏国主拓跋焘因为陆俟的威力和恩德在关中都很有名,又加授陆俟为都督秦、雍二州诸军事,镇守长安。拓跋焘对陆俟说:"关中接受我们的教化还没有多长时间,我们的恩德信誉还没有树立起来,因此,那里的官吏和老百姓几次发动叛乱。现在,我把重兵交给你,刘超等知道后也必然会齐心协力,共同把守险要抗拒你,他们不是很容易就攻取的。我们派的兵少,不能制服贼寇。你应该自己谋划策略取得胜利。"陆俟一个人骑马到长安去镇守。刘超等人听到这个消息后,非常高兴,他们认为陆俟不能有所作为。

陆俟到了那里后,以事情的成败,生死存亡的利害来劝导刘超等人,还以娶刘超的女儿为妻做诱饵,通过与刘超联姻而达到招纳刘超归顺的目的。但是,刘超却自恃他手下人多,还是没有归降的意思。于是,陆俟就带着他的侍卫将领亲自去见刘超。刘超派人前去迎接,对陆俟说:"你的随从士卒超过三百人,我们就用弓箭战马来对待;如果不到三百人,我们就会用美酒佳肴来款待。"于是,陆俟就带了二百名骑士到了刘超那里,刘超戒备很严,而陆俟却只是纵酒豪饮,直喝到酩酊大醉才返回自己的驻地。不久,陆俟又挑选出五百名敢死士卒出外狩猎,顺便到了刘超所在的军营。他要求士卒说:"发动攻击的时间应该以我喝醉的时候为限。"刘超款待了陆俟,酒喝了一会儿,陆俟表面上假装大醉,跳上马大声呼喊,亲手斩了刘超的头,他手下的士卒应声而起进行狙击,杀死杀伤刘超将士一千多人,于是,平定了那里。拓跋焘将陆俟召回平城,封他为外都大官。

18　这一年,吐谷浑汗国又回到过去的土地上生活。

卷第一百二十五　宋纪七

起丁亥(447)尽庚寅(450)凡四年

太祖文皇帝中之下
元嘉二十四年(丁亥,447)

1　春,正月甲戌,大赦。

2　魏吐京胡及山胡曹仆浑等反。二月,征东将军武昌王提等讨平之。

3　癸未,魏主如中山。

4　魏师之克敦煌也,沮渠牧犍使人斫开府库,取金玉及宝器,因不复闭。小民争入盗取之,有司索盗不获。至是,牧犍所亲及守藏者告之,且言牧犍父子多蓄毒药,潜杀人前后以百数。况复姊妹皆学左道。有司索牧犍家,得所匿物。魏主大怒,赐沮渠昭仪死,并诛其宗族,唯沮渠祖以先降得免。又有告牧犍犹与故臣民交通谋反者,三月,魏主遣崔浩就第赐牧犍死,谥曰哀王。

5　魏人徙定州丁零三千家于平城。

6　六月,魏西征诸将扶风公处真等八人,坐盗没军资及虏掠赃各千万计,并斩之。

7　初,上以货重物轻,改铸四铢钱。民多翦凿古钱,取铜盗铸。上患之。录尚书事江夏王义恭建议,请以大钱一当两。右仆射何尚之议曰:"夫泉贝之兴,以估货为本,事存交易,岂假多铸!

太祖文皇帝中之下
宋文帝元嘉二十四年(丁亥,公元447年)

1 春季,正月甲戌(二十六日),刘宋实行大赦。

2 北魏吐京胡和山胡酋长曹仆浑等起来反叛。二月,北魏征东将军武昌王拓跋提等人前去讨伐并平定了叛乱。

3 癸未(初五),北魏国主拓跋焘前往中山。

4 北魏大军攻克敦煌后,沮渠牧犍派人砍开了府库,拿走了金银珠宝玉器,府库大门再也没有能够关上。当地老百姓争抢着进去偷走金银财宝,有关部门搜捕盗贼而没有抓获一人。到此时,沮渠牧犍的亲信及守护府库的人才向北魏朝廷告发了沮渠牧犍,并且说沮渠牧犍父子藏起了许多毒药,偷偷杀掉的人前后有一百多。还有,沮渠牧犍的姐妹们都学会那门歪道的法术。有关部门搜查了沮渠牧犍的家,得到了沮渠牧犍藏匿的东西。拓跋焘大怒,下令沮渠昭仪自杀,并诛灭了沮渠宗族,只有沮渠祖由于最早投降而免于一死。又有人告发说沮渠牧犍还在与他的旧时官吏、百姓秘密来往,图谋反叛,三月,拓跋焘派崔浩去沮渠牧犍家,让他在家里自杀,谥号为哀王。

5 北魏将定州的丁零部落三千户迁到了平城。

6 六月,北魏西征诸将领扶风公拓跋处真等八名大将因盗卖和吞没军用物资,以及抢夺掳掠赃物每人各得钱财数以千万计,一起被处死。

7 当初,刘宋文帝认为钱币面值太大而东西的价格却很低,下令改铸新的四铢钱。老百姓也有很多人把古钱毁掉,用这些铜自己偷偷铸造新钱,文帝为此很忧虑。录尚书事江夏王刘义恭向文帝建议,请求用一个大钱当两个小钱。右仆射何尚之发表议论说:"钱币的兴起,是以估量货物的价值为标准的,这种事情只要有买卖交易就会存在,怎能凭借多铸钱币来影响它呢!

数少则币重,数多则物重,多少虽异,济用不殊。况复以一当两,徒崇虚价者邪!若今制遂行,富人之赀自倍,贫者弥增其困,惧非所以使之均壹也。"上卒从义恭议。

8　秋,八月乙未,徐州刺史衡阳文王义季卒。义季自彭城王义康之贬,遂纵酒不事事。帝以书诮责,且戒之。义季犹酣饮自若,以至成疾而终。

9　魏乐安宣王范卒。

10　冬,十月壬午,胡藩之子诞世杀豫章太守桓隆之,据郡反,欲奉前彭城王义康为主。前交州刺史檀和之去官归,过豫章,击斩之。

11　十一月甲寅,封皇子浑为汝阴王。

12　十二月,魏晋王伏罗卒。

13　杨文德据葭芦城,招诱氐、羌,武都等五郡氐皆附之。

二十五年(戊子,448)

1　春,正月,魏仇池镇将皮豹子帅诸军击之。文德兵败,弃城奔汉中。豹子收其妻子、僚属、军资及杨保宗所尚魏公主而还。

初,保宗将叛,公主劝之。或曰:"奈何叛父母之国?"公主曰:"事成,为一国之母,岂比小县公主哉!"魏主赐之死。

杨文德坐失守,免官,削爵土。

钱币数量少钱币价值就高,钱币数量多货物价值就高,钱币的数量多少虽然不一样,但它们的使用功能却没有什么不同。何况用一个大钱当作二个小钱,只是增加了表面价值呢!如果我们实行这个以一个大钱当二个小钱花的办法,富人的财物自然会成倍增加,贫苦百姓则会更加贫困起来,这样做恐怕并不是我们要使社会达到贫富均衡的好办法。"文帝最终采纳了刘义恭的建议。

8　秋季,八月乙未(二十日),刘宋徐州刺史衡阳文王刘义季去世。自从彭城王刘义康被贬后,刘义季就开始纵酒,不做他应该做的事。文帝写信讥讽责备,并且劝诫他。刘义季还是一如既往地豪饮不止,以致因酗酒过度而死。

9　北魏乐安宣王拓跋范去世。

10　冬季,十月壬午(初八),刘宋胡藩的儿子胡诞世杀了豫章太守桓隆之,占据豫章郡反叛朝廷,他想要拥戴前彭城王刘义康做皇帝。前交州刺史檀和之在卸任回京途中,路过豫章,击败斩杀了胡诞世。

11　十一月甲寅(初十),刘宋朝廷封皇子刘浑为汝阴王。

12　十二月,北魏晋王拓跋伏罗去世。

13　杨文德占据了北魏的葭芦城,并招抚诱降氐、羌族人,武都等五个郡的氐人全部归附。

宋文帝元嘉二十五年(戊子,公元448年)

1　春季,正月,北魏仇池镇将皮豹子率领各路大军攻伐杨文德。杨文德军队战败,放弃葭芦城,逃回汉中。皮豹子逮捕了杨文德的妻子、孩子、幕僚臣属,没收了他所有的军用物资,同时又逮捕了杨保宗所娶的北魏公主,大胜而回。

当初,杨保宗要叛离北魏时,公主力加劝诱鼓励。有人问公主说:"你为什么要背叛你父母的国家?"公主回答说:"此事成功,我就是一国之母,这怎能同我现在的小县公主身份相比呢?"北魏国主拓跋焘命她自杀。

杨文德因为失去所镇守的土地,因而被罢免了官职,削去了爵位和封地。

2 二月癸卯，魏主如定州，罢塞围役者。遂如上党，诛潞县叛民二千馀家，徙河西离石民五千馀家于平城。

3 闰月己酉，帝大搜于宣武场。

4 初，刘湛既诛，庾炳之遂见宠任，累迁吏部尚书，势倾朝野。炳之无文学，性强急轻浅。既居选部，好诟詈宾客，且多纳货赂。士大夫皆恶之。

炳之留令史二人宿于私宅，为有司所纠。上薄其过，欲不问。仆射何尚之因极陈炳之之短曰："炳之见人有烛盘、佳驴，无不乞丐；选用不平，不可一二；交结朋党，构扇是非，乱俗伤风，过于范晔，所少，贼一事耳。纵不加罪，故宜出之。"上欲以炳之为丹杨尹。尚之曰："炳之蹈罪负恩，方复有尹京赫赫之授，乃更成其形势也。古人云：'无赏无罚，虽尧、舜不能为治。'臣昔启范晔，亦惧犯颜，苟白愚怀，九死不悔。历观古今，未有众过藉藉，受货数百万，更得高官厚禄如炳之者也。"上乃免炳之官，以徐湛之为丹杨尹。

5 彭城太守王玄谟上言："彭城要兼水陆，请以皇子抚临州事。"夏四月，乙卯，以武陵王骏为安北将军、徐州刺史。

6 五月甲戌，魏以交趾公韩拔为鄯善王，镇鄯善，赋役其民，比之郡县。

2　二月癸卯,北魏国主拓跋焘前去定州,命令解散在京畿外围修筑要塞工事的人。然后又前往上党,下令诛戮潞县反叛百姓二千多户,并将河西郡、离石镇百姓五千多户迁到平城。

3　闰二月己酉(初七),刘宋文帝在宣武场举行阅兵大典。

4　当初,刘湛被诛杀后,吏部郎庾炳之受到宋文帝的宠信,官职不断升迁直到吏部尚书,其势力在朝野上下无人能及。但是,庾炳之没有才学,而且性情暴躁又极浅薄。官居吏部尚书之后,喜欢污辱谩骂来访的客人,并且大肆接受贿赂。士大夫们都非常讨厌、憎恶他。

庾炳之在个人私宅留宿两名令史,受到有关部门弹劾,而文帝认为他的错误很小,想不做处理。仆射何尚之因此竭力揭发庾炳之的缺点错误,说:"庾炳之看见别人有蜡烛盘、好驴等,没有他不想去要的;他选人用人不公正的事例,更不是一两件;他结交培养自己的党羽,拨弄是非,离间他人,伤风败俗,超过了范晔,他比范晔少的就是还没有反叛朝廷这一件事而已。即使不加罪于他,也应该将他降职外放。"文帝想要让庾炳之做丹杨尹。何尚之说:"庾炳之犯了罪辜负了给予他的恩德,现在又煊赫地封授他堂堂丹杨尹这样的美差,这是进一步增加他的气势。古人说:'有功不赏,有过不罚,即使是尧、舜也不能使天下太平!'我过去在陛下面前谈论范晔,也害怕会冒犯龙颜,可是现在我想只要把我心中一些想法都说出来,即使冒着九死的危险,也是不后悔的。历观从古至今的诸多大事,从没有过恶迹昭彰,收受贿赂达几百万,而能进一步得到高官厚禄像庾炳之这样的人呀。"文帝这才罢免了庾炳之的官职,任命徐湛之做丹杨尹。

5　刘宋彭城太守王玄谟上书文帝说:"彭城位兼水陆交通要道,请求派皇子亲临彭城主持政事。"夏季,四月乙卯(十四日),文帝任命武陵王刘骏为安北将军、徐州刺史。

6　五月甲戌(初四),北魏任命交趾公韩拔为鄯善国国王,镇守鄯善,对老百姓征发的赋税和劳役,参照北魏内地郡县。

7 当两大钱行之经时,公私不以为便。己卯,罢之。

8 六月丙寅,荆州刺史南谯王义宣进位司空。

9 辛酉,魏主如广德宫。

10 秋,八月甲子,封皇子彧为淮阳王。

11 西域般悦国去平城万有馀里,遣使诣魏,请与魏东西合击柔然。魏主许之,中外戒严。

12 九月辛未,以尚书右仆射何尚之为左仆射,领军将军沈演之为吏部尚书。

13 丙戌,魏主如阴山。

14 魏成周公万度归击焉耆,大破之,焉耆王鸠尸卑那奔龟兹。魏主诏唐和与前部王车伊洛帅所部兵会度归讨西域。和说降柳驴等六城,因共击波居罗城,拔之。

15 冬,十月辛丑,魏弘农昭王奚斤卒,子它观袭。魏主曰:"斤关西之败,罪固当死。朕以斤佐命先朝,复其爵邑,使得终天年,君臣之分亦足矣。"乃降它观爵为公。

16 癸亥,魏大赦。

17 十二月,魏万度归自焉耆西讨龟兹,留唐和镇焉耆。柳驴戍主乙直伽谋叛,和击斩之,由是诸胡咸服,西域复平。

18 魏太子朝于行宫,遂从伐柔然。至受降城,不见柔然,因积粮于城内,置戍而还。

7 刘宋用一个大钱顶两个小钱的流通办法,实行了一段时间,朝廷和个人都认为太不方便。己卯(初九),下令废除这一规定。

8 六月丙寅(二十六日),刘宋荆州刺史南谯王刘义宣晋升为司空。

9 辛酉(二十一日),北魏国主拓跋焘前往广德宫。

10 秋季,八月甲子(二十五日),刘宋朝廷封皇子刘彧为淮阳王。

11 西域般悦国离平城有一万多里,派使节到北魏,请求和北魏联合从东西方向共同夹击柔然国。北魏国主同意,下令北魏内外严格警戒。

12 九月辛未(初二),刘宋任命尚书右仆射何尚之为左仆射,领军将军沈演之为吏部尚书。

13 丙戌(十七日),北魏国主前去阴山。

14 北魏成周公万度归攻伐焉耆国,大败焉耆。焉耆国王鸠尸卑那逃奔到龟兹。北魏国主下诏,命令唐和与前部王车伊洛率领所部军队与万度归会师,然后讨伐西域。唐和劝说并收降了柳驴等六个城池,于是又趁机共同攻伐波居罗城,最后把它攻克。

15 冬季,十月辛丑(初三),北魏弘农昭王奚斤去世,他的儿子奚它观继承王位。魏主拓跋焘说:"奚斤在关西之战战败,论罪行本来应该处死。我因为他曾经辅佐过先帝,所以恢复了他的爵位和封邑,这才使得他能够寿终天年,国君与臣子的情分到此也足够了。"于是,将奚它观的爵位降为公爵。

16 癸亥(二十五日),北魏实行大赦。

17 十二月,北魏万度归从焉耆向西挺进征讨龟兹,留下唐和镇守焉耆。驻守柳驴的官员乙直伽阴谋反叛,唐和进行反击,斩了乙直伽。从此,诸胡人都畏服于唐和,西域重新平定。

18 北魏太子拓跋晃到行宫朝见魏主拓跋焘,跟着父亲征伐柔然,进军到受降城,却看不见柔然兵卒的影子,因而将粮食囤积在城内,在那里设置戍边军队,尔后返回。

二十六年(己丑,449)

1　春,正月戊辰朔,魏主飨群臣于漠南。甲戌,复伐柔然。高凉王那出东道,略阳王羯兒出西道,魏主与太子出涿邪山,行数千里。柔然处罗可汗恐惧远遁。

2　二月己亥,上如丹徒,谒京陵。三月丁巳,大赦。募诸州乐移者数千家以实京口。

3　庚寅,魏主还平城。

4　夏,五月壬午,帝还建康。

5　庚寅,魏主如阴山。

6　帝欲经略中原,群臣争献策以迎合取宠。彭城太守王玄谟尤好进言,帝谓侍臣曰:"观玄谟所陈,令人有封狼居胥意。"御史中丞袁淑言于上曰:"陛下今当席卷赵、魏,检玉岱宗。臣逢千载之会,愿上封禅书。"上悦。淑,耽之曾孙也。

秋,七月辛未,以广陵王诞为雍州刺史。上以襄阳外接关、河,欲广其资力,乃罢江州军府,文武悉配雍州。湘州入台租税,悉给襄阳。

7　九月,魏主伐柔然,高凉王那出东道,略阳王羯兒出中道。柔然处罗可汗悉国内精兵围那数十重。那掘堑坚守,处罗数挑战,辄为那所败。以那众少而坚,疑大军将至,解围夜去。那引兵追之,九日九夜。处罗益惧,弃辎重,逾穹隆岭远遁。那收其辎重,引军还,与魏主会于广泽。略阳王羯兒收柔然民畜凡百馀万。自是柔然衰弱,屏迹不敢犯魏塞。冬,十二月戊申,魏主还平城。

宋文帝元嘉二十六年(己丑,公元449年)

1 春季,正月戊辰朔(初一),北魏国主在漠南犒劳各位大臣。甲戌(初七),再次讨伐柔然。高凉王拓跋那从东路进军,略阳王拓跋羯儿由西路挺进,北魏国主和太子拓跋晃则率军穿过涿邪山,行军几千里。柔然国处罗可汗郁久闾吐贺真非常恐惧,远远逃走。

2 二月己亥(初三),刘宋文帝前去丹徒,拜谒京陵。三月丁巳,实行大赦。募集各个州郡愿意移居的几千户迁来充实京口。

3 庚寅(二十四日),北魏太武帝返回平城。

4 夏季,五月壬午(十七日),刘宋文帝回到建康。

5 庚寅(二十五日),北魏太武帝前往阴山。

6 刘宋文帝想要收复中原,文武百官争相献计献策去迎合,希望以此受到皇帝的宠爱。彭城太守王玄谟尤其喜欢向皇帝献计,文帝对侍臣说:"仔细琢磨王玄谟所陈述的计策,使人顿有霍去病封狼居胥时的感觉。"御史中丞袁淑对文帝说:"陛下您现在应该席卷赵魏旧土,去泰山祭祀天地神祇。我正赶上这千载难逢的机会,愿意向您奉上封禅书。"文帝听完很高兴。袁淑是袁耽的曾孙。

秋季,七月辛未(初七),刘宋朝廷任命广陵王刘诞为雍州刺史。文帝认为襄阳向外与函谷关、黄河相接壤,因此打算扩大充实襄阳的财力,于是,撤销了江州军府,将江州的文武百官全都配备给雍州。湘州人向朝廷交纳的田租税款也全都转给了襄阳。

7 九月,北魏国主讨伐柔然国,高凉王拓跋那从东路率军挺进,略阳王拓跋羯儿从中路进军。柔然国处罗可汗郁久闾吐贺真将国内所有精锐部队调来,把拓跋那的部队包围了几十层。拓跋那挖深沟坚守阵地,郁久闾吐贺真几次向拓跋那挑战,都被拓跋那打败。郁久闾吐贺真认为拓跋那士卒人数少却很顽强,怀疑援助拓跋那的主力大军将要来到,因此,撤去包围,连夜率军离开。拓跋那带领士卒奋勇追击九天九夜。郁久闾吐贺真越发害怕,丢下辎重物资,穿过穹隆岭远远逃走。拓跋那缴获了郁久闾吐贺真丢下的辎重物资,率领大军返回,同魏主在广泽会合。略阳王拓跋羯儿俘虏了柔然百姓和牲畜一百多万。从此,柔然国国力衰败,躲起来不再敢侵犯北魏边塞地区。冬季,十二月戊申(十七日),北魏国主回到平城。

8　沔北诸山蛮寇雍州,建威将军沈庆之帅后军中兵参军柳元景、随郡太守宗悫等二万人讨之,八道俱进。先是,诸将讨蛮者皆营于山下以迫之,蛮得据山发矢石以击,官军多不利。庆之曰:“去岁蛮田大稔,积谷重岩,不可与之旷日相守也。不若出其不意,冲其腹心,破之必矣。”乃命诸军斩木登山,鼓噪而前,群蛮震恐。因其恐而击之,所向奔溃。

二十七年(庚寅,450)

1　春,正月乙酉,魏主如洛阳。

2　沈庆之自冬至春,屡破雍州蛮,因蛮所聚谷以充军食,前后斩首三千级,虏二万八千馀口,降者二万五千馀户。幸诸山大羊蛮凭险筑城,守御甚固。庆之击之,命诸军连营于山中,开门相通,各穿池于营内,朝夕不外汲。顷之,风甚,蛮潜兵夜来烧营,诸军以池水沃火,多出弓弩夹射之,蛮兵散走。蛮所据险固,不可攻,庆之乃置六戍以守之。久之,蛮食尽,稍稍请降,悉迁于建康以为营户。

3　魏主将入寇,二月甲午,大猎于梁川。帝闻之,敕淮、泗诸郡:“若魏寇小至,则各坚守;大至,则拔民归寿阳。”边戍侦候不明,辛亥,魏主自将步骑十万奄至。南顿太守郑琨、颍川太守郑道隐并弃城走。

8　沔水北部居住的各山地蛮族侵犯雍州,刘宋建威将军沈庆之率领后军中兵参军柳元景、随郡太守宗悫等二万多将士讨伐,分八路一同进军。在此之前,各将领讨伐蛮人,都在山下驻扎营地以此迫使他们投降。蛮人就占据陡峻山势,发射乱石利箭来回击,刘宋将领多次失利。沈庆之说:"去年,蛮人的庄稼大获丰收,他们把粮食都囤积在悬崖峭壁上,我们不能和他们长期对抗。不如出其不意,直杀入他们的内部,一定会打败他们。"于是,命令各路大军砍伐树木,向山上攀登,擂着鼓呐喊着,向前进攻,各蛮族震惊恐慌。沈庆之等趁他们处在惊恐状态发动进攻,所过之处,各蛮族立刻全线崩溃,四处逃散。

宋文帝元嘉二十七年(庚寅,公元 450 年)

1　春季,正月乙酉(二十四日),北魏国主前去洛阳。

2　建威将军沈庆之从去年冬季到今年春季,多次击败雍州境内的蛮族反抗势力,依靠蛮族囤积的粮食,充实自己的军队粮草,前后共杀蛮族三千人,俘虏了二万八千多人,收降了二万五千多户。幸诸山的大羊蛮族凭借险要地势构筑城堡,防守抵御都很牢固。沈庆之前来攻打,他命令军队在山里连营扎寨,营房房门都打开互相接通,然后在营地内挖掘水池,从早到晚都不外出取水。不久,风刮得越来越厉害,蛮人偷偷派兵在夜里潜入放火烧营。沈庆之用蓄水池中的水浇灭了大火,用大批弓弩在两边发射,蛮族军队逃散。他们所占据的位置险要坚固,无法攻破。沈庆之又设六个戍所来监守。时间一长,蛮族军队的粮食吃完了,慢慢地有人请求归降,朝廷便把他们作为"营户"全部迁到了建康。

3　北魏国主拓跋焘将要侵犯刘宋。二月甲午(初三),魏主先到梁川进行大规模的打猎。刘宋文帝听说后,立刻诏令淮河、泗水沿岸的各个州郡:"如果北魏小规模进犯,就各自坚守自己的城池;如果大规模进犯,就带着老百姓全部撤到寿阳。"由于边境侦察不准确而情况不明。辛亥(二十日),北魏国主亲自率领十万骑兵突然越过边境。刘宋南顿太守郑琨、颍川太守郑道隐都弃城逃跑。

　　是时，豫州刺史南平王铄镇寿阳，遣左军行参军陈宪行汝南郡事，守悬瓠，城中战士不满千人，魏主围之。

　　三月，以军兴，减内外百官俸三分之一。

　　魏人昼夜攻悬瓠，多作高楼，临城以射之，矢下如雨，城中负户以汲，施大钩于冲车之端以牵楼堞，坏其南城。陈宪内设女墙，外立木栅以拒之。魏人填堑，肉薄登城，宪督厉将士苦战，积尸与城等。魏人乘尸上城，短兵相接，宪锐气愈奋，战士无不一当百，杀伤万计，城中死者亦过半。

　　魏主遣永昌王仁将步骑万馀，驱所掠六郡生口北屯汝阳。时徐州刺史武陵王骏镇彭城，帝遣间使命骏发骑，赍三日粮袭之。骏发百里内马得千五百匹，分为五军，遣参军刘泰之帅安北骑兵行参军垣谦之、田曹行参军臧肇之、集曹行参军尹定、武陵左常侍杜幼文、殿中将军程天祚等将之，直趋汝阳。魏人唯虑救兵自寿阳来，不备彭城。丁酉，泰之等潜进，击之，杀三千馀人，烧其辎重，魏人失散，诸生口悉得东走。魏人侦知泰之等兵无继，复引兵击之。垣谦之先退，士卒惊乱，弃仗走。泰之为魏人所杀，肇之溺死，天祚为魏所擒，谦之、定、幼文及士卒免者九百馀人，马还者四百匹。

这时,刘宋豫州刺史南平王刘铄正镇守寿阳,他派左军行参军陈宪代理汝南郡事务,驻守悬瓠。悬瓠城中士卒不到一千人,北魏国主率兵围住了悬瓠。

三月,刘宋因为战事兴起,减少朝廷内外文武百官俸禄的三分之一。

北魏军队不分白天黑夜地连续围攻悬瓠,他们建起了许多楼车,临近城池进行射击,一时间,利箭如雨般纷纷射出。守卫悬瓠的士卒都身背门板,到井里提水。北魏军队开始在冲车的一头抛出大铁钩来钩住城楼围墙,然后再用冲车牵引大铁钩,南部城墙被扯倒了。陈宪又赶快在围墙内筑了一层小墙,小墙外部再加设一层木栅,继续抵抗。北魏军队将护城壕沟给填平了,登上城墙与刘宋军展开肉搏。陈宪督统将士苦苦奋战。当时双方战死将士的尸首堆积得同城墙一样高。北魏军队踏着尸首向城上攀登,双方短兵相接,激烈搏斗,陈宪锐气不减,愈战愈勇,其手下士卒也是以一当百,杀死及击伤北魏将士数以万计,守城将士也死了一多半。

北魏国主派永昌王拓跋仁率领步、骑兵一万多,驱赶着他们在六郡所掳掠的百姓北上屯守汝阳。与此同时,刘宋徐州刺史武陵王刘骏正镇守彭城,文帝派遣秘密使节去通知刘骏,命令他出动骑兵,带上够三天吃的粮食去袭击北魏军队。刘骏发动方圆百里的一千五百匹马,分成五路,派参军刘泰之率领安北骑兵行参军垣谦之、田曹行参军臧肇之、集曹行参军尹定、武陵左常侍杜幼文、殿中将军程天祚等分别统率这五路大军,直奔汝阳。北魏军队只顾虑刘宋的援军从寿阳来,对彭城方面毫无防备。丁酉,刘泰之等率兵偷偷向前推进,袭击北魏军队,杀死三千多人,烧毁了北魏的辎重物资,北魏士卒四处逃散,不知所往,被俘虏的刘宋军卒和老百姓也都得以乘机向东逃走。北魏军队侦察到刘泰之等没有后援部队,便又领兵反攻。垣谦之首先退却,士卒为此惊恐,大乱,纷纷抛下武器四处逃散。刘泰之被北魏军队杀死,臧肇之掉到河里溺水身亡,程天祚被北魏军队抓获,只有垣谦之、尹定、杜幼文及一些士卒共计九百多人得以逃脱,另外还有四百匹马也和他们一块返回。

魏主攻悬瓠四十二日，帝遣南平内史臧质诣寿阳，与安蛮司马刘康祖共将兵救悬瓠。魏主遣殿中尚书任城公乞地真将兵逆拒之。质等击斩乞地真。康祖，道锡之从兄也。

夏，四月，魏主引兵还，癸卯，至平城。

壬子，安北将军武陵王骏降号镇军将军，垣谦之伏诛，尹定、杜幼文付尚方，以陈宪为龙骧将军、汝南、新蔡二郡太守。

魏主遗帝书曰："前盖吴反逆，扇动关、陇。彼复使人就而诱之，丈夫遗以弓矢，妇人遗以环钏。是曹正欲谲诳取赂，岂有远相服从之理！为大丈夫，何不自来取之，而以货诱我边民？募往者复除七年，是赏奸也。我今来至此土所得多少，孰与彼前后得我民邪？

"彼若欲存刘氏血食者，当割江以北输之，摄守南渡，当释江南使彼居之。不然，可善救方镇、刺史、守宰严供帐之具，来秋当往取扬州。大势已至，终不相纵。彼往日北通蠕蠕，西结赫连、沮渠、吐谷浑，东连冯弘、高丽。凡此数国，我皆灭之。以此而观，彼岂能独立！

"蠕蠕吴提、吐贺真皆已死，我今北征，先除有足之寇。彼若不从命，来秋当复往取之。以彼无足，故不先讨耳。我往之日，彼作何计，为掘堑自守，为筑垣以自障也？我当显然往取扬州，不若彼翳行窃步也。彼来侦谍，我已擒之，复纵还。其人目所尽见，委曲善问之。

北魏国主围攻悬瓠达四十二天,刘宋文帝派南平内史臧质到寿阳,让他和安蛮司马刘康祖一同率兵援救悬瓠。北魏国主派遣殿中尚书任城公拓跋乞地真率军抗击,臧质等人迎击并杀了拓跋乞地真。刘康祖是刘道锡的堂兄。

夏季,四月,北魏国主率军撤退,癸卯(十三日),抵达平城。

壬子(二十二日),刘宋安北将军武陵王刘骏被贬为镇军将军,垣谦之被杀,尹定、杜幼文则被交付尚方做苦役,提升陈宪为龙骧将军和汝南、新蔡二郡的太守。

北魏国主拓跋焘给刘宋文帝的信说:"以前,盖吴反叛逆行,煽动关、陇一带居民起来叛乱。你又派人前去诱导他们,把弓箭赠送给男人,把耳环金钏馈赠给女人。这只不过是他们想用欺诈诓骗的手段获取这些贿赂之财,否则,哪里会有相距甚远却甘愿服从的道理!作为大丈夫,为什么不自己前来获取,却用金银财宝诱惑我边陲百姓?你又下令说,前往投奔你的,免除七年的捐税,这是你在明目张胆地奖赏奸佞之人。我现在来到你们的国土上所得到的百姓数量,同你在此前后得到的我国百姓的数量相比,谁多谁少呢?

"如果你还想保存刘氏家族的祖庙烟火,你就应当把长江以北的地方全部割让给我,长江以北的守兵撤到江南,我放弃长江以南让你居住。不然,你就应该好好命令你的方镇、刺史、太守、宰令恭恭敬敬地准备好床帐、饮食器具,明年秋天,我将前去攻取扬州。这是大势所趋,我最终不会放弃。以前,你北边与柔然汗国来往,西边与赫连、沮渠和吐谷浑勾结,向东又与冯弘、高丽联系。这些国家,如今都被我消灭了。由此看来,你怎么能够独立存在呢?

"柔然可汗郁久闾吴提、郁久闾吐贺真都已死去,如今我就要向北征伐,首先铲除这些骑马的贼寇,你如果不遵照我的命令去做,明年秋天我当再次亲自前来攻取。因为你没有那么多骑马贼寇,所以,我先不去讨伐。我前往攻取那一天,你怎么办呢?无论你是挖壕沟自守,还是构筑城墙作为屏障,我都会大大方方地前去攻取扬州,而不像你遮遮掩掩地去耍一些小诡计。你派来的侦探我已经抓获,又把他放回去了。这个人看到了我们这里所有的一切,详细的情况你可以仔仔细细地去问他。

"彼前使裴方明取仇池,既得之,疾其勇功,已不能容。有臣如此尚杀之,乌得与我校邪!彼非我敌也。彼常欲与我一交战,我亦不痴,复非苻坚,何时与彼交战?昼则遣骑围绕,夜则离彼百里外宿。吴人正有斫营伎,彼募人以来,不过行五十里,天已明矣。彼募人之首,岂得不为我有哉!

"彼公时旧臣虽老,犹有智策,知今已杀尽,岂非天资我邪!取彼亦不须我兵刃,此有善咒婆罗门,当使鬼缚以来耳。"

4　侍中、左卫将军江湛迁吏部尚书。湛性公廉,与仆射徐湛之并为主上所宠信,时称江、徐。

5　魏司徒崔浩,自恃才略及魏主所宠任,专制朝权,尝荐冀、定、相、幽、并五州之士数十人,皆起家为郡守。太子晃曰:"先征之人,亦州郡之选也。在职已久,勤劳未答,宜先补郡县,以新征者代为郎吏。且守令治民,宜得更事者。"浩固争而遣之。中书侍郎、领著作郎高允闻之,谓东宫博士管恬曰:"崔公其不免乎!苟遂其非而校胜于上,将何以堪之!"

魏主以浩监秘书事,使与高允等共撰《国记》,曰:"务从实录。"著作令史闵湛、郗标,性巧佞,为浩所宠信。浩尝注《易》及《论语》《诗》《书》,湛、标上疏言:"马、郑、王、贾不如浩之精微,乞收境内诸书,班浩所注,令天下习业。并求敕浩注《礼传》,令后生得观正义。"浩亦荐湛、标有著述才。

"你以前派裴方明前去攻取仇池，得到了这块土地之后，你却妒嫉裴方明的勇略和战功，自己不能容纳。有这么好的大将，你尚且要杀了他，你又有什么资格前来同我较量呢！你已经不是我的对手。你经常想要同我交战，我不是白痴，又不是自大骄横的苻坚，什么时候和你打一仗呢？我白天派轻骑围在你营地的周围，晚上就让他们在距离你们一百里以外的地方宿营。你们吴人恰好有夜间侵袭对方兵营宿地的伎俩，但是，你募集的这些士卒到这里来，走不了五十里，天色已经大亮了。你所募集的这些士卒的头颅，又怎么能不被我砍下呢？

"你父亲时代的旧臣属虽然年纪已老，都还是很有智谋的，我知道他们已经被你斩尽杀绝了，这难道不是天助我吗？战胜你也不需要动用我的兵刃器具，这里有很会念咒的婆罗门，自然会有鬼神前去把你绑送到我这里来。"

4　刘宋侍中、左卫将军江湛升任吏部尚书。江湛秉性公正廉洁，他和仆射徐湛之同时受文帝所宠信，当时并称江徐。

5　北魏司徒崔浩，自恃才能谋略很高并被魏主所宠爱信任，独揽朝中大权，他曾经推荐冀、定、相、幽、并五州的士人几十人直接做郡守。太子拓跋晃说："早先征聘的人才，也是被作为州郡官入选的。他们担任这一职务已经很久了，辛勤劳苦却一直没得到过朝廷的报答，应该首先补充他们做郡县守令，让新征聘的人代替他们做郎吏。而且太守、县令管理百姓，应该由经历过世面有经验的人来担当。"但是，崔浩坚持力争，派这些人就任。中书侍郎兼著作郎高允听说后对东宫博士管恬说："崔浩恐怕免不了一场灾祸。为了顺遂自己未必正确的私心而同朝廷有权势的人对抗争胜，他将用什么来保全自己呢？"

北魏国主任命崔浩兼管秘书事务，让他和高允等人共同撰写《国记》，对他们说："一定要根据事实撰写。"著作令史闵湛、郗标，性情乖巧、奸佞，很受崔浩宠信。崔浩曾经注解《易经》《论语》《诗经》《书经》，闵湛、郗标就上疏建议说："马融、郑玄、王肃、贾逵所作的注解，都不如崔浩的准确有深度，我们恳求陛下没收国内由这些人作注的各种书，颁布崔浩的注本，命令全国上下都来学习。我们还请求陛下下令让崔浩继续注解《礼记》，使后人能看到正确的释义。"崔浩也极力推荐说闵湛、郗标有著书立说的才能。

湛、标又劝浩刊所撰《国史》于石,以彰直笔。高允闻之,谓著作郎宗钦曰:"湛、标所营,分寸之间,恐为崔门万世之祸,吾徒亦无噍类矣!"浩竟用湛、标议,刊石立于郊坛东,方百步,用功三百万。浩书魏之先世,事皆详实,列于衢路,往来见者咸以为言。北人无不忿恚,相与谮浩于帝,以为暴扬国恶。帝大怒,使有司按浩及秘书郎吏等罪状。

初,辽东公翟黑子有宠于帝,奉使并州,受布千匹。事觉,黑子谋于高允曰:"主上问我,当以实告,为当讳之?"允曰:"公帷幄宠臣,有罪首实,庶或见原,不可重为欺罔也。"中书侍郎崔览、公孙质曰:"若首实,罪不可测,不如讳之。"黑子怨允曰:"君奈何诱人就死地!"入见帝,不以实对,帝怒,杀之。帝使允授太子经。

及崔浩被收,太子召允至东宫,因留宿。明旦,与俱入朝,至宫门,谓允曰:"入见至尊,吾自导卿。脱至尊有问,但依吾语。"允曰:"为何等事也?"太子曰:"入自知之。"太子见帝,言:"高允小心慎密,且微贱。制由崔浩,请赦其死!"帝召允,问曰:"《国书》皆浩所为乎?"对曰:"《太祖记》,前著作郎邓渊所为;《先帝记》及《今记》,臣与浩共为之。然浩所领事多,总裁而已,至于著述,臣多于浩。"帝怒曰:"允罪甚于浩,何以得生!"太子惧曰:"天威严重,允小臣,迷乱失次耳。

而闵湛、郗标反过来又建议崔浩把他所撰写的《国史》刻在石碑上，以此来显示作者崔浩的秉笔直书。高允听说这件事后又对著作郎宗钦说："闵湛、郗标所搞的这一切，如果有一点差错，恐怕就会给崔家带来万世的灾祸，我们这些人也不会幸免。"崔浩竟然采纳了闵湛、郗标的建议，把《国史》刻在石碑上，立在郊外皇帝祭祀的神坛的东侧，占地一百步见方，这一工程造价三百万。崔浩写北魏祖先的事迹，每件事都非常详细真实，他把这些陈列在交通要道上，来来往往过路的人看见后都用这些作为谈论的材料。北方鲜卑人对此非常愤怒，他们纷纷向北魏国主说崔浩的坏话，认为这是大肆张扬祖先的过错和污点。北魏国主大怒，派有关部门调查处理崔浩和其他秘书郎吏的罪。

当初，辽东公翟黑子被北魏国主所宠信，奉命出使并州，在并州接受一千匹绢布的贿赂。事发后，翟黑子向高允讨计说："主上审问我时，我是应该把实情说出来呢，还是应该把它藏起来不承认呢？"高允说："你是朝廷宠臣，犯了罪就应该讲实话，这样或许还会被皇上赦免，不能再次欺骗皇上。"中书侍郎崔览、公孙质则说："如果你讲实话自首，很难预测皇上该怎么处理你，不如隐瞒不说。"翟黑子埋怨高允说："你为什么要引诱我去置身于死地呢？"翟黑子入宫拜见太武帝，没有把实情讲出来，太武帝大怒，斩了翟黑子。后来，太武帝又派高允教授太子拓跋晃经书。

等到崔浩被捕入狱，太子拓跋晃召高允到东宫，留他住了一夜。第二天早晨，拓跋晃与高允一同进宫朝见，二人来到宫门时，拓跋晃对高允说："我们进去拜见皇上，我自会引导你该做些什么。一旦皇上有什么问话，你只管按照我的话去回答。"高允问他说："出了什么事吗？"太子拓跋晃说："你进去自然就知道了。"太子拜见太武帝："高允做事小心审慎，而且地位卑贱，人微言轻。所有的一切都是由崔浩主管制定的，我请求您赦免他的死罪。"太武帝召见高允，问高允说："《国书》都是崔浩一人写的吗？"高允回答说："《太祖记》由前著作郎邓渊撰写，《先帝记》和《今记》是我和崔浩两人共同撰写的。但是崔浩兼事很多，他只不过是总揽了一下《国书》的大纲而已，并未亲自撰写多少，至于撰写工作，我做得要比崔浩多得多。"太武帝大怒说："高允的罪行比崔浩要严重，怎么能让他不死呢？"太子拓跋晃很害怕，说："陛下盛怒之下威严凝重，高允这么一个小臣被您的威严吓得惊慌失措、失去理智而语无伦次了。

臣向问,皆云浩所为。"帝问允:"信如东宫所言乎?"对曰:"臣罪当灭族,不敢虚妄。殿下以臣侍讲日久,哀臣,欲丐其生耳。实不问臣,臣亦无此言,不敢迷乱。"帝顾太子曰:"直哉!此人情所难,而允能为之!临死不易辞,信也;为臣不欺君,贞也。宜特除其罪以旌之。"遂赦之。

于是召浩前,临诘之。浩惶惑不能对。允事事申明,皆有条理。帝命允为诏,诛浩及僚属宗钦、段承根等,下至僮吏,凡百二十八人,皆夷五族。允持疑不为。帝频使催切,允乞更一见,然后为诏。帝引使前,允曰:"浩之所坐,若更有馀衅,非臣敢知。若直以触犯,罪不至死。"帝怒,命武士执允。太子为之拜请,帝意解,乃曰:"无斯人,当有数千口死矣。"

六月己亥,诏诛清河崔氏与浩同宗者无远近,及浩姻家范阳卢氏、太原郭氏、河东柳氏,并夷其族,馀皆止诛其身。絷浩置槛内,送城南,卫士数十人溲其上,呼声嗷嗷,闻于行路。宗钦临刑叹曰:"高允其殆圣乎!"

他日,太子让允曰:"人亦当知机。吾欲为卿脱死,既开端绪,而卿终不从,激怒帝如此。每念之,使人心悸。"允曰:"夫史者,所以记人主善恶,为将来劝戒,故人主有所畏忌,慎其举措。崔浩孤负圣恩,以私欲没其廉洁,爱憎蔽其公直,此浩之责也。

我以前曾经问过他这件事,他说全是崔浩一人干的。"魏主质问高允说:"真的像太子所说的那样吗?"高允回答说:"以我的罪过是应该灭族的,不敢用虚假的话欺骗您。太子是因为我很久以来一直在他身边事奉讲书而可怜我的遭遇,想要放我一条生路。实际上,他确实没有问过我,我也确实没有对他说这些话,我不敢胡言乱语欺骗您。"魏主回过头去对太子说:"这就是正直呵!这在人情上很难做到,而高允却能做得到!马上就要死了却也不改变他说的话,这就是诚实;作为臣子不欺骗皇帝,这就是忠贞。应该特别免除他的罪,作为榜样而褒扬他的品质。"于是,赦免了高允。

此时,太武帝又召见崔浩前来,自己亲自审问他。崔浩恐慌迷惑回答不上来。而高允当时却是件件事申述得明明白白,有条有理。太武帝于是命令高允写诏书:诛斩崔浩和他的幕僚宗钦、段承根等人,以及他们的部属、僮仆,共有一百二十八人,全都夷灭五族。高允犹豫不敢下笔。太武帝多次派人催促,高允恳求再觐见太武帝一次,然后再写诏书。魏主命人将他带到自己跟前,高允说:"崔浩被捕入狱,他的罪状如果还有其他别的原因,我不敢多说。如果仅仅是因为他冒犯了皇族,他的罪过还达不到被处死的程度。"太武帝大怒,命令武士逮捕高允。太子拓跋晃为他求情,太武帝的怒气才稍稍平息,说:"没有这个人,就该有几千人被处死。"

六月己亥(初十),太武帝下诏,诛斩清河崔氏老幼和与崔浩属于同一宗族的人,不管血缘关系的疏密远近;与崔浩有姻亲关系的范阳卢氏、太原郭氏、河东柳氏,都被诛灭全族,其他人都只诛斩罪犯一人。崔浩被放在一个四周都是栏杆的囚车里,由士卒押送到平城南郊,押送士兵几十人在崔浩的头上撒尿,崔浩悲惨地嗷嗷呼叫,在路上行走的人都听得清清楚楚。宗钦在临近斩首时感叹说:"高允近乎圣人呀!"

过了几天,太子拓跋晃责怪高允说:"人也应该知道见机行事。我想替你开脱死罪,已经有了好的开端,可是你却始终不照我说的去做,使皇上气愤到那种程度。现在每次回想起来都令人心有馀悸。"高允说:"史官,是要记载皇帝的善恶,作为对后人的鼓励或劝诫,因此,皇帝心生畏忌,对自己的行为举止都十分小心谨慎。崔浩辜负了圣上的大恩,用他自己的私欲盖过了他的廉洁,用他个人的爱憎好恶遮住了他的公正秉直,这是崔浩的责任和错误。

至于书朝廷起居,言国家得失,此为史之大体,未为多违。臣与浩实同其事,死生荣辱,义无独殊。诚荷殿下再造之慈,违心苟免,非臣所愿也。"太子动容称叹。允退,谓人曰:"我不奉东宫指导者,恐负翟黑子故也。"

初,冀州刺史崔赜,武城男崔模,与浩同宗而别族。浩常轻侮之,由是不睦。及浩诛,二家独得免。赜,逞之子也。

辛丑,魏主北巡阴山。魏主既诛崔浩而悔之。会北部尚书李孝伯病笃,或传已卒。魏主悼之曰:"李宣城可惜!"既而曰:"朕失言。崔司徒可惜,李宣城可哀!"孝伯,顺之从父弟也,自浩之诛,军国谋议皆出孝伯,宠眷亚于浩。

6 初,车师大帅车伊洛世服于魏,魏拜伊洛平西将军,封前部王。伊洛将入朝,沮渠无讳断其路,伊洛屡与无讳战,破之。无讳卒,弟安周夺其子乾寿兵,伊洛遣人说乾寿,乾寿遂帅其民五百馀家奔魏。伊洛又说李宝弟钦等五十馀人下之,皆送于魏。伊洛西击焉耆,留其子歇守城,沮渠安周引柔然兵间道袭之,攻拔其城。歇走就伊洛,共收馀众,保焉耆镇,遣使上书于魏主,言:"为沮渠氏所攻,首尾八年,百姓饥穷,无以自存。臣今弃国出奔,得免者仅三分之一,已至焉耆东境,乞垂赈救!"魏主诏开焉耆仓以赈之。

至于书写皇上的起居生活,谈论国家行政的得失,这是史官的重要任务,不能说这有多大罪过。我和崔浩事实上是一同从事这项工作,生死荣辱,在道义不应该不一样。我接受殿下您使我再生的大恩,如果违背自己的良心得以幸免,这不是我所愿意做的。"太子拓跋晃容颜感动,不断赞叹。高允退下后对人说:"我之所以不按照太子的引导去做,就是怕辜负了翟黑子。"

当初,冀州刺史崔赜、武城男爵崔模和崔浩属于同一祖宗,但不是同一族系。崔浩经常侮辱怠慢他们,因此,感情一直不和。等到崔浩被斩、诛灭全族,只有这两家得以幸免。崔赜是崔逞的儿子。

辛丑(十二日),北魏国主北去阴山巡察。魏主诛斩了崔浩后就很后悔,偏巧,北部尚书李孝伯患病很重,有人传说他已经去世了。太武帝哀悼他说:"李宣城死得可惜!"不一会儿,又说:"朕说错了。应该是崔司徒死得可惜,李宣城的死令人哀痛!"李孝伯是李顺的堂弟,自从崔浩被斩后,国家军政大事的谋划都由李孝伯决定,太武帝对他的宠信次于崔浩。

6 当初,车师国大帅车伊洛世代臣服于北魏,北魏任命车伊洛为平西将军,封为前部王。车伊洛将要去平城朝见北魏国主,被据守高昌的沮渠无讳拦断了去路,车伊洛几次与沮渠无讳交战,并把沮渠无讳打得大败。不久,沮渠无讳去世,其弟沮渠安周夺了沮渠无讳儿子沮渠乾寿所统率的军队,车伊洛趁此机会派人前去游说沮渠乾寿,沮渠乾寿于是率领他手下五百多户投奔北魏。车伊洛又游说李宝的弟弟李钦等五十多人,游说成功,他把这些人都送到了北魏。车伊洛西去袭击焉耆,留下他的儿子车歇固守车师城。沮渠安周率领柔然兵从小路偷袭他们,攻克了车师城。车歇逃到了父亲车伊洛所在地,父子两人共同收集残馀部众,保卫焉耆镇,同时,派使节前去平城上书给北魏国主,信中说:"我们被沮渠氏围攻袭击,前前后后已经八年了,老百姓挨饿受苦,没有办法养活自己。我现在放弃自己的国土逃奔在外,同我一同逃走免于一死的人仅剩下了三分之一,我们现在已到达焉耆东部边界,乞求您能救济我们一下。"于是,北魏国主下诏命令打开焉耆的粮仓,赈济车师将士。

7 吐谷浑王慕利延为魏所逼,上表求入保越嶲,上许之。慕利延竟不至。

8 上欲伐魏,丹杨尹徐湛之、吏部尚书江湛、彭城太守王玄谟等并劝之。左军将军刘康祖以为"岁月已晚,请待明年"。上曰:"北方苦虏虐政;义徒并起。顿兵一周,沮向义之心,不可。"

太子步兵校尉沈庆之谏曰:"我步彼骑,其势不敌。檀道济再行无功,到彦之失利而返。今料王玄谟等,未逾两将,六军之盛,不过往时,恐重辱王师。"上曰:"王师再屈,别自有由,道济养寇自资,彦之中涂疾动。虏所恃者唯马。今夏水浩汗,河道流通,泛舟北下,碻磝必走,滑台小戍,易可覆拔。克此二城,馆谷吊民,虎牢、洛阳,自然不固。比及冬初,城守相接,虏马过河,即成擒也。"庆之又固陈不可。上使徐湛之、江湛难之。庆之曰:"治国譬如治家,耕当问奴,织当访婢。陛下今欲伐国,而与白面书生辈谋之,事何由济!"上大笑。

太子劭及护军将军萧思话亦谏,上皆不从。

魏主闻上将北伐,复与上书曰:"彼此和好日久,而彼志无厌,诱我边民。今春南巡,聊省我民,驱之便还。今闻彼欲自来,设能至中山及桑乾川,随意而行,来亦不迎,去亦不送。若厌其区宇者,可来平城居,我亦往扬州,相与易地。

7　吐谷浑王慕容慕利延被北魏逼迫，上书给文帝请求进入到越巂自保，文帝同意。可慕容慕利延却没有去。

8　刘宋文帝想要攻伐北魏，丹杨尹徐湛之、吏部尚书江湛、彭城太守王玄谟等人都赞成和拥护文帝的计划。只有左军将军刘康祖认为："今年已到年底，等到明年再说。"文帝说："北方老百姓苦于北方蛮虏的虐政，反抗义军不断兴起，我们停兵延迟一年进攻，就会使这些义军的抗暴之心受挫，我们不能这么做。"

太子步兵校尉沈庆之进谏说："我们是步兵，他们是骑兵，在攻势上我们敌不过他们。檀道济两次出兵都没有打赢，到彦之也是失利而回。如今，我估计王玄谟等人的能力也不会超过前两位将领。我们军队的气势也不如以前了，恐怕会使我们的军队再次招来羞辱和灾难。"文帝说："我们的大军两次受屈，另有它自己的原因：檀道济保存贼寇以抬高自己，到彦之在进攻的半路上正好眼病加重。蛮虏魏所能依仗的只有马。今年夏天雨水很多，河道畅通无阻，如果我们乘船北下，碻磝的守军一定会逃走，而驻守滑台的小股军队，也很容易全盘攻克。攻克了这两个城，我们就利用他们粮仓里堆积的粮秣去安抚老百姓，虎牢、洛阳自然也就保不住了。等到冬天到来，我们的城池之间已经相互连接，蛮虏的战马如果跨过黄河，我们就可以把他们活活抓住。"沈庆之还是坚持不该现在讨伐魏的意见，于是，文帝就让徐湛之、江湛同他辩论。沈庆之说："治理国家就像治理自己的家一样，耕田种地的事，应该请教种地农夫，纺织的事该问纺织婢女。陛下您现在想要去讨伐一个国家，却和只知书本的白面书生们谋划大略，这对大事又有什么帮助呢？"文帝哈哈大笑。

太子刘劭和护军将军萧思话也竭力劝谏，文帝都没接受他们的建议。

北魏国主拓跋焘听说刘宋文帝要率领大军大举北伐，就又一次给文帝去信说："我们两国和好的时间已经很长了，可你却贪得无厌，引诱我边境的老百姓。今年春季我南下巡察，顺便去看看我那些逃亡到你那里的人民，驱赶他们回到自己的土地上。现在听说你打算自己亲自来，倘若你能到中山及桑乾川，就请随便行动。来的时候，我不迎接，离开这里我也不相送。如果你已厌倦你所居住的国土，那么，你可以到平城来居住，我也前去扬州居住，我们不妨易地而居。

彼年已五十，未尝出户，虽自力而来，如三岁婴儿，与我鲜卑生长马上者果如何哉！更无馀物，可以相与，今送猎马十二匹并毡、药等物。彼来道远，马力不足，可乘。或不服水土，药可自疗也。"

秋，七月庚午，诏曰："虏近虽摧挫，兽心靡革。比得河朔、秦、雍华戎表疏，归诉困棘，跂望绥拯，潜相纠结以候王师。芮芮亦遣间使远输诚款，誓为掎角。经略之会，实在兹日。可遣宁朔将军王玄谟帅太子步兵校尉沈庆之、镇军谘议参军申坦水军入河，受督于青、冀二州刺史萧斌；太子左卫率臧质、骁骑将军王方回径造许、洛；徐、兖二州刺史武陵王骏、豫州刺史南平王铄各勒所部，东西齐举；梁、南、北秦三州刺史刘秀之震荡汧、陇；太尉、江夏王义恭出次彭城，为众军节度。"坦，钟之曾孙也。

是时军旅大起，王公、妃主及朝士、牧守，下至富民，各献金帛、杂物以助国用。又以兵力不足，悉发青、冀、徐、豫、二兖六州三五民丁，倩使暂行，符到十日装束。缘江五郡集广陵，缘淮三郡集盱眙。又募中外有马步众艺武力之士应科者，皆加厚赏。有司又奏军用不充，扬、南徐、兖、江四州富民家赀满五十万，僧尼满二十万，并四分借一，事息即还。

你已有五十岁了,还未曾迈出过家门口,虽然你自己有力量前来,你也不过像三岁的孩子,同我们生长在马背上的鲜卑人相比,你该是个什么模样呢?我们也没有多馀的东西可以送给你,现在暂且送给你十二匹猎马和毛毡、药物等等。你从很远的地方来此,你的马力不足,可以乘我送给你的马。或许有时水土不服,可以吃我送去的药自己治疗。"

秋季,七月庚午(十二日),文帝下诏说:"蛮虏魏虽然近来被我们挫败,但是,他们的野兽般的心并没有除去。最近,朝廷得到河朔、秦、雍等州的汉族和戎族上疏表奏,他们都诉说了自己的痛苦,举踵翘首地等待我们前去拯救,他们已经暗中秘密相互联合起来,等待朝廷派去的军队。甚至柔然汗国也派遣秘密使节,从小路赶来向我朝廷表达他们的诚意,发誓联合夹击。向北征伐的机会,正在这天。现在,可派遣宁朔将军王玄谟率领太子步兵校尉沈庆之、镇军谘议参军申坦率领水军进入黄河,受青、冀二州刺史萧斌的督统;太子左卫率臧质、骁骑将军王方回直接到许昌、洛阳;徐、兖二州刺史武陵王刘骏,豫州刺史南平王刘铄各自统领自己的部队,在东西两个方向一起举兵进攻;梁州、南秦、北秦三州刺史刘秀之在汧、陇一带骚扰破坏;太尉、江夏王刘义恭出驻彭城,担任各路大军的调度、指挥。"申坦是申钟的曾孙。

此时,全国军队大规模动员,上起王公、王妃、公主及朝廷官员、牧守,下到富有的民众,每人都捐献出金银、玉帛及其他物品来援助国家的用度。因为兵力不足,又动员并征召了青州、冀州、徐州、豫州、北兖、南兖六个州郡的青壮年,以每三个壮丁抽一人、每五个壮丁抽二人的比例进行征召,也可以雇用他人代替参军。命令到达之日起,十天时间整理行李衣物,然后出发。沿长江五郡的应征青年在广陵集合,淮河一带三郡的应征青年在盱眙集合。同时,朝廷又募集国内有骑兵、步兵专长的勇武壮士,对他们都加以厚赏。有关部门又向朝廷启奏说军队费用、物资都不充足,因此扬州、南徐州、南兖州、江州四州,凡是富足人家家产超过五十万钱的,僧侣尼姑的积蓄有满二十万钱的,都要借出四分之一来供军队急用,战事结束即归还。

　　建武司马申元吉引兵趋碻磝。乙亥,魏济州刺史王买德弃城走。萧斌遣将军崔猛攻乐安,魏青州刺史张淮之亦弃城走。斌与沈庆之留守碻磝,使王玄谟进围滑台。雍州刺史、随王诞遣中兵参军柳元景、振威将军尹显祖、奋武将军曾方平、建武将军薛安都、略阳太守庞法起将兵出弘农。后军外兵参军庞季明,年七十馀,自以关中豪右,请入长安招合夷、夏,诞许之。乃自贳谷入卢氏,卢氏民赵难纳之。季明遂诱说士民,应之者甚众,安都等因之,自熊耳山出。元景引兵继进。豫州刺史南平王铄遣中兵参军胡盛之出汝南,梁坦出上蔡向长社,魏荆州刺史鲁爽镇长社,弃城走。爽,轨之子也。幢主王阳兒击魏豫州刺史仆兰,破之,仆兰奔虎牢。铄又遣安蛮司马刘康祖将兵助坦,进逼虎牢。

　　魏群臣初闻有宋师,言于魏主,请遣兵救缘河谷帛。魏主曰:"马今未肥,天时尚热,速出必无功。若兵来不止,且还阴山避之。国人本著羊皮裤,何用绵帛!展至十月,吾无忧矣。"

　　九月辛卯,魏主引兵南救滑台,命太子晃屯漠南以备柔然,吴王余守平城。庚子,魏发州郡兵五万分给诸军。

　　王玄谟士众甚盛,器械精严,而玄谟贪愎好杀。初围滑台,城中多茅屋,众请以火箭烧之。玄谟曰:"彼,吾财也,何遽烧之!"城中即撤屋穴处。时河、洛之民竞出租谷、操兵来赴者日以千数,玄谟不即其长帅而以配私昵。家付匹布,责大梨八百,由是众心失望。攻城数月不下,闻魏救将至,众请发车为营,玄谟不从。

建武司马申元吉率领军队向碻磝趋近。乙亥(十七日),北魏济州刺史王买德弃城逃跑。宋青、冀二州刺史萧斌派遣将军崔猛攻打乐安,北魏的青州刺史张淮之也弃城逃走。萧斌和沈庆之留下据守碻磝,派王玄谟进攻包围滑台。雍州刺史、随王刘诞命令中兵参军柳元景、振威将军尹显祖、奋武将军曾方平、建武将军薛安都、略阳太守庞法起率军进攻弘农。后军外兵参军庞季明,已七十多岁,他自认为自己是关中的豪门望族,请求允许他偷偷进入长安招募汉夷民众,刘诞同意他的请求。庞季明就从赀谷进入卢氏,卢氏人赵难收容了他。庞季明就诱劝说服当地的士大夫和老百姓,响应他的人非常多,薛安都等人借此从熊耳山通过。柳元景率领士卒随后跟着前进。豫州刺史、南平王刘铄命令中兵参军胡盛之从汝南出发,梁坦从上蔡出发向长社进军。北魏荆州刺史鲁爽镇守长社,弃城逃走。鲁爽是鲁轨的儿子。刘宋军幢主王阳兒进击北魏豫州刺史仆兰,仆兰被击败而逃奔虎牢。刘铄再次命令安蛮司马刘康祖率兵援助梁坦,进逼虎牢。

北魏朝廷众大臣刚刚听说刘宋发动军队攻击,马上报告给了北魏国主,请求派遣兵力抢救黄河沿岸储存的粮食、布帛。北魏国主说:"现在我们的战马还没有养肥,天气还处于炎热期,我们反击,一定不会取胜。倘若刘宋军不断地前进,我们暂且撤退到阴山躲避一下。我们鲜卑人本来就是穿羊皮裤子的,要这些棉布丝帛有什么用? 只要拖到十月,我就没有什么可忧虑的了。"

九月,辛卯,北魏国主率领军队南去援助滑台,命令太子拓跋晃屯驻漠南,以防备柔然的进攻,又命令吴王拓跋余留守平城。庚子,北魏征召国内各州郡五万士卒分配给各支部队。

刘宋宁朔将军王玄谟的军队士气高涨,武器精良,但是,王玄谟刚愎自用,贪婪好屠杀。最初包围滑台时,滑台城里有很多茅草房,众士卒请求用火箭把这些茅草房烧掉。王玄谟说:"那些茅草房是我们的财产,为什么马上烧了它们?"这样一来,滑台城里的北魏守军就赶快撤掉茅草房而挖掘洞穴住进去。当时,居住在黄河、洛水沿岸的老百姓都争先恐后地给刘宋军队送粮秣,而且,每天都有数以千计的人拿着武器前来投奔,王玄谟不按这些人的原来组织统率,而把他们配备给与自己关系密切的人使用。他发放给每家一匹布,却又命令每家交出八百个大梨,于是,众人心中极其失望。王玄谟进攻滑台,几个月都没有攻下,听说北魏救援军队就要来到,众将士请求用马车作为营垒,王玄谟也没有同意。

冬,十月癸亥,魏主至枋头,便关内侯代人陆真夜与数人犯围,潜入滑台,抚慰城中,且登城视玄谟营曲折还报。乙丑,魏主渡河,众号百万,鞞鼓之声,震动天地。玄谟惧,退走。魏人追击之,死者万馀人,麾下散亡略尽,委弃军资器械山积。

先是,玄谟遣钟离太守垣护之以百舸为前锋,据石济,在滑台西南百二十里。护之闻魏兵将至,驰书劝玄谟急攻,曰:"昔武皇攻广固,死没者甚众。况今事迫于曩日,岂得计士众伤疲!愿以屠城为急。"玄谟不从。及玄谟败退,不暇报护之。魏人以所得玄谟战舰连以铁锁三重,断河以绝护之还路。河水迅急,护之中流而下,每至铁锁,以长柯斧断之,魏不能禁。唯失一舸,馀皆完备而返。

萧斌遣沈庆之将五千人救玄谟,庆之曰:"玄谟士众疲老,寇虏已逼,得数万人乃可进,小军轻往,无益也。"斌固遣之。会玄谟遁还,斌将斩之,庆之固谏曰:"佛狸威震天下,控弦百万,岂玄谟所能当!且杀战将以自弱,非良计也。"斌乃止。

斌欲固守碻磝,庆之曰:"今青、冀虚弱,而坐守穷城,若虏众东过,清东非国家有也。碻磝孤绝,复作朱脩之滑台耳。"会诏使至,不听斌等退师。斌复召诸将议之,并谓宜留,庆之曰:"阃外之事,将军得以专之。诏从远来,不知事势。

冬季,十月癸亥,北魏国主来到枋头,派关内侯、代郡人陆真在深夜同几个人穿过刘宋军的包围,偷偷进入滑台,安抚那里的守城军队,并登上城头察看王玄谟军营情况,辗转返回报告给太武帝。乙丑,魏主渡过黄河,号称百万士兵,敲鼓之声如打雷般震天动地。王玄谟见状害怕了,赶快撤退逃走。北魏军队追击他们,杀死一万多人,王玄谟部下逃跑战死,到最后几乎没剩一人,丧失的军用物资及武器堆积如山。

在这之前,王玄谟派遣钟离太守垣护之率领一百只船作前锋,据守石济,距滑台西南一百二十里处。垣护之听说北魏军队就要到来,立即派人骑骏马送信,劝王玄谟发动紧急攻势,说:“昔日,武皇帝围攻广固时,死亡的人很多,何况现在面临的事要比那时紧急得多,怎能再考虑士卒们的存亡劳苦!我希望把屠灭滑台作为最急迫的事情来办。”王玄谟没有这样做。等到王玄谟战败撤退,他来不及向垣护之通报。北魏军队把缴获王玄谟的战舰用铁链拴起来,一连拴了三道,切断了黄河,断绝了垣护之的退路。黄河河水湍急迅猛,垣护之从中流顺流而下,每遇到铁锁链,就用长柄大斧把它们砍断,北魏军队无法制止。垣护之只损失了一只船,其馀的船只都完好无损、安全返回。

萧斌派沈庆之统领五千士卒前去援助王玄谟。沈庆之说:“王玄谟的士卒身体疲惫、士气不足,而寇虏已经逼近,我们必须有几万人的兵力才可以前进。一小部分军队轻率前去,是没有什么好处的。”萧斌坚持要他去。这时正赶上王玄谟逃回来,萧斌要斩王玄谟,沈庆之坚决劝阻,他说:“佛狸拓跋焘威震天下,统率着百万大军,怎能是王玄谟抵挡得住的呢?况且斩杀战将削弱自己的力量,这不是好办法。”萧斌于是没有斩杀王玄谟。

萧斌打算在碻磝固守,沈庆之说:“如今青、冀二州内部防务空虚,我们却在这里空守这座孤城。假如蛮虏向东进军,那么,清水以东就不是我们的领土了。一旦碻磝被孤立隔绝起来,那么,恐怕又会重演朱脩之守滑台一幕。”这时,正巧传达诏书的使者来到,告诉萧斌不许他们撤退。于是,萧斌又召集各将领商讨,大家都异口同声说应该留下来坚守碻磝,沈庆之说:“宫城以外的大事,将军完全可以自行决断。诏书从很远的地方传下来,皇上下诏书时并不了解目前这里的形势。

节下有一范增不能用,空议何施!"斌及坐者并笑曰:"沈公乃更学问!"庆之厉声曰:"众人虽知古今,不如下官耳学也。"斌乃使王玄谟戍碻磝,申坦、垣护之据清口,自帅诸军还历城。

闰月,庞法起等诸军入卢氏,斩县令李封,以赵难为卢氏令,使帅其众为乡导。柳元景自百丈崖从诸军于卢氏。法起等进攻弘农,辛未,拔之,擒魏弘农太守李初古拔。薛安都留屯弘农。丙戌,庞法起进向潼关。

魏主命诸将分道并进:永昌王仁自洛阳趋寿阳,尚书长孙真趣马头,楚王建趣钟离,高凉王那自青州趣下邳,魏主自东平趣邹山。

十一月辛卯,魏主至邹山,鲁郡太守崔邪利为魏所擒。魏主见秦始皇石刻,使人排而仆之,以太牢祠孔子。

楚王建自清西进,屯萧城。步尼公自清东进,屯留城。武陵王骏遣参军马文恭将兵向萧城,江夏王义恭遣军主嵇玄敬将兵向留城。文恭为魏所败。步尼公遇玄敬,引兵趣苞桥,欲渡清西。沛县民烧苞桥,夜于林中击鼓,魏以为宋兵大至,争渡苞水,溺死者殆半。

诏以柳元景为弘农太守。元景使薛安都、尹显祖先引兵就庞法起等于陕,元景于后督租。陕城险固,诸军攻之不拔。魏洛州刺史张是连提帅众二万度崤救陕,安都等与战于城南。魏人纵突骑,诸军不能敌。安都怒,脱兜鍪,解铠,唯著绛纳两当衫,马亦去具装,瞋目横矛,单骑突陈,所向无前,魏人夹射不

节下您有一个范增却不用他，只是这么空谈，又会有什么计策可以使用呢?"萧斌和在座的各位将领都忍不住大笑说:"沈公您的学问真是有长进啊!"沈庆之厉声说道:"你们虽然通古博今，却不如下官我用耳朵仔细地学习。"于是，萧斌派王玄谟戍守碻磝，申坦、垣护之据守清口，自己率领各路大军返回历城。

闰十月，庞法起等各路大军进入卢氏，斩了卢氏县令李封，任命赵难为卢氏令，让赵难率领他手下的将士担任向导。这时，中兵参军柳元景从百丈崖跟随各路大军来到了卢氏。庞法起等开始攻打弘农，辛未(十五日)，攻克了弘农，活捉了北魏弘农太守李初古拔。建武将军薛安都留守弘农。丙戌(三十日)，庞法起向潼关进军。

北魏国主命令各位大将率领士卒分道一起进击:永昌王拓跋仁从洛阳向寿阳挺进，尚书长孙真直逼马头，楚王拓跋建直取钟离，高凉王拓跋那从青州直取下邳，魏主自己率军从东平直入邹山。

十一月辛卯(初五)，北魏国主抵达邹山，鲁郡太守崔邪利被北魏生擒。魏主看见秦始皇石刻，命令士卒把它推倒，同时又命人用牛、羊、猪三种牲畜去祭祀孔子。

北魏楚王拓跋建从清河向西挺进，屯兵萧城。步尼公从清河向东挺进，屯兵留城。武陵王刘骏派遣参军马文恭率军去往萧城，江夏王刘义恭派遣军主嵇玄敬率军去往留城。马文恭被北魏军队击败，步尼公途中跟嵇玄敬相遇，步尼公率军转而向苞桥前进，打算渡过清水，向西进军。沛县百姓正在放火焚烧苞桥，半夜在树林里不断地敲鼓，北魏军队以为是刘宋大部队来了，都争先恐后地抢渡苞水，被淹死的差不多有一半。

刘宋文帝任命柳元景为弘农太守。柳元景让薛安都、尹显祖先率领士卒到陕城与庞法起等会师，柳元景则在后方征收粮食租税。陕城险峻坚固，刘宋军围攻没有攻下。北魏洛州刺史张是连提率领两万名士卒翻过崤山险要前去陕城增援，薛安都等在陕城城南迎战。魏人派出突击骑兵，刘宋各路大军抵挡不住。薛安都勃然大怒，脱去战盔，解下铠甲，只穿着红色的无袖汗衫，他骑的战马也除掉了护甲，怒目而视，手持长矛，单枪匹马，大声呐喊着直入北魏军中，长矛所指，无人敢拦挡，北魏军队左右夹射也未

能中。如是数四,杀伤不可胜数。会日暮,别将鲁元保引兵自函谷关至,魏兵乃退。元景遣军副柳元怙将步骑二千救安都等,夜至,魏人不之知。明日,安都等陈于城西南。曾方平谓安都曰:"今勍敌在前,坚城在后,是吾取死之日。卿若不进,我当斩卿;我若不进,卿当斩我也!"安都曰:"善,卿言是也!"遂合战。元怙引兵自南门鼓噪直出,旌旗甚盛,魏众惊骇。安都挺身奋击,流血凝肘,矛折,易之更入,诸军齐奋。自旦至日昃,魏众大溃,斩张是连提及将卒三千馀级,其馀赴河堑死者甚众,生降二千馀人。明日,元景至,让降者曰:"汝辈本中国民,今为虏尽力,力屈乃降,何也?"皆曰:"虏驱民使战,后出者灭族,以骑蹙步,未战先死,此将军所亲见也。"诸将欲尽杀之,元景曰:"今王旗北指,当使仁声先路。"尽释而遣之,皆称万岁而去。甲午,克陕城。

庞法起等进攻潼关,魏戍主娄须弃城走,法起等据之。关中豪桀所在蜂起,及四山羌、胡皆来送款。

上以王玄谟败退,魏兵深入,柳元景等不宜独进,皆召还。元景使薛安都断后,引兵归襄阳。诏以元景为襄阳太守。

能射中。薛安都这样突入敌阵几次,杀死杀伤北魏将士不可胜数。正巧天黑了,另一名宋将鲁元保率领军队从函谷关来到这里,北魏军队才退走。柳元景派军副柳元怙率领二千步骑兵救援薛安都等,深夜抵达陕城城南,北魏军队并不知道。第二天,薛安都等在陕城西南地带陈兵。曾方平对薛安都说:"现在,强敌当前,坚城在后,这正是我们应该去战死的时候。如果你不前进,我就斩了你;如果我不前进,你就斩了我!"薛安都说:"好,你说得对!"于是,两军交战。柳元怙率领士卒从陕城南门击鼓呐喊杀出,旌旗招展,北魏将士非常恐惧。薛安都一马当先,挺身奋战,他身体受伤,血流在肘部凝住,长矛也断了,换了一杆又重新进入战场搏斗。各路大军也是越战越勇。从早晨太阳出来直到黄昏,北魏军队大败,刘宋军队斩了张是连提及其将士三千多人,剩下的北魏将士都跳进河沟,也死了很多,另有二千多人投降。第二天,柳元景抵达,责备投降的人说:"你们原本就是中原之国百姓,现在却替胡虏卖力,等到没有力量抵抗了才投降,为什么要这样做?"北魏投降士卒异口同声地说:"胡虏驱赶我们这些老百姓为他们打仗,晚一些出来打仗的要被诛灭全族,他们用骑兵来驱赶我们这些步兵,很多人在未打仗前就死去了,这是将军你亲眼见到的事情。"各将领打算将他们全部杀掉,柳元景说:"现在,皇帝的旗帜指向北方,我们应该让仁爱做我们的先导,为我们开路。"于是,把这些投降者全都释放,让他们回家,他们都喊着万岁离去。甲午(初八),刘宋军攻克陕城。

庞法起等进攻潼关,北魏的守将娄须闻讯弃城逃走,庞法起等占据了潼关。关中豪杰侠士纷纷起来反抗北魏统治,居住在四山的羌、胡二族也都送来犒劳将士的东西,表示归附。

文帝认为王玄谟战败退逃,使北魏军队深入国境,柳元景等人不应该单独进攻,于是,便把他们都传召回来。柳元景派薛安都断后,自己率军回到了襄阳。文帝下诏任命柳元景为襄阳太守。

魏永昌王仁攻悬瓠、项城，拔之。帝恐魏兵至寿阳，召刘康祖使还。癸卯，仁将八万骑追及康祖于尉武。康祖有众八千人，军副胡盛之欲依山险间行取至，康祖怒曰："临河求敌，遂无所见。幸其自送，奈何避之！"乃结车营而进，下令军中曰："顾望者斩首，转步者斩足！"魏人四面攻之，将士皆殊死战。自旦至晡，杀魏兵万馀人，流血没踝，康祖身被十创，意气弥厉。魏分其众为三，且休且战。会日暮风急，魏以骑负草烧军营，康祖随补其阙。有流矢贯康祖颈，坠马死，馀众不能战，遂溃，魏人掩杀殆尽。

南平王铄使左军行参军王罗汉以三百人戍尉武。魏兵至，众欲依卑林以自固，罗汉以受命居此，不去。魏人攻而擒之，锁其颈，使三郎将掌之。罗汉夜断三郎将首，抱锁亡奔盱眙。

魏永昌王仁进逼寿阳，焚掠马头、钟离。南平王铄婴城固守。

魏兵在萧城，去彭城十馀里。彭城兵虽多而食少，太尉江夏王义恭欲弃彭城南归。安北中兵参军沈庆之以为历城兵少食多，欲为函箱车陈，以精兵为外翼，奉二王及妃女直趋历城。分兵配护军萧思话，使留守彭城。太尉长史何勖欲席卷奔郁洲，自海道还京师。义恭去意已判，惟二议弥日未决。安北长史沛郡太守张畅曰："若历城、郁洲有可至之理，下官敢不高赞！

北魏永昌王拓跋仁进攻悬瓠、项城,攻克了这两个地方。文帝害怕北魏军队攻到寿阳,就命令安蛮司马刘康祖班师回朝。癸卯(十七日),拓跋仁率领八万骑兵追击刘康祖,在尉武追上。刘康祖只有八千将士,副将胡盛之打算依靠山势的险要,让军队从小路到达寿阳,刘康祖大怒,说:"我们亲自到黄河搜索敌人,没有搜索到。值得庆幸的是他们自己送上门来了,怎么能躲避他们呢?"于是,让军队结成一个个车阵,继续前进。刘康祖对军队下令说:"回头看的人斩首,转过身去的人砍断双脚。"北魏军队从四面包抄围攻,刘康祖军将士都拼死同北魏军队搏斗。战斗从早晨一直进行到下午,刘宋军击杀了北魏一万多人,血流淹过人的脚踝。刘康祖身上十处受伤,但斗志却更加高昂。北魏军队将剩下的将士一分为三,采用车轮战术,边休息边作战。这时,正赶上夜幕降临,风力很大,北魏军队借此就用战马驮草,火烧刘宋军营,刘康祖一边救火一边补救营垒。一支流箭飞来穿透了他的脖子,刘康祖从马上栽下身亡,其馀士众不能继续战斗,随即崩溃,北魏军队追击堵截,几乎将刘宋军斩尽杀绝。

刘宋南平王刘铄派左军行参军王罗汉率领三百名将士戍守尉武。北魏军队突然涌入,王罗汉的将士想要依靠附近的矮林进行自卫,王罗汉则认为自己接受命令驻守于此,不能离开。北魏大军攻入尉武,结果生擒了王罗汉,他们用铁链锁住了王罗汉的脖子,让三郎将看守。深夜,王罗汉砍掉了三郎将的头颅,自己抱着铁锁逃到了盱眙。

北魏永昌王拓跋仁向寿阳进军,他们沿途纵火焚烧,劫掠了马头、钟离两地。南平王刘铄围绕城池,加固防守。

北魏军队占领了萧城,萧城距离彭城十多里。在彭城驻守的刘宋军数量虽多,但军粮不足,太尉江夏王刘义恭打算放弃彭城,返回南方。安北中兵参军沈庆之认为驻防历城的宋军人少粮多,想要用箱式战车装载,派精锐部队作外侧羽翼,夹道护送江夏王刘义恭、武陵王刘骏二王和他们的妃子和女儿,直奔历城。又分出一部分士卒给护军萧思话,让他留下驻守彭城。太尉长史何勖则建议奔向郁洲,然后乘船从海路返回京师。刘义恭离开的决心已定,只是对这两个提议有争议,讨论了一天最终也未决定。安北长史沛郡太守张畅说:"如果我们可以到达历城、郁洲,我怎么敢不高声表示赞成!

今城中乏食,百姓咸有走志,但以关扃严固,欲去莫从耳。一旦动足,则各自逃散,欲至所在,何由可得!今军食虽寡,朝夕犹未窘罄,岂有舍万安之术而就危亡之道!若此计必行,下官请以颈血污公马蹄。"武陵王骏谓义恭曰:"阿父既为总统,去留非所敢干,道民忝为城主,而委镇奔逃,实无颜复奉朝廷,必与此城共其存没,张长史言不可异也。"义恭乃止。

壬子,魏主至彭城,立毡屋于戏马台以望城中。

马文恭之败也,队主蒯应没于魏。魏主遣应至小市门求酒及甘蔗,武陵王骏与之,仍就求橐驼。明日,魏主使尚书李孝伯至南门,饷义恭貂裘,饷骏橐驼及骡,且曰:"魏主致意安北,可暂出见我。我亦不攻此城,何为劳苦将士,备守如此!"骏使张畅开门出见之曰:"安北致意魏主,常迟面写,但以人臣无境外之交,恨不暂悉。备守乃边镇之常,悦以使之,则劳而无怨耳。"魏主求甘橘及借博具,皆与之。复饷毡及九种盐胡豉。又借乐器,义恭应之曰:"受任戎行,不赍乐具。"孝伯问畅:"何为匆匆闭门绝桥?"畅曰:"二王以魏主营垒未立,将士疲劳,此精甲十万,恐轻相陵践,故闭城耳。

而如今彭城内军队缺少粮食,老百姓都有逃命的想法,只是由于城门紧闭,城池防守坚固不能出城而已。老百姓一旦走出城门,就会各自四处逃散,我们想让他们到达应该到达的地方,又怎么能够办得到呢?现在,我们军中粮食虽然不多,但短期内还不会吃完,哪里有抛却安全的办法而往危险死亡的路上去的呢?如果一定弃城离去,我请求用自己颈项上的鲜血去玷污大王的马蹄。"武陵王刘骏对刘义恭:"阿父,你既然身为统帅,要走要留不是我能干预得了的。可我身为一城之主,如果也放弃城池奔命逃生,我实在没有脸再在朝廷任职,我也一定要和彭城共存亡,张长史所说的话,我们不能不听呀。"刘义恭决定留下不走了。

壬子(二十六日),北魏国主抵达彭城,在戏马台上设立毡屋行宫,以此来瞭望和观察城内情况。

参军马文恭在萧城战败时,队主蒯应被北魏军队俘获。北魏国主又派蒯应到彭城小市门向守军索要酒和甘蔗,武陵王刘骏给了他,并向北魏国主索要骆驼作为回报。北魏国主第二天派尚书李孝伯来到彭城南门,送给刘义恭貂裘,送给刘骏骆驼及骡子,李孝伯说:"魏主向安北将军表示问候,你们可以暂时走出城门出来相见。我们也决不攻打彭城,你们又何必使手下将士辛苦劳累,严加防备到如此地步?"于是,刘骏派张畅打开城门出去跟李孝伯见面,张畅对李孝伯说:"安北将军向魏主表示问候,并一直希望能会面,只因为身为臣属,不能随便与边境以外的人建立交情,所以,很遗憾暂时不能抽出时间来见面。军事防备守护,是国家边境城镇正常的事,只要使当地人民平安快乐地生活,我们就是劳苦受累也心甘情愿无所怨恨。"北魏国主又向刘宋索求甜橘和赌博用的赌具,刘宋军把这些东西都送给了他。魏主又派人送去了毛毯和九种盐及胡豆豉作为回报。接着,魏主又向刘宋军借乐器,刘义恭回答说:"我们身在军旅,没有带乐器这类东西。"李孝伯问张畅:"为什么匆匆忙忙关闭城门,拉起吊桥?"张畅回答说:"两位王爷认为贵国大军还没有扎稳营地,将士疲惫辛苦。我们这里有十万精锐甲士,我们唯恐他们忍耐不住,轻率出击与贵国大军相互残杀,所以现在先关上城门。

待休息士马,然后共治战场,刻日交戏。"孝伯曰:"宾有礼,主则择之。"畅曰:"昨见众宾至门,未为有礼。"魏主使人来言曰:"致意太尉、安北,何不遣人来至我所?彼此之情,虽不可尽,要须见我小大,知我老少,观我为人。若诸佐不可遣,亦可使僮干来。"畅以二王命对曰:"魏主形状才力,久为来往所具。李尚书亲自衔命,不患彼此不尽,故不复遣使。"孝伯又曰:"王玄谟亦常才耳,南国何意作如此任使,以致奔败?自入此境七百馀里,主人竟不能一相拒逆。邹山之险,君家所凭,前锋始接,崔邪利遽藏入穴,诸将倒曳出之。魏主赐其馀生,今从在此。"畅曰:"王玄谟南土偏将,不谓为才,但以之为前驱。大军未至,河冰向合,玄谟因夜还军,致戎马小乱耳。崔邪利陷没,何损于国!魏主自以数十万众制一崔邪利,乃足言邪!知入境七百里无相拒者,此自太尉神算,镇军圣略,用兵有机,不用相语。"孝伯曰:"魏主当不围此城,自帅众军直造瓜步。南事若办,彭城不待围;若其不捷,彭城亦非所须也。我今当南饮江湖以疗渴耳。"畅曰:"去留之事,自适彼怀。若虏马遂得饮江,便为无复天道。"先是童谣云:"虏马饮江水,佛狸死卯年。"故畅云然。畅音容雅丽,孝伯与左右皆叹息。

等待你们的将士休整一段时间,士气旺盛,战马奔腾,到那时,我们共同治理战场,然后定下日期游戏一场。"李孝伯说:"客人如果彬彬有礼,就可由主人任意来选择。"张畅说:"昨天我们看见大批客人涌到城门附近,似乎并不彬彬有礼。"正在这时,北魏国主派人前来说:"向太尉、安北将军致意,你们为什么不派人到我们这里来?我们彼此之间的感情,虽说不能尽情倾诉,但你们也应该出来看看我是大是小,知道我是老是少?观察一下我的为人。如果你们不能派左右助手来,也可以派僮仆前来看看。"张畅以两位王的名义回答说:"魏主的外形相貌和才能力量,我们早已从来往的使节口中知道了。李尚书又亲自带着魏主的命令前来我们这里,这样就不用担心我们彼此之间不能全面了解了,正因为如此,我们也不用再派遣使节去你们那里了。"李孝伯又说:"王玄谟只是一个普通将才罢了,你们为什么要将如此大的事情交给他呢?以致使他溃败逃命。自从我进入你们境内七百多里,你们竟连一次真正的抵抗行动都没有过。邹山险要坚固,实际上你们可以用来作为屏障依靠的,而我们的先头部队刚刚开始接近你们,你们的崔邪利就吓得马上藏进了洞穴,将士把他倒着拖了出来。我们国主赐他不死,饶了他一命,如今,他也跟随我们的军队来到了这里。"张畅说:"王玄谟仅仅是我们国土上的一员偏将,不能称得上是有才之士,我们不过仅仅是让他做军队的先锋罢了。那时,只因为我们的主力大军还未赶到,而黄河当时已经封冰,所以,王玄谟决定乘夜班师回朝,所以导致兵马发生小小骚乱。崔邪利被俘,对我们又有什么损失呢?魏主亲自率领十万大军,仅仅制服了小小一个崔邪利,这有什么值得夸耀的呢?知道进入我国境内七百里而没看到我们有抵抗行动,这正是出自我们太尉的神机妙算,以及镇军将军的高明策略,用兵就有用兵的机密,不便相告。"李孝伯说:"我们国主不会围攻彭城,但他会亲自率领大军直接造访瓜步。如果将南方事务办理妥当,彭城也不用我们围攻;如果我们没有取得胜利,彭城也不是我们所需要的。我们现在该南下去喝长江水来解渴了。"张畅说:"要去要留,当然要由你们自己决定。如果胡虏的马匹能够喝到长江水,那就是没有天理的事情了。"从前有童谣说:"虏马饮江水,佛狸死卯年。"因此,张畅说了上述一番话。张畅言谈举止文雅庄重,李孝伯和他的左右随从都为他的行为举止所叹服。

孝伯亦辩赡，且去，谓畅曰："长史深自爱，相去步武，恨不执手。"畅曰："君善自爱，冀荡定有期，君若得还宋朝，今为相识之始。"

上起杨文德为辅国将军，引兵自汉中西入，摇动汧、陇。文德宗人杨高帅阴平、平武群氐拒之，文德击高，斩之，阴平、平武悉平。梁、南秦二州刺史刘秀之遣文德伐啖提氐，不克，执送荆州，使文德从祖兄头戍葭芦。

9　丁未，大赦。

10　魏主攻彭城，不克。十二月丙辰朔，引兵南下，使中书郎鲁秀出广陵，高凉王那出山阳，永昌王仁出横江，所过无不残灭，城邑皆望风奔溃。戊午，建康纂严。己未，魏兵至淮上。

上使辅国将军臧质将万人救彭城，至盱眙，魏主已过淮。质使冗从仆射胡崇之、积弩将军臧澄之营东山，建威将军毛熙祚据前浦，质营于城南。乙丑，魏燕王谭攻崇之等，三营皆败没，质按兵不敢救。澄之，焘之孙；熙祚，脩之兄子也。是夕，质军亦溃，质弃辎重器械，单将七百人赴城。

初，盱眙太守沈璞到官，王玄谟犹在滑台，江淮无警。璞以郡当冲要，乃缮城浚隍，积财谷，储矢石，为城守之备。僚属皆非之，朝廷亦以为过。及魏兵南向，守宰多弃城走。或劝璞宜还建康，璞曰："虏若以城小不顾，夫复何惧！若肉薄来攻，此乃吾报国之秋，诸君封侯之日也，奈何去之！诸君尝见数十万人聚于小城之下而不败者乎？昆阳、合肥，前事之明验也。"

但李孝伯也进行了滔滔雄辩，临离开时对张畅说："长史您多加保重，我们相距只有几步，遗憾的是却不能握手言欢。"张畅说："你也要好好保重自己，我们希望天下太平之日不远，你那时如果能回到宋国，今天就是我们相识的开始。"

文帝擢升杨文德为辅国将军，派他率领军队从汉中的西边进入北魏边境，骚扰汧、陇一带。杨文德的同族人杨高率领阴平、平武的众氐人抗拒杨文德的进攻，杨文德击败杨高，杀了他，阴平、平武全部平定。梁、南秦二州刺史刘秀之派杨文德讨伐啖提氐部落，没有攻克，刘秀之就派人逮捕了杨文德，把他押送到了荆州，派杨文德同曾祖父的哥哥杨头戍守葭芦。

9　丁未（二十一日），刘宋实行大赦。

10　北魏国主攻彭城，没有攻克。十二月，丙辰朔（初一），魏主率领大军向南进发，派中书郎鲁秀发兵广陵，高凉王拓跋那出兵山阳，永昌王拓跋仁发兵横江，北魏军队途经之处无不抢掠烧杀，所有城池，听说北魏军队前来进犯，都马上奔逃溃散。戊午（初三），刘宋都城建康实行戒严。己未（初四），北魏军队抵达淮上。

刘宋文帝派辅国将军臧质率领一万士卒增援彭城，走到盱眙，发现北魏国主率领大军已经渡过淮河。臧质赶快派冗从仆射胡崇之、积弩将军臧澄之驻守东山，又派建威将军毛熙祚据守前浦，臧质自己率兵在盱眙城北驻守。乙丑（初十），北魏燕王拓跋谭围攻胡崇之等，三个驻地都被拓跋谭击破，臧质不敢前去援救。臧澄之是臧焘的孙子，毛熙祚是毛脩之的侄子。当天夜晚，臧质的部队也被拓跋谭的军队击溃，臧质抛弃辎重器械，率领七百将士投赴盱眙城。

当初，盱眙太守沈璞接任时，王玄谟正在围攻滑台，长江、淮河一带平安无事。沈璞认为盱眙郡正处在交通要道上，于是，他下令修缮城池，加固城墙，疏通并挖深环城壕沟，积蓄财力粮食，储备利箭石头，做城池一旦被围时的准备。当时，他的幕僚臣属们都认为没有必要，朝廷也认为他做得太过分了。现在北魏军队向南进攻，各地太守、宰丞大多都放弃城池各自逃命，有人也劝说沈璞应该回到建康去，沈璞说："如果胡虏认为我们是个小城而不加理会的话，我们又有什么可怕的呢？如果他们要用肉搏攻城，这恰恰是我报答国家的时机，也是各位封侯之日呀，我们为什么要逃走呢？各位曾经看见过几十万大军聚集在一个小城之下而守城者却不失败的情况吗？王寻攻昆阳、诸葛恪攻合肥都失败，就是明显的验证。"

众心稍定。璞收集得二千精兵,曰:"足矣。"及臧质向城,众谓璞曰:"虏若不攻城,则无所事众;若其攻城,则城中止可容见力耳,地狭人多,鲜不为患。且敌众我寡,人所共知。若以质众能退敌完城者,则全功不在我;若避罪归都,会资舟楫,必更相蹂践。正足为患,不若闭门勿受。"璞叹曰:"虏必不能登城,敢为诸君保之。舟楫之计,固已久息。虏之残害,古今未有,屠剥之苦,众所共见,其中幸者,不过驱还北国作奴婢耳。彼虽乌合,宁不惮此邪!所谓'同舟而济,胡、越一心'者也。今兵多则虏退速,少则退缓。吾宁可欲专功而留虏乎!"乃开门纳质。质见城中丰实,大喜,众皆称万岁,因与璞共守。

魏人之南寇也,不赍粮用,唯以抄掠为资。及过淮,民多窜匿,抄掠无所得,人马饥乏。闻盱眙有积粟,欲以为北归之资。既破崇之等,一攻城不拔,即留其将韩元兴以数千人守盱眙,自帅大众南向。由是盱眙得益完守备。

庚午,魏主至瓜步,坏民庐舍,及伐苇为筏,声言欲渡江。建康震惧,民皆荷担而立,壬午,内外戒严。丹杨统内尽户发丁,王公以下子弟皆从役。命领军将军刘遵考等将兵分守津要,游逻上接于湖,下至蔡洲,陈舰列营,周亘江滨,自采石至于暨阳,六七百里。太子劭出镇石头,总统水军,丹杨尹徐湛之守石头仓城,吏部尚书江湛兼领军,军事处置悉以委焉。

大家听完沈璞的一席话,内心稍稍安定些。沈璞征集了二千名精锐士卒后说:"这些就够了。"不久,臧质逃奔到盱眙城,众将对沈璞说:"如果胡虏不前来围攻,我们就用不着这么多人;如果他们前来围攻,城里也只能容得下现有的兵力。地方狭小而人却很多,不能不成忧患。况且敌众我寡,这是人人皆知的。如果臧质的军队能够击退敌人保住城池,功劳就不都是我们的;如果我们撤退回到都城,双方都要依靠船只,这样又必然会进一步相互残杀。这足以给我们带来祸害,不如关闭城门不接收他们。"沈璞叹息说:"胡虏肯定不能攻破我们的城池,我敢于向各位保证。我们乘船撤退的计划,本来早就否定了,胡虏的凶狠残暴却是自古至今都没有过的。他们屠杀掠夺的苦难,是有目共睹的,其中最幸运的人,最终也只不过是被驱赶到北魏做奴隶、婢女。臧质虽然统领的是一批乌合之众,难道他们不怕这些吗?所谓'乘同一条船过河,胡人、越人也会齐心'的说法,正是指的这些事情。因此,现在我们兵多,胡虏就会很快地退却,兵少,他们退却就慢。难道我们可以为了独占这份功劳,而让胡虏留下为患吗?"于是,城门打开,接纳了臧质一行。臧质看到盱眙城内准备充实,生活富足,十分高兴,手下将士都欢呼万岁,臧质于是就与沈璞一同驻守盱眙城。

北魏军队南下进犯,不准备粮食用品等,只靠掳掠来维持生活。他们渡过淮河时,老百姓大多都躲了起来,他们劫掠时没有得到什么东西,致使人马处于饥饿困乏中。听说盱眙有存粮,就打算把盱眙的粮食作为他们回国的财资用。他们击败了胡崇之等,围攻盱眙没有攻克,魏主就留下大将韩元兴率领几千人驻守在盱眙城外,自己率领大军南下。为此,盱眙得以进一步完善防备工程。

庚午(十五日),魏主抵达瓜步,毁掉老百姓的房舍,又砍伐芦苇建造小筏,声称要南渡长江。建康受到震惊,一片恐怖,老百姓都挑着担子站在那里,准备随时逃走。壬午(二十七日),建康城内城外戒严。丹杨境内所有的壮丁以及王公以下的子弟,全都服役从军。刘宋文帝又命令领军将军刘遵考等率军分别据守沿江渡口及险要地带,巡逻上起于湖,下到蔡洲,江面排列着一排排的船只,且沿岸相互连接,从采石矶一直到暨阳,长达六七百里。太子刘劭率领军队镇守石头,全权指挥水军。丹杨尹徐湛之镇守石头所属仓城,吏部尚书江湛兼任领军,军事上的部署全都由他一人来裁决。

上登石头城，有忧色，谓江湛曰："北伐之计，同议者少。今日士民劳怨，不得无惭，贻大夫之忧，予之过也。"又曰："檀道济若在，岂使胡马至此！"上又登莫府山，观望形势，购魏主及王公首，许以封爵、金帛。又募人赍野葛酒置空村中，欲以毒魏人，竟不能伤。

魏主凿瓜步山为蟠道，于其上设毡屋，魏主不饮河南水，以橐驼负河北水自随。饷上橐驼、名马，并求和，请婚。上遣奉朝请田奇饷以珍羞、异味。魏主得黄甘，即啖之，并大进鄗酒。左右有附耳语者，疑食中有毒。魏主不应，举手指天，以其孙示奇曰："吾远来至此，非欲为功名，实欲继好息民，永结姻援。宋若能以女妻此孙，我以女妻武陵王，自今匹马不复南顾。"

奇还，上召太子劭及群臣议之，众并谓宜许，江湛曰："戎狄无亲，许之无益。"劭怒，谓湛曰："今三王在厄，讵宜苟执异议！"声色甚厉。坐散，俱出，劭使班剑及左右排湛，湛几至僵仆。

劭又言于上曰："北伐败辱，数州沦破，独有斩江湛、徐湛之可以谢天下。"上曰："北伐自是我意，江、徐但不异耳。"由是太子与江、徐不平，魏亦竟不成婚。

刘宋文帝登临石头城,不禁面露忧色,对江湛说:"当初我们决定向北征伐时,赞同的人本来就很少。如今将士、百姓劳顿怨苦,我们不能不感到惭愧。我为大家带来了灾难,这是我的过失。"又说:"如果檀道济仍然在世,岂能让胡虏军马跑到这里来!"文帝又登上莫府山,观察形势,下诏悬赏购买魏主及其王、公的首级,许诺若有成功者就加封爵位,赏赐金银绸缎。同时,文帝又派人把用野葛酿成的毒酒放在空无人烟的荒村,想毒死北魏将士,但却没能伤到他们。

北魏国主拓跋焘下令开凿瓜步山,修筑盘山路,在山上搭好毛毡帐篷房。魏主不喝黄河以南的水,用骆驼驮着黄河以北的水跟随在自己身边。同时,他又派人送给刘宋文帝骆驼、名马等礼物,要求和解,并请求与刘宋皇室联姻。文帝也派遣奉朝请田奇带着奇珍异果送给魏主。魏主得到黄柑,拿过来就吃,并痛饮郫酒。站在魏主身边的左右侍从中有人趴在魏主耳边低语,怀疑食物里边有毒药。魏主没有回答,而抬起手,用手指着天,把他的孙子叫过来给田奇看,说:"我从很远的地方来到这里,不是想要成就功业,传播自己的名声,其实是想维持过去的友好,安定百姓,永远结成婚姻,永远相互援助。宋国皇帝如果能够把他的女儿嫁给我这个孙子,我也把自己的女儿许配给武陵王为妻,那样,从今以后不会再让一匹马南下骚扰。"

田奇回到建康,文帝召集太子刘劭及各位大臣前来商议,大家一致认为应该答应北魏的联姻,只有江湛反对说:"戎狄没有亲情,答应他不会有什么好处。"刘劭非常生气,对江湛说:"如今,三位王都处于危险境地,拒绝他们,他们就会逮捕三位王,我们怎么可以这样坚持反对?"刘劭声色俱厉。大家商议完毕,都一同走出来,刘劭支使持剑人和左右侍从推撞江湛,江湛几乎被撞昏倒地。

刘劭又对文帝说:"北上讨伐,我们失败招来了奇耻大辱,导致我们几个州郡沦陷残破,只有杀了江湛、徐湛之,我们才能够向天下老百姓谢罪。"文帝说:"北上征伐这本来是我一个人的意思,江湛、徐湛之只是不表示异议而已。"从此,太子刘劭同江湛、徐湛之结下了怨仇。北魏所提出的皇家联姻的建议,最终也没能实现。

卷第一百二十六　宋纪八

起辛卯(451)尽壬辰(452)凡二年

太祖文皇帝下之上
元嘉二十八年(辛卯,451)

1　春,正月丙戌朔,魏主大会群臣于瓜步山上,班爵行赏有差。魏人缘江举火,太子左卫率尹弘言于上曰:"六夷如此,必走。"丁亥,魏掠居民,焚庐舍而去。

胡诞世之反也,江夏王义恭等奏彭城王义康数有怨言,摇动民听,故不逞之族因以生心。请徙义康广州。上将徙义康,先遣使语之。义康曰:"人生会死,吾岂爱生!必为乱阶,虽远何益!请死于此,耻复屡迁。"竟未及往。魏师至瓜步,人情恟惧。上虑不逞之人复奉义康为乱,太子劭及武陵王骏、尚书左仆射何尚之屡启宜早为之所。上乃遣中书舍人严龙赍药赐义康死。义康不肯服,曰:"佛教不许自杀,愿随宜处分。"使者以被掩杀之。

2　江夏王义恭以碻磝不可守,召王玄谟还历城。魏人追击败之,遂取碻磝。

太祖文皇帝下之上
宋文帝元嘉二十八年(辛卯,公元 451 年)

1 春季,正月丙戌朔(初一),北魏国主在瓜步山上召集全体官员,按照功劳大小,分别封爵升官进行奖赏。魏人沿长江北岸燃起烽火,刘宋太子左卫率尹弘对文帝说:"胡虏这种行动,一定是要撤退。"丁亥(初二),北魏军队劫掠驻地的居民,焚烧了老百姓的房屋,向北而去。

胡诞世聚众反叛时,江夏王刘义恭等人奏报彭城王刘义康经常说些怨愤的话,影响百姓的视听,使一些废黜放逐不能得志的家族产生了野心。他们请求文帝将刘义康贬斥到广州。文帝要放逐刘义康时,先派使臣告诉了他。刘义康说:"人的一生最终总是要死的,我怎能贪生怕死!如果我一定要成为动乱的因由,即使把我放逐到很远的地方,又会有什么好处呢?我请求死在这里,不愿受到再次被贬谪的奇耻大辱。"刘义康终于没有被贬到广州。北魏大军开到了瓜步,老百姓万分惊恐。文帝担心不能得志的人会再次拥戴刘义康进行叛乱,太子刘劭和武陵王刘骏、尚书左仆射何尚之也不断提醒文帝应该尽早决定怎么办。文帝这才派遣中书舍人严龙携带毒药前去,命令刘义康服药自杀。刘义康拒绝服药,说:"佛教不允许人自杀,你们怎么方便就怎么办吧。"严龙就用被子捂住了刘义康的头,将他活活闷死了。

2 江夏王刘义恭认为碻磝不能继续坚守下去,就征召王玄谟退回历城。北魏追击王玄谟军队,并把他们击败,于是夺取了碻磝。

初，上闻魏将入寇，命广陵太守刘怀之逆烧城府、船乘，尽帅其民渡江。山阳太守萧僧珍悉敛其民入城，台送粮仗诣盱眙及滑台者，以路不通，皆留山阳。蓄陂水令满，须魏人至，决以灌之。魏人过山阳，不敢留，因攻盱眙。

魏主就臧质求酒，质封溲便与之。魏主怒，筑长围，一夕而合。运东山土石以填堑，作浮桥于君山，绝水陆道。魏主遗质书曰："吾今所遣斗兵，尽非我国人，城东北是丁零与胡，南是氐、羌。设使丁零死，正可减常山、赵郡贼；胡死，减并州贼；氐、羌死，减关中贼。卿若杀之，无所不利。"质复书曰："省示，具悉奸怀。尔自恃四足，屡犯边。王玄谟退于东，申坦散于西，尔知其所以然邪？尔独不闻童谣之言乎？盖卯年未至，故以二军开饮江之路耳。冥期使然，非复人事。寡人受命相灭，期之白登，师行未远。尔自送死，岂容复令尔生全，缅有桑乾哉！尔有幸得为乱兵所杀，不幸则生相锁缚，载以一驴，直送都市耳。我本不图全，若天地无灵，力屈于尔，裔之，粉之，屠之，裂之，犹未足以谢本朝。尔智识及众力，岂能胜苻坚邪！今春雨已降，兵方四集，尔但安意攻城，勿遽走！

当初,刘宋文帝得到北魏将要入侵的消息后,命令广陵太守刘怀之预先放火烧掉城内官府和水上船只,率领广陵全体老百姓渡过长江。山阳太守萧僧珍将广陵所有老百姓都纳聚山阳城中,朝廷运送粮食、武器到盱眙和滑台去的官兵,因为道路不能通行,也都留在了山阳城。萧僧珍下令将山阳城附近的山坡池塘全都灌满水,等北魏军队到达山阳时,决开池塘,放水淹灌北魏军队。因此,北魏军队在撤退路过山阳城时,不敢滞留,顺势去攻取盱眙。

北魏国主派人向盱眙守将臧质索要好酒,臧质在罐子里撒了泡尿送给他。魏主火冒三丈,下令修筑长围墙,一个晚上就修好接在了一起。又搬来东山上的泥土石头填平壕沟,在君山上造起了一座浮桥,从而彻底切断了盱眙的水陆通道。北魏国主给臧质写了封信,说:"我现在派出去的攻城军队,都不是我们本国本族人,城东北的是丁零人和匈奴人,城南的是氐人和羌人。假设让丁零人死了,正可以减少常山、赵郡的贼寇;匈奴人死了,正好减少了并州的贼寇;氐人、羌人死了,当然也就减少了关中的贼寇。你如果真的杀掉了他们,对我们没有什么不利的地方。"臧质回信说:"看了你的信,我完全明白了你的奸诈之心。你自己依仗着四条腿,多次进犯我国边境。王玄谟被你击败在东边,申坦军又在西边被你攻散,你知道这是为什么吗?你难道没有听说一首童谣里所说的吗?只因卯年还没有来到,所以,我们用两路军队引导着你们走上饮长江水的道路罢了。冥期已经注定,这并不是任何人所能改变得了的。我奉皇帝之命前来消灭你们,原预定要到达白登,可是,军队还没有走出多远,就遇到你们自己前来送死了,我怎么能让你再活着回去,到桑乾河享受荣华富贵呢?如果你幸运的话,当被乱军所杀;如果你不走运,被我们活捉后,就会用锁链锁住你的脖子,让一头小毛驴驮着你,把你一直押送到我们的都城建康。我本来就不打算全尸,如果天地没有显灵,我被你打败,即使被剁成肉酱,碾成粉末,宰割车裂,也都不足以向我们朝廷表示我的歉疚。你的智慧见识以及军队的力量,哪里超得过苻坚呢!如今,已经下起春雨,我们的各路大军就要集合起来,你只管一心一意去攻城吧,千万不要立刻逃走!

粮食乏者可见语,当出廪相贻。得所送剑刃,欲令我挥之尔身邪?"魏主大怒,作铁床,于其上施铁镵,曰:"破城得质,当坐之此上。"质又与魏众书曰:"尔语房中诸士庶:佛狸所与书,相待如此。尔等正朔之民,何为自取糜灭,岂可不知转祸为福邪!"并写台格以与之云:"斩佛狸首,封万户侯,赐布、绢各万匹。"

魏人以钩车钩城楼,城内系以驱絙,数百人叫呼引之,车不能退。既夜,缒桶悬卒出,截其钩,获之。明旦,又以冲车攻城,城土坚密,每至,颓落不过数升。魏人乃肉薄登城,分番相代,坠而复升,莫有退者,杀伤万计,尸与城平。凡攻之三旬,不拔。会魏军中多疾疫,或告以建康遣水军自海入淮,又敕彭城断其归路。二月丙辰朔,魏主烧攻具退走。盱眙人欲追之,沈璞曰:"今兵不多,虽可固守,不可出战,但整舟楫,示若欲北渡者:以速其走,计不须实行也。"

臧质以璞城主,使之上露版,璞固辞,归功于质。上闻,益嘉之。

魏师过彭城,江夏王义恭震惧不敢击。或告"虏驱南口万馀,夕应宿安王陂,去城数十里,今追之,可悉得"。诸将皆请行,义恭禁不许。明日,驿使至,上敕义恭悉力急追。魏师已远,义恭乃遣镇军司马檀和之向萧城。魏人先已闻之,尽杀所驱者而去。程天祚逃归。

如果你们粮食不够吃,可以告诉我们,我们一定会打开粮仓馈赠给你们。你派人送来的刀剑我已收到,你的意思是不是想让我挥刀斩了你呢?"北魏国主看完臧质的信,气得浑身发抖,他命令手下人制造了一个大铁床,把刀尖锥尖朝上放在铁床上,说:"攻破城池,抓住臧质,我一定让他坐在这张铁床上。"臧质又给北魏大军写了封信,说:"你们告诉胡虏中各位士人百姓:佛狸在给我写的信上,这样对待你们。你们本来是汉人,为什么要去自取灭亡呢?你们怎么不知道转祸为福呢?"同时,臧质又将朝廷的悬赏写在信上告诉他们说:"砍下佛狸的人头的,封为万户侯,赏赐棉布、帛各一万匹。"

北魏军队用钩车钩住城楼,城内军队就用铁环制成的大铁链,拴住钩车,然后再让几百士卒高声呼喊拉住铁链使魏军的钩车无法后退。入夜以后,守军用大桶把战士从城上放下,砍断魏军的车钩,缴获了这种工具。第二天天亮,魏军又改用冲车攻城,但城墙坚硬牢固,冲车每次冲撞,撞下墙土也不超过几升。于是,魏军就采用肉搏战术开始攻城,他们把士卒分为几个梯队,轮番往城墙上爬,从城上摔下又继续向上爬,没有一个人后退,死伤士卒数以万计,尸体堆积得与城墙一样高。魏军这样围攻了三十天,仍未攻下。这时,又赶上北魏军中瘟疫流行,有人向魏主报告说,宋朝水军从东海进入淮河了,刘宋朝廷又下令彭城守军切断北魏军队回归的道路。二月丙辰朔,北魏国主下令焚毁攻城器具,而后撤退。盱眙守军想要追击,沈璞说:"现在,我们的兵力并不多,虽然可以固守城池,却不可以出城讨战。不过,我们仍然要整治好船只,做出要北渡淮河的样子,这样,就可以促使他们更快地离开,估计并不需要真的去做。"

臧质认为沈璞是盱眙城主,就请他向朝廷发出报捷的奏表,沈璞坚决辞让,而把功劳全都归于臧质一人。文帝听说后,对他更是倍加赞许。

北魏军队经过彭城,江夏王刘义恭震惊恐惧,不敢出击。有人来报告说"胡虏正驱赶着南方一万多口人,晚上将住在安王陵,离彭城有几十里,现在我们去追击他们,正可以全部俘获"。各大将都纷纷请求出击,刘义恭下令制止,不许出兵。第二天,朝廷信使抵达这里,文帝命令刘义恭立即全力追击魏军。北魏军队这时已经走远,刘义恭就派镇军司马檀和之奔向萧城追赶。北魏军队事先已经得到了这一消息,于是将所驱赶的南方百姓全都杀掉,然后北上。程天祚逃了回来。

　　魏人凡破南兖、徐、兖、豫、青、冀六州，杀伤不可胜计，丁壮者即加斩截，婴儿贯于槊上，盘舞以为戏。所过郡县，赤地无馀，春燕归，巢于林木。魏之士马死伤亦过半，国人皆尤之。

　　上每命将出师，常授以成律，交战日时，亦待中诏，是以将帅趑趄，莫敢自决。又江南白丁，轻易进退，此其所以败也。自是邑里萧条，元嘉之政衰矣。

　　癸酉，诏赈恤郡县民遭寇者，蠲其税调。

　　甲戌，降太尉义恭为骠骑将军、开府仪同三司。

　　戊寅，魏主济河。
　　辛巳，降镇军将军武陵王骏为北中郎将。

　　壬午，上如瓜步。是日，解严。
　　初，魏中书学生卢度世，玄之子也，坐崔浩事亡命，匿高阳郑罴家。吏囚罴子，掠治之。罴戒其子曰："君子杀身成仁，虽死不可言。"其子奉父命。吏以火爇其体，终不言而死。及魏主临江，上遣殿上将军黄延年使于魏，魏主问曰："卢度世亡命，已应至彼。"延年曰："都下不闻有度世也。"魏主乃赦度世及其族逃亡籍没者，度世自出，魏主以为中书侍郎。度世为其弟娶郑罴妹以报德。

北魏军队一共击破了南兖、徐、北兖、豫、青、冀六州,杀死杀伤的人无法统计。他们抓到青壮年立即斩首或拦腰砍断,婴幼儿则用铁矛刺穿,然后挥动铁矛进行游戏。魏军经过的郡县,都成千里荒地。春天,燕子回来了,只能在树林里筑巢。魏军的人马也死伤了一多半,北魏国人也都大有怨言。

文帝每次命令将领们率兵作战,常常把已拟定好的作战计划交给他们,甚至交战的日子,也都要等待皇帝的命令,因此,军中将帅总是犹犹豫豫,没有谁胆敢自己决定什么。征召的没有经过训练的江南士卒,常常是打胜了就争着前进,打败了则争先恐后地逃命。这就是刘宋军所以战败的重要原因。从此以后,刘宋国内走向萧条衰败阶段,元嘉时代的盛况日趋衰落了。

癸酉(十九日),刘宋文帝下诏,赈济抚恤受到寇敌残害蹂躏的各郡县百姓,免除田赋捐税。

甲戌(二十日),将太尉刘义恭降职为骠骑将军、开府仪同三司。

戊寅(二十四日),北魏国主率军渡过黄河。

辛巳(二十七日),刘宋朝廷将镇军将军武陵王刘骏降职为北中郎将。

壬午(二十八日),文帝前往瓜步。这一天,刘宋解除戒严。

当初,北魏中书学生卢度世是卢玄的儿子,因为受崔浩事件的牵连逃走,躲藏到高阳人郑黑家里。高阳府官吏逮捕了郑黑的儿子,酷刑拷打盘问卢度世的下落。郑黑告诫他的儿子说:“君子应当杀身成仁,你即使被打死了也不要说出来。”郑黑的儿子遵奉父亲的命令坚守秘密。官吏们用火烧他的身体,他最终也没有招出来,被折磨致死。北魏国主抵达长江北岸时,宋文帝派遣殿上将军黄延年出使北魏,魏主问道:“卢度世逃走了,应该已经逃到你们那里。”黄延年说:“我从来没有听说过卢度世这个人。”魏主于是下令赦免卢度世以及他的同族中逃亡外地或被抄家产的人,卢度世这才自动露面,魏主任命他为中书侍郎。卢度世让他的弟弟娶了郑黑的妹妹,以此来报答郑家的恩德。

三月乙酉,帝还宫。

己亥,魏主还平城,饮至告庙,以降民五万馀家分置近畿。

初,魏主过彭城,遣人语城中曰:"食尽且去,须麦熟更来。"及期,江夏王义恭议欲芟麦翦苗,移民堡聚。镇军录事参军王孝孙曰:"虏不能复来,既自可保。如其更至,此议亦不可立。百姓闭在内城,饥馑日久,方春之月,野采自资。一入堡聚,饿死立至,民知必死,何可制邪!虏若必来,芟麦无晚。"四坐默然,莫之敢对。长史张畅曰:"孝孙之议,实有可寻。"镇军府典签董元嗣侍武陵王骏之侧,进曰:"王录事议不可夺。"别驾王子夏曰:"此论诚然。"畅敛版白骏曰:"下官欲命孝孙弹子夏。"骏曰:"王别驾有何事邪?"畅曰:"芟麦移民,可谓大议,一方安危,事系于此。子夏亲为州端,曾无同异,及闻元嗣之言,则欢笑酬答。阿意左右,何以事君!"子夏、元嗣皆大惭,义恭之议遂寝。

3 初,鲁宗之奔魏,其子轨为魏荆州刺史、襄阳公,镇长社,常思南归。以昔杀刘康祖及徐湛之父,故不敢来。轨卒,子爽袭父官爵。爽少有武干,与弟秀皆有宠于魏主。既而兄弟各有罪,魏主诘责之。爽、秀惧诛,从魏主自瓜步还,至湖陆,请曰:"奴与南有仇,每兵来,常恐祸及坟墓,乞共迎丧还葬平城。"

三月乙酉(初一),文帝从瓜步返回了朝廷。

己亥(十五日),北魏国主回到平城,然后,他在祖庙内设下祭祀酒席,把这次南下征讨的经过报告了祖宗,同时,又把从南宋裹胁来的五万多户人家分别安置在京畿附近。

当初,北魏国主经过彭城时,派人告诉彭城守军说:“我们粮食吃完了,暂且回去,等到你们麦熟季节我们会再来。”麦子成熟时,江夏王刘义恭想把小麦全部割光,把所有人都转移到城堡里。这时,镇军录事参军王孝孙说:“胡虏绝不会再来,我们可以保全自己。如果他们真的又回来了,这一动议也是不能实行的。因为我们的老百姓被关在城内,忍饥挨饿也已很久了,此时正是春暖花开的时节,他们完全可以挖些野菜摘些野果来充饥。一旦再让他们迁到城堡里,那么,他们马上就会饿死。老百姓知道自己会被饿死,我们又怎么能控制住他们呢?倘若胡虏一定要前来进犯,我们等他们来了再割麦子也不晚。”在座的人都沉默地坐着,没有人敢说话。长史张畅说:“王孝孙说的这些,实在有道理。”镇军府典签董元嗣站立在武陵王刘骏的身边,他也劝说道:“王录事的意见是不可改变的。”别驾王子夏说:“这一见解,果然不错。”张畅举一下手版,对刘骏说:“我打算让王孝孙弹劾王子夏。”刘骏吃惊地问:“王子夏出什么事了?”张畅说:“收割麦子,让老百姓转移到城堡里,这些都是很重要的决策,一个地方的安危都与此有关。王子夏身为一个州的最高官员,还从未发表过意见,等到听董元嗣这么一说,才立刻露出了笑容表示赞同。这种阿谀逢迎之人,怎么能够为您做事呢?”王子夏、董元嗣听了张畅的话,都深为惭愧。刘义恭的计划于是也被取消了。

3 当初,东晋雍州刺史鲁宗之投奔北魏,他的儿子鲁轨做了北魏的荆州刺史、襄阳公,镇守长社,他经常想回到南方。只是由于当年曾经杀了刘康祖和徐湛之的父亲,所以不敢回去。鲁轨去世后,他的儿子鲁爽承袭了父亲的官爵职位。鲁爽从小就有武略才能,他和他的弟弟鲁秀都深受魏主的宠爱。可是不久,他们兄弟二人都犯了罪,魏主盘问责备他们,鲁爽和鲁秀害怕会被诛杀,因此,当他们俩跟着魏主从瓜步返回,来到湖陆时,二人向魏主请求说:“奴才与南方有深仇大恨,每次大军南下,我们都害怕这种灾祸会殃及我们的祖坟,因此,我们请求把祖先的棺木,移送到平城安葬。”

魏主许之。爽至长社,杀魏戍兵数百人,帅部曲及愿从者千馀家奔汝南。夏四月,爽遣秀诣寿阳,奉书于南平王铄以请降。上闻之,大喜,以爽为司州刺史,镇义阳,秀为颍川太守,馀弟侄并授官爵,赏赐甚厚。魏人毁其坟墓。徐湛之以为庙算远图,特所奖纳,不敢苟申私怨,乞屏居田里,不许。

4　青州民司马顺则自称晋室近属,聚众号齐王。梁邹戍主崔勋之诣州,五月乙酉,顺则乘虚袭梁邹城。又有沙门自称司马百年,亦聚众号安定王以应之。

5　壬寅,魏大赦。

6　己巳,以江夏王义恭领南兖州刺史,徙镇盱眙,增督十二州诸军事。

7　戊申,以尚书左仆射何尚之为尚书令,太子詹事徐湛之为仆射、护军将军,尚之以湛之国戚,任遇隆重,每事推之。诏湛之与尚之并受辞诉。尚之虽为令,而朝事悉归湛之。

8　六月壬戌,魏改元正平。

9　魏主命太子少傅游雅、中书侍郎胡方回等更定律令,多所增损,凡三百九十一条。

10　魏太子晃监国,颇信任左右,又营园田,收其利,高允谏曰:“天地无私,故能覆载;王者无私,故能容养。今殿下国之储贰,万方所则,而营立私田,畜养鸡犬,乃至酤贩市廛,与民争利,谤声流布,不可追掩。夫天下者,殿下之天下,富有四海,何求而无,乃与贩夫、贩妇竞此尺寸之利乎!

魏主答应了他们的请求。鲁爽到长社后,杀了几百名北魏戍守士卒,就率领自己的军队以及愿意跟着自己的一千多家部众投奔了汝南。夏季,四月,鲁爽派鲁秀前往寿阳,送信给刘宋南平王刘铄,请求投降。文帝听说后,十分高兴,立刻任命鲁爽为司州刺史,镇守义阳,鲁秀为颍川太守,其馀的弟弟、侄子等等也一并被封官授爵,给予他们的赏赐格外厚重。北魏军队捣毁了鲁爽家族的坟墓。徐湛之认为朝廷是为了国家的长远利益打算,对他们特别嘉奖优待,所以自己也不敢计较个人的恩怨,请求辞官回乡隐居,文帝没有批准。

4 刘宋青州平民司马顺则宣称自己是东晋皇家的近族,聚众造反,自称齐王。这时,梁邹守将崔勋之前去州府办事,五月,乙酉(初二),司马顺则乘城中防守空虚偷袭了梁邹城。同时,又有一和尚,自称叫司马百年,也聚众造反,号安定王,以此响应司马顺则。

5 壬寅(十九日),北魏实行大赦。

6 己巳,刘宋朝廷任命江夏王刘义恭兼任南兖州刺史,将州府迁到了盱眙,加授他为督十二州诸军事。

7 戊申(二十五日),刘宋朝廷任命尚书左仆射何尚之为尚书令,太子詹事徐湛之为仆射、护军将军。何尚之因为徐湛之是皇亲国戚,深受文帝的宠信和重用,所以每次遇到大事都全部推给徐湛之。文帝又下诏,命令徐湛之与何尚之共同受理裁决公务。何尚之虽然身为尚书令,但实际上朝廷事务全由徐湛之一人去裁断。

8 六月壬戌(初九),北魏改年号为正平。

9 北魏国主命令太子少傅游雅、中书侍郎胡方回等人改订国家法律,进行了大量的更定和补充,修订完的法律共有三百九十一条。

10 北魏太子拓跋晃主持国家事务,十分相信自己左右近侍,他自己私下里经营庄园农田,收取利润。高允劝告他说:"天地因为不存私心,所以能覆盖、承载万物;帝王因为没有私心,所以能够宽容养育百姓。如今殿下您是帝国的储君,是国家上上下下作为典范的人,却自己私下经营个人的田地,养鸡养狗,甚至派人去集市上摆摊贩卖,与市井小民争夺小利,以致于诽谤您的话到处流传,没法让人去追回或掩盖。国家,是殿下您个人的国家,您富裕得拥有四海,要什么会没有?何必要与贩夫、贩妇们去争夺这尺寸大小的微利呢!

昔虢之将亡,神赐之土田,汉灵帝私立府藏,皆有颠覆之祸。前鉴若此,甚可畏也。武王爱周、邵、齐、毕,所以王天下;殷纣爱飞廉、恶来,所以丧其国。今东宫俊乂不少,顷来侍御左右者,恐非在朝之选。愿殿下斥去佞邪,亲近忠良;所在田园,分给贫下;贩卖之物,以时收散。如此,则休声日至,谤议可除矣。"不听。

太子为政精察,而中常侍宗爱,性险暴,多不法,太子恶之。给事中仇尼道盛、侍郎任平城有宠于太子,颇用事,皆与爱不协。爱恐为道盛等所纠,遂构告其罪。魏主怒,斩道盛等于都街,东宫官属多坐死,帝怒甚。戊辰,太子以忧卒。壬申,葬金陵,谥曰景穆。帝徐知太子无罪,甚悔之。

11 秋,七月丁亥,魏主如阴山。

12 青、冀二州刺史萧斌遣振武将军刘武之等击司马顺则、司马百年,皆斩之。癸亥,梁邹平。

13 萧斌、王玄谟皆坐退败免官。上问沈庆之曰:"斌欲斩玄谟而卿止之,何也?"对曰:"诸将奔退,莫不惧罪,自归而死,将至逃散,故止之。"

过去,虢国快要灭亡时,神灵将土地赐给了它,东汉灵帝私自设立钱庄,都招来了被颠覆的灾祸。像这样的前车之鉴,是很令人可怕的。周武王宠信周公姬旦、召公姬奭、齐公姜子牙和毕公姬高,才在天下称王;而殷商纣王由于宠信飞廉、恶来这种恶人,才导致了国破家亡。如今,太子宫内的俊杰之士有很多,但近来事奉在您左右的人,恐怕并不是当朝的合适人选。我盼望殿下您排除奸邪诡佞的小人,多同忠厚善良的忠良之士亲近。将您所占有的田地庄园,分别赏给下边的贫苦百姓;将您做生意卖的东西,即时收起来或者尽早分给百姓。如果这样去做,那么,美好的声誉将会一天天增多起来,诽谤的议论也就能够消除了。"拓跋晃并没有接受高允的劝谏。

太子拓跋晃为政精明,洞察细微。中常侍宗爱却是个性格阴险暴躁的人,有很多违法行为,因此,拓跋晃很讨厌他。给事中仇尼道盛、侍郎任平城很受拓跋晃的宠信,都掌握不少权力,都跟宗爱不能和睦相处。宗爱恐怕自己会被仇尼道盛等检举揭发,于是编假话向魏主控告二人有罪,魏主非常气愤,下令将仇尼道盛等绑到街市上斩首示众,东宫内的官员有很多被牵连进去,也都被斩首,魏主为此非常气愤。戊辰(十五日),太子拓跋晃因忧虑过度生病去世。壬申(十九日),拓跋晃的遗体被安葬在金陵,谥号景穆。魏主后来慢慢知道太子拓跋晃并没有犯法,因此感到非常后悔。

11 秋季,七月丁亥(初五),北魏国主前往阴山。

12 刘宋青、冀二州刺史萧斌派振武将军刘武之等前去攻打司马顺则和司马百年,将二人斩首。癸亥,梁邹的反叛被彻底平息了。

13 萧斌、王玄谟都被控告打了败仗而后退,因此被免去职务。宋文帝问沈庆之:"萧斌打算斩了王玄谟,你却阻止他,这是为什么?"沈庆之回答说:"大将们都纷纷后退逃走,没有谁不怕受到惩处。假如有一个人自己回来了却要被处死,那么,其馀将领肯定会四处逃亡不再回来了,因此,我阻止了萧斌这样做。"

14 九月癸巳,魏主还平城。冬十月庚申,复如阴山。

15 上遣使至魏,魏遣殿中将军郎法祐来修好。

16 己巳,魏上党靖王长孙道生卒。

17 十二月丁丑,魏主封景穆太子之子濬为高阳王。既而以皇孙世嫡,不当为藩王,乃止。时濬生四年,聪达过人,魏主爱之,常置左右。徙秦王翰为东平王,燕王谭为临淮王,楚王建为广阳王,吴王余为南安王。

18 帝使沈庆之徙彭城流民数千家于瓜步,征北参军程天祚徙江西流民数千家于姑孰。

19 帝以吏部郎王僧绰为侍中。僧绰,昙首之子也,幼有大成之度,众皆以国器许之。好学,有思理,练悉朝典。尚帝女东阳献公主。在吏部,谙悉人物,举拔咸得其分。及为侍中,年二十九,沉深有局度,不以才能高人。帝颇以后事为念,以其年少,欲大相付托,朝政大小,皆与参焉。帝之始亲政事也,委任王华、王昙首、殷景仁、谢弘微、刘湛,次则范晔、沈演之、庾炳之,最后江湛、徐湛之、何瑀之及僧绰,凡十二人。

20 唐和入朝于魏,魏主厚礼之。

二十九年(壬辰,452)

1 春,正月,魏所得宋民五千馀家在中山者谋叛,州军讨诛之。冀州刺史张掖王沮渠万年坐与叛者通谋,赐死。

14 九月癸巳(十二日),北魏国主回到平城。冬季,十月庚申(初九),再次前往阴山。

15 文帝派使节到北魏,北魏则派殿中将军郎法祐前来恢复友好。

16 己巳(十八日),北魏的上党靖王长孙道生去世。

17 十二月丁丑(二十七日),北魏国主封景穆太子拓跋晃的儿子拓跋濬为高阳王。不久,因为拓跋濬是皇室中的嫡亲皇孙,不应该封为藩王,因而取消。这一年,拓跋濬四岁,他聪明伶俐过人,魏主很喜爱他,常常把他带在身边。魏主后又改封秦王拓跋翰为东平王,燕王拓跋谭为临淮王,楚王拓跋建为广阳王,吴王拓跋余为南安王。

18 文帝派沈庆之将几千户彭城难民迁移到瓜步,派征北参军程天祚将几千户江西难民迁移到姑孰。

19 宋文帝任命吏部郎王僧绰为侍中。王僧绰是王昙首的儿子,他从小就有成就大事的胸怀,因此,大家也都认定他是国家的栋梁之材。王僧绰刻苦好学,思维细致缜密,非常熟悉国家的典章制度。他娶了文帝的女儿东阳献公主为妻。在吏部任职时,他了解并熟悉各种各样的人物,推荐选拔人物也都非常恰当。他当上侍中时才二十九岁,他沉着稳重,处事有分寸、有度量,而且不因为自己才能高人一等而对他人傲慢无礼。文帝一直挂记自己身后之事交托给谁,因王僧绰年纪轻,所以文帝想把国家重任全部托付给他,朝廷内无论讨论大大小小事情,都命令他去参与。文帝刚开始亲自处理政事时,最宠信王华、王昙首、殷景仁、谢弘微、刘湛,后来就是范晔、沈演之、庾炳之,最后则是江湛、徐湛之、何瑀之及王僧绰,总计十二人。

20 北魏镇守西域焉耆的唐和,前往平城朝见魏主,魏主用优厚的礼仪来款待他。

宋文帝元嘉二十九年(壬辰,公元452年)

1 春季,正月,北魏所俘获的刘宋百姓五千馀户在中山居住的人图谋造反,该州军队前去讨伐,把他们全部诛杀。冀州刺史张掖王沮渠万年与反叛者相互勾结,魏主赐他自杀。

2　魏世祖追悼景穆太子不已。中常侍宗爱惧诛,二月甲寅,弑帝,尚书左仆射兰延、侍中和疋、薛提等秘不发丧。疋以皇孙濬冲幼,欲立长君,征秦王翰,置之秘室。提以濬嫡皇孙,不可废。议久不决。宗爱知之,自以得罪于景穆太子,而素恶秦王翰,善南安王余,乃密迎余自中宫便门入禁中,矫称赫连皇后令召延等。延等以爱素贱,不以为疑,皆随入。爱先使宦者三十人持兵伏于禁中,延等入,以次收缚,斩之。杀秦王翰于永巷而立余。大赦,改元承平,尊皇后为皇太后,以爱为大司马、大将军、太师、都督中外诸军事、领中秘书,封冯翊王。

3　庚午,立皇子休仁为建安王。

4　三月辛卯,魏葬太武皇帝于金陵,庙号世祖。

5　上闻魏世祖殂,更谋北伐,鲁爽等复劝之。上访于群臣,太子中庶子何偃以为“淮、泗数州疮痍未复,不宜轻动”。上不从。偃,尚之之子也。

夏,五月丙申,诏曰:“虐虏穷凶,著于自昔。未劳资斧,已伏天诛。拯溺荡秽,今其会也。可符骠骑、司空二府,各部分所统,东西应接。归义建绩者,随劳酬奖。”于是遣抚军将军萧思话督冀州刺史张永等向碻磝,鲁爽、鲁秀、程天祚将荆州甲士四万出许、洛,雍州刺史臧质帅所领趣潼关。永,茂度之子也。沈庆之固谏北伐,上以其异议,不使行。

2　北魏国主一直在追念、哀痛太子拓跋晃。中常侍宗爱害怕自己被杀，二月甲寅（初五），刺杀了太武帝。尚书左仆射兰延、侍中和疋、薛提等人，没有宣布魏主的死讯。和疋认为皇孙拓跋濬年纪尚小，所以，打算立年龄稍大的君王。于是，征召秦王拓跋翰入宫，把他安置在一个秘室里。但薛提却认为拓跋濬是嫡亲皇孙，不应该废黜。反复讨论很久也没有决定下来。宗爱得到消息，自认为他已得罪于景穆太子，而平时一向就讨厌秦王拓跋翰，只跟南安王拓跋余关系密切，于是，他就把拓跋余秘密迎来，从中宫小门进入后宫，然后，他假传赫连皇后的命令，召见兰延等人。兰延等人认为宗爱的地位一向很低，所以根本没有怀疑，全都随宗爱进宫了。在这之前，宗爱就已经派三十个宦官手持武器在宫中埋伏起来，兰延等人入宫，就被这些伏兵一个个抓起来杀了。在永巷把秦王拓跋翰杀掉，而拥护南安王拓跋余登基。拓跋余登基后，实行大赦，改年号为承平，将皇后赫连尊立为皇太后，任命宗爱为大司马、大将军、太师、都督中外诸军事及主管中秘书，封为冯翊王。

3　庚午（二十一日），刘宋文帝立皇子刘休仁为建安王。

4　三月辛卯（十三日），北魏在金陵埋葬了太武帝拓跋焘，庙号为世祖。

5　刘宋文帝听到北魏世祖去世，打算再次向北讨伐，司州刺史鲁爽也表示赞成。文帝征求其他文武官员的意见，太子中庶子何偃认为："淮河、泗水几个州郡，受到北魏入侵的创伤，至今还没有恢复过来，不应该轻举妄动。"文帝没有接受何偃的建议。何偃是何尚之的儿子。

夏季，五月丙甲（十九日），文帝下诏书说："残暴的胡虏穷凶极恶，自古至今都很少见。不用辛苦我们使用武力去讨伐，他就已经遭到上天的诛杀了。拯救快要淹死的人，荡涤世间污泥浊水，今天正是好机会。现在，我下令骠骑、司空二府各自统率自己的军队，东西相互呼应。对于起义立功、回到自己土地上的人，按照他的功劳的大小进行奖励酬劳。"于是，派遣抚军将军萧思话督统冀州刺史张永等，向碻磝进攻；派鲁爽、鲁秀、程天祚率领荆州甲士四万人，向许昌、洛阳发起攻势；雍州刺史臧质率领他所统率的部众，向潼关进军。张永是张裕的儿子。沈庆之竭力劝谏宋文帝不要北征，文帝因为他与自己意见不同，不派他率军出征。

青州刺史刘兴祖上言,以为:"河南阻饥,野无所掠。脱诸城固守,非旬月可拔。稽留大众,转输方劳。应机乘势,事存急速。今伪帅始死,兼逼暑时,国内猜扰,不暇远赴。愚谓宜长驱中山,据其关要。冀州以北,民人尚丰,兼麦已向熟,因资为易,向义之徒,必应响赴。若中州震动,黄河以南,自当消溃。臣请发青、冀七千兵,遣将领之,直入其心腹。若前驱克胜,张永及河南众军,宜一时济河,使声实兼举,并建司牧,抚柔初附,西拒太行,北塞军都,因事指挥,随宜加授,畏威欣宠,人百其怀。若能成功,清壹可待;若不克捷,不为大伤。并催促装束,伏听敕旨。"上意止存河南,亦不从。上又使员外散骑侍郎琅邪徐爰随军向碻磝,衔中旨授诸将方略,临时宣示。

6 尚书令何尚之以老请置仕,退居方山。议者咸谓尚之不能固志。既而诏书敦谕者数四,六月戊申朔,尚之复起视事。御史中丞袁淑录自古隐士有迹无名者为《真隐传》以嗤之。

青州刺史刘兴祖上疏,他认为:"黄河以南的老百姓饥饿受苦,千里荒野抢不到任何可以充饥的东西。万一魏各城守军坚持固守不后退,这就不是十天半月能够攻克的。浩浩大军被困在城外,粮食物资的运送也会很困难。因此,为了抓住时机,应该利用机会乘胜进军,速战速决。现在,伪魏的统帅刚刚死去,又加上正是炎热酷暑之际,他们朝廷内部相互怀疑猜忌,还来不及派兵远征。我以为应该直入中山,先占领这一险要关卡。而且,冀州以北老百姓的生活尚比较富裕,加上这时正是麦子已经成熟的季节,借敌人的物资供应我们是轻而易举的事。在那里响应我们号召的义士也一定会纷纷起来归附。倘若中原震动起来,黄河以南的北魏势力,自然而然就会土崩瓦解。我请求允许我征召青、冀二州七千名士卒,派大将率领他们,直接攻入敌人的心脏。如果我们的前锋克敌制胜,张永以及黄河以南的各路大军,也应该同时渡黄河北上,使我们的进攻声势与进攻实际力量同步前进。同时在当地建立我们的州府,委派官员前来安抚刚刚归附的百姓。在西部依据太行山,北部阻隔把守军都,按照情况的变化再行指挥前进,根据功勋大小加封官职,这样,人们敬畏我们的威严,感激我们的关心,而会百倍怀念我们的恩典。如果能够获得成功,天下统一的大业就指日可待了;如果我们没有取得胜利,也不会有什么大的损失。我已敦促我的部下整理好装束,我只等圣上您的命令了。"文帝只是想夺回黄河以南的土地,没有接受刘兴祖的建议。文帝又派员外散骑侍郎琅邪人徐爰,随同大军一起向碻磝进军,他按照皇帝旨意把方针策略授予各个将领,在适当的时候宣布。

　　6　尚书令何尚之因为自己年纪大了,就请求退职,去方山隐居。但人们都认为何尚之不会固守他的信念一直隐居下去。不久,文帝颁下诏书,前后多次传达旨令,要征召何尚之回来。六月戊申朔(初一),何尚之果然又出来接受文帝的委派处理事务。御史中丞袁淑为此搜集自古以来有事迹而不能确知姓名的隐士,编辑成《真隐传》,以此表示对何尚之行为的嗤笑。

7　秋,七月,张永等至碻磝,引兵围之。

8　壬辰,徙汝阴王浑为武昌王,淮阳王彧为湘东王。

9　初,潘淑妃生始兴王濬。元皇后性妒,以淑妃有宠于上,恚恨而殂,淑妃专总内政。由是太子劭深恶淑妃及濬。濬惧为将来之祸,乃曲意事劭,劭更与之善。

吴兴巫严道育,自言能辟谷服食,役使鬼物。因东阳公主婢王鹦鹉出入主家。道育谓主曰:“神将有符赐主。”主夜卧,见流光若萤,飞入书笥,开视,得二青珠。由是主与劭、濬皆信惑之。劭、濬并多过失,数为上所诘责。使道育祈请,欲令过不上闻。道育曰:“我已为上天陈请,必不泄露。”劭等敬事之,号曰天师。其后遂与道育、鹦鹉及东阳主奴陈天与、黄门陈庆国共为巫蛊,琢玉为上形像,埋于含章殿前。劭补天与为队主。

东阳主卒,鹦鹉应出嫁,劭、濬恐语泄,濬府佐吴兴沈怀远,素为濬所厚,以鹦鹉嫁之为妾。

上闻天与领队,以让劭曰:“汝所用队主副,并是奴邪?”劭惧,以书告濬。濬复书曰:“彼人若所为不已,正可促其馀命,或是大庆之渐耳。”劭、濬相与往来书疏,常谓上为“彼人”,或曰“其人”,谓江夏王义恭为“佞人”。

7　秋季,七月,张永等到达碻磝,率兵包围了该城。

8　壬辰(十六日),刘宋朝廷将汝阴王刘浑改封为武昌王,淮阳王刘彧改封为湘东王。

9　当初,潘淑妃生下了刘濬,被封为始兴王。元皇后袁妠生性好嫉妒,因为潘淑妃很受文帝的宠爱,她自己怨恨而死,潘淑妃开始总管皇宫内政事务。因此,太子刘劭对潘淑妃和刘濬都深为痛恨。刘濬害怕将来有灾祸,于是就委曲求全,极力讨好刘劭,刘劭也慢慢解除了自己的敌意,跟刘濬的感情也越来深厚了。

吴兴女巫严道育,自称能不食人间烟火,驱使鬼神做事。由于东阳公主刘英娥的婢女王鹦鹉的推荐,使得她也得以出入公主家宅。严道育对公主说:"神灵要有吉祥物赏赐给公主。"晚上,公主躺在床上,果然就看见一道像萤火样的流光闪过,飞进竹制的书箱里,打开书箱一看,看见里面有两颗青色宝珠。自此以后,刘英娥和刘劭、刘濬三兄妹,都对严道育的巫术深信不疑。刘劭、刘濬二人犯了很多错误,为此也多次受文帝的责怪盘问。于是,二人就请严道育祈求鬼神,请求鬼神帮忙,要让文帝再也听不到他们犯的错误。严道育说:"我已经替你们向上天诉说你们的情况,上天已经答应以后一定不会再让皇上知道你们的过失。"刘劭等对严道育更加尊敬,恭敬侍奉,给她立号为天师。从此以后,刘劭、刘濬就跟严道育、王鹦鹉及东阳公主刘英娥的家奴陈天与、黄门陈庆国一起从事巫术害人的活动,他们用玉石雕刻了一座文帝的雕像,把它埋在含章殿前。刘劭又增补陈天与为太子宫的队主。

东阳公主刘英娥去世,王鹦鹉应该出嫁,但刘劭、刘濬唯恐他们的巫术活动泄露出去。刘濬府中的辅佐,吴兴人沈怀远一向受刘濬的厚爱,刘濬就把王鹦鹉嫁给了沈怀远为妾。

文帝听到陈天与担任队主的消息后,责怪刘劭说:"你所任用的队主、队副,为什么都是家奴?"刘劭听后非常害怕,就写信告诉了刘濬,刘濬回信说:"那个人如果一直问个不休,正可以加速缩短他的馀生,或许值得大庆的日子即将到来了。"在刘劭和刘濬二人相互往来的信件上,经常把文帝称为"彼人","其人",而把江夏王刘义恭称为"佞人"。

鹦鹉先与天与私通,既适怀远,恐事泄,白劭使密杀之。陈庆国惧,曰:"巫蛊事,惟我与天与宣传往来。今天与死,我其危哉!"乃具以其事白上。上大惊,即遣收鹦鹉。封籍其家,得劭、濬书数百纸,皆咒咀巫蛊之言。又得所埋玉人,命有司穷治其事。道育亡命,捕之不获。

先是,濬自扬州出镇京口,及庐陵王绍以疾解扬州,意谓己必复得之。既而上用南谯王义宣,濬殊不乐,乃求镇江陵,上许之。濬入朝,遣还京口,为行留处分,至京口数日而巫蛊事发。上惋叹弥日,谓潘淑妃曰:"太子图富贵,更是一理,虎头复如此,非复思虑所及。汝母子岂可一日无我邪!"遣中使切责劭、濬,劭、濬惶惧无辞,惟陈谢而已。上虽怒甚,犹未忍罪也。

10 诸军攻碻磝,治三攻道:张永等当东道,济南太守申坦等当西道,扬武司马崔训当南道。攻之累旬不拔。八月辛亥夜,魏人自地道潜出,烧崔训营及攻具。癸丑夜,又烧东围及攻具,寻复毁崔训攻道。张永夜撤围退军,不告诸将,士卒惊扰。魏人乘之,死伤涂地。萧思话自往,增兵力攻,旬馀不拔。是时,青、徐不稔,军食乏。丁卯,思话命诸军皆退屯历城,斩崔训,系张永、申坦于狱。

王鹦鹉以前曾和陈天与私通过。嫁给沈怀远以后,她害怕过去的奸情败露出去,就把此事告诉了刘劭,让刘劭派人暗地里把陈天与杀了灭口。陈天与被杀后,陈庆国害怕了,说:"巫术害人之事,只有我和陈天与上下传达。如今陈天与死了,我也就岌岌可危了。"于是,就将以上所有事情全都报告了文帝。文帝听后大吃一惊,马上派人逮捕了王鹦鹉。搜查了她的家,在她家里找到了刘劭、刘濬二人的几百封往来信件,信上所写的都是些巫术害人的话。又挖出了埋藏在含章殿前的玉石雕刻的文帝像。文帝下令有关部门将这件事严加追查。严道育出走逃命,没有被抓到。

在此以前,刘濬从扬州刺史被调到京口镇守。庐陵王刘绍因病辞去扬州刺史时,刘濬心想,自己一定会再次得到扬州刺史这一官职。不久,文帝却任用了南谯王、荆州刺史刘义宣为扬州刺史,刘濬很不高兴,于是,他向文帝请求去镇守江陵,文帝答应了他的要求。刘濬就从京口回到京师朝见文帝,文帝让他再回京口,办理交接等事情。他回到京口几天,他们的巫术害人一事败露。文帝为此整天惊叹、惋惜,对潘淑妃说:"太子刘劭贪图荣华富贵,还可以理解他有自己的理由,但虎头(刘濬)也做出这样的事来,这不是我反复思考所能想到的事。你们母子二人怎么可以一天没有我呢?"文帝又派中使严厉斥责刘劭和刘濬兄弟二人。刘劭和刘濬惶惶然,无言对答,只是认罪,请求文帝处罚而已。文帝虽然十分气愤,但最终还是不忍心处罚他们。

10　各路大军进攻碻磝,兵分三路一齐进发:张永等从碻磝城东进攻,济南太守申坦等从碻磝城西进攻,扬武司马崔训则从碻磝城南进攻。猛攻几十天也没能攻下。八月辛亥(初五),夜里,北魏军从地道里偷偷出来,烧毁了崔训的军营和他们进攻碻磝所使用的武器。癸丑(初七),夜晚,北魏军又偷偷出来烧毁了围攻东城的宋兵营和攻城武器器械。不久,又摧毁了崔训攻城的地道。张永率领军队乘夜后撤,没有通知其他将领,士卒大为惊慌。北魏军乘机进攻,刘宋军死伤者遍地都是。萧思话亲自前往碻磝,增兵攻城,十几天仍未攻克。这时,又赶上青州、徐州庄稼收成不好,军内缺少粮食。丁卯(二十一日),萧思话下令各路大军全都撤退到历城驻扎,斩了崔训,逮捕了张永、申坦,送进监狱。

　　鲁爽至长社,魏戍主秃发幡弃城走。臧质顿兵近郊,不以时发,独遣冠军司马柳元景帅后军行参军薛安都等进据洪关。梁州刺史刘秀之遣司马马汪与左军中兵参军萧道成将兵向长安。道成,承之之子也。魏冠军将军封礼自洞津南渡,赴弘农。九月,司空高平公儿乌干屯潼关,平南将军黎公辽屯河内。

　　11　吐谷浑王慕利延卒,树洛干之子拾寅立,始居伏罗川。遣使来请命,亦请命于魏。丁亥,以拾寅为安西将军、西秦河沙三州刺史、河南王。魏以拾寅为镇西大将军、沙州刺史、西平王。

　　12　庚寅,鲁爽与魏豫州刺史拓跋仆兰战于大索,破之,进攻虎牢。闻碻磝败退,与柳元景皆引兵还。萧道成、马汪等闻魏救兵将至,还趣仇池。己丑,诏解萧思话徐州,更领冀州刺史,镇历城。

　　上以诸将屡出无功,不可专责张永等,赐思话诏曰:"虏既乘利,方向盛冬,若脱敢送死,兄弟父子自共当之耳。言及增愤! 可以示张永、申坦。"又与江夏王义恭书曰:"早知诸将辈如此,恨不以白刃驱之。今者悔何所及!"义恭寻奏免思话官,从之。

　　13　魏南安隐王余自以违次而立,厚赐群下,欲以收众心。旬月之间,府藏虚竭。又好醋饮及声乐、畋猎,不恤政事。宗爱为宰相,录三省,总宿卫,坐召公卿,专恣日甚。余患之,谋夺其权,爱愤怒。冬,十月丙午朔,余夜祭东庙,爱使小黄门贾周等就弑余,而秘之,惟羽林郎中代人刘尼知之。

鲁爽抵达长社,北魏守将秃发幡弃城逃走。臧质率领大军驻扎在襄阳近郊,没有及时发兵,而只派了冠军司马柳元景率领后军行参军薛安都等攻占了洪关。梁州刺史刘秀之派司马马汪和左军中兵参军萧道成统领大军向长安进攻。萧道成是萧承之的儿子。北魏冠军将军封礼从涅津渡黄河南下,增援弘农。九月,北魏司空高平公兒乌干屯驻潼关,平南将军黎公辽屯驻河内。

11 吐谷浑汗国可汗慕容慕利延去世,慕容树洛干的儿子慕容拾寅承继王位,开始居住在伏罗川。派使节前往刘宋请求封赏,同时也去北魏请求封赏。丁亥(十一日),刘宋任命慕容拾寅为安西将军,西秦、河、沙三州刺史,河南王。北魏朝廷则任命慕容拾寅为镇西大将军、沙州刺史、西平王。

12 庚寅(十四日),鲁爽与北魏豫州刺史拓跋仆兰在大索会战,鲁爽击败了拓跋仆兰,而后又进攻虎牢。此时,他听说碻磝城打了败仗撤退下来,就和柳元景一同率军撤退返回。萧道成、马汪等听到北魏的增援部队就要到来,也撤回仇池。己丑(十三日),文帝颁发诏书,解除了萧思话的徐州刺史职务,改任冀州刺史,镇守历城。

文帝因为自己的各个将领屡次出击都没有建立功绩,不能仅仅责怪张永等人,就下诏给萧思话说:"胡虏已经乘机取得了胜利,而此时正值隆冬季节,如果他们胆敢前来送死,那么我们父子兄弟自己会共同抵挡。说到这里,更增加我的愤怒之情。可以把此诏让张永和申坦看看。"然后,文帝又给江夏王刘义恭写信说:"早知道各位将领如此怯懦无能,我真恨自己没有抽刀在他们背后督战。现在后悔都来不及了。"不久,刘义恭奏请免除萧思话的官职,文帝批准了。

13 北魏南安隐王拓跋余自认为自己是没有按照长幼顺序当的皇帝,就用极为优厚的东西赏赐给下属,打算以此收买人心。一个月的时间,国库被动用一空。加之拓跋余自己又喜欢喝得酩酊大醉,纵情声色、犬马,喜欢去野外狩猎,而不过问国家大事。宗爱身居宰相高位,总管三省政务,负责皇家的安全事务,他身居高位,对公卿等呼来唤去,专权跋扈,一日比一日厉害。拓跋余深为不安,就想谋划剥夺他的大权,宗爱知道后甚为愤怒。冬季,十月,丙午朔(初一),拓跋余夜里去东庙祭祀,宗爱命令小黄门贾周等人,靠近拓跋余,暗中杀死他。宗爱一直封锁消息,只有羽林郎中代郡人刘尼知道。

尼劝爱立皇孙濬,爱惊曰:"君大痴人!皇孙若立,岂忘正平时事乎!"尼曰:"若尔,今当立谁?"爱曰:"待还宫,当择诸王贤者立之。"

尼恐爱为变,密以状告殿中尚书源贺。贺时与尼俱典兵宿卫,乃与南部尚书陆丽谋曰:"宗爱既立南安,还复杀之。今又不立皇孙,将不利于社稷。"遂与丽定谋,共立皇孙。丽,俟之子也。

戊申,贺与尚书长孙渴侯严兵守卫宫禁,使尼、丽迎皇孙于苑中。丽抱皇孙于马上,入平城,贺、渴侯开门纳之。尼驰还东庙,大呼曰:"宗爱弑南安王,大逆不道,皇孙已登大位,有诏,宿卫之士皆还宫!"众咸呼万岁,遂执宗爱、贾周等,勒兵而入,奉皇孙即皇帝位。登永安殿,大赦,改元兴安。杀爱、周,皆具五刑,夷三族。

14　西阳五水群蛮反,自淮、汝至于江、沔,咸被其患。诏太尉中兵参军沈庆之督江、豫、荆、雍四州兵讨之。

15　魏以骠骑大将军拓跋寿乐为太宰、都督中外诸军、录尚书事,长孙渴侯为尚书令,加仪同三司。十一月,寿乐、渴侯坐争权,并赐死。

16　癸未,魏广阳简王建、临淮宣王谭皆卒。

17　甲申,魏主母闾氏卒。

18　魏南安王余之立也,以古弼为司徒,张黎为太尉。及高宗立,弼、黎议不合旨,黜为外都大官。坐有怨言,且家人告其为巫蛊,皆被诛。

刘尼劝宗爱拥戴皇孙拓跋濬做皇帝,宗爱大吃一惊,说:"你简直是个大白痴,如果皇孙被立为皇帝,他怎么能够忘记正平年景穆太子的事!"刘尼说:"如果不这样做,那么现在应该立谁为皇帝呢?"宗爱说:"等我们回宫之后,在各王中选拔有贤能的人做皇帝。"

刘尼深怕宗爱变卦,就把这些事情都偷偷告诉了殿中尚书源贺。源贺此时和刘尼同时领兵负责宫廷内部的禁卫,他就同南部尚书陆丽商量说:"宗爱已经拥戴南安王做了皇帝,又把他杀了。现在又不让皇孙登基,这样做,对我们的国家将是没有好处的。"源贺就和陆丽商量定计,共同拥戴皇孙。陆丽是陆俟的儿子。

戊申(初三),源贺同尚书长孙渴侯率兵严密把守皇宫,派刘尼、陆丽将皇孙拓跋濬迎到了鹿苑。陆丽把皇孙拓跋濬抱在马上,进入平城,源贺、长孙渴侯打开宫门,迎接皇孙一行。刘尼骑马奔回到东庙,大声呼喊说:"宗爱谋杀了南安王,大逆不道,现在,嫡皇孙已登上了皇位,颁下诏令,让宿卫士卒赶快回宫。"大家都高喊万岁,逮捕了宗爱、贾周等人,率兵而入,拥戴嫡皇孙即皇帝位。嫡皇孙拓跋濬登上永安殿,实行大赦,改年号兴安。尔后,斩了宗爱、贾周,二人都被施用五刑,诛灭三族。

14 刘宋西阳五水一带的各蛮族起兵反抗,从淮河、汝水,到长江、沔水,都受到骚扰。文帝颁发诏令,命令太尉中兵参军沈庆之统率江、豫、荆、雍四州的士卒前去讨伐。

15 北魏朝廷任命骠骑大将军拓跋寿乐为太宰、都督中外诸军、录尚书事,任命长孙渴侯为尚书令,加封为仪同三司。十一月,拓跋寿乐和长孙渴侯因争夺权力,二人同时被命令自杀。

16 癸未(初八),北魏广阳简王拓跋建、临淮宣王拓跋谭都去世。

17 甲申(初九),北魏国主拓跋濬的母亲郁久间氏去世。

18 北魏南安王拓跋余即帝位时,任命古弼为司徒、张黎为太尉。文成帝拓跋濬即位,古弼和张黎的见解与文成帝不合,二人被贬为外都大官。又因发表怨恨言论,他们的家人又告发他们从事巫术诅咒活动,于是,二人都被诛杀。

19　壬寅,庐陵昭王绍卒。

20　魏追尊景穆太子为景穆皇帝,皇妣闾氏为恭皇后,尊乳母常氏为保太后。

21　陇西屠各王景文叛魏,署置王侯。魏统万镇将南阳王惠寿、外都大官于洛拔督四州之众讨平之,徙其党三千馀家于赵、魏。

22　十二月戊申,魏葬恭皇后于金陵。

23　魏世祖晚年,佛禁稍弛,民间往往有私习者。及高宗即位,群臣多请复之。乙卯,诏州郡县众居之所,各听建佛图一区。民欲为沙门者,听出家,大州五十人,小州四十人。于是向所毁佛图,率皆修复。魏主亲为沙门师贤等五人下发,以师贤为道人统。

24　丁巳,魏以乐陵王周忸为太尉,南部尚书陆丽为司徒,镇西将军杜元宝为司空。丽以迎立之功,受心膂之寄,朝臣无出其右者。赐爵平原王,丽辞曰:“陛下,国之正统,当承基绪。效顺奉迎,臣子常职,不敢慆天之功以干大赏。”再三不受。魏主不许。丽曰:“臣父奉事先朝,忠勤著效。今年逼桑榆,愿以臣爵授之。”帝曰:“朕为天下主,岂不能使卿父子为二王邪!”戊午,进其父建业公俟爵为东平王。又命丽妻为妃,复其子孙,丽力辞不受。帝益嘉之。

19 壬寅(二十七日),刘宋庐陵昭王刘绍去世。

20 北魏国主追尊父亲拓跋晃为景穆皇帝,母亲郁久闾氏为恭皇后,尊封乳母常氏为保太后。

21 北魏陇西郡匈奴屠各部落人王景文聚兵反叛,设立王爵侯爵。北魏统万镇将南阳王拓跋惠寿,外都大官于洛拔督统四个州的军队,前去讨伐,平灭了反叛,将王景文的党徒三千多户迁往古赵魏地区。

22 十二月戊申(初四),北魏朝廷把恭皇后郁久闾氏安葬在金陵。

23 北魏太武帝晚年,对佛教的禁令稍稍放松了些,民间往往有人私下偷偷信奉佛教。文成帝即位后,很多大臣都来请求恢复佛教。乙卯(十一日),拓跋濬诏令各州郡县老百姓在集中居住的地方,允许建立一座寺庙。老百姓有打算当和尚、做尼姑的,允许自由出家,大州郡可五十人,小州可四十人。于是,各地过去所摧毁的寺庙佛像如今大都修复。文成帝亲自给和尚师贤等五人剃了发,任命师贤为道人统。

24 丁巳(十三日),北魏朝廷任命乐陵王拓跋周忸为太尉,南部尚书陆丽为司徒,镇西将军杜元宝为司空。陆丽因为有迎奉拓跋濬即位的功劳,所以,被拓跋濬当作心腹,朝廷内没有一个官员比他更受拓跋濬宠信的。拓跋濬赐他平原王爵位,陆丽辞让说:"陛下是我们国家的正统,理当继承帝位。我只是顺应人心,奉迎圣上登上帝位,这是臣下应份之事,我不敢有贪天之功,接受您如此的重赏。"一再辞让不接受,魏主不答应。陆丽只好说:"臣下的父亲事奉先帝,忠厚、勤奋,因此在那时享有很高的声誉。如今他已进入桑榆之年,我愿意把我的爵位让给他。"拓跋濬说:"朕身为国家的主宰,难道不能让你们父子二人都封为王爵吗?"戊午(十四日),封赐陆丽的父亲、建业公陆俟为东平王。拓跋濬又封赐陆丽的妻子为王妃,免除陆丽子孙们的田赋捐税,陆丽竭力推辞,不肯接受。文成帝对他越发嘉许。

　　以东安公刘尼为尚书仆射,西平公源贺为征北将军,并进爵为王。帝班赐群臣,谓源贺曰:"卿任意取之。"贺辞曰:"南北未宾,府库不可虚也。"固与之,乃取戎马一匹。

　　高宗之立也,高允预其谋,陆丽等皆受重赏,而不及允,允终身不言。

　　甲子,周忸坐事,赐死。时魏法深峻,源贺奏:"谋反之家,男子十三以下本不预谋者,宜免死没官。"从之。

　　25　江夏王义恭还朝。辛未,以义恭为大将军、南徐州刺史,录尚书如故。

　　26　初,魏入中原,用《景初历》,世祖克沮渠氏,得赵𪧨《玄始历》,时人以为密,是岁,始行之。

魏主拓跋濬任命东安公刘尼为尚书仆射,西平公源贺为征北将军,二人同时被晋升为王爵。魏主又按照各个官员的功劳大小,依次封赏,对源贺说:"你喜欢什么就可以拿什么。"源贺辞谢说:"我们南面和北面的敌人还没被平定,我们的国库不能空了。"但拓跋濬还是坚持送给他点儿什么,源贺只好取了一匹战马。

　　拓跋濬能够登上王位,高允也参与了谋划。陆丽等人都受到了重赏,只有高允没有得到,而高允本人也终身没有吐露这件事。

　　甲子(二十日),拓跋周忸因罪,被命令自杀。当时,北魏刑法非常严酷,源贺就奏请说:"造反叛乱者的家属,男子在十三岁以下没有参加谋反的,应该免除死刑,交给官府当奴隶。"拓跋濬批准了他的建议。

　　25　刘宋江夏王刘义恭从盱眙返回建康。辛未(二十七日),文帝任命刘义恭为大将军、南徐州刺史,仍然保留他的录尚书之职。

　　26　当初,北魏入侵中原时,使用《景初历》。太武帝战胜北凉王国沮渠氏后,得到赵歐所著的《玄始历》,当时人们认为很精密。从这一年开始,北魏开始使用《玄始历》纪年。

卷第一百二十七　宋纪九

癸巳(453)一年

太祖文皇帝下之下

元嘉三十年(癸巳,453)

1　春,正月戊寅,以南谯王义宣为司徒、扬州刺史。

2　萧道成等帅氐、羌攻魏武都,魏高平镇将苟莫于将突骑二千救之。道成等引还南郑。

3　壬午,以征北将军始兴王濬为荆州刺史。帝怒未解,故濬久留京口。既除荆州,乃听入朝。

4　戊子,诏江州刺史武陵王骏统诸军讨西阳蛮,军于五洲。

5　严道育之亡命也,上分遣使者搜捕甚急。道育变服为尼,匿于东宫,又随始兴王濬至京口,或出止民张旿家。濬入朝,复载还东宫,欲与俱往江陵。丁巳,上临轩,濬入受拜。是日,有告道育在张旿家者,上遣掩捕,得其二婢,云道育随征北还都。上谓濬与太子劭已斥遣道育,而闻其犹与往来,惆怅惋骇,乃命京口送二婢,须至检覆,乃治劭、濬之罪。

太祖文皇帝下之下

宋文帝元嘉三十年(癸巳,公元 453 年)

1　春季,正月,戊寅(初四),刘宋文帝任命南谯王刘义宣为司
徒、扬州刺史。

2　左军中兵参军萧道成等人率领氐、羌各部落进攻北魏的武
都。北魏驻守高平的镇将苟莫于率领骁勇骑兵二千人救援武都。
萧道成等人率兵退回到南郑。

3　壬午(初八),文帝任命征北将军、始兴王刘濬为荆州刺史。
文帝对刘濬的怒气一直未消,所以刘濬长时间被留在京口。直到
任命他做荆州刺史,才允许他进京朝见。

4　戊子(十四日),文帝诏令江州刺史、武陵王刘骏统率各路
大军讨伐西阳蛮。刘骏率军进驻五洲。

5　女巫严道育逃走之后,文帝派出人马,到各地严加搜捕,形
势很紧迫。严道育把自己打扮成尼姑的样子,一直躲藏在太子宫
内,后来又随始兴王刘濬到了京口,有时,她也出入当地居民张旿
家里。刘濬进京朝见文帝,又把她偷偷带回到了太子宫,打算携她
一道前往江陵。丁巳(十四日),文帝升殿,刘濬入殿,接受荆州刺
史之职。当天,有人向朝廷告发严道育藏在张旿家,文帝派人突然
前去搜捕,抓到了严道育的两个婢女,供说严道育已经跟着征北将
军刘濬回到了京都。文帝一直认为刘濬和太子刘劭已经赶走了严
道育,现在忽然听说他仍然和严道育秘密来往,不禁大为惊异叹
惋,非常伤心。他命令京口官府把两个婢女押送到京师,等到调查
完后,再决定如何定刘劭和刘濬的罪过。

潘淑妃抱濬泣曰："汝前祝诅事发，犹冀能刻意思愆，何意更藏严道育！上怒甚，我叩头乞恩不能解，今何用生为！可送药来，当先自取尽，不忍见汝祸败也。"濬奋衣起曰："天下事寻自当判，愿小宽虑，必不上累！"

6　己未，魏京兆王杜元宝坐谋反诛。建宁王崇及其子济南王丽皆为元宝所引，赐死。

7　帝欲废太子劭，赐始兴王濬死，先与侍中王僧绰谋之。使僧绰寻汉魏以来废太子、诸王典故，送尚书仆射徐湛之及吏部尚书江湛。

武陵王骏素无宠，故屡出外藩，不得留建康。南平王铄、建平王宏皆为帝所爱。铄妃，江湛之妹；随王诞妃，徐湛之之女也。湛劝帝立铄，湛之意欲立诞。僧绰曰："建立之事，仰由圣怀。臣谓唯宜速断，不可稽缓。'当断不断，反受其乱。'愿以义割恩，略小不忍。不尔，便应坦怀如初，无烦疑论。事机虽密，易致宣广，不可使难生虑表，取笑千载。"帝曰："卿可谓能断大事。然此事至重，不可不殷勤三思。且彭城始亡，人将谓我无复慈爱之道。"僧绰曰："臣恐千载之后，言陛下惟能裁弟，不能裁儿。"帝默然。江湛同侍坐，出阁，谓僧绰曰："卿向言将不太伤切直！"僧绰曰："弟亦恨君不直！"

潘淑妃抱住刘濬,哭着说:"你上次与严道育一起进行巫咒蛊惑的事情败露,当时我还希望你能仔细反省自己的过失,哪里想到你还把严道育窝藏起来了! 皇上气得不得了,尽管我跪下叩头乞求他开恩,都不能使他平息愤怒,现在这样,我活着还有什么用呢? 你可以先把毒药给我送来,我该先行一步自杀,因为我实在不忍心看见你自己闯祸,弄得身败名裂啊。"刘濬听完,立刻挣脱开母亲,跳起来说:"天下大事都要靠自己来解决裁断,我希望您能稍放宽心,我肯定不会连累您。"

6 己未(十六日),北魏京兆王杜元宝因谋反,被斩。建宁王拓跋崇和他的儿子济南王拓跋丽,都受杜元宝事件的牵连,被赐自杀。

7 文帝打算废黜太子刘劭,并要赐始兴王刘濬自杀,事先和侍中王僧绰商议。文帝让王僧绰查找汉魏以来废黜太子、诸亲王的事例,分别送给尚书仆射徐湛之和吏部尚书江湛。

武陵王刘骏平时得不到宠爱,他总是到外地藩镇做官,而不能留在建康任职。南平王刘铄、建平王刘宏二人都受文帝的宠爱。刘铄的妃子是江湛的妹妹,随王刘诞的妃子是徐湛之的女儿。江湛鼓动文帝立刘铄为太子,徐湛之则想立刘诞为太子。王僧绰说:"封立太子这件事,应由陛下做主决定。我以为应该立即决断,不能再等待拖延了。'当断不断,反受其乱。'但愿陛下您能用国家大义去割舍您的骨肉亲情,不要在小事上不忍。不然您就应该像当初那样以父情对待儿子,不再不厌其烦地怀疑谈论这些事。决定重新封立太子一事虽然是在极保密的情况下进行的,最终也还是容易泄漏出去,不应该让灾难发生在您的意料之外,而被后世所耻笑。"文帝说:"你真可以说是能够决断大事的人。可是,这件事事关重大,不能不非常小心谨慎,三思而后行。而且,彭城王刘义康刚刚去世,我这样做,别人将会说我是不再有慈爱之心的人了。"王僧绰说:"我恐怕千年以后,人们会说陛下您只能制裁弟弟,而不能制裁儿子。"文帝沉默无语。当时,江湛也一同陪坐,出了宫门后,他对王僧绰说:"你刚才说的那些话,恐怕过于直切些了!"王僧绰回答说:"我也很遗憾你太不直切了。"

铄自寿阳入朝，既至，失旨。帝欲立宏，嫌其非次，是以议久不决。每夜与湛之屏人语，或连日累夕。常使湛之自秉烛，绕壁检行，虑有窃听者。帝以其谋告潘淑妃，淑妃以告濬，濬驰报劭。劭乃密与腹心队主陈叔兒、斋帅张超之等谋为逆。

初，帝以宗室强盛，虑有内难，特加东宫兵，使与羽林相若，至有实甲万人。劭性黠而刚猛，帝深倚之。及将作乱，每夜缮将士，或亲自行酒。王僧绰密以启闻。会严道育婢将至，癸亥夜，劭诈为帝诏云："鲁秀谋反，汝可平明守阙，帅众入。"因使张超之等集素所畜养兵士二千馀人，皆被甲。召内外幢队主副，豫加部勒，云有所讨。夜，呼前中庶子右军长史萧斌、左卫率袁淑、中舍人殷仲素、左积弩将军王正见并入宫。劭流涕谓曰："主上信谗，将见罪废。内省无过，不能受枉。明旦当行大事，望相与戮力。"因起，遍拜之，众惊愕，莫敢对。淑、斌皆曰："自古无此。愿加善思。"劭怒，变色。斌惧，与众俱曰："当竭身奉令。"淑叱之曰："卿便谓殿下真有是邪？殿下幼尝患风，或是疾动耳。"劭愈怒，因眄淑曰："事当克不？"淑曰："居不疑之地，何患不克！但恐既克之后，不为天地所容，大祸亦旋至耳。假有此谋，犹将可息。"左右引淑出，曰："此何事，而云可罢乎！"淑还省，绕床行，至四更乃寝。

刘铄从寿阳回朝,到京之后,很令文帝失望。文帝打算封立刘宏为太子,可是,他又担心不符合长幼次序,因而,商议许久也决定不下来。每天夜里,文帝都要跟徐湛之秘密商谈,有时甚至是整天整夜。文帝还经常让徐湛之亲自举着蜡烛,绕着墙壁进行检查,唯恐有人窃听。文帝把这一计划告诉了潘淑妃。潘淑妃告诉了刘濬,刘濬骑马飞奔去告诉了刘劭。刘劭于是立刻和他的心腹、队主陈叔兒及斋帅张超之等人谋划制造叛乱。

当初,文帝认为皇室力量强大,唯恐内部发生变难,因此,他特别加强了东宫的兵力,让东宫的兵力和羽林军的兵力差不多,实际兵力达到了一万人。刘劭性情狡猾而又刚强勇猛,文帝一直深深地依赖着他。刘劭将要反叛时,每天夜里都要设宴犒劳东宫卫队的将士,有时甚至亲自前来敬酒。王僧绰听说后,秘密报告给了文帝。这时正赶上严道育的两个婢女就要被押到朝廷。癸亥(二十日)夜晚,刘劭伪造了文帝的诏书说:"鲁秀图谋反叛,命令你清晨守住宫门,率领众兵入宫。"刘劭又命令张超之等集合起平时特别豢养的士卒两千多人,让他们全副武装。接着,刘劭又召集内外巡逻队的正副队长,事先加以安排布置声称有紧急征讨。这天深夜,刘劭传唤前中庶子右军长史萧斌、左卫率袁淑、中舍人殷仲素和左积弩将军王正见,一同进入东宫。刘劭涕泪横流,对他们说:"主上听信别人的谗言,要把我治罪废黜。我自己反省并没有什么过失,不能被别人冤枉了。明天一早,我就该做出一件大事,希望你们和我共同努力。"说完,刘劭就从座位上站了起来,向在座各位下拜。大家听后都极为惊愕,没有谁敢于回答。袁淑和萧斌都说:"自古以来都没有过这样的事情,希望再好好考虑考虑。"刘劭听后不禁勃然大怒,板起面孔。萧斌一看,感到害怕,就和其他人一起说:"我们自当竭尽全力执行您的命令。"袁淑听后,叱责他们说:"你们以为殿下是真要这样吗?殿下小时候曾经得过疯病,大概是疯病发作了。"刘劭听后更是怒不可遏,斜着眼睛看着袁淑说:"我的事能不能办成?"袁淑回答说:"你现在处在绝对不会被人怀疑的地位,怎么能做不到呢!只是担心你在做成之后,不会被天地所容,大祸也会马上随之而来。假使真有这种打算还可以收回。"左右之人把袁淑拉出去说:"这是什么事,怎么可以说半途而废呢?"袁淑从太子刘劭那里回来后,反复琢磨,绕着床铺来回走动,直到四更才上床睡觉。

甲子，宫门未开，劭以朱衣加戎服上，乘画轮车，与萧斌共载，卫从如常入朝之仪。呼袁淑甚急，淑眠不起，劭停车奉化门催之相续。淑徐起，至车后，劭使登车，又辞不上，劭命左右杀之。守门开，从万春门入。旧制，东宫队不得入城。劭以伪诏示门卫曰："受敕，有所收讨。"令后队速来。张超之等数十人驰入云龙门及斋阁，拔刀径上合殿。帝其夜与徐湛之屏人语至旦，烛犹未灭，门阶户席直卫兵尚寝未起。帝见超之入，举几捍之，五指皆落，遂弑之。湛之惊起，趣北户，未及开，兵人杀之。劭进至合殿中阁，闻帝已殂，出坐东堂。萧斌执刀侍直，呼中书舍人顾嘏，嘏震惧，不时出，既至，问曰："欲共见废，何不早启？"嘏未及答，即于前斩之。江湛直上省，闻喧噪声，叹曰："不用王僧绰言，以至于此！"乃匿傍小屋中，劭遣兵就杀之。宿卫旧将罗训、徐罕皆望风屈附。左细仗主、广威将军吴兴卜天与不暇被甲，执刀持弓，疾呼左右出战。徐罕曰："殿下入，汝欲何为！"天与骂曰："殿下常来，云何于今乃作此语！只汝是贼！"手射劭于东堂，几中之。劭党击之，断臂而死。队将张泓之、朱道钦、陈满与天与俱战死。左卫将军尹弘惶怖通启，求受处分。劭使人从东阁入，杀潘淑妃及太祖亲信左右数十人，急召始兴王濬使帅众屯中堂。

甲子(二十一日),皇宫宫门还未打开,刘劭身穿朝服,内穿戎装,与萧斌一同乘坐画轮车,侍卫随从和平时入朝朝见的样子一样。刘劭派人急急忙忙地去叫袁淑,袁淑此时正在沉沉入睡,不肯起床,刘劭将车停在奉化门旁,不断派人前去催促。袁淑慢腾腾地起床了,来到刘劭乘坐的车的后边,刘劭让他登上车,袁淑又推辞不肯上去,刘劭命令左右斩了袁淑。宫门打开,刘劭从万春门进去。按照以往的宫廷制度,太子宫卫队是不能进入宫城的。刘劭为此就把自己伪造的皇帝诏令拿给守卫看,说:"我奉皇帝旨令,要进宫讨伐叛逆。"又催促后面的队伍赶快前来。张超之等几十人从云龙门跑进了斋阁,拔出佩刀直接来到合殿。文帝那天夜里和徐湛之屏退旁人秘密商谈直到第二天早上,蜡烛还没有熄灭,门前、台阶、窗外值班的卫士还在睡觉没有起床。文帝看见张超之进来了,立刻举起身旁的小几来抵挡,五个手指全部被砍掉了,于是,张超之就把文帝杀了。徐湛之大吃一惊,起身向北窗奔去,还没有打开北窗,士卒就杀了他。刘劭走到合殿中屋,听到皇帝已死,立刻出来登临东堂。萧斌持刀站在一旁侍卫。刘劭传唤中书舍人顾嘏,顾嘏大为震惊,没有按时到,他来到刘劭面前,刘劭问他说:"皇帝想把我们一齐废了,你为什么不早点儿来告诉我?"顾嘏还没来得及回答,刘劭就上前斩了他。江湛此时正在上省值班,听到外面一片喧哗嘈杂声,就叹息着说道:"不听王僧绰的话,事情才落到了这种地步。"他藏到了旁边的一间小屋里,刘劭派兵前来搜查,将他立刻斩了。皇宫卫队原来的将领罗训、徐罕见状,都望风归降。左细仗主、广威将军吴兴人卜天与来不及披上铠甲,就一手拿刀一手持弓,大声呼唤左右人出来迎战。徐罕说:"殿下入宫,你想要做什么?"卜天与大声骂他说:"殿下常常入宫,你为何今天才说这种话?你就是逆贼!"接着,卜天与手持弓箭,在东堂一箭射向刘劭,几乎射中刘劭。刘劭党羽群起而攻之,卜天与被砍断手臂身亡,皇宫宿卫中将士张泓之、朱道钦、陈满等人和卜天与一起战死。左卫将军尹弘惊惶恐怖,赶快晋见刘劭,请求处罚。刘劭又派人从东阁门闯入后宫,杀了潘淑妃以及文帝生前的亲信左右共计几十人。同时,又紧急传召始兴王刘濬前来,让他率领手下士卒屯扎中堂。

　　濬时在西州，府舍人朱法瑜奔告濬曰："台内喧噪，宫门皆闭，道上传太子反，未测祸变所至。"濬阳惊曰："今当奈何？"法瑜劝入据石头。濬未得劭信，不知事之济不，骚扰不知所为。将军王庆曰："今宫内有变，未知主上安危，凡在臣子，当投袂赴难。凭城自守，非臣节也。"濬不听，乃从南门出，径向石头，文武从者千馀人。时南平王铄戍石头，兵士亦千馀人。俄而劭遣张超之驰马召濬，濬屏人问状，即戎服乘马而去。朱法瑜固止濬，濬不从。出中门，王庆又谏曰："太子反逆，天下怨愤。明公但当坚闭城门，坐食积粟，不过三日，凶党自离。公情事如此，今岂宜去！"濬曰："皇太子令，敢有复言者斩！"既入，见劭，劭曰："潘淑妃遂为乱兵所害。"濬曰："此是下情由来所愿。"

　　劭诈以太祖诏召大将军义恭、尚书令何尚之入，拘于内。并召百官，至者才数十人。劭遂即位，下诏曰："徐湛之、江湛弑逆无状，吾勒兵入殿，已无所及，号恸崩衂，肝心破裂。今罪人斯得，元凶克殄，可大赦，改元太初。"

　　即位毕，亟称疾还永福省，不敢临丧。以白刃自守，夜则列灯以防左右。以萧斌为尚书仆射、领军将军，以何尚之为司空，前右卫率檀和之戍石头，征虏将军营道侯义綦镇京口。义綦，义庆之弟也。乙丑，悉收先给诸处兵还武库，杀江、徐亲党尚书左丞荀赤松、右丞臧凝之等。凝之，焘之孙也。以殷仲素为黄门侍郎，王正见为左军将军，张超之、

此时,刘濬正在西州,府舍人朱法瑜飞奔前来告诉刘濬说:"宫内人声喧哗得很,宫门紧紧关着,路上传说太子谋反,还不知灾祸变化的结果如何。"刘濬听后,假装大吃一惊,说:"现在我们应该怎么办?"朱法瑜鼓动刘濬回去占据石头。刘濬没有得到刘劭的消息,不知道事变成功与否,所以,情绪烦乱,不知干什么是好。将军王庆说:"现在,宫内发生变化,还不知主上安危与否,凡是身为臣属和儿子的,都应当起来义无反顾地前去救难。如果只是把守自己的城池,不是为人臣所应有的气节。"刘濬没有听他的话,就从南门出去,一直奔向石头,文武官员一千多人跟着他。此时,南平王刘铄正戍守石头,士卒也有一千多。不一会儿,刘劭派张超之骑马赶到,召唤刘濬回朝,刘濬屏退左右向张超之详细询问了这件事的前后经过,然后就全副武装骑马而去。朱法瑜极力阻止刘濬,刘濬不听。等他来到中门,王庆又劝谏他说:"太子反叛,天下人怨恨愤怒。明公你应该紧闭城门不出,坐吃积储的粮食,不超过三天,反叛的党徒自然会土崩瓦解。此事如此明了,你怎么还去呢?"刘濬说:"皇太子的命令,有人胆敢再劝阻,定斩不饶!"刘濬入宫拜见刘劭,刘劭告诉他说:"潘淑妃已被乱兵所害。"刘濬说:"这正是我一直盼望的事。"

刘劭假称文帝的诏令,征召大将军刘义恭、尚书令何尚之入宫,将二人囚禁在宫内。同时,又召集文武百官,但来的人才几十人。刘劭马上继承帝位,颁布诏令,说:"徐湛之、江湛二人图谋反叛,逆弑皇帝。我率领士卒入殿,已经来不及,只能悲号痛哭,心肝欲裂。而今,罪恶之徒已被杀,元凶也被消灭,所以实行大赦,改年号为太初。"

刘劭即位后,立即宣称自己有病,回到了永福省,他不敢亲自主持父亲的葬礼。他只是手持佩刀自己守护,夜里则点得灯火通明,以防备左右有人谋害他。刘劭任命萧斌为尚书仆射、领军将军,何尚之为司空,命前右卫率檀和之镇守石头,征虏将军、营道侯刘义綦镇守京口。刘义綦是刘义庆的弟弟。乙丑(二十二日),刘劭将以前发放各处的兵器全都收缴,放入武器仓库。刘劭诛杀江湛、徐湛之的亲属党羽尚书左丞荀赤松、右丞臧凝之等人。臧凝之是臧焘的孙子。刘劭又任命殷仲素为黄门侍郎,王正见为左军将军,张超之、

陈叔儿皆拜官、赏赐有差。辅国将军鲁秀在建康，劭谓秀曰："徐湛之常欲相危，我已为卿除之矣。"使秀与屯骑校尉庞秀之对掌军队。劭不知王僧绰之谋，以僧绰为吏部尚书，司徒左长史何偃为侍中。

武陵王骏屯五洲，沈庆之自巴水来，咨受军略。三月乙亥，典签董元嗣自建康至五洲，具言太子弑逆，骏使元嗣以告僚佐。沈庆之密谓腹心曰："萧斌妇人，其馀将帅，皆易与耳。东宫同恶，不过三十人，此外屈逼，必不为用。今辅顺讨逆，不忧不济也。"

8　壬午，魏主尊保太后为皇太后，追赠祖考，官爵兄弟，皆如外戚。

9　太子劭分浙东五郡为会州，省扬州，立司隶校尉，以其妃父殷冲为司隶校尉。冲，融之曾孙也。以大将军义恭为太保，荆州刺史南谯王义宣为太尉，始兴王濬为骠骑将军，雍州刺史臧质为丹杨尹，会稽太守随王诞为会州刺史。

劭料检文帝巾箱及江湛家书疏，得王僧绰所启飡士并前代故事，甲申，收僧绰，杀之。僧绰弟僧虔为司徒左西属，所亲咸劝之逃，僧虔泣曰，"吾兄奉国以忠贞，抚我以慈爱，今日之事，苦不见及耳。若得同归九泉，犹羽化也。"劭因诬北第诸王侯，云与僧绰谋反，杀长沙悼王瑾、瑾弟临川哀王烨、桂阳孝侯觊、新渝怀侯玠，皆劭所恶也。瑾，义欣之子；烨，义庆之子；觊、玠，义庆之弟子也。

陈叔儿也都按照他们的贡献大小,分别封了官职,赏赐了东西。辅国将军鲁秀这时正在建康,刘劭对鲁秀说:"徐湛之过去经常想害你,如今,我已经为你除掉了这一祸害。"然后,他命令鲁秀和屯骑校尉庞秀之一起掌握左右军队。刘劭不知道王僧绰也参与了废立的密谋,任命王僧绰为吏部尚书,司徒左长史何偃为侍中。

　　武陵王刘骏屯驻五洲,沈庆之从巴水前来请教军事方略。三月乙亥(初二),典签董元嗣从建康来到五洲,将太子刘劭反叛杀害父亲的事全都告诉给了刘骏和沈庆之,刘骏让董元嗣把这一消息告诉手下文武僚属。沈庆之偷偷对他的心腹说:"萧斌像个妪道人家,其他将帅都很容易对付。东宫中死心塌地地与刘劭一同作恶的人,超不过三十个,除此而外都是被逼迫暂时屈从的,决不会为他效死力。如今,我们辅佐顺应天下人心的人前去讨伐叛逆之贼,不用担心不会成功。"

　　8　壬午(初九),北魏国主尊自己的乳母保太后常氏为皇太后,并追赠常氏的祖父、父亲,对常氏的兄弟们也都加官封爵,跟外戚一样。

　　9　太子刘劭把浙江东部的五郡分出,设立会州,撤掉扬州,另外设立司隶校尉。命妃子殷氏的父亲殷冲为司隶校尉。殷冲是殷融的曾孙。刘劭又任命大将军刘义恭为太保,任命荆州刺史南谯王刘义宣为太尉,任命始兴王刘濬为骠骑将军,任命雍州刺史臧质为丹杨尹,任命会稽太守随王刘诞为会州刺史。

　　刘劭整理检查文帝装机密文件档案的箱子以及江湛家的奏疏和信件,查到了王僧绰曾呈报给文帝的关于犒劳勇士和前代废黜太子、诸王的材料。甲申(十一日),逮捕王僧绰,并将其斩首。王僧绰的弟弟王僧虔为司徒左西属,他的亲近僚属们都劝他赶快逃走,王僧虔哭着说:"我哥哥以自己的忠贞报效国家,以慈爱之心将我抚养成人,今天发生的事,我怕的是它不波及我。如果我能得以和他一同回到九泉之下,那也就好像飞升成仙了一样。"刘劭乘机诬陷住在台城以北的各王爵、侯爵,说他们和王僧绰一块儿参与图谋反叛的阴谋,杀了长沙悼王刘瑾、刘瑾的弟弟临川哀王刘烨、桂阳孝侯刘觊和新渝怀侯刘玠,这些人都是刘劭平时最厌恶的人。刘瑾是刘义欣的儿子,刘烨是刘义庆的儿子,刘觊和刘玠都是刘义庆的侄儿。

　　劭密与沈庆之手书,令杀武陵王骏。庆之求见王,王惧,辞以疾。庆之突入,以劭书示王,王泣求入内与母诀,庆之曰:"下官受先帝厚恩,今日之事,惟力是视。殿下何见疑之深!"王起再拜曰:"家国安危,皆在将军。"庆之即命内外勒兵。府主簿颜竣曰:"今四方未知义师之举,劭据有天府,若首尾不相应,此危道也。宜待诸镇协谋,然后举事。"庆之厉声曰:"今举大事,而黄头小儿皆得参预,何得不败!宜斩以徇!"王令竣拜谢庆之,庆之曰:"君但当知笔札事耳!"于是专委庆之处分。旬日之间,内外整办,人以为神兵。竣,延之之子也。

　　庚寅,武陵王戒严誓众。以沈庆之领府司马;襄阳太守柳元景、随郡太守宗悫为谘议参军,领中兵;江夏内史朱脩之行平东将军;记室参军颜竣为谘议参军,领录事,兼总内外;谘议参军刘延孙为长史、寻阳太守,行留府事。延孙,道产之子也。

　　南谯王义宣及臧质皆不受劭命,与司州刺史鲁爽同举兵以应骏。质、爽俱诣江陵见义宣,且遣使劝进于王。辛卯,臧质子敦等在建康者闻质举兵,皆逃亡。劭欲相慰悦,下诏曰:"臧质,国戚勋臣,方翼赞京辇,而子弟波进,良可怪叹。可遣宣譬令还,咸复本位。"劭寻录得敦,使大将军义恭行训杖三十,厚给赐之。

刘劭给沈庆之写了一封密信,命令他杀了武陵王刘骏。沈庆之前来请求晋见刘骏,刘骏极为害怕,就以生病为借口拒绝和他见面。沈庆之却突然闯了进来,把刘劭的信拿给刘骏看,刘骏看后,哭着请求沈庆之允许他到内室跟自己的母亲诀别。沈庆之说:"我承受先帝的厚恩,今天的事情,我会尽我全部的力量。殿下您为什么对我有如此重的疑心呢?"刘骏听后,起来两次叩谢,说:"个人和国家的安危,全在将军你。"沈庆之听后,就下令文武百官收拾武器,进入临战状态。王府内的主簿颜竣说:"如今,四面八方并不知道我们这支仁义大军即将举义,刘劭占据着建康京城,如果我们起义后首尾不能相互接应,可是一条危险的路啊。我看,应该等到各路将帅来到此后,共同谋划,然后再一起举兵起事也不晚。"沈庆之厉声说道:"如今我们正是做大事的时候,连黄毛小子也都可以参与谋划,刘劭怎么能不被打败? 应该斩了他示众。"刘骏赶忙命令颜竣向沈庆之赔罪道歉。沈庆之说:"你只要负责撰写公文一类的事情。"于是,刘骏就把军务交给沈庆之全权处理。十天之内,沈庆之就把军队内外事务整办好了,人们都称这支军队为神兵。颜竣是颜延之的儿子。

庚寅(十七日),武陵王刘骏下令戒严誓师,任命沈庆之兼任府司马;襄阳太守柳元景、随郡太守宗悫为谘议参军;统领中军,江夏内史朱脩之代理平东将军;记室参军颜竣为谘议参军、领录事并兼理内外全局;谘议参军刘延孙为长史、寻阳太守并兼行留府事。刘延孙是刘道产的儿子。

南谯王刘义宣、雍州刺史臧质都不接受刘劭的委任命令,同司州刺史鲁爽一起举兵起义,响应刘骏。臧质、鲁爽全都来到江陵晋见刘义宣,并且又派人前去鼓动刘骏,劝他早日登基称帝。辛卯(十八日),臧质在建康的儿子臧敦等人听到父亲臧质举兵起义的消息,都逃走了。刘劭仍打算安慰、取悦于他们,颁发诏令说:"臧质是皇亲国戚,有功之臣,正要振翼帮助我一同治理京师,他的子弟们却要四外逃散,这真令人奇怪、叹惜啊。可以派人转达我的意思,让他们回来,全都官复原位。"不久,刘劭抓到了臧敦,命令大将军刘义恭打他三十大棍以示教训,然后再厚厚赏赐他。

10　癸巳,劭葬太祖于长宁陵,谥曰景皇帝,庙号中宗。

11　乙未,武陵王发西阳。丁酉,至寻阳。庚子,王命颜竣移檄四方,使共讨劭。州郡承檄,翕然响应。南谯王义宣遣臧质引兵诣寻阳,与骏同下,留鲁爽于江陵。

劭以兖、冀二州刺史萧思话为徐、兖二州刺史,起张永为青州刺史。思话自历城引部曲还平城,起兵以应寻阳。建武将军垣护之在历城,亦帅所领赴之。南谯王义宣版张永为冀州刺史。永遣司马崔勋之等将兵赴义宣。义宣虑萧思话与永不释前憾,自为书与思话,使长史张畅为书与永,劝使相与坦怀。

随王诞将受劭命,参军事沈正说司马顾琛曰:"国家此祸,开辟未闻。今以江东骁锐之众,唱大义于天下,其谁不响应!岂可使殿下北面凶逆,受其伪宠乎!"琛曰:"江东忘战日久,虽逆顺不同,然强弱亦异,当须四方有义举者,然后应之,不为晚也。"正曰:"天下未尝有无父无君之国,宁可自安仇耻而责义于馀方乎!今正以弑逆冤酷,义不共戴天,举兵之日,岂求必全邪!冯衍有言:'大汉之贵臣,将不如荆、齐之贱士乎!'况殿下义兼臣子,事实国家者哉!"琛乃与正共入说诞,诞从之。正,田子之兄子也。

10　癸巳(二十日),刘劭把文帝安葬在长宁陵,谥号为景皇帝,庙号为中宗。

11　乙未(二十二日),武陵王刘骏从西阳出发。丁酉(二十四日),到达寻阳。庚子(二十七日),刘骏命令颜竣向四方发布讨伐檄文,让他们共同讨伐刘劭。各州郡接到檄文,全都起来响应。南谯王刘义宣派臧质率领军队前往寻阳,和刘骏会师后一同东下,只留下鲁爽在江陵镇守。

刘劭任命兖、冀二州的刺史萧思话为徐、兖二州刺史,起用张永为青州刺史。萧思话从历城率领自己的部曲回到了平城,起兵响应寻阳武陵王刘骏。建武将军垣护之此时正在历城,也率领自己的军队赶到那里。南谯王刘义宣任命张永为冀州刺史。张永派遣司马崔勋之等人率领军队同刘义宣会师。刘义宣担心萧思话同张永之间解不开以前的怨气,就亲自给萧思话写了一封信,又命令长史张畅给张永也写了一封信,劝他们二人能够坦诚相待,通力合作。

随王刘诞将要接受刘劭的任命,参军事沈正游说司马顾琛说:"国家这次灾祸,自开天辟地以来还没有听说过。现在,指挥长江以东骁勇精锐的军队,倡导国家的大义向全国发出号召,又有谁能不去响应呢?我们怎么可以让殿下面向北方叩拜凶恶叛逆之人,接受他的虚假的宠信呢!"顾琛说:"长江以东之地忘记了战争已经很长时间了,虽然顺从与叛逆是不一样的,但强弱大小也是不同的,所以,我们等到四方都有人起义讨伐后再起来响应也不算晚。"沈正说:"天下还未曾有过无父无君的国家,我们怎么可以自己安于眼前大仇大耻的现状,而把这起义的职责推给别人?如今,正是由于弑父叛逆,酿成沉冤惨事,在道义上讲是不共戴天的,仗义起兵之日,岂能乞求一定准备周全!冯衍曾说过:'大汉王朝的尊贵高官,难道都不如楚国、齐国的卑贱的读书人吗!'何况殿下不仅仅是臣属,而且还是儿子,对他来说,国家和个人都是一回事啊。"于是,顾琛就和沈正一起进府,劝说刘诞,刘诞接受了他们的建议。沈正就是沈田子哥哥的儿子。

劭自谓素习武事,语朝士曰:"卿等但助我理文书,勿措意戎旅。若有寇难,吾自当之。但恐贼虏不敢动耳。"及闻四方兵起,始忧惧,戒严,悉召下番将吏,迁淮南居民于北岸,尽聚诸王及大臣于城内,移江夏王义恭处尚书下舍,分义恭诸子处侍中下省。

夏,四月癸卯朔,柳元景统宁朔将军薛安都等十二军发溢口,司空中兵参军徐遗宝以荆州之众继之。丁未,武陵王发寻阳,沈庆之总中军以从。

劭立妃殷氏为皇后。

庚戌,武陵王檄书至建康,劭以示太常颜延之曰:"彼谁笔也?"延之曰:"竣之笔也。"劭曰:"言辞何至于是!"延之曰:"竣尚不顾老臣,安能顾陛下!"劭怒稍解。悉拘武陵王子于侍中下省,南谯王义宣子于太仓空舍。劭欲尽杀三镇士民家口。江夏王义恭、何尚之皆曰:"凡举大事者不顾家,且多是驱逼,今忽诛其室累,正足坚彼意耳。"劭以为然,乃下书一无所问。

劭疑朝廷旧臣皆不为己用,乃厚抚鲁秀及右军参军王罗汉,悉以军事委之。以萧斌为谋主,殷冲掌文符。萧斌劝劭勒水军自上决战,不尔则保据梁山。江夏王义恭以南军仓猝,船舫陋小,不利水战,乃进策曰:"贼骏小年未习军旅,远来疲弊,宜以逸待之。今远出梁山,则京都空弱,东军乘虚,或能为患。

刘劭自认为自己从小就熟悉军事,对朝廷文武官员说:"你们只要帮助我整理文件书信就可以了,不必担心战场上的情况。如果有什么贼寇前来发难,我自己就能抵挡得了。只是怕贼寇不敢有所举动罢了。"听到四方起兵讨伐时,才开始忧虑害怕起来。他下令实行戒严,将正在休假的将士全都召集起来,把秦淮河南岸的百姓全都迁到秦淮河北岸居住,而把所有王和大臣全都聚集在建康城里。强迫江夏王刘义恭住在尚书下舍,把刘义恭的几个儿子分别软禁在侍中下省处。

夏季,四月癸卯朔(初一),柳元景统领宁朔将军薛安都等十二路兵马,从溢口出发,司空中兵参军徐遗宝率领荆州军队在后面相接。丁未(初五),武陵王刘骏从寻阳发兵,沈庆之总领中军随在左右。

刘劭封立王妃殷氏为皇后。

庚戌(初八),武陵王刘骏的声讨檄文传到建康,刘劭拿给太常颜延之说:"它是出自谁的手笔?"颜延之看后说:"这是颜竣写的。"刘劭又说:"言语词句为什么到了这种令人难堪的地步?"颜延之回答说:"颜竣连老臣我的安危与否都不考虑了,哪里还能顾虑陛下您呢?"刘劭的怒气稍稍平息了些。刘劭把武陵王刘骏在建康的儿子全都抓起来囚禁在侍中下省,把南谯王刘义宣的儿子都关在太仓空屋子内。刘劭还打算把雍、荆、江三州将士留居在京城的家属全都杀死,江夏王刘义恭和何尚之都说:"凡是图谋大事的人,都不会顾念自己的家,而且很多人又是出于无奈而这样做的,如果现在突然把他们的家属亲人全都杀了,这正好坚定了他们的斗志。"刘劭认为他们说得对,就下诏说不再追究家属。

刘劭怀疑朝廷内旧日大臣都不愿意效忠自己,于是,他就特别厚待鲁秀和右军参军王罗汉,并把军事重任全都交付给这二人。又让萧斌做主要谋划者,殷冲掌管府内文告兵符。萧斌劝刘劭亲自率领水军西上迎战,不然就据守梁山。大将军江夏王刘义恭认为南边来的讨伐军队起兵仓猝,所使用的船只简陋狭小,不利于水上作战,进献计策说:"逆贼刘骏年纪小,不熟悉军事情况,远道而来,将士都已疲惫不堪,应该以逸待劳。现在,如果我们远去梁山迎战,京师就空虚无兵,东边的叛军就会乘虚而入,这样有可能出现祸患。

若分力两赴,则兵散势离,不如养锐待期,坐而观衅。割弃南岸,栅断石头,此先朝旧法,不忧贼不破也。"劭善之。斌厉色曰:"南中郎二十年少,能建如此大事,岂复可量!三方同恶,势据上流。沈庆之甚练军事,柳元景、宗悫屡尝立功,形势如此,实非小敌。唯宜及人情未离,尚可决力一战。端坐台城,何由得久!今主、相咸无战意,岂非天也!"劭不听。或劝劭保石头城。劭曰:"昔人所以固石头城者,俟诸侯勤王耳。我若守此,谁当见救!唯应力战决之,不然,不克。"日日自出行军,慰劳将士,亲督都水治船舰。壬子,焚淮南岸室屋、淮内船舫,悉驱民家渡水北。

立子伟之为皇太子。以始兴王濬妃父褚湛之为丹杨尹。湛之,裕之之兄子也。濬为侍中、中书监、司徒、录尚书六条事,加南平王铄开府仪同三司,以南兖州刺史建平王宏为江州刺史。太尉司马庞秀之自石头先众南奔,人情由是大震。以营道侯义綦为湘州刺史,檀和之为雍州刺史。

癸丑,武陵王军于鹊头。宣城太守王僧达得武陵王檄,未知所从。客说之曰:"方今衅逆滔天,古今未有。为君计,莫若承义师之檄,移告傍郡。苟在有心,谁不响应!此上策也。如其不能,可躬帅向义之徒,详择水陆之便,致身南归,亦其次也。"僧达乃自候道南奔,逢武陵王于鹊头。王即以为长史。僧达,弘之子也。王初发寻阳,沈庆之谓人曰:"王僧达必来赴义。"人问其故。庆之曰:"吾见其在先帝前议论开张,意向明决。以此言之,其至必也。"

假如兵分两路,分别迎战,又会分散兵力,势力孤单,不如养精蓄锐,等待叛军前来,坐在这里寻找机会。还可以放弃秦淮河以南的地区,用木栅围起石头城,这也是过去对付外来入侵的老办法,不用担心贼寇不会被打败。"刘劭听后表示赞同。而萧斌却严厉地说:"南中郎刘骏是个二十岁的少年,却能领导如此大的行动,我们怎能小看他? 三州同时作乱,而且占据着上流有利地形。沈庆之在军事方面非常练达,而柳元景、宗悫也曾屡次建立战功,目前情形是这样,他们实在不是一股不堪一击的小敌。唯一的办法就是趁军心没有分崩离析,进行一次拼死决战。如果稳坐在台城等着,怎能够长久存活呢? 如今,主上和宰相都没有打仗的决心,难道这不是天意吗?"刘劭没有听从。有人劝刘劭保住石头城。刘劭说:"过去人们之所以能够固守石头城,是因为能够等待其他援军前来援助。我固守石头城,有谁能前来援救呢? 所以,我们只有全力与敌人决一死战,不然,就不会取胜。"刘劭每天都亲自来到军营慰劳将士,亲自督促都水制造船只。壬子(初十),刘劭放火烧毁了秦淮河南岸所有的房屋建筑和秦淮河上的游船画舫,把这里的老百姓赶到了秦淮河以北。

刘劭立皇子刘伟之为太子。任命始兴王刘濬的岳父褚湛之为丹杨尹。褚湛之就是褚裕之的侄子。任命刘濬为侍中、中书监、司徒和录尚书六条事,加授南平王刘铄为开府仪同三司,任命南兖州刺史建平王刘宏为江州刺史。太尉司马庞秀之从石头城逃走,南去投奔讨伐军,刘劭军中人心大为震惊。刘劭又任命营道侯刘义綦为湘州刺史,檀和之为雍州刺史。

癸丑(十一日),武陵王刘骏在鹊头屯兵。宣城太守王僧达收到武陵王刘骏的声讨檄文后,不知道自己应该跟随谁好。他的一位门客劝他说:"如今,叛逆弑父之贼罪恶滔天,古今未曾有过。为你自己的未来着想,你不如接受讨逆军队的檄文,同时,将此檄文转告给邻近各郡。假若良心还在,谁能不响应呢? 这才是上策。如果办不到,还可以自己率领归附正义的人,仔细选择水路和陆路的交通便道,全身而退,逃往南方,这也不失为中策。"于是,王僧达选择了中策,从便捷的小路向南方逃奔,在鹊头正遇上了武陵王刘骏,刘骏任命他为长史。王僧达是王弘的儿子。刘骏刚刚从寻阳出发时,沈庆之就曾对人说:"王僧达一定前来响应我们的大义之举。"别人问这是为什么,沈庆之回答说:"我曾经看见他在先帝面前发表议论,阐述己见,头脑很清楚,志向很坚决。由此来推断,王僧达前来响应是一定的。"

柳元景以舟舰不坚,惮于水战,乃倍道兼行,丙辰,至江宁步上,使薛安都帅铁骑曜兵于淮上,移书朝士,为陈逆顺。

劭加吴兴太守汝南周峤冠军将军。随王诞檄亦至,峤素悢怯,回惑不知所从。府司马丘珍孙杀之,举郡应诞。

戊午,武陵王至南洲,降者相属。己未,军于溧洲。王自发寻阳,有疾不能见将佐,唯颜竣出入卧内,拥王于膝,亲视起居。疾屡危笃,不任咨禀,竣皆专决。军政之外,间以文教书檄,应接遝迩,昏晓临哭,若出一人。如是累旬,自舟中甲士亦不知王之危疾也。

癸亥,柳元景潜至新亭,依山为垒。新降者皆劝元景速进,元景曰:"不然。理顺难恃,同恶相济,轻进无防,实启寇心。"

元景营未立,劭龙骧将军詹叔儿觇知之,劝劭出战,劭不许。甲子,劭使萧斌统步军,褚湛之统水军,与鲁秀、王罗汉、刘简之精兵合万人,攻新亭垒,劭自登朱雀门督战。元景宿令军中曰:"鼓繁气易衰,叫数力易竭。但衔枚疾战,一听吾鼓声。"劭将士怀劭重赏,皆殊死战。元景水陆受敌,意气弥强,麾下勇士,悉遣出斗,左右唯留数人宣传。劭兵势垂克,鲁秀击退鼓,劭众遽止。元景乃开垒鼓噪以乘之,劭众大溃,坠淮死者甚多。

柳元景知道船舰不坚固，所以害怕同刘劭的船队在江上作战。于是，他日夜兼程，以加倍速度前进，丙辰（十四日），到达江宁江边码头，派薛安都率领铁甲骑兵在秦淮河畔炫耀兵威，又给朝廷官员写信，分析陈述叛逆与讨逆之间的区别和大义。

刘劭加授吴兴太守汝南人周峤为冠军将军。就在此时，随王刘诞的声讨檄文也到了，周峤平时就胆怯无能，惶惑惊恐之中，不知道该跟谁走好。府司马丘珍孙趁势杀了周峤，举郡响应刘诞。

戊午（十六日），武陵王刘骏抵达南洲，前来归降的人络绎不绝。己未（十七日），军队又到溧洲驻扎。武陵王刘骏从寻阳出发时，就因为身患疾病而不能接见各位将领辅佐，只有颜竣一人可以出入刘骏的卧室，照顾刘骏，他把刘骏抱在自己的膝上，亲自料理刘骏的生活起居。刘骏病情几次加重，无法接受请示听取报告，所有这一切都由颜竣独自决断。除了军事政治大事外，还要处理公文、信件，并亲自接待安排远近前来归附的人士，在黄昏和拂晓，每天两次他代替刘骏到文帝灵前致哀恸哭，就好像是真的刘骏一样。这样做了有几十天，就是船舰上的全副武装的士兵们都不知道刘骏病重。

癸亥（二十一日），柳元景秘密出兵，来到新亭，紧靠着山麓筑起营垒。新归降的人都劝柳元景火速进攻，柳元景说："不能这样。情理顺达不一定可以依靠，共同作恶的人也往往可以一起渡过难关。如果我们草率进攻，没有防备，一旦失败，反而会激发贼人的野心。"

柳元景的营垒还没有建好，刘劭的部下龙骧将军詹叔兒窥视到了柳元景军中的情况，于是，他劝说刘劭出兵迎战，刘劭没有答应。甲子（二十二日），刘劭才派萧斌率领陆军出去作战，又命令褚湛之统领水兵，与鲁秀、王罗汉、刘简之率领精锐兵士共计上万人，一齐进攻新亭的营垒，刘劭自己亲自登上朱雀门督战。柳元景命令军中将士说："战鼓擂得过多，声势就容易衰退，呐喊助威时间太久，力量就容易枯竭。你们只管不动声色，竭尽全力作战，只听我的鼓声进攻。"刘劭的将士贪图刘劭许下的重赏，殊死作战。柳元景虽然水路、陆路都被敌人围困，但其手下的将士却是斗志高昂，越战越强，他大旗下的勇士，全部被派出来投入战斗，左右只留下几个人，用来传达号令。刘劭军队马上就要大获全胜，鲁秀击鼓撤退，刘劭的将士立即停止了作战。柳元景却趁此打开了营垒大门，战鼓齐鸣，乘胜进攻，刘劭军队霎时崩溃败退，掉到秦淮河里淹死的人很多。

劭更帅馀众,自来攻垒,元景复大破之,所杀伤过于前战,士卒争赴死马涧,涧为之溢。劭手斩退者,不能禁。刘简之死,萧斌被创,劭仅以身免,走还宫。鲁秀、褚湛之、檀和之皆南奔。

丙寅,武陵王至江宁。丁卯,江夏王义恭单骑南奔。劭杀义恭十二子。

劭、濬忧迫无计,以辇迎蒋侯神像置宫中,稽颡乞恩,拜为大司马,封钟山王。拜苏侯神为骠骑将军。以濬为南徐州刺史,与南平王铄并录尚书事。

戊辰,武陵王军于新亭,大将军义恭上表劝进。散骑侍郎徐爰在殿中诳劭,云自追义恭,遂归武陵王。时王军府草创,不晓朝章。爰素所谙练。乃以爰兼太常丞,撰即位仪注。己巳,王即皇帝位,大赦。文武赐爵一等,从军者二等。改谥大行皇帝曰文,庙号太祖。以大将军义恭为太尉、录尚书六条事、南徐州刺史。是日,劭亦临轩拜太子伟之。大赦,唯刘骏、义恭、义宣、诞不在原例。庚子,以南谯王义宣为中书监、丞相、录尚书六条事、扬州刺史,随王诞为卫将军、开府仪同三司、荆州刺史,臧质为车骑将军、开府仪同三司、江州刺史,沈庆之为领军将军,萧思话为尚书左仆射。壬申,以王僧达为右仆射,柳元景为侍中、左卫将军,宗悫为右卫将军,张畅为吏部尚书,刘延孙、颜竣并为侍中。

刘劭于是重新率领剩下的将士,亲自前来攻打柳元景的营垒,柳元景率兵再次大破刘劭,杀死杀伤士卒超过了前次,刘劭手下的将士争先恐后地投身死马涧,涧水溢出了河道。刘劭亲手诛杀后退逃命的士卒,可还是阻止不了。最后,刘简之战死,萧斌身受重伤,刘劭仅仅免于一死,逃回到了宫内。鲁秀、褚湛之和檀和之一齐南下,投奔声讨刘劭的军队。

丙寅(二十四日),武陵王刘骏抵达江宁。丁卯(二十五日),江夏王刘义恭单枪匹马,南下投奔声讨刘劭的大军。刘劭把刘义恭留在建康的十二个儿子全都杀死了。

刘劭、刘濬焦虑忧心,束手无策。于是,就用皇帝专用的辇车,把蒋侯庙的神像迎接到宫内供奉,向神像叩头,乞求神灵给予恩典,并拜蒋侯为大司马,封蒋侯为钟山王。又拜苏侯神为骠骑将军。刘劭任命刘濬为南徐州刺史,命令他和南平王刘铄一同主管尚书事务。

戊辰(二十六日),武陵王刘骏驻军新亭,大将军刘义恭上表,劝说刘骏登基即位。散骑侍郎徐爰在宫内骗刘劭说,自己要去追击刘义恭。于是徐爰去投奔了武陵王刘骏。这时,武陵王府内军事总部草草成立,大家还都不知道朝廷的法令规章。这却是徐爰平时最熟悉的事。就让徐爰兼任太常丞,拟定安排皇帝即位时需要的礼仪。己巳(二十七日),武陵王刘骏即皇帝位,实行大赦,文武官员赐爵一等,随从讨伐的升二等。同时,将刘劭加给父亲的谥号撤掉,改称文皇帝,庙号为太祖。刘骏又任命大将军刘义恭为太尉、录尚书六条事、南徐州刺史。这一天,刘劭也来到金殿平台,封皇子刘伟之为太子,实行大赦,只有刘骏、刘义恭、刘义宣和刘诞不在赦令之列。庚子(二十八日),刘骏任命南谯王刘义宣为中书监、丞相、录尚书六条事、扬州刺史,随王刘诞为卫将军、开府仪同三司、荆州刺史,臧质为车骑将军、开府仪同三司、江州刺史,沈庆之为领军将军,萧思话为尚书左仆射。壬申(三十日),又任命王僧达为右仆射,柳元景为侍中、左卫将军,宗悫为右卫将军,张畅为吏部尚书,刘延孙和颜竣同为侍中。

五月癸酉朔,臧质以雍州兵二万至新亭。豫州刺史刘遵考遣其将夏侯献之帅步骑五千军于瓜步。

先是,世祖遣宁朔将军顾彬之将兵东入,受随王诞节度。诞遣参军刘季之将兵与彬之俱向建康,诞自顿西陵,为之后继。劭遣殿中将军燕钦等拒之,相遇于曲阿奔牛塘,钦等大败。劭于是缘淮树栅以自守,又决破岗、方山埭以绝东军。时男丁既尽,召妇女供役。

甲戌,鲁秀等募勇士攻大航,克之。王罗汉闻官军已渡,即放仗降,缘诸幢队以次奔散,器仗鼓盖,充塞路衢。是夜,劭闭守六门,于门内凿堑立栅。城中沸乱,丹杨尹尹弘等文武将吏争逾城出降。劭烧辇及衮冕服于宫庭。萧斌宣令所统,使皆解甲,自石头戴白幡来降。诏斩斌于军门。潘劝劭载宝货逃入海,劭以人情离散,不果行。

乙亥,辅国将军朱脩之克东府,丙子,诸军克台城,各由诸门入会于殿庭,获王正见,斩之。张超之走至合殿御床之所,为军士所杀,刳肠割心,诸将脔其肉,生啖之。建平等七王号哭俱出。劭穿西垣,入武库井中,队副高禽执之。劭曰:“天子何在?”禽曰:“近在新亭。”至殿前,臧质见之恸哭,劭曰:“天地所不覆载,丈人何为见哭?”又谓质曰:“劭可启得远徙不?”质曰:“主上近在航南,自当有处分。”缚劭于马上,防送军门。时不见传国玺,以问劭,劭曰:

五月癸酉朔(初一),臧质率领雍州将士两万人,抵达新亭。豫州刺史刘遵考派将领夏侯献之率领步骑兵五千人,驻扎在瓜步。

以前,刘骏曾派宁朔将军顾彬之率领军队从东边进入,接受随王刘诞的管辖和调遣。刘诞派参军刘季之率领军队与顾彬之的军队一同前往建康。刘诞自己率兵驻守西陵,作为后继部队。刘劭派殿中将军燕钦率兵抵抗,两军在曲阿奔牛塘相遇,燕钦等大败。刘劭于是沿着秦淮河竖立栅栏,以此自卫,又挖开破岗、方山埭的河堤,以断绝从东边进攻的军队。此时,青壮年男子已经全都征尽,就征召妇女充当使役。

甲戌(初二),鲁秀等人招募敢死的勇士去进攻大航,大获全胜。王罗汉听到声讨大军已渡过秦淮河,就放下武器投降了,秦淮河北岸沿岸所有守军,一个接一个奔逃离散,刀枪弓箭、战鼓仪仗,充塞了整个街道。这天夜里,刘劭关闭台城六门,紧紧防守。又在门内挖掘了壕沟、立起栅栏。京城内部一片混乱,丹杨尹尹弘等文武将士都争先恐后地跳出城墙,向声讨军投降。刘劭在宫中焚烧了辇车以及加冕时的冠帽衣裳。萧斌命令他所统率的部队全体将士放下武器,脱下战服,从石头城顶着白旗前来投降。刘骏下诏,命令在军门外将萧斌斩首。刘濬劝说刘劭带着金银财宝逃向大海,刘劭因为众叛亲离,没有走成。

乙亥(初三),辅国将军朱脩之攻克刘劭所据守的东府。丙子(初四),各路大军又攻克了台城,之后,又分别从各门涌进,在殿前会师,抓获了王正见,斩了他。张超之匆匆逃到合殿皇帝御床的地方,被军中将士所杀,挖了他的心,掏了他的肠子,各路将士争着割下他的肉,生吞活剥了他。建平王等七王从被囚禁的地方号哭着逃了出来。刘劭挖通西墙,自己藏到了武器仓库的井里,被卫士队队副高禽抓住,刘劭问他说:“天子在哪里?”高禽说:“就在附近的新亭。”高禽将刘劭押送到金銮殿前,臧质看见刘劭,不禁失声恸哭,刘劭说:“这是天地不容,老人家为何哭呢?”又对臧质说:“我刘劭能不能请求被流放到远方边疆之地?”臧质说:“主上如今就近在大航的南边,他自己自会对你裁决。”于是,就把刘劭捆绑在马上,护送到了军营大门。当时,找不到传国玉玺,就问刘劭,刘劭说:

"在严道育处。"就取,得之。斩劭及四子于牙下。濬帅左右数十人挟南平王铄南走,遇江夏王义恭于越城。濬下马曰:"南中郎今何所作?"义恭曰:"上已君临万国。"又曰:"虎头来得无晚乎?"义恭曰:"殊当恨晚。"又曰:"故当不死邪?"义恭曰:"可诣行阙请罪。"又曰:"未审能赐一职自效不?"义恭又曰:"此未可量。"勒与俱归,于道斩之,及其三子。劭、濬父子首并枭于大航,暴尸于市。劭妃殷氏及劭、濬诸女、妾媵,皆赐死于狱。污濬劭所居斋。殷氏且死,谓狱丞江恪曰:"汝家骨肉相残,何以枉杀无罪人?"恪曰:"受拜皇后,非罪而何?"殷氏曰:"此权时耳,当以鹦鹉为后。"褚湛之之南奔也,濬即与褚妃离绝,故免于诛。严道育、王鹦鹉并都街鞭杀,焚尸,扬灰于江。殷冲、尹弘、王罗汉及淮南太守沈璞皆伏诛。

庚辰,解严。辛巳,帝如东府,百官请罪,诏释之。甲申,尊帝母路淑媛为皇太后。太后,丹杨人也。乙酉,立妃王氏为皇后。后父偃,导之玄孙也。戊子,以柳元景为雍州刺史。辛卯,追赠袁淑为太尉,谥忠宪公;徐湛之为司空,谥忠烈公;江湛为开府仪同三司,谥忠简公;王僧绰为金紫光禄大夫,谥简侯。壬辰,以太尉义恭为扬、南徐二州刺史,进位太傅,领大司马。

"玉玺在严道育处。"立刻派人到严道育处去拿,果然拿到玉玺。皇帝刘骏下令在牙旗下将刘劭和他的四个儿子全部斩首。刘濬带领随从几十人挟持着南平王刘铄向南逃去,走到越城时遇到了江夏王刘义恭,刘濬翻身下马,说:"南中郎刘骏现在在做什么?"刘义恭回答说:"皇上现在已君临万国。"刘濬又问:"虎头我来得不晚吗?"刘义恭回答说:"实在遗憾的是太晚了。"刘濬又问:"我该不会被判死罪吧?"刘义恭回答说:"你可以回到行宫,请求处罚。"刘濬又问:"不知道皇上还能不能赐给我一个官职,让我为他效忠尽力?"刘义恭回答说:"这不好估计。"于是,刘义恭就带着刘濬一起从越城往京师返,走到中途就把他斩了,同时也斩了跟着他的三个儿子。刘劭和刘濬父子的头都被砍下来悬挂在大航,他们的尸体也被拖到集市上曝尸示众。刘劭的妃子殷氏以及刘劭、刘濬所有的女儿、姬妾也都在监狱里被命令自杀。在刘劭的住处挖了一个大土坑,里面灌满了污水。刘劭的妃子殷氏在自杀之前,曾对狱丞江恪说:"他们刘家亲骨肉之间相互残杀,为什么也要杀了我这个没有犯罪的人?"江恪说:"你被立为皇后,这不是罪过又是什么呢?"殷氏说:"我为皇后只不过是暂时的罢了,马上就该封王鹦鹉为皇后了。"褚湛之投降刘骏大军后,刘濬就同正室褚妃断绝了关系,所以,这次褚妃得以不死。严道育、王鹦鹉全都被押到街上,用皮鞭抽打至死,又焚烧了她们的尸体,烧后的骨灰被扔到长江里去。殷冲、尹弘、王罗汉以及淮南太守沈璞也全被诛杀。

庚辰(初八),建康解除戒严。辛巳(初九),皇帝刘骏前往东府,文武百官分别向刘骏请求治罪,刘骏下诏不再追究。甲申(十二日),刘骏尊封母亲路淑媛为皇太后。路太后是丹杨人。乙酉(十三日),封立妃子王氏为皇后。王皇后的父亲王偃是王导的玄孙。戊子(十六日),刘骏任命柳元景为雍州刺史。辛卯(十九日),追赠袁淑为太尉,谥号为忠宪公;追赠徐湛之为司空,谥号为忠烈公;追赠江湛为开府仪同三司,谥号为忠简公;追赠王僧绰为金紫光禄大夫,谥号为简侯。壬辰(二十日),任命太尉刘义恭为扬、南徐二州刺史,并晋升为太傅,兼领大司马。

初,劭以尚书令何尚之为司空、领尚书令,子征北长史偃为侍中,父子并居权要。及劭败,尚之左右皆散,自洗黄阁。殷冲等既诛,人为之寒心。帝以尚之、偃素有令誉,且居劭朝用智将迎,时有全脱,故特免之。复以尚之为尚书令,偃为大司马长史,位遇无改。

甲午,帝谒初宁、长宁陵。追赠卜天与益州刺史,谥壮侯,与袁淑等四家,长给廪禄。张泓之等各赠郡守。戊戌,以南平王铄为司空,建平王宏为尚书左仆射,萧思话为中书令、丹杨尹。六月丙午,帝还宫。

12 初,帝之讨西阳蛮也,臧质使柳元景将兵会之。及质起兵,欲奉南谯王义宣为主,潜使元景帅所领西还,元景即以质书呈帝,语其信曰:“臧冠军当是未知殿下义举耳。方应伐逆,不容西还。”质以此恨之。及元景为雍州,质虑其为荆、江后患,建议元景当为爪牙,不宜远出。帝重违其言,戊申,以元景为护军将军,领石头戍事。

13 己酉,以司州刺史鲁爽为南豫州刺史。庚戌,以卫军司马徐遗宝为兖州刺史。

14 庚申,诏有司论功行赏,封颜竣等为公、侯。

当初,刘劭曾提升尚书令何尚之为司空,兼领尚书令,提升何尚之的儿子征北长史何偃为侍中,父子居于要位。刘劭被击败,何尚之的左右人员也都四处逃散,何尚之只好自己动手清洗黄阁。殷冲等人被诛杀以后,大家都替何尚之担忧。皇帝刘骏认为何尚之和何偃一直都有很好的名声,而且在刘劭朝中都能用智慧准备迎接讨逆大军,经常救助他人免于大祸,因此,刘骏决定特别赦免了何氏父子。同时,恢复何尚之原来的尚书令职务,何偃仍为大司马长史,二人的地位待遇都没有改变。

甲午(二十二日),皇帝刘骏祭拜初宁、长宁二陵,追赠卜天与为益州刺史,谥号为壮侯,加上袁淑等共计四家,由朝廷长期支付他们后代的俸禄。张泓之等人各个都被追赠为郡守。戊戌(二十六日),刘骏任命南平王刘铄为司空,任命建平王刘宏为尚书左仆射,萧思话为中书令和丹杨尹。六月丙午(初五),皇帝刘骏返回宫内。

12 当初,刘骏奉命前去讨伐西阳蛮人的时候,雍州刺史臧质派遣柳元景率领军队前往与他的大军汇合。臧质起兵反抗刘劭,打算拥戴南谯王刘义宣为皇帝时,又偷偷派人让柳元景率领自己的军队赶快向西返回,柳元景把臧质的密信呈报给了刘骏,并告诉那个送信的人说:"臧冠军一定是还不知道武陵王殿下的大义之举。现在应当讨伐叛逆之人,不容许我撤退回师。"臧质因此对柳元景非常痛恨。到了朝廷任命柳元景为雍州刺史的时候,臧质十分担心柳元景将来会成为荆州和江州的后患,因此,他向刘骏建议,说柳元景是朝廷的得力帮手,不应该让他远离京师,而应留在朝廷。刘骏就改变自己的决定,戊申(初七),改任柳元景为护军将军,兼任石头戍事。

13 己酉(初八),刘宋任命司州刺史鲁爽为南豫州刺史。庚戌(初九),任命卫军司马徐遗宝为兖州刺史。

14 庚申(十九日),皇帝刘骏颁布诏令,命令有关部门按照将士功劳的大小,分别给予赏赐。加封颜竣等一批人为公爵和侯爵。

15　辛未，徙南谯王义宣为南郡王，随王诞为竟陵王，立义宣次子宜阳侯恺为南谯王。

16　闰月壬申，以领军将军沈庆之为南兖州刺史，镇盱眙。癸酉，以柳元景为领军将军。

17　乙亥，魏太皇太后赫连氏殂。

18　丞相义宣固辞内任及子恺王爵。甲午，更以义宣为荆、湘二州刺史，恺为宜阳县王，将佐以下并加赏秩。以竟陵王诞为扬州刺史。

19　秋，七月辛酉朔，日有食之。甲寅，诏求直言。辛酉，诏省细作并尚方雕文涂饰，贵戚竞利，悉皆禁绝。

中军录事参军周朗上疏，以为："毒之在体，必割其缓处。历下、泗间，不足戍守。议者必以为胡衰不足避，而不知我之病甚于胡矣。今空守孤城，徒费财役。使虏但发轻骑三千，更互出入，春来犯麦，秋至侵禾，水陆漕输，居然复绝。于贼不劳而边已困，不至二年，卒散民尽，可跷足而待也。今人知不以羊追狼、蟹捕鼠，而令重车弱卒与肥马悍胡相逐，其不能济固宜矣。又，三年之丧，天下之达丧。汉氏节其臣则可矣，薄其子则乱也。凡法有变于古而刻于情，则莫能顺焉。至乎败于礼而安于身，必遽

15　辛未(三十日),改封南谯王刘义宣为南郡王,改封随王刘诞为竟陵王,封刘义宣的次子宜阳侯刘恺为南谯王。

16　闰六月壬申(初一),任命领军将军沈庆之为南兖州刺史,镇守盱眙。癸酉(初二),任命柳元景为领军将军。

17　乙亥(初四),北魏国的太皇太后赫连氏去世。

18　丞相刘义宣坚决辞让自己在朝廷所担任的职务以及他儿子刘恺所封的王爵爵位。甲午(二十三日),刘宋改任刘义宣为荆、湘二州刺史,刘恺为宜阳县王,对将佐以下的大小官员一律加以赏赐。任命竟陵王刘诞为扬州刺史。

19　秋季,七月辛酉朔(初一),出现日食。甲寅(十四日),皇帝刘骏颁下诏令,要求文武官员畅所欲言,对朝廷内政进行评说。辛酉(二十一日),再一次下诏,裁减细作署,并入尚方署,宫廷雕刻和装饰,以及皇亲贵戚竞相贪利的行为,一律加以禁绝。

中军录事参军周朗给皇帝刘骏上书,认为:"如果毒素存留在身体内,就一定要从缓要处下刀子。如今,历下和泗水之间,用不着派重兵戍守。谈论国事的人都认定胡虏已经衰退,我们不用回避害怕他们,但他们却不知道我们国家的弊病比胡虏要严重得多。现在,我们空守这么一座孤城,这不过是白白浪费财力物力和人力。假使胡虏派出三千轻骑兵,对我们的边境轮番进行攻击和骚扰,春天的时候,他们前来践踏我们的麦苗;秋天的时候,他们前来掠夺我们收割好的粮食,我们的水路和陆路两方面的运输漕米,也会被他们再次切断。这么做的话,胡虏一点不感到劳累,而我们的边境却已困苦不堪,不出两年时间,我们边境的戍边士卒就会四散逃光,老百姓也会搬家逃走,这是踮起脚跟就可以等来的。当今之世,人人都知道不可以让羊追狼,不可以让蟹捕鼠,可我们却恰恰是在让那些笨重的战车和衰弱不堪的士卒同肥壮的战马和强悍的胡虏追逐厮杀,这样做是不行的,这本是情理之中的事。而且,三年丧礼,是遍及天下的大丧。当年,汉王朝命令臣下节制丧期,这是可以的,但假如让当儿子的节制丧期,那就乱了礼数。大凡对古代之法有所改变而薄于人情,没有一个是能够顺利进行的。可是,对于败坏礼教,使自己安逸舒服地活着的事,却肯定马上就

而奉之。今陛下以大孝始基，宜反斯谬。又，举天下以奉一君，何患不给？一体炫金，不及百两，一岁美衣，不过数袭。而必收宝连楼，集服累笥，目岂常视，身未时亲，是楼带宝、笥著衣也，何糜蠹之剧，惑鄙之甚邪！且细作始并，以为俭节。而市造华怪，即传于民。如此，则迁也，非罢也。凡厥庶民，制度日侈，见车马不辨贵贱，视冠服不知尊卑。尚方今造一物，小民明已睥睨；宫中朝制一衣，庶家晚已裁学。侈丽之源，实先宫闱。又，设官者宜官称事立，人称官置。王侯识未堪务，不应强仕。且帝子未官，人谁谓贱？但宜详置宾友，茂择正人，亦何必列长史、参军、别驾从事，然后为贵哉？又，俗好以毁沈人，不察其所以致毁；以誉进人，不察其所以致誉。毁徒皆鄙，则宜擢其毁者；誉党悉庸，则宜退其誉者。如此，则毁誉不妄，善恶分矣。凡无世不有言事，无时不有下令。然升平不至，昏危相继，何哉？设令之本非实故也。"书奏，忤旨，自解去职。朗，峤之弟也。

去接受和执行。如今,陛下您是以天下大孝作为基础开始您的事业的,这就更应该一反这种改变三年之丧的错误。另外,拿普天之下的财富来事奉一个君主,哪里用得着担心会供应不上? 即使是一身的黄金装饰,这也用不上一百两。一年都穿华贵漂亮的衣服,也不过几套就够了。可却一定要把这些珠宝全都锁在柜子里留着不用,把一件件漂亮的衣服收起来放在箱子里不穿,眼睛不能常常看见这些东西,身体也不能经常穿一穿,最终却是这些柜子、箱子拥有这些珠宝、穿戴这些衣服了。为什么要浪费到这种地步? 为什么要让自己这么糊涂呢? 而且,细作署刚刚和尚方合并,这是为了实行勤俭节约。可是,市上所制造的华丽奇巧的东西,已经传到了老百姓中间。这些华丽奇巧的东西只是从宫廷传到了民间,转移了地方,却并没有把它消灭。民间百姓的生活习俗一天天奢靡起来,从他们乘坐的车马上看,不能分辨出地位的高低贵贱;从他们所戴的帽子、所穿的衣服上看,不能了解他们职位的尊卑。尚方署如果今天制造了一个小小的器物,那么民间第二天就能知道它的制作方法;宫内如果在早晨缝制了一件衣服,老百姓家里晚上就能知道怎么裁剪。民间奢侈华丽的源头,实在是最早出现在皇宫之中。再者,朝廷设立官位,官位应当和管理的事务相称,任职官员应当和官位相称。如果王爷、侯爵们的才能不能胜任某一职位,就不应该强迫他们做官。况且,皇帝的儿子即使不做官又有谁能说他低贱呢? 只是应该仔细地为他们设置属官,选择正直、有才能的人,何必一定要具有长史、参军、别驾从事这些官职,尔后才能算是尊贵的人呢? 另外,如今的风气是人们喜欢诽谤人而埋没人的才能,而却不去详查被诽谤者所以被诽谤的原因;人们喜欢根据赞誉的话去提升某人,而不去详查被赞誉者所以被赞誉的原因。如果诽谤者是一个卑鄙无耻之徒,那么,朝廷就应该提升被他诽谤的人;如果赞誉者都是一些平庸无能之辈,那么,朝廷就应该辞退被他们赞誉的人。这样一来,无论是诽谤或赞誉,都不至于是虚妄错误的,善与恶也就很分明了。大体上说,没有一个时代没有直言上书的事,也没有一个时代没有询问下情、征求直言上书的事。可是,如果太平盛世并没有出现,而昏暗危险却相继来临,那是什么原因呢? 最根本的原因可能就是,征求直言上书并不是出于真心。"周朗把奏章呈报给皇帝刘骏,完全不合皇帝的心意,所以他自行辞职回家了。周朗是周峤的弟弟。

侍中谢庄上言:"诏云:'贵戚竞利,悉皆禁绝。'此实允惬民听。若有犯违,则应依制裁纠。若废法申恩,便为明诏既下而声实乖爽也。臣愚谓大臣在禄位者,尤不宜与民争利。不审可得在此诏不?"庄,弘微之子也。

上多变易太祖之制,郡县以三周为满,宋之善政,于是乎衰。

20 乙丑,魏濮阳王闾若文、征西大将军永昌王仁皆坐谋叛,仁赐死于长安,若文伏诛。

21 南平穆王铄素负才能,意常轻上。又为太子劭所任,出降最晚。上潜使人毒之,己巳,铄卒,赠司徒,以商臣之谥谥之。

22 南海太守萧简据广州反。简,斌之弟也。诏新南海太守南昌邓琬、始兴太守沈法系讨之。法系,庆之从弟也。简诳其众曰:"台军是贼劭所遣。"众信之,为之固守。琬先至,止为一攻道。法系至,曰:"宜四面并攻,若守一道,何时可拔!"琬不从。法系曰:"更相申五十日。"日尽又不克,乃从之。八道俱攻,一日即破之。九月丁卯,斩简,广州平。法系封府库付琬而还。

侍中谢庄上书说:"陛下诏书上说:'皇亲国戚竞相争利,一律加以禁绝。'这实在是满足了老百姓的愿望。假如有人违反了这一规定,就应该按照法律制裁他。如果不按照法律去制裁,而只是强调皇室的宽大厚恩,那就表明诏令虽然已经颁下来,而名声和实际不相符合。臣冒昧地认为,有俸禄有地位的大臣,更不应该同老百姓争夺小利。我的这点意见,不知道是否符合诏令的本意。"谢庄是谢弘微的儿子。

皇帝刘骏对文帝所制定的典章制度,大都做了改变。郡、县令的任职期限以三年为限。刘宋良好的政治风尚,从此走向衰败。

20　乙丑(二十五日),北魏濮阳王闾若文和征西大将军、永昌王拓跋仁图谋反叛,拓跋仁在长安被赐自杀,闾若文被斩首。

21　刘宋南平穆王刘铄对自己的才华能力一向很自负,所以平时在言谈举止之间多少有点轻视皇帝刘骏。他又曾接受刘劭的任命,是最后一个出来投降的。于是,刘骏偷偷派人向刘铄下毒。己巳(二十九日),刘铄去世。刘骏下诏,追赠他为司徒,并用楚国太子商臣的谥号作为刘铄的谥号。

22　刘宋南海太守萧简占据广州城反叛。萧简是萧斌的弟弟。皇帝刘骏颁下诏令,任命新任南海太守、南昌人邓琬和始兴太守沈法系一齐出兵前去讨伐。沈法系是沈庆之的堂弟。萧简欺骗他手下的人说:"朝廷来的军队,是叛贼刘劭派遣来的。"他手下的人相信了萧简的谎言,所以为他卖命固守广州城池。邓琬率兵首先到达,只做一面攻击。随后,沈法系赶到,说:"我们应该从四方同时进攻,如果只是从一面攻战,什么时候才能攻下来呢?"邓琬没有接受沈法系的建议。沈法系说:"我们再把约定进攻期限延长五十天。"五十天的期限到了,他们仍然没有攻下广州,邓琬这才接受沈法系的建议,军队从八路同时围攻,只一天的工夫就攻克了广州城。九月丁卯(二十八日),将萧简斩首,广州叛乱全部平息。沈法系查封了广州城内的仓库,把它交付给邓琬,自己率领军队返回。

23　冬,十一月丙午,以左军将军鲁秀为司州刺史。

24　辛酉,魏主如信都、中山。

25　十二月癸未,以将置东宫,省太子率更令等官,中庶子等各减旧员之半。

26　甲午,魏主还平城。

23　冬季,十一月丙午(初八),刘宋任命左军将军鲁秀为司州刺史。

24　辛酉(二十三日),北魏国主前往信都、中山。

25　十二月癸未(十五日),刘宋因为将要设置东宫,撤销太子率更令等官职,中庶子等官职按旧编制减少一半。

26　甲午(二十六日),魏主返回平城。

卷第一百二十八　宋纪十

起甲午(454)尽戊戌(458)凡五年

世祖孝武皇帝上
孝建元年(甲午,454)

1　春,正月己亥朔,上祀南郊,改元,大赦。甲辰,以尚书令何尚之为左光禄大夫、护军将军,以左卫将军颜竣为吏部尚书、领骁骑将军。

2　壬戌,更铸孝建四铢钱。

3　乙丑,魏以侍中伊馛为司空。

4　丙子,立皇子子业为太子。

5　初,江州刺史臧质,自谓人才足为一世英雄。太子劭之乱,质潜有异图,以荆州刺史南郡王义宣庸暗易制,欲外相推奉,因而覆之。质于义宣为内兄,既至江陵,即称名拜义宣。义宣惊愕问故。质曰:"事中宜然。"时义宣已奉帝为主,故其计不行。及至新亭,又拜江夏王义恭,曰:"天下屯危,礼异常日。"

劭既诛,义宣与质功皆第一,由是骄恣,事多专行,凡所求欲,无不必从。义宣在荆州十年,财富兵强。朝廷所下制度,意有不同,一不遵承。质自建康之江州,舫千馀乘,部伍前后百馀里。帝方自揽威权,而质以少主遇之,政刑

世祖孝武皇帝上
宋孝武帝孝建元年(甲午,公元454年)

1 春季,正月己亥朔(初一),刘宋孝武帝刘骏前往南郊祭天,改年号为孝建,实行大赦。甲辰(初六),任命尚书令何尚之为左光禄大夫、护军将军,左卫将军颜竣为吏部尚书、领骁骑将军。

2 壬戌(二十四日),刘宋改铸孝建四铢钱。

3 乙丑(二十七日),北魏任命侍中伊馛为司空。

4 丙子(二十八日),刘宋孝武帝立皇子刘子业为太子。

5 当初,刘宋江州刺史臧质认为自己的聪明才智,足可以称为一代英雄。太子刘劭杀父时,臧质暗中有叛逆的打算。他认为荆州刺史、南郡王刘义宣昏庸无能,容易受人控制,所以,准备表面拥戴刘义宣称帝,再趁机推翻他。臧质是刘义宣的表哥,他到了江陵以后,却自称名字去叩拜刘义宣。刘义宣见状极为惊愕,问他为什么要这么做,臧质回答说:"事变之中,理应如此。"当时刘义宣已明确表示拥护刘骏称帝,臧质的计划没有实现。他们到达新亭的时候,臧质又用同样的礼仪去叩拜江夏王刘义恭,并且说:"此刻天下危机四伏,岌岌可危,礼仪也应跟平时的日子不一样。"

刘劭被斩后,刘义宣和臧质的功劳都列为第一等,于是他们又开始骄横跋扈起来,做事大都独断专行,横行霸道。他们向朝廷所要求的东西,没有不被依从的。刘义宣在镇守荆州十年期间,财产丰富,兵力强盛。朝廷颁布的法令章程,刘义宣只要不同意,就不遵照执行。臧质从建康前往江州就任时,带了一千多艘船,船队前后相接有一百多里。孝武帝此时也正独揽大权以显示自己的威严和权要,可是,臧质却把他当成一个不懂事的少年君主来对待,行政、刑法

庆赏，一不咨禀。擅用溢口、钩圻米，台符屡加检诘，渐致猜惧。

帝淫义宣诸女，义宣由是恨怒。质乃遣密信说义宣，以为"负不赏之功，挟震主之威，自古能全者有几？今万物系心于公，声迹已著。见几不作，将为他人所先。若命徐遗宝、鲁爽驱西北精兵来屯江上，质帅九江楼船为公前驱，已为得天下之半。公以八州之众，徐进而临之，虽韩、白更生，不能为建康计矣。且少主失德，闻于道路。沈、柳诸将，亦我之故人，谁肯为少主尽力者！夫不可留者年也，不可失者时也。质常恐溘先朝露，不得展其旅力，为公扫除，于时悔之何及。"义宣腹心将佐谘议参军蔡超、司马竺超民等咸有富贵之望，欲倚质威名以成其业，共劝义宣从其计。质女为义宣子采之妇。义宣谓质无复异同，遂许之。超民，爰之子也。臧敦时为黄门侍郎，帝使敦至义宣所，道经寻阳，质更令敦说诱义宣，义宣意遂定。

豫州刺史鲁爽有勇力，义宣素与之相结。义宣密使人报爽及兖州刺史徐遗宝，期以今秋同举兵。使者至寿阳，爽方饮醉，失义宣指，即日举兵。爽弟瑜在建康，闻之，逃叛。爽使其众戴黄标，窃造法服，登坛，自号建平元年。疑长史韦处穆、中兵参军杨元驹、治中庾腾之不与己同，皆杀之。徐遗宝亦勒兵向彭城。

和庆贺奖赏之类的事情,他都一律不奏请刘骏批准。臧质又擅自动用溢口和钩圻粮仓里的粮食,因此,朝廷多次调查追问臧质这一事件,双方渐渐相互猜忌对立起来。

孝武帝奸淫了刘义宣留在建康的所有女儿,刘义宣听说后,十分气愤和怨恨。臧质就偷偷派遣密使前去游说刘义宣,认为:"立下无法奖赏的大功,身负使皇帝都感到震惊的威望,自古以来有几个人能够保全自己呢?如今,万众一心,归向于您,您的名声和信誉已经传播到四方去了。这样好的机会不采取行动,就会被别人抢先。假如您命令徐遗宝、鲁爽驱使西北的精锐部队前来驻屯长江,我臧质就率领九江的船只做您的前锋,那样就为您得到一半的天下。您可以率领八个州的军队,缓慢地向前推进,兵临建康,那么,即使是韩信、白起转世再生,也不能为建康想出什么好的办法来。况且,如今少主丧失道德,丑名路人尽知。沈庆之和柳元景各位将士,也都是我旧日的朋友,又有谁肯替少主尽心尽力呢?人世上无法留住的是岁月,而不可失去的是时机。我经常害怕自己在朝露还没有消失之前就死去了,而无法施展自己的才能抱负,替你扫清前进中的障碍,以致临到死时,后悔都来不及了。"刘义宣的心腹将领、谘议参军蔡超和司马竺超民等人都希望自己能得到更多的荣华富贵,也想依仗臧质勇于作战的赫赫威名来成就自己的大业,他们也都来劝说刘义宣接受臧质的建议。臧质的女儿是刘义宣的儿子刘采之的正室。刘义宣认为,臧质肯定不会有其他想法,他采纳了臧质的建议。竺超民是竺夔的儿子。臧质的儿子臧敦,此时正在建康担任黄门侍郎,孝武帝派臧敦去刘义宣那里办事,经过寻阳,臧质再次命令臧敦前去游说、劝诱刘义宣,刘义宣的决心终于下定。

豫州刺史鲁爽勇敢有武力,刘义宣平时一直跟他结交。刘义宣派密使偷偷把他自己的决定告诉给了鲁爽和兖州刺史徐遗宝,约定在这年的秋季共同发兵起义。使者到达寿阳时,正赶上鲁爽喝醉,他听错了密使向他传达的刘义宣的意思,而在当天就起兵反叛了。鲁爽的弟弟鲁瑜此时正在建康,听到这一消息,吓得逃走。鲁爽命令他手下的士卒戴上黄色标志,偷偷缝制皇帝穿的礼服,然后登上高坛誓师,自己改年号为建平元年。他怀疑长史韦处穆、中兵参军杨元驹和治中庾腾之同自己的意见不一致,于是把这三个人全都杀了。徐遗宝也率领军队向彭城进攻。

二月，义宣闻爽已反，狼狈举兵。鲁瑜弟弘为质府佐，帝敕质收之，质即执台使，举兵。

义宣与质皆上表，言为左右所谗疾，欲诛君侧之恶。义宣进爽号征北将军。爽于是送所造舆服诣江陵，使征北府户曹版义宣等，文曰："丞相刘，今补天子，名义宣；车骑臧，今补丞相，名质；平西朱，今补车骑，名脩之：皆版到奉行。"义宣骇愕，爽所送法物并留竟陵，不听进。质加鲁弘辅国将军，下戍大雷。义宣遣谘议参军刘谌之将万人就弘，召司州刺史鲁秀，欲使为谌之后继。秀至江陵见义宣，出，拊膺曰："吾兄误我，乃与痴人作贼，今年败矣！"

义宣兼荆、江、兖、豫四州之力，威震远近。帝欲奉乘舆法物迎之，竟陵王诞固执不可，曰："奈何持此座与人！"乃止。

己卯，以领军将军柳元景为抚军将军。辛卯，以左卫将军王玄谟为豫州刺史。命元景统玄谟等诸将以讨义宣。癸巳，进据梁山洲，于两岸筑偃月垒，水陆待之。义宣自称都督中外诸军事，命僚佐悉称名。

6　甲午，魏主诣道坛受图箓。
7　丙申，以安北司马夏侯祖欢为兖州刺史。三月己亥，内外戒严。辛丑，以徐州刺史萧思话为江州刺史，柳元景为雍州刺史。癸卯，以太子左卫率庞秀之为徐州刺史。

二月,刘义宣得到鲁爽已经反叛的消息,他也只好仓促起兵响应鲁爽。鲁瑜的弟弟鲁弘是臧质的府佐,孝武帝命令臧质逮捕鲁弘。臧质却把孝武帝派来的使者抓了起来,也起兵反叛。

　　刘义宣和臧质都上表,宣称自己受到皇帝左右小人的谗言陷害,因而起兵,打算杀了皇帝身边的邪恶之徒。刘义宣提升鲁爽为征北将军,鲁爽又把他所缝制的皇帝穿的礼服送到了江陵,派征北府户曹向刘义宣公布各方临时人事任命情况,文告说:"丞相刘,现在要递补为天子,名为义宣;车骑将军臧,递补为丞相,名叫质;平西将军朱,现在递补为车骑将军,名叫脩之。这一命令从到达之日起生效执行。"刘义宣看完这篇文告后,吓得直发呆,他命令将鲁爽所送的皇室内的东西,全都留在竟陵,不允许继续带着前进。与此同时,臧质又加授鲁弘为辅国将军,在大雷屯兵。刘义宣派遣谘议参军刘谌之率领一万名士卒增援鲁弘,将司州刺史鲁秀召回,想要让他做刘谌之的后续部队。鲁秀到达江陵,见到了刘义宣,出来后,他不禁捶胸顿足地说:"我哥哥害了我了,我竟要和这种白痴一块儿造反,今年一定会失败!"

　　刘义宣兼有荆州、江州、兖州、豫州四个州的军事力量,其声势浩大,威震四方。孝武帝打算奉上皇帝专用的法驾和专用器物迎接刘义宣,但竟陵王刘诞坚决反对,说:"你怎么能把帝位轻易地让给他人?"孝武帝才没有这么做。

　　己卯(十二日),孝武帝任命领军将军柳元景为抚军将军。辛卯(二十四日),又任命右卫将军王玄谟为豫州刺史。下令柳元景统领王玄谟等各路将士讨伐刘义宣。癸巳(二十六日),柳元景进军占据梁山洲,在梁山洲两岸修筑月牙形阵地,从水路和陆路同时准备,等待迎战。刘义宣自称是都督中外诸军事,命令自己手下人彼此之间全都称名字而不称官衔。

　　6　甲午(二十七日),北魏国主来到道教神坛,接受道教符箓。

　　7　丙申(二十九日),刘宋朝廷任命安北司马夏侯祖欢为兖州刺史。三月,己亥(初二),建康城内外戒严。辛丑(初四),任命徐州刺史萧思话为江州刺史,柳元景为雍州刺史。癸卯(初六),任命太子左卫率庞秀之为徐州刺史。

义宣移橄州郡,加进位号,使同发兵。雍州刺史朱脩之伪许之,而遣使陈诚于帝。益州刺史刘秀之斩义宣使者,遣中兵参军韦崧将万人袭江陵。

戊申,义宣帅众十万发江津,舳舻数百里。以子恺为辅国将军,与左司马竺超民留镇江陵。橄朱脩之使发兵万人继进,脩之不从。义宣知脩之贰于己,乃以鲁秀为雍州刺史,使将万馀人击之。王玄谟闻秀不来,喜曰:"臧质易与耳。"

冀州刺史垣护之妻,徐遗宝之姊也,遗宝邀护之同反,护之不从,发兵击之。遗宝遣兵袭徐州长史明胤于彭城,不克。胤与夏侯祖欢、垣护之共击遗宝于湖陆,遗宝弃众焚城,奔鲁爽。

义宣至寻阳,以质为前锋而进,爽亦引兵直趣历阳,与质水陆俱下。殿中将军沈灵赐将百舸,破质前军于南陵,擒军主徐庆安等。质至梁山,夹陈两岸,与官军相拒。

夏,四月戊辰,以后将军刘义綦为湘州刺史。甲申,以朱脩之为荆州刺史。

上遣左军将军薛安都、龙骧将军南阳宗越等戍历阳,与鲁爽前锋杨胡兴等战,斩之。爽不能进,留军大岘,使鲁瑜屯小岘。上复遣镇军将军沈庆之济江,督诸将讨爽,爽食少,引兵稍退,自留断后。庆之使薛安都帅轻骑追之,丙戌,及爽于小岘。爽将战,饮酒过醉,安都望见爽,即跃马大呼,直往刺之,应手而倒,左右范双斩其首。爽众奔散,瑜亦为部下所杀,遂进攻寿阳,克之。徐遗宝奔东海,东海人杀之。

刘义宣传布檄方到各州郡,给各州郡长加官晋爵,让他们一起出兵响应自己。雍州刺史朱脩之假装响应刘义宣的号召,但私下里却派遣使者向孝武帝表示自己的忠诚。益州刺史刘秀之斩了刘义宣派来的使者,派中兵参军韦松率领一万人袭击江陵。

戊申(十一日),刘义宣亲自率领十万大军从江津出发,船只相继连绵几百里。刘义宣任命自己的儿子刘恺为辅国将军,命令他与左司马竺超民留下镇守江陵。刘义宣又下令,让朱脩之出兵一万名随后前进,朱脩之没有听从。刘义宣深知朱脩之跟自己不是一条心,于是,他又任命鲁秀为雍州刺史,并派鲁秀率领一万多人前去进攻朱脩之。朝廷派来的将领王玄谟听说鲁秀不会前来进攻自己,不禁高兴地说:"臧质容易对付了。"

冀州刺史垣护之的正室是徐遗宝的姐姐,徐遗宝邀请垣护之与他一起起兵反叛,垣护之没有答应,相反却出动军队攻击徐遗宝。徐遗宝派遣军队袭击徐州长史明胤所镇守的彭城,没有攻下。明胤和夏侯祖欢、垣护之联合起来,在湖陆袭击徐遗宝的军队。徐遗宝丢下将士,放火焚烧了湖陆城,投奔了鲁爽。

刘义宣抵达寻阳,命令臧质做前锋率军前进,鲁爽率领军队南下,直奔历阳,与臧质从水路和陆路同时发兵。殿中将军沈灵赐率领一百艘船只,在南陵大败臧质的先头部队,活捉了军主徐庆安等人。臧质率军抵达梁山,在两岸建筑了营垒,以此跟朝廷的军队相抗衡。

夏季,四月戊辰(初二),孝武帝任命后将军刘义綦为湘州刺史。甲申(十八日),又任命朱脩之为荆州刺史。

孝武帝派左军将军薛安都、龙骧将军南阳人宗越等人戍守历阳,同鲁爽的先头部队杨胡兴等大战,斩了杨胡兴。鲁爽因此不能前进,将军队驻留在大岘,派鲁瑜屯兵小岘。孝武帝再次派遣镇军将军沈庆之渡过长江,北上督统各路将士讨伐鲁爽。鲁爽的粮食越来越少,率军稍稍向后撤退,自己留下殿后。沈庆之派薛安都率领轻骑部队追击鲁爽。丙戌(二十日),薛安都在小岘追上了鲁爽。鲁爽将要出去迎战,却饮酒过度,酩酊大醉,薛安都看到鲁爽,立刻飞马上前,大声呐喊,直刺鲁爽,鲁爽应声栽到马下,其左右随从范双砍下鲁爽的人头。鲁爽的士卒四处奔跑逃命,鲁瑜也被他的部下所杀。朝廷军队于是向寿阳进攻,攻克寿阳。徐遗宝向东海逃去,被东海人杀了。

李延寿评论说：凶人之济其身，非世乱莫由焉。鲁爽以乱世之情，而行之于平日，其取败也宜哉！

8　南郡王义宣至鹊头，庆之送爽首示之，并与书曰："仆荷任一方，而衅生所统。近聊帅轻师，指往翦扑，军锋裁及，贼爽授首。公情契异常，或欲相见，及其可识，指送相呈。"爽累世将家，骁猛善战，号万人敌。义宣与质闻其死，皆骇惧。

柳元景军于采石。王玄谟以臧质众盛，遣使来求益兵，上使元景进屯姑孰。

太傅义恭与义宣书曰："往时仲堪假兵，灵宝寻害其族。孝伯推诚，牢之旋踵而败。臧质少无美行，弟所具悉。今籍西楚之强力，图济其私。凶谋若果，恐非复池中物也。"义宣由此疑之。五月甲辰，义宣至芜湖，质进计曰："今以万人取南州，则梁山中绝。万人缀梁山，则玄谟必不敢动。下官中流鼓棹，直趣石头，此上策也。"义宣将从之。刘谌之密言于义宣曰："质求前驱，此志难测。不如尽锐攻梁山，事克然后长驱，此万安之计也。"义宣乃止。

李延寿评论说:凶恶之人,能够获得成功,如果不是世道混乱那是没有可能的。鲁爽把乱世的那一套拿到太平的社会里来施用,他自取失败,也是理所当然的呀!

8 南郡王刘义宣抵达鹊头,沈庆之将鲁爽的人头送给刘义宣看,同时又给他写了一封信说:"我负责管理一方土地,可是,在我所管理的这个地区内,却发生了事端。近日,我率领轻骑部队,前去消除事端,锐利的刀锋一到,奸贼鲁爽便献出了自己的人头。我深知您与他有很深的友情,或许您还想见他一面。所以在他的面目还没有腐烂可以辨认之前,我特别把他呈送给您看一看。"鲁爽家几代为将,骁勇悍猛,善于交战,号称万人敌。刘义宣和臧质听说鲁爽已死,都极为震惊害怕。

抚军将军柳元景驻兵在采石。豫州刺史王玄谟因为臧质的军队力量强大,就派遣使者前往建康请求增加兵力,孝武帝派柳元景进入姑孰屯扎。

太傅刘义恭给刘义宣写信说:"以前,殷仲堪将兵权交给了桓玄,不久桓玄就杀害了殷仲堪全族。王恭对刘牢之推心置腹、坦诚相待,刘牢之转过身去就背叛了王恭,导致自己失败。臧质从小就没有好的德行,弟弟你是最清楚他的。而如今,他凭借着楚地的强大兵力,其目的只不过是要满足他自己的私欲。如果他凶恶的阴谋得以实现,那么,恐怕他也就不再是池塘里的一条小鱼了。"刘义宣开始对臧质起疑。五月,甲辰(初八),刘义宣到达芜湖,臧质向他献计说:"现在出动一万人的兵力攻取南州,梁山就会被完全隔断。如果用这一万人把守住梁山,王玄谟肯定不敢轻举妄动。我率领船队,沿着长江中流划行,直奔石头,这才是上策。"刘义宣想按照此计执行,谘议参军刘谌之却偷偷对刘义宣说:"臧质自己请求做先头部队,其目的很难推测。不如全力进攻梁山,攻克梁山之后,再长驱直入建康,这才是万全的计策啊!"刘义宣听后才没有接受臧质的提议。

　　冗从仆射胡子反等守梁山西垒，会西南风急，质遣其将尹周之攻西垒。子反方渡东岸就玄谟计事，闻之，驰归。偏将刘季之帅水军殊死战，求救于玄谟，玄谟不遣。大司马参军崔勋之固争，乃遣勋之与积弩将军垣询之救之。比至，城已陷，勋之、询之皆战死。询之，护之之弟也。子反等奔还东岸。质又遣其将庞法起将数千兵趋南浦，欲自后掩玄谟，游击将军垣护之引水军与战，破之。

　　朱脩之断马鞍山道，据险自守。鲁秀攻之，不克，屡为脩之所败，乃还江陵，脩之引兵蹑之。或劝脩之急追，脩之曰："鲁秀，骁将也。兽穷则攫，不可迫也。"

　　王玄谟使垣护之告急于柳元景曰："西城不守，唯馀东城万人。贼军数倍，强弱不敌，欲退还姑孰，就节下协力当之，更议进取。"元景不许，曰："贼势方盛，不可先退，吾当卷甲赴之。"护之曰："贼谓南州有三万人，而将军麾下裁十分之一，若往造贼垒，则虚实露矣。王豫州必不可来，不如分兵援之。"元景曰："善!"乃留羸弱自守，悉遣精兵助玄谟，多张旗帜。梁山望之如数万人，皆以为建康兵悉至，众心乃安。

冗从仆射胡子反等固守梁山西部营垒,正赶上刮起了西南风,风力很强,所以,臧质就派他手下的将领尹周之进攻梁山西营。胡子反正巧在梁山东岸,同王玄谟商量军务,得到报告后,立即飞奔返回西营。偏将刘季之率领船队同臧质的船队进行殊死搏斗,并向王玄谟求救,王玄谟没有派出军队前去营救。大司马参军崔勋之竭力争取,王玄谟才派遣崔勋之和积弩将军垣询之前去救援。他们到达时,西营已经失陷,崔勋之和垣询之全都战死。垣询之是垣护之的弟弟。胡子反等人逃回东岸。臧质又派遣他的将领庞法起率领几千名士卒,直取南浦,打算从后面包抄切断王玄谟军队的后路。游击将军垣护之率领水军同臧质的军队作战,结果大败臧质。

雍州刺史朱脩之切断了马鞍山的交通,依靠自己占据的险要位置坚守阵地。鲁秀向朱脩之发起攻势,未能攻克,却屡次被朱脩之击败,于是,他回到了江陵。朱脩之率军尾随追击。有人劝朱脩之加快追击的速度,朱脩之说:"鲁秀是一名骁勇将士。野兽在走投无路时,就要不顾一切地抓人咬人,我们不能急迫追击。"

王玄谟派垣护之向柳元景告急,说:"西城现在失守,只剩下东城的一万人。但贼寇的兵力却高于我们几倍,敌强我弱,相差悬殊,我打算撤退返回姑孰防守,在您的指挥下和您齐心协力一同抵抗敌人的进攻,然后再商议下一步如何进取。"柳元景没有答应,说:"贼寇的势力正在强盛时期,我们绝对不可以先行后退,我自会披上铠甲,率领全军跟你会合。"垣护之说:"贼寇还以为南州有三万大军,可事实上,将军您的旗帜下仅仅有三万大军的十分之一,假如您率兵直接到战场上与贼寇相战,您内部兵力的虚实情况就会都暴露出来。王玄谟一定不能退到姑孰来,不如分几路前去救援。"柳元景说:"好!"于是,柳元景留下一些老弱病残的士卒在大营守卫,而把精锐兵力全都派遣去援助王玄谟,他们故意到处都张扬着旗帜。梁山的守军们一眼望去,好像来了几万大军增援,他们以为建康的大军全都赶来援助了,士卒才安定下来。

质自请攻东城。谘议参军颜乐之说义宣曰:"质若复克东城,则大功尽归之矣。宜遣麾下自行。"义宣乃遣刘谌之与质俱进。甲寅,义宣至梁山,顿兵西岸,质与刘谌之进攻东城。玄谟督诸军大战,薛安都帅突骑先冲其陈之东南,陷之,斩谌之首,刘季之、宗越又陷其西北,质等兵大败。垣护之烧江中舟舰,烟焰覆水,延及西岸营垒殆尽。诸军乘势攻之,义宣兵亦溃。义宣单舸迸走,闭户而泣,荆州人随之者犹百馀舸。质欲见义宣计事,而义宣已去,质不知所为,亦走,其众皆降散。己未,解严。

9 癸亥,以吴兴太守刘延孙为尚书右仆射。

10 六月丙寅,魏主如阴山。

11 臧质至寻阳,焚烧府舍,载妓妾西走。使嬖人何文敬领馀兵居前,至西阳。西阳太守鲁方平给文敬曰:"诏书唯捕元恶,馀无所问,不如逃之。"文敬弃众亡去。质先以妹夫羊冲为武昌郡,质往投之。冲已为郡丞胡庇之所杀,质无所归,乃逃于南湖,掇莲实啖之。追兵至,以荷覆头,自沉于水,出其鼻。戊辰,军主郑俱兒望见,射之,中心,兵刃乱至,肠胃萦水草,斩首送建康,子孙皆弃市,并诛其党乐安太守任荟之、临川内史刘怀之、鄱阳太守杜仲儒。仲儒,骥之兄子也。功臣柳元景等封赏各有差。

臧质自己请求去进攻东城。谘议参军颜乐之劝刘义宣道:"如果臧质再一次攻克了东城,所有的大战功恐怕就都要归在他一人身上了。您最好派自己手下的将士去。"刘义宣就派遣刘谌之和臧质一起出兵进击东城。甲寅(十八日),刘义宣到达梁山,在梁山西岸安营扎寨,臧质和刘谌之向东城发起进攻。王玄谟督统各路大军出来迎战,薛安都率领突击骑兵首先冲入敌方在东南方的阵营,攻下那里,砍下刘谌之的人头。刘季之和宗越又攻陷了敌方的西北阵地,臧质的大军大败。垣护之放火焚烧了长江上的船只,江上大火熊熊,火焰盖住了江水,又蔓延到西岸的堡垒阵营,敌军营垒几乎化为灰烬。各路大军乘胜前进,刘义宣率领的大军也一败涂地。刘义宣单身一人乘小船逃走,他将船上的门窗关得紧紧的,躲在里面不停地哭泣,追随他的荆州将士还有一百多只船跟在后边。臧质打算去见刘义宣商议战事,可是,刘义宣已经逃走,臧质不知道自己怎么办是好,也逃走了,手下士卒也都投降或逃散。己未(二十三日),朝廷下令解除戒严。

9 癸亥(二十七日),刘宋朝廷提升吴兴太守刘延孙为尚书右仆射。

10 六月丙寅(初一),北魏国主前往阴山。

11 臧质逃到寻阳,放火焚烧了寻阳的州府房舍,带着妻妾歌伎们继续向西逃命。他派自己最信任的婴人何文敬率领剩馀的士卒在前边开路,到达西阳。西阳太守鲁方平骗何文敬说:"皇上的诏令说只逮捕元凶,对其馀的人不再追究,你不如自己逃走算了。"何文敬听后,立刻抛弃他所率领的军队,独自一人逃走。臧质原来让他的妹夫羊冲担任武昌郡守,于是,他前往武昌去投奔羊冲。羊冲已经被郡丞胡庇之杀死,臧质找不到立足安身之处,只好又逃到了南湖,采摘湖里的莲子充饥。追兵到来,他就用荷叶盖住自己的头,将整个身子全都沉到了湖水里,只露出鼻子喘气。戊辰(初三),他的行踪还是被军主郑俱儿发现,郑俱儿举箭便射,正中心脏,士卒乱刀齐下,臧质的肠胃全都流了出来,和湖中的水草缠在了一起。追兵们砍下他的头送到了建康,臧质的子孙也都被斩首示众。朝廷同时还诛杀了臧质的党羽乐安太守任荟之、临川内史刘怀之、鄱阳太守杜仲儒。杜仲儒是杜骥哥哥的儿子。朝廷对有功之臣如柳元景等,全都按照功劳的大小进行了不同等级的封赏。

丞相义宣走至江夏,闻巴陵有军,回向江陵,众散且尽,与左右十许人徒步,脚痛不能前,儌民露车自载,缘道求食。至江陵郭外,遣人报竺超民,超民具羽仪兵众迎之。时荆州带甲尚万馀人,左右翟灵宝诫义宣使抚慰将佐,以:"臧质违指授之宜,用致失利。今治兵缮甲,更为后图。昔汉高百败,终成大业……"而义宣忘灵宝之言,误云"项羽千败",众咸掩口。鲁秀、竺超民等犹欲收馀兵更图一决。而义宣惛沮,无复神守,入内不复出,左右腹心稍稍离叛。鲁秀北走,义宣不能自立,欲从秀去,乃携息恺及所爱妾五人,著男子服相随。城内扰乱,白刃交横,义宣惧,坠马,遂步进。竺超民送至城外,更以马与之,归而城守。义宣求秀不得,左右尽弃之,夜,复还南郡空廨。旦日,超民收送刺奸。义宣止狱户,坐地叹曰:"臧质老奴误我!"五妾寻被遣出,义宣号泣,语狱吏曰:"常日非苦,今日分别始是苦。"鲁秀众散,不能去,还向江陵,城上人射之,秀赴水死,就取其首。

诏右仆射刘孝孙使荆、江二州,旌别枉直,就行诛赏。且分割二州之地,议更置新州。

丞相刘义宣逃到了江夏,听说巴陵有朝廷的军队,吓得又向江陵回逃,追随他的将士差不多都逃散了。刘义宣只得跟着他的左右十几个人徒步前进,他的脚疼得不能继续走,向当地老百姓租了没有顶篷的车辆,自己赶着继续走,沿路讨饭充饥。到达江陵郊外,就派人前去通报留守在江陵的左司马竺超民,竺超民立刻派出华丽的仪仗部队前去迎接刘义宣。此时,在荆州一带,刘义宣还有一万多名武装将士,左右侍从翟灵宝劝刘义宣出来安抚慰劳手下将士,告诉手下将士:"臧质违反了作战命令,以至于使我们失利。从现在开始,我们再重新整治武器、训练将士,进一步为我们将来的图谋打下基础。从前,汉高祖刘邦百次失败,最终成就了大业……"刘义宣在犒劳士卒时,却忘记了翟灵宝对他说的话,竟误说成"项羽失败了一千次",惹得手下将士全都掩口窃笑。鲁秀、竺超民等人还打算收拾好残馀士卒,再一次进行决战。刘义宣却是沮丧无志,总是魂不守舍,进入后宅后就躲起来,不再出来见人,左右心腹之人逐渐背叛离去。鲁秀向北逃去,刘义宣不能自己独立,打算跟着鲁秀一块儿逃走,于是带着自己的儿子刘恺以及自己喜欢的五个爱妾,命令她们改穿男子衣服随同鲁秀逃走。城内一片混乱,白刃相接,刀枪横飞,刘义宣害怕,从马上掉了下来,改作步行前进。竺超民把这一行人送到城外,换了一匹马让刘义宣骑,然后自己回到城里坚守。刘义宣寻找鲁秀,没有找到,左右侍从也全都抛弃了他。深夜,刘义宣走投无路,只得回到南郡的空无一人的太守府里呆着。第二天早晨,竺超民派人把他抓了起来,送到监狱。刘义宣在监狱里,坐在地上不住叹息说:"臧质这个老奴才害了我!"刘义宣的五个爱妾不久就被押送出去了,刘义宣忍不住悲号哭喊,对狱吏说:"平时的日子并不算苦,今天和她们分别才是真苦啊!"鲁秀的手下将士也都四散一空,他不能再向北前进,只好返回到江陵,江陵城上的守军一齐向鲁秀发箭。鲁秀投水自尽,江陵守军砍下了他的头。

　　孝武帝诏令右仆射刘延孙前往荆州和江州,调查甄别忠奸曲直,就地进行奖赏和惩处。并且,将这二州的地区进行分割,拟议再设置一个新州。

初,晋氏南迁,以扬州为京畿,谷帛所资皆出焉。以荆、江为重镇,甲兵所聚尽在焉,常使大将居之。三州户口,居江南之半,上恶其强大,故欲分之。癸未,分扬州浙东五郡置东扬州,治会稽;分荆、湘、江、豫州之八郡置郢州,治江夏;罢南蛮校尉,迁其营于建康。太傅义恭议使郢州治巴陵,尚书令何尚之曰:"夏口在荆、江之中,正对沔口,通接雍、梁,实为津要。由来旧镇,根基不易,既有见城,浦大容舫,于事为便。"上从之。既而荆、扬因此虚耗。尚之请复合二州,上不许。

12 戊子,省录尚书事。上恶宗室强盛,不欲权在臣下。太傅义恭知其指,故请省之。

13 上使王公、八座与荆州刺史朱脩之书,令丞相义宣自为计。书未达,庚寅,脩之入江陵,杀义宣,并诛其子十六人,及同党竺超民、从事中郎蔡超、谘议参军颜乐之等。超民兄弟应从诛,何尚之上言:"贼既遁走,一夫可擒。若超民反覆昧利,即当取之,非唯免愆,亦可要不义之赏。而超民曾无此意,微足观过知仁。且为官保全城府,谨守库藏,端坐待缚。今戮及兄弟,则与其馀逆党无异,于事为重。"上乃原之。

当初,晋朝向南迁移时,曾经把扬州作为京畿,朝廷所需要的布帛粮食等等,都由扬州提供。同时,晋朝又把荆州和江州作为重要的军事要镇,全国的精锐部队全都聚集在这二州,常派大将驻守。这三个州的人口数目,占了长江以南地区人口总数的一半。如今,孝武帝嫌这三地的军力、民力过于强大,所以打算把它们分割开来。癸未(十八日),在扬州分出浙江以东五个郡,设立东扬州,治所设在会稽;又从荆州、湘州、江州、豫州中分出八个郡,设立郢州,治所设置在江夏;撤销南蛮校尉,将其所属部队调回建康。太傅刘义恭打算让郢州州府设在巴陵,尚书令何尚之说:"夏口位于荆州和江州中间,正对着沔口,又直接通向雍州和梁州,实在是一个险要的津口,它自古以来就是军事重镇,基础稳固,不容易改变,而且,它既有现成的城池,又有很大的港湾,可以停泊很多船只,在此设立州府,是再合适不过的了。"孝武帝批准。不久,荆州和扬州由于这种变动而财力消耗很多。尚书令何尚之请求重新恢复这二州原来的辖地,孝武帝不允许。

12 戊子(二十三日),孝武帝下令撤掉录尚书事。他对皇室的力量不断强大深为厌恶,更不想让自己的臣子们把持着大权。太傅刘义恭看准了他的心思,所以请求撤掉录尚书事。

13 孝武帝下令王、公以及八座,给荆州刺史朱修之写信,让朱修之告诉丞相刘义宣自己裁断。信还没送到,庚寅(二十五日),朱修之已经进入江陵,杀了刘义宣,同时诛杀了刘义宣的十六个儿子以及刘义宣的同党竺超民、从事中郎蔡超、谘议参军颜乐之等。竺超民的兄弟在以前就应该被斩首,何尚之上书说:"贼寇刘义宣已经远远逃走,一个人就可以抓获他。如果竺超民是个反复无常、贪图小利的人,那么,他就应该逮捕刘义宣,这样不但自己可以免于惩处,而且还可以得到不义的封赏。但是竺超民却并没有这种想法,从他的这一过失中,我们足可以看到他的仁义之心。而且竺超民为朝廷保住了江陵城池,他一直小心地坚守江陵的仓库,端坐在那里等待被抓。如果我们今天连他的兄弟也要杀了,同其他叛贼逆党一样对待而无分别,刑罚是过于重了。"于是,孝武帝赦免了竺超民的兄弟。

14 秋,七月丙申朔,日有食之。

15 庚子,魏皇子弘生。辛丑,大赦,改元兴光。

16 丙辰,大赦。

17 八月甲戌,魏赵王深卒。

18 乙亥,魏主还平城。

19 冬,十一月戊戌,魏主如中山,遂如信都。十二月丙子,还,幸灵丘,至温泉宫。庚辰,还平城。

二年(乙未,455)

1 春,正月,魏车骑大将军乐平王拔有罪赐死。

2 镇北大将军、南兖州刺史沈庆之请老。二月丙寅,以为左光禄大夫、开府仪同三司。庆之固让,表疏数十上,又面自陈,乃至稽颡泣涕。上不能夺,听以始兴公就第,厚加给奉。顷之,上复欲用庆之,使何尚之往起之。尚之累陈上意,庆之笑曰:"沈公不效何公,往而复返。"尚之惭而止。辛巳,以尚书右仆射刘延孙为南兖州刺史。

3 夏,五月戊戌,以湘州刺史刘遵考为尚书右仆射。

4 六月壬戌,魏改元太安。

5 甲子,大赦。

6 甲申,魏主还平城。

7 秋,七月癸巳,立皇弟休祐为山阳王,休茂为海陵王,休业为鄱阳王。

8 丙辰,魏主如河西。

14 秋季,七月丙申朔(初一),出现日食。

15 庚子(初五),北魏皇子拓跋弘出生。辛丑(初六),北魏实行大赦,并把年号改为兴光。

16 丙辰(二十一日),刘宋实行大赦。

17 八月甲戌(初十),北魏的赵王拓跋深去世。

18 乙亥(十一日),北魏国主返回平城。

19 冬季,十一月戊戌(初五),北魏国主前往中山,顺路又去了信都。十二月丙子(十四日),魏主启程返回,经过灵丘,又到了温泉宫。庚辰(十八日),回到平城。

宋孝武帝孝建二年(乙未,公元455年)

1 春季,正月,北魏车骑大将军乐平王拓跋拔有罪,被命令自杀。

2 镇北大将军、南兖州刺史沈庆之请求告老还乡。二月,丙寅(初五),朝廷任命沈庆之为左光禄大夫、开府仪同三司。沈庆之坚决辞让,几十次上奏章,同时,又当孝武帝面自己陈说,言辞恳切,甚至于到了叩头哭泣的地步。孝武帝无法改变他的意志,只好让他以始兴公爵的身份回到了自己的私宅养老,并优厚地供给他的用度和俸禄。不久,孝武帝想要再次起用沈庆之,就派何尚之前往劝说。何尚之一次次地反复陈述孝武帝的想法,沈庆之笑着对何尚之说:"沈公不致仿效何公,离开了又再次回去。"何尚之听后,面有愧色,也就不再去劝说沈庆之。辛巳(二十日),朝廷任命尚书右仆射刘延孙为南兖州刺史。

3 夏季,五月戊戌(初八),朝廷任命湘州刺史刘遵考为尚书右仆射。

4 六月壬戌(初二),北魏改年号为太安。

5 甲子(初四),刘宋朝下令大赦。

6 甲申(二十四日),北魏国主返回平城。

7 秋季,七月癸巳(初四),孝武帝立皇弟刘休祐为山阳王、刘休茂为海陵王、刘休业为鄱阳王。

8 丙辰(二十七日),魏主前往河西。

9　雍州刺史武昌王浑与左右作檄文,自号楚王,改元永光,备置百官,以为戏笑。长史王翼之封呈其手迹。八月庚申,废浑为庶人,徙始安郡。上遣员外散骑侍郎东海戴明宝诘责浑,因逼令自杀,时年十七。

10　丁亥,魏主还平城。

11　诏祀郊庙,初设备乐,从前殿中曹郎荀万秋之议也。

12　上欲削弱王侯。冬,十月己未,江夏王义恭、竟陵王诞奏裁王、侯车服、器用、乐舞制度,凡九事。上因讽有司奏增广为二十四条:听事不得南向坐;剑不得为鹿卢形;内史、相及封内官长止称下官,不得称臣,罢官则不复追敬。诏可。

13　庚午,魏以辽西王常英为太宰。

14　壬午,以太傅义恭领扬州刺史,竟陵王诞为司空、领南徐州刺史,建平王宏为尚书令。

15　是岁,以故氐王杨保宗子元和为征虏将军,杨头为辅国将军。头,文德之从祖兄也。元和虽杨氏正统,朝廷以其年幼才弱,未正位号,部落无定主。头先戍葭芦,母妻子弟并为魏所执,而头为宋坚守无贰心。雍州刺史王玄谟上言:"请以头为假节、西秦州刺史,用安辑其众。俟数年之后,元和稍长,使嗣故业。若元和才用不称,便应归头。头能藩扞汉川,使无虏患,彼四千户荒州殆不足惜。若葭芦不守,汉川亦无立理。"上不从。

9　刘宋雍州刺史、武昌王刘浑和其左右侍从一起写了一份檄文,自己号称楚王,改年号为永光,设立文武百官,以此作为戏笑。长史王翼之把刘浑亲笔写的这一文告,呈报给了朝廷。八月,庚申(初一),孝武帝下令,把刘浑贬为平民,放逐到始安郡。孝武帝又派遣员外散骑侍郎、东海人戴明宝前去严加盘问斥责刘浑,并因此强令他自杀。这一年,刘浑十七岁。

10　丁亥(二十八日),北魏国主返回平城。

11　孝武帝颁下诏令,要去南郊祭祀。朝廷首次设置规模比较完备的音乐,这一做法,是接受了前殿中曹郎荀万秋提出的建议。

12　孝武帝打算削弱皇家王公侯爵的权力。冬季,十月,己未(初一),江夏王刘义恭、竟陵王刘诞向孝武帝启奏,请求先裁减王爵、侯爵使用的车马、服饰、用具器物以及歌舞制度,一共有九条。孝武帝就暗示有关部门,再进一步增加到二十四条,诸如:在处理事务时,不能直接面向南坐;剑柄不能做成辘轳的形状;内史、宰相以及所封的其他官员对王、侯自称为下官,不能称臣,罢官以后,不再追加其他封赐。孝武帝下诏许可。

13　庚午(十二日),北魏任命辽西王常英为太宰。

14　壬午(二十四日),朝廷任命太傅刘义恭兼任扬州刺史,竟陵王刘诞为司空,兼南徐州刺史,建平王刘宏为尚书令。

15　这一年,朝廷任命已故氐王杨保宗的儿子杨元和为征虏将军,杨头为辅国将军。杨头是杨文德的堂兄。杨元和虽然是氐王杨保宗家族的嫡系正统,但是朝廷却因为他年纪太小、才能又弱,所以一直没有给他正式封号,致使氐部落也一直没有一个固定的首领。杨头先前戍守葭芦时,他的母亲、妻子、孩子及兄弟们都被北魏军队抓走了,但是杨头仍然为刘宋坚守葭芦,忠贞不贰。雍州刺史王玄谟上疏给孝武帝说:"请求加封杨头为假节、西秦州刺史,以此来安抚集结氐部落的老百姓。等几年以后,杨元和年纪稍稍长大一些,再命令他继承祖先开创的大业。如果杨元和的才能承担不了这一重任,那么就可以按照常理由杨头承担。杨头能够誓死保卫汉川,使该地没有胡虏的祸患,他所管辖的只有四千户人家的荒凉的州郡,看起来似乎并不足以爱惜。如果一旦葭芦守不住,敌人入侵,那么汉川一地也就不可能有继续存在下去的道理了。"孝武帝没有听从王玄谟的劝告。

三年(丙申,456)

1 春,正月庚寅,立皇弟休范为顺阳王,休若为巴陵王。戊戌,立皇子子尚为西阳王。

2 壬子,纳右卫将军何瑀女为太子妃。瑀,澄之曾孙也。甲寅,大赦。

3 乙卯,魏立贵人冯氏为皇后。后,辽西郡公朗之女也。朗为秦、雍二州刺史,坐事诛,后由是没入宫。

4 二月丁巳,魏主立子弘为皇太子,先使其母李贵人条记所付托兄弟,然后依故事赐死。

5 甲子,以广州刺史宗悫为豫州刺史。故事,府州部内论事,皆签前直叙所论之事,置典签以主之。宋世诸皇子为方镇者多幼,时主皆以亲近左右领典签,典签之权稍重。至是,虽长王临藩,素族出镇,典签皆出纳教命,执其枢要,刺史不得专其职任。及悫为豫州,临安吴喜为典签。悫刑政所施,喜每多违执,悫大怒,曰:"宗悫年将六十,为国竭命,正得一州如斗大,不能复与典签共临之!"喜稽颡流血,乃止。

6 丁零数千家匿井陉山中为盗,魏选部尚书陆真与州郡合兵讨灭之。

7 闰月,戊午,以尚书左仆射刘遵考为丹杨尹。

8 癸酉,鄱阳哀王休业卒。

宋孝武帝孝建三年(丙申,公元 456 年)

1 春季,正月庚寅(初四),孝武帝立皇弟刘休范为顺阳王,刘休若为巴陵王。戊戌(十二日),孝武帝立皇子刘子尚为西阳王。

2 壬子(二十六日),孝武帝为太子刘子业娶右卫将军何瑀的女儿何令婉为太子妃。何瑀是何澄的曾孙。甲寅(二十八日),实行大赦。

3 乙卯(二十九日),魏主立贵人冯氏为皇后。冯皇后是辽西郡公冯朗的女儿。冯朗做秦州和雍州刺史,因罪被诛,冯皇后于是也被发配到宫中做奴婢。

4 二月丁巳(初一),北魏国主立皇子拓跋弘为皇太子。先让拓跋弘的亲生母亲李贵人把要托付给兄弟们的事一一记下来,然后,按照以前的规定命她自杀。

5 甲子(初八),刘宋任命广州刺史宗悫为豫州刺史。按照以往的惯例,地方州府内部开会或谈论其他事情,参加的人员全都要在一纸条上写出自己的看法,然后,把这张条子送到典签那里,由典签负责整理。刘宋各位皇子出任地方行政首领的时候,大多年纪还很小,皇帝就都派自己左右亲近的人去担任典签,这样一来,典签的权力就比别的官职重些。到了这时,即使是年长的皇子去藩镇地方担任首领,或者是出身贫民的官员去地方镇守,典签也都独揽大局:接受官员们的报告、传达朝廷的命令,把持着重要的权力,刺史不能独自去行使权力。宗悫当上豫州刺史后,临安人吴喜做了典签。宗悫在刑法政令上的一些决定,吴喜往往违抗不执行。宗悫大为生气,说:"我宗悫已经快六十岁了,为国家竭忠尽力,到现在才得到这么一个斗大的豫州,我不能再和典签一起处理州府事务。"吴喜吓得磕破了头,才将宗悫的怒气平息了。

6 北魏丁零部落几千户人家,躲藏到井陉山做强盗,北魏选部尚书陆真和地方州郡联合出兵,消灭了这伙强盗。

7 闰三月戊午(初三),刘宋朝廷任命尚书左仆射刘遵考为丹杨尹。

8 癸酉(十八日),刘宋鄱阳哀王刘休业去世。

9　太傅义恭以南兖州刺史西阳王子尚有宠,将避之,乃辞扬州。秋,七月,解义恭扬州。丙子,以子尚为扬州刺史。时荧惑守南斗,上废西州旧馆,使子尚移治东城以厌之。扬州别驾从事沈怀文曰:"天道示变,宜应之以德。今虽空西州,恐无益也。"不从。怀文,怀远之兄也。

10　八月,魏平西将军渔阳公尉眷击伊吾,克其城,大获而还。

11　九月壬戌,以丹杨尹刘遵考为尚书右仆射。

12　冬,十月甲申,魏主还平城。

13　丙午,太傅义恭进位太宰,领司徒。

14　十一月,魏以尚书西平王源贺为冀州刺史,更赐爵陇西王。贺上言:"今北虏游魂,南寇负险,疆埸之间,犹须防戍。臣愚以为,自非大逆、赤手杀人,其坐赃盗及过误应入死者,皆可原宥,谪使守边。则是已断之体受更生之恩,徭役之家蒙休息之惠。"魏高宗从之。久之,谓群臣曰:"吾用贺言,一岁所活不少,增戍兵亦多。卿等人人如贺,朕何忧哉!"会武邑人石华告贺谋反,有司以闻,帝曰:"贺竭诚事国,朕为卿等保之,无此,明矣。"命精加讯验。华果引诬,帝诛之,因谓左右曰:"以贺忠诚,犹不免诬谤,不及贺者可无慎哉!"

9 太傅刘义恭因为感到南兖州刺史、西阳王刘子尚很受孝武帝的宠爱,所以他打算回避,于是,就辞去扬州刺史的官职。秋季,七月,孝武帝批准解除了刘义恭扬州刺史的职务。丙子(二十三日),任命刘子尚为扬州刺史。此时,正值火星紧挨在南斗星的旁边,孝武帝下令废除西州的旧日官府,命令刘子尚把官府移到东府城,以此镇压这一凶兆。扬州别驾从事沈怀文说:"上天星辰日月在显示变化,我们应该以推广德政来对此做出反应。现在,即使是把西州空出来恐怕也不会有什么好处。"孝武帝没有听他的话。沈怀文是沈怀远的哥哥。

10 八月,北魏平西将军、渔阳公尉眷进击伊吾,攻克了伊吾城,掳掠很多东西返回。

11 九月壬戌(初十),刘宋朝廷任命丹杨尹刘遵考为尚书右仆射。

12 冬季,十月甲申(初二),北魏国主返回平城。

13 丙午(二十四日),刘宋太傅刘义恭晋升为太宰,兼任司徒。

14 十一月,北魏任命尚书、西平王源贺为冀州刺史,改赐爵位为陇西王。源贺上书说:"如今,北方蛮虏不断进攻、骚扰,南方贼寇也时时对我们产生威胁,因此,我们的边疆一带,还必须要增加兵力,严加防守。我个人认为:除了大逆不道图谋造反的与杀人犯外,其馀凡是因贪赃、偷盗以及犯有罪过应该被判死刑的,都可以得到宽恕,将他们发配到边境上戍守。这样做,等于使他们已经断了的身体接受朝廷的再生之恩,负担徭役的人家,也因此能够得到歇息的实惠。"魏文成帝表示同意。很久以后,魏文成帝对众大臣说:"我采纳源贺的建议,一年之内,救活了不少人,边防的守卫兵力也增强了许多。你们这些人如果也像源贺这样,朕还有什么可担忧的呢?"偏巧,此时正赶上武邑人石华控告源贺要阴谋反叛,有关部门把这一消息告诉了文成帝。文成帝说:"源贺竭心尽力为国家做事,朕敢于向你们担保他,绝对不会有这样的事发生,这是很明显的。"文成帝命令详细查访验证。石华果然承认自己是诬告源贺,文成帝诛杀了石华,然后对左右说:"像源贺这种忠心耿耿的人还免不了要被别人诬蔑诽谤,而那些赶不上源贺的人,又怎么能不小心谨慎呢!"

15 十二月,濮阳太守姜龙驹、新平太守杨自伦弃郡奔魏。

16 上欲移青、冀二州并镇历城,议者多不同。青、冀二州刺史垣护之曰:"青州北有河、济,又多陂泽,非虏所向。每来寇掠,必由历城。二州并镇,此经远之略也。北又近河,归顺者易。近息民患,远申王威,安边之上计也。"由是遂定。

17 元嘉中,官铸四铢钱,轮郭、形制与五铢同,用费无利,故民不盗铸。及上即位,又铸孝建四铢,形式薄小,轮郭不成。于是盗铸者众,杂以铅、锡。剪凿古钱,钱转薄小。守宰不能禁,坐死、免者相继。盗铸益甚,物价踊贵,朝廷患之。去岁春,诏钱薄小无轮郭者悉不得行,民间喧扰。是岁,始兴郡公沈庆之建议,以为"宜听民铸钱,郡县置钱署,乐铸之家皆居署内,平其准式,去其杂伪。去春所禁新品,一时施用,今铸悉依此格。万税三千,严检盗铸。"丹杨尹颜竣驳之,以为"五铢轻重,定于汉世,魏、晋以降,莫之能改。诚以物货既均,改之伪生故也。今云去春所禁一时施用,若巨细总行而不从公铸,利己既深,情伪无极,私铸、剪凿尽不可禁,财货未赡,

15 十二月,刘宋濮阳太守姜龙驹、新平太守杨自伦放弃自己镇守的郡城,逃奔到了北魏。

16 刘宋孝武帝打算把青州和冀州州府全都移到历城,参与议论的人大多都不同意。青州、冀州二州刺史垣护之说:"青州北面有黄河、济水,又有很多河泽湖泊,不是胡虏所想要去的地方。每次有贼寇前来入侵,他们都一定先进攻历城。二州州府同时设在历城一地,这确实是长远之计啊。况且,它也北近黄河,前来归降的魏人容易安抚。从近处说,这样做可以消除老百姓的忧患,从远处看,它是伸扬国威、安定边疆的上策。"于是,这一方案就定下来了。

17 元嘉时期,官方铸制了四铢钱,四铢钱的轮廓、外形、样式和五铢钱一样,铸造这种钱没有什么赢利,因此,民间老百姓就没有人偷偷仿制这种钱。孝武帝即位,又继续铸制孝建四铢钱,这种钱币外形又薄又小,轮廓也不清楚明显。仿造的人很多,有的又在钱里掺杂上铅、锡。敲凿古钱,以图得到铸钱的原料,致使钱币又薄又小。守宰等地方官禁绝不了偷铸制钱币,为此,被处死或被免职的事接连不断发生。偷铸钱币的反而越来越多,物价飞涨,朝廷深为忧患。去年春季,朝廷颁下诏令,说钱太薄太小而且轮廓不清的,一律不能使用,立刻引起民间的喧嚷骚动。这一年,始兴郡公沈庆之提出一个建议:"我们应该允许老百姓自己铸造钱币,各郡县都设立一个钱署,把愿意铸造钱币的人家全都安排在钱署里,由朝廷制定一定的铸钱标准,不准他们在钱内掺加杂物。去年春天朝廷所查禁的那些新铸的钱币也都拿出来,允许继续使用一段时间,而从此以后,铸造钱币全都按照新制定的规格标准进行,一万钱收取税三千,严格检查是否还有偷偷铸币的人家。"但是,丹杨尹颜竣却反对这样做,他反驳说:"五铢钱币的轻重,是从汉代开始就规定了的标准,魏、晋以后,还没有谁能够更改。这实是由于钱币的价值和货物的价值已经相等,要是随意改变就一定会出现掺假的钱币的缘故。现在说去年春天所禁止使用的钱币还可以继续使用,如果让这些大小薄厚不均的钱币,全都可以在公开场合下流通,而不用由朝廷监制,可以说,这对个人有很大的好处,重利之下,作奸犯科的就会没有穷尽,而私自铸造钱币和偷偷剪凿破旧钱币的,也就永远不能禁绝。

大钱已竭,数岁之间,悉为尘土矣。今新禁初行,品式未一,须臾自止,不足以垂圣虑。唯府藏空匮,实为重忧。今纵行细钱,官无益赋之理。百姓虽赡,无解官乏。唯简费去华,专在节俭,求赡之道,莫此为贵耳。"议者又以为"铜转难得,欲铸二铢钱"。竣曰:"议者以为官藏空虚,宜更改铸。天下铜少,宜减钱式以救交弊,赈国舒民。愚以为不然。今铸二铢,恣行新细,于官无解于乏,而民间奸巧大兴,天下之货将糜碎至尽。空严立禁,而利深难绝,不一二年,其弊不可复救。民惩大钱之改,兼畏近日新禁,市井之间,必生纷扰。远利未闻,切患猥及,富商得志,贫民困窘,此皆甚不可者也。"乃止。

18　魏定州刺史高阳许宗之求取不节,深泽民马超谤毁宗之,宗之殴杀超,恐其家人告状,上超诋讪朝政。魏高宗曰:"此必妄也。朕为天下主,何恶于超而有此言!必宗之惧罪诬超。"案验,果然。斩宗之于都南。

这样一来,财货还没有增加,而大钱却已用尽,用不了几年时间,四铢钱全都会变成尘土了。现在,新的禁令刚刚开始实行,市面上流通的钱币的样式标准还没有统一。老百姓的骚动喧扰之声,不久自然而然就会停止,这不足以让皇上忧虑。库藏出现亏空,才是最令人担忧的事。如今,即使是允许使用小钱,朝廷也没有增加赋税的。即使老百姓富足起来了,也解决不了朝廷财力物力上的短缺。现在,我们只有崇尚俭朴、反对浪费奢华,把心思都用在勤俭节约上,寻求富裕之路,没有比这更好的了。"讨论这个问题的人中,又有人认为:"铜矿不容易找到,应该改铸二铢钱。"颜竣说:"提这一建议的人都认为现在国库财物缺乏,应该改铸钱币。天下铜很少,就应该减轻钱币的重量,以此来制止恶性循环的局面,使国家富足,老百姓宽裕。我认为这些想法并不是好办法。现在如果铸造二铢钱,只是一味地使用小钱薄钱,这样做,并不能解决朝廷的困难,而民间反而会发生更多的作奸犯科的事,天下所有的财货也将会被人们抢先用尽。只是空口说应该严格禁绝,但是获利大,就很难禁绝。不用一二年,这一弊病就会达到令人无法挽救的地步。老百姓已经觉察到了我们要把大钱改为小钱,加之,他们害怕近日颁布的新的禁令,在市井街巷肯定会发生混乱、纠纷。我们还没有看到长远的利益,而急切的弊端就已经显露出来了。致使豪富的商贾们越来越有钱、越来越贪心,而贫苦百姓的生活却是越来越穷困、越来越艰难,这样做,是绝对不行的。"于是,这场争论告一段落。

18　北魏定州刺史、高阳人许宗之贪赃没有节制,深泽平民马超毁谤许宗之,许宗之把马超活活打死。许宗之害怕马超家里人告状,就上书皇帝,说马超攻击诋毁、讥讽朝政。魏文成帝说:"这一定是虚假的。朕为一国之主,怎么惹恼了马超,使他能对我说出那样难听的话来!一定是许宗之自己害怕被告受罚,而先行诬陷马超。"文成帝命令详细调查,果然是那样。许宗之在城外南郊被斩首。

19　金紫光禄大夫颜延之卒。延之子竣贵重，凡所资供，延之一无所受，布衣茅屋，萧然如故。常乘羸牛笨车，逢竣卤簿，即屏住道侧。常语竣曰："吾平生不意见要人，今不幸见汝！"竣起宅，延之谓曰："善为之，无令后人笑汝拙也。"延之尝早诣竣，见宾客盈门，竣尚未起，延之怒曰："汝出粪土之中，升云霞之上，遽骄傲如此，其能久乎！"竣丁父忧，裁逾月，起为右将军，丹杨尹如故。竣固辞，表十上。上不许，遣中书舍人戴明宝抱竣登车，载之郡舍，赐以布衣一袭，絮以彩纶，遣主衣就衣诸体。

大明元年(丁酉,457)

1　春，正月辛亥朔，改元，大赦。

2　壬戌，魏主畋于嶂山，戊辰，还平城。

3　魏以渔阳王尉眷为太尉、录尚书事。

4　二月，魏人寇兖州，向无盐，败东平太守南阳刘胡。诏遣太子左卫率薛安都将骑兵，东阳太守沈法系将水军，向彭城以御之，并受徐州刺史申坦节度。比至，魏兵已去。先是，群盗聚任城荆榛中，累世为患，谓之任榛。申坦请回军讨之。上许之。任榛闻之，

19　刘宋金紫光禄大夫颜延之去世。颜延之的儿子颜竣人贵位重,颜延之对于儿子所送给他的财物等等,一律都不接受。他仍身穿粗陋的布衣,住在茅草房里,清贫地生活,一如往昔。平时,颜延之经常乘坐由羸弱的老牛拉着的破车,有时在街上碰见颜竣的开路卫队仪仗,就马上躲藏在路边。颜延之还经常对儿子颜竣说:"我平生不喜欢看见身居要位的重要人物,今天不幸的是我看见了你。"颜竣要兴建自己的宅邸,颜延之对他说:"好好地盖房子,不要让后代耻笑你笨拙无能。"颜延之曾经在某天早上前去看望儿子颜竣,看见前来求见他的宾客、下属挤满了屋子,可是颜竣却还没有起床。颜延之见状,勃然大怒,说:"你是出身于粪土之中的人,好不容易升到了云霄之上,就立刻骄横傲慢到如此地步,你怎么能够持久呢?"颜延之去世后,按照规定,颜竣应该离职回家,为父亲服孝三年,可是,才刚刚过了一个月,孝武帝就征召他回来,起用他为右将军,同时仍旧保留丹杨尹的官职。颜竣坚决推辞,写了十次奏章。孝武帝还是没有答应。派中书舍人戴明宝把颜竣抱上驿车,将他拉到了丹杨郡府。孝武帝赐给颜竣一身布织衣服,里面絮上一层染色的棉絮,派主衣官亲自送上门去,给颜竣穿上。

宋孝武帝大明元年(丁酉,公元457年)

1　春季,正月辛亥朔(初一),刘宋改年号,宣布大赦。

2　壬戌(十二日),北魏国主到崞山狩猎,戊辰(十八日),返回平城。

3　北魏朝廷任命渔阳王尉眷为太尉和录尚书事。

4　二月,北魏进攻兖州,指向无盐,击败了东平太守、南阳人刘胡。孝武帝下诏,派太子左卫率薛安都率领骑兵,东阳太守沈法系率领水军,一同向彭城挺进,以防御敌人的侵入,这两支大军同受徐州刺史申坦的指挥调遣。两路大军赶到彭城时,北魏的军队已经离开。在此之前,成群的盗寇聚集在任城丛林里,几代以来一直成为当地的祸患,当地人称他们为任榛。申坦请求趁大军班师回朝的机会,前去讨伐,孝武帝同意了他的请求。任榛听到这一消息后,

皆逃散。时天旱,人马渴乏,无功而还。安都、法系坐白衣领职。坦当诛,群臣为请,莫能得。沈庆之抱坦哭于市曰:"汝无罪而死。我哭汝于市,行当就汝矣!"有司以闻,上乃免之。

5 三月庚申,魏主畋于松山。己巳,还平城。

6 魏主立其弟新成为阳平王。

7 上自即吉之后,奢淫自恣,多所兴造。丹杨尹颜竣以藩朝旧臣,数恳切谏争,无所回避,上浸不悦。竣自谓才足干时,恩旧莫比,当居中永执朝政,而所陈多不纳,疑上欲疏之,乃求外出以占上意。夏,六月丁亥,诏以竣为东扬州刺史,竣始大惧。

8 癸卯,魏主如阴山。

9 雍州所统多侨郡县,刺史王玄谟上言:"侨郡县无有境土,新旧错乱,租课不时,请皆土断。"秋,七月辛未,诏并雍州三郡十六县为一郡。郡县流民不愿属籍,讹言玄谟欲反。时柳元景宗强,群从多为雍部二千石,乘声皆欲讨玄谟。玄谟令内外晏然以解众惑,驰使启上,具陈本末。上知其虚,遣主书吴喜抚慰之,且报曰:"七十老公,反欲何求!君臣之际,足以相保,聊复为笑,伸卿眉头耳。"玄谟性严,未尝妄笑,故上以此戏之。

全都四下逃散。此时，正赶上大旱季节，申坦的军队人马干渴困乏，没有结果而返回。为此，薛安都和沈法系免去官衔，只以平民的身份担任现职。申坦应该被判死刑，文武官员替申坦求情，没有效果。沈庆之在刑场上抱住申坦，失声痛哭，说："你没有罪却被判死刑。我在这里哭你，等你走了，我也就跟着你到地下去了。"有关部门把这些话报给了孝武帝，才赦免了申坦。

5 三月庚申（十一日），北魏国主到松山狩猎。己巳（二十日），返回平城。

6 魏主封立他的弟弟拓跋新成为阳平王。

7 刘宋孝武帝自从为父亲服丧期满后，就开始过起荒淫无度、奢侈糜烂的生活，他随心所欲地大兴土木。丹杨尹颜竣自以为是刘骏当王时的旧臣，所以，一连几次诚恳地劝谏，他进言直切、诚恳，无所保留和回避，孝武帝渐渐对他不满起来。但颜竣自认为自己才能卓越，才华盖世，他和孝武帝的交情，是其他文武官员无法相比的，觉得自己应该在朝廷永远把持大权。但是，他所建议的事情，孝武帝大多不采纳，于是，颜竣开始怀疑孝武帝有意要疏远他，就上书请求调到外地郡府任职，以试探孝武帝的想法。夏季，六月丁亥（初九），孝武帝颁下诏令，任命颜竣为东扬州刺史，颜竣才开始害怕起来。

8 癸卯（二十五日），北魏国主前往阴山。

9 刘宋雍州境内，设有很多侨郡县，刺史王玄谟向孝武帝进言说："侨郡县没有真正的领地，新设立的和过去的相互交错在一起，十分混乱，田赋捐税无法按时征收，请求在这些新侨郡县中整顿户籍，让百姓纳税服役。"秋季，七月辛未（二十四日），朝廷颁下诏令，将雍州的三个郡十六个县合并成一个郡。侨郡、侨县一些流亡百姓不愿意归属于当地的户籍，就制造谣言，谎称王玄谟打算起来反叛朝廷。当时，骠骑将军柳元景家族势力很强，族兄族弟中有很多人在王玄谟手下做官，这些人也想利用这些谣言声讨王玄谟。王玄谟马上命令大家安静下来，再解除大家的疑虑。随后，王玄谟派人骑马奔回建康，向孝武帝详细陈述了事情的始末。孝武帝知道所谓王玄谟图谋反叛的消息是假的，就派主书吴喜专程前去安慰王玄谟，告诉王玄谟说："已经是七十岁的老翁了，谋反想要得到什么呢？君臣之间，足可以相互作保。姑且当个笑话，把你紧锁的眉头伸展开吧。"王玄谟生性严肃，从没有随随便便开过玩笑，所以，孝武帝就借此事跟他开玩笑。

10　八月己亥,魏主还平城。

11　甲辰,徙司空、南徐州刺史竟陵王诞为南兖州刺史,以太子詹事刘延孙为南徐州刺史。初,高祖遗诏,以京口要地,去建康密迩,自非宗室近亲,不得居之。延孙之先虽与高祖同源,而高祖属彭城,延孙属莒县,从来不序昭穆。上既命延孙镇京口,仍诏与延孙合族,使诸王皆序长幼。

上闺门无礼,不择亲疏、尊卑,流闻民间,无所不至。诞宽而有礼,又诛太子劭、丞相义宣,皆有大功,人心窃向之。诞多聚才力之士,蓄精甲利兵,上由是畏而忌之,不欲诞居中,使出镇京口。犹嫌其逼,更徙之广陵。以延孙腹心之臣,使镇京口以防之。

12　魏主将东巡,冬,十月,诏太宰常英起行宫于辽西黄山。

13　十二月丁亥,更以顺阳王休范为桂阳王。

二年(戊戌,458)

1　春,正月丙午朔,魏设酒禁,酿、酤、饮者皆斩之。吉凶之会,听开禁,有程日。魏主以士民多因酒致斗及议国政,故禁之。增置内外候官,伺察诸曹及州、镇,或微服杂乱于府寺间,以求百官过失,有司穷治,讯掠取服。百官赃满二丈者皆斩。又增律七十九章。

10 八月己亥(二十二日),北魏国主返回平城。

11 甲辰(二十七日),朝廷任命司空、南徐州刺史、竟陵王刘诞为南兖州刺史,太子詹事刘延孙为南徐州刺史。当初,刘宋武帝刘裕曾留下遗言,认为京口是战略要地,距离建康非常近,除非皇室近亲,其他人不能驻守。刘延孙的祖先虽然和武帝刘裕是同一宗族,但是,高祖刘裕是彭城支系,刘延孙的祖先属于莒县支系,因此,两家从来不谈论血缘关系。孝武帝命令刘延孙去镇守京口后,才颁下诏书,跟刘延孙家合为一族,并让各个王和刘延孙之间排列辈分和长幼。

孝武帝在深宫内,荒淫无礼,不论女子的亲疏、尊卑关系如何,丑闻流传民间,没有不知道的。但是,刘诞却是生性厚道,待人温文有礼,而且又在诛杀太子刘劭和讨伐丞相刘义宣的战事中立下了大功,因此大家在心里都暗暗向着他。刘诞募集了许多有才能、有勇力的人,收藏了精良的甲胄、锐利的兵刃,孝武帝因此对刘诞又是害怕又是猜忌,所以,他不希望刘诞还留在朝廷,便下令他镇守京口。以后,还嫌他在京口离建康太近,又把他调到了广陵。由于刘延孙是心腹大臣,所以派他镇守京口,防备刘诞。

12 北魏国主将要去东部巡查,冬季,十月,颁下诏令,命太宰常英在辽西黄山兴建行宫。

13 十二月丁亥(十二日),刘宋朝廷改封顺阳王刘休范为桂阳王。

宋孝武帝大明二年(戊戌,公元458年)

1 春季,正月丙午朔(初一),北魏颁布禁酒令,酿酒、卖酒、饮酒的人,一律斩首。遇到喜事、丧事的时候,暂时可以开禁,但一定要有日期限制。魏主是因为士民、百姓常常由于酗酒而导致相互殴打,或者借着喝酒而在一起议论国家政事,所以颁布了禁酒令。北魏朝廷又增加了内外候官,监察各曹、州、镇,有时,内外候官还换上平民百姓穿的家常衣服,混杂在政府、寺庙等地,以此来寻找文武百官是否有什么过失,一旦发现,有关部门就会严加盘查,抓起来严刑拷打,逼招口供。文武百官接受贿赂赃物,布匹达到两丈的都被斩首。又增加七十九章法律条文。

2 乙卯,魏主如广宁温泉宫,遂巡平州。庚午,至黄山宫。二月丙子,登碣石山,观沧海。戊寅,南如信都,畋于广川。

3 乙酉,以金紫光禄大夫褚湛之为尚书左仆射。

4 丙戌,建平宣简王宏以疾解尚书令。三月丁未,卒。

5 丙辰,魏高宗还平城,起太华殿。是时,给事中郭善明,性倾巧,说帝大起宫室,中书侍郎高允谏曰:"太祖始建都邑,其所营立,必因农隙。况建国已久,永安前殿足以朝会,西堂、温室足以宴息,紫楼足以临望。纵有修广,亦宜驯致,不可仓猝。今计所当役凡二万人,老弱供饷又当倍之,期半年可毕。一夫不耕,或受之饥,况四万人之劳费,可胜道乎!此陛下所宜留心也。"帝纳之。

允好切谏,朝廷事有不便,允辄求见,帝常屏左右以待之。或自朝至暮,或连日不出,群臣莫知其所言。语或痛切,帝所不忍闻,命左右扶出,然终善遇之。时有上事为激讦者,帝省之,谓群臣曰:"君、父一也。父有过,子何不作书于众中谏之?而于私室屏处谏者,岂非不欲其父之恶彰于外邪!至于事君,何独不然。君有得失,不能面陈,而上表显谏,欲以彰君之短,明己之直,此岂忠臣所为乎!如高允者,乃忠臣也。朕有过,未尝不面言,至有朕所不堪闻者,允皆无所避。朕知其过而天下不知,可不谓忠乎!"

2 乙卯(初十),北魏国主前往广宁温泉宫,顺便巡查平州。庚午(二十五日),抵达黄山宫。二月,丙子(初二),登临碣石山,在山上远眺一望无际的茫茫大海。戊寅(初四),又南下前往信都,再到广川狩猎。

3 乙酉(十一日),刘宋朝廷任命金紫光禄大夫褚湛之为尚书左仆射。

4 丙戌(十二日),刘宋建平宣简王刘宏因为病重,免去了尚书令。三月丁未(初三),刘宏去世。

5 丙辰(十二日),魏文成帝返回平城,兴建太华殿。当时,给事中郭善明生性乖巧善变,他又游说文成帝大肆兴筑宫殿。中书侍郎高允劝谏说:"太祖时开始兴建城池街市,兴建时他一定让人利用农闲的时节。何况,我们国家已经建立很久了,永安前殿足够朝会时使用。宴请、歇息有西堂、温室足够了,紫楼足可以用来登高远眺。况且,纵然要扩大建设工程,也应该慢慢进行,不能仓猝行事。现在核算一下,要抽调民间差役两万人,而衰老病弱供应饭食的,又得增加一倍,预期半年可以完工。一个农夫不种田,就会有人挨饿,何况现在是动用四万人,劳力和费用是无法计算的。这是陛下您所应该留心的事。"文成帝接受了他的劝谏。

高允喜欢直言相谏,朝廷内有什么事做得不适当时,他就立刻请求觐见。文成帝常常屏退左右侍从,单独一人和他商谈。有时,二人从早到晚相谈,甚至一连几天都不出来,各位大臣不知他们谈些什么。有时,高允说话时言词激烈、切中要害,文成帝听不下去,就命令左右侍从把高允搀扶下去,但是他始终对高允很好。当时,有人上书措辞激烈地批评朝政,文成帝看完后对大臣们说:"君王和父亲是完全一样的。父亲有错,儿子为什么不把它写在纸上,在大庭广众之中进行劝谏,而偏偏私下在隐蔽之处劝谏?这难道不是不想让他父亲的罪恶昭彰在外,让天下人都知道吗?至于说臣子事奉君主,又何尝不是这样?君主有了什么过失,作为臣子,不能够当面直言劝谏,却要上书进行公开指责,这是想要使君主的短处昭彰于世,显示他自己的正直,这难道是一名忠君之臣所应该做的事吗?像高允那样的人,才是地地道道的忠君之臣。朕有了过失,他没有不当面直接批评的,甚至有时有些话,朕已经难以接受,但高允并不回避。朕由此知道了自己的过失,但天下人却不知道,难道这不能说是忠心吗?"

　　允所与同征者游雅等皆至大官,封侯,部下吏至刺史、二千石者亦数十百人,而允为郎,二十七年不徙官。帝谓群臣曰:"汝等虽执弓刀在朕左右,徒立耳,未尝有一言规正。唯伺朕喜悦之际,祈官乞爵,今皆无功而至王公。允执笔佐我国家数十年,为益不小,不过为郎,汝等不自愧乎!"乃拜允中书令。

　　时魏百官无禄,允常使诸子樵采以自给。司徒陆丽言于帝曰:"高允虽蒙宠待,而家贫,妻子不立。"帝曰:"公何不先言,今见朕用之,乃言其贫乎!"即日,至允第,惟草屋数间,布被,缊袍,厨中盐菜而已。帝叹息,赐帛五百匹,粟千斛,拜长子悦为长乐太守。允固辞,不许。帝重允,常呼为令公而不名。

　　游雅常曰:"前史称卓子康、刘文饶之为人,褊心者或不之信。余与高子游处四十年,未尝见其喜愠之色,乃知古人为不诬耳。高子内文明而外柔顺,其言呐呐不能出口。昔崔司徒尝谓余云:'高生丰才博学,一代佳士,所乏者,矫矫风节耳。'余亦以为然。及司徒得罪,起于纤微,诏指临责,司徒声嘶股栗,殆不能言。宗钦已下,伏地流汗,皆无人色。高子独敷陈事理,申释是非,辞义清辩,音韵高亮。人主为之动容,听者无不神耸,此非所谓矫矫者乎! 宗爱

与高允同时被征召的游雅等人,全都做了大官,被封为侯,部下官至刺史、有二千石俸禄的人也有几十成百名了。可是,高允还仍然为著作郎,二十七年从来没有升过官。文成帝对各大臣说:"你们这些人虽然每天手持刀箭,站在朕旁边侍候,却不过是白白地站着,没有一个人劝谏过我一句话。而只是在看到我心情高兴时,要求赏赐一官半爵,现在,你们全都没有什么功劳,却做了王公。高允用一支笔辅佐治理国家几十年了,他的贡献不小,可他仍然不过是个郎官,你们这些人难道不感到惭愧吗?"于是,提升高允为中书令。

　　当时,北魏文武百官都没有俸禄,高允常让他的儿子们上山砍柴,来维持家里的生计。司徒陆丽对文成帝说:"高允虽然蒙受您的优待,但是他家的生活却相当贫困,他的妻子和孩子也没有生活来源。"文成帝说:"你为什么不早说?偏偏看朕重用了高允,才告诉我说他穷。"当天,文成帝亲自来到高允家,看见高允家里只有几间草房,几床粗布被褥和用旧麻絮做的棉袍,厨房里也只有一些青菜和盐。文成帝忍不住叹息,赏赐给高允家五百匹绢帛,一千斛粟米,任命高允的长子高悦为长乐太守。高允竭力推辞,但文成帝不同意。文成帝很器重高允,平时经常称高允为令公,而不叫他的名字。

　　游雅常说:"从前史书上曾经称赞汉代卓子康、刘文饶的为人,心地狭窄的人不相信那是真的。我和高允相处为官四十年了,从未看见他把喜怒哀乐表现在脸上,为此,我才知道古人古事都不是假的。高允内心文采光明,外表温和柔顺,他说话时总是慢腾腾的,就好像不会表达一样。从前,司徒崔浩曾经对我说:'高允博才多学,是一代俊杰,他所缺乏的,恐怕只是一点儿刚毅的风骨。'我也认为是这样,直到崔浩犯了罪,不过是因为一些细微小事,可是,皇上亲自审问时,崔浩吓得浑身发抖,声嘶力竭说不出话来。宗钦以下的官员,也都吓得趴在地上,汗流浃背,个个面无人色。只有高允一人站在那里详细陈说事件的经过,进一步阐述是非曲直,表达清晰而有条理,阐明的事理清楚有深度,且声音高亢、洪亮,连皇上听着都为之动容,听的人没有不为他捏着一把汗的,这种行为,不是刚毅的风骨又是什么呢?在宗爱

方用事,威振四海。尝召百官于都坐,王公已下皆趋庭望拜,高子独升阶长揖。由此观之,汲长孺可以卧见卫青,何抗礼之有!此非所谓风节者乎!夫人固未易知。吾既失之于心,崔又漏之于外,此乃管仲所以致协于鲍叔也。"

6　乙丑,魏东平成王陆俟卒。

7　夏,四月甲申,立皇子子绥为安陆王。

8　帝不欲权在臣下,六月戊寅,分吏部尚书置二人,以都官尚书谢庄、度支尚书吴郡顾觊之为之。又省五兵尚书。

初,晋世,散骑常侍选望甚重,与侍中不异。其后职任闲散,用人渐轻。上欲重其选,乃用当时名士临海太守孔觊、司徒长史王彧为之。侍中蔡兴宗谓人曰:"选曹要重,常侍闲淡,改之以名而不以实,虽主意欲为轻重,人心岂可变邪!"既而常侍之选复卑,选部之贵不异。觊,琳之之孙;彧,谧之兄孙;兴宗,廓之子也。

裴子野论曰:官人之难,先王言之,尚矣。周礼,始于学校,论之州里,告诸六事,而后贡于王庭。其在汉家,州郡积其功能,五府举为掾属,三公参其得失,尚书奏之天子。一人之身,所阅者众,故能官得其才,鲜有败事。魏、晋易是,所失弘多。夫厚貌深衷,险如溪壑,

正好高升,把持着大权的时候,其威风凛凛,震撼四海。宗爱曾经召集文武百官到朝堂论事,王公以下的官员,全都小步前行到宗爱面前,向宗爱叩拜,只有高允一人走上台阶,只对宗爱长揖了一下。从这件事上看,汉汲黯可以躺在床上会见卫青,行对等的礼节,有什么不可以的?这难道不就是我们所说的高风亮节吗?了解一个人,本来就不是一件容易的事。我已经看错了他的内在品德,而崔浩又看漏了他的外在气质,这就是管仲之所以对鲍叔牙的死感到万分悲痛的真正原因啊!"

6 乙丑(二十一日),北魏东平成王陆俟去世。

7 夏季,四月甲申(十一日),刘宋孝武帝立皇子刘子绥为安陆王。

8 孝武帝不希望把大权交给自己的臣属。六月戊寅(初六),吏部尚书分设两名,任命都官尚书谢庄、度支尚书吴郡人顾觊之分别担任。同时,撤销了五兵尚书这一官位。

当初,晋朝时期,散骑常侍官职的选授很被天下人看重,和侍中没有两样。后来,这一官职的工作清闲松散,担任这一职务的人也变得越来越无足轻重了。现在孝武帝打算提高它的地位,所以他任用当时很有名望的临海太守孔觊、司徒长史王彧担当这一职务。侍中蔡兴宗对人说:"吏部地位重要,而常侍工作清闲、无关紧要,如果仅仅是在名称上更改一下,而不是加强实际权力,尽管是皇上想要提高它的地位,人心又怎么能够改变过来呢?"不久,散骑常侍的地位再度降低,而吏部的尊贵,却与从前没什么两样。孔觊是孔琳之的孙子,王彧是王谧哥哥的孙子,蔡兴宗是蔡廓的儿子。

裴子野评论说:选用适当的人任某一官职,是件很困难的事,前代君王早已说过,这已经很久了。按周朝的礼仪来说,从学校开始就注重人才的培养,首先在他的家乡加以评论,把评论的结果告诉给各个州郡的六事,再由六事把这些人的姓名呈报给朝廷。在汉王朝时代,各个州郡搜集一些有才能有功劳人的情况,再由五府任命他们为辅佐,三公前来具体考察他们工作的得失,尚书把考察结果呈报给天子。一个人才,经过了这么多道的审查,因此,为官者能够称职,人尽其才,很少把事情做坏。魏、晋时代不是这样,选用官员的失误特别多。有些人长着一副忠厚诚恳的面孔,但内心却是阴险狡猾得很,就好像那万丈深渊一样难以摸透。

择言观行,犹惧弗周。况今万品千群,俄折乎一面,庶僚百位,专断于一司,于是嚣风遂行,不可抑止。干进务得,兼加诪渎,无复廉耻之风,谨厚之操。官邪国败,不可纪纲。假使龙作纳言,舜居南面,而治致平章,不可必也,况后之官人者哉!孝武虽分曹为两,不能反之于周、汉,朝三暮四,其庸愈乎!

9　丙申,魏主畋于松山。庚午,如河西。

10　南彭城民高阇、沙门昙标以妖妄相扇,与殿中将军苗允等谋作乱,立阇为帝。事觉,甲辰,皆伏诛,死者数十人。于是下诏沙汰诸沙门,设诸科禁,严其诛坐。自非戒行精苦,并使还俗。而诸尼多出入宫掖,此制竟不能行。

中书令王僧达,幼聪警能文,而跌荡不拘。帝初践阼,擢为仆射,居颜、刘之右。自负才地,谓当时莫及,一二年间,即望宰相。既而迁护军,怏怏不得志,累启求出。上不悦,由是稍稍下迁,五岁七徙,再被弹削。僧达既耻且怨,所上表奏,辞旨抑扬,又好非议朝政,上已积愤怒。路太后兄子尝诣僧达,趋升其榻,僧达令舁弃之。太后大怒,固邀上令必杀僧达。会高阇反,上因诬僧达与阇通谋,八月丙戌,收付廷尉,赐死。

即或是听其言、观其行,恐怕也还是不能全面了解。何况现在千千万万的为官者,只靠偶尔见过一面的印象,就要决定是晋升还是削免,成百的僚属的任用,由一个部门独断专行。从此,投机钻营的恶劣风气猖獗,不能遏止。为了能升官封爵满足自己的贪欲,就用尽一切手段去谄媚、渎职枉法,廉耻之风荡然无存,官吏们不再有谨慎宽厚的操行。贪官污吏作恶多端,致使国家政局混乱腐败,不能再加约束。纵使是舜帝面南主持朝政,让龙做尚书,要想使国家达到太平盛世,恐怕也未必做得到,更何况后代那些为官的人呢。如今,孝武帝虽然把吏部尚书一分为二,却已无法再回到周、汉时代了。仅仅是朝三暮四更改名称,这岂不是变本加厉吗?

9　丙申(二十四日),魏主到松山狩猎。庚午(二十八日),前往河西。

10　刘宋南彭城平民高阇、和尚昙标用妖邪虚妄的语言胡言乱语,煽动人心,同殿中将军苗允等人秘密勾结,阴谋叛乱,拥护高阇做皇帝。事情被发觉,甲辰(初二),全被抓起来处死,同时受牵连被斩首的人有几十个。为此,孝武帝颁下诏令,清除所有和尚,并公布各种禁令,严格执行株连制度。除了能严守戒规、苦心修行的高僧外,其余的都要还俗。可是,有很多尼姑经常出入深宫,这项规定竟然执行不了。

中书令王僧达,自幼聪明伶俐,写得一手好文章,可是他个人却是放荡行事,不拘小节。孝武帝刚刚登上帝位,曾提拔他做仆射,官位在颜竣、刘延孙二人之上。因此,王僧达自负才能和门第,认为当世之人没有谁能比得上他,一二年的工夫,他就能升为宰相。不久他却被贬为护军将军,所以心里郁郁不得志,几次上书请求到外地任职。孝武帝很不高兴,从此以后慢慢把他降级,五年之间,连贬七次,最后又被弹劾。王僧达既觉得耻辱,又心怀不满和怨恨,每次写给孝武帝的奏章,言辞之间多有不平,又特别喜欢指责朝政的弊端,孝武帝早已积着一股怨气。偏巧,皇太后路氏哥哥的儿子曾经拜访王僧达,他直接就坐到了王僧达的床上,王僧达下令把床扔出去。路太后因此非常恼怒,把孝武帝叫来让他一定把王僧达杀了。这时,正赶上高阇谋反,孝武帝顺势陷害王僧达与高阇是同谋。八月丙戌(十五日),逮捕了王僧达交付廷尉,命他自杀。

沈约论曰：夫君子、小人，类物之通称，蹈道则为君子，违之则为小人。是以太公起屠钓为周师，傅说去版筑为殷相，明扬幽仄，唯才是与。逮于二汉，兹道未革：胡广累世农夫，致位公相；黄宪牛医之子，名重京师。非若晚代分为二途也。魏武始立九品，盖以论人才优劣，非谓世族高卑。而都正俗士，随时俯仰，凭借世资，用相陵驾。因此相沿，遂为成法。周、汉之道，以智役愚；魏、晋以来，以贵役贱。士庶之科，较然有辨矣。

裴子野论曰：古者，德义可尊，无择负贩。苟非其人，何取世族！名公子孙，还齐布衣之伍。士庶虽分，本无华素之隔。自晋以来，其流稍改，草泽之士，犹显清途。降及季年，专限阀阅。自是三公之子，傲九棘之家，黄散之孙，蔑令长之室。转相骄矜，互争铢两，唯论门户，不问贤能。以谢灵运、王僧达之才华轻躁，使其生自寒宗，犹将覆折，重以怙其庇荫，召祸宜哉。

11 九月乙巳，魏主还平城。

12 丙寅，魏大赦。

沈约评论说:所谓君子与小人不过是分别对一类人物的通称。走正路,就是君子;不走正路,就是小人。所以,姜太公起于屠夫渔夫之中做了周朝的太师,傅说放下筑屋垒墙的工作,做了殷朝的宰相。从下层中发现被埋没的人才,完全取决于他本人是否有才能。直到两汉时期,这个道理还没有改变:胡广出身于世代务农的农夫家里,他却能高升到公相的位置;黄宪也不过是个兽医的儿子,名声竟也威震京师。并不像后代把人分成士族和庶族两等。魏武帝开始建立九品中正制度,依此来评价人才的优劣,却不是用来评价家世的高低贵贱,但是地方的都正俗人们却为了个人利益,随波逐流,他们依仗着自己门第的高贵、出身的显赫,以此高居于别人之上。并由此而形成了习惯,最后竟然成为一种约定俗成的法规。周、汉王朝的方法,是有才智的人役使愚昧无知的人;魏、晋以后则是出身高贵、地位高贵的人驱使出身卑贱的人。士族与庶族的不同品类就有明显的区别了。

裴子野评论说:古代,只要是有道德讲仁义的人,都会受到尊敬,不管他的出身是贩夫还是走卒。如果这个人品质低劣,即使他出身世族,又有什么可取的呢? 名公高位的人的子孙和普通老百姓是一样的。虽然士族和庶族有所区别,但却没有什么豪华与凡素的对立。从晋代以来,这一潮流渐渐改变,出身草野荒泽的寒士,还可以在清正的仕途中得到显贵。到了晋末,就专门注意人的门第出身了。从此,三公的儿子,瞧不起一般官宦人家;朝中官员的子孙,更看不起地方官吏的后代。彼此之间相互傲慢骄矜,争比高低,斤斤计较。只看出身门第,而不问贤德才能。像谢灵运、王僧达这种身负才华,却又性情轻狂骄躁的人,即使让他们生在寒门之家,也仍然要遭到覆亡摧折,何况他们还要仗恃着自己出身显贵的特权,最终为自己招来杀身之祸,是理所当然的事啊!

11　九月乙巳(初四),北魏国主返回平城。

12　丙寅(二十五日),北魏实行大赦。

冬,十月甲戌,魏主北巡,欲伐柔然,至阴山,会雨雪,魏主欲还,太尉尉眷曰:"今动大众以威北狄,去都不远而车驾遽还,虏必疑我有内难。将士虽寒,不可不进。"魏主从之,辛卯,军于车仑山。

13 积射将军殷孝祖筑两城于清水之东。魏镇西将军封敕文攻之,清口戍主、振威将军傅乾爱拒破之。孝祖,羡之曾孙也。上遣虎贲主庞孟虬救清口,青、冀二州刺史颜师伯遣中兵参军苟思达助之,败魏兵于沙沟。师伯,竣之族兄也。上遣司空参军卜天生将兵会傅乾爱及中兵参军江方兴共击魏兵,屡破之,斩魏将窟瓌公等数人。十一月,魏征西将军皮豹子等将三万骑助封敕文寇青州,颜师伯御之,辅国将军焦度刺豹子坠马,获其铠槊具装,手杀数十人。度,本南安氐也。

14 魏主自将骑十万、车十五万两击柔然,度大漠,旌旗千里。柔然处罗可汗远遁,其别部乌朱驾颓等帅数千落降于魏。魏主刻石纪功而还。

15 初,上在江州,山阴戴法兴、戴明宝、蔡闲为典签。及即位,皆以为南台侍御史兼中书通事舍人。是岁,三典签并以初举兵预密谋,赐爵县男。闲已卒,追赐之。

时上亲览朝政,不任大臣。而腹心耳目,不得无所委寄。法兴颇知古今,素见亲待。鲁郡巢尚之,人士之末,涉猎文史,为上所知,亦以为中书通事舍人。凡选授诛赏大处分,上皆与法兴、尚之参怀,内外杂事,多委明宝。三人权重当时。而法兴、明宝大纳货贿,凡所荐达,言无不行,天下辐凑,门外成市,家产并累千金。

冬季，十月甲戌（初四），北魏国主文成帝向北巡察，想要讨伐柔然，走到阴山，正赶上下大雪，魏主打算回去。太尉尉眷说："现在，我们发动全军去威震北狄，离开都城还没有多远，却要突然班师回朝，蛮虏们一定怀疑我们国内发生了动乱。将士们虽然感到寒冷，但却不能不继续前进。"魏主接受了劝告。辛卯（二十一日），北魏大军屯扎在车仑山。

13 刘宋积射将军殷孝祖，在清水东岸建造了两座城池。北魏镇西将军封敕文向那里发动进攻，清口镇将、振威将军傅乾爱率军抵抗，大败封敕文。殷孝祖是殷羡的曾孙。孝武帝派遣虎贲主庞孟虬援助清口，青州、冀州刺史颜师伯派遣中兵参军苟思达也赶来相助，在沙沟大败北魏大军。颜师伯是颜竣的族兄。孝武帝又派遣司空参军卜天生率领大军和傅乾爱及中兵参军江方兴会师，一起抗击北魏大军，他们几次大败敌军，并斩了北魏大将窟瓌公等几人。十一月，北魏征西将军皮豹子等人率领三万骑兵援助封敕文，入侵青州，刘宋颜师伯抵御，辅国将军焦度刺中皮豹子，皮豹子从马背上摔下，焦度抢到皮豹子的铠甲、长矛等全套装备，亲手杀死几十人。焦度本来是南安氐人。

14 北魏国主亲自统率十万骑兵、十五万辆战车，进攻柔然国。他们穿过大沙漠，旌旗飘扬，绵延千里。柔然国处罗可汗郁久闾吐贺真远远逃走。其支派乌朱驾颓等人率领几千个帐落向北魏投降。文成帝在柔然国刻石记下战功，然后班师回朝。

15 当初，孝武帝在江州时，山阴人戴法兴、戴明宝、蔡闲担任典签。待孝武帝登基做了皇帝后，就把这三人全都任命为南台侍御史兼任中书通事舍人。这一年，这三位典签官因为最初起兵时参与了密谋，而被赐为县级男爵。蔡闲已经去世，被追赠这一爵位。

当时，孝武帝亲自上朝处理政务，而不信任手下大臣。他的心腹、耳目不能无所寄托。戴法兴非常熟悉古代历史和当代政治，平时一直受到孝武帝的亲近和厚待。鲁郡人巢尚之出身寒门，他通览文史，深受孝武帝的赏识，也任命他为中书通事舍人。凡是官员的遴选、免职、赏赐、诛杀等重大事情，孝武帝都要和戴法兴、巢尚之商量讨论，宫廷内外事务大都委托戴明宝处理。在当时，三人权势显赫，超过所有人。但戴法兴、戴明宝大肆收受贿赂，凡是他们推荐上的官员，从来没有不通过的。天下趋炎附势的人都集中到他们那里争相巴结，家门外像闹市一样人来人往，他们的家产也都积累到了千金。

　　吏部尚书顾觊之独不降意于法兴等。蔡兴宗与觊之善，嫌其风节太峻，觊之曰："辛毗有言：'孙、刘不过使吾不为三公耳。'"觊之常以为："人禀命有定分，非智力可移，唯应恭己守道。而暗者不达，妄意徼幸，徒亏雅道，无关得丧。"乃以其意命弟子原著《定命论》以释之。

吏部尚书顾觊之偏偏不巴结戴法兴等人。侍中蔡兴宗和顾觊之关系不错，但他嫌顾觊之风骨气节太硬，顾觊之说："辛毗有句话：'孙资、刘放顶多让我当不上三公罢了。'"顾觊之自己经常认为："人的天赋才能和人的命运好坏，上天都是有定分的，不是靠才智、聪慧就能够改变的，所以，人只应该恭良克己、严守正道。但是，愚蠢的人并不完全了解这一点，他们只是一味地胡思乱想，总想能侥幸得到这些，结果白白地使自己在正直的道路上走偏了，而对自己的得与失并没有什么用处。"于是，按照这种想法，他命令自己的侄子顾原撰写了《定命论》，用以解释、阐明自己的这一观点。

卷第一百二十九　宋纪十一

起己亥(459)尽甲辰(464)凡六年

世祖孝武皇帝下
大明三年(己亥,459)

1　春,正月己巳朔,兖州兵与魏皮豹子战于高平,兖州兵不利。

2　己丑,以骠骑将军柳元景为尚书令,右仆射刘遵考为领军将军。

3　己酉,魏河南公伊馛卒。

4　三月乙卯,以扬州六郡为王畿,更以东扬州为扬州,徙治会稽,犹以星变故也。

5　三月庚寅,以义兴太守垣阆为兖州刺史。阆,遵之子也。

6　夏,四月乙巳,魏主立其弟子推为京兆王。

7　竟陵王诞知上意忌之,亦潜为之备。因魏人入寇,修城浚隍,聚粮治仗。诞记室参军江智渊知诞有异志,请假先还建康,上以为中书侍郎。智渊,夷之弟子也,少有操行,沈怀文每称之曰:"人所应有尽有,人所应无尽无者,其唯江智渊乎!"

是时,道路皆云诞反。会吴郡民刘成上书称:"息道龙昔事诞,见诞在石头城修乘舆法物,习唱警跸。道龙忧惧,私与伴侣言之,诞杀道龙。"又豫章民陈谈之上书称:"弟咏之在诞左右,见诞书陛下年纪姓讳,往巫郑师怜家祝诅。

世祖孝武皇帝下
宋孝武帝大明三年(己亥,公元459年)

1　春季,正月己巳朔(初一),刘宋兖州军队同北魏的征西将军皮豹子在高平大战,兖州军失利。

2　己丑(二十一日),刘宋朝廷任命骠骑将军柳元景为尚书令,右仆射刘遵考为领军将军。

3　己酉(十一日),北魏河南公伊馛去世。

4　三月乙卯(初二),刘宋朝廷把扬州六郡划为王畿,把东扬州改称为扬州,州府迁到了会稽,这样做,是由于天上星象变化的缘故。

5　三月庚寅(二十三日),朝廷任命义兴太守垣阆为兖州刺史。垣阆是垣遵的儿子。

6　夏季,四月乙巳(初八),北魏国主封立他弟弟的儿子拓跋推为京兆王。

7　刘宋竟陵王刘诞知道孝武帝猜忌他,也私下里做好了应变的准备。他利用北魏大军侵入的时机,修筑城墙,疏通护城河,积蓄粮食,整治武器。刘诞手下的记室参军江智渊知道刘诞有谋反的打算,就向刘诞请假,先回到了建康,孝武帝刘骏任命他为中书侍郎。江智渊是江夷弟弟的儿子,从小就很有操行,沈怀文常常称赞他,说:"人所应该具有的,他都有,人所应该没有的,他都没有,这样的人,恐怕就只有江智渊了吧!"

这时,人们都在传言,说刘诞就要反叛。偏巧,赶上吴郡平民刘成上书声称:"我的儿子刘道龙过去在刘诞那儿做事,看见刘诞在石头城修治皇帝专用的马车和仪仗器物,并练习皇帝出宫时的警卫清道。刘道龙见后,又惊又怕,私下里把他所见到的事跟他的伙伴们说了,刘诞知道后斩了刘道龙。"与此同时,豫章平民陈谈之也上书:"我弟弟陈咏之在刘诞左右任职,看见刘诞写下陛下的年龄、姓名等避讳的东西,前往巫师郑师怜家里进行巫术诅咒活动。

咏之密以启闻,诞诬咏之乘酒骂詈,杀之。"上乃令有司奏诞罪恶,请收付廷尉治罪。乙卯,诏贬诞爵为侯,遣之国。诏书未下,先以羽林禁兵配兖州刺史垣阆,使以之镇为名,与给事中戴明宝袭诞。

阆至广陵,诞未悟也。明宝夜报诞典签蒋成,使明晨开门为内应。成以告府舍人许宗之,宗之入告诞。诞惊起,呼左右及素所畜养数百人执蒋成,勒兵自卫。天将晓,明宝与阆帅精兵数百人猝至,而门不开。诞已列兵登陴,自在门上斩蒋成,赦作徒、系囚,开门击阆,杀之,明宝从间道逃还。诏内外纂严。以始兴公沈庆之为车骑大将军、开府仪同三司、南兖州刺史,将兵讨诞。甲子,上亲总禁兵顿宣武堂。

司州刺史刘季之,诞故将也,素与都督宗悫有隙,闻诞反,恐为悫所害,委官,间道自归朝廷,至盱眙,盱眙太守郑瑗疑季之与诞同谋,邀杀之。

沈庆之至欧阳,诞遣庆之宗人沈道愍赍书说庆之,饷以玉环刀。庆之遣道愍反,数以罪恶。诞焚郭邑,驱居民悉使入城,闭门自守,分遣书檄,邀结远近。时山阳内史梁旷家在广陵,诞执其妻子,遣使邀旷,旷斩使拒之。诞怒,灭其家。

陈咏之马上把这一情况秘密呈报,但刘诞却反诬陈咏之这是借酒辱骂他,就把陈咏之杀了。"孝武帝立刻命令有关部门奏报刘诞的罪行,有关部门请求把刘诞抓进监狱,判刑惩治。乙卯(十八日),孝武帝下诏,将刘诞的爵位贬为侯爵,遣返回他所在的封国。诏书还没有颁下,孝武帝先把羽林禁卫军配给兖州刺史垣阆,让垣阆以前往镇守的名义和给事中戴明宝联合袭击刘诞。

垣阆到达广陵,刘诞还没有醒悟过来。戴明宝连夜通知刘诞的典签蒋成,命令他第二天早晨打开城门作为内应。蒋成马上把这事报告给了府舍人许宗之,许宗之又赶快进去报告给了刘诞。刘诞大吃一惊,从床上跳起,赶快召集左右人员和平常训练蓄养的将士几百人,逮捕了蒋成,下令军队进入临战状态,进行自卫。天色将要破晓时,戴明宝和垣阆率领精锐士卒几百人突然涌来,可是城门却没有打开。刘诞则已登上城楼,列好队形,亲自在城楼上斩了蒋成,赦免了那些做奴工和被关押的囚徒,打开城门,迎击垣阆,并将垣阆杀死。戴明宝从小路逃回。孝武帝颁下诏令,命全国进入戒严状态。任命始兴公沈庆之为车骑大将军、开府仪同三司、南兖州刺史,率领大军讨伐刘诞。甲子(二十七日),孝武帝亲自统领禁卫军,驻扎宣武堂。

司州刺史刘季之是刘诞以前的将领,他平时就和都督宗悫有隔阂,听说刘诞起兵反叛,害怕自己被宗悫陷害,就放弃了官职,从小路一个人奔回朝廷,走到盱眙时,盱眙太守郑瑗怀疑刘季之和刘诞是同谋,就在中途截杀了刘季之。

沈庆之率军赶到欧阳,刘诞派沈庆之的同族人沈道愍带着自己的亲笔信,前去沈庆之那里游说,并送给沈庆之一把玉环刀。沈庆之将沈道愍送了回去,并向沈道愍列举了刘诞的种种罪状。刘诞放火烧了附近的城邑、村落,将老百姓全部驱赶到了城里,然后关闭城门,自行坚守。同时,他又分别让人送出文告,邀请结交远近人士起来响应。当时,山阳内史梁旷,家在广陵,刘诞把他的妻子、孩子抓了起来,然后派遣使者邀请梁旷出兵响应,梁旷斩了使者,拒绝刘诞的邀约。刘诞大怒,杀了梁旷全家。

诞奉表投之城外曰:"陛下信用谗言,遂令无名小人来相掩袭。不任枉酷,即加诛翦。雀鼠贪生,仰违诏敕。今亲勒部曲,镇扞徐、兖。先经何福,同生皇家?今有何愆,便成胡、越?陵锋蹈戈,万没岂顾,荡定之期,冀在旦夕。"又曰:"陛下宫帷之丑,岂可三缄!"上大怒,凡诞左右、腹心、同籍、期亲在建康者并诛之,死者以千数,或有家人已死,方自城内出奔者。

庆之至城下,诞登楼谓之曰:"沈公垂白之年,何苦来此!"庆之曰:"朝廷以君狂愚,不足劳少壮故耳。"

上虑诞奔魏,使庆之断其走路,庆之移营白土,去城十八里,又进军新亭。豫州刺史宗悫、徐州刺史刘道隆并帅众来会。兖州刺史沈僧明,庆之兄子也,亦遣兵助庆之。先是诞诳其众,云"宗悫助我"。悫至,绕城跃马呼曰:"我,宗悫也!"

诞见诸军大集,欲弃城北走,留中兵参军申灵赐守广陵。自将步骑数百人,亲信并自随,声云出战,邪趋海陵道,庆之遣龙骧将军武念追之。诞行十馀里,众皆不欲去,互请诞还城,诞曰:"我还易耳,卿能为我尽力乎?"众皆许诺。诞乃复还,筑坛歃血以誓众,凡府州文武皆加秩。以主簿刘琨之为中兵参军,琨之,遵考之子也,辞曰:"忠孝不得并。琨之老父在,不敢承命。"诞囚之十馀日,终不受,乃杀之。

刘诞把呈送给孝武帝的奏章投到了城外,说:"陛下听信谗言,于是派无名小辈突然前来偷袭我。我忍受不了这种残酷的冤屈,所以就把他们诛杀了。麻雀、老鼠尚且贪生怕死,我不得不违抗圣旨。今天亲自率领部下,誓死保卫徐州、兖州。以前,我有什么样的福分,和你一同生在了皇家? 如今,我又有什么过失,同你成了胡、越那样的死敌? 冒着刀锋,脚踩戈矛,我万死不辞,大局稳定的日子,希望就在早晚间实现。"又说:"对陛下宫闱内的丑闻,我又怎能缄口不语?"孝武帝大怒,下令凡是在建康城内刘诞的左右心腹、同一个祖系中穿孝服一年以上的亲戚,全都杀头,当时被杀的人数以千计。有些人家属已被杀了,本人却正从广陵城内逃出来。

沈庆之率军来到广陵城下,刘诞登上城楼,对沈庆之说:"沈公已到了满头白发的年龄了,何苦还来此地呢!"沈庆之回答说:"朝廷认为你狂妄愚蠢,所以不需要烦劳那些青壮年出马。"

孝武帝担心刘诞会投奔到北魏,所以,就派沈庆之切断了刘诞的逃路。沈庆之把军营移到了白土,该地距离广陵城有十八里。尔后,又进军新亭。豫州刺史宗悫、徐州刺史刘道隆,也一同率领大军和沈庆之会师。兖州刺史沈僧明,是沈庆之哥哥的儿子,他也派遣兵力前来援助沈庆之。在这之前,刘诞诳骗他的部下们说:"宗悫可以援助我们。"宗悫抵达这里后,骑马绕城一周,大声呼喊:"我就是宗悫。"

刘诞眼看朝廷各路大军聚集在广陵城下,打算放弃城池,向北逃跑,留下中兵参军申灵赐坚守广陵。他自己率领几百名步骑兵,连同跟随他的亲信随从,声称要出城作战,顺着斜路奔向海陵。沈庆之派龙骧将军武念前去追击。刘诞走了十几里,大家都不愿意离开,纷纷请求再回广陵城。刘诞说:"我们回去是很容易的事,回去之后,你们能为我竭心尽力吗?"大家都许下诺言。于是,刘诞又返回广陵。他建起一座高台,与众将士歃血为盟。将全体官员的官职都升了一级,任命主簿刘琨之为中兵参军。刘琨之是刘遵考的儿子,他辞让说:"忠与孝不能两全,我老父还在建康,我不能接受任命。"刘诞囚禁了刘琨之十几天,刘琨之最终还是不接受任命,刘诞就把他杀了。

　　右卫将军垣护之、虎贲中郎将殷孝祖等击魏还,至广陵,上并使受庆之节度。庆之进营,逼广陵城。诞饷庆之食,提挈者百馀人,出自北门。庆之不开视,悉焚之。诞于城上授函表,请庆之为送,庆之曰:"我受诏讨贼,不得为汝送表。汝必欲归死朝廷,自应开门遣使,吾为汝护送。"

　　8　东扬州刺史颜竣遭母忧,送丧还都,上恩待犹厚,竣时对亲旧有怨言,或语及朝廷得失。会王僧达得罪,疑竣谮之,将死,具陈竣前后怨望诽谤之语。上乃使御史中丞庾徽之劾奏,免竣官。竣愈惧,上启陈谢,且请生命。上益怒,诏答曰:"卿讪讦怨愤,已孤本望。乃复过烦思虑,惧不自全,岂为下事上诚节之至邪!"及竟陵王诞反,上遂诬竣与诞通谋,五月,收竣付廷尉,先折其足,然后赐死。妻子徙交州,至宫亭湖,复沉其男口。

　　9　六月戊申,魏主如阴山。

　　10　上命沈庆之为三烽于桑里,若克外城,举一烽,克内城,举两烽,擒刘诞,举三烽。玺书督趣,前后相继。庆之焚其东门,塞堑,造攻道,立行楼、土山并诸攻具,值久雨,不得攻城。上使御史中丞庾徽之奏免庆之官,诏勿问,以激之。自四月至于秋七月,雨止,城犹未拔。上怒,命太史择日,将自济江讨诞。太宰义恭固谏,乃止。

右卫将军垣护之、虎贲中郎将殷孝祖等进击北魏后班师回朝，走到广陵，孝武帝让他们一并听从沈庆之的指挥。沈庆之率军前进，直逼广陵城。刘诞派人将饭菜和美酒等送给沈庆之，由一百多人抬着从北门出来。沈庆之连打开看都没有看，就全都烧了。刘诞从城楼上把给孝武帝的奏章拿给他看，请求沈庆之替他呈送给孝武帝。沈庆之说："我是接受诏令前来讨伐叛贼的，不能替你把奏表呈送给皇帝。如果你一定要回到朝廷，接受死罪，你自己就应该打开城门，派遣使者，我为你护送前往。"

8 东扬州刺史颜竣母亲去世，他奔丧回到建康，孝武帝待他还是很好。但是，颜竣时常对亲信旧友们满腹怨言，有时还评论朝廷上的得失。此时，恰巧王僧达犯罪被捕，他怀疑是颜竣陷害了自己，所以，在临被斩首前，他上书孝武帝，详细叙述了颜竣前前后后对皇帝和朝廷怨恨、非议的话。孝武帝就派御史中丞庾徽之弹劾颜竣，将颜竣免职。颜竣越发害怕，就上书孝武帝，请求处分谢罪，并乞求饶他一命。孝武帝更加气愤，下诏回答他说："你讥笑、讽刺朝廷，大发怨恨之言，早已辜负了我对你的期望。如今，你又来过分烦扰思虑，害怕保不住性命，这哪里是臣子事奉君主的忠诚、守节的榜样呢？"等到竟陵王刘诞起兵反叛，孝武帝顺势诬陷颜竣与刘诞是同谋，五月，将颜竣抓进廷尉，先砸断了颜竣的双脚，然后再命他自杀。颜竣的妻子、孩子被放逐到交州，走到宫亭湖时，孝武帝又下令，将颜竣家中所有男子都投到宫亭湖淹死。

9 六月戊申(十二日)，魏主前往阴山。

10 孝武帝命令沈庆之在桑里建造三座烽火台，攻克了广陵外城，就燃起一堆烽火；如果攻克了广陵内城，就点起两堆烽火；如果活捉了刘诞，就点起三堆烽火。孝武帝督促进攻的诏书一个接着一个，沈庆之烧了广陵城东门，填平了护城河，开掘进攻道路，竖起攻城楼车，造起土山，制造了其他攻城工具。这时正赶上广陵大雨连绵不断，不能攻城。孝武帝就让御史中丞庾徽之上书要求罢免沈庆之的官职，而又假装下诏说不要追究，想以此刺激沈庆之攻战。从四月直到秋季七月，大雨停止，广陵城还没有攻克下来。孝武帝大怒，命令太史选择日期，他要亲自渡过长江去讨伐刘诞。太宰刘义恭竭力劝谏，才没有去。

　　诞初闭城拒使者，记室参军山阴贺弼固谏，诞怒，抽刀向之，乃止。诞遣兵出战屡败，将佐多逾城出降。或劝弼宜早出，弼曰："公举兵向朝廷，此事既不可从。荷公厚恩，又义无违背，唯当以死明心耳！"乃饮药自杀。参军何康之谋开门纳官军，不果，斩关出降。诞为高楼，置康之母于其上，暴露之，不与食，母呼康之，数日而死。诞以中军长史濮阳范义为左司马。义母妻子皆在城内，或谓义曰："事必不振，子其行乎！"义曰："吾，人吏也。子不可以弃母，吏不可以叛君。必若何康之而活，吾弗为也。"

　　沈庆之帅众攻城，身先士卒，亲犯矢石。乙巳，克其外城。乘胜而进，又克小城。诞闻兵入，走趋后园，队主沈胤之等追及之，击伤诞，坠水，引出，斩之。诞母、妻皆自杀。

　　上闻广陵平，出宣阳门，敕左右皆呼万岁。侍中蔡兴宗陪辇，上顾曰："卿何独不呼？"兴宗正色曰："陛下今日正应涕泣行诛，岂得皆称万岁！"上不悦。

　　诏贬诞姓留氏。广陵城中士民，无大小悉命杀之。沈庆之请自五尺以下全之，其馀男子皆死，女子以为军赏，犹杀三千馀口。长水校尉宗越临决，皆先剖肠抉眼，或笞面鞭腹，苦酒灌创，然后斩之，越对之，欣欣若有所得。上聚其首于石头南岸为京观，侍中沈怀文谏，不听。

当初,刘诞关闭城门,拒绝会见朝廷派来的使者,记室参军、山阴人贺弼坚决劝谏,刘诞大怒,抽出佩刀,直指贺弼胸膛,贺弼才不再劝谏。后来,刘诞多次派兵出战,屡战屡败,手下将士也大多越出城墙投降。有人劝贺弼应该早点儿出去归降,贺弼说:"刘公起兵反抗朝廷,这件事我是不应该跟从的。可是,我平日承蒙刘公大恩厚遇,所以在大义上,我又是不能背叛他的。我只有一死来表明自己的心迹罢了。"于是就喝毒药自杀了。参军何康之计划打开城门,将朝廷大军引进城内,没有成功。于是,他就砍开城门的门闩,出城投降。刘诞知道后,就在城楼上建起一座高楼,把何康之的母亲缚在楼上,暴露在风雨中,不给她饭吃,何康之的母亲呼喊着何康之的名字,几天才死。刘诞任命中军长史、濮阳人范义为左司马。范义的母亲、妻子和孩子此时都在广陵城里,有人对范义说:"此事一定不能成功,你怎么不走啊?"范义说:"我是人家的属官。孩子不能抛弃他的母亲,官吏不能背叛他的君主。如果一定要像何康之那样才能活下来,那么,我不能这样做。"

沈庆之率领士卒向广陵城发起猛攻,他身先士卒,亲自冒着飞箭和石头,向前冲杀。乙巳,攻克广陵外城。沈庆之又率大军乘胜追击,不久,又攻克内城。刘诞听说朝廷大军已攻入城内,就马上逃到后花园里。队主沈胤之等人追上,把他击伤。刘诞掉到水里,沈胤之等把他拉上来,斩了他。刘诞的母亲、妻子全都自杀。

孝武帝听说广陵叛乱被平定,亲自走出宣阳门,下令左右一起高呼万岁。侍中蔡兴宗陪坐在辇车旁,孝武帝回过头问他说:"你为何不喊?"蔡兴宗严肃地说:"陛下今天正应该对施行诛杀痛哭流涕,怎么能让大家都喊万岁呢?"孝武帝很不高兴。

孝武帝颁下诏令,贬刘诞姓留。将广陵城内的所有居民,无论男女老少,全部杀掉。沈庆之请求留下身高五尺以下的人不杀,其馀的男子全都处死,女子全都赏给将士们做妾或做婢女,最后还是杀了三千多人。长水校尉宗越,在执行这项诛杀任务时,对被处死的人他都要首先剖开肚子,挖出肠胃,再挖出眼珠,或者用鞭子抽打被诛者的脸和肚子,再在这些创口上浇上苦酒盐水,然后再杀了他们。宗越面对自己这种惨无人道的手法,欣欣然好像从中得到了什么。孝武帝下令,将死人的头颅送到石头南岸,堆成一座大坟。侍中沈怀文劝阻,但孝武帝没听。

初，诞自知将败，使黄门吕昙济与左右素所信者将世子景粹匿于民间，谓曰："事若不济，思相全脱。如其不免，可深埋之。"各分以金宝赍送。既出门，并散走。唯昙济不去，携负景粹十馀日，捕得，斩之。

临川内史羊璿坐与诞素善，下狱死。

擢梁旷为后将军，赠刘琨之给事黄门侍郎。

蔡兴宗奉旨慰劳广陵。兴宗与范义素善，收敛其尸，送丧归豫章。上谓曰："卿何敢故触王宪？"兴宗抗言对曰："陛下自杀贼，臣自葬故交，何不可之有！"上有惭色。

宗越治军严，善为营陈。每数万人止顿，越自骑马行前，使军人随其后，马止营合，未尝参差。

11 辛未，大赦。

12 丙子，以丹杨尹刘秀之为尚书右仆射。

13 丙戌，以南兖州刺史沈庆之为司空，刺史如故。

14 八月庚戌，魏主如云中。壬戌，还平城。

15 九月壬辰，筑上林苑于玄武湖北。

16 初，晋人筑南郊坛于巳位，尚书右丞徐爰以为非礼，诏徙于牛头山西，直宫城之午位。及废帝即位，以旧地为吉，复还故处。帝又命尚书左丞荀万秋造五路，依金根车，加羽葆盖。

当初,刘诞就知道自己最终会失败,所以,他事先就派黄门吕昙济及左右平时所宠信的人,带着世子刘景粹躲藏到了民间,对他们说:"此事如果不成功,就请想法逃走。如果真的没有逃脱得了,就请把尸体深深埋起来。"然后,分别送给这些人一些金银财宝。可是,这些人走出城门后,却全都逃散了。只有吕昙济一人不肯逃命,他把刘景粹背在背上,走了十几天,被抓获,然后同时被斩。

临川内史羊璿因平时与刘诞关系很好,孝武帝也把他逮捕,在狱中处死。

孝武帝提升梁旷为后将军,追赠刘琨之为给事黄门侍郎。

蔡兴宗奉旨前去广陵慰劳将士。蔡兴宗和范义平素关系很好,所以他把范义的尸体收殓起来,送回到豫章下葬。孝武帝对他说:"你怎么敢故意触犯王法?"蔡兴宗顶撞说:"陛下你杀你的贼寇,我葬我的朋友,这有什么不可以的呢?"孝武面有愧色。

宗越治理军队十分严格,他尤其擅长摆营阵。每当数万人安营扎寨时,宗越自己骑马走在前面,让浩浩大军跟在身后,等到他骑马停下时,营阵已经摆好,不曾有一点儿混乱和差错。

11 辛未(初五),刘宋宣布大赦。

12 丙子(初十),刘宋朝廷任命丹杨尹刘秀之为尚书右仆射。

13 丙戌(二十日),刘宋任命南兖州刺史沈庆之为司空,仍旧兼任刺史。

14 八月庚戌(十五日),北魏国主前往云中。壬戌(二十七日),返回平城。

15 九月壬辰(二十七日),刘宋孝武帝下令,在玄武湖北兴建上林苑。

16 当初,东晋在都城建康南郊巳方位置上,建了一座祭天的土坛,尚书右丞徐爰认为这样做不合古礼,所以,孝武帝诏令将其迁到牛头山的西部,面对宫城的午位。等到后来废帝刘子业即位时,认为巳位是吉利的,所以又把它迁回到了原地。孝武帝又命尚书左丞荀万秋,制作玉、金、象、革、木五种座车,并按照金根车的样子,在每辆车上都加上珍贵的羽毛装饰的顶盖。

四年(庚子,460)

1 春,正月甲子朔,魏大赦,改元和平。

2 乙亥,上耕籍田,大赦。

3 己卯,诏祀郊庙,初乘玉路。

4 庚寅,立皇子子勋为晋安王,子房为寻阳王,子顼为历阳王,子鸾为襄阳王。

5 魏散骑侍郎冯阐来聘。

6 二月,魏卫将军乐安王良讨河西叛胡。

7 三月,魏人寇北阴平,朱提太守杨归子击破之。

8 甲申,皇后亲桑于西郊,皇太后观礼。

9 夏四月,魏太后常氏殂。五月癸丑,魏葬昭太后于鸣鸡山。

10 丙戌,尚书左仆射褚湛之卒。

11 吐谷浑王拾寅两受宋、魏爵命,居止出入,拟于王者,魏人忿之。定阳侯曹安表言:"拾寅今保白兰,若分军出其左右,必走保南山,不过十日,人畜乏食,可一举而定。"六月甲午,魏遣征西大将军阳平王新成等督统万、高平诸军出南道,南郡公中山李惠等督凉州诸军出北道,以击吐谷浑。

12 魏崔浩之诛也,史官遂废,至是复置。

13 河西叛胡诣长安首罪,魏遣使者安慰之。

14 秋七月,遣使如魏。

宋孝武帝大明四年(庚子,公元460年)

1 春季,正月甲子朔(初一),北魏实行大赦,改年号为和平。

2 乙亥(十二日),刘宋孝武帝亲自举行扶犁耕田典礼,宣布大赦。

3 己卯(十六日),孝武帝下诏,亲自去郊外皇家祖庙举行祭祀活动,并第一次乘坐玉辂。

4 庚寅(二十七日),孝武帝立皇子刘子勋为晋安王,刘子房为寻阳王,刘子顼为历阳王,刘子鸾为襄阳王。

5 北魏散骑常侍郎冯阐来刘宋访问。

6 二月,北魏卫将军、乐安王拓跋良讨伐河西反叛的胡人。

7 三月,北魏军侵犯北阴平,刘宋朱提太守杨归子迎击,并大败敌人。

8 甲申(二十二日),刘宋皇后王氏亲自到建康西郊行摘桑典礼,皇太后路氏观礼。

9 夏季,四月,北魏太后常氏去世。五月癸丑,北魏葬昭太后于鸣鸡山。

10 丙戌(二十五日),刘宋尚书左仆射褚湛之去世。

11 吐谷浑可汗慕容拾寅,分别接受刘宋和北魏所赐封的官爵,无论是他的住所,还是他使的车马,都可以和皇帝相比拟,北魏人对他很愤恨。定阳侯曹安上奏表说:"慕容拾寅现在守卫白兰,如果我们兵分两路,从左右夹攻,他们一定会逃往南山固守,超不过十天,他们人和牲畜全都缺少吃的,那我们就可以一举平定他们。"六月甲午(初四),北魏派遣征西大将军、阳平王拓跋新成等人督统统万、高平各路大军从南路出发,南郡公、中山人李惠等督统凉州各路大军,从北路出发,同时向吐谷浑发起攻势。

12 自从崔浩被诛杀,北魏的史官也就被废除了,从这年开始才正式恢复这一官职。

13 河西反叛胡人的首领前往长安自首认罪,北魏派出使者安抚、慰问。

14 秋季,七月,刘宋朝廷派出使节前往北魏。

15　甲戌,开府仪同三司何尚之卒。

16　壬午,魏主如河西。

17　魏军至西平,吐谷浑王拾寅走保南山。九月,魏军济河追之,会疾疫,引还,获杂畜三十馀万。

18　庚午,魏主还平城。

19　丁亥,徙襄阳王子鸾为新安王。

20　冬,十月庚寅,诏沈庆之讨缘江蛮。

21　前庐陵内史周朗,言事切直,上衔之,使有司奏朗居母丧不如礼,传送宁州,于道杀之。朗之行也,侍中蔡兴宗方在直,请与朗别,坐白衣领职。

22　十一月,魏散骑常侍卢度世等来聘。

23　是岁,上征青、冀二州刺史颜师伯为侍中。师伯以谄佞被亲任,群臣莫及,多纳货贿,家累千金。上尝与之樗蒲,上掷得雉,自谓必胜。师伯次掷,得卢,上失色。师伯遽敛子曰:"几作卢!"是日,师伯一输百万。

24　柔然攻高昌,杀沮渠安周,灭沮渠氏,以阚伯周为高昌王。高昌称王自此始。

五年(辛丑,461)

1　春,正月戊午朔,朝贺。雪落太宰义恭衣,有六出,义恭奏以为瑞。上悦。义恭以上猜暴,惧不自容,每卑辞逊色,曲意祗奉。由是终上之世,得免于祸。

15　甲戌(十四日),刘宋开府仪同三司何尚之去世。

16　壬午(二十二日),北魏国主前往河西。

17　北魏军到达西平,吐谷浑可汗慕容拾寅逃往南山守卫。九月,北魏大军南渡黄河,乘胜追击,正赶上瘟疫流行,魏军返回,掠获了各种牲畜三十多万头。

18　庚午(十一月),北魏国主返回平城。

19　丁亥(二十八日),刘宋朝廷改封襄阳王刘子鸾为新安王。

20　冬季,十月庚寅(初一),孝武帝下诏,命令沈庆之率军讨伐长江沿岸的夷蛮。

21　刘宋前庐陵内史周朗,说话直率急切,孝武帝一直对他怀恨在心,让有关部门弹劾周朗,说他在为母亲守丧期间言行不合礼法,因此用驿车将他发配到宁州,在路上把他杀了。周朗出发前辞行时,正赶上侍中蔡兴宗在值班。蔡兴宗请求和周朗道别,于是他也被削去官职,以平民的身份代理现职。

22　十一月,北魏散骑常侍卢度世来刘宋通问致意。

23　这一年,孝武帝征调青州、冀州二州刺史颜师伯担任侍中。颜师伯因为善于谄媚、阿谀逢迎,很得孝武帝的欢心和信任,其他臣属无法相比。颜师伯大肆接受贿赂,家产累计达千金之多。孝武帝曾经和他一起下樗蒲棋赌博,孝武帝掷下骰子,五个全是"雉",认为自己一定赢了。颜师伯第二个掷骰子,竟掷出了五个"卢",赢了。孝武帝变了脸色,颜师伯突然把骰子一收,然后说:"差一点全是'卢'了。"这一天,颜师伯一次就输了一百万钱。

24　柔然国进攻高昌,杀了沮渠安周,灭了沮渠全族,任命阚伯周为高昌王。高昌国称王,从这时开始。

宋孝武帝大明五年(辛丑,公元461年)

1　春季,正月戊午朔(初一),刘宋朝廷新年朝贺。雪花飘落在了太宰刘义恭的衣服上,雪花有六个瓣,刘义恭启奏孝武帝,说这是一种吉祥的兆头。孝武帝大为高兴。刘义恭因为孝武帝喜欢猜忌,又很残暴,害怕自己不能被容纳,所以每次他都言辞谦恭,面色恭顺,曲意逢迎。因此在孝武帝在位时期,他一直得以幸存,免于大祸。

2　二月辛卯,魏主如中山。丙午,至邺,遂如信都。

3　三月,遣使如魏。

4　魏主发并、肆州民五千人治河西猎道。辛巳,还平城。

5　夏,四月癸巳,更以西阳王子尚为豫章王。

6　庚子,诏经始明堂,直作大殿于丙、己之地,制如太庙,唯十有二间为异。

7　雍州刺史海陵王休茂,年十七,司马新野庾深之行府事。休茂性急,欲自专处决,深之及主帅每禁之,常怀忿恨。左右张伯超有宠,多罪恶,主帅屡责之。伯超惧,说休茂曰:"主帅密疏官过失,欲以启闻,如此恐无好。"休茂曰:"为之奈何?"伯超曰:"惟有杀行事及主帅,举兵自卫。此去都数千里,纵大事不成,不失入房中为王。"休茂从之。

丙午夜,休茂与伯超等帅夹毂队,杀典签杨庆于城中,出金城,杀深之及典签戴双。征集兵众,建牙驰檄,使佐吏上己为车骑大将军,开府仪同三司,加黄钺。侍读博士荀诜谏,休茂杀之。伯超专任军政,生杀在己,休茂左右曹万期挺身斫休茂,不克而死。

休茂出城行营,谘议参军沈畅之等帅众闭门拒之。休茂驰还,不得入。义成太守薛继考为休茂尽力攻城,克之,斩畅之及同谋数十人。其日,参军尹玄庆复起兵攻休茂,生擒,斩之,母、妻皆自杀,同党伏诛。城中扰乱,莫相统摄。中兵参军刘恭之,秀之之弟也,众共推行府州事。继考以兵胁恭之,使作启事,言"继考立义",自乘驿还都。上

2　二月辛卯(初四),魏主前往中山。丙午(十九日),到达邺城,尔后又前往信都。

3　三月,刘宋朝廷派遣使节前去北魏。

4　魏主征发并州、肆州五千民工,修河西狩猎的专用道路。辛巳(二十五日),返回平城。

5　夏季,四月癸巳(初七),刘宋朝廷改封西阳王刘子尚为豫章王。

6　庚子(十四日),孝武帝颁诏,命令开始兴建明堂,并且大殿必须建在丙、己方位,形制如同皇家祖庙,只有十二间和祖庙不同。

7　雍州刺史、海陵王刘休茂,这年十七岁,当时,司马新野人庾深之主持王府事务。刘休茂生性急躁,总是想要自己专权,庾深之和主帅每次都禁止他这样做,所以刘休茂对二人一直怀恨在心。左右侍从张伯超受刘休茂宠信,经常作恶,主帅因而也多次斥责他。张伯超很害怕,就游说刘休茂说:"主帅正偷偷把你的过失写在奏疏上,打算奏报给皇上,如果是这样,恐怕你不会有什么好结果了。"刘休茂说:"那该怎么办呢?"张伯超回答说:"只有杀了庾深之和主帅,尔后起兵自卫。这里距离京都建康几千里,即使是大事没有办成,你也可以逃到胡虏那里,他们不会不封你为王。"刘休茂依从了这一提议。

丙午(二十日)深夜,刘休茂和张伯超率领左右护军卫队,先杀了在城里的典签杨庆,然后出金城,又杀了庾深之和典签戴双。征集兵众,竖起旗帜,向全国发表檄文。刘休茂又让自己的左右侍从们,拥立自己为车骑大将军、开府仪同三司,加授黄钺。侍读博士荀诜劝谏刘休茂不要这样做,刘休茂杀了他。张伯超把持军政事务,掌握生杀大权,刘休茂的左右侍从曹万期突然挺身用刀猛砍刘休茂,但未能成功,被杀死。

刘休茂走出襄阳城,巡查军营。谘议参军沈畅之等率领众人关闭了城门,拒绝刘休茂回城。等刘休茂乘马回来,进不了城。义成太守薛继考为刘休茂全力攻城,最终攻克,斩了沈畅之以及他的同谋,共计几十人。就在这天,参军尹玄庆又起兵围攻刘休茂,活捉了刘休茂,将其斩首。刘休茂的母亲、妻子全都自杀,他的党羽们也全被诛杀。襄阳城内一片混乱,彼此之间不能管束。中兵参军刘恭之是刘秀之的弟弟,被大家推举代理府州事。可是,薛继考却用武力威逼刘恭之,命令刘恭之给孝武帝奏报说"薛继考匡扶正义",然后,他就拿着这封奏报,乘坐驿车返回建康都城。孝武帝

以为北中郎谘议参军,赐爵冠军侯。事寻泄,伏诛。以玄庆为射声校尉。

上自即位以来,抑黜诸弟。既克广陵,欲更峻其科。沈怀文曰:"汉明不使其子比光武之子,前史以为美谈。陛下既明管、蔡之诛,愿崇唐、卫之寄。"及襄阳平,太宰义恭探知上指,请裁抑诸王,不使任边州,及悉输器甲,禁绝宾客。沈怀文固谏以为不可,乃止。

8　上畋游无度,尝出,夜还,敕开门。侍中谢庄居守,以棨信或虚,执不奉旨,须墨敕乃开。上后因燕饮,从容曰:"卿欲效郅君章邪?"对曰:"臣闻王者祭祀、畋游,出入有节。今陛下晨往宵归,臣恐不逞之徒,妄生矫诈,是以伏须神笔,乃敢开门耳。"

9　魏大旱,诏:"州郡境内,神无大小,悉洒扫致祷。俟丰登,各以其秩祭之。"于是群祀之废者皆复其旧。

10　秋,七月戊寅,魏主立其弟小新成为济阳王,加征东大将军,镇平原;天赐为汝阴王,加征南大将军,镇虎牢;万寿为乐浪王,加征北大将军,镇和龙;洛侯为广平王。

11　壬午,魏主巡山北。八月丁丑,还平城。

见到奏报,立即任命薛继考为北中郎谘议参军,封赐爵位为冠军侯。这事不久就被泄漏出去,薛继考被诛,孝武帝提升尹玄庆为射声校尉。

孝武帝自从即位以后,一直压制、贬排他的所有兄弟。攻克广陵后,更打算加重对其兄弟们的控制。侍中沈怀文说:"汉明帝不让他自己的儿子超过光武帝的儿子,从前的史书上,都把它作为美谈来记载。陛下您已经诛杀了管叔、蔡叔那样的人,但愿此后会推崇周成王封步虞、康叔于唐、卫的举动,使国家有所寄托。"等到襄阳被平,太宰刘义恭探知孝武帝心里想的是什么,便先行上疏,请求进一步裁减、限制各个亲王,不允许他们统领沿边各州,并且收缴卫队的所有铠甲、武器,禁止各个亲王结交宾客朋友。可是,沈怀文却坚决劝阻,认为不能这么做,最后才停止。

8 孝武帝打猎、游山玩水没有节制。有一次出城,深夜才回,孝武帝下令打开城门。侍中谢庄正在值班,他以为这一凭证也许是假的,把守城门不开,一定要看到皇帝亲笔命令才开。孝武帝后来在一次宴请上,安闲自若地对谢庄说:"你是想仿效汉代的郅恽吗?"谢庄回答说:"我曾听说过,皇帝祭祀、狩猎,出入都有一定的规定和节制。如今,陛下清晨出去,深夜才回来,臣怕有对帝王不满的家伙假造圣旨欺骗我们,因此一定要看到陛下的御笔,才敢打开城门。"

9 北魏大旱。诏令:"各州郡境内,无论神庙大小,全都要打扫干净,焚香祷告。等到庄稼丰收后,再按照神灵等级大小,分别祭祀。"于是,各州郡废掉的神庙,经过整修加工,又全都恢复了昔日的样子。

10 秋季,七月戊寅(二十四日),魏主封立他的弟弟拓跋小新成为济阳王,加授征东大将军,镇守平原;拓跋天赐为汝阴王,加授征南大将军,镇守虎牢;拓跋万寿为乐浪王,加授征北大将军,镇守和龙;拓跋洛侯为广平王。

11 壬午(二十八日),魏主巡察山北。八月丁丑(二十四日),返回平城。

12 戊子，立皇子子仁为永嘉王，子真为始安王。

13 九月甲寅朔，日有食之。

14 沈庆之固让司空，柳元景固让开府仪同三司，诏许之。仍命庆之朝会位次司空，俸禄依三司，元景在从公之上。

庆之目不知书，家素富，产业累万金，童奴千计。再献钱千万，谷万斛。先有四宅，又有园舍在娄湖。庆之一夕携子孙及中表亲戚徙居娄湖，以四宅输官。庆之多蓄妓妾，优游无事，尽意欢娱，非朝贺不出门。车马率素，从者不过三五人，遇之者不知其为三公也。

15 甲戌，移南豫州治于湖。丁丑，以浔阳王子房为南豫州刺史。

16 闰月戊子，皇太子妃何氏卒，谥曰献妃。

17 壬寅，更以历阳王子顼为临海王。

18 冬，十月甲寅，以南徐州刺史刘延孙为尚书左仆射，右仆射刘秀之为雍州刺史。

19 乙卯，以新安王子鸾为南徐州刺史。子鸾母殷淑仪，宠倾后宫，子鸾爱冠诸子，凡为上所昵遇者，莫不入子鸾之府。及为南徐州，割吴郡以属之。

初，巴陵王休若为北徐州刺史，以山阴张岱为谘议参军，行府、州、国事。后临海王子顼为广州，豫章王子尚为扬州，晋安王子勋为南兖州，岱历为三府谘议、三王行事，与典签、主帅共事，事举而情不相失。或谓岱曰：“主王既幼，执事多门，而每能缉和公私，云何致此？”岱曰：“古人言：‘一心可以事百君。’我为政端平，待物以礼，悔吝之事，无由而及。明暗短长，更是才用之多少耳。”及子鸾为南徐州，复以岱为别驾、行事。岱，永之弟也。

12 戊子(初四),孝武帝立皇子刘子仁为永嘉王,刘子真为始安王。

13 九月甲寅朔(初一),出现日食。

14 沈庆之坚决辞让自己的司空之职,柳元景也坚持辞让自己的开府仪同三司职务,孝武帝下诏批准。仍然让沈庆之在朝会时排在司空之下,俸禄比照三司。柳元景的地位在从公之上。

沈庆之没读过书,目不识丁,家里素来富有,家产累计有万金,童仆、家奴数以千计。他再次献给朝廷一千万钱和万斛粮食。他原来就有四座宅院,在娄湖又有别墅。一天傍晚,沈庆之领着儿孙以及内表亲戚,迁居到娄湖居住,而把自己的四座宅院献给了官府。沈庆之蓄养了许多歌舞妓和小妾,闲暇无事时,他就尽情地和她们娱乐,不是朝贺时,他绝不走出家门。他的车马都很朴素,侍从也超不过三五个人,走在路上遇到他的人,都不知他位居三公高位。

15 甲戌(二十一日),朝廷将南豫州的治所迁移到于湖。丁丑(二十四日),任命浔阳王刘子房为南豫州刺史。

16 闰九月戊子(初五),皇太子的妃子何令婉去世,谥号为献妃。

17 壬寅(十九日),朝廷改封历阳王刘子顼为临海王。

18 冬季,十月甲寅(初二),朝廷任命南徐州刺史刘延孙为尚书左仆射,右仆射刘秀之为雍州刺史。

19 乙卯(初三),孝武帝任命新安王刘子鸾为南徐州刺史。刘子鸾的母亲殷淑仪在后宫最受皇帝的宠爱,刘子鸾受到的宠爱也超过了其他皇子。凡是孝武帝看上或喜欢的东西,没有不进入刘子鸾府内的。刘子鸾被任命为南徐州刺史后,孝武帝把吴郡也划归南徐州管理。

当初,巴陵王刘休若做北徐州刺史时,任命山阴人张岱为谘议参军,代理府、州、国事。后来,临海王刘子顼做广州刺史,豫章王刘子尚为扬州刺史,晋安王刘子勋为南兖州刺史时,张岱历任这三个州府的谘议参军,做这三位王的行事,和典签、主帅共同处理事务,他每件事都做得很成功,而跟同属僚们的关系并不受影响。有人对张岱说:"主王的年纪小,能主事的部门又有很多,而你却每次都能把公私关系协调好,你说说,你是怎么做到的?"张岱说:"古人说:'一心可以事百君。'我为政公平端正,待人接物总是以礼相迎,让人追悔莫及的事,也就没有机会发生。聪明或者愚蠢,笨拙或者能干,更不过是才能的高下而已。"刘子鸾做了南徐州刺史后,他又起用张岱为别驾、行事。张岱是张永的弟弟。

20 魏员外散骑常侍游明根等来聘。明根,雅之从祖弟也。

21 魏广平王洛侯卒。

22 十二月壬申,以领军将军刘遵考为尚书右仆射。

23 甲戌,制民户岁输布四匹。

24 是岁,诏士族杂婚者皆补将吏。士族多避役逃亡,乃严为之制,捕得即斩之,往往奔窜湖山为盗贼。沈怀文谏,不听。

六年(壬寅,462)

1 春,正月癸未,魏乐浪王万寿卒。

2 辛卯,上初祀五帝于明堂,大赦。

3 丁未,策秀、孝于中堂。扬州秀才顾法对策曰:"源清则流洁,神圣则刑全。躬化易于上风,体训速于草偃。"上览之,恶其谅也,投策于地。

4 二月乙卯,复百官禄。

5 三月庚寅,立皇子子元为邵陵王。

6 初,侍中沈怀文,数以直谏忤旨。怀文素与颜竣、周朗善,上谓怀文曰:"竣若知我杀之,亦当不敢如此。"怀文嘿然。侍中王彧,言次称竣、朗人才之美,怀文与相酬和,颜师伯以白上,上益不悦。上尝出射雉,风雨骤至,怀文与王彧、江智渊约相与谏。会召入雉场,怀文曰:"风雨如此,非圣躬所宜冒。"彧曰:"怀文所启,宜从。"

20 北魏派遣员外散骑常侍游明根等人,前来刘宋朝廷访问。游明根是游雅堂祖父的弟弟。

21 北魏广平王拓跋洛侯去世。

22 十二月壬申(二十日),刘宋朝廷任命领军将军刘遵考为尚书右仆射。

23 甲戌(二十二日),刘宋朝廷规定,每户人家每年向朝廷缴纳四匹布。

24 这一年,刘宋朝廷规定,凡是豪门士族与平民人家通婚的,都要补为武职。与平民通婚的一些豪门士族,大都为躲避兵役逃往他处。朝廷为此又进一步严格制定了法律,抓到逃亡者,立即斩首,于是,逃亡者常常是投奔江河山泽之中,当了强盗。沈怀文劝阻,孝武帝未接受。

宋孝武帝大明六年(壬寅,公元462年)

1 春季,正月癸未(初二),北魏乐浪王拓跋万寿去世。

2 辛卯(初十),孝武帝在明堂第一次祭祀五帝。宣布大赦。

3 丁未(二十六日),孝武帝在中堂举行秀才、孝廉甄选考核。扬州秀才顾法回答策问道:"水源清澈,则河流清洁;精神振奋有力,则身体健康。身体力行的效果,很容易崇尚风教,而亲自奉行的影响,则比野草倒伏的速度更快。"孝武帝看后,很讨厌他的大胆直言,把他的卷子扔到了地上。

4 二月乙卯(初四),刘宋恢复文武百官的俸禄。

5 三月庚寅(初十),孝武帝立皇子刘子元为邵陵王。

6 当初,侍中沈怀文几次都因为直言劝谏而惹怒了孝武帝。沈怀文平日和颜竣、周朗关系不错,孝武帝对沈怀文说:"颜竣如果当初知道我会杀他,恐怕他也早就不致这样放肆无礼了。"沈怀文沉默无语。侍中王彧在言谈之间,称赞颜竣、周朗才华出众,沈怀文也同意这种赞誉,二人一唱一和。颜师伯立即把这件事报告给了孝武帝,孝武帝愈加不高兴。孝武帝曾经出外射野鸡,突然,刮起了大风,又下起了大雨,沈怀文和王彧、江智渊趁机约定进言劝谏。正巧,此时孝武帝召他们来到射猎野鸡的围场,沈怀文说:"暴风骤雨如此急迫,不是圣体所应该承受的。"王彧接着说:"沈怀文的启奏,应该听。"

智渊未及言,上注弩作色曰:"卿欲效颜竣邪,何以恒知人事!"又曰:"颜竣小子,恨不先鞭其面!"每上燕集,在坐者皆令沈醉,嘲谑无度。怀文素不饮酒,又不好戏调,上谓故欲异己。谢庄尝戒怀文曰:"卿每与人异,亦何可久!"怀文曰:"吾少来如此,岂可一朝而变!非欲异物,性所得耳。"上乃出怀文为晋安王子勋征虏长史,领广陵太守。

怀文诣建康朝正,事毕遣还,以女病求申期,至是犹未发。免官,禁锢十年。怀文卖宅,欲还东,上闻,大怒,收付廷尉,丁未,赐怀文死。怀文三子,澹、渊、冲,行哭为怀文请命,见者伤之。柳元景欲救怀文,言于上曰:"沈怀文三子,涂炭不可见,愿陛下速正其罪。"上竟杀之。

7　夏,四月,淑仪殷氏卒。追拜贵妃,谥曰宣。上痛悼不已,精神为之罔罔,颇废政事。

8　五月壬寅,太宰义恭解领司徒。

9　六月辛酉,东昌文穆公刘延孙卒。

10　庚午,魏主如阴山。

11　魏石楼胡贺略孙反,长安镇将陆真讨平之。魏主命真城长蛇镇。氐豪仇傉檀反,真讨平之,卒城而还。

12　秋,七月壬寅,魏主如河西。

还未等江智渊接着说,孝武帝已是眼睛盯着弓箭,面带怒色说:"你想仿效颜竣吗? 为什么要经常来管别人的事情?"接着,又说:"颜竣这小子,我至今仍恨不得先把他的脸抽个稀烂。"孝武帝每次在宴请时,都下令在座者必须喝得酩酊大醉,然后再对他们极力嘲讽、戏谑。沈怀文一向不喝酒,而且又不喜欢戏弄玩笑,孝武帝认为沈怀文是故意和自己作对。谢庄曾经警告过沈怀文,说:"你每次都和别人不一样,这样又怎么能长久下去呢?"沈怀文回答说:"我从小就这个样子,哪里是一个早晨就能改变过来的! 我并不是要故意和别人不一样,这不过是天性所致罢了。"于是,孝武帝命令沈怀文出任晋安王刘子勋的征虏将军长史,兼领广陵太守。

沈怀文到达建康参加朝廷举行的元旦朝拜后,孝武帝命令他返回任所。当时,沈怀文因为女儿生病,所以请求延长回去的期限,直到这时他还没有启程。于是,孝武帝免除沈怀文的官职,禁止从政十年。沈怀文将自己在京城的房宅卖了,想要东下回到吴兴老家。孝武帝听说后,怒不可遏,下令逮捕他收交廷尉,丁未(二十七日),命令沈怀文自杀。沈怀文的三个儿子,沈澹、沈渊、沈冲,一路哭着奔走,为父亲沈怀文请求饶命,沿途看见的人,无不为之难过。柳元景想要救沈怀文,就对孝武帝说:"沈怀文的三个儿子,悲痛难过,祈愿陛下快点适当地为沈怀文定罪。"最后,孝武帝还是杀了沈怀文。

7 夏季,四月,孝武帝的宠姬殷淑仪去世,追赠为贵妃,谥号为宣。孝武帝为殷淑仪的死伤心不已,不断凭吊,以至于精神恍惚,无心处理朝廷政事。

8 五月壬寅(二十三日),刘宋太宰刘义恭被解除司徒兼职。

9 六月辛酉(十二日),刘宋东昌文穆公刘延孙去世。

10 庚午(二十一日),北魏国主前往阴山。

11 北魏石楼胡贺略孙起兵反叛,长安镇将陆真前去讨伐,平定了这起事件。魏主命令陆真兴建长蛇镇。氐人豪族仇傉檀又起兵反叛,陆真前去讨平,修建完长蛇镇后返回。

12 秋季,七月壬寅(二十四日),魏主前往河西。

13 乙未,立皇子子云为晋陵王。是日卒,谥曰孝。

14 初,晋庾冰议使沙门敬王者,桓玄复述其议,并不果行。至是,上使有司奏曰:"儒、法枝派,名、墨条分,至于崇亲严上,厥猷靡爽。唯浮图为教,反经提传,拘文蔽道,在末弥扇。夫佛以谦卑自牧,忠虔为道,宁有屈膝四辈而简礼二亲,稽颡耆腊而直体万乘者哉!臣等参议,以为沙门接见,比当尽虔。礼敬之容,依其本俗。"九月戊寅,制沙门致敬人主。及废帝即位,复旧。

15 乙未,以尚书右仆射刘遵考为左仆射,丹杨尹王僧朗为右仆射。僧朗,彧之父也。

16 冬,十月壬申,葬宣贵妃于龙山。凿冈通道数十里,民不堪役,死亡甚众。自江南葬埋之盛,未之有也。又为之别立庙。

17 魏员外散骑常侍游明根等来聘。

18 辛巳,加尚书令柳元景司空。

19 壬寅,魏主还平城。

20 南徐州从事史范阳祖冲之上言,何承天历疏舛犹多,更造新历,以为:"旧法,冬至日有定处,未盈百载,辄差二度。今令冬至日度,岁岁微差,将来久用,无烦屡改。又,子为辰首,位在正北,虚为北方列宿之中。今历,上元日度,发自虚一。又,日辰之号,甲子为先。今历,上元岁在甲子。又,承天法,日、月、五星各自

13　乙未(十七日),刘宋孝武帝立皇子刘子云为晋陵王。当天,刘子云去世,谥号孝。

14　当初,东晋中书监庾冰建议,让僧徒恭敬帝王,太尉桓玄以后又再次提出这项建议,最后都没有成功。到了这时,孝武帝命令有关部门上奏,说:"儒家和法家是不同的流派,名家和墨家有明显的区别,但他们主张崇拜祖先、尊敬皇帝,因此他们的主旨没有细微的差别。只有佛教,把自己的教义当作经典,加以阐释宣传,用他们的教义去蒙蔽真正的道义,近来,这种行为更加猖狂。佛是用谦卑来约束自己,是以忠诚作为自己行事的尺度,怎么能只对四圣跪拜,而对自己的父母却简慢无礼呢?怎么能只对老僧叩头,而却和皇帝平起平坐呢?我们建议,要让僧徒觐见皇帝,而且应当恭敬、虔诚。至于礼节上的恭敬程度,可以依照原有的习俗进行。"九月戊寅(初一),制定了僧徒恭敬皇帝的一些实施办法。废帝即位后,又恢复如初了。

15　乙未(十八日),朝廷任命尚书右仆射刘遵考为左仆射,丹杨尹王僧朗为右仆射。王僧朗是王彧的父亲。

16　冬季,十月壬申(二十五日),孝武帝在龙山埋葬了宣贵妃,在山上开凿山路几十里,老百姓忍受不了这一艰苦的劳役,死亡、逃走的人很多。自东晋到江南以来,这么隆重的葬礼,还从来没有过。又给宣贵妃另建了一座祭庙。

17　北魏派遣员外散骑常侍游明根等前来刘宋朝廷聘问。

18　辛巳(初五),刘宋朝廷加授尚书令柳元景为司空。

19　壬寅(二十六日),北魏国主返回平城。

20　南徐州从事史、范阳人祖冲之上书孝武帝说,何承天制定的历法错误、疏漏的地方还是很多,所以,他又另外制定了一部新的历法,他认为:"现在使用的历法,将冬至的节气固定在某一天,这样一来,每不到一百年,就会相差二度。如今要制定的新历法,是把冬至放到年终,每年只有微小的差距,将来长期使用下去的话,那么就不用再多次改动了。另外,现行的历法是把'子'作为'辰'的开头,位置在正北方,'虚'又排列在北方各个星座之中。将要制订的历法,则是把上元放在年终,从虚一开始。另外,现行的历法是把日月星辰的标志,以甲子作为开头放在最前面。新历法则是将上元每年放在甲子上。另外,何承天的历法,是日、月、五星各自

有元。今法,交会、迟疾,悉以上元岁首为始。"上令善历者难之,不能屈。会上晏驾,不果施行。

七年(癸卯,463)

1 春,正月丁亥,以尚书右仆射王僧朗为太常,卫将军颜师伯为尚书仆射。

上每因晏集,使群臣自相嘲讦以为乐。吏部郎江智渊素恬雅,渐不会旨。尝使智渊以王僧朗戏其子彧。智渊正色曰:"恐不宜有此戏!"上怒曰:"江僧安痴人,痴人自相惜。"僧安,智渊之父也。智渊伏席流涕,由是恩宠大衰。又议殷贵妃谥曰怀,上以为不尽美,甚衔之。他日与群臣乘马至贵妃墓,举鞭指墓前石柱,谓智渊曰:"此上不容有'怀'字!"智渊益惧,竟以忧卒。

2 己丑,以尚书令柳元景为骠骑大将军、开府仪同三司。

3 二月甲寅,上巡南豫、南兖二州。丁卯,校猎于乌江。壬戌,大赦。甲子,如瓜步山。壬申,还建康。

4 夏,四月甲子,诏:"自非临军战陈,并不得专杀。其罪应重辟者,皆先上须报。违犯者以杀人论。"

5 五月丙子,诏曰:"自今刺史、守宰,动民兴军,皆须手诏施行。唯边隅外警及奸衅内发,变起仓猝者,不从此例。"

都有自己的元。而新的历法则是将日、月、五星的交会以及运行的快慢,全都以上元的岁首作为开始。"孝武帝命令对历法有研究的人同祖冲之辩论,但驳不倒祖冲之。不久,正赶上孝武帝驾崩,所以,祖冲之的新历法也没能实施起来。

宋孝武帝大明七年(癸卯,公元463年)

1 春季,正月丁亥(十二日),刘宋朝廷任命尚书右仆射王僧朗为太常、卫将军,颜师伯为尚书仆射。

孝武帝每次在宴请饮酒时,都命令臣属们彼此之间相互嘲讽、攻击,以此取乐。吏部郎江智渊平素安恬、文雅,他的行为慢慢不合孝武帝的心意。孝武帝曾经让江智渊传令,让王僧朗嘲弄自己的儿子王彧。江智渊严肃地说:"恐怕不应该有这样的玩笑!"孝武帝大怒说:"江僧安真是一个大傻瓜,傻瓜同情傻瓜。"江僧安是江智渊的父亲。江智渊立刻把脸埋在坐席上,痛哭流涕。从此,孝武帝对他的宠爱大为减弱。江智渊又提议追谥殷贵妃为怀贵妃,孝武帝认为这不是个最美的名号,所以对江智渊更加怀恨在心。某一天,孝武帝和大臣骑马来到殷贵妃的坟墓,孝武帝举起鞭子,指着墓前的石柱,对江智渊说:"这上面不能有'怀'字。"江智渊更加恐惧,最后竟因忧虑过度去世。

2 己丑(十四日),朝廷任命尚书令柳元景为骠骑大将军、开府仪同三司。

3 二月甲寅(初九),孝武帝巡视南豫州和南兖州。丁卯(十二日),在乌江比试狩猎。壬戌(十七日),宣布大赦。甲子(十九日),孝武帝前往瓜步山。壬申(二十七日),返回建康。

4 夏季,四月甲子(二十日),孝武帝颁下诏令:"任何官将,如果不是在战场上与敌人作战,一律不得随便利用权力杀人。罪行严重,应该重判斩首的罪犯,必须先向朝廷呈报,等候批准。如有违犯这一诏令的,即以杀人罪处罚。"

5 五月丙子(初二),孝武帝再次颁下诏令:"从今以后,刺史、守宰动员百姓发起军队,都必须按照手诏实行。只有边疆偏远地区有敌人进犯,或宫廷内突然发生奸佞作乱,可以不在此限。"

6 戊辰，以左民尚书蔡兴宗、左卫将军袁粲为吏部尚书。粲，淑之兄子也。

上好狎侮群臣，自太宰义恭以下，不免秽辱。常呼金紫光禄大夫王玄谟为老伧，仆射刘秀之为老悭，颜师伯为齴。其馀短、长、肥、瘦，皆有称目。黄门侍郎宗灵秀体肥，拜起不便，每至集会，多所赐与，欲其瞻谢倾踣，以为欢笑。又宠一昆仑奴，令以杖击群臣，尚书令柳元景以下皆不能免。唯惮蔡兴宗方严，不敢侵媟。颜师伯谓仪曹郎王耽之曰："蔡尚书常免昵戏，去人实远。"耽之曰："蔡豫章昔在相府，亦以方严不狎，武帝宴私之日，未尝相召。蔡尚书今日可谓能负荷矣。"

7 壬寅，魏主如阴山。

8 六月戊辰，以秦郡太守刘德愿为豫州刺史。德愿，怀慎之子也。

上既葬殷贵妃，数与群臣至其墓，谓德愿曰："卿哭贵妃，悲者当厚赏。"德愿应声恸哭，抚膺擗踊，涕泗交流。上甚悦，故用豫州刺史以赏之。上又令医术人羊志哭贵妃，志亦呜咽极悲。他日有问志者曰："卿那得此副急泪？"志曰："我尔日自哭亡妾耳。"

上为人，机警勇决，学问博洽，文章华敏，省读书奏，能七行俱下。又善骑射，而奢欲无度。自晋氏渡江以来，宫室草创，朝宴所临，东、西二堂而已。晋孝武末，始作清暑殿。宋兴，无所增改。上始大修宫室，土木被锦绣，嬖妾幸臣，赏赐倾府藏。

6　戊辰(初四)，朝廷任命左民尚书蔡兴宗、左卫将军袁粲为吏部尚书。袁粲是袁淑哥哥的儿子。

孝武帝喜欢捉弄、侮辱手下臣属们，从太宰刘义恭以下的大臣，没有一个人没被污言秽语侮辱过。孝武帝经常把金紫光禄大夫王玄谟叫作"北方佬"，把仆射刘秀之喊作"老抠门"，把颜师伯叫作"大板牙"。其他无论是高矮、胖瘦，都给起过外号。黄门侍郎宗灵秀身体肥胖，叩拜后起身很不方便，每次聚会，孝武帝偏偏不断赏赐给他东西，就是想要看他跌跌撞撞谢恩的样子，以此取笑。孝武帝还宠爱一个昆仑奴，他经常让昆仑奴拿着棍棒殴击各位官员，自尚书令柳元景以下，都不免挨打。这个昆仑奴只忌惮蔡兴宗的方正严肃，不敢戏弄。颜师伯对仪曹郎王耽之说："蔡尚书能经常免遭戏弄，和普通人相距实在太远。"王耽之回答说："以前，蔡豫章在宰相府时，也是以方正严肃、不苟言笑而免于嘲弄，而武帝在举办私人欢宴时，也从不邀请蔡豫章参加。今天的蔡尚书可以说是能继承他父亲的优秀品德了。"

7　壬寅(二十八日)，北魏国主前往阴山。

8　六月戊辰(二十五日)，朝廷任命秦郡太守刘德愿为豫州刺史。刘德愿是刘怀慎的儿子。

孝武帝安葬了殷贵妃后，几次和臣属来到殷贵妃的墓前凭吊。他对刘德愿说："你哭殷贵妃，如果哭得很悲伤，我就厚厚地赏赐你。"话刚说完，刘德愿已经失声痛哭起来，捶胸顿足，眼泪、鼻涕都流到了一起。孝武帝大为高兴，就把豫州刺史的官职赏赐给了他。孝武帝又命令医师羊志也哭殷贵妃，羊志也呜呜咽咽地哭得极其悲痛。过了些日子，有人问羊志："你从哪里这么快弄来了这些眼泪？"羊志回答说："我那时不过是哭自己死去了的小妾罢了。"

孝武帝为人机警、勇敢、果断、迅速，他学问渊博，文章写得敏捷华丽，他阅读书信或奏章能一目七行。同时，他又善于骑马和射箭，但是他奢侈、纵欲没有节制。从东晋渡过长江南下以来，宫殿都是草草建造的，朝会或宴请也不过在东堂或西堂而已。晋孝武帝末年才建造了清暑殿。刘宋兴起后，也没有什么增加或改动。到了孝武帝，就开始大兴土木，扩建宫室，墙上和柱子上都用锦绣装饰。对他宠爱的妻妾和臣属的赏赐，把国库内所有的东西都拿空了。

坏高祖所居阴室,于其处起玉烛殿。与群臣观之,床头有土障,壁上挂葛灯笼、麻蝇拂。侍中袁顗因盛称高祖俭素之德。上不答,独曰:"田舍公得此,已为过矣。"顗,淑之兄子也。

9　秋,八月乙丑,立皇子子孟为淮南王,子产为临贺王。

10　丙寅,魏主畋于河西。九月辛巳,还平城。

11　庚寅,以新安王子鸾兼司徒。
12　丙申,立皇子子嗣为东平王。
13　冬,十月癸亥,以东海王祎为司空。

14　己巳,上校猎姑孰。
15　魏员外散骑常侍游明根等来聘。明根奉使三返,上以其长者,礼之有加。

16　十一月癸巳,上习水军于梁山。
十二月丙午,如历阳。
甲寅,大赦。
17　己未,太宰义恭加尚书令。
18　癸亥,上还建康。

八年(甲辰,464)
1　春,正月丁亥,魏主立其弟云为任城王。

2　戊子,以徐州刺史新安王子鸾领司徒。

夏,闰五月壬寅,太宰义恭领太尉。

他曾经毁掉武帝刘裕住过的屋子,在那里兴建了玉烛殿,和手下大臣一起前去观看,旧屋床头上还有一截土墙,墙上挂着麻葛灯笼和麻线蝇拂。侍中袁颢看完,盛赞武帝节俭朴素的品德。孝武帝没有回答什么,只是自言自语地说:"庄稼汉得到这种享受已经是很过分的了。"袁颢是袁淑哥哥的儿子。

9　秋季,八月乙丑(二十三日),刘宋孝武帝立皇子刘子孟为淮南王,刘子产为临贺王。

10　丙寅(二十四日),北魏国主在河西打猎。九月辛巳(初九),返回平城。

11　庚寅(十八日),刘宋朝廷任命新安王刘子鸾兼任司徒。

12　丙申(二十四日),孝武帝立皇子刘子嗣为东平王。

13　冬季,十月癸亥(二十二日),朝廷任命东海王刘祎为司空。

14　己巳(二十八日),孝武帝到姑孰比试打猎。

15　北魏员外散骑常侍游明根等前来刘宋聘问。游明根担任北魏使节,曾三次出使刘宋,孝武帝因为他年龄大,对他特别礼遇。

16　十一月癸巳(二十二日),孝武帝在梁山训练水军。

十二月丙午(初六),孝武帝前往历阳。

甲寅(十四日),刘宋实行大赦。

17　己未(十九日),朝廷加授太宰刘义恭为尚书令。

18　癸亥(二十三日),孝武帝回到建康。

宋孝武帝大明八年(甲辰,公元464年)

1　春季,正月丁亥(十七日),魏主封立他的弟弟拓跋云为任城王。

2　戊子(十八日),孝武帝任命徐州刺史、新安王刘子鸾兼任司徒。

夏季,闰五月壬寅(初五),朝廷任命太宰刘义恭兼任太尉。

3　上末年尤贪财利,刺史、二千石罢还,必限使献奉,又以蒲戏取之,要令罄尽乃止。终日酣饮,少有醒时。常凭几昏睡,或外有奏事,即肃然整容,无复酒态。由是内外畏之,莫敢弛惰。庚申,上殂于玉烛殿。遗诏:"太宰义恭解尚书令,加中书监。以骠骑将军、南兖州刺史柳元景领尚书令,入居城内。事无巨细,悉关二公,大事与始兴公沈庆之参决。若有军旅,悉委庆之;尚书中事,委仆射颜师伯;外监所统,委领军将军王玄谟。"是日,太子即皇帝位,年十六,大赦。吏部尚书蔡兴宗亲奉玺绶,太子受之,傲惰无戚容。兴宗出,告人曰:"昔鲁昭不戚,叔孙知其不终。家国之祸,其在此乎!"

4　甲子,诏复以太宰义恭录尚书事,柳元景加开府仪同三司,领丹杨尹,解南兖州。

5　六月丁亥,魏主如阴山。

6　秋,七月己亥,以晋安王子勋为江州刺史。

7　柔然处罗可汗卒,子予成立,号受罗部真可汗,改元永康。部真帅众侵魏。辛丑,魏北镇游军击破之。

8　壬寅,魏主如河西。高车五部相聚祭天,众至数万。魏主亲往临视之,高车大喜。

9　丙午,葬孝武皇帝于景宁陵,庙号世祖。

10　庚戌,尊皇太后曰太皇太后,皇后曰皇太后。

3 孝武帝晚年,更是贪财好利,凡是刺史、二千石官员免官回京时,一定限令他们进献贡奉,同时,还和他们一块儿赌博,直到把他们的钱赢光才停止。他整天都是开怀畅饮,很少有清醒的时候。经常伏在案几上昏睡过去,有时一旦外面有急事呈奏,他马上抖擞精神,整理好容装,一点酒意都没有了。因此,内臣外属们对他都十分畏惧,没有一个人敢做事懈怠。庚申(二十三日),孝武帝在玉烛殿去世。留下遗诏说:"免去太宰刘义恭的尚书令一职,加授中书监。任命骠骑将军、南兖州刺史柳元景兼任尚书令,进入内城居住。朝廷事务,无论大小,全都要奏启二人,国家大事要和始兴公沈庆之商量决定。如果有军务,就全都委托沈庆之处理;尚书府的事务,托付给仆射颜师伯处理;统领外监事务,交给领军将军王玄谟处理。"这一天,太子刘子业登基即位,时年十六岁,下令大赦。吏部尚书蔡兴宗亲自将玉玺捧上来,交给刘子业,刘子业接了过来,可是他态度懈怠无礼,脸上一点悲哀的样子都没有。蔡兴宗退出来,对人说:"从前,鲁昭公即位时,毫无悲伤之色,叔孙穆子就知道他不会有什么好结果。如今,刘宋国家的灾祸,莫非就要在他身上出现吗?"

4 甲子(二十七日),诏令太宰刘义恭再任录尚书事。加封柳元景为开府仪同三司,兼任丹杨尹,免去南兖州刺史之职。

5 六月丁亥(二十日),魏主前往阴山。

6 秋季,七月己亥(初二),任命晋安王刘子勋为江州刺史。

7 柔然处罗可汗郁久闾吐贺真去世,他的儿子郁久闾予成继位,号为受罗部真可汗,改年号为永康。郁久闾予成率军南下侵犯北魏。辛丑(初四),北魏北方镇守的流动军队,击败郁久闾予成。

8 壬寅(初五),魏主前往河西。高车五个部落聚集在一起,举行祭天仪式,人数达数万之多。魏主亲自前往观看,高车人大为高兴。

9 丙午(初九),在景宁陵将孝武帝安葬,庙号称为世祖。

10 庚戌(十三日),刘子业尊祖母皇太后为太皇太后,尊母亲皇后王氏为皇太后。

11 乙卯,罢南北二驰道,及孝建以来所改制度,还依元嘉。尚书蔡兴宗于都座慨然谓颜师伯曰:"先帝虽非盛德之主,要以道始终。三年无改,古典所贵。今殡宫始撤,山陵未远,而凡诸制度兴造,不论是非,一皆刊削,虽复禅代,亦不至尔。天下有识,当以此窥人。"师伯不从。

太宰义恭素畏戴法兴、巢尚之等,虽受遗辅政,而引身避事,由是政归近习。法兴等专制朝权,威行近远,诏敕皆出其手。尚书事无大小,咸取决焉,义恭与颜师伯但守空名而已。

蔡兴宗自以职管铨衡,每至上朝,辄为义恭陈登贤进士之意,又箴规得失,博论朝政。义恭性恇挠,阿顺法兴,恒虑失旨,闻兴宗言,辄战惧无答。兴宗每奏选事,法兴、尚之等辄点定回换,仅有在者。兴宗于朝堂谓义恭、师伯曰:"主上谅暗,不亲万机。而选举密事,多被删改,复非公笔,亦不知是何天子意!"数与义恭等争选事,往复论执。义恭、法兴皆恶之。左迁兴宗新昌太守。既而以其人望,复留之建康。

12 丙辰,追立何妃曰献皇后。

11　乙卯(十八日),刘子业下令废掉南北御用大道,废除孝建年以来更改的规章制度,恢复元嘉时代的制度。吏部尚书蔡兴宗在都座,不禁感慨地对颜师伯说:"先帝虽然并不是品德极高的皇帝,总的说来他还始终没有离开正路。三年不改父亲的制度,这是古代经典认为难能可贵的事。如今,先帝的祭堂刚刚撤掉,还没有离开他的墓陵多远,那时所有的规章制度,不管它对错、好坏,就要一律削砍改变。虽然这是改朝换代,也不至于到如此地步。天下有识之士,可以据此判断一个人。"颜师伯不这样认为。

太宰刘义恭平素一直害怕戴法兴、巢尚之等人,虽然他接受遗命辅佐朝政,但他总是退缩不愿多管政事。所以,大权实际上是握在皇帝身边的宠臣手里。戴法兴等人专权独断,威势使远近的人们都很害怕。皇帝的诏令、文告,一概出自他们之手。尚书事务无论大小巨细,也都由他们全权决定。刘义恭和颜师伯实际上不过是守空名而已。

吏部尚书蔡兴宗自认为自己的职权是管理铨选授官,所以每到上朝时,他都要向刘义恭谈论举荐贤能人才的意思,又不时地检讨得失,多方议论朝政。刘义恭性格怯懦、屈从,对戴法兴极尽阿谀顺从,常常害怕不合他们的意。他每次听蔡兴宗讲话,就吓得战战兢兢,不敢回答一句。蔡兴宗每次呈奏要任命的名单,戴法兴和巢尚之等人就圈圈点点、反复更换,很少能保住名单上所列的人选。蔡兴宗在朝堂上对刘义恭和颜师伯说:"主上正值守丧期间,不能亲自处理纷繁的朝政。而选任官员是朝廷秘密大事,可是每次都要被删除、涂改,涂改的笔迹又不是你们的,也不知这是不是天子的意思。"蔡兴宗多次跟刘义恭等争论任选官员的事情,来来回回各执己见。刘义恭和戴法兴等人都很讨厌他。于是,就把蔡兴宗贬到新昌任太守。不久,又因蔡兴宗声望太高,又把他留在建康。

12　丙辰(十九日),刘子业追封已去世的太子妃何令婉为献皇后。

13　乙丑,新安王子鸾解领司徒。戴法兴等恶王玄谟刚严,八月丁卯,以玄谟为南徐州刺史。

14　王太后疾笃,使呼废帝。帝曰:"病人间多鬼,那可往!"太后怒,谓侍者:"取刀来,剖我腹,那得生宁馨儿!"己丑,太后殂。

15　九月辛丑,魏主还平城。

16　癸卯,以尚书左仆射刘遵考为特进、右光禄大夫。

17　乙卯,葬文穆皇后于景宁陵。

18　冬,十二月壬辰,以王畿诸郡为扬州,以扬州为东扬州。癸巳,以豫章王子尚为司徒、扬州刺史。

是岁,青州移治东阳。

宋之境内,凡有州二十二,郡二百七十四,县千二百九十九,户九十四万有奇。东方诸郡连岁旱饥,米一升钱数百,建康亦至百馀钱,饿死什六七。

13　乙丑(二十八日),新安王刘子鸾被解除司徒兼职。戴法兴等人讨厌王玄谟的刚毅严正,八月丁卯(初一),任命王玄谟为南徐州刺史。

14　皇太后王宪嫄病势严重,派人去叫废帝刘子业。废帝说:"病人房子里鬼多,我怎么能去。"王太后气得大怒,对身旁侍者说:"拿把刀来,剖开我肚子看看,我怎么会生出这种东西。"己丑(二十三日),王太后去世。

15　九月辛丑(初五),北魏国主返回平城。

16　癸卯(初七),刘宋朝廷任命尚书左仆射刘遵考为特进、右光禄大夫。

17　乙卯(十九日),刘子业在景宁陵安葬母亲文穆皇后。

18　冬季,十二月壬辰(二十八日),刘宋朝廷把王畿各个郡划为扬州,把现在的扬州仍称东扬州。癸巳(二十九日),任命豫章王刘子尚为司徒、扬州刺史。

这年,朝廷又把青州州府移回东阳。

刘宋国境内,总共有二十二个州、二百七十四个郡、一千二百九十九个县、九十四万多户。东边各郡经常连年干旱,出现饥荒,买一升米要几百钱,建康也达到了一百多钱,因此,十分之六七的人都被饿死了。

卷第一百三十　宋纪十二

乙巳(465)一年

太宗明皇帝上之上
泰始元年(乙巳,465)

1　春,正月乙未朔,废帝改元永光,大赦。

2　丙申,魏大赦。

3　二月丁丑,魏主如楼烦宫。

4　自孝建以来,民间盗铸滥钱,商货不行。庚寅,更铸二铢钱,形式转细。官钱每出,民间即模效之,而更薄小,无轮郭,不磨錢,谓之"耒子"。

5　三月乙巳,魏主还平城。

6　夏,五月癸卯,魏高宗殂。初,魏世祖经营四方,国颇虚耗,重以内难,朝野楚楚。高宗嗣之,与时消息,静以镇之,怀集中外,民心复安。甲辰,太子弘即皇帝位,大赦,尊皇后曰皇太后。

显祖时年十二,侍中、车骑大将军乙浑专权,矫诏杀尚书杨保年、平阳公贾爱仁、南阳公张天度于禁中。侍中、司徒、平原王陆丽治疾于代郡温泉,乙浑使司卫监穆多侯召之。多侯谓丽曰:"浑有无君之心。今宫车晏驾,王德望素重,奸臣所忌,宜少淹留以观之。朝廷安静,然后入,未晚也。"

太宗明皇帝上之上

宋明帝泰始元年(乙巳,公元 465 年)

1　春季,正月乙未朔(初一),刘宋废帝刘子业改年号为永光。实行大赦。

2　丙申(初二),北魏实行大赦。

3　二月丁丑(十四日),北魏国主前往楼烦宫。

4　孝武帝即位后,民间私自滥造劣等钱币越来越厉害,商贾活动无法进行。庚寅(二十七日),改铸二铢钱,样式上转为细小。朝廷铸制的官钱,每次流通起来,民间就立刻模仿铸制,而且比官钱更薄更小,没有轮廓,也不加工磨平,被称为"耒子"。

5　三月乙巳(十二日),魏主返回平城。

6　夏季,五月癸卯(十一日),北魏国主文成帝拓跋濬去世。当初,魏太武帝拓跋焘四处出兵,扩大疆土,国力空虚,再加上朝廷内部不断发生变乱,使朝廷官属与老百姓都十分痛苦。文成帝拓跋濬即位后,按照节令使老百姓得以休养生息、安心种植,尽量减少高压手段,实行怀柔统治,安抚远近内外民众,民心又安定下来了。甲辰(十二日),太子拓跋弘继承帝位,下令大赦,尊皇后冯氏为皇太后。

魏献文帝拓跋弘这年十二岁。所以朝廷大权都握在侍中、车骑大将军乙浑手里。乙浑假传圣旨,在禁中杀害了尚书杨保年、平阳公贾爱仁、南阳公张天度。此时,侍中、司徒、平原王陆丽正因病在代郡温泉治疗,乙浑就派司卫监穆多侯前去征召他回京。穆多侯对陆丽说:"乙浑已有轻视君主的心意,如今,先帝刚刚晏驾,大王您又是素来德高望重的,被奸佞贼臣所忌恨,所以,您还是暂时留在这里,听听动静再说。待朝廷安静下来再回去也不晚啊。"

丽曰:"安有闻君父之丧、虑患而不赴者乎!"即驰赴平城。乙浑所为多不法,丽数争之。戊申,浑又杀丽及穆多侯。多侯,寿之弟也。己酉,魏以浑为太尉、录尚书事,东安王刘尼为司徒,尚书左仆射代人和其奴为司空。殿中尚书顺阳公郁谋诛乙浑,浑杀之。

7　壬子,魏以淮南王它为镇西大将军、仪同三司,镇凉州。

8　魏开酒禁。

9　壬午,加柳元景南豫州刺史,加颜师伯丹杨尹。

10　秋,七月癸巳,魏以太尉乙浑为丞相,位居诸王上。事无大小,皆决于浑。

11　废帝幼而狷暴。及即位,始犹难太后、大臣及戴法兴等,未敢自恣。太后既殂,帝年渐长,欲有所为,法兴辄抑制之,谓帝曰:"官所为如此,欲作营阳邪!"帝稍不能平。所幸阉人华愿儿,赐与无算,法兴常加裁减,愿儿恨之。帝使愿儿于外察听风谣,愿儿言于帝曰:"道路皆言'宫中有二天子:法兴真天子,官为赝天子。'且官居深宫,与人物不接,法兴与太宰、颜、柳共为一体,往来门客恒有数百,内外士庶莫不畏服。法兴是孝武左右,久在宫闱。今与他人作一家,深恐此坐席非复官有。"帝遂发诏免法兴,遣还田里,仍徙远郡。八月,辛酉,赐法兴死,解巢尚之舍人。

陆丽说:"哪有听说君父死了,忧虑自己的得失安危而不前去奔丧的人?"说完,就骑马赶往平城。乙浑所作所为大多不合法制,陆丽多次和他争辩。戊申(十六日),乙浑又杀了陆丽和穆多侯。穆多侯是穆寿的弟弟。己酉(十七日),北魏任命乙浑为太尉、录尚书事,东安王刘尼为司徒,尚书左仆射代郡人和其奴为司空。殿中尚书顺阳公拓跋郁图谋诛杀乙浑,乙浑把他杀了。

7 壬子(二十日),北魏任命淮南王拓跋它为镇西大将军、仪同三司,镇守凉州。

8 北魏解除禁酒令。

9 壬午(二十一日),刘宋加授柳元景为南豫州刺史,加授颜师伯为丹杨尹。

10 秋季,七月癸巳(初二),北魏任命太尉乙浑为丞相,位居各位王之上。朝廷事务无论大小,都要由乙浑决定。

11 刘宋废帝年纪虽小,却很凶恶残暴。即位后,开始时他还多多少少接受母亲王太后、大臣以及戴法兴等人的管束,不敢自行放肆。王太后去世后,他也慢慢长大了,他想要有所作为,但每次戴法兴都加以阻挠,对他说:"你这么乱做,难道是想要当营阳王吗?"废帝听到这种威吓,心里越来越不高兴。废帝宠爱小太监华愿儿,赏赐给他的金银财宝,不计其数,戴法兴经常加以限制,减少这一支出,华愿儿因此恨戴法兴。废帝命令华愿儿到宫廷外打听老百姓对朝廷的议论,华愿儿对废帝说:"路上人们都说'宫中有二天子:法兴真天子,官为赝天子。'况且,您住在深宫之内,和外边没有接触,戴法兴和太宰刘义恭、颜师伯、柳元景结为一体,他们门下来往的宾客,总有数百人之多,内外官民对他们没有不畏惧、服从的。戴法兴又是孝武帝的左右亲信,在宫廷内已经很久了。如今,他和别人合为一家,我深怕您这个位子不再会属于您所有。"废帝立刻下诏罢免了戴法兴,遣返他回到农村老家,又把他放逐到边远的郡县。八月辛酉(初一),又命戴法兴自杀,免去巢尚之的中书通事舍人之职。

员外散骑侍郎东海奚显度,亦有宠于世祖。常典作役,课督苛虐,捶扑惨毒,人皆苦之。帝常戏曰:"显度为百姓患,比当除之。"左右因唱诺,即宣旨杀之。

尚书右仆射、领卫尉卿、丹杨尹颜师伯居权日久,骄奢淫恣,为衣冠所疾。帝欲亲朝政,庚午,以师伯为尚书左仆射,解卿、尹,以吏部尚书王彧为右仆射,分其权任。师伯始惧。

初,世祖多猜忌,王公、大臣,重足屏息,莫敢妄相过从。世祖殂,太宰义恭等皆相贺曰:"今日始免横死矣。"甫过山陵,义恭与柳元景、颜师伯等声乐酣饮,不舍昼夜。帝内不能平。既杀戴法兴,诸大臣无不震慑,各不自安。于是元景、师伯密谋废帝,立义恭,日夜聚谋,而持疑不能决。元景以其谋告沈庆之。庆之与义恭素不厚,又师伯常专断朝事,不与庆之参怀,谓令史曰:"沈公,爪牙耳,安得预政事!"庆之恨之,乃发其事。

癸酉,帝自帅羽林兵讨义恭,杀之,并其四子。断绝义恭支体,分裂肠胃,挑取眼睛,以蜜渍之,谓之"鬼目粽"。别遣使者称诏召柳元景,以兵随之。左右奔告,"兵刃非常"。元景知祸至,入辞其母,整朝服乘车应召。弟车骑司马叔仁戎服,帅左右壮士欲拒命,元景苦禁之。既出巷,军士大至。元景下车受戮,容色恬然。并其八子、六弟及诸侄。获颜师伯于道,杀之,并其六子。又杀廷尉刘德愿。改元景和,文武进位二等。遣使诛湘州刺史江夏世子伯禽。自是公卿以下,皆被捶曳如奴隶矣。

员外散骑常侍、东海人奚显度，也受过孝武帝的宠爱，经常负责建筑方面的事务，他监督苛刻，暴虐肆行，对干活的人动不动就残酷地鞭打一通，所以，人们都感到痛苦。废帝经常戏笑说："奚显度是老百姓的祸患，不久就该杀掉他。"而左右竟当真顺势答应下来，马上传达圣旨，杀了奚显度。

尚书右仆射、领卫尉卿、丹杨尹颜师伯把持朝廷大权很久，他骄奢淫逸，受到士族们的忌恨。废帝打算亲自处理朝政，庚午(初十)，任命颜师伯为尚书左仆射，免去他的卫尉卿和丹杨尹的职务，又任命吏部尚书王彧为右仆射，和颜师伯分权行事。颜师伯这才开始感到害怕。

当初，孝武帝对人十分猜忌，所以王公大臣们都十分谨慎行事，没有谁敢随便来往。孝武帝去世，太宰刘义恭等人都互相庆贺，说："到今天才可免于横祸而死了。"刚刚将孝武帝安葬完毕，刘义恭就和柳元景、颜师伯等人观歌听曲，开怀畅饮，不分昼夜。废帝心中大为不满。戴法兴被杀以后，各位大臣无不感到震动，人心惶惶，人人自危。于是柳元景和颜师伯秘密策划，要废掉刘子业，立刘义恭为皇帝。他们日日夜夜聚集在一起策划、筹谋，但始终犹豫不定。柳元景把这一密谋偷偷告诉了沈庆之。沈庆之和刘义恭平日关系就不好，而颜师伯又经常独断专行，从不和沈庆之商议，他对尚书令史说："沈庆之不过是个爪牙而已，哪里能参与朝廷政事！"所以，沈庆之对颜师伯一直恨之入骨，为此，他竟把柳元景等人的预谋告发了。

癸酉(十三日)，废帝亲自率领羽林军讨伐刘义恭，杀了刘义恭及他的四个儿子。又将刘义恭的身体肢解，把胃肠挑出来，把眼睛剜出来，然后用蜜糖浸渍，称它为"鬼目粽"。同时，废帝又另外派遣使者前去柳元景家里，征召柳元景，并派士兵跟在使者左右，柳元景的左右侍从赶快跑来告诉柳元景，说"兵刃非同往常"。柳元景知道大祸来临，他进去和母亲辞别，然后镇定自若，穿上朝服，乘车前去应召。柳元景的弟弟、车骑司马柳叔仁穿着战服，率领左右壮士打算拒绝听命，柳元景苦苦劝阻。等到柳元景走出巷口，行刑军士已经到达。于是柳元景下车接受斩首，面色安然，从容镇定。柳元景的八个儿子、六个弟弟及各个侄子也同遭杀戮。又在路上抓获了颜师伯，将其斩首，颜师伯的六个儿子也被诛杀。废帝又下令杀了廷尉刘德愿。改年号为景和，文武官员全都提升二级。废帝派遣使者杀了湘州刺史、江夏王世子刘伯禽。从此，公卿以下官员都随时会像奴隶一样被殴打侮辱。

初,帝在东宫,多过失,世祖欲废之而立新安王子鸾,侍中袁颙盛称"太子好学,有日新之美",世祖乃止。帝由是德之。既诛群公,欲引进颙,任以朝政,迁为吏部尚书,与尚书右丞徐爰皆以诛义恭等功,赐爵县子。

徐爰便僻善事人,颇涉书传,自元嘉初,入侍左右,豫参顾问。既长于附会,又饰以典文,故为太祖所任遇。大明之世,委寄尤重。时殿省旧人多见诛逐,唯爰巧于将迎,始终无迕。废帝待之益厚,群臣莫及。帝每出,常与沈庆之及山阴公主同辇,爰亦预焉。

山阴公主,帝姊也,适驸马都尉何戢。戢,偃之子也。公主尤淫恣,尝谓帝曰:"妾与陛下,男女虽殊,俱托体先帝。陛下六宫万数,而妾唯驸马一人,事太不均。"帝乃为公主置面首左右三十人,进爵会稽郡长公主,秩同郡王。吏部郎褚渊貌美,公主就帝请以自侍,帝许之。渊侍公主十馀日,备见逼迫,以死自誓,乃得免。渊,湛之之子也。

帝令太庙别画祖考之像,帝入庙,指高祖像曰:"渠大英雄,生擒数天子。"指太祖像曰:"渠亦不恶,但末年不免儿斫去头。"指世祖像曰:"渠大齄鼻,如何不齄?"立召画工令齄之。

12 以建安王休仁为雍州刺史,湘东王彧为南豫州刺史,皆留不遣。

当初，废帝在东宫时，经常出现过失，所以孝武帝想要废弃他，而立新安王刘子鸾为太子，但是侍中袁颇大赞刘子业，说"太子喜爱学习，有日求进取的美德"，孝武帝这才作罢。废帝为此十分感激袁颇。等到各位大臣被诛杀以后，废帝就打算引用并提升袁颇，让他掌管朝政，于是把他提升为吏部尚书，他和尚书右丞徐爰一样，都因诛杀刘义恭等人有功，二人被赐爵，封为县子。

徐爰精于逢迎谄媚，懂得怎样取悦他人，也涉猎过很多诗书史传，自从元嘉初年，他就进入皇宫做皇帝的左右侍从，参加商议决断朝廷的一些事务。他既长于附和逢迎，而且又能用一些经典词句装饰自己，因此很受文帝的信任。孝武帝时，对他更为信任。当时宫廷、朝廷里的旧人大多被诛杀或被放逐，只有徐爰一人工于心计，巧于迎合，自始至终没有忤逆过皇帝。废帝对他更加优厚，其他臣属没有谁能赶得上他。废帝每次出去，经常和沈庆之及山阴公主乘坐同一辆辇车，徐爰也往往是其中之一。

山阴公主刘楚玉是废帝的姐姐，嫁给了驸马都尉何戢。何戢是何偃的儿子。山阴公主更是一个恣意放荡的人，她曾经对废帝说："妾与陛下，虽然男女性别不一样，但都是一个父亲所生。陛下的六宫可以有上万美女，可妾却只有驸马一人，实在是太不公平了。"于是，废帝就为山阴公主选了三十个面首，事奉在山阴公主身旁，并加封山阴公主为会稽郡长公主，地位和郡王一样。吏部郎褚渊容貌漂亮，公主就去皇帝那里请求让褚渊事奉自己，废帝答应了她。褚渊事奉了公主十几天，备受公主的威逼，但褚渊以死发誓，最后才得以幸免放回。褚渊是褚湛之的儿子。

废帝命令在太庙另外绘制祖先的画像，画成之后，他进入庙内观看，指着高祖刘裕画像说："他可是一位大英雄，活捉了几个天子。"又指着文帝刘义隆的画像说："他也不错，只可惜晚年被儿子砍了头。"然后，指着孝武帝刘骏的画像说："他是个大酒糟鼻子，可现在怎么没有了？"说完，立刻叫画匠把刘骏的酒糟鼻子画出来。

12 刘宋朝廷任命建安王刘休仁为雍州刺史，任命湘东王刘彧为南豫州刺史，但将他们全都留在建康，没有到任。

13　甲戌,以司徒、扬州刺史豫章王子尚领尚书令。以始兴公沈庆之为侍中、太尉。庆之固辞。征青、冀二州刺史王玄谟为领军将军。

14　魏葬文成皇帝于金陵,庙号高宗。

15　九月癸巳,帝如湖熟。戊戌,还建康。

新安王子鸾有宠于世祖,帝疾之。辛丑,遣使赐子鸾死,又杀其母弟南海王子师及其母妹,发殷贵妃墓,又欲掘景宁陵,太史以为不利于帝,乃止。

初,金紫光禄大夫谢庄为殷贵妃谋曰:"赞轨尧门。"帝以庄比贵妃于钩弋夫人,欲杀之。或说帝曰:"死者人之所同,一往之苦,不足为困。庄生长富贵,今系之尚方,使知天下苦剧,然后杀之,未晚也。"帝从之。

16　徐州刺史义阳王昶,素为世祖所恶,民间每讹言昶当反。是岁,讹言尤甚,废帝常谓左右曰:"我即大位以来,遂未尝戒严,使人邑邑!"昶使典签蘧法生奉表诣建康,求入朝,帝谓法生曰:"义阳与太宰谋反,我正欲讨之。今知求还,甚善!"又屡诘问法生,"义阳谋反,何故不启?"法生惧,逃还彭城。帝因此用兵。己酉,下诏讨昶,内外戒严。帝自将兵渡江,命沈庆之统诸军前驱。

法生至彭城,昶即聚兵反。移檄统内诸郡,皆不受命,斩昶使。将佐文武悉怀异心。昶知事不成,弃母、妻,携爱妾,夜与数十骑开北门奔魏。昶颇涉学,能属文,魏人重之,使尚公主,拜侍中、征南将军、驸马都尉,赐爵丹杨王。

13　甲戌（十四日），刘宋朝廷任命司徒、扬州刺史、豫章王刘子尚兼尚书令，始兴公沈庆之为侍中、太尉。沈庆之坚决推辞。朝廷又征调青、冀二州的刺史王玄谟为领军将军。

14　北魏在金陵安葬了文成帝，庙号为高宗。

15　九月癸巳（初三），废帝前往湖熟。戊戌（初八），返回建康。

新安王刘子鸾很受孝武帝的宠爱，废帝极其嫉妒。辛丑（十一日），废帝派遣使者命刘子鸾自杀，同时还杀了刘子鸾的同母弟弟南海王刘子师以及同母妹妹，掘开了殷贵妃的坟墓，又打算掘开景宁陵，太史认为这样做会对废帝不利，才没做。

最初，金紫光禄大夫谢庄为殷贵妃写诔文，说："辅佐在尧母门中。"废帝认为这是谢庄把殷贵妃比作了汉武帝的钩弋夫人，所以打算杀了他。有人对废帝说："死这件事，人人都是一样的，一下子的痛苦，不足以不能忍受。谢庄生长于富贵人家，如今应该把他关押在尚方署，让他尝尝天下最大的痛苦，然后再杀他也不晚。"废帝依从了这建议。

16　徐州刺史、义阳王刘昶，平时就令孝武帝厌恶，民间经常讹传刘昶终有一天会造反。这年，这种谣传更为厉害，废帝常对左右侍从说："自从我登基即位以来，还没有实行过戒严，这使人感到不痛快。"刘昶派典签蘧法生到建康呈递奏章，请求入朝觐见。废帝对蘧法生说："刘昶和刘义恭谋反，我正打算前去讨伐他。现在知道他请求回来真是太好了！"接着又不断责问蘧法生："刘昶图谋造反，你为什么不向上启奏？"蘧法生听后很害怕，马上逃回了彭城。废帝为此动用军队前去讨伐刘昶。己酉（十九日），诏令讨伐刘昶，京师内外实行戒严。废帝亲自率领大军渡过长江，命令沈庆之率领其他各路大军做前锋。

蘧法生回到彭城，刘昶就起兵反叛。派人将檄文送到自己管辖的各郡，可是这些郡却拒绝接受命令，斩杀了刘昶派去的使者。刘昶手下的文武将士也都怀有二心。刘昶知道此事肯定不会成功，就抛弃了母亲和妻子，只带着自己宠爱的小妾，在深夜和几十名骑兵打开北门，逃奔到北魏。刘昶颇有学问，下笔成文，北魏很器重他，让他娶了公主，拜他为侍中、征南将军、驸马都尉，赐爵为丹杨王。

17　吏部尚书袁𫖮,始为帝所宠任,俄而失指,待遇顿衰,使有司纠奏其罪,白衣领职。𫖮惧,诡辞求出。甲寅,以𫖮督雍梁诸军事、雍州刺史。𫖮舅蔡兴宗谓之曰:"襄阳星恶,何可往?"𫖮曰:"白刃交前,不救流矢。今者之行,唯愿生出虎口耳。且天道辽远,何必皆验!"

是时,临海王子顼为都督荆湘等八州诸军事、荆州刺史,朝廷以兴宗为子顼长史、南郡太守,行府、州事,兴宗辞不行。𫖮说兴宗曰:"朝廷形势,人所共见。在内大臣,朝不保夕,舅今出居陕西,为八州行事,𫖮在襄、沔,地胜兵强,去江陵咫尺,水陆流通。若朝廷有事,可以共立桓、文之功,岂比受制凶狂、临不测之祸乎!今得间不去,后复求出,岂可得邪!"兴宗曰:"吾素门平进。与主上甚疏,未容有患。宫省内外,人不自保,会应有变。若内难得弭,外衅未必可量。汝欲在外求全,我欲居中免祸,各行其志,不亦善乎!"

𫖮于是狼狈上路,犹虑见追。行至寻阳,喜曰:"今始免矣。"邓琬为晋安王子勋镇军长史、寻阳内史,行江州事。𫖮与之款狎过常,每清闲,必尽日穷夜。𫖮与琬人地本殊,见者知其有异志矣。寻复以蔡兴宗为吏部尚书。

18　戊午,解严。帝因自白下济江至瓜步。

17 吏部尚书袁颛,开始时很受废帝的宠信,不久就不合废帝心意,对他的态度和礼遇一下子就变了,并下令有关部门弹劾袁颛,仅以平民的身份担任现职。袁颛深为恐惧,就编了一些理由,请求调任外地。甲寅(二十四日),朝廷任命袁颛为督雍、梁二州诸军事、雍州刺史。袁颛的舅父蔡兴宗对他说:"襄阳的星位不好,怎么能去?"袁颛说:"白刃加于面前,不管什么流箭射来都无法自救了。今天这次出行,只盼活着逃出虎口罢了。况且,天之道深远难测,吉凶怎么能一定都应验!"

这时,临海王刘子顼是都督荆、湘等八州诸军事,荆州刺史。朝廷任命蔡兴宗为刘子顼的长史、南郡太守,代理府州事,蔡兴宗推辞不去。袁颛就劝说蔡兴宗说:"朝廷目前的形势,人人都看得很清楚。留在这里的大臣,常常是朝不保夕,舅父出任荆州,为八州行事,我在襄、沔一带,那里土地肥沃、兵力强大,离江陵只有咫尺之远,水路和陆路交通便利。如果朝廷有变化,我们就可以一起建树齐桓公、晋文公的功业,这比起在朝廷受残暴之人压制、总是面对不测之祸岂不是更好吗?如今你有机会出去而不肯走,以后你再请求外出,怎么能得到呢?"蔡兴宗说:"我出身于一般门第,一步步得以升迁,和主上太疏远了,不见得会有什么大的祸患,从而招来大祸。朝廷内外,人人都岌岌可危,这样看来,一定会发生变化。如果朝廷内部的祸患得以消除,地方上的祸患也不好估计。你打算在外地保求自己,我则想在朝廷内免于灾祸,我们各行己志,不也是很好嘛。"

于是,袁颛匆匆忙忙上路了,他还担心会被追杀。一直走到寻阳,才高兴地说:"现在才开始免于大祸了。"邓琬当时是晋安王刘子勋的镇军长史、寻阳内史,代理江州事。袁颛与他交往游玩,亲密异常,一有空闲二人就整天整夜地在一起。袁颛和邓琬人品门第本来就不一样,看见的人,都知道他们有了反叛的意图。不久,朝廷又任命蔡兴宗为吏部尚书。

18 戊午(二十八日),刘宋解除戒严。废帝因此从白下过长江,到了瓜步。

19　沈庆之复启听民私铸钱,由是钱货乱败。千钱长不盈三寸,大小称此,谓之"鹅眼钱",劣于此者,谓之"綖环钱"。贯之以缕,入水不沉,随手破碎。市井不复料数,十万钱不盈一掬,斗米一万,商货不行。

20　冬,十月丙寅,帝还建康。

21　帝舅东阳太守王藻尚世祖女临川长公主。公主妒,谮藻于帝。己卯,藻下狱死。

会稽太守孔灵符,所至有政绩。以忤犯近臣,近臣谮之,帝遣使鞭杀灵符,并诛其二子。

宁朔将军何迈,瑀之子也,尚帝姑新蔡长公主。帝纳主于后宫,谓之谢贵嫔。诈言公主薨,杀宫婢,送迈第殡葬,行丧礼。庚辰,拜贵嫔为夫人。加鸾辂龙旗,出警入跸。迈素豪侠,多养死士,谋因帝出游,废之,立晋安王子勋。事泄,十一月壬辰,帝自将兵诛迈。

初,沈庆之既发颜、柳之谋,遂自昵于帝,数尽言规谏,帝浸不悦。庆之惧,杜门不接宾客。尝遣左右范羡至吏部尚书蔡兴宗所。兴宗使羡谓庆之曰:"公闭门绝客,以避悠悠请托者耳。如兴宗,非有求于公者也,何为见拒?"庆之使羡邀兴宗。

19　沈庆之再次启奏,请求允许民间私自铸钱。从此以后,钱币的情况非常混乱。一千钱串起来还不满三寸之高,大钱小钱都是这样,人们称之为"鹅眼钱",比"鹅眼钱"更差的叫"綖环钱"。这种"綖环钱",用线串起来后,放到水里也不沉底,而只要用手一捏,立刻破碎。集市上都不计算数目,十万钱都不满一捧,一斗米就要一万钱。商货交易已无法进行。

20　冬季,十月丙寅(初七),废帝回到建康。

21　废帝的舅父、东阳太守王藻娶了文帝的女儿临川长公主刘英媛。刘英媛生性嫉妒,就在废帝面前进谗言陷害王藻。己卯(二十日),王藻被捕入狱而死。

会稽太守孔灵符,所到之处,都有政绩。但他冒犯了废帝的左右亲信,这些人就诬陷他,废帝竟派人用鞭子抽死了孔灵符,还诛杀了孔灵符的两个儿子。

宁朔将军何迈是何瑀的儿子,娶了废帝的姑母、新蔡长公主刘英媚。可是,废帝却把刘英媚留在后宫,称她为谢贵嫔。而对外又谎称刘英媚死了,他又杀了一个宫女,送给何迈,用公主的礼仪发葬。庚辰(二十一日),封谢贵嫔为夫人,并特别许可,允许刘英媚乘坐有龙旗鸾铃的御车,出入时,所过街市实行戒严。何迈平素豪爽,有侠士风范,而且蓄养了许多为他效死的人。他不能忍受这种侮辱,就计划趁废帝出游时,把他废了,拥立晋安王刘子勋为皇帝。事情走漏风声,十一月壬辰(初三),废帝亲自率兵杀了何迈。

当初,沈庆之在揭发了颜师伯、柳元景的谋反事件后,就主动向废帝表示亲近,就多次直言劝谏,废帝对他慢慢不满起来。沈庆之为此很害怕,就闭门不接待任何来访客人。一次他曾经派侍从范美去吏部尚书蔡兴宗那里。蔡兴宗就让范美转告沈庆之说:"您闭门谢客,不过是要逃避无休止的请托罢了。像我蔡兴宗,对您并无所求,为什么也要拒绝不见呢?"于是,沈庆之立刻派范美去请蔡兴宗。

　　兴宗往见庆之,因说之曰:"主上比者所行,人伦道尽。率德改行,无可复望。今所忌惮,唯在于公;百姓喁喁,所瞻赖者,亦在公一人而已。公威名素著,天下所服。今举朝遑遑,人怀危怖,指麾之日,谁不响应!如犹豫不断,欲坐观成败,岂惟旦夕及祸,四海重责将有所归!仆蒙眷异常,故敢尽言,愿公详思其计。"庆之曰:"仆诚知今日忧危,不复自保,但尽忠奉国,始终以之,当委任天命耳。加老退私门,兵力顿阙,虽欲为之,事亦无成。"兴宗曰:"当今怀谋思奋者,非欲邀功赏富贵,正求脱朝夕之死耳。殿中将帅,唯听外间消息,若一人唱首,则俯仰可定。况公统戎累朝,旧日部曲,布在宫省,受恩者多,沈攸之辈皆公家子弟耳,何患不从!且公门徒、义附,并三吴勇士。殿中将军陆攸之,公之乡人,今入东讨贼,大有铠仗,在青溪未发。公取其器仗以配衣麾下,使陆攸之帅以前驱,仆在尚书中,自当帅百僚按前代故事,更简贤明以奉社稷,天下之事立定矣。又,朝廷诸所施为,民间传言公悉豫之。公今不决,当有先公起事者,公亦不免附从之祸。闻车驾屡幸贵第,酣醉淹留。又闻屏左右,独入閤内。此万世一时,不可失也。"庆之曰:"感君至言。然此大事,非仆所能行。事至,固当抱忠以没耳。"

蔡兴宗前去探望沈庆之，向他游说道："主上近来的所作所为，已丧尽人伦天道。要想改变他的德行，已经没有什么指望了。如今他所忌惮的，只是你一人；老百姓所仰望依附的，也只有你一个人了。你威名素来传播很远，天下之人都很佩服。而如今，举朝人士都惶惶不可终日，人人自危，如果你举起大旗，有谁能不热烈响应呢？如果你现在还是犹犹豫豫，不能决断，只是打算坐观国家的兴衰，岂止是大祸将临，将来四海之内都会为此责骂你。我承蒙你不同寻常的厚爱，所以敢于把话全都说出来。希望你能仔细考虑。"沈庆之说："我已经知道现在面临的危险和忧患，我已不能再保全自己了，只是想尽忠报国、始终如一罢了。一切只能听从天命了。加上我年事已大，退职在家，手中无一点军权。即使是想这样做，恐怕也不能成功了。"蔡兴宗说："当今身怀谋略、寻求奋起的人，都不是想要贪图功名富贵，而只是想去摆脱那随时都要被诛杀的危险。殿中将帅都在倾听外界的消息，如果有一个人领头起来，那么俯仰之间，大局就可以确定。何况您几个朝代都统帅大军，昔日的部下将士，大多都分布在宫廷和朝廷里，蒙受您的大恩的有很多。沈攸之等人又是您沈家的子弟，怎么会怕他们不响应呢。况且，您的门徒、义附，又都是三吴地区的勇士。殿中将军陆攸之是您的同乡，如今他去东部讨伐逆贼，拥有大量武器，现在正在青溪停留。您可以拿着他的武器，配备部下，派陆攸之做前锋。我在尚书内，自会率领文武百官，按照前代惯例，另立贤君，治理国家，那么，天下大事从此也就确定了。另外，朝廷所做的很多事情，民间都讹传说有您参与谋划。您现在迟疑不决，当有人在您之前起兵了，那么您也免不了被当作帮凶，惹下大祸。我听说，主上多次来您这里，每次都是大醉，停留的时间很长。又听说，主上除去左右侍从，经常单独进来。这是万世难寻的好机会，我们不可失去这一机会。"沈庆之说："听了你的肺腑之言，令我非常感动。可是这样大的事情，不是我一人能做得了的。事到临头，我也只能怀抱忠贞，一死而已。"

青州刺史沈文秀，庆之弟子也，将之镇，帅部曲出屯白下，亦说庆之曰："主上狂暴如此，祸乱不久，而一门受其宠任，万物皆谓与之同心。且若人爱憎无常，猜忍特甚，不测之祸，进退难免。今因此众力，图之易于反掌。机会难值，不可失也。"再三言之，至于流涕。庆之终不从。文秀遂行。

及帝诛何迈，量庆之必当入谏。先闭青溪诸桥以绝之。庆之闻之，果往，不得进而还。帝乃使庆之从父兄子直阁将军攸之赐庆之药。庆之不肯饮，攸之以被掩杀之，时年八十。庆之子侍中文叔欲亡，恐如太宰义恭被支解，谓其弟中书郎文季曰："我能死，尔能报。"遂饮庆之之药而死。弟秘书郎昭明亦自经死。文季挥刀驰马而去，追者不敢逼，遂得免。帝诈言庆之病薨，赠侍中、太尉，谥曰忠武公，葬礼甚厚。

领军将军王玄谟数流涕谏帝以刑杀过差，帝大怒。玄谟宿将，有威名，道路讹言玄谟已见诛。蔡兴宗尝为东阳太守，玄谟典签包法荣家在东阳，玄谟使法荣至兴宗所。兴宗谓法荣曰："领军殊当忧惧。"法荣曰："领军比日殆不复食，夜亦不眠，恒言收己在门，不保俄顷。"兴宗曰："领军忧惧，当为方略，那得坐待祸至！"因使法荣劝玄谟举事。玄谟使法荣谢曰："此亦未易可行，期当不泄君言。"

青州刺史沈文秀,是沈庆之弟弟的儿子。他要到州所就任,率领部下屯兵在白下,他也前来劝说沈庆之:"主上如此狂妄暴虐,祸乱不久就会来到,而独我们一门受到他的宠信,人们会都认为我们和他是一条心。况且,这个人喜怒、爱憎变化无常,尤其善于猜忌别人,无法预测的灾祸,进也难免,退也难免。现在,借着众人力量去图谋他,是易如反掌的事。好机会千载难逢,不能失去。"沈文秀再三劝沈庆之,直到落泪。但沈庆之到底也没答应。于是,沈文秀只好告辞。

废帝杀何迈时,他估计沈庆之一定前来劝谏。就先关闭了青溪各桥,拒绝沈庆之进来。沈庆之听说何迈被杀后,果然前往劝谏,没有被允许进宫,只好返回。于是,废帝让沈庆之的堂侄、直阁将军沈攸之赐沈庆之毒药,命沈庆之自杀。沈庆之不肯喝,沈攸之就用被子将沈庆之闷死,沈庆之这年八十岁。沈庆之的儿子、侍中沈文叔打算逃走,又怕像太宰刘义恭那样被肢解了,就对他的弟弟、中书郎沈文季说:"我可以死去,你能报仇。"于是,就把给沈庆之的毒药喝下死了。沈文叔的弟弟、秘书郎沈昭明也上吊自杀。沈文季挥刀飞马逃走,追赶他的人不敢紧逼,于是免于一死。废帝对外诈称沈庆之病死,追赠沈庆之为侍中、太尉,谥号为忠武公,葬礼也很隆重。

领军将军王玄谟几次痛哭流涕地劝谏废帝,说他刑杀过度,废帝大怒。王玄谟是一员老将,很有威望,民间都讹传王玄谟已被诛杀。蔡兴宗曾担任过东阳太守,而王玄谟的典签包法荣也家住东阳。于是,王玄谟就派包法荣到蔡兴宗那里。蔡兴宗对包法荣说:"领军恐怕此时更为忧虑恐惧。"包法荣说:"领军近日白天不想吃饭,晚上也睡不着觉。总是说逮捕自己的人就在大门外边,自己不久就保不住命了。"蔡兴宗说:"领军忧虑恐惧,应该想出好办法自救,怎么能坐等大祸临头呢!"于是,蔡兴宗顺势让包法荣劝说王玄谟起兵反叛。王玄谟又让包法荣向蔡兴宗道歉说:"这也不是容易办得到的,但我决不会走漏你说的话。"

右卫将军刘道隆,为帝所宠任,专典禁兵。兴宗尝与之俱从帝夜出,道隆过兴宗车后,兴宗曰:"刘君!比日思一闲写。"道隆解其意,掐兴宗手曰:"蔡公勿多言!"

22 壬寅,立皇后路氏,太皇太后弟道庆之女也。

23 帝畏忌诸父,恐其在外为患,皆聚之建康,拘于殿内,殴捶陵曳,无复人理。湘东王彧、建安王休仁、山阳王休祐,皆肥壮,帝为竹笼,盛而称之,以彧尤肥,谓之"猪王",谓休仁为"杀王",休祐为"贼王"。以三王年长,尤恶之,常录以自随,不离左右。东海王祎性凡劣,谓之"驴王"。桂阳王休范、巴陵王休若年尚少,故并得从容。尝以木槽盛饭,并杂食搅之,掘地为坑,实以泥水,裸彧内坑中,使以口就槽食之,用为欢笑。前后欲杀三王以十数,休仁多智数,每以谈笑佞谀说之,故得推迁。

少府刘矇妾孕临月,帝迎入后宫,俟其生男,欲立为太子。彧尝忤旨,帝裸之,缚其手足,贯之以杖,使人担付太官。曰:"今日屠猪!"休仁笑曰:"猪未应死。"帝问其故。休仁曰:"待皇子生,杀猪取其肝肺。"帝怒乃解,曰:"且付廷尉。"一宿,释之。丁未,矇妾生子,名曰皇子,为之大赦,赐为父后者爵一级。

右卫将军刘道隆,受废帝宠信重用,掌握着禁卫军。蔡兴宗曾经同他一块随从废帝在夜里出游,刘道隆走过蔡兴宗车后,蔡兴宗说:"刘君,近来我想找个清闲的日子,和您谈谈。"刘道隆明白他的意思,就用指甲掐了一下蔡兴宗的手,说:"蔡公,不要多言!"

22 壬寅(十三日),废帝立路氏为皇后。路皇后是太皇太后路惠男弟弟路道庆的女儿。

23 废帝刘子业对各位叔父是又忌恨又害怕,唯恐他们在外制造祸患,就把他们全都聚在建康,限制在殿内行动,殴打鞭笞欺辱,不再有人伦道德。湘东王刘彧、建安王刘休仁、山阳王刘休祐,长得都很肥壮,废帝就把他们三人关在竹笼里,放到秤上称量。因为刘彧最胖,就称他"猪王",称刘休仁为"杀王",刘休祐为"贼王"。又因为这三人年纪较大,所以更讨厌他们,一直囚禁着他们,而且常常叫他们跟随着自己,不许离开。东海王刘祎品性顽劣,废帝刘子业就称他为"驴王"。桂阳王刘休范、巴陵王刘休若年纪还小,所以二人还可以自由。废帝曾经在一个木槽里放上饭,里面又搅拌些杂物,然后在地上挖了一个坑,里面灌满泥巴、脏水,把刘彧剥光,放到泥坑里,让他用嘴吃槽子里的饭,以此来取笑。他前前后后十几次要杀了这三位叔父,每次都亏得刘休仁机智,谈笑之间,用谄佞阿谀的话去讨好,三人才得以苟延残喘,保住性命。

少府刘矇的妾怀孕即将临产,废帝就把她接到后宫,打算等到她生下个男孩后,立为太子。刘彧曾经忤怒了废帝,废帝就命人把他剥光,捆住他的手脚,用一个木棍抬着,把他交给太官说:"今天杀猪。"刘休仁笑着说:"猪不该杀。"废帝问为什么,刘休仁说:"等到皇子生下来,再杀了猪,掏出他的肝肺来。"废帝的怒气这才化解,说:"暂时交给廷尉处理。"经过一夜才放了刘彧。丁未(十八日),刘矇的妾生了一个儿子,废帝就称之为皇子,并为此下令大赦。与此同时,全国凡是同时有了儿子的臣属,也都赐爵一级。

帝又以太祖、世祖在兄弟数皆第三,江州刺史晋安王子勋亦第三,故恶之,因何迈之谋,使左右朱景云送药赐子勋死。景云至溢口,停不进。子勋典签谢道迈、主帅潘欣之、侍书褚灵嗣闻之,驰以告长史邓琬,泣涕请计。琬曰:"身南土寒士,蒙先帝殊恩,以爱子见托,岂得惜门户百口,期当以死报效。幼主昏暴,社稷危殆,虽曰天子,事犹独夫。今便指帅文武,直造京邑,与群公卿士,废昏立明耳。"戊申,琬称子勋教,令所部戒严。子勋戎服出听事,集僚佐,使潘欣之口宣旨谕之。四座未对,录事参军陶亮首请效死前驱,众皆奉旨。乃以亮为谘议参军,领中兵,总统军事;功曹张沈为谘议参军,统作舟舰;南阳太守沈怀宝、岷山太守薛常宝、彭泽令陈绍宗等并为将帅。初,帝使荆州录送前军长史、荆州行事张悦至溢口,琬称子勋命,释其桎梏,迎以所乘车,以为司马。悦,畅之弟也。琬、悦二人共掌内外众事,遣将军俞伯奇帅五百人断大雷,禁绝商旅及公私使命。遣使上诸郡民丁,收敛器械。旬日之内,得甲士五千人,出顿大雷,于两岸筑垒。又以巴东、建平二郡太守孙冲之为谘议参军,领中兵,与陶亮并统前军。移檄远近。

24 戊午,帝召诸妃、主列于前,强左右使辱之。南平王铄妃江氏不从。帝怒,杀妃三子南平王敬猷、庐陵王敬先、安南侯敬渊,鞭江妃一百。

先是民间讹言湘中出天子,帝将南巡荆、湘二州以厌之。明旦,欲先诛湘东王彧,然后发。

废帝又因为文帝刘义隆、孝武帝刘骏在兄弟中都排行在三,而江州刺史、晋安王刘子勋也是排行老三,所以很讨厌他。又由于何迈事件,命令侍从朱景云给刘子勋送去毒药,命他自杀。朱景云走到湓口,故意停下不再前进。刘子勋的典签谢道迈、主帅潘欣之、侍书褚灵嗣听说后,立即飞马去报告长史邓琬,哭着请求邓琬想个办法。邓琬说:"我是南方的寒门子弟,承蒙先帝大恩,把爱子托付给我,我怎么可以顾惜自家的性命、而不以死相报呢!幼主昏庸残暴,国家危在旦夕,虽称是天子,实际上也不过是个独夫。现在,我就率领文武官员直接去京城,和各位将士一起废了这个昏君,另立明主。"戊申(十九日),邓琬声称受刘子勋指派,令部下全军实行戒严。刘子勋也是全副武装,出来主持,召集臣属,然后让潘欣之口述刘子勋旨意。看四座没有反应,录事参军陶亮首先出来,请求做前锋,其馀将士也都起来响应。于是,刘子勋任命陶亮为谘议参军,领中兵,总统军事;功曹张沈为谘议参军,统领制造船只;南阳太守沈怀宝、岷山太守薛常宝、彭泽令陈绍宗等为将帅。当初,废帝命荆州抓捕前军长史、荆州行事张悦,押送建康,走到湓口时,邓琬宣称奉刘子勋之命,放了张悦,接着又用自己的坐车迎接张悦,任命他为司马。张悦是张畅的弟弟。邓琬和张悦二人共同掌管内外事务,派将军俞伯奇率领五百士卒前去切断大雷道路,禁止商人、旅行往来者及办理公私事情的人出入。又派遣使者去各个郡招收兵力,征集武器。十多天之内,就征召了五千士卒,驻守大雷,在大雷两岸构筑工事。同时他们又任命巴东、建平二郡的太守孙冲之为谘议参军,领中兵,和陶亮一起统领前锋部队,发布文告,号召远近各郡响应。

24 戊午(二十九日),废帝召集所有妃子、公主排列在自己面前,然后强迫左右侍从侮辱她们。南平王刘铄的妃子江氏不从命,废帝大怒,杀了江氏的三个儿子:南平王刘敬猷、庐陵王刘敬先、安南侯刘敬渊,抽了江氏一百鞭。

在这之前,民间讹传说湘中要出天子,所以,废帝打算向南巡察荆州、湘州,以镇压这种讹传。第二天天亮,想先杀了湘东王刘彧,然后出发。

初,帝既杀诸公,恐群下谋己,以直阁将军宗越、谭金、童太一、沈攸之等有勇力,引为爪牙,赏赐美人、金帛,充牣其家。越等久在殿省,众所畏服,皆为帝尽力。帝恃之,益无所顾惮,恣为不道,中外骚然。左右宿卫之士皆有异志,而畏越等不敢发。时三王久幽,不知所为。湘东王彧主衣会稽阮佃夫、内监始兴王道隆、学官令临淮李道儿与直阁将军柳光世及帝左右琅邪淳于文祖等谋弑帝。帝以立后故,假诸王阉人。彧左右钱蓝生亦在中,彧密使候帝动止。

先是帝游华林园竹林堂,使宫人倮相逐,一人不从命,斩之,夜,梦在竹林堂,有女子骂曰:"帝悖虐不道,明年不及熟矣!"帝于宫中求得一人似所梦者斩之。又梦所杀者骂曰:"我已诉上帝矣!"于是巫觋言竹林堂有鬼。是日晡时,帝出华林园。建安王休仁、山阳王休祐、会稽公主并从,湘东王彧独在秘书省,不被召,益忧惧。

帝素恶主衣吴兴寿寂之,见辄切齿,阮佃夫以其谋告寂之及外监典事东阳朱幼、细铠主南彭城姜产之、细铠将晋陵王敬则、中书舍人戴明宝,寂之等闻之,皆响应。幼豫约勒内外,使钱蓝生密报休仁、休祐。时帝欲南巡,腹心宗越等并听出外装束,唯队主樊僧整防华林阁。柳光世与僧整,乡人,因密邀之,僧整即受命。凡同谋十馀人。阮佃夫虑力少不济,更欲招合,寿寂之曰:"谋广或泄,不烦多人。"其夕,帝悉屏侍卫,与群巫及彩女数百人射鬼于竹林堂。

当初,废帝杀了很多文武官属,害怕臣属们谋害自己,又因为直阁将军宗越、谭金、童太一、沈攸之等人武勇有力,就把他们提拔起来做自己的爪牙,赏赐的美女、金帛,塞满他们家宅。宗越等人在朝廷保护废帝已有很长时间,大家都很畏服,他们也为废帝尽心尽力。废帝依仗他们,更加无所忌惮,无所不为,使宫内外人心为之骚动。左右的宿卫将士也都有背叛之心,只是害怕宗越等人,所以没敢发动。此时,刘彧等三王被幽禁已久,不知道他们的所做所为。湘东王刘彧的主衣会稽人阮佃夫、内监始兴人王道隆、学官令临淮人李道兒同直阁将军柳光世以及废帝侍从、琅邪人淳于文祖等一起图谋杀废帝。废帝因为册封皇后的缘故,就调各王府宦官入宫帮忙。刘彧的侍从钱蓝生也在其中,刘彧就暗中命钱蓝生观察废帝的动静。

在这之前,废帝出游华林园竹林堂时,命令宫女赤裸身体相互追逐、嬉笑,有一宫女拒不从命,就杀了她。夜里,废帝做梦,梦见自己在竹林堂,有一个女子骂他说:"你悖逆不道,活不到明年小麦成熟的时候。"于是,废帝在宫中找到一个和自己梦中所见模样相仿的人杀了。夜里,又梦见了所杀的女子骂他:"我已经向上帝控诉你了!"于是,巫师巫婆们都说竹林堂里有鬼。这天中午过后,废帝从华林园出来,建安王刘休仁、山阳王刘休祐和会稽公主都跟在他左右,湘东王刘彧一人在秘书省里,未被征召,他心里越发担忧恐惧。

废帝一向讨厌主衣吴兴人寿寂之,一见他便常常恨得咬牙切齿,阮佃夫把密谋告诉了寿寂之和外监典事东阳人朱幼、细铠主南彭城人姜产之、细铠将晋陵人王敬则、中书舍人戴明宝,寿寂之等人一听,也全都响应。朱幼在宫廷内外先做安排,他让钱蓝生秘密向刘休仁、刘休祐报告。此时,废帝正打算向南巡察,他的心腹宗越等人也被允许回家准备行装,只有队主樊僧整驻守在华林阁。柳光世和樊僧整是同乡,所以柳光世就偷偷劝樊僧整参加行动,樊僧整一口答应下来。参与预谋有十几人。阮佃夫害怕力量大小,打算吸收更多的人参与,寿寂之说:"筹谋的人过多,会泄露出去,最好不用那么多人。"这天晚上,废帝赶走所有的侍从、卫士,和一群巫祝及宫女,约计几百人在竹林堂射鬼。

事毕,将奏乐,寿寂之抽刀前入,姜产之次之,淳于文祖等皆随其后。休仁闻行声甚疾,谓休祐曰:"事作矣!"相随奔景阳山。帝见寂之至,引弓射之,不中。彩女皆迸走,帝亦走,大呼"寂寂"者三,寂之追而弑之。宣令宿卫曰:"湘东王受太皇太后令,除狂主,今已平定。"殿省惶惑,未知所为。

休仁就秘书省见湘东王,即称臣,引升西堂,登御座,召见诸大臣。于时事起仓猝,王失履,跣至西堂,犹著乌帽。坐定,休仁呼主衣以白帽代之。令备羽仪,虽未即位,凡事悉称令书施行。宣太皇太后令,数废帝罪恶,命湘东王纂承皇极。及明,宗越等始入,湘东王抚接甚厚。废帝母弟司徒、扬州刺史豫章王子尚,顽悖有兄风。己未,湘东王以太皇太后令,赐子尚及会稽公主死。建安王休仁等始得出居外舍。释谢庄之囚。废帝犹横尸太医阁口。蔡兴宗谓尚书右仆射王彧曰:"此虽凶悖,要是天下之主,宜使丧礼粗足。若直如此,四海必将乘人。"乃葬之秣陵县南。

初,湘东王母沈婕妤早卒,路太后养之。王事太后甚谨,太后爱王亦笃。王既弑废帝,欲慰太后心,下令以太后弟子休之为黄门侍郎,茂之为中书侍郎。

论功行赏,寿寂之等十四人皆封县侯、县子。

射杀完毕,要演奏舞乐,寿寂之立刻抽刀来到废帝面前,姜产之跟在寿寂之后面,淳于文祖等人也都紧随其后。刘休仁听见路上有急切的脚步声,就对刘休祐说:"事情已经开始了。"二人于是也相跟着奔到了景阳山。废帝看见寿寂之突然来到,就开弓箭射向寿寂之,但没射中。宫女们全都向外逃散,废帝也跟着逃,边逃边不断地喊"寂寂",寿寂之追上杀了他。然后就向宿卫宣布:"湘东王接受太皇太后的命令,铲除发狂的皇帝,现在已经平定。"殿省内的人,上上下下无不惶恐迷惑,不知要干什么。

刘休仁跑到秘书省看见了湘东王刘彧,一见刘彧就称臣,接着就把刘彧拉到了西堂,登上皇帝座位,立即召见各位大臣。因为这件事来得太突然了,以至于刘彧连鞋都不知丢在哪儿了,只好光着脚来到西堂,头上还仍然戴着一顶黑帽。等他坐定后,刘休仁立刻喊主衣换一顶白帽给刘彧戴上。刘休仁又下令准备好羽林仪仗队,虽然刘彧还没有登基即位,但所有的事情都用令书的名义发布执行。接着,就开始宣称奉太皇太后令,列举废帝的罪行,命令湘东王刘彧继承帝位。等到天明,宗越等人才进宫,湘东王刘彧对他们好言安抚,极为宽厚。废帝的同母弟弟、司徒、扬州刺史、豫章王刘子尚,顽劣残暴,很有他哥哥的风气。己未(三十日),刘彧又以太皇太后的名义,赐刘子尚和会稽公主刘楚玉自杀。建安王刘休仁等这才得以出宫,回到了自己的家。刘彧又下令把在狱中的谢庄释放。废帝的尸体仍然放在太医阁前。于是,蔡兴宗就对尚书右仆射王彧说:"此人虽然凶残暴虐,也还是做过天下之主,应该为他举行个简单的葬礼。如果一直这样放着,四海之内肯定会有投机者趁机起事。"于是,就将废帝葬在秣陵县南部。

当初,湘东王刘彧的母亲沈婕妤死得早,路太后抚养了刘彧。刘彧对路太后也很恭谨小心,所以路太后也很疼爱他。刘彧杀了废帝,打算安慰路太后的心,下令任命路太后的侄儿路休之为黄门侍郎,路茂之为中书侍郎。

大事告成后,开始论功行赏,寿寂之等十四个人都分别被封为县侯、县子。

十二月庚申朔,以东海王祎为中书监、太尉。进镇军将军、江州刺史晋安王子勋为车骑将军、开府仪同三司。癸亥,以建安王休仁为司徒、尚书令、扬州刺史,以山阳王休祐为荆州刺史,桂阳王休范为南徐州刺史。乙丑,徙安陆王子绥为江夏王。

25 丙寅,湘东王即皇帝位,大赦,改元。其废帝时昏制谬封,并皆刊削。

庚午,以右卫将军刘道隆为中护军。道隆昵于废帝,尝无礼于建安太妃。至是,建安王休仁求解职,明帝乃赐道隆死。

宗越、谭金,童太一等虽为上所抚接,内不自安。上亦不欲使居中,从容谓之曰:"卿等遭罹暴朝,勤劳日久,应得自养之地。兵马大郡,随卿等所择。"越等素已自疑,闻之,皆相顾失色,因谋作乱。以告沈攸之,攸之以闻。上收越等,下狱死。攸之复入直阁。

26 辛未,徙临贺王子产为南平王,晋熙王子舆为庐陵王。

27 壬申,以尚书右仆射王景文为尚书仆射。景文,即彧也,避上名,以字行。

28 乙亥,追尊沈太妃曰宣太后,陵曰崇宁。

29 初,豫州刺史山阳王休祐入朝,以长史、南梁郡太守殷琰行府州事。及休祐徙荆州,即以琰为督豫司二州诸军事、豫州刺史。

30 有司奏路太后宜即前号,移居外宫,上不许。戊寅,尊路太后为崇宪皇太后,居崇宪宫,供奉礼仪,不异旧日。立妃王氏为皇后。后,景文之妹也。

十二月庚申朔(初一),任命东海王刘祎为中书监、太尉,提升镇军将军、江州刺史、晋安王刘子勋为车骑将军、开府仪同三司。癸亥(初四),任命建安王刘休仁为司徒、尚书令和扬州刺史,山阳王刘休祐为荆州刺史,任命桂阳王刘休范为南徐州刺史。乙丑(初六),改封安陆王刘子绥为江夏王。

25 丙寅(初七),湘东王刘彧登基即位,宣布大赦,改年号。废帝制定的一些荒唐的法规和封赏全都废除。

庚午(十一日),刘宋明帝任命右卫将军刘道隆为中护军。刘道隆过去受废帝宠信,曾经奉废帝之命奸淫过建安王刘休仁的母亲。到了这时,建安王刘休仁看见刘道隆又继续升迁,就请求辞职,于是,明帝命刘道隆自杀。

宗越、谭金、童太一等人虽然已被明帝抚慰,可是他们内心仍是惴惴不安。明帝也不想让他们继续呆在宫里,就大大方方地问他们:"你们遇到这样凶狠残暴的皇帝,辛苦这么久了,应该有个休养的地方。国内实力强盛的大郡,由你们随便选择。"宗越等人已疑心自身难保,听完刘彧的话,几人都是面面相觑、大惊失色,所以他们就在一块筹划,制造叛乱。然后把他们的计划告诉了沈攸之。沈攸之听后,立刻报告了朝廷。于是,明帝下令逮捕宗越等人,投入狱中处死。而沈攸之却重新被召入在殿中值勤。

26 辛未(十二日),改封临贺王刘子产为南平王,晋熙王刘子舆为庐陵王。

27 壬申(十三日),任命尚书右仆射王景文为尚书仆射。王景文就是王彧,因避讳皇帝刘彧的名字,所以就用字称呼。

28 乙亥(十六日),尊奉亡母沈太妃为宣太后,陵园称崇宁。

29 当初,豫州刺史、山阳王刘休祐入朝,让长史、南梁郡太守殷琰代理府州事。等到刘休祐被迁至荆州任职,就任命殷琰为督豫、司二州诸军事,豫州刺史。

30 有关部门奏请,路太后应该恢复以前的称号,迁到外宫居住,明帝没有批准。戊寅(十九日),尊路太后为崇宪皇太后,住在崇宪宫里,一切供奉和礼仪,和平时没有两样。又立王妃王氏为皇后。王皇后是王景文的妹妹。

31　罢二铢钱,禁鹅眼、綖环钱,馀皆通用。

32　江州佐吏得上所下令书,皆喜,共造邓琬曰:"暴乱既除,殿下又开黄阁,实为公私大庆。"琬以晋安王子勋次第居三,又以寻阳起事与世祖同符,谓事必有成。取令书投地曰:"殿下当开端门,黄阁是吾徒事耳!"众皆骇愕。琬更与陶亮等缮治器甲,征兵四方。

　　袁颤既至襄阳,即与谘议参军刘胡缮修兵械,简集士卒,诈称被太皇太后令,使其起兵,即建牙驰檄,奉表劝子勋即大位。

　　辛巳,更以山阳王休祐为江州刺史,荆州刺史临海王子顼即留本任。

　　先是,废帝以邵陵王子元为湘州刺史,中兵参军沈仲玉为道路行事,至鹊头,闻寻阳兵起,不敢进。琬遣数百人劫迎之,令子勋建牙于桑尾,传檄建康,称:"孤志遵前典,黜幽陟明。"又谓上"矫害明茂,篡窃大宝,干我昭穆,寡我兄弟。藐孤同气,犹有十三,圣灵何辜,而当乏飨"。

　　郢州刺史安陆王子绥承子勋初檄,欲攻废帝。闻废帝已陨,即解甲下标。既而闻江、雍犹治兵,郢府行事苟卞之大惧,即遣谘议、领中兵参军郑景玄帅众驰下,并送军粮。荆州行事孔道存奉刺史临海王子顼,会稽将佐奉太守寻阳王子房,皆举兵以应子勋。

31 刘宋废除二铢钱,禁止使用鹅眼钱和綖环钱,其他的钱还仍然允许使用。

32 江州官员得到明帝下达的命令后,都很高兴,一起去造访邓琬说:"暴君已被铲除,殿下又开黄阁,这实在是件上下都该庆祝的事。"邓琬却认为,晋安王刘子勋在兄弟排行中是老三,而寻阳起兵和孝武帝刘骏当初的情形是一样的,肯定大事一定成功。所以他就拿过刘彧的命令扔在地上说:"殿下应该打开端门,黄阁是我们的事。"众人一听,大吃一惊。邓琬更加积极地和陶亮整治武器铠甲,向四方征兵。

袁顗到了襄阳后,就立刻同谘议参军刘胡一起整治修缮兵器,招兵买马,谎称奉太皇太后的命令,让大家起兵反叛。接着就竖起了大旗,急传文告,向各州郡发出檄文。又表奏刘子勋,劝说他登基称帝。

辛巳(二十二日),刘宋朝廷改命山阳王刘休祐为江州刺史,荆州刺史,临海王刘子顼还留任原职。

在这以前,废帝曾任命邵陵王刘子元为湘州刺史,中兵参军沈仲玉为道路行事,等他们走到鹊头时,听说寻阳起兵反叛,就不敢再往前走了。邓琬派几百士卒去劫持,邓琬又让刘子勋在桑尾竖起大旗,把檄文送交到建康,声称:"我立志遵奉传统,罢黜愚昧,拥戴贤明。"又骂明帝"你假传太皇太后命令,害死道德高尚的至亲,篡夺了皇帝的宝座,违背祖宗,孤立兄弟。我们兄弟虽然弱小,可还有十三个人,神圣的灵魂有什么过失,而竟要断绝他的香火"。

郢州刺史、安陆王刘子绥接到刘子勋第一次发来的文告时,打算进攻废帝。不久,他听说废帝已死,也就下令解除武装,停止招兵买马。不久又听说江州、雍州还要打仗,所以,郢州行事苟卞之大为恐惧,就派遣谘议、领中兵参军郑景玄率领众军顺流而下,并运送军用粮秣。荆州行事孔道存奉刺史、临海王刘子顼,会稽将佐事奉太守、寻阳王刘子房,全都起兵,以响应刘子勋。

卷第一百三十一　宋紀十三

丙午(466)一年

太宗明皇帝上之下
泰始二年(丙午,466)

1　春,正月己丑朔,魏大赦,改元天安。

2　癸巳,征会稽太守寻阳王子房为抚军将军,以巴陵王休若代之。

甲午,中外戒严。以司徒建安王休仁都督征讨诸军事,车骑将军、江州刺史王玄谟副之。休仁军于南州,以沈攸之为寻阳太守,将兵屯虎槛。时玄谟未发,前锋凡十军,络绎继至,每夜各立姓号,不相禀受。攸之谓诸将曰:"今众军姓号不同,若有耕夫、渔父夜相呵叱,便致骇乱,取败之道也。请就一军取号。"众咸从之。

3　邓琬称说符瑞,诈称受路太后玺书,帅将佐上尊号于晋安王子勋。乙未,子勋即皇帝位于寻阳,改元义嘉。以安陆王子绥为司徒、扬州刺史;寻阳王子房、临海王子顼并加开府仪同三司;以邓琬为尚书右仆射,张悦为吏部尚书;袁顗加尚书左仆射;自馀将佐及诸州郡,除官进爵号各有差。

4　丙申,以征虏司马申令孙为徐州刺史。令孙,坦之子也。置司州于义阳,以义阳内史庞孟虬为司州刺史。

太宗明皇帝上之下

宋明帝泰始二年（丙午，公元 466 年）

1　春季，正月己丑朔（初一），北魏宣布大赦，改年号天安。

2　癸巳（初五），刘宋明帝征召会稽太守寻阳王刘子房任抚军将军，命巴陵王刘休若接替刘子房的职位。

甲午（初六），刘宋朝廷内外戒严。任命司徒建安王刘休仁为都督征讨诸军事，命车骑将军、江州刺史王玄谟做他的副手。刘休仁驻军南州，任命沈攸之为寻阳太守，带兵驻扎虎槛。当时，王玄谟大军还没有出发，前锋部队共十路兵马，络绎相继到达前线。每天晚上，各军营用自己的号令，谁也不听谁的。沈攸之对各将领说："现在各军营的号令不同，如果有农夫、渔夫夜里互相喊叫呵叱，便可能引起军中的惊骇，发生混乱，这是取败之道。我建议以一个军营的号令作为全军的号令。"众将领都同意。

3　邓琬以上天显示的种种祥瑞为借口，诈称接到路太后的密诏，率领各将领、僚佐等向晋安王刘子勋奉上皇帝尊号。乙未（初七），刘子勋在寻阳登基称帝，改年号为义嘉。任命安陆王刘子绥为司徒、扬州刺史，寻阳王刘子房、临海王刘子顼都加封为开府仪同三司，还任命邓琬为尚书右仆射，张悦为吏部尚书，加封袁顗为尚书左仆射。其他各将领、僚佐以及各州郡等地方长官，按等级进官加爵。

4　丙申（初八），明帝任命征虏司马申令孙为徐州刺史。申令孙是申坦的儿子。在义阳建立司州府，提升义阳内史庞孟虬为司州刺史。

徐州刺史薛安都、冀州刺史清河崔道固皆举兵应寻阳。上征兵于青州刺史沈文秀，文秀遣其将刘弥之等将兵赴建康。会薛安都遣使邀文秀，文秀更令弥之等应安都。济阴太守申阐据睢陵应建康，安都遣其从子直阁将军索儿、太原太守清河傅灵越等攻之。阐，令孙之弟也。安都婿裴祖隆守下邳，刘弥之至下邳，更以所领应建康，袭击祖隆。祖隆兵败，与征北参军垣崇祖奔彭城。崇祖，护之之从子也。弥之族人北海太守怀恭、从子善明皆举兵以应弥之，薛索儿闻之，释睢陵，引兵击弥之。弥之战败，走保北海。申令孙进据淮阳，请降于索儿。庞孟虬亦不受命，举兵应寻阳。

帝召寻阳王长史行会稽郡事孔觊为太子詹事，以平西司马庾业代之，又遣都水使者孔璪入东慰劳。璪说觊以"建康虚弱，不如拥五郡以应袁、邓。"觊遂发兵，驰檄奉寻阳。吴郡太守顾琛、吴兴太守王昙生、义兴太守刘延熙、晋陵太守袁标皆据郡应之。上又以庾业代延熙为义兴，业至长塘湖，即与延熙合。

益州刺史萧惠开，闻晋安王子勋举兵，集将佐谓之曰："湘东，太祖之昭；晋安，世祖之穆；其于当璧，并无不可。但景和虽昏，本是世祖之嗣。不任社稷，其次犹多。吾荷世祖之眷，当推奉九江。"乃遣巴郡太守费欣寿将五千人东下。于是湘州行事何慧文、广州刺史袁昙远、梁州刺史柳元怙、山阳太守程天祚皆附于子勋。元怙，元景之从兄也。

徐州刺史薛安都，冀州刺史清河人崔道固，都起兵响应寻阳的刘子勋。明帝向青州刺史沈文秀征兵，沈文秀派遣他的将领刘弥之等率军南下，增援建康。正巧，薛安都派人邀请沈文秀拥护刘子勋，沈文秀于是改命刘弥之中途去薛安都那里待命。济阴太守申阐据守睢陵，效忠建康朝廷。薛安都派遣他的侄儿直阁将军薛索儿和太原太守清河人傅灵越等攻打申阐。申阐是申令孙的弟弟。薛安都的女婿裴祖隆驻守下邳，刘弥之到达下邳后，带着他的部众，效忠于建康朝廷，袭击裴祖隆。裴祖隆战败，会同征北参军垣崇祖逃到彭城。垣崇祖是垣护之的侄儿。刘弥之的同族人北海太守刘怀恭、侄儿刘善明都起兵响应刘弥之。薛索儿知道后，放弃对睢陵的攻击，发兵转攻刘弥之。刘弥之战败，逃到北海据守。申令孙进据淮阳，请求薛索儿允许他投降。庞孟虬也背叛了朝廷，起兵响应寻阳刘子勋。

明帝征召寻阳王长史、代理会稽郡事孔觊为太子詹事，另派平西司马庾业接替孔觊的职位，又派都水使者孔璪到东方各郡慰劳。孔璪反而游说孔觊："建康力量虚弱，不如以所管辖的东方五个郡来响应袁颛、邓琬。"孔觊遂下令起兵，宣布拥护刘子勋。一时间，吴郡太守顾琛、吴兴太守王昙生、义兴太守刘延熙、晋陵太守袁标都占据郡城响应孔觊，拥护寻阳政权。明帝又命庾业接替刘延熙为义兴太守，庾业走到长塘湖，却与刘延熙联合，反叛朝廷。

益州刺史萧惠开，听到晋安王刘子勋起兵，召集将领，对他们说："湘东王是太祖的儿子，晋安王是世祖的儿子，无论哪一个继承皇位，都没什么不合法的。刘子业虽然昏暴，却是世祖的后嗣。他虽不能继续主持国事，却还有很多弟弟。我受世祖的恩宠，应当遵奉晋安王刘子勋。"于是就派遣巴郡太守费欣寿带领五千人顺江东下。这时，湘州行事何慧文、广州刺史袁昙远、梁州刺史柳元怙、山阳太守程天祚都起兵拥护刘子勋。柳元怙是柳元景的堂兄。

是岁,四方贡计皆归寻阳,朝廷所保,唯丹杨、淮南等数郡,其间诸县或应子勋,东兵已至永世,宫省危惧。上集群臣以谋成败。蔡兴宗曰:"今普天同叛,宜镇之以静,至信待人。叛者亲戚布在宫省,若绳之以法,则土崩立至,宜明罪不相及之义。物情既定,人有战心,六军精勇,器甲犀利,以待不习之兵,其势相万耳。愿陛下勿忧。"上善之。

5 建武司马刘顺说豫州刺史殷琰使应寻阳。琰以家在建康,未许。右卫将军柳光世自省内出奔彭城,过寿阳,言建康必不能守。琰信之,且素无部曲,为土豪前右军参军杜叔宝等所制,不得已而从之。琰以叔宝为长史,内外军事,皆叔宝专之。上谓蔡兴宗曰:"诸处未平,殷琰已复同逆。顷日人情云何?事当济不?"兴宗曰:"逆之与顺,臣无以辨。今商旅断绝,米甚丰贱,四方云合,而人情更安,以此卜之,清荡可必。但臣之所忧,更在事后,犹羊公言:'既平之后,方当劳圣虑耳。'"上曰:"诚如卿言。"上知琰附寻阳非本意,乃厚抚其家以招之。

6 汝南、新蔡二郡太守周矜起兵于悬瓠以应建康。袁颛诱矜司马汝南常珍奇执矜,斩之,以珍奇代为太守。

7 上使冗从仆射垣荣祖还徐州说薛安都,安都曰:"今京都无百里地,不论攻围取胜,自可拍手笑杀。且我不欲负孝武。"荣祖曰:"孝武之行,足致馀殃。今虽天下雷同,正是速死,无能为也。"安都不从,因留荣祖使为将。荣祖,崇祖之从父兄也。

这一年,各地的贡品和报告都送往寻阳。建康朝廷的势力范围,只剩下丹杨、淮南等几个郡,而这几个郡中又有很多县起兵响应刘子勋,东线的反朝廷军队已到达永世。建康朝廷惊恐危急。明帝召集群臣讨论国家的安危。蔡兴宗说:"当今之时,几乎举国一起反叛,我们应该镇静,以诚待人。叛臣的亲戚,很多在宫廷或朝廷任职,如果绳之以法,我们就会立刻土崩瓦解。应该强调父子兄弟之间,犯罪互不株连的大义,民心安定之后,将士才能有斗志。朝廷的六军精练勇猛,武器犀利,用来对付那些没有经过训练的叛乱部队,形势相差很多,请陛下不要忧虑。"明帝认为他的分析有理。

5 建武司马刘顺劝说豫州刺史殷琰,让他响应寻阳政权。殷琰因家人都在建康,没有答应。右卫将军柳光世从朝廷逃出来,投奔彭城,路过寿阳,他说建康一定保不住。殷琰相信他的判断,而且殷琰一向没有自己的部曲,受到当地的豪族、前任右军参军杜叔宝等人的挟持,不得已归顺刘子勋。殷琰任命杜叔宝为长史,里里外外一切军事要事,都由杜叔宝独断专行。明帝对蔡兴宗说:"各地的叛乱,还没有平息,殷琰又起兵附逆。近日来民心如何?事情能够成功吗?"蔡兴宗说:"谁是叛逆,谁是正统,我不必分辨。现在,交通中断,商旅绝迹。可是粮食积存丰富,米价便宜。四面八方风起云涌,而民心反而更加安定。由此看来,动乱一定可以平息。我所担忧的不是眼前,而是未来,正像羊祜所说的:'夺取胜利之后,才更要劳烦陛下多多思虑。'"明帝说:"正像你所说的!"明帝知道殷琰归附寻阳政权,并非本意,于是对殷琰留在建康的家人特别安抚厚待,招引他重新归顺。

6 汝南、新蔡二郡太守周矜,在悬瓠起兵宣布效忠建康。袁颛引诱周矜的司马、汝南人常珍奇活捉周矜,将其斩首。于是任命常珍奇接任太守。

7 明帝派冗从仆射垣荣祖回徐州游说薛安都。薛安都说:"如今,建康势力范围不到百里地,无论攻城还是野战,我们都可以在拍手大笑中取胜。并且,我不想辜负孝武皇帝。"垣荣祖说:"孝武皇帝的行为,足以为他的后代留下祸殃。现在虽然天下响应,不过是加快灭亡的速度,不可能有什么作为。"薛安都不接受,反而留下垣荣祖任职。垣荣祖是垣崇祖的堂哥。

8 兖州刺史殷孝祖之甥司法参军葛僧韶请征孝祖入朝,上遣之。时薛索兒屯据津径。僧韶间行得至,说孝祖曰:"景和凶狂,开辟未有。朝野危极,假命漏刻。主上夷凶翦暴,更造天地,国乱朝危,宜立长君。而群迷相煽,构造无端,贪利幼弱,竞怀希望。使天道助逆,群凶事申,则主幼时艰,权柄不一,兵难互起,岂有自容之地!舅少有立功之志,若能控济义勇,还奉朝廷,非唯匡主静乱,乃可以垂名竹帛。"孝祖具问朝廷消息,僧韶随方训譬,并陈兵甲精强,主上欲委以前驱之任。孝祖即日委妻子于瑕丘,帅文武二千人,随僧韶还建康。时四方皆附寻阳,朝廷唯保丹杨一郡。而永世令孔景宣复叛,义兴兵垂至延陵,内外忧危,咸欲奔散。孝祖忽至,众力不少,并伧楚壮士,人情大安。甲辰,进孝祖号抚军将军,假节、都督前锋诸军事,遣向虎槛,宠赉甚厚。

初,上遣东平毕众敬诣兖州募人,至彭城,薛安都以利害说之,矫上命以众敬行兖州事,众敬从之,殷孝祖使司马刘文石守瑕丘,众敬引兵击杀之。安都素与孝祖有隙,使众敬尽杀孝祖诸子。州境皆附之,唯东平太守申纂据无盐,不从。纂,钟之曾孙也。

9 丙午,上亲总兵,出顿中堂。辛亥,以山阳王休祐为豫州刺史,督辅国将军彭城刘勔、宁朔将军广陵吕安国等诸军西讨殷琰。巴陵王休若督建威将军吴兴沈怀明、尚书张永、辅国将军萧道成等诸军东讨孔觊。时将士多东方人,父兄子弟皆已附觊。上因送军,普加宣示曰:"朕方务德简刑,使父子兄弟罪不相及,将顺同逆者,一以所从为断。

8　兖州刺史殷孝祖的外甥任司法参军的葛僧韶,请求明帝征召殷孝祖来京朝见,明帝派葛僧韶前往。当时,薛索兒驻军各渡口和各要道。葛僧韶绕小路北上,才得以到达,游说殷孝祖说:"刘子业凶暴疯狂,自从开天辟地以来,从未有过。朝野面临崩溃,人人生命危在旦夕。主上翦除凶暴,重建天下。国家混乱,朝廷危急,应该拥护年长者为君王。想不到一群糊涂虫互相煽动,无缘无故地制造事端,利用晋安王的年幼无知,各人有各人的打算。假使上天帮助叛逆,这些坏蛋如愿以偿,而主上年幼,时势艰难,权柄不能集中,兵变事变不断发生,天下之大,岂有容身之地!舅父自小就有建功立业的大志,如能率领济水一带的义勇将士,回京保卫朝廷,不但可以扶助君王平定叛乱,而且可以名垂青史。"殷孝祖详细询问了朝廷的情况,葛僧韶随机应变,陈述士卒强壮,武器精良,明帝准备任命他为前锋总领。殷孝祖当天就把妻子儿女留在瑕丘,率文武官员及士卒两千人,随同葛僧韶返回建康。此时,所有的郡县都归附寻阳政权,朝廷所保留的仅丹杨一郡。而永世县令孔景宣,也在这时背叛。义兴叛军将到达延陵,建康内外忧虑惊恐,民心瓦解,大家都想逃走。正在此时,殷孝祖忽然到达,部队浩浩荡荡,而且都是北方及荆州的精壮战士,人心大为安定。甲辰(十六日),明帝提升殷孝祖为抚军将军、持节、都督前锋诸军事,派他进驻虎槛,恩宠赏赐十分优厚。

　　当初,明帝派遣东平人毕众敬到兖州招兵买马,经过彭城时,薛安都以利害关系说服毕众敬,还假造明帝的诏书,任命毕众敬管理兖州事务,毕众敬接受。殷孝祖让司马刘文石据守瑕丘,毕众敬率军袭击,杀了刘文石。薛安都一向与殷孝祖有矛盾,他命毕众敬把殷孝祖所有儿子全部杀掉,兖州全境全部归附毕众敬。只有东平太守申纂据守无盐,不肯投降。申纂是申钟的曾孙。

　　9　丙午(十八日),明帝亲自统率全军到中堂驻扎。辛亥(二十三日),任命山阳王刘休祐为豫州刺史,指挥辅国将军彭城人刘勔、宁朔将军广陵人吕安国等各路人马,向西讨伐殷琰。命令巴陵王刘休若指挥建威将军吴兴人沈怀明、尚书张永、辅国将军萧道成等各路人马,向东讨伐孔觊。当时,建康的许多将领是东方各郡人士,父子兄弟全都投靠了孔觊。明帝因此在送他们出征时,向全军宣布说:"朕正在推行皇家恩德,减轻刑罚,使父子兄弟之间的罪行,互不株连,无论顺从或叛逆者,都以他自己的行为做判断标准。

卿等当深达此怀,勿以亲戚为虑也。"众于是大悦,凡叛者亲党在建康者,皆使居职如故。

10 壬子,路太后殂。

11 孔觊遣其将孙昙瓘等军于晋陵九里,部陈甚盛。沈怀明至奔牛,所领寡弱,乃筑垒自固。张永至曲阿,未知怀明安否。百姓惊扰,永退还延陵,就巴陵王休若,诸将帅咸劝休若退保破冈。其日,大寒,风雪甚猛,塘埭决坏,众无固心。休若宣令:"敢有言退者斩!"众小定,乃筑垒息甲。寻得怀明书,贼定未进,军主刘亮又至,兵力转盛,人情乃安。亮,怀慎之从孙也。

殿中御史吴喜以主书事世祖,稍迁河东太守。至是,请得精兵三百,致死于东。上假喜建武将军,简羽林勇士配之。议者以"喜刀笔主者,未尝为将,不可遣。"中书舍人巢尚之曰:"喜昔随沈庆之,屡经军旅,性既勇决,又习战陈。若能任之,必有成绩。诸人纷纭,皆是不别才耳。"乃遣之。喜先时数奉使东吴,性宽厚,所至人并怀之。百姓闻吴河东来,皆望风降散,故喜所至克捷。

永世人徐崇之攻孔景宣,斩之,喜版崇之领县事。喜至国山,遇东军,进击,大破之。自国山进屯吴城,刘延熙遣其将杨玄等拒战。喜兵力甚弱,玄等众盛,喜奋击,斩之,进逼义兴。延熙栅断长桥,保郡自守,喜筑垒与之相持。

你们要深刻理解朕的用意,不要替亲戚担忧。"军心为此欢欣鼓舞,凡是叛党留在建康的亲属,都让他们像过去那样,保持原来的官职。

10　壬子(二十四日),路太后去世。

11　孔觊派他的将领孙昙瓘等驻军晋陵九里,军容盛大。建康将领沈怀明抵达奔牛,率领的军队人数既少,战斗力又不强,只好修筑堡垒固守。尚书张永前进到曲阿,不知道前方的沈怀明胜败如何,不敢再进。而民心又惶恐,张永于是便退回延陵,与巴陵王刘休若会师,所有将领都劝刘休若撤退到破冈据守。这天,天气严寒,狂风卷起大雪,很多池塘堤岸崩裂,军心动摇。刘休若下令:"有敢说撤退者,斩首。"军心才稍稍安定,于是开始兴筑营垒,士卒得以解甲休息。不久,接到沈怀明报告,知道敌人仍然停止不前,而带兵将领刘亮又前来增援,兵力转强,人心终于安定。刘亮是刘怀慎的侄孙。

殿中御史吴喜,原来是世祖孝武帝的主书,逐渐升到河东太守之职。到了这时,请求调给他精锐部队三百人,到东战场去效命。明帝暂时任命吴喜为建武将军,在羽林禁卫军中挑选勇士配备给他。有人认为:"吴喜是个拿笔杆子的文官,从来没有当过将领,不可派他作战。"中书舍人巢尚之说:"当年,吴喜曾跟随沈庆之,屡次出征,性情勇敢果决,见惯疆场阵战。如果能起用他,一定会有战绩,大家议论纷纷,都是由于不识人才。"于是命吴喜出发。吴喜过去曾任过朝廷的使者,多次去过东方吴地。他性情宽厚,所到过的地方,人民对他都很怀念。老百姓听到他来,都闻风归顺或者逃散,所以吴喜所到之处,总能战胜,传出捷报。

永世人徐崇之攻打孔景宣,并杀了他,吴喜任命徐崇之代理永世县令。吴喜抵达国山,遇到东战场的叛军,进攻并把敌人打得大败。吴喜于是又从国山推进到吴城驻扎,叛军刘延熙派他的将领杨玄等抵抗,吴喜兵力较弱,杨玄兵力强大,吴喜奋勇攻击,杀了杨玄,进逼义兴。刘延熙立木栅拒马,阻断长桥,自保郡城。吴喜兴筑营垒,同刘延熙对峙。

庾业于长塘湖口夹岸筑城,有众七千人,与延熙遥相应接。沈怀明、张永与晋陵军相持,久不决。外监朱幼举司徒参军督护任农夫骁勇有胆力,上以四百人配之,使助东讨。农夫自延陵出长塘,庾业筑城犹未合,农夫驰往攻之,力战,大破之,庾业弃城走义兴。农夫收其船仗,进向义兴助吴喜。二月己未朔,喜渡水攻郡城,分兵击诸垒,登高指麾,若令四面俱进者。义兴人大惧,诸垒皆溃,延熙赴水死,遂克义兴。

12 魏丞相太原王乙浑专制朝权,多所诛杀。安远将军贾秀掌吏曹事,浑屡言于秀,为其妻求称公主,秀曰:"公主岂庶姓所宜称! 秀宁取死今日,不可取笑后世!"浑怒,骂曰:"老奴官,恔!"会侍中拓跋丕告浑谋反,庚申,冯太后收浑,诛之。秀,彝之子;丕,烈帝之玄孙也。太后临朝称制,引中书令高允、中书侍郎高闾及贾秀共参大政。

13 沈怀明、张永、萧道成等军于九里西,与东军相持。东军闻义兴败,皆震恐。上遣积射将军济阳江方兴、御史王道隆至晋陵视东军形势。孔觊将孙昙瓘、程扞宗列五城,互相连带。扞宗城犹未固,王道隆与诸将谋曰:"扞宗城犹未立,可以借手,上副圣旨,下成众气。"辛酉,道隆帅所领急攻,拔之,斩扞宗首。永等因乘胜进击昙瓘等,壬戌,昙瓘等兵败,与袁标俱弃城走,遂克晋陵。

寻阳政权的庾业,在长塘湖夹湖口两岸修筑城堡,部队有七千人,与刘延熙遥相呼应。建康将领沈怀明、张永与据守晋陵的东战场叛军正面对峙,很长时间不能决出胜负。皇宫外监朱幼推荐司徒参军督护任农夫,说他骁勇胆大,有膂力。明帝配给他四百人,让他增援东战场。任农夫自延陵出发,攻击长塘湖,庾业筑城还没有完工,任农夫率军急行挺进,猛烈攻击,大破庾业军。庾业放弃城堡,逃回义兴。任农夫接收遗留下来的武器、船只,向义兴进军,增援吴喜。二月己未朔(初一),吴喜渡过荆溪,攻打义兴城池,同时派出军队,分别攻打其他营垒。吴喜站在高处挥动小旗发令,像是指挥很多军队同时进攻的样子。义兴城叛军大为恐惧,各营垒霎时崩溃,刘延熙投河自杀,吴喜于是攻克义兴。

12 北魏丞相太原王乙浑,专制独裁,许多人被他诛杀。安远将军贾秀掌管吏曹事务,乙浑多次告诉贾秀,想办法封他的妻子为公主,贾秀说:"公主怎么能是异姓的女儿所应该称呼的!我宁肯今日去死,也不可为后世讥笑。"乙浑大怒,骂道:"老奴才,死抠门!"正巧,侍中拓跋丕控告乙浑谋反,庚申(初二),冯太后下令逮捕乙浑,把他斩首。贾秀是贾彝的儿子。拓跋丕是皇族祖先烈帝的玄孙。冯太后主持朝政,代皇帝行使职权。她把中书令高允、中书侍郎高闾及安远将军贾秀引进中枢机构,共同参与朝政。

13 沈怀明、张永、萧道成等驻防九里以西的地方,与东战场叛军相互僵持。叛军听到义兴战败,上下都非常惊恐。明帝派遣积射将军济阳人江方兴、御史王道隆前往晋陵,视察东战场形势。叛军首领孔觊的部将孙昙瓘、程捍宗修筑五个城堡,互相连接。程捍宗城堡还没有修筑完固,王道隆与各位将领谋划说:"程捍宗的城堡尚未完成,眼下正是下手的良机,上符皇上的意旨,下振众人士气。"辛酉(初三),王道隆率各将领发动急攻,攻克城堡,杀了程捍宗。张永等乘胜进攻孙昙瓘等,壬戌(初四),孙昙瓘等大败,与晋陵袁标一起弃城逃跑,于是晋陵被攻克。

吴喜军至义乡。孔璪屯吴兴南亭,太守王昙生诣璪计事。闻台军已近,璪大惧,堕床,曰:“悬赏所购,唯我而已,今不遽走,将为人擒!”遂与昙生奔钱唐。喜入吴兴,任农夫引兵向吴郡,顾琛弃郡奔会稽。上以四郡既平,乃留吴喜使统沈怀明等诸将东击会稽,召张永等北击彭城,江方兴等南击寻阳。

14 以吏部尚书蔡兴宗为左仆射,侍中褚渊为吏部尚书。

15 丁卯,吴喜军至钱唐,孔璪、王昙生奔浙东。喜遣强弩将军任农夫等引兵向黄山浦,东军据岸结寨,农夫等击破之。喜自柳浦渡,取西陵,击斩庾业。会稽人大惧,将士多奔亡,孔觊不能制。戊寅,上虞令王晏起兵攻郡,觊逃奔嵊山。车骑从事中郎张绥封府库以待吴喜。己卯,王晏入城,杀绥,执寻阳王子房于别署。纵兵大掠,府库皆空。获孔璪,杀之。庚辰,嵊山民缚孔觊送晏,晏谓之曰:“此事孔璪所为,无预卿事,可作首辞,当相为申上。”觊曰:“江东处分,莫不由身。委罪求活,便是君辈行意耳。”晏乃斩之。顾琛、王昙生、袁标等诣吴喜归罪,喜皆宥之。东军主凡七十六人,临陈斩十七人,其馀皆原宥。

16 薛索兒攻申阐,久不下。使申令孙入睢陵说阐,阐出降,索兒并令孙杀之。

17 山阳王休祐在历阳,辅国将军刘勔进军小岘。殷琰所署南汝阴太守裴季之以合肥来降。

18 邓琬性鄙闇贪吝,既执大权,父子卖官鬻爵,使婢仆出市道贩卖。酣歌博弈,日夜不休。大自矜遇,宾客到门者,历旬不得前。内事悉委褚灵嗣等三人,群小横恣,竞为威福。于是士民忿怨,内外离心。

吴喜进军到义乡。叛军孔璪驻防吴兴南亭,吴兴太守王昙生到孔璪处商讨事情。孔璪听说建康官军已经逼近,十分恐惧,从床上跌下来,说:"他们悬赏捉拿的就是我,今天再不逃走,无疑将被他们活捉。"于是,与王昙生放弃城池,投奔钱唐。吴喜于是进入吴兴。任农夫率军进攻吴郡,顾琛也弃郡投奔会稽。明帝因四郡都已平定,才命吴喜率领沈怀明等诸将领继续东征,攻打会稽,命张永等北上,攻打彭城,命江方兴等南下,攻打寻阳。

　　14　明帝任命吏部尚书蔡兴宗为左仆射,侍中褚渊为吏部尚书。

　　15　丁卯(初九),吴喜率军到达钱唐,叛军孔璪、王昙生逃往浙东。吴喜派强弩将军任农夫等,率军进攻黄山浦,叛军沿岸安营扎寨,任农夫等攻击并打败了叛军。吴喜自柳浦渡口进军,攻下西陵,斩庾业。会稽人心恐慌,将领士卒大多逃亡,孔觊不能制止。戊寅(二十日),上虞县令王晏起兵攻击郡城,孔觊逃往嶀山。他的部下车骑从事中郎张绥,查封州府及仓库,等待吴喜。己卯(二十一日),王晏先行入城,杀张绥,在王府别墅中逮捕寻阳王刘子房,然后放纵士兵,大肆抢劫,官府仓库全被抢空。抓获孔璪,杀掉。庚辰(二十二日),嶀山村民捆绑住孔觊,送给王晏。王晏对他说:"这次背叛朝廷,都是孔璪一个人策划的,与你并不相干,只要你写一份自首状书,我当替你向上面申诉。"孔觊说:"东战场发号施令,都由我一人做主。把责任推给别人,自己求得活命,那是你这种人才做得出来的。"王晏于是斩孔觊。顾琛、王昙生、袁标等人都向吴喜投降,请求处分,吴喜都予以宽大处理。东战场叛军军官共七十六人,作战阵亡的有十七人,其他的人都得到宽恕。

　　16　薛索兒围攻申阐,很久没有攻克。薛索兒派申令孙入睢陵城说服申阐,申阐出来投降。薛索兒把申令孙、申阐一并杀掉。

　　17　山阳王刘休祐,驻防历阳,辅国将军刘勔进军小岘。叛军殷琰委任的南汝阴太守裴季之,献出合肥,投降建康朝廷。

　　18　邓琬性情昏庸,人品卑劣,贪财而又吝啬。掌握大权之后,父子二人卖官鬻爵,派他家的婢女奴仆到市场上贩卖货物赚钱。畅饮狂歌,下棋赌博,日夜不停地欢乐。傲慢自大,不可一世,宾客上门求见,有达十天之久见不到面的。内部事务全部委托中书舍人褚灵嗣等三人,这一群卑劣小人,横行霸道,作威作福。于是,官员百姓无不愆怨,内外都与他离心。

　　琬遣孙冲之帅龙骧将军薛常宝、陈绍宗、焦度等兵一万为前锋，据赭圻。冲之于道与晋安王子勋书曰："舟楫已办，粮仗亦整，三军踊跃，人争效命。便欲沿流挂帆，直取白下。愿速遣陶亮众军兼行相接，分据新亭、南州，则一麾定矣。"子勋加冲之左卫将军，以陶亮为右卫将军，统郢、荆、湘、梁、雍五州兵合二万人，一时俱下。陶亮本无干略，闻建安王休仁自上，殷孝祖又至，不敢进，屯军鹊洲。

　　殷孝祖负其诚节，陵轹诸将，台军有父子兄弟在南者，孝祖悉欲推治。由是人情乖离，莫乐为用。宁朔将军沈攸之，内抚将士，外谐群帅，众并赖之。孝祖每战，常以鼓盖自随，军中人相谓："殷统军可谓死将矣！今与贼交锋，而以羽仪自标显，若善射者十人共射之，欲不毙，得乎？"三月庚寅，众军水陆并进，攻赭圻。陶亮等引兵救之，孝祖于陈为流矢所中，死。军主范潜帅五百人降于亮。人情震骇，并谓沈攸之宜代孝祖为统。

　　时建安王休仁屯虎槛，遣宁朔将军江方兴、龙骧将军襄阳刘灵遗各将三千人赴赭圻。攸之以为孝祖既死，亮等有乘胜之心，明日若不更攻，则示之以弱。方兴名位相亚，必不为己下。军政不壹，致败之由也。乃帅诸军主诣方兴曰："今四方并反，国家所保，无复百里之地。唯有殷孝祖为朝廷所委赖，锋镝裁交，舁尸而反，文武丧气，朝野危心。事之济否，唯在明旦一战。战若不捷，大事去矣。诘朝之事，诸人或谓吾应统之，自卜懦薄，干略不如卿。今辄相推为统，但当相与戮力耳。"方兴甚悦，许诺。攸之既出，诸军主并尤之，攸之曰："吾本济国活家，岂计此之升降！且我能下彼，彼必不能下我，岂可自措同异也！"

邓琬命孙冲之任前锋,率龙骧将军薛常宝、陈绍宗、焦度等部队一万人作为前锋,进驻赭圻。孙冲之在行军途中上疏给晋安王刘子勋说:"船只已准备妥当,粮秣武器已配备齐全,三军踊跃,人人争先恐后,以死报效晋安王。现在就要张满篷帆,直取白下。请命陶亮率兵马随后出发,接续上来,分别占领新亭、南州,一次攻击即可平定。"刘子勋加授孙冲之为左卫将军,任命陶亮为右卫将军,指挥郢、荆、湘、梁、雍五个州的部队,共计两万人,同时东下。陶亮本无谋略才干,听说建安王刘休仁亲自率军逆江而上,殷孝祖又随后赶到,便不敢前进,驻扎在鹊洲。

殷孝祖自以为天下之大,只有他最忠心,常欺侮羞辱其他将领,建康军中有父子兄弟在寻阳政权辖区的,殷孝祖打算都逮捕审判。于是军心涣散,将士愤懑,不肯听从他的指挥。宁朔将军沈攸之,对内安抚官兵,对外同其他将领和睦相处,大家对他十分信赖。殷孝祖每次出战,常常携带显示他高贵身份的云盖和战鼓,军中同僚以及士卒都互相说:"殷孝祖可谓'死将',他跟敌人作战,却带着豪华的仪仗队,自己暴露自己,敌人如果挑出十个射箭能手,同时射箭,他想不死,怎么可能呢?"三月庚寅(初三),建康军水陆并进,攻打赭圻。陶亮等率军前来增援,殷孝祖在交战中被流箭射中,阵亡。军主范潜率五百人投降陶亮,军心震惊,人们都说沈攸之应该接替殷孝祖的指挥权。

当时,建安王刘休仁驻军虎槛,派宁朔将军江方兴、龙骧将军襄阳人刘灵遗各率三千人马,前往赭圻。沈攸之认为殷孝祖既已阵亡,叛军陶亮等一定会乘胜进攻,官军第二天如果再不主动发起攻势,就会向敌人暴露出自己力量薄弱。江方兴的名望和地位跟自己相等,绝不可能受自己的指挥。而军事行动不能统一,是导致失败的原因。于是,就率部下各将领拜访江方兴,说:"现在,四面八方都起兵叛乱,朝廷所占据的不过百里之地。朝廷所依赖的也只殷孝祖一人,不想,刚刚兵戈相接,他就陈尸马下,文武官员全都沮丧,朝野人士提心吊胆。朝廷大事能否成功,只看明日一战。如果战而不胜,朝廷就会全盘瓦解。有关明日之战,将领中有人说应该由我指挥,可我自问魄力不够,才能和谋略都不如你。所以我们现在打算推举你为统帅,大家同心协力。"江方兴十分喜悦,满口承诺。沈攸之告辞出来,各将领抱怨他,沈攸之说:"我只希望拯救国家,岂能计较官职高低!而且,我能向他低头,他却一定不肯向我低头,怎么可以自己先内斗起来!"

孙冲之谓陶亮曰:"孝祖枭将,一战便死,天下事定矣,不须复战,便当直取京都。"亮不从。

辛卯,方兴帅诸将进战,建安王休仁又遣军主郭季之、步兵校尉杜幼文、屯骑校尉垣恭祖、龙骧将军济地顿生、京兆段佛荣等三万人往会战,自寅及午,大破之,追北至姥山而还。幼文,骧之子也。

孙冲之于湖、白口筑二城,军主竟陵张兴世攻拔之。

壬辰,诏以沈攸之为辅国将军、假节,代殷孝祖督前锋诸军事。

陶亮闻湖、白二城不守,大惧,急召孙冲之还鹊尾,留薛常宝等守赭圻。先于姥山及诸冈分立营寨,亦各散还,共保浓湖。

时军旅大起,国用不足,募民上钱谷者,赐以荒县、荒郡,或五品至三品散官有差。

军中食少,建安王休仁抚循将士,均其丰俭,吊死问伤,身自隐恤。故十万之众,莫有离心。

邓琬遣其豫州刺史刘胡帅众三万,铁骑二千,东屯鹊尾,并旧兵凡十馀万。胡,宿将,勇健多权略,屡有战功,将士畏之。司徒中兵参军冠军蔡那,子弟在襄阳,胡每战,悬之城外,那进战不顾。吴喜既定三吴,帅所领五千人,并运资实,至于赭圻。

19　薛索兒将马步万馀人自睢陵渡淮,进逼青、冀二州刺史张永营。丙申,诏南徐州刺史桂阳王休范统北讨诸军事,进据广陵,又诏萧道成将兵救永。

孙冲之对陶亮说:"殷孝祖是一员悍将,一战就把他杀死,天下大事已经定了,不必再战,现在就应该直接进攻京都。"陶亮不同意。

辛卯(初四),江方兴率领各将领进攻叛军,建安王刘休仁又派军主郭季之、步兵校尉杜幼文、屯骑校尉垣恭祖、龙骧将军济北人顿生、京兆人段佛荣等三万人前去增援助战。自凌晨厮杀到中午,大破叛军,向北追击到姥山而回。杜幼文是杜骥的儿子。

叛军孙冲之在巢湖口和白水口修筑两座城池,军主竟陵人张兴世进攻并攻克该地。

壬辰(初五),明帝下诏提升沈攸之为辅国将军、持节,接替殷孝祖督前锋诸军事。

陶亮听到巢湖口、白水口失守的消息,大为恐惧,急令孙冲之撤回鹊尾,而留薛常宝等驻防赭圻。在此之前在姥山及各山冈修建的营垒要塞,也分别解散撤回,士卒各返原来部队,共同保卫浓湖。

当时,战乱四起,朝廷财源不足。于是号召人民捐钱捐粮,依照捐献多少,分别任命他们当荒凉偏远地区的郡守、县令以及五品至三品之间散官不等。

军中粮秣缺乏,建安王刘休仁安抚军心,鼓励将士,平均分配物品,哀悼死者,慰问伤员,休戚与共。所以,十万大军,没有离心。

邓琬派遣豫州刺史刘胡率领步兵三万人,精锐骑兵两千人,东行进驻鹊尾,加上原有士卒,共十多万人。刘胡是一员老将,勇敢而有谋略,屡次建立战功,将领、士卒都对他十分敬畏。司徒中兵参军冠军人蔡那的儿子和弟弟都在襄阳。刘胡每次作战,都将蔡那的儿子悬挂城外,蔡那照样猛烈攻击毫无顾忌。吴喜平定三吴之后,又率军队五千人,连同军用物品,向西增援刘休仁,进驻赭圻。

19 薛索儿率步、骑兵一万多人,自睢陵渡过淮河,进逼青、冀二州刺史张永的营寨。丙申(初九),明帝诏命南徐州刺史桂阳王刘休范统领北讨诸军事,进驻广陵,又命萧道成率兵增援张永。

20　戊戌，寻阳王子房至建康，上宥之，贬爵为松滋侯。

21　庚子，魏以陇西王源贺为太尉。

22　上遣宁朔将军刘怀珍帅龙骧将军王敬则等步骑五千，助刘勔讨寿阳，斩庐江太守刘道蔚。怀珍，善明之从子也。

23　中书舍人戴明宝启上，遣军主竟陵黄回募兵击斩寻阳所署马头太守王广元。

24　前奉朝请寿阳郑黑，起兵于淮上以应建康，东扞殷琰，西拒常珍奇。乙巳，以黑为司州刺史。

25　殷琰将刘顺、柳伦、皇甫道烈、庞天生等马步八千人东据宛唐。刘勔帅众军并进，去顺数里立营。时琰所遣诸军，并受顺节度。而以皇甫道烈土豪，柳伦台之所遣，顺本卑微，唯不使统督二军。勔始至，堑垒未立。顺欲击之，道烈、伦不同，顺不能独进，乃止。勔营既立，不可复攻，因相持守。

26　壬子，断新钱，专用古钱。

27　沈攸之帅诸军围赭圻。薛常宝等粮尽，告刘胡求救。胡以囊盛米，系流查及船腹，阳覆船，顺风流下以饷之。沈攸之疑其有异，遣人取船及流查，大得囊米。丙辰，刘胡帅步卒一万，夜，研山开道，以布囊运米饷赭圻。平旦，至城下，犹隔小堑，未能入。沈攸之帅诸军邀之，殊死战，胡众大败，舍粮弃甲，缘山走，斩获甚众。胡被创，仅得还营。常宝等惶惧，夏，四月辛酉，开城突围，走还胡军。攸之拔赭圻城，斩其宁朔将军沈怀宝等，纳降数千人。陈绍宗单舸奔鹊尾。建安王休仁自虎槛进屯赭圻。

20 戊戌(十一日),建康官军将寻阳王刘子房由会稽押解到建康。明帝下令赦免,贬他为松滋侯。

21 庚子(十三日),北魏任命陇西王源贺为太尉。

22 明帝派遣宁朔将军刘怀珍率领龙骧将军王敬则等步、骑兵五千人,增援刘勔攻打寿阳,杀了庐江太守刘道蔚。刘怀珍是刘善明的侄儿。

23 中书舍人戴明宝向明帝推荐派军主竟陵人黄回招兵买马,向叛军进攻,杀了寻阳政权任命的马头太守王广元。

24 前任奉朝请寿阳人郑黑,在淮河上游起兵,响应建康朝廷,东面抵抗寿阳的殷琰,西面防御驻扎悬瓠的常珍奇。乙巳(十八日),明帝任命郑黑为司州刺史。

25 殷琰派部将刘顺、柳伦、皇甫道烈、庞天生等骑兵、步兵八千人,驻防东面的宛唐。刘勔率各路人马,同时并进,在距刘顺阵营数里处安营扎寨。当时,殷琰所派各方军队统一由刘顺指挥。只是因皇甫道烈原是当地的土豪,柳伦原是建康官军的军官,而刘顺出身卑微,所以不让他统率这两支军队。刘勔刚到,营垒还没有筑成。刘顺想出击,可皇甫道烈、柳伦不同意,刘顺又不能孤军出击,只好作罢。等刘勔筑营完成后,已不能再攻,因而两军互相对峙坚守。

26 壬子(二十五日),建康朝廷下令禁止用新钱,专用古钱。

27 沈攸之率领各路人马包围赭圻。薛常宝等部粮食用尽,向刘胡求救。刘胡用布袋装米,绑在木排和船舱上,然后故意使船翻覆,船底朝天顺流而下,接济薛常宝。沈攸之怀疑这么多翻船中有诈,派人打捞翻船及木排,得了好多袋米。丙辰(二十九日),刘胡率领步兵一万人,趁着黑夜,开山凿道,用布袋装米,运送给赭圻。天将亮时,来到赭圻城下,可是还隔着一条小沟,进不了城。沈攸之率领各军截击,拼死战斗,刘胡大败,丢粮弃甲,沿山逃走,被杀被抓的很多。刘胡受伤,只身回营。薛常宝等惊慌恐惧,夏季,四月辛酉(初四),开城门突围,逃回刘胡军营。沈攸之攻破了赭圻城,杀了宁朔将军沈怀宝等,接受降军数千人。寻阳政权的将领陈绍宗乘一只小船逃走投奔鹊尾。随后,建安王刘休仁从虎槛进驻赭圻。

刘胡等兵犹盛。上欲绥慰人情,遣吏部尚书褚渊至虎槛,选用将士。时以军功除官者众,版不能供,始用黄纸。

邓琬以晋安王子勋之命,征袁顗下寻阳,顗悉雍州之众驰下。琬以黄门侍郎刘道宪行荆州事,侍中孔道存行雍州事。上庸太守柳世隆乘虚袭襄阳,不克。世隆,元景之弟子也。

28 散骑侍郎明僧暠起兵,攻沈文秀以应建康。壬午,以僧暠为青州刺史。平原、乐安二郡太守王玄默据琅邪,清河、广川二郡太守王玄邈据盘阳城,高阳、勃海二郡太守刘乘民据临济城,并起兵以应建康。玄邈,玄谟之从弟;乘民,弥之之从子也。沈文秀遣军主解彦士攻北海,拔之,杀刘弥之。乘民从弟伯宗,合帅乡党,复取北海,因引兵向青州所治东阳城。文秀拒之,伯宗战死。僧暠、玄默、玄邈、乘民合兵攻东阳城,每战辄为文秀所破,离而复合,如此者十馀,卒不能克。

29 杜叔宝谓台军住历阳,不能遽进。及刘勔等至,上下震恐。刘顺等始行,唯赍一月粮,既与勔相持,粮尽。叔宝发车千五百乘,载米饷顺,自将五千精兵送之。吕安国闻之,言于刘勔曰:“刘顺精甲八千,我众不能居半。相持既久,强弱势殊,更复推迁,则无以自立。所赖者,彼粮行竭,我食有馀耳。若使叔宝米至,非唯难可复图,我亦不能持久。今唯有间道袭其米车,出彼不意,若能制之,当不战走矣。”勔以为然,以疲弱守营,简精兵千人配安国及龙骧将军黄回,使从间道出顺后,于横塘抄之。

刘胡的兵力仍然十分强大,明帝为安抚军心,派吏部尚书褚渊前往虎槛,征选提拔有功将士。当时,由于有战功而被封为官的人很多,以致任命版不够用,于是开始用黄纸。

邓琬根据晋安王刘子勋的命令,征召袁顗前来寻阳。袁顗率领雍州所有兵将急行军南下。邓琬任命黄门侍郎刘道宪掌管荆州,任命侍中孔道存掌管雍州。上庸太守柳世隆,乘襄阳空虚,发动攻击,没有攻克。柳世隆是柳元景的侄儿。

28 散骑侍郎明僧暠聚众起兵,攻打青州刺史沈文秀,以响应建康朝廷。壬午(二十五日),建康朝廷任命明僧暠为青州刺史。平原、乐安两郡太守王玄默占据琅邪,清河、广川两郡太守王玄邈占据盘阳城,高阳、勃海两郡太守刘乘民占据临济城,全都起兵响应建康朝廷。王玄邈是王玄谟的堂弟,刘乘民是刘弥之的侄儿。沈文秀派部将解彦士攻击并攻克北海,杀了刘弥之。刘乘民的堂弟刘伯宗,集结地方式装,再夺回北海,接着,又乘势攻打青州州府所在地东阳城。沈文秀迎战,刘伯宗战死。明僧暠、王玄默、王玄邈、刘乘民合兵攻打东阳城,每次攻击都被沈文秀击败,士兵被打散又重新集结再攻,这样反复十多次,最后还是不能攻克。

29 豫州长史杜叔宝认为官军驻扎历阳,不能马上向前推进。刘勔等人到达后,历阳部队上下惊恐震动。部将刘顺等起初东下驻防宛唐,只带一个月的粮食,跟刘勔相持不下,粮食很快便吃完了。杜叔宝派运输车一千五百辆,装满米送给刘顺,亲自率五千精兵押送。吕安国得到消息,就对刘勔说:"刘顺拥有精甲八千,我们的兵力不到他的一半。相持的时间一长,强弱的差距将会更大,再拖延下去,我们简直不能自存。唯一的希望是对方的粮食将要枯竭,而我们的粮食还有馀。若是让杜叔宝的米运到,我们不但难以打胜仗,而且也难以久守。现在只有从小道出发,袭击他们的运米车队,出其不意,如果能摧毁对方,那么他们便会不战而走。"刘勔认为这样很对,于是留下老弱残兵留守军营,选精兵一千人配备给吕安国和龙骧将军黄回,令他们从小路绕到刘顺的背后,在横塘袭击他们。

安国始行,赍二日熟食。食尽,叔宝不至,将士欲还,安国曰:"卿等旦已一食。今晚米车不容不至,若其不至,夜去不晚。"叔宝果至,以米车为函箱陈,叔宝于外为游军。幢主杨仲怀将五百人居前,安国、回等击斩之,及其士卒皆尽。叔宝至,回欲乘胜击之,安国曰:"彼将自走,不假复击。"退三十里,止宿,夜遣骑参候,叔宝果弃米车走。安国复夜往烧米车,驱牛二千馀头而还。

五月丁亥朔,夜,刘顺众溃,走淮西就常珍奇。于是刘勔鼓行,进向寿阳。叔宝敛居民及散卒,婴城自守,勔与诸军分营城外。

山阳王休祐与殷琰书,为陈利害,上又遣御史王道隆赍诏宥琰罪。勔与琰书,并以琰兄瑗子邈书与之。琰与叔宝等皆有降意,而众心不壹,复婴城固守。

弋阳西山蛮田益之起兵应建康,诏以益之为辅国将军,督弋阳西蛮事。壬辰,以辅国将军沈攸之为雍州刺史。丁未,以尚书左仆射王景文为中军将军。庚戌,以宁朔将军刘乘民为冀州刺史。

30 甲寅,葬昭太后于修宁陵。

31 张永、萧道成等与薛索儿战,大破之,索儿退保石梁。食尽而溃,走向乐平,为申令孙子孝叔所斩。薛安都子道智走向合肥,诣裴季之降。傅灵越走至淮西,武卫将军沛郡王广之生获之,送诣刘勔。勔诘其叛逆,灵越曰:"九州唱义,岂独在我!薛公不能专任智勇,委付子侄,此其所以败也。人生归于一死,实无面求活。"勔送诣建康。上欲赦之,灵越辞终不改,乃杀之。

吕安国出发时,仅带两天熟食。熟食吃光,还不见杜叔宝到来,将士们纷纷要求回军,吕安国说:"你们早上已吃过一顿。依我看,今晚运米车队不会不来,如果不到,我们夜里撤退,也为时不晚。"杜叔宝果然到来,车队呈"函箱阵",杜叔宝在函箱阵外,游动搜索前进。幢主杨仲怀率五百人在车队前开路。吕安国、黄回等发动袭击,杀了杨仲怀,连同他的部下全部斩尽。杜叔宝赶到时,黄回打算乘胜追击,吕安国说:"他会自己逃掉,用不着再动手。"于是,撤退三十里,停下来住宿。夜里派骑兵前去侦察,杜叔宝果然丢下运米的车队逃跑。吕安国就在夜里返回去,纵火烧毁米车,虏获牛两千余头而还。

五月丁亥朔(初一),夜晚,刘顺的部队崩溃,向淮西投奔悬瓠的常珍奇。此时刘勔擂鼓前进,向寿阳进军。杜叔宝把城外居民及散兵聚集城内,绕城自守。刘勔与各路部队,分别在城外扎营。

山阳王刘休祐写信给殷琰,分析利害得失。明帝又派御史王道隆携带诏书,赦免殷琰。刘勔也写信给殷琰,并附上殷琰哥哥殷瑗的儿子殷邈的一封家书。殷琰和杜叔宝都有投降之意,可是大家意见不一,又继续守城。

弋阳西山蛮族首领田益之起兵,响应建康朝廷。明帝下诏任命田益之为辅国将军,统领弋阳西蛮的事务。壬辰(初六),任命辅国将军沈攸之为雍州刺史。丁未(二十一日),任命尚书左仆射王景文为中军将军。庚戌(二十四日),任命宁朔将军刘乘民为冀州刺史。

30　甲寅(二十八日),刘宋在修宁陵安葬路太后,谥号为昭。

31　张永、萧道成等与薛索儿作战,大破薛索儿军,薛索儿退守石梁。粮尽,大军溃散,薛索儿投奔乐平,被申令孙的儿子申孝叔击杀。薛安都的儿子薛道智逃往合肥,到裴季之处投降。傅灵越逃到淮水之西,被朝廷武卫将军沛郡人王广之活捉,押送给刘勔,刘勔指责他叛逆,傅灵越说:"全国各地纷纷起义,岂止我一人!薛安都不能任用贤才,只信任他的儿子和侄儿,这是他失败的原因。人生在世总归一死,实在没脸求活。"刘勔把他押送到建康,明帝打算赦免他,但傅灵越始终不肯改口,便杀了他。

32　邓琬以刘胡与沈攸之等相持久不决，乃加袁𫖮督征讨诸军事。六月甲戌，𫖮帅楼船千艘，战士二万，来入鹊尾。𫖮本无将略，性又怯橈，在军中未尝戎服，语不及战陈，唯赋诗谈义而已，不复抚接诸将。刘胡每论事，酬对甚简。由此大失人情，胡常切齿恚恨。胡以南运米未至，军士匮乏，就𫖮借襄阳之资，𫖮不许，曰："都下两宅未成，方应经理。"又信往来之言，云"建康米贵，斗至数百"，以为将不攻自溃，拥甲以待之。

33　田益之帅蛮众万馀人围义阳，邓琬使司州刺史庞孟虬帅精兵五千救之，益之不战溃去。

34　安成太守刘袭，始安内史王识之，建安内史赵道生，并举郡来降。袭，道怜之孙也。

35　萧道成世子赜为南康赣令，邓琬遣使收系之。门客兰陵桓康担赜妻裴氏及其子长懋、子良逃于山中，与赜族人萧欣祖等结客得百馀人，攻郡，破狱出赜。南康相沈肃之帅将吏追赜，赜与战，擒之。赜自号宁朔将军，据郡起兵，与刘袭等相应。琬以中护军殷孚为豫章太守，督上流五郡以防袭等。

36　衡阳内史王应之起兵应建康，袭击湘州行事何慧文于长沙。应之与慧文舍军身战，斫慧文八创，慧文斫应之断足，杀之。

37　始兴人刘嗣祖等据郡起兵应建康，广州刺史袁昙远遣其将李万周等讨之。嗣祖诳万周云"寻阳已平"。万周还袭番禺，擒昙远，斩之。上以万周行广州事。

32 邓琬因刘胡跟建康官军沈攸之等对阵僵持,很久分不出胜负,于是加授袁顗为督征讨诸军事。六月甲戌(十八日),袁顗率楼船一千艘,战士两万人,抵达鹊尾。袁顗本无大将的才略,又性情卑怯。在军营中,他从不穿军服,谈话也不涉及战阵,而只吟诗作赋,谈论义理,对各将领既不安抚鼓励,又不肯接见。刘胡每次讨论军事,袁顗对他的回答和应酬都很简略、怠慢。于是,袁顗大失人心,刘胡对他恨之入骨。刘胡因后方补给未到,士卒缺粮,向袁顗借襄阳的存粮,袁顗拒绝,说:"京师还有两处住宅没有完工,正要用钱料理。"又相信过路人的传言,说:"建康米价飞涨,一斗高达数百钱。"认为用不着进攻,建康将自行崩溃,所以按兵不动,坐等胜利。

33 田益之率西山蛮族军队一万多人包围义阳。邓琬派司州刺史庞孟虬率精锐部队五千人援救,田益之不敢迎战,所率军队溃散。

34 安成太守刘袭、始安内史王识之、建安内史赵道生,全部献出城池,投降朝廷。刘袭是刘道怜的孙子。

35 萧道成的世子萧赜任南康赣县令,邓琬派人前去逮捕了他。萧赜的门客兰陵人桓康,担着萧赜的妻子裴氏和萧赜的两个儿子萧长懋、萧子良逃到山中。跟萧赜的同族萧欣祖等结集佃客一百多人,袭击郡城,攻破监狱,救出萧赜。南康相沈肃之率将士追赶萧赜,萧赜迎战,活捉了沈肃之。萧赜于是自称宁朔将军,据郡起兵,与安成郡的刘袭等呼应。邓琬任命中护军殷孚为豫章太守,总管赣江上游五个郡,防御刘袭等。

36 衡阳内史王应之聚众起兵,响应建康朝廷,袭击在长沙的湘州行事何慧文。王应之与何慧文离开兵士单独决斗,王应之砍伤何慧文八处,何慧文砍断了王应之一只脚并杀了他。

37 始兴人刘嗣祖等占据郡城以响应建康朝廷。广州刺史袁昙远派他的部将李万周等讨伐刘嗣祖。刘嗣祖欺骗李万周说:"寻阳战乱已平。"李万周相信并回军袭击番禺,活捉袁昙远,将其斩首。明帝任命李万周掌管广州事务。

38 初,武都王杨元和治白水,微弱不能自立,弃国奔魏。元和从弟僧嗣复自立,屯葭芦。

费欣寿至巴东,巴东人任叔兒据白帝,自号辅国将军,击欣寿,斩之,叔兒遂阻守三峡。萧惠开复遣治中程法度将兵三千出梁州,杨僧嗣帅群氐断其道,间使以闻。秋,七月丁酉,以僧嗣为北秦州刺史、武都王。

39 诸军与袁颙相拒于浓湖,久未决。龙骧将军张兴世建议曰:"贼据上流,兵强地胜,我虽持之有馀而制之不足。若以奇兵数千潜出其上,因险而壁,见利而动,使其首尾周遑,进退疑阻,中流既梗,粮运自艰,此制贼之奇也。钱溪江岸最狭,去大军不远,下临洄洑;船下必来泊岸,又有横浦可以藏船,千人守险,万夫不能过。冲要之地,莫出于此。"沈攸之、吴喜并赞其策。会庞孟虬引兵来助殷琰,刘勔遣使求援甚急,建安王休仁欲遣兴世救之。沈攸之曰:"孟虬蚁聚,必无能为,遣别将马步数千,足以相制。兴世之行,是安危大机,必不可辍。"乃遣段佛荣将兵救勔,而选战士七千、轻舸二百配兴世。

兴世帅其众溯流稍上,寻复退归,如是者累日。刘胡闻之,笑曰:"我尚不敢越彼下取扬州,张兴世何物人,欲轻据我上!"不为之备。一夕,四更,值便风,兴世举帆直前,渡湖、白,过鹊尾。胡既觉,乃遣其将胡灵秀将兵于东岸,翼之而进。戊戌夕,兴世宿景洪浦,灵秀亦留。兴世潜遣其将黄道标帅七十舸径趣钱溪,立营寨。己亥,兴世引兵进据之,灵秀不能禁。

38　最初，武都王杨元和把王府设在白水，力量薄弱，不能自存，于是抛弃部族投奔北魏。杨元和的堂弟杨僧嗣又自立为武都王，驻扎在葭芦。

费欣寿率军东下进抵巴东。巴东人任叔兒占据白帝城，自称为辅国将军，前来迎战，杀了费欣寿。随后，任叔兒封锁了三峡。萧惠开又派治中程法度带领兵士三千人北上梁州。杨僧嗣率氐族各部落切断了程法度的道路，派人由小路奏报建康朝廷。秋季，七月丁酉(十二日)，明帝任命杨僧嗣为北秦州刺史并封为武都王。

39　各路官军与袁顗在浓湖对峙，很久不能决出胜负。龙骧将军张兴世建议说："叛贼盘踞上游，兵力强大，地势险要，我们的力量与他们对峙是绰绰有余，但不足以剿灭他们。若是派出数千奇兵潜入他们的背后，在险要的地方筑城布阵，伺机发动进攻，就会使他们首尾难顾，进退两难。上游一旦被我们切断，粮食运输一定艰难，这是克制叛贼的奇妙良策。钱溪一带长江两岸最为狭窄，又距大军不远，水道曲折湍急。船只经过必须紧靠岸边，那里又有天然的码头可以停船，千人把守，万人不能通过。其他要害之地，都不能超过此地。"沈攸之、吴喜全都赞成。这时，庞孟虬率兵前来增援殷琰，刘勔派人请求援兵，情况紧急。建安王刘休仁打算派张兴世率军增援刘勔，沈攸之说："庞孟虬的部队，像一群蚂蚁，一定没什么作为，派遣另一位将领，交给他步、骑兵数千人，足以把庞孟虬制住。张兴世这次攻击，可是安危成败的关键，决不可半途而废。"于是命段佛荣率军增援刘勔，而另外挑选战士七千人，轻快小船二百艘，配给张兴世。

张兴世率二百艘小船，逆流而上，接着又返回，一连数天，都是如此。刘胡听到消息，取笑说："我还不敢越过他们阵地，夺取扬州，张兴世是什么东西，居然想轻易占领我的上游阵地。"于是，不做防备。一天晚上四更，正好刮起顺风，张兴世的船队，张满风帆，向西鼓浪前进，穿过湖口、白水口，再过鹊尾。刘胡发觉之后，急忙派他的将领胡灵秀领兵在东岸追赶，紧跟张兴世的船队前进。戊戌(十三日)，晚上，张兴世停泊于景洪浦，胡灵秀也留在此处。张兴世暗中派遣部将黄道标，率七十条快船直插钱溪，安营扎寨。己亥(十四日)，张兴世率主力西进，直接进驻钱溪新营，胡灵秀无法阻止。

庚子,刘胡自将水步二十六军来攻钱溪。将士欲迎击之,兴世禁之曰:"贼来尚远,气盛而矢骤。骤既易尽,盛亦易衰,不如待之。"令将士治城如故。俄而胡来转近,船入洄洑。兴世命寿寂之、任农夫帅壮士数百击之,众军相继并进,胡败走,斩首数百,胡收兵而下。时兴世城寨未固,建安王休仁虑袁颚并力更攻钱溪,欲分其势。辛丑,命沈攸之、吴喜等以皮舰进攻浓湖,斩获千数。是日,刘胡帅步卒二万、铁马一千,欲更攻兴世。未至钱溪数十里,袁颚以浓湖之急,遽追之,钱溪城由此得立。胡遣人传唱,"钱溪已平",众并惧,沈攸之曰:"不然。若钱溪实败,万人中应有一人逃亡得还者,必是彼战失利,唱空声以惑众耳。"勒军中不得妄动。钱溪捷报寻至。攸之以钱溪所送胡军耳鼻示浓湖,袁颚骇惧。攸之日暮引归。

40 龙骧将军刘道符攻山阳,程天祚请降。

41 庞孟虬进至弋阳,刘勔遣吕安国等迎击于蓼潭,大破之。孟虬走向义阳。王玄谟之子昙善起兵据义阳以应建康,孟虬走死蛮中。

42 刘胡遣辅国将军薛道标袭合肥,杀汝阴太守裴季之,刘勔遣辅国将军垣阆击之。阆,阎之弟;道标,安都之子也。

43 淮西人郑叔举起兵击常珍奇以应郑黑。辛亥,以叔举为北豫州刺史。

44 崔道固为土人所攻,闭门自守。上遣使宣慰,道固请降。甲寅,复以道固为徐州刺史。

45 八月,皇甫道烈等闻庞孟虬败,并开门出降。

庚子(十五日),刘胡亲自率领水陆联合的二十六支军队,前来攻击钱溪。张兴世的将士打算迎战,张兴世不允许,说:"贼寇离我们还远,气势旺盛,打起仗来,箭如雨下。然而气太盛,容易衰弱,箭太多,容易枯竭,不如等待。"命令将士照旧加强工事。不久,刘胡船队接近,进入漩涡。张兴世命寿寂之、任农夫率精壮军士数百人先行攻击,主力部队相继一起前进,刘胡败退,数百人阵亡,刘胡收兵而回。当时,张兴世营寨还不够坚固,建安王刘休仁担心袁颙回军与刘胡合力再攻钱溪,打算分散他们的势力。辛丑(十六)命沈攸之、吴喜等用皮蒙在船上攻击浓湖,杀数千人。当天,刘胡率步兵两万人,披甲骑兵一千人,打算再攻张兴世,进抵钱溪相距只有数十里时,袁颙因浓湖吃紧,命刘胡回兵增援。钱溪的营寨因此得以建成。刘胡派人散布谣言说:"钱溪已经平定。"官军大为恐惧,沈攸之说:"不对,钱溪如果战败,众人中至少会有一人逃亡回来,必定是他们攻击失利,散布假情报扰乱军心。"下令军中不得妄动。不多时,钱溪捷报传到。沈攸之把钱溪送来刘胡士卒的耳朵、鼻子,送给浓湖守军,袁颙异常惊骇恐惧。沈攸之黄昏时回军。

40 龙骧将军刘道符进攻山阳,程天祚向刘道符投降。

41 庞孟虬前进到弋阳,刘勔派吕安国等在蓼潭迎击,大破庞孟虬军。庞孟虬逃到义阳。王玄谟的儿子王昙善聚众起兵,夺取义阳,归附建康朝廷。庞孟虬逃到蛮族居住的山区,死在那里。

42 刘胡派遣辅国将军薛道标袭击合肥,杀了汝阴太守裴季之。刘勔派辅国将军垣阆反击。垣阆是垣阆的弟弟。薛道标是薛安都的儿子。

43 淮西人郑叔举起兵攻击常珍奇,响应郑黑。辛亥(二十六日),朝廷任命郑叔举为北豫州刺史。

44 崔道固受到当地百姓围攻,关闭城门自守。明帝派人前来安慰招抚,崔道固请求投降。甲寅(二十九日),明帝又任命崔道固为徐州刺史。

45 八月,皇甫道烈等听到庞孟虬战败,开城门出来投降。

46　张兴世既据钱溪,浓湖军乏食。邓琬大送资粮,畏兴世,不敢进。刘胡帅轻舸四百,由鹊头内路欲攻钱溪,既而谓长史王念叔曰:"吾少习步战,未闲水斗。若步战,恒在数万人中。水战在一舸之上,舸舸各进,不复相关,正在三十人中,此非万全之计,吾不为也。"乃托疟疾,住鹊头不进,遣龙骧将军陈庆将三百舸向钱溪,戒庆不须战:"张兴世吾之所悉,自当走耳。"陈庆至钱溪,军于梅根。

胡遣别将王起将百舸攻兴世,兴世击起,大破之。胡帅其馀舸驰还,谓颙曰:"兴世营寨已立,不可猝攻。昨日小战,未足为损。陈庆已与南陵、大雷诸军共遏其上,大军在此,鹊头诸将又断其下流。已堕围中,不足复虑。"颙怒胡不战,谓曰:"粮运鲠塞,当如此何?"胡曰:"彼尚得溯流越我而上,此运何以不得沿流越彼而下邪!"乃遣安北府司马沈仲玉将千人步趣南陵迎粮。

仲玉至南陵,载米三十万斛,钱布数十舫,竖榜为城,规欲突过。行至贵口,不敢进,遣间信报胡,令遣重军援接。张兴世遣寿寂之、任农夫等将三千人至贵口击之,仲玉走还颙营,悉虏其资实。胡众骇惧,胡将张喜来降。

镇东中兵参军刘亮进兵逼胡营,胡不能制。袁颙惧曰:"贼入人肝脾里,何由得活!"胡阴谋遁去,己卯,诳颙云:"欲更帅步骑二万,上取钱溪,兼下大雷馀运。"令颙悉选马配之。其日,胡委颙去,径趣梅根。先令薛常宝办船,悉发南陵诸军,烧大雷诸城而走。至夜,颙方知之,大怒,骂曰:"今年为小子所误!"呼取常所乘善马"飞燕",谓其众曰:"我当自追之!"因亦走。

46　张兴世占领钱溪之后,叛军浓湖大营粮食开始缺乏。邓琬打算运送大量军需物资接济,但怕张兴世截击,不敢前进。刘胡率轻装船只四百艘,从鹊头江中内航道前进,打算攻打钱溪,中途对长史王念叔说:"我从小习惯于陆地打仗,不懂水战。步兵作战时,我是在数万人中间。可是水上作战,只能在一条船的上边,船与船单独行进,互相不能照顾,我在一船不过三十人中间,这不是安全之计,我不去干。"于是,推托得了疟疾,停靠鹊头,不敢前进。只派龙骧将军陈庆率三百艘船驶向钱溪,吩咐陈庆不要与敌人接战,说:"张兴世这个人,我非常熟悉他,他会自动逃走的!"陈庆抵达钱溪,驻扎梅根。

刘胡又派部将王起率一百馀艘船攻打张兴世,张兴世反击,大败王起军。刘胡率其馀的船队撤回浓湖,对袁顗说:"张兴世营寨已经建成,短期内不可能攻破。昨天小小交战,谈不上损失。陈庆已与南陵、大雷各军共同扼住张兴世的上游,我们大营在此,鹊头诸将领又切断了他的下游。他已坠入我们的包围圈中,不必再为此忧虑。"袁顗对刘胡不亲自作战十分恼怒,对刘胡说:"运粮路线被切断,对此我们应该怎么办?"刘胡说:"他们能越过我们逆流而上,我们这次运粮为什么不能越过他们顺江而下呢?"于是派遣安北府司马沈仲玉带领一行人徒步前往南陵,迎接军粮。

沈仲玉到达南陵,把三十万斛的米装到船上,又装军饷、布匹等共数十船,在船上用木板钉成围墙,打算突围。可是船队行至贵口,不敢前进,派人抄小路报告刘胡,请求增派重兵前来迎接。张兴世命寿寂之、任农夫等率三千人直奔贵口,攻击沈仲玉。沈仲玉丢下辎重,逃回袁顗大营,所有军用物资,全被夺走。刘胡的部队惊恐万状,部将张喜投降朝廷官军。

镇东中兵参军刘亮向前推进,直逼刘胡军营,刘胡抵抗不住。袁顗惊慌地说:"敌人已侵入人的肝脾重地中间,怎么能活命!"刘胡准备暗中逃走,己卯(二十四日),谎报袁顗说:"我打算率步、骑兵两万人,到上游夺回钱溪,并运回积存在大雷的馀粮。"要求袁顗挑选马匹全都配备给他。当天,刘胡丢下袁顗,直奔梅根。先命薛常宝征集船只,又命南陵各军全部出发,纵火焚烧大雷各城而逃。当夜,袁顗才得知消息,勃然大怒,骂道:"今年可被这小子害苦了!"呼唤侍从率来他平日所骑的马,名叫"飞燕",对他的部属说:"我要亲自追击刘胡!"于是也乘机逃走。

庚辰，建安王休仁勒兵入颙营，纳降卒十万，遣沈攸之等追颙。颙走至鹊头，与戍主薛伯珍并所领数千人偕去，欲向寻阳。夜，止山间，杀马以劳将士，顾谓伯珍曰："我非不能死，且欲一至寻阳，谢罪主上，然后自刎耳。"因慷慨叱左右索节，无复应者。及旦，伯珍请屏人言事，遂斩颙首，诣钱溪军主襄阳俞湛之。湛之因斩伯珍，并送首以为己功。

刘胡帅二万人向寻阳，诈晋安王子勋云："袁颙已降，军皆散，唯己帅所领独返。宜速处分，为一战之资。当停据溢城，誓死不贰。"乃于江外夜趣沔口。

邓琬闻胡去，忧惶无计，呼中书舍人褚灵嗣等谋之，并不知所出。张悦诈称疾，呼琬计事，令左右伏甲帐后，戒之："若闻索酒，便出。"琬既至，悦曰："卿首唱此谋，今事已急，计将安出！"琬曰："正当斩晋安王，封府库，以谢罪耳。"悦曰："今日宁可卖殿下求活邪！"因呼酒。子洵提刀出斩琬。中书舍人潘欣之闻琬死，勒兵而至。悦使人语之曰："邓琬谋反，今已枭戮。"欣之乃还。取琬子，并杀之。悦因单舸赍琬首驰下，诣建安王休仁降。

寻阳乱。蔡那之子道渊在寻阳被系作部，脱锁入城，执子勋，囚之。沈攸之诸军至寻阳，斩晋安王子勋，传首建康，时年十一。

庚辰(二十五日),建安王刘休仁率兵进入袁颉遗弃的大营,接纳十万人投降,同时派沈攸之等追捕袁颉。袁颉逃到鹊头,与镇守那里的主将薛伯珍会合,并带他所属的部队数千人一同向西撤退,打算前往寻阳。夜晚,住宿山间,袁颉杀马慰劳将士,回头对薛伯珍说:"我并不是怕死,只不过想要到寻阳,在主上面前请罪,然后自刎!"慷慨激昂,吆喝左右侍从,取来刘子勋赐给的符节,左右侍从无人理他。等到天亮,薛伯珍请求与他单独谈话,遂砍下袁颉人头,前往钱溪,向军主襄阳人俞湛之投降。俞湛之斩薛伯珍,连同袁颉的人头一起上缴作为自己的功劳。

刘胡率两万人奔回寻阳,谎报晋安王刘子勋说:"袁颉已经投降,全军溃散,只有我率领我的部属,单独逃回。应紧急采取措施,决一死战,我暂时驻防溢城,誓死效忠您。"于是,率船队从江中外航道西上,连夜直奔沔口。

邓琬听到刘胡逃走的消息,惊恐忧虑,无计可施,急忙召集中书舍人褚灵嗣等策划对策,大家都不知如何是好。吏部尚书张悦假装有病,请邓琬到私宅商讨大事,密令左右全副武装,在帐后埋伏,吩咐:"听见我命你们拿酒,便出来动手。"邓琬到后,张悦说:"你当初第一个坚持称帝,今天事已吃紧,你有什么办法?"邓琬说:"应当杀掉晋安王,查封仓库,以此来赎罪。"张悦说:"现在你宁可出卖殿下,也要保全自己活命吗!"于是呼唤拿酒,张悦的儿子张洵提刀冲出,砍下邓琬人头。中书舍人潘欣之听说邓琬被杀的消息,率兵抵达张悦家门。张悦派人告诉潘欣之说:"邓琬打算谋反,已经斩首。"潘欣之才撤回。张悦逮捕了邓琬的儿子,一并杀掉。张悦于是单乘一只小船提着邓琬的人头东下,向朝廷建安王刘休仁投降。

寻阳大乱,蔡那的儿子蔡道渊原被囚禁在寻阳专门制造兵器的作坊里,这时挣脱枷锁,进入寻阳城,逮捕了刘子勋,投入大牢。不久,沈攸之等大军抵达寻阳,杀掉刘子勋,把人头传送到建康。刘子勋本年十一岁。

初,邓琬遣临川内史张淹自鄱阳峤道入三吴,军于上饶,闻刘胡败,军副鄱阳太守费晔斩淹以降。淹,畅之子也。

废帝之世,衣冠惧祸,咸欲远出。至是流离外难,百不一存,众乃服蔡兴宗之先见。

九月壬辰,以山阳王休祐为荆州刺史。

癸巳,解严,大赦。

庚子,司徒休仁至寻阳,遣吴喜、张兴世向荆州,沈怀明向郢州,刘亮及宁朔将军南阳张敬儿向雍州,孙超之向湘州,沈思仁、任农夫向豫章,平定馀寇。

刘胡逃至石城,捕得,斩之。郢州行事张沈变形为沙门,潜走,追获,杀之。荆州行事刘道宪闻浓湖平,散兵,遣使归罪。荆州治中宗景等勒兵入城,杀道宪,执临海王子顼以降。孔道存知寻阳已平,遣使请降。寻闻柳世隆、刘亮当至,道存及三子皆自杀。上以何慧文才兼将吏,使吴喜宣旨赦之。慧文曰:“既陷逆节,手害忠义,何面见天下之士!”遂自杀。安陆王子绥、临海王子顼、邵陵王子元并赐死,刘顺及馀党在荆州者皆伏诛。诏追赠诸死节之臣,及封赏有功者各有差。

47　己酉,魏初立郡学,置博士、助教、生员,从中书令高允、相州刺史李诉之请也。诉,崇之子也。

48　上既诛晋安王子勋等,待世祖诸子犹如平日。司徒休仁还自寻阳,言于上曰:“松滋侯兄弟尚在,将来非社稷计,宜早为之所。”冬,十月乙卯,松滋侯子房、永嘉王子仁、始安王子真、淮南王子孟、南平王子产、庐陵王子舆、子趋、子期、东平王子嗣、子悦并赐死,及镇北谘议参军路休之、司徒从事中郎路茂之、兖州刺史刘祗、中书舍人严龙皆坐诛。世祖二十八子于此尽矣。祗,义欣之子也。

当初,邓琬派遣临川内史张淹从鄱阳山路进入三吴,驻扎在上饶。听到刘胡战败,张淹部队的副统帅鄱阳太守费晔,杀掉张淹投降。张淹是张畅的儿子。

废帝在位时,读书人或在职官员为了避免灾祸,都打算离开京师,远到他乡。到今天,流离失所遭受祸难,侥幸生存的,一百人中不见得有一人,大家这才都佩服蔡兴宗的先见之明。

九月壬辰(初八),明帝任命山阳王刘休祐为荆州刺史。

癸巳(初九),解除戒严,宣布大赦。

庚子(十六日),司徒刘休仁抵达寻阳,分别派吴喜、张兴世进攻荆州,沈怀明进攻郢州,刘亮及宁朔将军南阳人张敬儿进攻雍州,孙超之进攻湘州,沈思仁、任农夫进攻豫章,平定刘子勋的残馀力量。

刘胡逃到石城,被捕并被斩首。寻阳政权的郢州行事张沈剃光头发,扮作和尚,暗中逃走,被追缉抓获,斩首。荆州行事刘道宪听说浓湖被平定,便解散部众,派人到官军驻所请求处罚。荆州治中宗景等率军进城,诛杀刘道宪,逮捕临海王刘子顼后投降。孔道存得知寻阳已经平定,派人到官军驻所请求投降。不久听说柳世隆、刘亮大军将要到来,孔道存和三个儿子一同自杀。明帝因何慧文文武全才,特命吴喜传旨赦免,何慧文说:"我既然已陷入叛逆集团,亲手加害忠义,还有什么脸面见天下人士!"于是自杀。安陆王刘子绥、临海王刘子顼、邵陵王刘子元,都被明帝赐死。刘顺及其逃到荆州的馀党,全部被斩首。明帝下诏,追赠守节而死的官员,并对有功的官员依照等级封赏。

47 己酉(二十五日),北魏开始在每个郡设立学校,设置博士、助教、生员,这是采纳中书令高允、相州刺史李䜣的建议而兴办的。李䜣是李崇的儿子。

48 明帝已经诛杀晋安王刘子勋等,对世祖的其他儿子仍然和善如故。司徒刘休仁从寻阳返回京师,对明帝说:"松滋侯刘子房的兄弟仍在人间,将来一定会对国家不利,应该及早打算如何处置。"冬季,十月乙卯(初一),明帝下诏:松滋侯刘子房、永嘉王刘子仁、始安王刘子真、淮南王刘子孟、南平王刘子产、庐陵王刘子舆、刘子趋、刘子期、东平王刘子嗣、刘子悦等全部赐死,镇北谘议参军路休之、司徒从事中郎路茂之、兖州刺史刘祗、中书舍人严龙等人都受株连被杀。孝武帝共有二十八个儿子,至此杀尽。刘祗是刘义欣的儿子。

49　刘勔围寿阳,垣阆攻合肥,俱未下。勔患之,召诸将会议。马队主王广之曰:"得将军所乘马,判能平合肥。"幢主皇甫肃怒曰:"广之敢夺节下马,可斩!"勔笑曰:"观其意,必能立功。"即推鞍下马与之。广之往攻合肥,三日,克之。薛道标突围奔淮西归常珍奇。勔擢广之为军主。广之谓肃曰:"节下若从卿言,何以平贼? 卿不赏才,乃至于此!"肃有学术,及勔卒,更依广之,广之荐于齐世祖为东海太守。

50　沈灵宝自庐江引兵攻晋熙,晋熙太守阎湛之弃城走。

51　徐州刺史薛安都、益州刺史萧惠开、梁州刺史柳元怙、兖州刺史毕众敬、豫章太守殷孚、汝南太守常珍奇,并遣使乞降。上以南方已平,欲示威淮北,乙亥,命镇军将军张永、中领军沈攸之将甲士五万迎薛安都。蔡兴宗曰:"安都归顺,此诚非虚,正须单使尺书。今以重兵迎之,势必疑惧,或能招引北虏,为患方深。若以叛臣罪重,不可不诛,则向之所宥亦已多矣。况安都外据大镇,密迩边陲,地险兵强,攻围难克,考之国计,尤宜驯养。如其外叛,将为朝廷肝食之忧。"上不从,谓征北司马行南徐州事萧道成曰:"吾今因此北讨,卿意以为何如?"对曰:"安都狡猾有馀,今以兵逼之,恐非国之利。"上曰:"诸军猛锐,何往不克! 卿勿多言!"安都闻大兵北上,惧,遣使乞降于魏,常珍奇亦以悬瓠降魏,皆请兵自救。

52　戊寅,立皇子昱为太子。

49　刘勔包围寿阳，垣阆攻打合肥，都没攻克。刘勔大为烦恼，召集各位将领开军事会议，马队主王广之说："将军如将你的马送给我，我就能夺取合肥。"幢主皇甫肃大怒说："王广之竟敢贪图将军的马，应该斩首。"刘勔却笑着说："看你的表现，一定可以立功。"于是连同马鞍一齐送给王广之。王广之前去攻打合肥，只用三天时间便把它攻克。守将薛道标突围，逃往淮西，投奔常珍奇。刘勔提升王广之为军主。王广之对皇甫肃说："将军如果听你的话，怎么能平定盗贼！你不赏识人才，才有那种想法。"皇甫肃很有学问，后来刘勔去世，皇甫肃投靠王广之为门客。王广之把皇甫肃推荐给齐武帝萧赜，萧赜任命皇甫肃为东海太守。

50　沈灵宝自庐江率军攻打晋熙，晋熙太守阎湛之弃城而逃。

51　徐州刺史薛安都、益州刺史萧惠开、梁州刺史柳元怙、兖州刺史毕众敬、豫章太守殷孚、汝南太守常珍奇，都派使者请求归降。明帝认为西南的叛军已经平定，打算向淮河以北的叛军炫耀威力。乙亥（二十一日），下诏命镇军将军张永、中领军沈攸之率大军五万人北上迎接薛安都。尚书左仆射蔡兴宗说："薛安都归顺朝廷，绝对不假，现在正需派一个人，手拿一封信，前去迎接。现在用重兵迎接他，他一定会惊疑忧虑，甚至可能招引北方的胡虏，灾患势必更深。如果说他身为叛逆，罪恶深重，非诛杀不可，那么从前所赦免的人可太多了。何况薛安都在外，据守的是北战场的一个大要镇，紧接边界，地势险要，兵力强大，无论包围还是攻击，都难以克制，为了国家的利益，尤其应该使用和平手段安抚。一旦他叛投北魏，那么朝廷就要昼夜辛劳，去对付后患了。"明帝不接受他的意见，对征北司马代理南徐州事务的萧道成说："我正想利用薛安都反抗的机会加以讨伐，你认为如何？"萧道成回答说："薛安都十分狡猾，今天如果用大军逼他，恐怕对朝廷没有好处。"明帝说："各路人马都很精锐，哪次出击不能战胜！你不要多说了！"薛安都听到大军北上的消息，果然非常恐惧，派遣使者向北魏投降。常珍奇也向北魏投降，献出郡城悬瓠，二人同时请北魏发兵救援。

52　戊寅（二十四日），明帝立皇子刘昱为太子。

53 薛安都以其子为质于魏,魏遣镇东大将军代人尉元、镇东将军魏郡孔伯恭等帅骑一万出东道,救彭城。镇西大将军西河公石、都督荆豫南雍州诸军事张穷奇出西道,救悬瓠。以安都为都督徐雍等五州诸军事、镇南大将军、徐州刺史、河东公,常珍奇为平南将军、豫州刺史、河内公。

兖州刺史申纂诈降于魏,尉元受之而阴为之备。魏师至无盐,纂闭门拒守。

薛安都之召魏兵也,毕众敬不与之同,遣使来请降。上以众敬为兖州刺史。众敬子元宾在建康,先坐他罪诛。众敬闻之,怒,拔刀斫柱曰:"吾皓首唯一子,不能全,安用独生!"十一月壬子,魏师至瑕丘,众敬请降于魏。尉元遣部将先据其城,众敬悔恨,数日不食。元长驱而进,十二月己未,军于秅。

西河公石至上蔡,常珍奇帅文武出迎。石欲顿军汝北,未即入城,中书博士郑羲曰:"今珍奇虽来,意未可量。不如直入其城,夺其管籥,据有府库,制其腹心,策之全者也。"石遂策马入城,因置酒嬉戏。羲曰:"观珍奇之色甚不平,不可不为之备。"乃严兵设备。其夕,珍奇使人烧府屋,欲为变,以石有备而止。羲,豁之曾孙也。

淮西七郡民多不愿属魏,连营南奔。魏遣建安王陆馛宣慰新附。民有陷军为奴婢者,馛悉免之,新民乃悦。

54 乙丑,诏坐依附寻阳削官爵禁锢者,皆从原荡,随才铨用。

53　薛安都把儿子送到北魏充为人质,北魏派镇东大将军代郡人尉元、镇东将军魏郡人孔伯恭等率骑兵一万人,向东支援彭城。派镇西大将军西河公拓跋石,都督荆、豫、南雍州诸军事张穷奇向西支援悬瓠。任命薛安都为都督徐雍等五州诸军事、镇南大将军、徐州刺史、河东公,任命常珍奇为平南将军、豫州刺史、河内公。

兖州刺史申纂向北魏诈降,尉元接受但暗中严密戒备。北魏军抵达无盐,申纂关闭城门,登城固守。

薛安都向北魏求兵时,毕众敬反对,派人到朝廷来请求投降。明帝任命毕众敬为兖州刺史。毕众敬的儿子毕元宾原在建康,在此之前,因别的罪名被杀。毕众敬听到这个消息,怒气冲天,拔出佩刀猛砍庭柱,说:“我白发苍苍,就这么一个儿子,却不能保全,我怎么还能一个人活着!”十一月壬子(二十九日),北魏军队抵达瑕丘,毕众敬于是向北魏军请求投降。尉元派部将先占领这座城池,毕众敬后悔愤恨,几天不进饮食。尉元长驱直入,十二月己未(初六),驻扎稑县。

北魏西河公拓跋石抵达上蔡,常珍奇率文武官员前往迎接。拓跋石打算驻扎汝水北岸,没有立刻进城,中书博士郑羲说:“今日常珍奇虽然亲自出来迎接,但他内心诚意难以预测。不如直接进城,控制城门,占领仓库和官府,夺取他的要害,这是最安全的策略。”拓跋石于是拍马入城,在城内摆下筵席,饮酒欢乐。郑羲说:“观察常珍奇的脸色,有些愤愤不平,不可不做暗中戒备。”于是严加守卫。当天晚上,常珍奇派人纵火焚烧官府房屋,打算发动变乱,但因拓跋石有严密戒备,只好中途停止。郑羲是郑豁的曾孙。

淮西七郡百姓大多不愿归附北魏,村与村联合向南逃奔。北魏派建安王陆馛,前来宣慰安抚这个新近归附的地区。百姓中有被军队掠夺当奴仆婢女的,陆馛下令全部释放,新近归附地区的百姓才欢欣鼓舞。

54　乙丑(十二日),明帝下诏,凡因拥护寻阳政权而被免除官爵囚禁起来的人,一律赦免,量才录用。

55　劉勔圍壽陽，自首春至于末冬，內攻外御，戰無不捷，以寬厚得將士心。尋陽既平，上使中書為詔諭殷琰，蔡興宗曰："天下既定，是琰思過之日。陛下宜賜手詔數行以相慰引。今直中書為詔，彼必疑謂非真，非所以速清方難也。"不從。琰得詔，謂劉勔詐為之，不敢降。杜叔寶閉絕尋陽敗問，有傳者即殺之，守備益固。凡有降者，上輒送壽陽城下，使與城中人語，由是眾情離沮。

琰欲請降于魏，主簿譙郡夏侯詳說琰曰："今日之舉，本效忠節。若社稷有奉，便當歸身朝廷，何可北面左衽乎！且今魏軍近在淮次，官軍未測吾之去就，若建使歸款，必厚相慰納，豈止免罪而已。"琰乃使詳出見劉勔。詳說勔曰："今城中士民知困而猶固守者，畏將軍之誅，皆欲自歸于魏。願將軍緩而赦之，則莫不相帥而至矣。"勔許諾，使詳至城下，呼城中人，諭以勔意。丙寅，琰帥將佐面縛出降，勔悉加慰撫，不戮一人。入城，約勒將士，士民貲財，秋毫無所失。壽陽人大悅。魏兵至師水，將救壽陽，聞琰已降，乃掠義陽數千人而去。久之，琰復仕至少府而卒。

56　蕭惠開在益州，多任刑誅，蜀人猜怨。聞費欣壽敗沒，程法度不得前，于是晉原一郡反，諸郡皆應之，合兵圍成都。城中東兵不滿二千，惠開悉遣蜀人出，獨與東兵拒守。蜀人聞尋陽已平，爭欲屠城，眾至十餘萬人。惠開每遣兵出戰，未嘗不捷。

55　刘勔包围寿阳,自本年初春到冬末,无论进攻还是抵抗,每战都告捷,因心肠宽厚,深得将士的拥护。寻阳政权灭亡后,明帝命中书发出诏书,向守将殷琰招降。蔡兴宗说:"天下已经平定,正是殷琰检讨自己过错的时候,陛下只要亲笔写几行字,安抚宽慰,加以引导,他就可以归降。今天由中书颁发诏书,他一定怀疑不是真的,这不是迅速消灭一方灾难的办法。"明帝不接受。殷琰看到诏书,果然认为是刘勔设下的圈套,不敢投降。杜叔宝严密封锁寻阳政权灭亡的消息,凡是传递这些消息的人,立刻杀掉,城防越发坚固。后来,凡有人出城投降,明帝都让他们到寿阳城下,使他们与城中守军对话,守军知道外面的情况,军心开始动摇。

殷琰打算投降北魏,主簿谯郡人夏侯详劝殷琰说:"我们今天所以拥护寻阳政权,本意是效忠皇家。如果朝廷有人主持,就应该归附朝廷,怎么可以投向北方,穿上左边开襟的衣服!而且现在魏军已接近淮河,建康官军还不知道我们的意向,如果派使者去表示我们的诚心,他们一定会高兴接纳,岂止是免死而已。"殷琰于是派夏侯详出城晋见刘勔,夏侯详劝刘勔说:"现在城中军民,虽然知道陷入困境,但仍然固守的缘故,是害怕将军诛杀,因而大家都打算降魏。希望将军不要再攻击,下令赦免,那么他们自然没有不相继来归降的了。"刘勔答应,让夏侯详到寿阳城下,呼唤城中人,转告刘勔的承诺。丙寅(十三日),殷琰率领他的部将自行反绑双手,出城投降。刘勔全都加以安抚,不杀一个人,进城之后,对军队严格约束,于是城中百姓的生命财产,没有丝毫损失,寿阳人欢天喜地。北魏的军队已经到达师水,将要救援寿阳,听到殷琰已经投降,于是掳掠义阳数千人而回。后来,殷琰再次做官,担任少府时去世。

56　萧惠开任益州刺史时,性情残暴,随意诛杀,蜀地人民十分怨恨。听到东下的费欣寿全军覆没,北上的程法度无法前进,于是晋原郡首先反叛,其他各郡纷纷响应,各郡联军于是包围成都。成都城内的东方军队不满两千人,萧惠开把当地居民全部放出,自己单独与东方军队登城固守。蜀人听说寻阳政权已经灭亡,个个争先恐后,打算入城屠杀。各郡联军多达十余万人。然而,萧惠开每次派兵出战,都传出捷报。

上遣其弟惠基自陆道使成都,赦惠开罪。惠基至涪,蜀人遏留惠基,不听进。惠基帅部曲击之,斩其渠帅,然后得前。惠开奉旨归降,城围得解。

上遣惠开宗人宝首自水道慰劳益州。宝首欲以平蜀为己功,更奖说蜀人,使攻惠开。于是处处蜂起,凡诸离散者一时还合,与宝首进逼成都,众号二十万。惠开欲击之,将佐皆曰:“今慰劳使至而拒之,何以自明?”惠开曰:“今表启路绝,不战则何以得通使京师?”乃遣宋宁太守萧惠训等将万兵与战,大破之,生擒宝首,囚于成都。遣使言状。上使执送宝首,召惠开还建康。上问以举兵状。惠开曰:“臣唯知逆顺,不识天命。且非臣不乱,非臣不平。”上释之。

57　是岁,侨立兖州,治淮阴;徐州治钟离。青、冀二州共一刺史,治郁洲。郁洲在海中,周数百里,累石为城,高八九尺,虚置郡县,荒民无几。

58　张永、沈攸之进兵逼彭城,军于下磈,分遣羽林监王穆之将卒五千守辎重于武原。

魏尉元至彭城,薛安都出迎。元遣李璨与安都先入城,收其管籥。别遣孔伯恭以精甲二千安抚内外,然后入。其夜,张永攻南门,不克而退。

元不礼于薛安都,安都悔降,复谋叛魏,元知之,不果发。安都重赂元等,委罪于女婿裴祖隆而杀之。元使李璨与安都守彭城,自将兵击张永,绝其粮道,又破王穆之于武原。穆之帅馀众就永,元进攻之。

明帝派萧惠开的弟弟萧惠基,从陆路前往成都,赦免萧惠开。萧惠基行至涪城,益州人阻止萧惠基前进。萧惠基率领部下发动攻击,杀了他们的长官,然后才得以前进。萧惠开接受诏书,开城归降。成都的包围这才得以解除。

明帝又派萧惠开的同族萧宝首从水路前往益州,宣慰安抚。萧宝首打算把平息叛乱作为自己的功劳,于是从中挑拨、煽动益州人再次起兵,攻击萧惠开。一时间,各处战火重燃,已经解散了的各郡联军,再度集结,追随萧宝首,进攻成都,部众号称二十万人。萧惠开打算攻击,将领们说:"萧宝首是天子所派的慰劳使者,我们如果抗拒,怎么说明自己的心意!"萧惠开说:"我们前往京师的道路被切断,不打这一仗,怎么能沟通与京师的联络?"于是派宋宁太守萧惠训等率大军一万人,出城迎战,大破联军,活捉萧宝首,囚禁于成都。然后派使臣到朝廷报告情况。明帝命将萧宝首押回建康,同时征召萧惠开返京。明帝问他为何响应寻阳政权,萧惠开说:"我只知道什么是逆,什么是顺,却不识天命所在。况且,如果不是我也不能作乱,如果不是我也无法平息叛乱。"明帝赦免了他。

57　这一年,刘宋设立侨居南方的兖州,治所设在淮阴,徐州治所设在钟离。青、冀二州共设一个刺史,治所设在郁洲。郁洲在大海之中,方圆数百里,用石头筑城,高八九尺,虚设很多郡县,但所剩百姓无几。

58　张永、沈攸之率军逼近彭城,驻军下磕。另派羽林监王穆之率兵五千人,在武原守备军用物资。

北魏尉元抵达彭城,薛安都出城迎接。尉元派部将李璨跟薛安都先行入城,控制所有城门。另派孔伯恭率精锐部队二千人,巡逻于城内外,然后进城。当天晚上,张永攻击南门,不能攻克,回军。

尉元对薛安都很不礼貌,薛安都后悔投降,打算再度背叛北魏。尉元得到报告,薛安都因此没敢发动。薛安都重重地贿赂尉元等,而把罪责推给女婿裴祖隆,把他杀了。尉元命李璨协助薛安都守卫彭城,自己率军攻打张永,切断了张永的粮道,又攻陷王穆之留守的辎重基地武原。王穆之率残馀部队投奔张永,尉元率军追击他。

卷第一百三十二　宋纪十四

起丁未(467)尽庚戌(470)凡四年

太宗明皇帝中
泰始三年(丁未,467)

1　春,正月,张永等弃城夜遁。会天大雪,泗水冰合,永等弃船步走,士卒冻死者太半,手足断者什七八。尉元邀其前,薛安都乘其后,大破永等于吕梁之东,死者以万数,枕尸六十馀里,委弃军资器械不可胜计。永足指亦堕,与沈攸之仅以身免,梁、南秦二州刺史垣恭祖等为魏所虏。上闻之,召蔡兴宗,以败书示之曰:"我愧卿甚!"永降号左将军。攸之免官,以贞阳公领职,还屯淮阴。由是失淮北四州及豫州淮西之地。

　　裴子野论曰:昔齐桓矜于葵丘而九国叛;曹公不礼张松而天下分。一失豪厘,其差远矣。太宗之初,威令所被,不满百里,卒有离心,士无固色,而能开诚心,布款实,莫不感恩服德,致命效死,故西摧北荡,寓内襄开。既而六军献捷,方隅束手,天子欲贾其馀威,师出无名,长淮以北,倏忽为戎。惜乎!若以向之虚怀,不骄不伐,则三叛奚为而起哉!高祖虮虱生介胄,经启疆埸。后之子孙,日蹙百里。播获堂构,岂云易哉!

太宗明皇帝中
宋明帝泰始三年(丁未,公元 467 年)

1　春季,正月,张永等放弃下磻城,连夜逃走。正赶上天下大雪,泗水冰封,船只不能移动,张永命部队放弃船只,徒步南奔,士卒冻死的有一大半,手脚折断的有十分之七八。尉元绕到前面堵截,薛安都在后面追杀,在吕梁的东面大败张永军,被杀者数以万计,六十里之遥,尸体重叠,抛弃的军用物资及武器,更无法计数。张永的脚趾也被冻掉,与沈攸之仅仅逃出性命,梁、南秦二州刺史垣恭祖等被北魏俘虏。明帝得到消息,召见尚书左仆射蔡兴宗,把大军战败的报告拿给他看,说:"在你面前,我深感惭愧。"贬张永为左将军。免除沈攸之的官职,命他以贞阳公的名义兼任现职,返回淮阴驻扎。从此,刘宋失去淮河以北四州和豫州的淮西地区。

裴子野评论说:从前,齐桓公在葵丘会盟时态度傲慢,九个国家同时背叛;曹操对张松没有礼貌,竟使中国三分天下。一点点疏忽,造成如此重大的差错。明帝刚刚登基之时,统治的地域不超过百里,士卒有离散之心,官员与士人情绪也不稳定。但他能够敞开诚心,吐露真言,人们没有不感念他的恩德的,为他效忠,誓死不渝。所以才能东征西讨,平定叛乱。不久,各地捷报频传,割据势力束手就降。就在这时,明帝打算显示馀威,师出无名,以致淮河以北的土地,霎时间落入北魏之手,实在可惜呀!如果能像当初那样,虚怀若谷,不骄不躁,不轻率讨伐,那么三个叛贼,何至起兵对抗!武帝刘裕创业时,盔甲上都生虮虱,辛苦开辟疆域。可是后代子孙,每天几乎都要丧失百里之地。要保住祖先的基业,谈何容易!

2 魏尉元以彭城兵荒之后,公私困竭,请发冀、相、济、兖四州粟,取张永所弃船九百艘,沿清运载,以赈新民。魏朝从之。

3 魏东平王道符反于长安,杀副将驸马都尉万古真等,丙午,司空和其奴等将殿中兵讨之。丁未,道符司马段太阳攻道符,斩之。以安西将军陆真为长安镇将以抚之。道符,翰之子也。

4 闰月,魏以顿丘王李峻为太宰。

5 沈文秀、崔道固为土人所攻,遣使乞降于魏,且请兵自救。

6 二月,魏西河公石自悬瓠引兵攻汝阴太守张超,不克。退屯陈项,议还长社,待秋击之。郑羲曰:"张超蚁聚穷命,粮食已尽,不降当走,可翘足而待也。今弃之远去,超修城浚隍,积薪储谷,更来恐难图矣。"石不从,遂还长社。

7 初,寻阳既平,帝遣沈文秀弟文炳以诏书谕文秀,又遣辅国将军刘怀珍将马步三千人与文炳偕行。未至,值张永等败退,怀珍还镇山阳。文秀攻青州刺史明僧暠,帝使怀珍帅龙骧将军王广之将五百骑、步卒二千人浮海救之,至东海,僧暠已退保东莱。怀珍进据朐城,众心凶惧,欲且保郁洲,怀珍曰:"文秀欲以青州归索虏,计齐之士民,安肯甘心左衽邪!今扬兵直前,宣布威德,诸城可飞书而下。奈何守此不进,自为沮挠乎!"遂进,至黔陬,文秀所署高密、平昌二郡太守弃城走。怀珍送致文炳,达朝廷意,文秀犹不降。百姓闻怀珍至,皆喜。文秀所署长广太守刘桃根将数千人戍不其城。

2　北魏尉元因彭城兵荒马乱之后,无论官府还是民间,财力全都枯竭,所以特向朝廷请求拨发冀、湘、济、兖四州的库存粮食,用张永所抛弃的九百艘船只,顺清河运载,赈济新并入版图的灾民。朝廷批准。

3　北魏东平王拓跋道符在长安叛变,诛杀副将驸马都尉万古真等。丙午(二十四日),司空和其奴等率宫廷禁卫军讨伐他。丁未(二十五日),拓跋道符的司马段太阳攻击拓跋道符,将其斩首。任命安西将军陆真为长安镇将,安抚军民。拓跋道符是拓跋翰的儿子。

4　闰正月,北魏任命顿丘王李峻为太宰。

5　沈文秀、崔道固受到当地人的攻击,派使节前往北魏,请求归降,并请求派兵解围。

6　二月,北魏西河公拓跋石,自悬瓠率军攻击汝阴太守张超,没有攻克。于是退回陈项驻扎,打算撤到长社,等到秋季再发动攻击。郑羲说:“张超像一群蚂蚁聚在一起走投无路,粮食已经用尽,不是投降,就是逃走,很快便可看到结果。现在如果放弃他而远远离去,张超将加固城墙,挖深壕沟,储备粮草,恐怕更难对付。”拓跋石不听,于是返回长社。

7　当初,寻阳政权平定后,明帝派遣沈文秀的弟弟沈文炳,携带诏书去招抚沈文秀,又派遣辅国将军刘怀珍率步骑兵三千人,与沈文炳同行。还没到达,正赶上张永攻击彭城的大军溃败,刘怀珍退回山阳镇守。沈文秀攻击青州刺史明僧暠,明帝命刘怀珍指挥龙骧将军王广之率骑兵五百人、步兵两千人,渡海前往救援。刘怀珍进到东海,明僧暠已退守东莱。刘怀珍进入朐城据守,军心十分不安,有人主张退保郁州,刘怀珍说:“沈文秀打算将青州归附北魏,古齐国的士民,怎么甘心让衣襟开到左边? 当今应该驱兵直入,宣扬皇帝的恩德和威严,各地城池,送去一封书信,便可收复。何必守在这里,不肯出动,自己阻挠自己!”于是继续前进,抵达黔陬。沈文秀任命的高密、平昌二郡太守弃城逃跑。刘怀珍把沈文炳送到东阳,传达朝廷旨意,沈文秀还是拒绝投降。但百姓听到官军将领刘怀珍到来,皆大欢喜。沈文秀任命的长广太守刘桃根率数千人,驻防不其城。

怀珍军于洋水,众谓且宜坚壁伺隙,怀珍曰:"今众少粮竭,悬军深入,正当以精兵速进,掩其不备耳。"乃遣王广之将百骑袭不其城,拔之。文秀闻诸城皆败,乃遣使请降,帝复以为青州刺史。崔道固亦请降,复以为冀州刺史。怀珍引还。

8　魏济阴王小新成卒。

9　沈攸之之自彭城还也,留长水校尉王玄载守下邳,积射将军沈韶守宿豫,睢陵、淮阳皆留兵戍之。玄载,玄谟之从弟也。时东平太守申纂守无盐,幽州刺史刘休宾守梁邹,并州刺史清河房崇吉守升城,辅国将军清河张谠守团城,及兖州刺史王整、兰陵太守桓忻、肥城、糜沟、垣苗等戍皆不附于魏。休宾,乘民之兄子也。

魏遣平东将军长孙陵等将兵赴青州,征南大将军慕容白曜将骑五万为之继援。白曜,燕太祖之玄孙也。白曜至无盐,欲攻之,将佐皆以为攻具未备,不宜遽进。左司马范阳郦范曰:"今轻军远袭,深入敌境,岂宜淹缓!且申纂必谓我军来速,不暇攻围,将不为备。今若出其不意,可一鼓而克。"白曜曰:"司马策是也。"乃引兵伪退。申纂不复设备,白曜夜中部分,三月,甲寅旦,攻城,食时,克之。纂走,追擒,杀之。白曜欲尽以无盐人为军赏,郦范曰:"齐,形胜之地,宜远为经略。今王师始入其境,人心未洽,连城相望,咸有拒守之志,苟非以德信怀之,未易平也。"白曜曰:"善!"皆免之。

白曜将攻肥城,郦范曰:"肥城虽小,攻之引日。胜之不能益军势,不胜足以挫军威。彼见无盐之破,死伤涂地,不敢不惧。若飞书告谕,纵使不降,亦当逃散。"白曜从之,肥城果溃,获粟三十万斛。白曜谓范曰:"此行得卿,三齐不足定也。"遂取垣苗、糜沟二戍,一旬中连拔四城,威震齐土。

刘怀珍率军驻扎洋水，众将领都主张筑城备战，刘怀珍说："现在我们人少，粮草又不足，孤军深入敌境，正应当命精锐部队迅速进攻，趁他们不备进行突袭。"于是派王广之率一百名骑兵，袭击不其城并攻克。沈文秀得到各城全部失败的消息，于是立即派使节请求投降，明帝任命沈文秀仍为青州刺史。崔道固也请求投降，明帝也任命他为冀州刺史。刘怀珍随即撤退。

8　北魏济阴王拓跋小新成去世。

9　沈攸之从彭城败回时留下长水校尉王玄载驻防下邳，积射将军沈韶驻防宿豫，睢陵、淮阳也都留下部队驻守。王玄载是王玄谟的堂弟。当时，东平太守申纂驻守无盐，幽州刺史刘休宾驻守梁邹，并州刺史清河人房崇吉驻守升城，辅国将军、清河人张谠驻守团城，交州刺史王整、兰陵太守桓忻，还有肥城、糜沟、垣苗等地的驻军，都拒绝投靠北魏。刘休宾是刘乘民的侄儿。

北魏派平东将军长孙陵等南下，进攻青州，征南大将军慕容白曜率领骑兵五万人，继续进发作为后援。慕容白曜是前燕国燕太祖的玄孙。慕容白曜抵达无盐，想要攻城，部属将领及僚佐都认为攻城的器具还不完备，不宜马上进攻。左司马范阳人郦范说："我们用轻装部队远途偷袭，深入敌人领土，怎么能做久留的打算！而且申纂一定认为我们来得太快，还来不及围攻，所以没有戒备。现在如果出其不意，可以一战而胜。"慕容白曜说："司马的主意很对。"于是率兵假装撤退。申纂果然不再戒备，慕容白曜在午夜时分进行部署。三月甲寅（初三），凌晨，向无盐城进攻，早饭时，攻破。申纂逃走，被追捕生擒并斩首。慕容白曜打算将无盐全城人一律当作战利品赏赐部下，郦范说："古齐国地区，形势重要，应当有长远经营计划。而今王师刚刚入境，人心还没有归顺，城池相连，互相观望，都有固守不降的志向，假如不以恩德和信誉安抚他们，不容易平定啊。"慕容白曜说："好！"便把百姓一律赦免。

慕容白曜将要进攻肥城，郦范说："肥城虽然很小，但攻打起来很费时间。胜了他不能增加我们的声势，失败则有损于我们的军威。他们看到无盐城被攻陷的惨状，遍地死伤，也不会不感到恐惧。如果送去一封警告信，他们即使不投降，也会四处逃散。"慕容白曜同意，肥城果然崩溃，北魏大军缴获粟米三十万斛。慕容白曜对郦范说："这次出征有你出谋，三齐不怕不能平定。"于是夺取垣苗、糜沟二城，十天之内一连攻克四城，声威震撼齐地。

10　丙子,以尚书左仆射蔡兴宗为郢州刺史。

11　房崇吉守升城,胜兵者不过七百人。慕容白曜筑长围以攻之,自二月至于夏四月,乃克之。白曜忿其不降,欲尽坑城中人,参军事昌黎韩麒麟谏曰:"今勍敌在前而坑其民,自此以东,诸城人自为守,不可克也。师老粮尽,外寇乘之,此危道也。"白曜乃慰抚其民,各使复业。

崇吉脱身走。崇吉母傅氏,申纂妻贾氏,与济州刺史卢度世有中表亲,然已疏远。及为魏所房,度世奉事甚恭,赡给优厚。度世闺门之内,和而有礼。虽世有屯夷,家有贫富,百口怡怡,丰俭同之。

崔道固闭门拒魏。沈文秀遣使迎降于魏,请兵援接,白曜欲遣兵赴之。郦范曰:"文秀室家坟墓皆在江南,拥兵数万,城固甲坚,强则拒战,屈则遁去。我师未逼其城,无朝夕之急,何所畏忌而遽求援军!且观其使者,视下而色愧,语烦而志怯,此必挟诈以诱我,不可从也。不若先取历城,克盘阳,下梁邹,平乐陵,然后按兵徐进,不患其不服也。"白曜曰:"崔道固等兵力单弱,不敢出战。吾通行无碍,直抵东阳,彼自知必亡,故望风求服,夫又何疑!"范曰:"历城兵多粮足,非朝夕可拔。文秀坐据东阳,为诸城根本。今多遣兵则无以攻历城,少遣兵则不足以制东阳。若进为文秀所拒,退为诸城所邀,腹背受敌,必无全理。愿更审计,无堕贼彀中。"白曜乃止。文秀果不降。

10　丙子(二十五日),明帝任命尚书左仆射蔡兴宗为郢州刺史。

11　刘宋房崇吉坚守升城,能作战的士卒不过七百人。北魏慕容白曜兴筑长墙,发动攻击,自二月攻到夏季四月,才攻陷城池。慕容白曜对这一个小城誓死不投降,大为忿怒,打算把城内百姓全部活埋,参军事昌黎人韩麒麟劝阻说:"眼下强敌在前,而坑杀他们的百姓,恐怕从此向东,各个城的人都会坚守,无法攻克。军队出征太久,粮食吃尽,外面贼寇乘机进攻,这可是危险之道。"慕容白曜于是对百姓慰问安抚,使他们恢复正常生活。

房崇吉只身逃亡,他的母亲傅氏及申纂的妻子贾氏,与北魏济州刺史卢度世原是表亲,不过关系早已疏远。等到傅、贾两人被北魏军俘虏,卢度世对待她们十分恭敬,生活供给也非常优厚。卢度世家门之内,祥和而有礼节,虽然时势有时动乱有时安定,财产有的贫穷有的富有,但百口之家心情欢快,苦乐共同承担。

崔道固关闭城门抗拒北魏军。沈文秀却派人向北魏投降,请求派兵增援,慕容白曜打算派兵前往。郦范说:"沈文秀的家族和祖先坟墓,都在长江以南,掌握重兵数万,城墙坚固,武器精良,强大时挺身作战,衰弱时起身逃走。我军并未逼到他的城下,他也没有燃眉之急,有什么可怕的,而请求派兵增援?并且我看他的使者,眼睛一直向下看,脸色惭愧,说话啰嗦而胆怯,这一定心怀奸诈,引诱我们走进圈套,不可轻信。不如先夺取历城、盘阳,再拿下梁邹、乐陵,然后慢慢向前推进,不怕他们不屈服。"慕容白曜说:"崔道固等兵力单薄,不敢出战。我们可以通行无阻,一直抵达东阳,沈文秀自知必亡,所以望风投降,又有什么可怀疑的!"郦范说:"历城兵力雄厚,粮食充足,不是早晚之间就能攻克的。沈文秀雄踞东阳,是各城的根本。现在派兵太多,则无法攻打历城;派兵太少,又不足以制服东阳。如果前进遭沈文秀抵御,后退又被各城联军阻击,腹背受敌,绝对没有安全的道理。请再三考虑,不要落入贼寇的圈套。"慕容白曜才停止。沈文秀果然不降。

魏尉元上表称:"彭城贼之要藩,不有重兵积粟,则不可固守。若资储既广,虽刘彧师徒悉起,不敢窥淮北之地。"又言:"若贼向彭城,必由清、泗过宿豫,历下邳。趋青州,亦由下邳、沂水经东安。此数者,皆为贼用师之要。今若先定下邳,平宿豫,镇淮阳,戍东安,则青、冀诸镇可不攻而克。若四城不服,青、冀虽拔,百姓狼顾,犹怀侥幸之心。臣愚以为,宜释青、冀之师,先定东南之地,断刘彧北顾之意,绝愚民南望之心。夏水虽盛,无津途可由,冬路虽通,无高城可固。如此,则淮北自举,暂劳永逸。兵贵神速,久则生变。若天雨既降,彼或因水通,运粮益众,规为进取,恐近淮之民翻然改图,青、冀二州猝未可拔也。"

12　五月壬戌,以太子詹事袁粲为尚书右仆射。

13　沈攸之自送运米至下邳,魏人遣清、泗间人诈攸之云:"薛安都欲降,求军迎接。"军副吴喜请遣千人赴之,攸之不许。既而来者益多,喜固请不已,攸之乃集来者告之曰:"君诸人既有诚心,若能与薛徐州子弟俱来者,皆即假君以本乡县,唯意所欲。如其不尔,无为空劳往还。"自是一去不返。攸之使军主彭城陈显达将千人助戍下邳而还。

薛安都子令伯亡命梁、雍之间,聚党数千人,攻陷郡县。秋七月,雍州刺史巴陵王休若遣南阳太守张敬兒等击斩之。

北魏尉元上书朝廷说:"彭城是贼寇的重要基地,如果不驻防重兵,储存粮草,就不能守住。如果军用物资丰富,就是刘彧出动全部军队,也不敢窥伺淮北之地。"又说:"如果贼寇攻击彭城,一定经由清水、泗水,穿过宿豫、下邳。如果攻击青州,也要从下邳顺着沂水,穿过东安。这几个地方,都是贼寇用兵的要地。现在,如果我们能先占领下邳,平定宿豫,驻防淮阳,戍守东安,那么青州、冀州各个据点便可以不攻而破。如果这四个城池不肯屈服,那么青州、冀州虽然攻破,居民百姓回望刘彧,仍怀侥幸的心理。以我的愚见,应该召回逗留青、冀二州的部队,先平定东南地区,断了刘彧北伐的念头,清除愚民回归南方的愿望。使他们明白:夏季雨水虽大,却没有河道可走;冬天陆路虽通,却没有高大的城墙可用来固守。这样,淮河以北的土地就可以占领,暂时辛劳可以换来永久安逸。兵贵神速,时间长就容易发生变化。如果进入雨季,对方因河路畅通,得以运送粮食,增派军队,再去进攻,恐怕淮河两岸居民将改变立场,青、冀二州仓促之间也就难以攻克了。"

12　五月壬戌(十二日),刘宋任命太子詹事袁粲为尚书右仆射。

13　沈攸之亲自运粮到下邳。北魏军队不断派清水、泗水间居民向沈攸之谎说:"薛安都打算回归朝廷,请求派兵迎接。"沈攸之部队的军副吴喜请沈攸之派一千人前往,沈攸之不允许。不久,通风报信的人越来越多,吴喜坚持派军,沈攸之就把来报信的那些人集中起来,宣布说:"各位既有这份诚心,如果有能与薛安都的子弟同来的,我就任命他为本乡本县的地方官,满足你们的意愿。如果不能,就不必跑来跑去。"那些人于是一去不复返。沈攸之命军主彭城人陈显达率领一千人进驻下邳协助防守,自己则返回基地。

薛安都的儿子薛令伯,在梁州、雍州之间奔波,纠集党羽数千人,攻陷郡县。秋季七月,雍州刺史巴陵王刘休若,派南阳太守张敬儿等击斩薛令伯。

14　上复遣中领军沈攸之等击彭城。攸之以为清、泗方涸,粮运不继,固执以为不可。使者七返,上怒,强遣之。八月壬寅,以攸之行南兖州刺史,将兵北出。使行徐州事萧道成将千人镇淮阴。道成收养豪俊,宾客始盛。

魏之入彭城也,垣崇祖将部曲奔朐山,据之,遣使来降。萧道成以为朐山戍主。朐山濒海孤绝,人情未安,崇祖浮舟水侧,欲有急则逃入海。魏东徐州刺史成固公成圉城,崇祖部将有罪,亡降魏。成固公遣步骑二万袭朐山,去城二十里。崇祖方出送客,城中人惊惧,皆下船欲去,崇祖还,谓腹心曰:"虏非有宿谋,承叛者之言而来耳,易诳也。今得百馀人还,事必济矣。但人情一骇,不可敛集,卿等可亟去此一里外,大呼而来云:'艾塘义人已得破虏,须成军速往,相助逐之。'"舟中人果喜,争上岸。崇祖引入,据城。遣羸弱入岛,人持两炬火,登山鼓噪。魏参骑以为军备甚盛,乃退。上以崇祖为北琅邪、兰陵二郡太守。

垣荣祖亦自彭城奔朐山,以奉使不效,畏罪不敢出,往依萧道成于淮阴。荣祖少学骑射,或谓之曰:"武事可畏,何不学书!"荣祖曰:"昔曹公父子上马横槊,下马谈咏,此于天下,可不负饮食矣。君辈无自全之伎,何异犬羊乎!"刘善明从弟僧副将部曲二千人避魏居海岛,道成亦召而抚之。

14　明帝再次下诏命中领军沈攸之等攻打彭城。沈攸之认为清水、泗水干涸,粮食不能源源不断地供应,坚持认为不可采取军事行动。派去的使者往返七次,明帝大怒,强迫沈攸之出兵。八月壬寅(二十三日),任命沈攸之代理南兖州刺史,率军北上。派代理徐州事务的萧道成率一千人进驻淮阴。萧道成广交各路豪杰,他手下人才济济。

北魏军队进入彭城时,垣崇祖率部曲投奔朐山,派人到朝廷请求归降。萧道成便任命垣崇祖为镇守朐山的主将。朐山紧邻大海,荒凉孤单,与世隔绝,人心不安。垣崇祖把船集中在海边,打算一旦发生意外,就逃向大海。北魏东徐州刺史成固公驻防团城。垣崇祖一个部将因为犯罪,逃跑去投降了北魏军。成固公派步、骑兵两万人袭击朐山,距城只有二十里。垣崇祖恰恰出城送客,城中百姓惊恐万状,全都跑到船上,准备乘船逃走。垣崇祖回城后,对心腹官员说:"胡虏这次进攻,并不是有计划的行动,不过是听了叛贼的报告而临时发兵,所以容易使他们中计。现在,只要有一百多人回到城里,事情就可以成功。不过人心已乱,不可能使他们集结,你们可以迅速跑到一里以外,大声呼喊,飞奔而来说:'艾塘义勇军已攻破胡虏,等待驻防军的支援,共同追击。'"船上的人果然大为兴奋,争相登岸。垣崇祖引导他们进城,占据朐山。将老弱者送到海岛,人人手持两枝火把,登山擂鼓、呐喊。北魏的骑兵军官以为守军力量强大,于是撤退。明帝任命垣崇祖为北琅邪、兰陵二郡太守。

垣荣祖也从彭城逃向朐山,因奉命游说薛安都不成,恐怕皇帝怪罪下来,不敢露面,前往淮阴投靠萧道成。垣荣祖少年时代就喜欢骑马、射箭,曾有人对他说:"舞枪弄刀十分危险,为什么不走读书之路!"垣荣祖说:"从前曹操父子上马手舞长矛,下马提笔写诗,这样生在天地之间,才可说是不辜负天地养育之恩。像你们这些读书人,连保护自己的能力都没有,跟犬羊有什么区别!"刘善明的堂弟刘僧副,率自己的军队两千人,逃避北魏,躲到一个海岛上。萧道成也对他们招降,加以安抚。

15 魏于天宫寺作大像,高四十三尺,用铜十万斤,黄金六百斤。

16 魏尉元遣孔伯恭帅步骑一万拒沈攸之,又以攸之前败所丧士卒瘃堕膝行者悉还攸之,以沮其气。上寻悔遣攸之等,复召使还。攸之至焦墟,去下邳五十馀里,陈显达引兵迎攸之至睢清口,伯恭击破之。攸之引兵退,伯恭追击之,攸之大败,龙骧将军姜产之等战没。攸之创重,入保显达营。丁酉夜,众溃,攸之轻骑南走,委弃军资器械以万计,还屯淮阴。

尉元以书谕徐州刺史王玄载,玄载弃下邳走,魏以陇西辛绍先为下邳太守。绍先不尚苛察,务举大纲,教民治生御寇而已。由是下邳安之。

孔伯恭进攻宿豫,宿豫戍将鲁僧遵亦弃城走。魏将孔大恒等将千骑南攻淮阳,淮阳太守崔武仲焚城走。

慕容白曜进屯瑕丘。崔道固之未降也,绥边将军房法寿为王玄邈司马,屡破道固军,历城人畏之。及道固降,皆罢兵。道固畏法寿扇动百姓,迫遣法寿使还建康。会从弟崇吉自升城来,以母妻为魏所获,谋于法寿。法寿雅不欲南行,怨道固迫之。时道固遣兼治中房灵宾督清河、广川二郡事,戍磐阳,法寿乃与崇吉谋袭磐阳,据之,降于慕容白曜,以赎崇吉母妻。道固遣兵攻之,白曜自瑕丘遣将军长孙观救磐阳,道固兵退。白曜表冠军将军韩麒麟与法寿对为冀州刺史,以法寿从弟灵民、思顺、灵悦、伯怜、伯玉、叔玉、思安、幼安等八人皆为郡守。

15　北魏在天宫寺铸造巨大佛像,高四十三尺,共用铜十万斤,黄金六百斤。

16　北魏的尉元,派遣孔伯恭率步、骑兵一万人,抗拒刘宋北伐军沈攸之,把正月战役中俘虏的双脚冻烂、只能用膝盖爬行的沈攸之的部属送还给沈攸之,用以打击他的士气。明帝强迫沈攸之等出发不久,也忽然后悔,又派人下诏让他回军。此时沈攸之已前进到焦墟,距离下邳只有五十多里。陈显达率军迎接沈攸之,在睢清口会师,孔伯恭发动攻击,大破陈显达。沈攸之于是当即撤退,孔伯恭尾随追击,沈攸之大败,龙骧将军姜产之等战死。沈攸之身负重伤,逃入陈显达的营垒。丁酉(十八日)深夜,陈显达营垒崩溃,沈攸之乘轻装坐骑向南逃命,丢弃的军用物资和武器数以万计。沈攸之逃回淮阴基地驻扎。

尉元写信给刘宋徐州刺史王玄载,王玄载于是放弃下邳逃走。北魏任命陇西人辛绍先为下邳太守。辛绍先处理事情,反对繁琐苛刻,凡事只把握纲要。他只是教人民生产,以及防御贼寇,如此而已。从此,下邳百姓安居乐业。

孔伯恭进攻宿豫,宿豫守将鲁僧遵也弃城逃跑。北魏将领孔大恒等率一千骑兵,南下攻击淮阳,淮阳太守崔武仲纵火烧城后逃走。

慕容白曜进兵驻扎瑕丘。崔道固拥护寻阳政权时,朝廷所属绥边将军房法寿担任王玄邈的司马,屡次击败崔道固军,以历城人为主的崔道固军对他非常畏惧。崔道固归降朝廷后,双方才都停战。但崔道固害怕房法寿煽动百姓继续与他为难,所以用压力迫使房法寿返回建康。正巧,房法寿的堂弟房崇吉从升城逃来,因母亲和妻子被北魏俘虏,向房法寿请教对策。房法寿内心实在不愿去江南,所以对崔道固逼迫他南下十分怨恨。当时,崔道固派遣兼治中房灵宾任督清河、广川二郡事,驻防磐阳。房法寿于是与房崇吉袭击磐阳,占领那里向慕容白曜投降,用来赎回房崇吉的母亲和妻子。崔道固派军进攻他们,慕容白曜从瑕丘派将军长孙观解救磐阳,崔道固撤退。慕容白曜表奏北魏,推荐冠军将军韩麒麟与房法寿同时任冀州刺史,房法寿的堂弟房灵民、房思顺、房灵悦、房伯怜、房伯玉、房叔玉、房思安、房幼安等八人,都当郡守。

　　白曜自瑕丘引兵攻崔道固于历城,遣平东将军长孙陵等攻沈文秀于东阳。道固拒守不降,白曜筑长围守之。陵等至东阳,文秀请降。陵等入其西郭,纵士卒暴掠。文秀悔怒,闭城拒守,击陵等,破之。陵等退屯清西,屡进攻城,不克。

　　17　癸卯,大赦。

　　18　戊申,魏主李夫人生子宏。夫人,惠之女也。冯太后自抚养宏。顷之,还政于魏主。魏主始亲国事,勤于为治,赏罚严明,拔清节,黜贪污,于是魏之牧守始有以廉洁著闻者。

　　19　太中大夫徐爰,自太祖时用事,素不礼于上。上衔之,诏数其奸佞之罪,徙交州。

　　20　冬,十月辛巳,诏徙义阳王昶为晋熙王,使员外郎李丰以金千两赎昶于魏。魏人弗许,使昶与上书,为兄弟之仪。上责其不称臣,不答。魏主复使昶与上书,昶辞曰:"臣本实或兄,未经为臣。若改前书,事为二敬。苟或不改,彼所不纳。臣不敢奉诏。"乃止。魏人爱重昶,凡三尚公主。

　　21　十一月乙卯,分徐州置东徐州,以辅国将军张谠为刺史。

　　十二月庚戌,以幽州刺史刘休宾为兖州刺史。休宾之妻,崔邪利之女也,生子文晔,与邪利皆没于魏。慕容白曜将其妻子至梁邹城下示之。休宾密遣主簿尹文达至历城见白曜,且视其妻子。休宾欲降,而兄子闻慰不可。白曜使人至城下呼曰:"刘休宾数遣人来见仆射约降,何故违期不至!"由是城中皆知之,共禁制休宾不得降,魏兵围之。

慕容白曜自瑕丘率军攻击崔道固据守的历城,另外派平东将军长孙陵等攻击沈文秀据守的东阳。崔道固登城抵抗,不肯投降,慕容白曜构筑长墙包围了他。长孙陵等抵达东阳,沈文秀请求投降。长孙陵等进入东阳西门外城,放纵士卒凶残横行,大肆抢夺。沈文秀既后悔又愤怒,关闭城门,攻击长孙陵等,击溃长孙陵的部队,重新据守东阳。长孙陵等撤退到清水以西,屡次攻城,没有攻克。

17 癸卯(二十四日),刘宋宣布大赦。

18 戊申(二十九日),北魏国主的妃子李夫人生下皇子拓跋宏。李夫人是李惠的女儿。冯太后亲自扶养拓跋宏。不久,把国家政事重新交还给北魏国主拓跋弘。拓跋弘开始亲自处理国事,辛勤治理国家,奖罚严明,提拔清廉有操守的人,罢黜贪官污吏。于是,北魏州、郡地方官中开始有人因为政廉洁而闻名了。

19 刘宋太中大夫徐爰,从文帝时开始掌权,对于当时还是亲王的刘彧一向没放在眼里。刘彧一直记恨在心,于是下诏,一条条列出徐爰奸诈谄媚的罪状,放逐到交州。

20 冬季,十月辛巳(初三),明帝下诏改封义阳王刘昶为晋熙王,派员外郎李丰带一千两黄金,向北魏赎回刘昶。北魏人不答应,但让刘昶写信给明帝,叙兄弟之情。明帝斥责刘昶竟不称“臣”,拒绝回信。北魏国主命刘昶再写信给明帝,刘昶不写,说:“事实上我是刘彧的哥哥,从来没当过他的臣属。如今更改前一封信上的称呼,是我向两国君王,同时称臣。如果不改,他又不肯接受。我不敢听从命令。”于是才罢休。北魏人爱惜器重刘昶,刘昶先后娶三位公主为妻。

21 十一月乙卯(初八),刘宋分出徐州若干郡县,设立东徐州,任命辅国将军张说为东徐州刺史。

十二月庚戌,任命幽州刺史刘休宾为兖州刺史。刘休宾的妻子是崔邪利的女儿,生子刘文晔,与崔邪利同时被北魏俘虏。慕容白曜把他的妻子和儿子送到梁邹城下,让他看到。刘休宾秘密派他的主簿尹文达前往历城晋见慕容白曜,并代他探望妻子和儿子。刘休宾打算投降,可是侄儿刘闻慰反对。慕容白曜派人在城下呼喊:“刘休宾几次派人,来见我们的仆射,相约投降,为什么过了约定时间,还不实行?”于是城中守军都知道这件事,把刘休宾软禁起来,不准他投降。北魏军于是包围梁邹。

22 魏西河公石复攻汝阴,汝阴有备,无功而还。常珍奇虽降于魏,实怀贰心。刘勔复以书招之。会西河公石攻汝阴,珍奇乘虚烧劫悬瓠,驱掠上蔡、安成、平舆三县民,屯于灌水。

四年(戊申,468)

1 春,正月己未,上祀南郊,大赦。

2 魏汝阳司马赵怀仁帅众寇武津,豫州刺史刘勔遣龙骧将军申元德击破之,又斩魏于都公阕于拔于汝阳台东,获运车千三百乘。魏复寇义阳,勔使司徒参军孙昙瓘击破之。

淮西民贾元友上书,陈伐魏取陈、蔡之策,上以其书示刘勔。勔上言:"元友称'虏主幼弱,内外多难,天亡有期。'臣以为虏自去冬蹈藉王土,磐据数郡,百姓残亡。今春以来,连城围逼,国家未能复境,何暇灭虏!元友所陈,率多夸诞狂谋,皆无事实,言之甚易,行之甚难。臣窃寻元嘉以来,伧荒远人,多干国议,负担归阙,皆劝讨虏,从来信纳,皆贻后悔。境上之人,唯视强弱:王师至彼,必壶浆候涂。裁见退军,便抄截蜂起。此前后所见,明验非一也。"上乃止。

3 魏尉元遣使说东徐州刺史张谠,说以团城降魏。魏以中书侍郎高闾与谠对为东徐州刺史,李璨与毕众敬对为东兖州刺史。元又说兖州刺史王整、兰陵太守桓忻,整、忻皆降于魏。魏以元为开府仪同三司、都督徐南北兖三州诸军事、徐州刺史,镇彭城。召薛安都、毕众敬入朝,至平城,魏以上客待之,群从皆封侯,赐第宅,资给甚厚。

22 北魏西河公拓跋石再次进攻汝阴,汝阴防守严密,没有什么收获便回来了。常珍奇虽然投降北魏,但实际怀有二心。刘勔又写信招抚。正赶上北魏西河公拓跋石攻打汝阴,常珍奇乘虚纵火焚烧悬瓠城,驱逐掳掠上蔡、安成、平舆三县人民,聚集在灌水。

宋明帝泰始四年(戊申,公元468年)

1 春季,正月己未(十三日),明帝到建康南郊祭天,实行大赦。

2 北魏汝阳司马赵怀仁率军攻击武津。豫州刺史刘勔派龙骧将军申元德迎战,击败赵怀仁军,在汝阳台东又斩北魏于都公阖于跋,缴获运输车一千三百辆。北魏军再攻义阳,刘勔派司徒参军孙昙瓘迎战,挫败北魏军。

淮西人贾元友上书明帝,陈述攻伐北魏、夺取淮西陈、蔡的策略,明帝把这份书奏交给刘勔看。刘勔上疏说:"贾元友指出:'胡虏皇帝年幼,能力薄弱,内外交困,上天注定它灭亡的日子为期不远。'我认为,胡虏自去年冬季踏入我国领土后,盘踞几个郡,我国百姓大量伤亡。本年自春季以来,城池重镇连连被围,或被攻击,对已失去的国土都无力收复,哪有力量消灭胡虏?贾元友所陈述的意见,很多地方荒谬狂妄,无事实根据,谈起来头头是道,做起来非常艰难。我暗中琢磨着,自元嘉年代以来,北方归附的流民,都爱议论国家大事,挑担子的下等人回到建康,都是劝伐胡虏。可是朝廷接受的结果,每次都是失败后悔。边境居民只看谁强谁弱,朝廷军队到达之处,他们一定送茶送饭,在路旁恭候迎接。可是大军一退,居民就抄掠拦截,四处蜂起。这是大家常见的事,事实已清楚证明不仅是一次了。"明帝才作罢。

3 北魏尉元派人劝东徐州刺史张谠,张谠拱手献出团城投降。北魏任命中书侍郎高闾与张谠一起做东徐州刺史,又任命李璨与毕众敬一起做东兖州刺史。尉元又派人劝兖州刺史王整及兰陵太守桓忻,王整、桓忻于是都投降北魏。北魏提升尉元为开府仪同三司,都督徐、南北兖三州诸军事和徐州刺史,镇守彭城。北魏朝廷征召薛安都、毕众敬入朝,二人抵达平城,北魏以上宾之礼款待他们,同族的兄弟都封侯晋爵,赏赐住宅,供给物资及金钱,待遇十分优厚。

4 慕容白曜围历城经年,二月庚寅,拔其东郭。癸巳,崔道固面缚出降。白曜遣道固之子景业与刘文晔同至梁邹,刘休宾亦出降。白曜送道固、休宾及其僚属于平城。

5 辛丑,以前龙骧将军常珍奇为都督司北豫二州诸军事、司州刺史。魏西河公石攻之,珍奇单骑奔寿阳。

6 乙巳,车骑大将军、曲江庄公王玄谟卒。

7 三月,魏慕容白曜进围东阳。

上以崔道固兄子僧祐为辅国将军,将兵数千从海道救历城。至不其,闻历城已没,遂降于魏。

8 交州刺史刘牧卒。州人李长仁杀牧北来部曲,据州反,自称刺史。

9 广州刺史羊希使晋康太守沛郡刘思道伐俚。思道违节度失利,希遣收之。思道帅所领攻州,希兵败而死。龙骧将军陈伯绍将兵伐俚,还击思道,擒斩之。希,玄保之兄子也。

10 夏,四月己卯,复减郡县田租之半。

11 徙东海王祎为庐江王,山阳王休祐为晋平王。上以废帝谓祎为驴王,故以庐江封之。

12 刘勔败魏兵于许昌。

13 魏以南郡公李惠为征南大将军、仪同三司、都督关右诸军事、雍州刺史,进爵为王。

14 五月乙卯,魏主畋于崞山,遂如繁畤。辛酉,还宫。

15 六月魏以昌黎王冯熙为太傅。熙,太后之兄也。

4 慕容白曜包围历城已有一年。二月庚寅(十四日),攻陷东门外城。癸巳(十七日),崔道固自己反绑双臂,出城投降。慕容白曜派崔道固的儿子崔景业与刘文晔一同前往梁邹,刘休宾也出城投降。慕容白曜把崔道固、刘休宾及其僚属送到平城。

5 辛丑(二十五日),刘宋任命前龙骧将军常珍奇为都督司、北豫二州诸军事和司州刺史。北魏西河公拓跋石攻击常珍奇,常珍奇单人匹马投奔寿阳。

6 乙巳(二十九日),刘宋车骑大将军、曲江庄公王玄谟去世。

7 三月,北魏慕容白曜进军包围东阳。

明帝任命崔道固的侄儿崔僧祐为辅国将军,率军数千人从海路北上,援救历城。到达不其城时,听说历城已经沦陷,于是崔僧祐也投降北魏。

8 交州刺史刘牧去世。交州人首领李长仁聚众起兵,把刘牧从北方带来的部曲杀光,占领州城反叛,自称刺史。

9 广州刺史羊希派晋康太守沛郡人刘思道讨伐俚族部落。刘思道违背上级命令,作战失败,羊希派人逮捕他。刘思道率领他的部队反攻羊希,羊希兵败被杀。龙骧将军陈伯绍也率兵征伐俚族部落,得到消息后,还击并活捉刘思道,将其斩首。羊希是羊玄保的侄儿。

10 夏季,四月己卯(初四),刘宋又免减郡县一半田赋。

11 改封东海王刘祎为庐江王,山阳王刘休祐为晋平王。明帝因废帝称刘祎是"驴王",所以把庐江封给他。

12 刘勔在许昌击败北魏军队。

13 北魏任命南郡公李惠为征南大将军、仪同三司、都督关右诸军事、雍州刺史,进升爵位为王。

14 五月乙卯(十一日),魏主前往崞山打猎,后又到繁畤。辛酉(十七日),回宫。

15 六月,北魏任命昌黎王冯熙为太傅。冯熙是冯太后的哥哥。

16 秋,七月庚申,以骁骑将军萧道成为南兖州刺史。

17 八月戊子,以南康相刘勃为交州刺史。

18 上以沈文秀之弟征北中兵参军文静为辅国将军,统高密等五郡军事,自海道救东阳。至不其城,为魏所断,因保城自固。魏人攻之,不克。辛卯,分青州置东青州,以文静为刺史。

19 九月辛亥,魏立皇叔桢为南安王,长寿为城阳王,太洛为章武王,休为安定王。

20 冬,十月癸酉朔,日有食之。发诸州兵北伐。

21 十一月,李长仁遣使请降,自贬行州事,许之。

22 十二月,魏人拔不其城,杀沈文静,入东阳西郭。

23 义嘉之乱,巫师请发修宁陵,戮玄宫为厌胜。是岁,改葬昭太后。

24 先是,中书侍郎、舍人皆以名流为之,太祖始用寒士秋当,世祖犹杂选士庶,巢尚之、戴法兴皆用事。及上即位,尽用左右细人,游击将军阮佃夫、中书通事舍人王道隆、员外散骑侍郎杨运长等,并预政事,权亚人主,巢、戴所不及也。佃夫尤恣横,人有顺迕,祸福立至。大纳货赂,所饷减二百匹绢,则不报书。园宅饮馔,过于诸王。妓乐服饰,宫掖不如也。朝士贵贱,莫不自结。仆隶皆不次除官,捉车人至虎贲中郎将,马士至员外郎。

16 秋季,七月庚申(十六日),任命骁骑将军萧道成为南兖州刺史。

17 八月戊子(十五日),刘宋任命南康相刘勃为交州刺史。

18 明帝任命沈文秀的弟弟、征北中兵参军沈文静为辅国将军,指挥高密等五郡军事,从海路北上援救东阳。大军行至不其城,被北魏军截断,因此守城自保。北魏军进攻他们,没有攻克。辛卯(十八日),朝廷分出一部分青州地域,设立东青州,任命沈文静为东青州刺史。

19 九月辛亥(初八),北魏封皇叔拓跋桢为南安王,拓跋长寿为城阳王,拓跋太洛为章武王,拓跋休为安定王。

20 冬季,十月癸酉朔(初一),出现日食。刘宋征发各州军队,开始北伐。

21 十一月,交州李长仁派使者请求投降,自贬为代理州事,朝廷批准。

22 十二月,北魏军队攻克不其城,杀了沈文静,又攻入东阳西门外城。

23 刘子勋叛乱时,巫师请求宋明帝挖掘刘子勋的祖母路太后的修宁陵,摧毁墓穴,作为对叛乱的一次巫术镇压。直到这一年,才改葬路太后。

24 之前,中书侍郎、中书舍人都是由社会上知名度很高的人士担任。文帝开始录用寒门出身的秋当。孝武帝时还混杂遴选士族和庶族出身的人联合担任,巢尚之、戴法兴都掌握大权。到了明帝即位,任用的全是品质低劣的侍从。游击将军阮佃夫、中书通事舍人王道隆、员外散骑侍郎杨运长等,都参与政事,权力仅次于皇帝,当年巢尚之、戴法兴的权势也远不及他们。阮佃夫尤其骄纵横暴,肆无忌惮,有人谄媚他时,立刻受赏,偶尔冒犯,便大祸临头。他大肆收受贿赂,送给他的绢如少于二百匹,则连封信都不回。他的住宅、别墅、饮食等等,豪华都超过亲王。他的歌女乐工的服饰,连宫廷里的人都赶不上。朝中无论大小官吏,没有一个不对他巴结奉承。他的奴仆差役纷纷被破格提拔为官吏,车夫甚至当上了虎贲中郎将,马夫甚至成了员外郎。

五年(己酉,469)

1　春,正月癸亥,上耕籍田,大赦。

2　沈文秀守东阳,魏人围之三年,外无救援,士卒昼夜拒战,甲胄生虮虱,无离叛之志。乙丑,魏人拔东阳,文秀解戎服,正衣冠,取所持节坐斋内。魏兵交至,问:"沈文秀何在?"文秀厉声曰:"身是!"魏人执之,去其衣,缚送慕容白曜,使之拜,文秀曰:"各两国大臣,何拜之有!"白曜还其衣,为之设馔,锁送平城。魏主数其罪而宥之,待为下客,给恶衣、疏食。既而重其不屈,稍嘉礼之,拜外都下大夫。于是青、冀之地尽入于魏矣。

3　戊辰,魏平昌宣王和其奴卒。

4　二月己卯,魏以慕容白曜为都督青齐东徐三州诸军事、征南大将军、开府仪同三司、青州刺史,进爵济南王。白曜抚御有方,东人安之。

魏自天安以来,比岁旱饥,重以青、徐用兵,山东之民疲于赋役。显祖命因民贫富为三等输租之法,等为三品:上三品输平城,中输他州,下输本州。又,魏旧制:常赋之外,有杂调十五。至是悉罢之,由是民稍赡给。

5　河东柳欣慰等谋反,欲立太尉庐江王祎。祎自以于帝为兄,而帝及诸兄弟皆轻之,遂与欣慰等通谋相酬和。征北谘议参军杜幼文告之,丙申,诏降祎为车骑将军、开府仪同三司、南豫州刺史,出镇宣城,帝遣腹心杨运长领兵防卫。欣慰等并伏诛。

宋明帝泰始五年(己酉,公元469年)

1　春季,正月癸亥(二十二日),明帝举行亲耕典礼,实行大赦。

2　沈文秀据守东阳,北魏军队围城已经三年。东阳外无援兵,士卒日夜抵抗,头盔铠甲不能离身,都生了虱子,但无背叛之心。乙丑(二十四日),北魏军队攻下东阳,沈文秀脱下戎衣,换穿文职官服,整理周正,手拿皇帝颁发的符节,端坐在屋里。北魏士卒先后涌到,问:"沈文秀在哪里?"沈文秀大声说:"我就是。"北魏士卒上去把他捉住,剥下他的衣服,捆绑着押送给慕容白曜,逼迫他叩头下拜,沈文秀说:"两人都是国家的大臣,为什么要我下跪!"慕容白曜还给他衣服,为他摆下饭菜,加上脚镣手铐,押送平城。北魏国主列举他的罪过,加以斥责,然后赦免,把他当作下等宾客相待,给穿粗布衣服,吃素食。不久,因为敬重他决不屈服的气概,稍稍以礼相待,任命他为外都下大夫。从此,青、冀之地全部并入北魏的版图。

3　戊辰(二十七日),北魏平昌宣王和其奴去世。

4　二月乙卯(初九),北魏任命慕容白曜为都督青、齐、东徐三州诸军事,征南大将军,开府仪同三司,青州刺史,封为济南王。慕容白曜安抚有方,征服的东齐一带的人民安心生活。

北魏自天安后期以来,连年大旱饥荒,再加上对青、徐等州用兵,崤山以东人民的田赋徭役非常沉重。献文帝命令根据人民的贫富分为三等,作为征收赋税的标准,每等再分三级,上三级运到平城,中三级运到其他各州,下三级则运到本州州府。另外,北魏旧制度规定:除正常的田赋之外,还有十五种杂税。这一年全部废除,从此人民生活稍稍可以自给了。

5　河东郡人柳欣慰等聚众谋反,打算拥护太尉庐江王刘祎当皇帝。刘祎自以为是宋明帝的哥哥,但明帝和其他兄弟都对他很轻视,于是刘祎与柳欣慰等结交,制订计划互相呼应酬合。征北谘议参军杜幼文向朝廷告发。丙申(二十六日),明帝下诏贬黜刘祎为车骑将军、开府仪同三司、南豫州刺史,镇守宣城。明帝派心腹侍从杨运长率军保护。柳欣慰等全被诛杀。

6　三月,魏人寇汝阴,太守杨文苌击却之。

7　夏,四月丙申,魏大赦。

8　五月,魏徙青、齐民于平城,置升城、历城民望于桑乾,立平齐郡以居之。自馀悉为奴婢,分赐百官。

魏沙门统昙曜奏:"平齐户及诸民有能岁输谷六十斛入僧曹者,即为僧祇户,粟为僧祇粟,遇凶岁,赈给饥民。"又请"民犯重罪及官奴,以为佛图户,以供诸寺洒扫。"魏主并许之。于是僧祇户、粟及寺户遍于州镇矣。

9　六月,魏立皇子宏为太子。

10　癸酉,以左卫将军沈攸之为郢州刺史。

11　上又令有司奏庐江王祎忿恚有怨言,请穷治。不许。丁丑,免祎官爵,遣大鸿胪持节奉诏责祎,因逼令自杀。子辅国将军充明废徙新安。

12　冬,十月丁卯朔,日有食之。

13　魏顿丘王李峻卒。

14　十一月丁未,魏复遣使来修和亲,自是信使岁通。

15　闰月戊子,以辅师将军孟阳为兖州刺史,始治淮阴。

16　十二月戊戌,司徒建安王休仁解扬州。休仁年与上邻亚,素相友爱,景和之世,上赖其力以脱祸。及泰始初,四方兵起,休仁亲当矢石,克成大功,任总百揆,亲寄甚隆。由是朝野辐凑,上渐不悦。休仁悟其旨,故表解扬州。己未,以桂阳王休范为扬州刺史。

6 　三月,北魏军队进攻汝阴。汝阴太守杨文苌击退北魏的进攻。

7 　夏季,四月丙申(二十七日),北魏实行大赦。

8 　五月,北魏把青州、齐州的百姓迁移到平城,把升城、历城的豪门望族安置在桑乾,设立平齐郡,让他们居住在这里。其他居民则被当作奴婢,分别赏赐给文武百官。

北魏的沙门统昙曜奏请:"平齐郡郡民及其他百姓,凡能够每年捐赠谷米六十斛给寺庙的,称'僧祇户',所捐献的谷米,称'僧祇粟'。遇到饥荒,拿出来赈灾,救济饥民。"又请求:"民间的重刑犯和发配到官府的奴隶,可以当作'佛图户',到各寺庙当差洒扫。"魏主全部批准。于是"僧祇户""僧祇粟""佛图户"遍及各州镇。

9 　六月,北魏立皇子拓跋宏为太子。

10 　癸酉(初五),任命左卫将军沈攸之为郢州刺史。

11 　明帝命下属有关部门启奏,说庐江王刘祎忿恨不满而且口出怨言,请求彻底处理他。明帝不许。丁丑(九日),明帝下诏:免除刘祎的所有官爵,派大鸿胪持节代表皇帝前去斥责刘祎,并逼令刘祎自杀。刘祎的儿子辅国将军刘充明也被免职,放逐到新安。

12 　冬季,十月丁卯朔(初一),出现日食。

13 　北魏顿丘王李峻去世。

14 　十一月丁未(十一日),北魏再次派使节来请求两国和亲。自此,两国恢复邦交,每年都有使节来往。

15 　闰十一月戊子(二十二日),任命辅师将军孟阳为兖州刺史,开始时治所设在淮阴。

16 　十二月戊戌(初三),解除司徒、建安王刘休仁的扬州刺史职务。刘休仁跟明帝刘彧年龄相差不大,一向友爱。废帝时代,刘彧每次发生危险时,都靠刘休仁的机智救他不死。到了泰始初年,全国四处兵起,刘休仁率军出征,亲冒滚石飞箭,最后终于建立大功,总管文武百官,受到明帝的宠爱和信任。这样自然而然,朝廷官员、民间人士都奔走在他的门下,明帝渐渐有些不高兴。刘休仁察觉到明帝的心思,所以上疏请求解除扬州刺史的职务。己未(二十四日),明帝任命桂阳王刘休范为扬州刺史。

17　分荆州之巴东、建平，益州之巴西、梓潼郡，置三巴校尉，治白帝。先是，三峡蛮、獠岁为抄暴，故立府以镇之。上以司徒参军东莞孙谦为巴东、建平二郡太守。谦将之官，敕募千人自随，谦曰："蛮夷不宾，盖待之失节耳，何烦兵役以为国费！"固辞不受。至郡，开布恩信，蛮、獠翕然怀之，竞饷金宝。谦皆慰谕，不受。

18　临海贼帅田流自称东海王，剽掠海盐，杀鄞令，东土大震。

六年(庚戌,470)

1　春，正月乙亥，初制间二年一祭南郊，间一年一祭明堂。

2　二月壬寅，以司徒休仁为太尉，领司徒。固辞。

3　癸丑，纳江智渊孙女为太子妃。甲寅，大赦。令百官皆献物，始兴太守孙奉伯止献琴、书，上大怒，封药赐死，既而原之。

4　魏以东郡王陆定国为司空。定国，丽之子也。

5　魏主遣征西大将军上党王长孙观击吐谷浑。

6　夏，四月辛丑，魏大赦。

7　戊申，魏长孙观与吐谷浑王拾寅战于曼头山，拾寅败走，遣别驾康盘龙入贡，魏主囚之。

8　癸亥，立皇子燮为晋熙王，奉晋熙王昶后。

9　五月，魏立皇弟长乐为建昌王。

10　六月癸卯，以江州刺史王景文为尚书左仆射、扬州刺史，以尚书仆射袁粲为右仆射。

17 刘宋分割荆州的巴东郡、建平郡,益州的巴西郡、梓潼郡,设立三巴校尉,治所设在白帝。在此之前,三峡一带蛮族及獠族年年抢劫抄掠,所以设立三巴府镇压他们。明帝任命司徒参军东莞人孙谦为巴东、建平二郡太守。孙谦将要前去上任,明帝准他招募一千人同去,孙谦说:"蛮夷所以叛乱,是官府对他们太苛刻之故,何必兴师动众,消耗国家经费!"坚决不肯接受。孙谦抵达郡府,开诚布公,推广恩德信义,蛮、獠族全都心服口服,纷纷争着进献金银财宝。孙谦一一安慰教导,拒绝馈赠。

18 临海郡强盗首领田流自称东海王,抢劫海盐,杀了鄞县县令,东方各郡大为震惊。

宋明帝泰始六年(庚戌,公元470年)

1 春季,正月乙亥(初十),开始建立祭礼规定:每隔二年,到南郊祭一次天;每隔一年,在明堂祭祀一次祖先。

2 二月壬寅(初八),任命司徒刘休仁为太尉,仍兼任司徒。刘休仁坚决辞谢。

3 癸丑(十九日),明帝命太子刘昱娶江智渊的孙女江简珪为太子妃。甲寅(二十日),实行大赦。明帝命文武百官呈献礼物,始兴太守孙奉伯只呈献弦琴、书籍,明帝大怒,派人送去毒药,赐孙奉伯一死,但马上又下令原谅了他。

4 北魏任命东郡王陆定国为司空。陆定国是陆丽的儿子。

5 北魏国主派征西大将军上党王长孙观,攻打吐谷浑。

6 夏季,四月辛丑(初八),北魏实行大赦。

7 戊申(十五日),北魏长孙观与吐谷浑王慕容拾寅在曼头山大战,慕容拾寅战败逃走,派别驾康盘龙到北魏进贡,魏主把他囚入监牢。

8 癸亥(三十日),明帝封皇子刘燮为晋熙王,继承晋熙王刘昶的香火。

9 五月,北魏封皇弟拓跋长乐为建昌王。

10 六月癸卯(十一日),任命江州刺史王景文为尚书左仆射、扬州刺史,尚书仆射袁粲为右仆射。

上宫中大宴,裸妇人而观之,王后以扇障面。上怒曰:"外舍寒乞!今共为乐,何独不视!"后曰:"为乐之事,其方甚多,岂有姑姊妹集而裸妇人以为笑!外舍之乐,雅异于此。"上大怒,遣后起。后兄景文闻之曰:"后在家劣弱,今段遂能刚正如此!"

11　南兖州刺史萧道成在军中久,民间或言道成有异相,当为天子。上疑之,征为黄门侍郎、越骑校尉。道成惧,不欲内迁,而无计得留。冠军参军广陵荀伯玉劝道成遣数十骑入魏境,安置标榜,魏果遣游骑数百履行境上。道成以闻,上使道成复本任。秋,九月,命道成迁镇淮阴。以侍中、中领军刘勔为都督南徐、兖等五州诸军事,镇广陵。

12　戊寅,立总明观,置祭酒一人,儒、玄、文、史学士各十人。

13　柔然部真可汗侵魏,魏主引群臣议之。尚书右仆射南平公目辰曰:"若车驾亲征,京师危惧,不如持重固守。虏悬军深入,粮运无继,不久自退。遣将追击,破之必矣。"给事中张白泽曰:"蠢尔荒愚,轻犯王略,若銮舆亲行,必望麾崩散,岂可坐而纵敌!以万乘之尊,婴城自守,非所以威服四夷也。"魏主从之。白泽,衮之孙也。

魏主使京兆王子推等督诸军出西道,任城王云等督诸军出东道,汝阴王天赐等督诸军为前锋,陇西王源贺等督诸军为后继,镇西将军吕罗汉等掌留台事。诸将会魏主于女水之滨,与柔然战,柔然大败。乘胜逐北,斩首五万级,降者万馀人,获戎马器械不可胜计。旬有九日,往返六千馀里。改女水曰武川。司徒东安王刘尼坐昏醉,军陈不整,免官。壬申,还至平城。

明帝在宫中大摆宴席,命妇女脱光衣服,让大家欣赏,皇后用扇子挡住面庞。明帝大怒说:"真是你家的寒酸相!今天大家一同取乐,为什么只你不看!"皇后说:"寻求欢乐的方法很多,哪有姑嫂姐妹聚在一起观看裸体妇女取乐的!我们家的欢乐,与此不同。"明帝更是大怒,赶皇后出去。皇后的哥哥王景文听说这件事,说:"我妹妹在家时,性情柔弱,想不到这次竟如此刚正!"

11 南兖州刺史萧道成在军旅中已经很长时间。民间有人传言说萧道成的相貌和普通人不一样,应当做天子。明帝有了疑虑,下诏征召萧道成回京任黄门侍郎、越骑校尉。萧道成很恐惧,不想回京,可是又没有办法留下来不走。冠军参军、广陵人荀伯玉劝萧道成派数十个骑兵,深入北魏国境,张贴布告,号召居民起义。北魏果然派出游骑兵数百人,沿边境巡逻。萧道成紧急报告朝廷,明帝才恢复萧道成的原职。秋季,九月,明帝命萧道成迁驻淮阴。任命侍中、中领军刘勔为都督南徐州、兖州等五州诸军事,镇守广陵。

12 戊寅(十七日),设立总明观,任命祭酒一人,儒学、玄学、文学、史学学士各十人。

13 柔然汗国部真可汗侵略北魏,北魏国主集合群臣商议。尚书右仆射南平公拓跋目辰说:"如果皇上御驾亲征,京师将陷入惊恐,不如小心慎重,采取守势。胡虏孤军深入,粮秣补给不能供应,用不了多久,就会自行撤退。到那时派将士追击,一定会把他们击败。"给事中张白泽说:"蛮荒地带的愚蠢丑类,轻率冒犯边界,如果御驾能够亲征,他们望见我们旗帜就会一哄而散,怎么能坐在这里放纵敌人横行!陛下以万乘之尊,而绕城固守,这样不能威服四方夷族。"魏主同意。张白泽是张衮的孙子。

魏主命京兆王拓跋子推等率各军从西路进击,任城王拓跋云等率各军从东路进击,汝阴王拓跋天赐等率各军为先锋,陇西王源贺等率各军为后继部队,镇西将军吕罗汉等留守朝廷。各将领与魏主在女水河畔会合,迎战柔然汗国军队,柔然军队大败。北魏军乘胜追击,杀了五万人,受降一万多人,缴获战马、武器数不胜数。北魏军在十九天中,往返六千多里。改名女水为武川。司徒东安王刘尼因酒醉昏迷,军阵混乱不堪,被罢了官。壬申(十一日),返回平城。

是时，魏百官不给禄，少能以廉白自立者。魏主诏："吏受所监临羊一口、酒一斛者，死；与者以从坐论；有能纠告尚书已下罪状者，随所纠官轻重授之。"张白泽谏曰："昔周之下士，尚有代耕之禄。今皇朝贵臣，服勤无报。若使受礼者刑身，纠之者代职，臣恐奸人窥望，忠臣懈节，如此而求事简民安，不亦难乎！请依律令旧法，仍班禄以酬廉吏。"魏主乃为之罢新法。

14 冬，十月辛卯，诏以世祖继体，陷宪无遗，以皇子智随为世祖子，立为武陵王。

15 初，魏乙浑专政，慕容白曜颇附之。魏主追以为憾，遂称白曜谋反，诛之，及其弟如意。

16 初，魏南部尚书李敷，仪曹尚书李䜣，少相亲善，与中书侍郎卢度世皆以才能为世祖、显祖所宠任，参豫机密，出纳诏命。其后䜣出为相州刺史，受纳货赂，为人所告，敷掩蔽之。显祖闻之，槛车征䜣，案验服罪，当死。是时敷弟奕得幸于冯太后，帝意已疏之。有司以中旨讽䜣告敷兄弟阴事，可以得免。䜣谓其婿裴攸曰："吾与敷族世虽远，恩逾同生，今在事劝吾为此，吾情所不忍。每引簪自刺，解带自绞，终不得死。且吾安能知其阴事！将若之何？"攸曰："何为为人死也！有冯阐者，先为敷所败，其家深怨之。今询其弟，敷之阴事可得也。"䜣从之。又赵郡范檦条列敷兄弟事状凡三十馀条。有司以闻。帝大怒，诛敷兄弟。䜣得减死，鞭髡配役。未几，复为太仓尚书，摄南部事。敷，顺之子也。

当时，北魏的文武百官没有俸禄，很少有人能清正廉洁。魏主下诏:"官员接受所管辖范围内的一只羊、一斛酒的，处死；行贿的人以从犯论处；如果有人揭发尚书以下官员犯罪，则免除被揭发官员的职位，由揭发人接任。"张白泽劝谏说:"从前周王时最低级的官，都有足够他雇人耕田的薪俸。而今朝廷贵臣，辛勤工作却无报酬。如果让接受礼物的官员受到刑罚，而由揭发者代替他的职位，我恐怕奸邪之辈乘机制造事端，忠贞之士灰心懈怠。想如此而求得简政民安，那不也是太难了! 请依照过去所颁布的法令，发给俸禄，以酬谢清官。"魏主这才撤销新办法。

14　冬季，十月辛卯(初一)，宋明帝下诏说:孝武帝的儿子们，因为身犯国法，全被诛杀。命皇子刘智随过继到孝武帝名下为子，封为武陵王。

15　当初，北魏丞相乙浑当权时，慕容白曜对他很是巴结奉承。魏主忌恨在心，就说慕容白曜阴谋反叛，杀了他和他的弟弟慕容如意。

16　当初，北魏南部尚书李敷、仪曹尚书李䜣从小感情亲密，他们与中书侍郎卢度世都因为有才能而受太武帝及献文帝的宠爱信任，参与国家的机密决策，负责撰写、发布诏书。后来，李䜣任相州刺史，接受贿赂钱财，被人告发，李敷为他掩饰。献文帝听说后，用囚车押李䜣回平城，调查审理的结果，贪赃枉法的证据确凿，应当处死。当时，李敷的弟弟李奕受冯太后的宠爱，献文帝心里已对他疏远。有关部门奉献文帝之命，暗示李䜣:如果他能出面揭发李敷兄弟二人的隐私，可以免死。李䜣对他的女婿裴攸说:"我与李敷虽然不同族，但二人的恩情超过亲兄弟。如今主管官员劝我做这种事，我于心不忍。几次拔下头簪刺自己，解下腰带自己上吊自杀，但都没有死成。而且我怎么能知道他们的隐私呢! 你说怎么办?"裴攸说:"你何必做替死的事呢? 有个叫冯阐的人，先前被李敷害死，他的家里人深恨李敷，现在去问问他的弟弟，一定能探得李敷的隐私。"李䜣同意。正巧，赵郡人范栖上书告发李敷兄弟三十多条罪状，有关部门奏报，献文帝大怒，诛杀李敷、李奕兄弟。李䜣得以免死，被鞭打，剃光头发，发配到奴工营服役。稍后，又命他为太仓尚书，兼管南部防务。李敷是李顺的儿子。

17　魏阳平王新成卒。

18　是岁,命龙骧将军义兴周山图将兵屯浃口讨田流,平之。

19　柔然攻于阗,于阗遣使者素目伽奉表诣魏求救。魏主命公卿议之,皆曰:"于阗去京师几万里,蠕蠕唯习野掠,不能攻城。若其可攻,寻已亡矣。虽欲遣师,势无所及。"魏主以议示使者,使者亦以为然。乃诏之曰:"朕应急救诸军以拯汝难。但去汝遐阻,必不能救当时之急。汝宜知之!朕今练甲养士,一二岁间,当躬帅猛将,为汝除患。汝其谨修警候以待大举!"

17　北魏阳平王拓跋新成去世。

18　这年,刘宋命令龙骧将军义兴人周山图率兵进驻浹口,讨伐变民首领田流,并把他平定。

19　柔然汗国大军进攻于阗国,于阗国派使臣素目伽携带奏章,前往北魏请求救援。魏主命王公大臣讨论,都说:"于阗国距京师近万里,柔然只知道野地抢劫,不会攻城。如果他们会攻城,于阗国早已灭亡了,就是想派兵支援,也来不及了。"魏主把大家的意见拿给于阗使臣看,使臣也认为是这样。于是命使臣带回诏书:"朕自当紧急动员各路大军,援救你的灾难,可是既距离你们遥远路又难行,一定无法解救你们眼前的紧急情况。希望你能了解。朕现在正在严格训练部队,更新铠甲武器,一两年间,当亲率雄兵猛将,为你除患。你应谨慎警戒,等待大规模军事行动。"

卷第一百三十三　宋纪十五

起辛亥(471)尽乙卯(475)凡五年

太宗明皇帝下
泰始七年(辛亥,471)

1　春,二月戊戌,分交、广置越州,治临漳。

2　初,上为诸王,宽和有令誉,独为世祖所亲。即位之初,义嘉之党多蒙全宥,随才引用,有如旧臣。及晚年,更猜忌忍虐,好鬼神,多忌讳,言语、文书,有祸败、凶丧及疑似之言应回避者数百千品,有犯必加罪戮。改"骁"字为"弧",以其似祸字故也。左右忤意,往往有刳削者。

时淮、泗用兵,府藏空竭,内外百官,并断俸禄。而奢费过度,每所造器用,必为正御、副御、次副各三十枚。嬖幸用事,货赂公行。

上素无子,密取诸王姬有孕者内宫中,生男则杀其母,使宠姬子之。

至是寝疾,以太子幼弱,深忌诸弟。南徐州刺史晋平刺王休祐,前镇江陵,贪虐无度,上不使之镇,留之建康,遣上佐行府州事。休祐性刚狠,前后忤上非一,上积不能平。且虑将来难制,欲方便

太宗明皇帝下
宋明帝泰始七年(辛亥,公元471年)

1 春季,二月戊戌(初十),刘宋从交州、广州分出一部分郡县,设立越州,州府设在临漳。

2 当初,宋明帝还是亲王时,性情宽厚平和,有良好的声誉,只有他深受孝武帝刘骏的宠爱。即位初年,对拥护寻阳政权的官员,大多数都留住他们的性命,加以原谅,而且按照各人的才干分别任用,像对旧有臣下一样对待。到了晚年,却猜疑、嫉妒、残忍、暴虐,迷信鬼神巫术,忌讳多端。无论言论、文书,对祸、败、凶、丧以及含混难辨的话和字有成百上千条,都加以回避,如有触犯,一定加以惩罚和诛杀。把"骊"改成"骓",因为"骊"看起来像"祸"字。左右官员只要触犯禁忌,常常有被挖心或剖出五脏的人。

当时,淮河、泗水一带多次发生军事行动,当地府库空竭,朝廷内外的百官,全都断了俸禄。但明帝却过度奢侈浪费,每次制造器物用具,都要分为正用、备用、次备用,各制三十件。侍候左右的亲信当权,贪赃枉法,贿赂公行。

明帝一直没有儿子,就把各亲王怀有身孕的姬妾秘密接到宫中,如生男孩,就把生母杀掉,由他自己的宠妃认作儿子。

到这一年,明帝患病,因为太子年纪还小,他唯恐自己的弟弟们篡夺政权。南徐州刺史晋平剌王刘休祐,从前镇守江陵时,贪污暴虐,无法无天。这次调任路过京师,明帝不让他前去赴任,把他留在建康,派遣他的高级属官代理府州事务。刘休祐性情暴烈凶恶,冒犯皇帝不止一次,明帝都记在心中,此时无法再忍。并且考虑到将来儿子没有能力控制他,所以准备找个机会

除之。甲寅，休祐从上于岩山射雉，左右从者并在仗后。日欲闇，上遣左右寿寂之等数人，逼休祐令坠马，因共殴，拉杀之，传呼"骠骑落马！"上阳惊，遣御医络驿就视，比其左右至，休祐已绝，去车轮，舆还第。追赠司空，葬之如礼。

建康民间讹言，荆州刺史巴陵王休若有至贵之相，上以此言报之，休若忧惧。戊午，以休若代休祐为南徐州刺史。休若腹心将佐，皆谓休若还朝，必不免祸，中兵参军京兆王敬先说休若曰："今主上弥留，政成省闼，群竖恟恟，欲悉去宗支以便其私。殿下声著海内，受诏入朝，必往而不返。荆州带甲十馀万，地方数千里，上可以匡天子，除奸臣，下可以保境土，全一身。孰与赐剑邸第，使臣妾饮泣而不敢葬乎！"休若素谨畏，伪许之。敬先出，使人执之，以白于上而诛之。

3　三月辛酉，魏假员外散骑常侍邢祐来聘。

4　魏主使殿中尚书胡莫寒简西部敕勒为殿中武士。莫寒大纳货赂，众怒，杀莫寒及高平假镇将奚陵。夏，四月，诸部敕勒皆叛。魏主使汝阴王天赐将兵讨之，以给事中罗云为前锋。敕勒诈降，袭云，杀之，天赐仅以身免。

5　晋平剌王既死，建安王休仁益不自安。上与嬖臣杨运长等为身后之计，运长等亦虑上晏驾后，休仁秉政，己辈不得专权，弥赞成之。上疾尝暴甚，内外莫不属意于休仁，主书以下皆往东府访休仁所亲信，豫自结纳。其或在直不得出者，皆恐惧。上闻，

把他除掉。甲寅(二十六日),刘休祐随同明帝前往岩山射猎野鸡,兄弟二人向前奔驰,左右侍从被抛在后面。天将黄昏,明帝派亲信寿寂之等数人,把刘休祐从马背上挤下来,大家一拥而上,痛打一气,直至死亡,然后传呼:"骠骑将军落马!"明帝假装大吃一惊,立即派出御医,一个接一个地前往诊视。等到刘休祐左右侍从赶到,刘休祐已气绝身亡,把他所乘车的轮子拆掉,改作病床,由人抬回家。明帝下诏追赠刘休祐为司空,用应有丧礼安葬。

　　建康民间传播谣言,说荆州刺史巴陵王刘休若有尊贵的面相,明帝写信将此言告诉了他,刘休若忧虑恐惧。戊午(三十日),明帝任命刘休若接替刘休祐为南徐州刺史。刘休若的心腹将领一致认为:刘休若只要回到建康,就难免大祸。中兵参军京兆人王敬先劝刘休若说:"现在皇上正处在弥留之际,朝廷大权握在省阁之手,一群奸恶之徒,来势汹汹,准备把皇上的兄弟全部铲除,以此来满足自己的私欲。殿下的名声传播海内,如接受诏书前往京师朝见,一定有去无回。荆州武装部队十多万,土地数千里,上可以辅佐天子,铲除奸臣;下可以保全一州,救自己一命。这和回到建康家宅,接受皇上赐给你自杀的佩剑,使你的臣妾饮泣吞声相比较,又怎么样呢!"刘休若一向谨慎胆怯,于是假装答应。王敬先一出王府,立刻派人把他抓起来,把他说的话奏报明帝,并将他处死。

　　3　三月辛酉(初三),北魏代理员外散骑常侍邢祐前来访问。

　　4　北魏国主派殿中尚书胡莫寒选拔西部敕勒部落中的武士,担任宫廷警卫。胡莫寒大肆收纳贿赂,激起民愤,民众诛杀胡莫寒及高平代理镇将奚陵。夏季,四月,敕勒部落全都起兵反叛。北魏国主派汝阴王拓跋天赐率军讨伐,由给事中罗云担任前锋。敕勒部落诈降,袭击罗云,将其斩首,拓跋天赐仅逃出一命。

　　5　晋平剌王刘休祐被杀之后,建安王刘休仁越发惶恐不安。明帝常跟亲信杨运长等商讨身后之计,杨运长等也担心明帝死了之后,刘休仁当政,他们这些人不能独断专行,所以都赞成明帝的计划。明帝一度病情十分危险,无论朝廷还是民间,朝野上下都把希望寄托在刘休仁主持朝政上,连主书以下的低级官员,都往东府拜访刘休仁的亲信,巴结他们,想预先结下交情。有些人正巧当班,不能出来从事结交活动,都心急而恐惧。明帝听说后,

愈恶之。五月戊午,召休仁入见,既而谓曰:"今夕停尚书下省宿,明可早来。"其夜,遣人赍药赐死。休仁骂曰:"上得天下,谁之力邪!孝武以诛锄兄弟,子孙灭绝。今复为尔,宋祚其能久乎!"上虑有变,力疾乘舆出端门,休仁死,乃入。下诏称:"休仁规结禁兵,谋为乱逆,朕未忍明法,申诏诘厉。休仁惭恩惧罪,遽自引决。可宥其二子,降为始安县王,听其子伯融袭封。"

上虑人情不悦,乃与诸大臣及方镇诏,称:"休仁与休祐深相亲结,语休祐云:'汝但作佞,此法自足安身,我从来颇得此力。'休祐之陨,本欲为民除患,而休仁从此日生娆惧。吾每呼令入省,便入辞杨太妃。吾春中多与之射雉,或阴雨不出,休仁辄语左右云:'我已复得今一日。'休仁既经南讨,与宿卫将帅经习狩共事。吾前者积日失适,休仁出入殿省,无不和颜,厚相抚劳。如其意趣,人莫能测。事不获已,反覆思惟,不得不有近日处分。恐当不必即解,故相报知。"

上与休仁素厚,虽杀之,每谓人曰:"我与建安年时相邻,少便款狎。景和、泰始之间,勋诚实重。事计交切,不得不相除,痛念之至,不能自已。"因流涕不自胜。

初,上在藩与褚渊以风素相善。及即位,深相委仗。上寝疾,渊为吴郡太守,急召之。既至,入见,上流涕曰:"吾近危笃,故召卿,欲使著黄裲耳。"黄裲者,乳母服也。上与渊谋诛建安王休仁,渊以为不可,上怒曰:"卿痴人!不足与计事!"渊惧而从命。复以渊为吏部尚书。庚午,以尚书右仆射袁粲为尚书令,褚渊为左仆射。

心里更是厌恶。五月戊午(初一),明帝命刘休仁进宫朝见,不久又通知他说:"今晚你可在尚书下省安歇,明天一早再来。"当夜,明帝派人送去毒药,强迫他吞服。刘休仁骂道:"你能得到天下,是谁的力量!孝武帝因为诛杀兄弟的缘故,子孙灭绝,今天你又要诛杀兄弟,宋的国运岂能长久!"明帝担心有变,提起精神,乘轿到皇城端门坐镇,直到刘休仁气绝,才回后宫。下诏宣布:"刘休仁计划结交宫廷禁卫官兵,阴谋叛乱,朕不忍心把他交付法庭审判,而只下诏严厉斥责。刘体仁对自己的忘恩负义,畏惧羞愧,不能自容,服毒自杀。可以宽恕他的两个儿子,贬刘休仁为始安县王,由其子刘伯融继承爵位。"

明帝害怕引起公愤,于是颁发诏书给朝廷各大臣及地方官员,说:"刘休仁与刘休祐相交很深,刘休仁对刘休祐说:'你只管奉承皇上,这妙法足可以安身,我一向很得益于这种办法。'刘休祐之死,本来只打算为民除害,可是刘休仁却从此越发恐慌。我每次传他进宫,他都进去向母亲杨太妃告别。春天,我常常与他一块去打野鸡,偶遇阴天下雨,不能外出,刘休仁就告诉左右:'今天又多活了一天。'刘休仁曾经因为南征的缘故,与皇家禁卫将领在一起共事,情投意合。我以前有好些日子身体不适,刘休仁出入宫廷,见到这些将领,一律和颜悦色,进行安抚慰劳。像他这样的意图,别人无法加以估量。事情已经不能阻止了,反复思考,不得不做这项处分。恐怕你们不一定知道内情,所以特此向你们告知。"

明帝与刘休仁素来十分友好,虽然他害死刘休仁,但常对人说:"我与建安王刘休仁年纪差不多,幼年时候便在一起玩耍。景和、泰始之间,他一片忠心,建功立业,功勋的确不小。可是,到了利害关头,不得不先行下手除掉他,哀痛想念之至,不能自控。"于是,流泪哭泣,悲不自胜。

当初,明帝为亲王时,因褚渊风度翩翩,气质雅素,而与他成为至好的朋友。明帝即位后,彼此也十分信赖依托。明帝病重,褚渊正任吴郡太守,明帝急召褚渊入宫。褚渊到京后,入宫觐见,明帝痛哭流涕说:"我的病情危险,所以召见你,打算请你穿黄棉袄!"黄棉袄是乳母的服装,意为向他托孤。明帝与褚渊谋划诛杀建安王刘休仁,褚渊认为不能那样做,明帝大怒说:"你是个呆子,不足与你共计国家大事。"褚渊惧怕,只好从命。于是,明帝再任命褚渊为吏部尚书。庚午(十三日),又提升尚书右仆射袁粲为尚书令,褚渊为左仆射。

6　上恶太子屯骑校尉寿寂之勇健。会有司奏寂之擅杀逻尉,徙越州,于道杀之。

7　丙戌,追废晋平王休祐为庶人。

8　巴陵王休若至京口,闻建安王死,益惧。上以休若和厚,能谐缉物情,恐将来倾夺幼主,欲遣使杀之,虑不奉诏。欲征入朝,又恐猜骇。六月丁酉,以江州刺史桂阳王休范为南徐州刺史,以休若为江州刺史。手书殷勤,召休若使赴七月七日宴。

9　丁未,魏主如河西。

10　秋,七月,巴陵哀王休若至建康。乙丑,赐死于第,赠侍中、司空。复以桂阳王休范为江州刺史。时上诸弟俱尽,唯休范以人才凡劣,不为上所忌,故得全。

　　沈约论曰:圣人立法垂制,所以必称先王,盖由遗训馀风,足以贻之来世也。太祖经国之义虽弘,隆家之道不足。彭城王照不窥古,徒见昆弟之义,未识君臣之礼,冀以家情行之国道,主猜而犹犯,恩薄而未悟,致以呵训之微行,遂成灭亲之大祸。开端树隙,垂之后人。太宗因易隙之情,据已行之典,翦落洪枝,不待顾虑。既而本根无庇,幼主孤立,神器以势弱倾移,灵命随乐推回改,斯盖履霜有渐,坚冰自至,所由来远矣。

6 明帝对太子屯骑校尉寿寂之的勇敢雄健,恐惧不安。正巧,有关部门奏报寿寂之擅自诛杀巡逻军官。明帝把寿寂之贬到越州,在途中把他杀掉。

7 丙戌(二十九日),将已杀死的晋平王刘休祐,追废为平民。

8 巴陵王刘休若抵达京口,听到建安王刘休仁被毒死的消息,更加恐惧。明帝认为刘休若性情温和,品格憨厚,能调解纠纷,各方人士对他都十分敬重,害怕他将来有一天夺取幼主刘昱的帝位,明帝原打算派使臣前往诛杀刘休若,怕他拒不从命。打算征召他到朝廷朝见,又怕引起他猜疑震惊。六月丁酉(初十),明帝任命江州刺史桂阳王刘休范为南徐州刺史,任命刘休若为江州刺史。明帝亲笔写信给刘休若,十分亲切地召刘休若前来京师,参加七月七日的皇家盛宴。

9 丁未(二十),北魏国主前往河西。

10 秋季,七月,巴陵哀王刘休若抵达建康。乙丑(初九),明帝派人到巴陵王府,命刘休若自杀,追赠刘休若为侍中、司空。再命桂阳王刘休范回任江州刺史。当时,明帝的所有兄弟全部铲除,只有刘休范因人品低劣、才能平庸,不为明帝所忌患,故得以保全性命。

  沈约评论说:圣人制定法律,建立制度,一定要称引古代明圣君王。其缘故,为的是古代明圣君王遗留下来的教训和风范,足以为后世的榜样。太祖文帝治理国家的规划虽然弘大,可是使家族兴隆的办法却有不足。彭城王刘义康对历史一无所知,所以只看到兄弟之情,却不懂君臣之礼,想把家族中的亲情,用于治国之道。人主已经猜忌,他仍然冒犯;宠信已经衰竭,他仍然不醒悟。以致不过犯了只须斥责训诫的小过,却招来杀身灭门之大祸。开创猜忌的先例,为后人提供了启示。太宗明帝因袭猜忌的心理,依照先例,残杀兄弟,无所顾忌。随后,朝廷的根本受不到保护,幼主孤孤单单,坐在宝座之上,国家的威严与权柄因皇帝势弱而转移,皇室的命运也随着人心而改变。这就同降霜结冰一样,逐渐形成,原因可追溯到很久以前。

　　裴子野论曰：夫噬虎之兽，知爱己子；搏狸之鸟，非护异巢。太宗保字螟蛉，剿拉同气，既迷在原之天属，未识父子之自然。宋德告终，非天废也。夫危亡之君，未尝不先弃本枝，妪煦旁孽。推诚婴犴，疾恶父兄。前乘覆车，后来并辔。借使叔仲有国，犹不失配天；而他人入室，将七庙绝祀。曾是莫怀，甘心揃落。晋武背文明之托，而覆中州者贾后；太祖弃初宁之誓，而登合殿者元凶。祸福无门，奚其豫择！友于兄弟，不亦安乎！

11　丙寅，魏主至阴山。

12　初，吴喜之讨会稽也，言于上曰："得寻阳王子房及诸贼帅，皆即于东戮之。"既而生送子房，释顾琛等。上以其新立大功，不问，而心衔之。及克荆州，剽掠，赃以万计。寿寂之死，喜为淮陵太守，督豫州诸军事，闻之，内惧，启乞中散大夫，上尤疑骇。或谮萧道成在淮阴有贰心于魏，上封银壶酒，使喜自持赐道成。道成惧，欲逃，喜以情告道成，且先为之饮，道成即饮之。喜还朝，保证道成。或密以启上，上以喜多计数，素得人情，恐其不能事幼主。乃召喜入内殿，与共言谑甚款，既出，赐以名馔。寻赐死，然犹发诏赗赐。

　　又与刘勔等诏曰："吴喜轻狡万端，苟取物情。昔大明中，黟、歙有亡命数千人，攻县邑，杀官长，刘子尚遣三千精甲讨之，再往失利。孝武以喜将数十人至县，说诱群贼，贼即归降。诡数幻惑，乃能如此。及泰始初东讨，止有三百人，直造三吴，凡再经薄战，而自破冈以东，至海十郡，无不清荡。百姓闻吴河东来，便望风自退，若非积取三吴人情，何以得弭伏如此！

裴子野评论说:吞食猛虎的野兽,知道爱它的儿子;搏斗狸猫的飞鸟,不保护异类鸟的巢穴。太宗明帝为了保护他的养子,却屠杀一母同胞兄弟,昏庸无道已极,自然不了解兄弟天性、父子伦常。刘宋统治的败亡,并不是上天之意。亡国之君,没有一个不是先砍断本枝,而去养育旁枝的。对邪恶的亲信推心置腹,对父亲或兄弟却深恶痛绝。前面的车子翻了,后面的车子仍并驾齐驱。如果兄弟继承帝位,祖先的灵位仍可配享上天,而他人登上宝座,宗庙的祭祀将全部断绝。不将此事挂怀,甘心把本枝一一剪落。晋武帝违背母亲王元姬的托付,结果贾后使中原沉沦;太祖文帝违背初宁陵誓言,结果元凶刘劭登上宝座。祸福无门,哪能事先选择! 兄弟相亲相爱,岂不平安!

11　丙寅(初十),北魏国主抵达阴山。

12　当初,吴喜讨伐寻阳政权的会稽郡时,报告明帝说:"如果俘虏寻阳王刘子房与贼寇的将领,就在东部当场诛杀。"后来活捉了刘子房,押送建康,并释放了吴郡太守顾琛等。明帝因吴喜刚刚建立大功,没有追究,但内心深为痛恨。等到攻克荆州,吴喜大肆抢劫,贪赃以万计。寿寂之被诛杀时,吴喜正任淮陵太守,督豫州诸军事,得到消息,十分恐惧,上书明帝请求调任中散大夫,明帝大起疑心。这时,有人暗中指控萧道成在淮阴私通北魏。明帝用银壶装酒,加上封条,派吴喜亲自送给萧道成。萧道成惊恐,打算逃走,吴喜把实情告诉萧道成,并且先饮下一些,萧道成才敢喝下。吴喜回到京师,向皇上保证萧道成忠贞。然而,有人秘密检举,明帝认为吴喜计谋太多,而又素有人缘,恐怕不能事奉幼主。于是召吴喜到后宫内殿,纵情闲谈,间或打趣开开玩笑,十分亲密。吴喜告辞出来,明帝又赏赐给他名菜。接着命他自杀,但仍下诏颁发丧葬费用。

　　明帝又下诏刘勔等人,解释杀吴喜的原因说:"吴喜轻浮狡狯,变化万端,专会收买人心。从前,大明年间,黟县、歙县有亡命徒数千人,攻击县城,杀戮官员,刘子尚派三千精锐部队前去讨伐,但两次都被击败。孝武帝命吴喜率领几十人抵达县城,游说诱降群贼,群贼立即归降。诡秘蛊惑之人,才能如此。到了泰始初年,命吴喜东征,他只带三百人,竟能直入三吴,经过两次小小的搏战,自破冈以东,直至大海,共十郡,全部荡平。百姓听说吴喜到来,都望风自退,如果不是多年来赢得三吴人士的感情,怎么能使他们如此心服!

寻喜心迹,岂可奉守文之主,遭国家可乘之会邪！譬如饵药,当人羸冷,资散石以全身,及热势发动,去坚积以止患,非忘其功,势不获已耳。"

13　戊寅,以淮阴为北兖州,征萧道成入朝。道成所亲以朝廷方诛大臣,劝勿就征,道成曰:"诸卿殊不见事！主上自以太子稚弱,翦除诸弟,何预他人！今唯应速发,淹留顾望,必将见疑。且骨肉相残,自非灵长之祚,祸难将兴,方与卿等戮力耳。"既至,拜散骑常侍、太子左卫率。

14　八月丁亥,魏主还平城。

15　戊子,以皇子跻继江夏文献王义恭。

16　庚寅,上疾有间,大赦。

17　戊戌,立皇子准为安成王,实桂阳王休范之子也。

18　魏显祖聪睿夙成,刚毅有断,而好黄、老、浮屠之学,每引朝士及沙门共谈玄理,雅薄富贵,常有遗世之心。以叔父中都大官京兆王子推沉雅仁厚,素有时誉,欲禅以帝位。时太尉源贺督诸军屯漠南,驰传召之。既至,会公卿大议,皆莫敢先言。任城王云,子推之弟也,对曰:"陛下方隆太平,临覆四海,岂得上违宗庙,下弃兆民。且父子相传,其来久矣。陛下必欲委弃尘务,则皇太子宜承正统。夫天下者,祖宗之天下,陛下若更授旁支,恐非先圣之意,启奸乱之心,斯乃祸福之原,不可不慎也。"源贺曰:"陛下今欲禅位皇叔,臣恐紊乱昭穆,后世必有逆祀之讥。愿深思任城之言。"东阳公丕等曰:"皇太子虽圣德早彰,然实冲幼。陛下富于春秋,始览万机,奈何欲隆独善,不以天下为心,

探寻吴喜的心迹,绝不会尊奉正统君主,而坐失千载难逢的良机!譬如吃药,当人发冷时,应服热身之药;当人发热时,应服退热之药。并非忘掉他的功劳,而属迫不得已罢了。"

13 戊寅(二十二日),刘宋把淮阴划归北兖州,征召萧道成回京。萧道成的亲信认为,朝廷正在诛杀大臣,劝萧道成拒绝征召。萧道成说:"你们还没有看透当前的形势,皇上只因为太子年纪太小,所以把兄弟一一翦除,跟别人无关。现在必须立即出发,稍微延误观望,一定受到猜疑。而且骨肉相残,政权势必难以长久,大祸将临,各位要与我同心协力。"回京师之后,明帝任命萧道成为散骑常侍、太子左卫率。

14 八月丁亥(初一),魏主返回平城。

15 戊子(初二),明帝把皇子刘跻过继给江夏文献王刘义恭。

16 庚寅(初四),明帝病势转轻,宣布大赦。

17 戊戌(十二日),明帝封皇子刘准为安成王。刘准实际上是桂阳王刘休范的儿子。

18 北魏献文帝拓跋弘从小就聪明睿智,刚毅果断,爱好黄老哲学和佛学,每次接见朝廷官员及和尚僧侣,共同谈玄论理,对世俗的荣华富贵,非常淡泊鄙薄,时常有离家修行的想法。认为叔父中都大官、京兆王拓跋子推沉稳文雅仁厚,一向有较高的声誉,打算把帝位禅让给他。当时,太尉源贺率各军驻防漠南,献文帝迅速传召他回京。源贺抵达时,正举行公卿会议,没有一个人敢先发言。任城王拓跋云是拓跋子推的弟弟,他说:"陛下正逢太平盛世,君临四海,怎么可以对上违背祖宗,对下抛弃人民。而且,父子相传,由来已久。陛下一定要放弃尘世上的俗务,那么皇太子理应继承大统。天下是祖先的天下,陛下如果把朝廷授予旁支,恐怕不是明圣祖先的本意,将要引起奸人的乱心,这是祸福的源头,不可不格外谨慎。"源贺说:"陛下现今打算禅位给皇叔,我深恐扰乱皇家祖庙祭祀的顺序,后世将讥讽我们逆祀。请三思任城王之言。"东阳公拓跋丕等说:"皇太子虽然神圣恩德早已彰显,但年龄实在太小。而陛下正当壮年,刚开始亲自主持朝政,为何只顾独善其身,不把天下放在心上?

其若宗庙何！其若亿兆何！"尚书陆馛曰："陛下若舍太子，更议诸王，臣请刎颈殿庭，不敢奉诏！"帝怒，变色，以问宦者选部尚书酒泉赵黑，黑曰："臣以死奉戴皇太子，不知其他！"帝默然。时太子宏生五年矣，帝以其幼，故欲传位子推。中书令高允曰："臣不敢多言，愿陛下上思宗庙托付之重，追念周公抱成王之事。"帝乃曰："然则立太子，群公辅之，有何不可！"又曰："陆馛，直臣也，必能保吾子。"乃以馛为太保，与源贺持节奉皇帝玺绂传位于太子。丙午，高祖即皇帝位，大赦，改元延兴。

高祖幼有至性，前年，显祖病痈，高祖亲吮。及受禅，悲泣不自胜。显祖问其故，对曰："代亲之感，内切于心。"

丁未，显祖下诏曰："朕希心玄古，志存澹泊，爰命储宫践升大位，朕得优游恭己，栖心浩然。"

群臣奏曰："昔汉高祖称皇帝，尊其父为太上皇，明不统天下也。今皇帝幼冲，万机大政，犹宜陛下总之。谨上尊号曰太上皇帝。"显祖从之。

己酉，上皇徙居崇光宫，采椽不斫，土阶而已，国之大事咸以闻。崇光宫在北苑中，又建鹿野浮图于苑中之西山，与禅僧居之。

19 冬，十月，魏沃野、统万二镇敕勒叛，遣太尉源贺帅众讨之。降二千馀落，追击馀党至枹罕、金城，大破之，斩首八千馀级，虏男女万馀口，杂畜三万馀头。诏贺都督三道诸军，屯于漠南。

如果那样的话,皇家祖庙将怎么办,亿万人民将怎么办!"尚书陆馛说:"陛下若舍弃太子,传位亲王,我宁可在金銮殿上自刎,也不敢奉诏。"献文帝勃然大怒,脸色霎时改变,转过头问宦官选部尚书酒泉人赵黑,赵黑说:"我以死效忠皇太子,不知其他。"献文帝沉默不语。这一年,皇太子拓跋宏仅仅五岁。献文帝因他太小,所以准备传位给拓跋子推。中书令高允说:"我不敢多言,愿陛下不忘祖先托付之重,而追念周公辅佐幼主成王的故事。"献文帝说:"那么,让皇太子登基,由各位辅佐,有何不可!"又说:"陆馛是忠直之臣,一定能保护我的儿子。"于是任命陆馛为太保,与源贺一同持节,把皇帝的玉玺呈献给皇太子拓跋宏。丙午(二十日),高祖孝文帝即位,宣布大赦,改年号为延兴。

孝文帝从小就感情丰富,两年前,献文帝身上长疮,孝文帝亲自用嘴为父亲吮脓。等到接受父亲的禅让,悲痛哭泣,不能自胜。献文帝问他缘故,他回答说:"接替父亲的位置,内心非常痛切。"

丁未(二十一日),献文帝下诏说:"朕向往太古生活,志向恬淡,不图名利,特命太子升为皇帝,朕只求悠闲自得,修身养性。"

文武官员上奏说:"从前,汉高祖刘邦当了皇帝,尊称他的父亲为太上皇,表明并非自己统治天下。而今,皇上年纪幼小,朝廷大政仍宜由陛下掌管,谨恭上尊号太上皇帝。"献文帝同意。

己酉(二十三日),太上皇帝迁到崇光宫居住,用刚刚采来未经砍伐的木材为房椽,台阶仍为土质,朝廷大事,仍向他请示。崇光宫在北苑中,又在苑中西山兴建佛教寺庙,名叫鹿野浮图,让和尚僧侣居住。

19　冬季,十月,北魏沃野、统万二镇所辖的敕勒部落叛乱,派太尉源贺率军讨伐。接受两千多个帐落的居民投降,追击残馀势力到枹罕、金城时,大破敕勒军,杀八千多人,俘虏男女一万多人,牲畜三万多头。孝文帝下诏,命源贺统领三路的几支军队,驻扎在沙漠之南。

先是，魏每岁秋、冬发军，三道并出以备柔然，春中乃还。贺以为"往来疲劳，不可支久。请募诸州镇武健者三万馀人，筑三城以处之，使冬则讲武，春则耕种。"不从。

20　庚寅，魏以南安王桢为都督凉州及西戎诸军事，领护西域校尉，镇凉州。

21　上命北琅邪、兰陵二郡太守垣崇祖经略淮北，崇祖自郁洲将数百人入魏境七百里，据蒙山。十一月，魏东兖州刺史于洛侯击之，崇祖引还。

22　上以故第为湘宫寺，备极壮丽。欲造十级浮图而不能，乃分为二。新安太守巢尚之罢郡入见，上谓曰："卿至湘宫寺未？此是我大功德，用钱不少。"通直散骑侍郎会稽虞愿侍侧，曰："此皆百姓卖儿贴妇钱所为，佛若有知，当慈悲嗟愍。罪高浮图，何功德之有！"侍坐者失色。上怒，使人驱下殿。愿徐去，无异容。

上好围棋，棋甚拙，与第一品彭城丞王抗围棋，抗每假借之，曰："皇帝飞棋，臣抗不能断。"上终不悟，好之愈笃。愿又曰："尧以此教丹朱，非人主所宜好也。"上虽怒甚，以愿王国旧臣，每优容之。

23　王景文常以盛满为忧，屡辞位任，上不许。然中心以景文外戚贵盛，张永累经军旅，疑其将来难信，乃自为谣言曰："一士不可亲，弓长射杀人。"景文弥惧，自表解扬州，情甚切至。诏报曰："人居贵要，但问心若为耳。大明之世，巢、徐、二戴，位不过执戟，权亢人主。今袁粲作仆射领选，而人往往不知有粲，

在此之前,北魏每年秋冬之季,分东、中、西三路同时发兵,防备柔然汗国的入侵,直到次年春季中期才撤退。源贺认为:"如此一往一来,士卒疲惫不堪,无法长期保持斗志。请求招募各州、镇壮士三万多人,沿边兴筑三座城,让他们据守,冬季练兵,春季种地。"朝廷不准。

　　20　庚寅(初五),北魏任命南安王拓跋桢为都督凉州及西戎诸军事,兼护西域校尉,镇守凉州。

　　21　刘宋明帝命北琅邪、兰陵二郡太守垣崇祖,策划收复淮河以北。垣崇祖率领数百人从郁州出发,深入北魏七百里,占领蒙山。十一月,北魏东兖州刺史于洛侯反攻,垣崇祖带兵撤回。

　　22　明帝把原来的府邸改为庙院,称湘宫寺,装潢修建,极为壮观华丽。准备兴建十层佛塔,不能成功,于是便修成两座。新安太守巢尚之解除职务后回京朝见,明帝对他说:"你去过湘宫寺没有? 那可是我的大功德,花费不少钱。"通直散骑侍郎会稽人虞愿正在一边侍立,说:"那是百姓用卖子、卖妻的钱所建造的,佛陀如果有灵,会慈悲为怀,哭泣哀叹。罪恶高过佛塔,有什么功德!"在座的人脸色全都大变,明帝大怒,命人把虞愿驱逐出殿。虞愿慢慢离开,没有恐惧的表情。

　　明帝爱下围棋,但棋艺非常拙劣,常跟围棋国手彭城丞王抗对弈。王抗只好常常暗中让他,说:"皇上一飞,臣无法切断。"明帝始终不知内情,对围棋越发爱不释手。虞愿又说:"这是尧用来教他儿子丹朱的玩艺儿,不是人主所应该嗜好的。"明帝怒不可遏,但由于虞愿是自己任亲王时的旧属,所以总是非常宽容他。

　　23　王景文一直为家门富贵过分而深感忧虑,屡次辞让官职,明帝都不准许。然而,明帝内心却因王景文是皇家外戚,地位高贵,家族昌盛,而孝昌侯张永长期率领大军,怀疑他们将来难以信任,于是,亲自写首歌谣:"一士不可亲,弓长射杀人。"王景文越发恐惧,再一次上书请求辞去扬州刺史,情意十分恳切。明帝下诏回答说:"一个人身居尊贵、重要职位,只要看他存心如何罢了。大明之世,巢尚之、徐爰、戴法兴、戴明宝官职不过是个手持长矛的侍从,其权力竟大于人主。而今,袁粲任仆射兼管吏部,人们往往不知道袁粲是谁,

粲迁为令,居之不疑。人情向粲,淡然亦复不改常日。以此居贵位要任,当有致忧竞不?夫贵高有危殆之惧,卑贱有填壑之忧,有心于避祸,不如无心于任运,存亡之要,巨细一揆耳。”

泰豫元年(壬子,472)

1　春,正月甲寅朔,上以疾久不平,改元。戊午,皇太子会四方朝贺者于东宫,并受贡计。

2　大阳蛮酋桓诞拥沔水以北、滍叶以南八万馀落降于魏,自云桓玄之子,亡匿蛮中,以智略为群蛮所宗。魏以诞为征南将军、东荆州刺史、襄阳王,听自选郡县吏。使起部郎京兆韦珍与诞安集新民,区置诸事,皆得其所。

3　二月,柔然侵魏,上皇遣将击之,柔然走。东部敕勒叛奔柔然,上皇自将追之,至石碛,不及而还。

4　上疾笃,虑晏驾之后,皇后临朝,江安懿侯王景文以元舅之势,必为宰相,门族强盛,或有异图。己未,遣使赍药赐景文死,手敕曰:“与卿周旋,欲全卿门户,故有此处分。”敕至,景文正与客棋,叩函看已,复置局下,神色不变,方与客思行争劫。局竟,敛子内奁毕,徐曰:“奉敕见赐以死。”方以敕示客。中直兵焦度、赵智略愤怒,曰:“大丈夫安能坐受死!州中文武数百,足以一奋。”景文曰:“知卿至心,若见念者,为我百口计。”乃作墨启答敕致谢,饮药而卒。赠开府仪同三司。

袁粲提升为尚书令,他并没有丝毫猜疑。人们都亲近他,而他淡漠得跟平常一样。以这种态度身居高位重职,难道会感到惶惶不安?高贵固然有倾危的恐惧,卑贱也会有被填沟壑的忧虑。用尽心机避祸,不如不用心机,听候命运的安排,兴衰存亡,道理相同。"

宋明帝泰豫元年(壬子,公元472年)

1 春季,正月甲寅朔(初一),刘宋明帝因患病很久,不能痊愈,于是改年号泰豫。戊午(初五),皇太子刘昱在东宫接见四方前来朝贺的官员,并接受各地方的贡品及报告。

2 大阳蛮酋长桓诞,率领沔水以北,澧水、叶县以南,共计八万多帐落,投降北魏。桓诞自称是桓玄的儿子,当初逃到蛮族居住的山区,用他的智慧和谋略,受到各蛮族部落的推崇。北魏任命桓诞为征南将军、东荆州刺史,封襄阳王。授权给他,可自己挑选郡太守、县令。朝廷派起部郎、京兆人韦珍同桓诞一起安抚慰问新居民,处理各种事务,安排得很适当。

3 二月,柔然汗国南下侵北魏。北魏太上皇派将领迎战,柔然军撤退。东部敕勒部落叛变,投奔柔然汗国,太上皇亲自率军追击,追到石碛,没有追上,回师。

4 刘宋明帝病情加重,考虑到死后,皇后王贞风一定临朝主政,而她的哥哥江安侯王景文以国舅的势力非当宰相不可,王氏家族强大,可能能有篡位的想法。己未(初七),明帝派人送毒药给王景文命他自杀,并亲写诏书说:"我与你为多年朋友,为了保全王家一门,所以做出这个决定。"诏书到时,王景文正与客人下围棋,打开封套看罢,放到棋盘下,神色不变,正想着与客人争劫。一盘棋下完,把棋子收到盒内,王景文慢慢地说:"接到圣旨,命我自尽。"这才把明帝的亲笔诏书拿给客人看。中直兵焦度、赵智略非常愤怒,说:"大丈夫怎么能坐以待毙,州中文武官员数百人,足可以一拼。"王景文说:"我知道你们的心,如果要想帮助我,应当为我家男女老少一百多口想一想!"于是写奏章回答明帝,引罪自责,饮药身亡。明帝下诏追赠王景文为开府仪同三司。

上梦有人告曰:"豫章太守刘愔反。"既寤,遣人就郡杀之。

5　魏显祖还平城。

6　庚午,魏主耕籍田。

7　夏,四月,以垣崇祖行徐州事,徙戍龙沮。

8　己亥,上大渐,以江州刺史桂阳王休范为司空,又以尚书右仆射褚渊为护军将军,加中领军刘勔右仆射,诏渊、勔与尚书令袁粲、荆州刺史蔡兴宗、郢州刺史沈攸之并受顾命。褚渊素与萧道成善,引荐于上,诏又以道成为右卫将军,领卫尉,与袁粲等共掌机事。是夕,上殂。庚子,太子即皇帝位,大赦。时苍梧王方十岁,袁粲、褚渊秉政,承太宗奢侈之后,务弘节俭,欲救其弊。而阮佃夫、王道隆等用事,货赂公行,不能禁也。

9　乙巳,以安成王准为扬州刺史。

10　五月戊寅,葬明皇帝于高宁陵,庙号太宗。六月乙巳,尊皇后曰皇太后,立妃江氏为皇后。

11　秋,七月,柔然部帅无卢真将三万骑寇魏敦煌,镇将尉多侯击走之。多侯,眷之子也。又寇晋昌,守将薛奴击走之。

12　戊午,魏主如阴山。

13　戊辰,尊帝母陈贵妃为皇太妃,更以诸国太妃为太姬。

14　右军将军王道隆以蔡兴宗强直,不欲使居上流。闰月甲辰,以兴宗为中书监,更以沈攸之为都督荆襄等八州诸军事、荆州刺史。兴宗辞中书监不拜。王道隆每诣兴宗,蹑履到前,不敢就席,良久去,竟不呼坐。

明帝梦见有人报告他说:"豫章太守刘愔谋反。"梦醒后,派人前往郡城,杀了刘愔。

5　北魏献文帝返回平城。

6　庚午(十八日),北魏国主亲自主持耕田仪式。

7　夏季,四月,任命垣崇祖为代理徐州事,迁往龙沮戍守。

8　己亥(十七日),明帝病危,任命江州刺史、桂阳王刘休范为司空,又命尚书右仆射褚渊为护军将军,加授中领军刘勔为右仆射。下诏指定褚渊、刘勔和尚书令袁粲、荆州刺史蔡兴宗、郢州刺史沈攸之同时接受托孤遗命。褚渊与萧道成的关系一向十分亲密,就把萧道成推荐给明帝,明帝再下诏,任命萧道成为右卫将军、兼卫尉,与袁粲等共同掌管朝廷大事。当晚,明帝去世。庚子(十八日),太子刘昱即皇帝位,宣布大赦。此时苍梧王刘昱年仅十岁。袁粲、褚渊主持朝政,在明帝奢侈糜烂的生活之后,力求节俭,想革除积弊。但是,阮佃夫、王道隆等人依然掌权,贿赂公开施行,袁粲、褚渊无力禁止。

9　乙巳(二十三日),任命安成王刘准为扬州刺史。

10　五月戊寅(二十七日),将明帝安葬在高宁陵,庙号太宗。六月乙巳(二十四日),尊嫡母、皇后王贞风为皇太后,封太子妃江简珪为皇后。

11　秋季,七月,柔然汗国部落酋长无卢真率领骑兵三万人,攻击北魏的敦煌,镇守将领尉多侯击退柔然军。尉多侯是尉眷的儿子。无卢真又侵犯晋昌,晋昌守将薛奴把他击退。

12　戊午(七日),北魏国主前往阴山。

13　戊辰(十七日),刘宋尊皇帝生母、贵妃陈妙登为皇太妃,改称各亲王的太妃为太姬。

14　右军将军王道隆因为蔡兴宗刚强正直,不愿意让他扼守长江上游。闰七月甲辰(二十四日),任命蔡兴宗为中书监,调任沈攸之为都督荆、襄等八州诸军事和荆州刺史。蔡兴宗推辞中书监的官职不肯就任。王道隆每次拜访蔡兴宗,都缓步轻行到面前,不敢径自坐下来,很久才离开,蔡兴宗也不请他入座。

沈攸之自以材略过人，自至夏口以来，阴蓄异志。及徙荆州，择郢州士马、器仗精者，多以自随。到官，以讨蛮为名，大发兵力，招聚才勇，部勒严整，常如敌至。重赋敛以缮器甲，旧应供台者皆割留之，养马至二千馀匹，治战舰近千艘，仓廪、府库莫不充积。士子、商旅过荆州者，多为所羁留。四方亡命，归之者皆蔽匿拥护。所部或有逃亡，无远近穷追，必得而止。举错专恣，不复承用符敕，朝廷疑而惮之。为政刻暴，或鞭挞士大夫，上佐以下，面加詈辱。然吏事精明，人不敢欺，境内盗贼屏息，夜户不闭。

攸之赇罚群蛮太甚，又禁五溪鱼盐，蛮怨叛。酉溪蛮王田头拟死，弟娄侯篡立，其子田都走入獠中。于是群蛮大乱，掠抄至武陵城下。武陵内史萧嶷遣队主张英儿击破之，诛娄侯，立田都，群蛮乃定。嶷，赜之弟也。

15 八月戊午，乐安宣穆公蔡兴宗卒。

16 九月辛巳，魏主还平城。

17 冬，十月，柔然侵魏，及五原，十一月，上皇自将讨之。将度漠，柔然北走数千里，上皇乃还。

18 丁亥，魏封上皇之弟略为广川王。

19 己亥，以郢州刺史刘秉为尚书左仆射。秉，道怜之孙也，和弱无干能，以宗室清令，故袁、褚引之。

沈攸之自认为才能胆略过人,自从镇守夏口以来,暗中准备,有夺取政权的野心。等调任荆州,临走时把郢州的兵士战马以及精良武器,尽量携带同往。到荆州之后,借口讨伐蛮族,大肆动员境内人力,招兵买马,加强战斗训练,经常戒备,好像大敌当前一样。加重人民的田赋捐税以制造武器铠甲,原来应向朝廷缴纳的军用物资一律留下,不再缴纳。养战马多到两千多匹,制造船舰近一千艘,粮仓、钱库都十分充实。读书人、旅客和商人,经过荆州的,大多被留下不放。各地的亡命之徒,投奔荆州的都受到庇护藏匿。自己的部属中,如果有人逃亡,无论逃到哪里,都穷追不舍,一定要逮捕到手才停止。各项措施全都独断专行,不再使用朝廷的名义。朝廷怀疑他但又有所忌惮。沈攸之为政刻薄凶暴,有时甚至鞭打士大夫,对高级僚属以下的官吏,往往当面就诟骂侮辱。然而沈攸之做事精明,别人不敢欺骗他。荆州境内,盗贼不敢轻举妄动,百姓夜不闭户。

沈攸之对各蛮族部落勒索过分,又禁止五溪一带居民捕鱼、贩盐,各蛮族怨愤,起兵叛乱。酉溪蛮族首领田头拟去世,他的弟弟田娄侯篡位,儿子田都逃到獠族地区。于是众蛮族部落大乱,武装抢掠,兵至武陵城。武陵内史萧嶷派队主张英儿击破蛮族各部落军,杀了田娄侯,恢复田都王位,众蛮族部落才安定。萧嶷是萧赜的弟弟。

15 八月戊午(初八),乐安宣穆公蔡兴宗去世。

16 九月辛巳(初二),北魏国主返回平城。

17 冬季,十月,柔然汗国侵略北魏,前锋逼近五原。十一月,北魏太上皇亲自率军讨伐,准备北渡大沙漠,深入攻击。柔然军向北逃走数千里,太上皇这才班师回朝。

18 丁亥(初九),北魏封太上皇的弟弟拓跋略为广川王。

19 己亥(二十一日),刘宋擢升郢州刺史刘秉为尚书左仆射。刘秉是刘道怜的孙子,性情温和懦弱,没有才干,只因他是皇族,清高显贵,所以袁粲、褚渊推荐他。

20　中书通事舍人阮佃夫加给事中、辅国将军,权任转重。欲用其所亲吴郡张澹为武陵郡。袁粲等皆不同,佃夫称敕施行,粲等不敢执。

21　魏有司奏诸祠祀合一千七十五所,岁用牲七万五千五百。上皇恶其多杀,诏:"自今非天地、宗庙、社稷,皆勿用牲,荐以酒脯而已。"

苍梧王上
元徽元年(癸丑,473)

1　春,正月戊寅朔,改元,大赦。

2　庚辰,魏员外散骑常侍崔演来聘。

3　戊戌,魏上皇还,至云中。

4　癸丑,魏诏守令劝课农事,同部之内,贫富相通,家有兼牛,通借无者。若不从诏,一门终身不仕。

5　戊午,魏上皇至平城。

6　甲戌,魏诏:"县令能静一县劫盗者,兼治二县,即食其禄。能静二县者,兼治三县,三年迁为郡守。二千石能静二郡上至三郡亦如之,三年迁为刺史。"

7　桂阳王休范,素凡讷,少知解,不为诸兄所齿遇,物情亦不向之,故太宗之末得免于祸。及帝即位,年在冲幼,素族秉政,近习用权。休范自谓尊亲莫二,应入为宰辅。既不如志,怨愤颇甚。典签新蔡许公舆为之谋主,令休范折节下士,厚相资给,于是远近赴之,岁中万计,收养勇士,缮治器械。朝廷知其有异志,亦

20 中书通事舍人阮佃夫被加授为给事中、辅国将军,权势更加扩大,职位更重要。他打算任用他的亲信,吴郡人张澹为武陵郡太守。袁粲等都不同意,阮佃夫声称是奉圣旨,袁粲等不敢坚持。

21 北魏有关部门奏报:全国寺庙共一千零七十五所,每年祭祀用牲畜七万五千五百头。太上皇厌恶他们杀害牲畜太多,下诏:"从今以后,除了祭祀天地、皇家祖庙、土神谷神,其他全不准用牲畜,只用酒和肉干就可以了。"

苍梧王上
宋苍梧王元徽元年(癸丑,公元 473 年)

1 春季,正月戊寅朔(初一),刘宋改年号元徽,实行大赦。

2 庚辰(初三),北魏员外散骑常侍崔演来访。

3 戊戌(二十一日),北魏太上皇率领大军回师,抵达云中。

4 癸丑(二月初六),北魏诏命各太守、县令都要鼓励农民耕田种桑,一郡一县之中,贫富应该互相帮助,家里有两头牛的,应借给没有牛的人一头。如果不遵守诏书规定,全家人终生不能做官。

5 戊午(十一日),北魏太上皇返平城。

6 甲戌(二十七日),北魏下诏:"县令如果能平定一县的盗匪,准许他管辖两个县,并发双份俸禄。如果能平定两个县的盗匪,准许他兼管三个县,三年之后,提升为郡守。俸禄二千石的太守如果能平定二郡、三郡,也按照这个规律,三年之后,升为刺史。"

7 桂阳王刘休范一向平凡庸俗,口舌木讷,愚昧无知,兄弟们都瞧不起他,社会上也没有人称赞他。所以,明帝对亲骨肉屠杀时,他得以幸免。太子刘昱即位时,年纪还幼小,寒门平民出身的官员主持朝政,左右亲近掌握大权。刘休范自认为无论是地位尊贵还是皇家血统,都没有人能超过他,他应该到朝廷担任宰相。意愿未得实现,就异常怨恨,不能自制。典签、新蔡人许公舆做他的主要谋士,教刘休范礼贤下士,广交朋友,给他们优厚的待遇,于是,无论远近,许多人前来投奔,一年之中集结的人数以万计,并收养勇士,制造武器。朝廷察觉刘休范行为异常,定怀二心,因此也

阴为之备。会夏口阙镇,朝廷以其地居寻阳上流,欲使腹心居之。二月乙亥,以晋熙王燮为郢州刺史。燮始四岁,以黄门郎王奂为长史,行府州事,配以资力,使镇夏口。复恐其过寻阳为休范所劫留,使自太洑径去。休范闻之,大怒,密与许公舆谋袭建康。表治城隍,多解材板而蓄之。奂,景文之兄子也。

8　吐谷浑王拾寅寇魏浇河,夏,四月戊申,魏以司空长孙观为大都督,发兵讨之。

9　魏以孔子二十八世孙乘为崇圣大夫,给十户以供洒扫。

10　秋,七月,魏诏“河南六州之民,户收绢一匹,绵一斤,租三十石。”

11　乙亥,魏主如阴山。

12　八月庚申,魏上皇如河西。

长孙观入吐谷浑境,刍其秋稼。吐谷浑王拾寅窘急请降,遣子斤入侍。自是岁修职贡。

九月辛巳,上皇还平城。

13　遣使如魏。

14　冬,十月癸酉,割南兖、豫州之境置徐州,治钟离。

15　魏上皇将入寇,诏州郡之民十丁取一以充行,户收租五十石以备军粮。

16　魏武都氐反,攻仇池,诏长孙观回师讨之。

17　武都王杨僧嗣卒于葭芦,从弟文度自立为武兴王,遣使降魏。魏以文度为武兴镇将。

18　十一月丁丑,尚书令袁粲以母忧去职。

暗中戒备。此时,正赶上夏口无人镇守,朝廷认为那里位居寻阳上游,打算派亲信去镇守。二月乙亥(二十八日),任命晋熙王刘燮为郢州刺史。刘燮本年才四岁,任命黄门郎王奂为长史代理府州事,配备雄厚的军事物资和兵力,镇守夏口。又唯恐刘燮等经过寻阳时被刘休范强行劫留,便让他们绕过寻阳,从太洑小路前往。刘休范得知后,勃然大怒,跟许公舆密谋袭击建康。他上疏朝廷,要求整修城池,但背地里却把很多筑城用的木板储藏起来。王奂是王景文的侄儿。

8 吐谷浑王慕容拾寅,攻击北魏的浇河郡。夏季,四月戊申(初二),北魏任命司空长孙观为大都督,发兵讨伐他们。

9 北魏任命孔子的第二十八代孙孔乘为崇圣大夫,由官府拨付十户人家,负责孔庙的清洁洒扫。

10 秋季,七月,北魏诏令"黄河以南六州百姓,每户人家,收征绢一匹,棉一斤,谷米三十石"。

11 乙亥(初一),北魏国主前往阴山。

12 八月庚申(十六日),北魏太上皇前往河西。

北魏长孙观进入吐谷浑境内,收割秋季成熟的庄稼。慕容拾寅窘困着急而请求投降,派他的儿子慕容斤前往北魏充当人质。从此,吐谷浑每年都向北魏国进贡。

九月辛巳(初八),北魏太上皇返回平城。

13 刘宋派使节前往北魏。

14 冬季,十月癸酉(三十日),刘宋分割南兖州、豫州若干郡,设立徐州,州府设在钟离。

15 北魏太上皇将要大举进攻刘宋,下令全国人民,十个青年中,征召一人入伍,每户征收五十石粮食,作为军粮储备。

16 北魏武都氐族部落谋反,攻击仇池。魏主下诏令长孙观回师讨伐他们。

17 武都王杨僧嗣在葭芦去世。堂弟杨文度自立为武兴王,派人投降北魏。北魏任命杨文度为武兴镇将。

18 十一月丁丑(初四),刘宋尚书令袁粲因母亲去世,辞职守丧。

19 癸巳,魏上皇南巡,至怀州。枋头镇将代人薛虎子,先为冯太后所黜,为门士。时山东饥,盗贼竞起,相州民孙海等五百人称虎子在镇,境内清晏,乞还虎子。上皇复以虎子为枋头镇将。即日之官,数州盗贼皆息。

20 十二月癸卯朔,日有食之。

21 乙巳,江州刺史桂阳王休范进位太尉。

22 诏起袁粲,以卫军将军摄职,粲固辞。

23 壬子,柔然侵魏,柔玄镇二部敕勒应之。

24 魏州镇十一水旱,相州民饿死者二千八百馀人。

25 是岁,魏妖人刘举聚众自称天子。齐州刺史武昌王平原讨斩之。平原,提之子也。

二年(甲寅,474)

1 春,正月丁丑,魏太尉源贺以疾罢。

2 二月甲辰,魏上皇还平城。

3 三月丁亥,魏员外散骑常侍许赤虎来聘。

4 夏,五月壬午,桂阳王休范反。掠民船,使军队称力请受,付以材板,合手装治,数日即办。丙戌,休范率众二万、骑五百发寻阳,昼夜取道。以书与诸执政,称:“杨运长、王道隆蛊惑先帝,使建安、巴陵二王无罪被戮,望执录二竖,以谢冤魂。”

庚寅,大雷戌主杜道欣驰下告变,朝廷惶骇。护军褚渊、征北将军张永、领军刘勔、仆射刘秉、右卫将军萧道成、游击将军戴明宝、骁骑将军阮佃夫、右军将军王道隆、中书舍人孙千龄、员外郎杨运长集中书省计事,莫有言者。道成曰:“昔上流谋逆,皆因淹缓致败,休范必远惩前失,轻兵急下,乘我无备。今应变之术,不宜远出,若偏师失律,则大沮众心。

19　癸巳(二十日),北魏太上皇南下巡视,抵达怀州。枋头镇将代郡人薛虎子,先前因冒犯了冯太后,被贬为看门禁卫。现在,山东大饥荒,盗贼竞相涌现。相州人孙海等五百人联名上疏,指称薛虎子在任时,境内一片清平,请求重新起用薛虎子。太上皇再次任命薛虎子任枋头镇将。薛虎子当天即行上任,几个州盗贼归降平息。

20　十二月癸卯朔(初一),出现日食。

21　乙巳(初三),江州刺史、桂阳王刘休范升任太尉。

22　征召袁粲以卫军将军的身份,代理尚书令,袁粲坚决辞让。

23　壬子(初十),柔然汗国南下侵入北魏,柔玄镇所属的两个敕勒部落起兵响应。

24　北魏十一个州镇水旱成灾,相州百姓两千八百多人饿死。

25　本年,北魏妖人刘举聚结部众,自称皇帝。齐州刺史武昌王拓跋平原讨伐,杀了刘举。拓跋平原是拓跋提的儿子。

宋苍梧王元徽二年(甲寅,公元474年)

1　春季,正月丁丑(初五),北魏太尉源贺因病被解除职务。

2　二月甲辰(初三),北魏太上皇返回平城。

3　三月丁亥(十六日),北魏员外散骑常侍许赤虎前来访问。

4　夏季,五月壬午(十二日),桂阳王刘休范起兵反抗朝廷。掠夺百姓船只,让各军各队根据实力申报所需数量,发给他们木板,依照规格装配船只,数日之间就办理完毕。丙戌(十六日),刘休范率军两万人,骑兵五百人,从寻阳出发,昼夜不停地前进。写信给朝廷各位执政官员,宣称:"杨运长、王道隆蛊惑蒙蔽先帝,使建安、巴陵二位亲王无罪被杀,请逮捕这两个奸臣,用来向冤魂谢罪。"

庚寅(二十日),大雷戌主杜道欣飞驰东下,报告事变,朝廷惶恐震惊。护军褚渊、征北将军张永、领军刘勔、仆射刘秉、右卫将军萧道成、游击将军戴明宝、骁骑将军阮佃夫、右军将军王道隆、中书舍人孙千龄、员外郎杨运长在中书省紧急集会,商讨对策,没有人肯先发言。萧道成说:"过去,凡是长江上游发动的叛乱,都因为行动迟缓,导致失败,刘休范一定吸取前人的教训,率轻装部队,急流东下,乘我们没有防备,来一个突然袭击。当今应变的策略,是不派军到远处出征,因为只要一支军队被击败,军心就会大受沮丧。

宜顿新亭、白下,坚守宫城、东府、石头,以待贼至。千里孤军,后无委积,求战不得,自然瓦解。我请顿新亭以当其锋,征北守白下,领军屯宣阳门为诸军节度。诸贵安坐殿中,不须竞出,我自破贼必矣。"因索笔下议。众并注"同"。孙千龄阴与休范通谋,独曰:"宜依旧遣军据梁山。"道成正色曰:"贼今已近,梁山岂可得至!新亭既是兵冲,所欲以死报国耳。常时乃可屈曲相从,今不得也!"坐起,道成顾谓刘勔曰:"领军已同鄙议,不可改易!"袁粲闻难,扶曳入殿,即日,内外戒严。

道成将前锋兵出屯新亭,张永屯白下,前南兖州刺史沈怀明戍石头,袁粲、褚渊入卫殿省。时仓猝不暇授甲,开南北二武库,随将士意所取。

萧道成至新亭,治城垒未毕。辛卯,休范前军已至新林。道成方解衣高卧以安众心,徐索白虎幡,登西垣,使宁朔将军高道庆、羽林监陈显达、员外郎王敬则帅舟师与休范战,颇有杀获。壬辰,休范自新林舍舟步上,其将丁文豪请休范直攻台城。休范遣文豪别将兵趣台城,自以大众攻新亭垒。道成率将士悉力拒战,自巳至午,外势愈盛,众皆失色,道成曰:"贼虽多而乱,寻当破矣。"

休范白服,乘肩舆,自登城南临沧观,以数十人自卫。屯骑校尉黄回与越骑校尉张敬儿谋诈降以取之。回谓敬儿曰:"卿可取之,我誓不杀诸王。"敬儿以白道成。道成曰:"卿能办事,当以本州相赏。"乃与回出城南,放仗走,大呼称降。休范喜,召至舆侧。回阳致道成密意,休范信之,以二子德宣、德嗣付道成为质。

我们应该防守新亭、白下,坚守宫城、东府、石头,等待贼寇攻击。他们一支孤军,千里而来,粮秣供应不上,求战不得,自然就会瓦解。我请求驻防新亭,首先抵挡叛军的前锋,张永驻守白下,刘勔驻扎宣阳门,指挥各军。其他尊贵官员,可安坐殿中,不必争着出来,我一定能够击破贼寇。"于是,索取笔墨,写下记录,大家全都签注"同意"。孙千龄秘密与刘休范通谋,唯有他反对,说:"应该按照过去的办法,派军据守梁山。"萧道成严肃地说:"贼寇已逼近梁山,我们派军怎么能赶到! 新亭是必争之地,我打算以死报效国家罢了。平时我可以委曲求全,听你的意见,今天不行!"大家散会离座,萧道成回头看一下刘勔,说:"刘领军已经完全同意我的意见,不可变更!"袁粲听到消息,让人扶着来到殿中。当天,朝廷内外戒严。

萧道成率领前锋军进驻新亭,张永进驻白下,前南兖州刺史沈怀明戍守石头,袁粲、褚渊进驻宫城,加强防卫。时间紧迫,来不及点发武器,只好打开南北两个大军械库,由将士自己随意挑选。

萧道成抵达新亭,开始修筑工事,但没有完成。辛卯(二十一日),刘休范前锋军已到新林。萧道成脱衣大睡,以安定军心,从容不迫地要来白虎幡,登上西城墙,派宁朔将军高道庆、羽林监陈显达、员外郎王敬则,率舰队迎战刘休范,获得相当大的战果。壬辰(二十二日),刘休范自新林登岸,他的部将丁文豪请求刘休范直接攻打台城,刘休范不同意,另派丁文豪手下其他将领攻打台城,而自己率大军攻击新亭萧道成的营垒。萧道成率军拼全力抵抗,从上午巳时苦战到午时,叛军攻势越来越猛,官军渐难支持,部众全都惊骇失色。萧道成说:"贼寇虽然多,可是杂乱无章,不久我们就会把他们击败。"

刘休范身穿白色便服,坐着两人抬的轻便小轿,亲自登上新亭南面的临沧观,仅带数十名卫士。官军屯骑校尉黄回与越骑校尉张敬儿,商量向刘休范诈降,以便偷袭他。黄回对张敬儿说:"你可以取刘休范的性命,我曾发誓绝不诛杀亲王!"张敬儿把这打算报告萧道成,萧道成说:"如果你能够成功,就把本州赏赐给你。"张敬儿于是跟黄回出城南下,放下武器,边跑边大喊"投降"。刘休范大喜,把二人叫到轿旁,黄回假装传达萧道成的秘密旨意,刘休范信以为真,把两个儿子刘德宣、刘德嗣,送给萧道成作为人质。

二子至，道成即斩之。休范置回、敬儿于左右，所亲李恒、锺爽谏，不听。时休范日饮醇酒，回见休范无备，目敬儿。敬儿夺休范防身刀，斩休范首，左右皆散走。敬儿驰马持首归新亭。

道成遣队主陈灵宝送休范首还台。灵宝道逢休范兵，弃首于水，挺身得达，唱云"已平"，而无以为验，众莫之信。休范将士亦不之知，其将杜黑骡攻新亭甚急。萧道成在射堂，司空主簿萧惠朗帅敢死士数十人突入东门，至射堂下。道成上马，帅麾下搏战，惠朗乃退，道成复得保城。惠朗，惠开之弟也，其姊为休范妃。惠朗兄黄门郎惠明，时为道成军副，在城内，了不自疑。

道成与黑骡拒战，自晡达旦，矢石不息。其夜，大雨，鼓叫不复相闻。将士积日不得寝食，军中马夜惊，城内乱走。道成秉烛正坐，厉声呵之，如是者数四。

丁文豪破台军于皂荚桥，直至朱雀桁南。杜黑骡亦舍新亭北趣朱雀桁。右军将军王道隆将羽林精兵在朱雀门内，急召鄱阳忠昭公刘勔于石头。勔至，命撤桁以折南军之势，道隆怒曰："贼至，但当急击，宁可开桁自弱邪！"勔不敢复言。道隆趣勔进战，勔渡桁南，战败而死。黑骡等乘胜渡淮，道隆弃众走还台，黑骡兵追杀之。黄门侍郎王蕴重伤，踣于御沟之侧，或扶之以免。蕴，景文之兄子也。于是中外大震，道路皆云"台城已陷"，白下、石头之众皆溃，张永、沈怀明逃还。宫中传新亭亦陷，太后执帝手泣曰："天下败矣！"

两个儿子一到,萧道成立即把他们斩首。刘休范把黄回、张敬儿留在身边,他的亲信李恒、锺爽,都加以劝阻,刘休范不听。这时刘休范每天饮酒,黄回看刘休范没有防备,便向张敬儿使一个眼色。张敬儿抽出刘休范的防身佩刀,砍下刘休范的人头,侍卫人员惊慌逃窜。张敬儿骑马飞奔,带着刘休范的人头跑回新亭。

萧道成派队主陈灵宝把刘休范的人头送回宫城。陈灵宝途中遇到刘休范的军队,一时紧急,把刘休范的人头扔到路边的水沟里,脱身抵达宫城,大声高喊:"乱事已平!"可是没有刘休范的人头作证,大家对此都不相信。刘休范的将士也不知道主帅已死,将领杜黑骡对新亭发动攻击,越攻越猛。萧道成在射堂,叛军司空主簿萧惠朗率敢死队数十人,突破东门,直逼射堂。萧道成上马,率部下奋战,萧惠朗这才退走,萧道成得以再次保住新亭城池。萧惠朗是萧惠开的弟弟,他的姐姐是刘休范的妃子。萧惠朗的哥哥黄门郎萧惠明,此时任萧道成的军副,驻防城中,他并不认为自己会被怀疑。

萧道成与杜黑骡酣战,自午后一直战到次日天明,流箭飞石,始终不停。当天夜晚,天下大雨,战鼓和呐喊声音互不相闻,将领士卒整天整夜不吃不睡。而军中马匹忽然夜惊,跑出马厩,满城乱跑。萧道成在指挥部手持蜡烛,正襟危坐,不断地厉声呵责,竟达四五次之多。

叛军大将丁文豪,在皂荚桥击败官军,一直挺进到朱雀桁南。杜黑骡也舍弃新亭北上,到朱雀桁跟丁文豪会师。朝廷右军将军王道隆率羽林禁卫军的精锐,驻防在朱雀门内,看到形势危急,马上召驻守石头的鄱阳忠昭公刘勔增援。刘勔达到后,命令撤除朱雀桁,阻止叛军的攻击之势。王道隆大发雷霆,说:"贼兵到了,只应迎头痛击,怎么能撤除浮桥,先使自己居于劣势!"刘勔不敢再说什么。王道隆催促刘勔进攻,刘勔过朱雀桁南下,战败身亡。杜黑骡等叛军乘胜渡过秦淮河,王道隆弃军而逃,奔向台城,杜黑骡追击,杀了王道隆。黄门侍郎王蕴身负重伤,倒在御水河旁,幸而有人扶起他逃走,才保住性命。王蕴是王景文哥哥的儿子。于是,朝廷内外,人心受到很大震惊。民间到处传言说"宫城已经陷落"。白下、石头驻军全都溃散,张永、沈怀明逃回。宫中又传言新亭也已陷落,皇太后王贞风握着小皇帝的手,哭泣说:"天下败落了!"

先是,月犯右执法,太白犯上将,或劝刘勔解职。勔曰:"吾执心行己,无愧幽明,若灾眚必至,避岂得免!"勔晚年颇慕高尚,立园宅,名为东山,遗落世务,罢遣部曲。萧道成谓勔曰:"将军受顾命,辅幼主,当此艰难之日,而深尚从容,废省羽翼,一朝事至,悔可追乎!"勔不从而败。

甲午,抚军长史褚澄开东府门纳南军,拥安成王准据东府,称桂阳王教曰:"安成王,吾子也,勿得侵犯。"澄,渊之弟也。杜黑骡径进至杜姥宅,中书舍人孙千龄开承明门出降。宫省恇扰。时府藏已竭,皇太后、太妃剔取宫中金银器物以充赏,众莫有斗志。

俄而丁文豪之众知休范已死,稍欲退散。文豪厉声曰:"我独不能定天下邪!"许公舆诈称桂阳王在新亭,士民惶惑,诣萧道成垒投刺者以千数。道成得,皆焚之,登北城谓曰:"刘休范父子昨已就戮,尸在南冈下。身是萧平南,诸君谛视之。名刺皆已焚,勿忧惧也。"

道成遣陈显达、张敬儿及辅师将军任农夫、马军主东平周盘龙等将兵自石头济淮,从承明门入卫宫省。袁粲慷慨谓诸将曰:"今寇贼已逼而众情离沮,孤子受先帝付托,不能绥静国家,请与诸君同死社稷!"被甲上马,将驱之。于是陈显达等引兵出战,大破杜黑骡于杜姥宅,飞矢贯显达目。丙申,张敬儿等又破黑骡等于宣阳门,斩黑骡及丁文豪,进克东府,馀党悉平。萧道成振旅还建康,百姓缘道聚观,曰:"全国家者此公也!"道成与袁粲、褚渊、刘秉皆上表引咎解职,不许。丁酉,解严,大赦。

在这之前,月亮侵犯右执法星,太白金星侵犯上将星,有人劝刘勔辞职。刘勔说:"我扪心检讨我的行为,无愧天地神明,如果灾难一定要来,躲也躲不掉!"刘勔到了晚年,很追求高雅,建立林荫花园,修筑亭台楼阁,名叫东山,远离世俗杂务,遣散部曲。萧道成劝告刘勔说:"将军接受先帝遗命,辅佐幼主,当此艰难的日子,却醉心于悠闲生活,翦除自己的羽翼,一旦发生大事,追悔莫及!"刘勔不以为然,果然战败而亡。

　　甲午(二十四日),抚军长史褚澄开东府门迎接叛军,拥戴安成王刘准占领东府,宣称桂阳王刘休范有令:"安成王本是我的儿子,不可侵犯。"褚澄是褚渊的弟弟。叛军将领杜黑骡一直挺进到杜姥宅,中书舍人孙千龄打开承明门出来投降,宫中和朝廷乱成一团。当时国库已经枯竭,皇太后、皇太妃把宫中所有的金银财宝器物都捡剔出来,用作赏赐,无奈军士已经没有斗志。

　　不久,丁文豪部队得知刘休范已死的消息,稍稍后退打算解散。丁文豪厉声说:"难道我不能单独平定天下!"许公舆诈称桂阳王刘休范没有死,正在新亭,官民恐惧困惑,纷纷奔往新亭,把萧道成的大营当成刘休范的大营,呈递求见的名片的人,多到数以千计。萧道成看到后,把名片都烧掉,登上北城门,对大家说:"刘休范父子昨天已经被杀,尸体抛在劳山南冈下。我是平南将军萧道成,诸位不妨看个仔细。名片都已被烧掉,不必担心害怕。"

　　萧道成派陈显达、张敬儿和辅师将军任农夫、马军主东平人周盘龙等率兵自石头渡秦淮河,从承明门入宫保卫宫廷及朝廷各机构。袁粲对各将领慷慨激昂地说:"现在,贼寇已逼到眼前,而人心离散,我受先帝托孤,不能安定国家,只有跟各位一道为国家效死。"穿上铠甲,跨上战马,准备冲出。陈显达等率军出战,与叛军展开激战,在杜姥宅大破杜黑骡,一支流箭射中陈显达的眼睛。丙申(二十六日),张敬儿等又在宣阳门大破叛军,杀了杜黑骡和丁文豪,乘胜攻克东府,叛党馀孽全部平定。萧道成整顿大军,返抵建康。百姓夹道观看,说:"保全国家的就是这位将军啊!"萧道成与袁粲、褚渊、刘秉都上表引咎辞职,没有批准。丁酉(二十七日),解除戒严,宣布大赦。

5　柔然遣使来聘。

6　六月庚子，以平南将军萧道成为中领军、南兖州刺史，留卫建康，与袁粲、褚渊、刘秉更日入直决事，号为四贵。

7　桂阳王休范之反也，使道士陈公昭作《天公书》，题云“沈丞相”，付荆州刺史沈攸之门者。攸之不开视，推得公昭，送之朝廷。及休范反，攸之谓僚佐曰：“桂阳必声言我与之同。若不颠沛勤王，必增朝野之惑。”乃与南徐州刺史建平王景素、郢州刺史晋熙王燮、湘州刺史王僧虔、雍州刺史张兴世同举兵讨休范。休范留中兵参军毛惠连等守寻阳，燮遣中兵参军冯景祖袭之。癸卯，惠连等开门请降，杀休范二子，诸镇皆罢兵。景素，宏之子也。

8　乙卯，魏诏曰：“下民凶戾，不顾亲戚，一人为恶，殃及阖门。朕为民父母，深所愍悼。自今非谋反大逆外叛，罪止其身。”于是始罢门、房之诛。

魏显祖勤于为治，赏罚严明，慎择牧守，进廉退贪。诸曹疑事，旧多奏决，又口传诏敕，或致矫擅。上皇命事无大小，皆据律正名，不得为疑奏。合则制可，违则弹诘，尽用墨诏，由是事皆精审。尤重刑罚，大刑多令覆鞫，或囚系积年。群臣颇以为言，上皇曰：“滞狱诚非善治，不犹愈于仓猝而滥乎！夫人幽苦则思善，故智者以囹圄为福堂，朕特苦之，欲其改悔而加矜恕尔。”由是囚系虽滞，而所刑多得其宜。又以赦令长奸，故自延兴以后，不复有赦。

5　柔然汗国派使节来访。

6　六月庚子(初一),擢升南平将军萧道成为中领军、南兖州刺史,留守京师建康,并与袁粲、褚渊、刘秉轮流进宫值班,裁决政事,当时称四人为四贵。

7　桂阳王刘休范发动政变时,让道士陈公昭撰写《天公书》,上题"沈丞相",送交荆州刺史沈攸之的看门人。沈攸之没有打开看,就搜捕送书人,穷追深查,最后抓到陈公昭,把他送到朝廷。等到刘休范谋反,沈攸之对他的同僚门客说:"刘休范一定声称我响应他的行动,如果不奋身勤王,必将增加朝野对我的误会。"于是会同南徐州刺史建平王刘景素、郢州刺史晋熙王刘燮、湘州刺史王僧虔、雍州刺史张兴世,共同举兵,讨伐刘休范。刘休范留下中兵参军毛惠连等守卫寻阳,刘燮派中兵参军冯景祖率军袭击毛惠连。癸卯(初四),毛惠连等开门投降,冯景祖诛杀刘休范的两个儿子,各州才把军队撤回去。刘景素是刘宏的儿子。

8　乙卯(十六日),北魏下诏说:"卑劣的小民,凶恶暴戾,从不顾及亲属,一个人作恶,祸及全家。朕为百姓的父母,深感怜悯哀痛。从今以后,除非是谋反、大逆、外叛,其他犯罪,只惩罚一人。"于是,撤销灭门、灭房的诛戮。

北魏献文帝拓跋弘,治理国家勤劳辛苦,赏罚严明,对州郡长官的挑选十分慎重,提拔廉洁官员,罢黜贪官污吏。从前,各部门有疑难困惑之事,大多当面奏报,听候皇上裁决,然后再口头转达皇上的决定,这样有时会歪曲或假传圣旨。太上皇命令,不管案件大小,都要根据法律辩证判断,不可以动不动就作为疑难上疏请示。合于法律的,朝廷会批准,违背法律的,朝廷会批驳,都是用手诏直接发出。从此以后,诉讼案件,都能办得认真周密。太上皇尤其重视刑事判决,凡是死罪,很多都下令复审,有些囚犯在监狱中关押好几年没有定案。群臣颇有意见,太上皇说:"长久羁押,当然不是好办法,但是不比草率乱杀要好吗? 人在监狱中受到痛苦,就会全心向善,所以聪明的人把监狱当作磨炼的场所。朕特别使犯人受一点苦楚,希望他们悔过自新,然后再对他们宽恕!"从此,囚犯虽然囚禁的时间较长,但给他们的处罚大多能够恰当。太上皇还认为普遍赦免罪犯,反而鼓励犯罪,所以自延兴以后,北魏不再实行大赦。

9　秋,七月庚辰,立皇弟友为邵陵王。

10　乙酉,加荆州刺史沈攸之开府仪同三司,攸之固辞。执政欲征攸之而惮于发命,乃以太后令遣中使谓曰:"公久劳于外,宜还京师。任寄实重,未欲轻之。进退可否,在公所择。"攸之曰:"臣无廊庙之资,居中实非其才。至于扑讨蛮、蜑,克清江、汉,不敢有辞。虽自上如此,去留伏听朝旨。"乃止。

11　癸巳、柔然寇魏敦煌,尉多侯击破之。尚书奏:"敦煌僻远,介居西、北强寇之间,恐不能自固,请内徙就凉州。"群臣集议,皆以为然。给事中昌黎韩秀,独以为:"敦煌之置,为日已久。虽逼强寇,人习战斗,纵有草窃,不为大害。循常置戍,足以自全。而能隔阂西、北二虏,使不得相通。今徙就凉州,不唯有蹙国之名,且姑臧去敦煌千有馀里,防逻甚难,二虏必有交通窥阚之志。若骚动凉州,则关中不得安枕。又,士民或安土重迁,招引外寇,为国深患,不可不虑也。"乃止。

12　九月丁酉,以尚书令袁粲为中书监、领司徒,加褚渊尚书令,刘秉丹杨尹。粲固辞,求反居墓所,不许。

渊以褚澄为吴郡太守,司徒左长史萧惠明言于朝曰:"褚澄开门纳贼,更为股肱大郡。王蕴力战几死,弃而不收。赏罚如此,何忧不乱!"渊甚惭。冬,十月庚申,以侍中王蕴为湘州刺史。

9 秋季,七月庚辰(十一日),封皇弟刘友为邵陵王。

10 乙酉(十六日),加授荆州刺史沈攸之为开府仪同三司,沈攸之坚决辞让。朝廷执政官员打算征召沈攸之回到京师,却不敢发布调令,于是以皇太后王贞风的名义派宦官前去对沈攸之说:"你长久在外辛劳,应该返回京师了。朝廷交付你的责任实在重要,并没有打算减轻之意。所以,进退与否,由你决定。"沈攸之说:"我这个人,不是国家栋梁之材,供职京师,非我能力所及。可是,让我去讨伐蛮族、蜑族,平定长江、汉水一带的叛乱,不敢推辞。这虽然是我的自己提出的请求,但应去应留,仍俯首听候朝廷的安排。"这项调动才作罢。

11 癸巳(二十四日),柔然汗国攻击北魏的敦煌,被敦煌的尉多侯击败。尚书奏称:"敦煌地方偏僻遥远,夹在西方、北方两大强寇之间,恐怕不能自保。不如放弃城池,把全部百姓迁到凉州。"文武官员集会商议,都认为很对,只有给事中昌黎人韩秀反对,他认为:"敦煌设置城池,为时已经很久。虽然逼近强大的贼寇,但百姓对沙场战斗已经习以为常,即使有几个小贼,也翻不起大浪。按照平常的驻防,足以保全自己。而且敦煌的地理位置非常重要,可隔断西方、北方二敌的接触,使得他们不能往来。如果把当地的百姓迁到凉州,不但蒙受丧失国土的罪名,而且姑臧距离敦煌有千里之遥,布防、巡逻都非常困难,两个强敌一定有联盟、侵略的野心。如果骚乱了凉州,那么关中百姓就无法安心生活。同时,官员或百姓如果有人因安土重迁而招引外寇前来,里应外合,势必成为国家深远的祸患,不可不考虑。"于是,放弃敦煌的计划才停止。

12 九月丁酉(二十九日),任命尚书令袁粲为中书监,兼任司徒,褚渊为尚书令,刘秉为丹杨尹。袁粲坚决辞职,请求回到墓园,继续为亡母守丧,没有批准。

褚渊任命他的哥哥褚澄为吴郡太守,司徒左长史萧惠明在朝廷公开指责说:"褚澄大开城门,招引叛贼,现在却又主管重要的大郡。王蕴奋身力战,几乎送命,却被抛置脑后,没人理他。赏罚这样颠倒,何愁天下不乱!"褚渊大为惭愧。冬季,十月庚申(二十三日),任命侍中王蕴为湘州刺史。

13 十一月丙戌,帝加元服,大赦。

14 十二月癸亥,立皇弟跻为江夏王,赞为武陵王。

15 是岁,魏建安贞王陆馛卒。

三年(乙卯,475)

1 春,正月辛巳,帝祀南郊、明堂。

2 萧道成以襄阳重镇,张敬儿人位俱轻,不欲使居之。而敬儿求之不已,谓道成曰:"沈攸之在荆州,公知其欲何所作。不出敬儿,以表里制之,恐非公之利。"道成笑而无言。三月己巳,以骁骑将军张敬儿为都督雍、梁二州诸军事、雍州刺史。

沈攸之闻敬儿上,恐其见袭,阴为之备。敬儿既至,奉事攸之,亲敬甚至,动辄咨禀,信馈不绝。攸之以为诚然,酬报款厚。累书欲因游猎会境上,敬儿报以为"心期有在,影迹不宜过敦"。攸之益信之。敬儿得其事迹,皆密白道成。道成与攸之书,问:"张雍州迁代之日,将欲谁拟?"攸之即以示敬儿,欲以间之。

3 夏,五月丙午,魏主使员外散骑常侍许赤虎来聘。

4 丁未,魏主如武州山。辛酉,如车轮山。

5 六月庚午,魏初禁杀牛马。

6 袁粲、褚渊皆固让新官。秋,七月庚戌,复以粲为尚书令,八月庚子,加护军将军褚渊中书监。

13 十一月丙戌(十九日),刘宋皇帝行加冠礼,实行大赦。

14 十二月癸亥(二十七日),封皇弟刘跻为江夏王,刘赞为武陵王。

15 本年,北魏建安贞王陆馛去世。

宋苍梧王元徽三年(乙卯,公元475年)

1 春季,正月辛巳(十五日),刘宋皇帝刘昱到南郊祭天,并在皇家明堂举行全国祭祀大典。

2 中领军萧道成认为襄阳是北方的军事重镇,张敬儿地位低微,又没有威望,不打算让他据守襄阳。但张敬儿不断请求,对萧道成说:"沈攸之在荆州,你知道他将来会干出什么勾当。不让我去建立内外夹攻的局势,恐怕对你并没有益处。"萧道成会心微笑,不再言语。三月己巳(初四),朝廷任命骁骑将军张敬儿为统领雍、梁二州诸军事,兼雍州刺史。

沈攸之听到张敬儿西上的消息,害怕他来袭击,暗中戒备。张敬儿到任所之后,对沈攸之十分亲切尊敬,几乎一举一动,都向沈攸之请示,书信和礼物络绎不绝。沈攸之认为张敬儿果真一片真心,回报也十分丰厚。沈攸之连续写信邀请张敬儿一块出城打猎,在两州疆界上会晤。张敬儿回信说"只要心在一起,形迹最好不要过于亲近"。沈攸之对张敬儿越发信任,而张敬儿得到沈攸之的隐密行动,都暗中报告萧道成。萧道成写信给沈攸之,问:"张敬儿调职的时候,你看由谁来接替合适?"沈攸之就让张敬儿过目,打算离间张敬儿与萧道成之间的感情。

3 夏季,五月丙午(十二日),北魏国主派员外散骑常侍许赤虎前来聘问。

4 丁未(十三日),魏主前往武州山。辛酉(二十七日),前往车轮山。

5 六月庚午(初七),北魏开始下令禁止屠宰牛马。

6 袁粲、褚渊都坚决辞让新封的官职。秋季,七月庚戌(十七日),再次任命袁粲为尚书令。八月庚子,加授护军将军褚渊为中书监。

7　冬,十二月丙寅,魏徙建昌王长乐为安乐王。

8　己丑,魏城阳王长寿卒。

9　南徐州刺史建平王景素,孝友清令,服用俭素,又好文学,礼接士大夫,由是有美誉。太宗特爱之,异其礼秩。时太祖诸子俱尽,诸孙唯景素为长。帝凶狂失德,朝野皆属意于景素。帝外家陈氏深恶之。杨运长、阮佃夫等欲专权势,不利立长君,亦欲除之。其腹心将佐多劝景素举兵,镇军参军济阳江淹独谏之,景素不悦。是岁,防阁将军王季符得罪于景素,单骑亡奔建康,告景素谋反。运长等即欲发兵讨之,袁粲、萧道成以为不可。景素亦遣世子延龄诣阙自陈。乃徙季符于梁州,夺景素征北将军、开府仪同三司。

7 冬季,十二月丙寅(初六),北魏改封建昌王拓跋长乐为安乐王。

8 己丑(二十九日),北魏城阳王拓跋长寿去世。

9 南徐州刺史建平王刘景素孝敬父母,与兄弟友爱,清高显贵,日常生活节俭朴素,又喜爱文学,待人接物谦卑有礼,受到大家一致称赞。明帝对他也非常喜爱,给予异常的礼遇。此时,文帝所生的儿子已全部死去,在孙子辈中只有刘景素年纪最大。皇帝刘昱凶暴疯狂,毫无品德,朝廷和民间都寄希望于刘景素。然而皇帝刘昱舅父陈家的人,都对刘景素十分厌恶。杨运长、阮佃夫等人打算长期掌握权势,不希望拥立年纪大的君王,因此也打算铲除刘景素。刘景素的心腹将领都劝刘景素发动兵变,只有镇军参军济阳人江淹劝说刘景素不要这样做,刘景素很不高兴。本年,防阁将军王季符冒犯了刘景素,单枪匹马逃到建康,告发刘景素谋反。杨运长等立刻就要出动军队讨伐,袁粲、萧道成认为不能这样做。而刘景素也派他的世子刘延龄,到建康向朝廷说明真相。于是将王季符贬逐到梁州,免去刘景素征北将军、开府仪同三司的官职。

卷第一百三十四　宋纪十六

起丙辰(476)尽戊午(478)凡三年

苍梧王下

元徽四年(丙辰,476)

1　春,正月己亥,帝耕籍田,大赦。

2　二月,魏司空东郡王陆定国坐恃恩不法,免官爵为兵。

3　魏冯太后内行不正,以李奕之死怨显祖,密行鸩毒,夏,六月辛未,显祖殂。壬申,大赦,改元承明。葬显祖于金陵,谥曰献文皇帝。

4　魏大司马、大将军代人万安国坐矫诏杀神部长奚买奴,赐死。

5　戊寅,魏以征西大将军、安乐王长乐为太尉,尚书左仆射、宜都王目辰为司徒,南部尚书李䜣为司空。尊皇太后曰太皇太后,复临朝称制。以冯熙为侍中、太师、中书监。熙自以外戚,固辞内任。乃除都督、洛州刺史,侍中、太师如故。

显祖神主祔太庙,有司奏庙中执事之官,请依故事皆赐爵。秘书令广平程骏上言:"建侯裂地,帝王所重,或以亲贤,或因功伐,未闻神主祔庙而百司受封者也。皇家故事,盖一时之恩,岂可为长世之法乎!"太后善而从之,谓群臣曰:"凡议事,当依古典正言,岂得但修故事!"而赐骏衣一袭,帛二百匹。

苍梧王下
宋苍梧王元徽四年（丙辰，公元 476 年）

1 春季，正月己亥（初九），刘宋皇帝亲自主持耕田典礼，实行大赦。

2 二月，北魏司空东郡王陆定国因仗恃皇恩违犯国法，被免除官爵，发配军中当兵。

3 北魏冯太后行为不正，因李奕之死，深深怨恨献文帝，于是秘密下毒。夏季，六月辛未（十三日），献文帝死亡。壬申（十四日），实行大赦，改年号承明。将献文帝安葬在金陵，谥号称献文皇帝。

4 北魏大司马、大将军、代人万安国因假传圣旨诛杀神部长奚买奴罪，被命令自尽。

5 戊寅（十九日），北魏任命征西大将军、安乐王拓跋长乐为太尉，尚书左仆射、宜都王拓跋目辰为司徒，南部尚书李䜣为司空。尊皇太后冯氏为太皇太后，冯太后再次摄政。冯太后任命冯熙为侍中、太师、中书监。冯熙认为自己是皇家外戚，坚决辞让朝内官职。于是任命他为都督、洛州刺史，但仍保留侍中、太师职位。

献文帝的牌位进入太庙之日，有关部门奏称：依照前例，太庙中有关官员都应加封爵位。秘书令广平人程骏上疏说："加封爵位，赏赐采邑，是帝王最重视的事情，或是皇上的亲戚、贤才，或是对国家有功劳贡献的人，从来没有听说因为皇帝牌位进庙而有关官员接受封爵的。皇家前例，只是一时的恩宠，怎么可以作为后世的法则！"冯太后认为他说得对，采取了他的意见，对文武官员说："凡讨论问题，都应当依照古代正确的言论，不可一味援引前例！"赏赐给程骏衣服一套，帛二百匹。

太后性聪察，知书计，晓政事，被服俭素，膳羞减于故事什七八，而猜忍多权数。高祖性至孝，能承颜顺志，事无大小，皆仰成于太后。太后往往专决，不复关白于帝。所幸宦者高平王琚、安定张祐、杞嶷、冯翊王遇、略阳苻承祖、高阳王质，皆依势用事；祐官至尚书左仆射，爵新平王；琚官至征南将军，爵高平王；嶷等官亦至侍中、吏部尚书、刺史，爵为公、侯，赏赐巨万，赐铁券，许以不死。又，太卜令姑臧王叡得幸于太后，超迁至侍中、吏部尚书，爵太原公。秘书令李冲，虽以才进，亦由私宠，赏赐皆不可胜纪。又外礼人望东阳王丕、游明根等，皆极其优厚，每褒赏叡等，辄以丕等参之，以示不私。丕，烈帝之玄孙；冲，宝之子也。

太后自以失行，畏人议己，群下语言小涉疑忌，辄杀之。然所宠幸左右，苟有小过，必加箠楚，或至百馀。而无宿憾，寻复待之如初，或因此更富贵。故左右虽被罚，终无离心。

6　乙亥，加萧道成尚书左仆射，刘秉中书令。

7　杨运长、阮佃夫等忌建平王景素益甚，景素乃与录事参军陈郡殷沵、中兵参军略阳垣庆延、参军沈颙、左暄等谋为自全之计。遣人往来建康，要结才力之士，冠军将军黄回、游击将军高道庆、辅国将军曹欣之、前军将军韩道清、长水校尉郭兰之、羽林监垣祗祖，皆阴与通谋。武人不得志者，无不归之。时帝好独出游走郊野，欣之谋据石头城，伺帝出作乱。道清、兰之欲说萧道成因帝夜出，执帝迎景素，

冯太后生性聪慧,心思细密,读过书,会算术,通晓政事,衣着简单朴素,日用饮食要比过去的规定减省十分之七八,但生性猜忌残忍,工于权术。孝文帝拓跋宏对这位祖母皇太后至为孝顺,能够尽量使她高兴欢乐。事情无论大小,都由她决定。冯太后往往独断专行,所作决定不再告诉孝文帝。她所宠爱的宦官高平人王琚、安定人张祐和杞嶷、冯翊人王遇、略阳人符承祖、高阳人王质都依仗冯太后的权势,在朝廷中掌权。张祐官至尚书左仆射,封新平王;王琚官至征南将军,封高平王;杞嶷等也都官至侍中、吏部尚书、刺史,封公爵、侯爵,赏赐钱财数万之多,发给他们铁券,承诺对他们绝不处死。另外,太卜令姑臧人王叡受冯太后的宠幸破格提拔,官至侍中、吏部尚书,封为太原公。秘书令李冲,虽然以他的才华受到赏识,但也是由于得到冯太后的私自宠爱的缘故。冯太后对他们的赏赐,都多到无法计算。表面上,冯太后对众望所归的大臣东阳王拓跋丕、游明根等,也都特别礼敬优厚。每次褒扬赏赐王叡等时,一定把拓跋丕等列入,表示并不出于私心。拓跋丕是烈帝拓跋翳槐的玄孙。李冲是李宝的儿子。

冯太后因为淫乱行为,害怕别人对自己讥讽议论,官员言谈中只要有一句话被疑为对她的讽刺,就立即诛杀。她所宠爱的左右侍从,即使有小小的过错,也一定鞭打,甚至打一百多鞭。可是冯太后对人从不记仇,第二天仍然善待,同平常一样,甚至有人被鞭打而更富贵。所以左右虽受体罚,但始终没有离心的。

6 乙亥(十七日),刘宋加授萧道成为尚书左仆射,刘秉为中书令。

7 杨运长、阮佃夫等对建平王刘景素的忌恨越发厉害。于是刘景素与录事参军陈郡人殷沵、中兵参军略阳人垣庆延、参军沈颙、左暄等密谋保卫自己的办法。派人来往建康,寻访结交有才能有勇力的人士。冠军将军黄回、游击将军高道庆、辅国将军曹欣之、前军将军韩道清、长水校尉郭兰之、羽林监垣祗祖,先后都与刘景素秘密通谋。所有未能满足志愿的军人,没有不归附刘景素的。当时,皇帝刘昱喜爱独自出来游逛,常常去远郊野外。曹欣之打算占领石头城,趁皇帝单独外出时,发动政变。韩道清、郭兰之准备游说萧道成,利用皇帝夜间出游机会,把他抓获,迎接刘景素。

道成不从者,即图之。景素每禁使缓之。杨、阮微闻其事,遣伧人周天赐伪投景素,劝令举兵。景素知之,斩天赐首送台。

秋,七月,祇祖率数百人自建康奔京口,云京师已溃乱,劝令速入。景素信之,戊子,据京口起兵,士民赴之者以千数。杨、阮闻祇祖叛走,即命纂严。己丑,遣骁骑将军任农夫、领军将军黄回、左军将军兰陵李安民将步军,右军将军张保将水军,以讨之。辛卯,又命南豫州刺史段佛荣为都统。萧道成知黄回有异志,故使安民、佛荣与之偕行。回私戒其士卒,"道逢京口兵,勿得战"。道成屯玄武湖,冠军将军萧赜镇东府。

始安王伯融,都乡侯伯猷,皆建安王休仁之子也,杨、阮忌其年长,悉称诏赐死。

景素欲断竹里以拒台军。垣庆延、垣祇祖、沈颙皆曰:"今天时旱热,台军远来疲困,引之使至,以逸待劳,可一战而克。"殷沵等固争,不能得。农夫等既至,纵火烧市邑。庆延等各相顾望,莫有斗志。景素本乏威略,惶扰不知所为。黄回迫于段佛荣,且见京口军弱,遂不发。

张保泊西渚,景素左右勇士数十人,自相要结,进击水军。甲午,张保败死,而诸将不相应赴,复为台军所破。台军既薄城下,颙先帅众走,祇祖次之,其馀诸军相继奔退,独左暄与台军力战于万岁楼下。而所配兵力甚弱,不能敌而散。乙未,拔京口。黄回军先入,自以有誓不杀诸王,乃以景素让殿中将军张倪奴。倪奴擒景素,斩之,并其三子,同党垣祇祖等数十人皆伏诛。萧道成释黄回、高道庆不问,抚之如旧。是日,解严。丙申,大赦。

萧道成如果拒绝,便谋杀萧道成。但刘景素每次都禁止这样做,嘱咐不可仓促发动。杨运长、阮佃夫稍稍得到一点风声,派一个北方人周天赐,假装投靠刘景素,劝刘景素起兵。刘景素查出他的底细,杀了周天赐,把人头送到朝廷。

秋季,七月,垣祗祖率数百人,从建康逃到京口,声称京师已经大乱,劝刘景素火速前往接收。刘景素信以为真,戊子(初一),占据京口起兵,士人和平民响应的数以千计。杨运长、阮佃夫得知垣祗祖叛变逃走的消息,下令戒严。己丑(初二),派骁骑将军任农夫、领军将军黄回、左军将军兰陵人李安民率领陆军,右军将军张保率领水军,出发讨伐他们。辛卯(初四),又任命南豫州刺史段佛荣为都统。萧道成已经发现黄回怀有二心,所以故意派李安民、段佛荣跟他同行。黄回暗中警告他的士卒"途中遇到京口军,不要作战"。萧道成驻防玄武湖,冠军将军萧赜镇守东府。

始安王刘伯融、都乡侯刘伯猷,都是建安王刘休仁的儿子,杨运长、阮佃夫对他们年纪渐大感到威胁,于是假传圣诏,命他们自尽。

刘景素打算以切断竹里来抵抗官军。垣庆延、垣祗祖、沈颙都说:"今年天气干旱炎热,官军远道而来,一定疲劳困顿,把他们引到城下,我们以逸待劳,可以一战取胜。"殷沵等坚决反对,但得不到上级支持。任农夫等抵达之后,纵火焚烧城市村落,垣庆延等互相观望,全无斗志。刘景素本来缺乏军事上的谋略和威望,惶恐怯懦,不知所措。黄回迫于段佛荣在旁,而且又看到京口军兵力薄弱,于是也不敢发动进攻。

朝廷将领张保停泊西渚,刘景素左右勇士几十人,互相约定以死相拼,攻击张保的水军。甲午(初七),击斩张保,可是京口军其他将领为了各自保全实力,不肯增援扩大战果,又被官军反攻击败。官军紧逼城下后,沈颙首先率领他的部众逃走,垣祗祖也跟着逃走,其他各路人马一哄而散,只有参军左暄与官军奋战在万岁楼下。但因分配给他的兵务不足,不能抵挡,最终溃败。乙未(初八),官军攻克京口。黄回军首先入城,因自己曾有"不杀诸王"的誓言,于是把刘景素交给殿中将军张倪奴。张倪奴生擒刘景素后,连同他的三个儿子及同党垣祗祖等数十人一齐诛杀。萧道成对黄回、高道庆不再追问,像往常一样抚慰他们。当天,解除戒严。丙申(初九),大赦。

初,巴东建平蛮反,沈攸之遣军讨之。及景素反,攸之急追峡中军以赴建康。巴东太守刘攘兵、建平太守刘道欣疑攸之有异谋,勒兵断峡,不听军下。攘兵子天赐为荆州西曹,攸之遣天赐往谕之。攘兵知景素实反,乃释甲谢愆,攸之待之如故。刘道欣坚守建平,攘兵譬说不回,乃与伐蛮军攻斩之。

8　甲辰,魏主追尊其母李贵人曰思皇后。

9　八月丁卯,立皇弟翔为南阳王,嵩为新兴王,禧为始建王。

10　庚午,以给事黄门侍郎阮佃夫为南豫州刺史,留镇京师。

11　九月戊子,赐骁骑将军高道庆死。

12　冬,十月辛酉,以吏部尚书王僧虔为尚书左仆射。

13　十一月戊子,魏以太尉、安乐王长乐为定州刺史,司空李诉为徐州刺史。

顺皇帝
升明元年(丁巳,477)

1　春,正月乙酉朔,魏改元太和。

2　己酉,略阳民王元寿聚众五千馀家,自称冲天王。二月辛未,魏秦、益二州刺史尉洛侯击破之。

3　三月庚子,魏以东阳王丕为司徒。

4　夏,四月丁卯,魏主如白登。壬申,如崞山。

当初,巴东建平蛮族叛变,沈攸之派军讨伐他们。等到刘景素起兵反叛时,沈攸之紧急追回已进入三峡的讨蛮军,改命直赴京师建康勤王。巴东太守刘攘兵、建平太守刘道欣,认为沈攸之一定有阴谋,于是下令戒严,封锁峡口,阻止沈攸之军队东下。刘攘兵的儿子刘天赐任荆州西曹,沈攸之派刘天赐前往,向他父亲说明原因,刘攘兵才知道刘景素真的已经起兵,乃下令各军撤退,向沈攸之道歉,沈攸之待他同往常一样。可是,刘道欣仍继续固守建平,刘攘兵派人前去解释,刘道欣一口拒绝。于是刘攘兵与讨蛮军一起发动攻击,斩刘道欣。

8 甲辰(十七日),北魏国主追尊母亲李贵人为思皇后。

9 八月丁卯(初十),刘宋封皇弟刘翙为南阳王,刘嵩为新兴王,刘禧为始建王。

10 庚午(十三日),任命给事黄门侍郎阮佃夫为南豫州刺史,仍留镇京师。

11 九月戊子(初二),下令赐骁骑将军高道庆自尽。

12 冬季,十月,辛酉(初五),提升吏部尚书王僧虔为尚书左仆射。

13 十一月戊子(初三),北魏任命太尉、安乐王拓跋长乐为定州刺史,司空李䜣为徐州刺史。

顺皇帝

宋顺帝升明元年(丁巳,公元 477 年)

1 春季,正月乙酉朔(初一),北魏改年号太和。

2 己酉(二十五日),略阳平民王元寿,聚集部众五千多家,自称冲天王。二月辛未(十七日),北魏秦、益二州刺史尉洛侯击败王元寿。

3 三月庚子(十七日),北魏任命东阳王拓跋丕为司徒。

4 夏季,四月丁卯(十四日),魏主前往白登。壬申(十九日),前往崞山。

初，苍梧王在东宫，好缘漆帐竿，去地丈馀。喜怒乖节，主帅不能禁。太宗屡敕陈太妃痛捶之。及即帝位，内畏太后、太妃，外惮诸大臣，未敢纵逸。自加元服，内外稍无以制，数出游行。始出宫，犹整仪卫。俄而弃车骑，帅左右数人，或出郊野，或入市廛。太妃每乘青㸰车，随相检摄。既而轻骑远走一二十里，太妃不复能追。仪卫亦惧祸不敢追寻，唯整部伍别在一处，瞻望而已。

初，太宗尝以陈太妃赐嬖人李道儿，已复迎还，生帝。故帝每微行，自称"刘统"，或称"李将军"。常著小裤衫，营署巷陌，无不贯穿。或夜宿客舍，或昼卧道傍，排突厮养，与之交易，或遭慢辱，悦而受之。凡诸鄙事，裁衣、作帽，过目则能。未尝吹篪，执管便韵。及京口既平，骄恣尤甚，无日不出，夕去晨返，晨出暮归。从者并执铤矛，行人男女及犬马牛驴，逢无免者。民间扰惧，商贩皆息，门户昼闭，行人殆绝。针、椎、凿、锯，不离左右，小有忤意，即加屠剖，一日不杀，则惨然不乐。殿省忧惶，食息不保。阮佃夫与直阁将军申伯宗等，谋因帝出江乘射雉，称太后令，唤队仗还，闭城门，遣人执帝废之，立安成王准。事觉，甲戌，帝收佃夫等杀之。

当初,刘宋苍梧王刘昱当皇太子时,常常亲自动手油漆帐竿,能爬到距地面一丈多的高处。他喜怒无常,侍从官员无法劝阻。明帝屡次让他的母亲陈太妃痛打他。刘昱即帝位后,对内害怕皇太后、皇太妃,对外害怕各位大臣,不敢放纵。可是自从行过加冠礼后,宫内宫外对他逐渐失去控制,于是刘昱不断出宫游逛。最初出宫,还有整齐的仪仗卫队。不久,便丢下随从车马,只带身边几个人,或跑到荒郊野外,或出入于街头闹市。陈太妃每次乘坐青盖牛犊车,尾随其后,监视、约束他。他便换乘轻装快马,一气奔跑一二十里,让太妃追赶不上。仪仗卫队也畏惧大祸临头,不敢追寻皇帝的去向,只好把部队驻扎在另外一个地方,远远眺望而已。

当初,明帝曾经把陈太妃赏赐给宠信的弄臣李道儿为妻,后来又把她迎接回去,生下苍梧王。所以,皇帝每次改穿便服外出,就自称刘统,或自称李将军。经常穿短裤、短衫,无论军营、官府、街巷、田野,到处出入。有时夜晚投宿旅店,有时白天就睡在马路旁边,在下等人中间挤来挤去,跟他们做买卖,有时遭到怠慢侮辱也欣然接受。任何低贱的事情,像裁制衣服、制作帽子,只要看过一遍,就能够学会。他从来没有吹过篪,拿起来一吹,声音便合曲调。等到京口事变平息,刘昱骄纵横暴尤为严重,没有一天不出宫,不是晚上出去凌晨回来,就是凌晨出去,晚上回来。随从人员手持短刀长矛,路上的男女行人和狗、马、牛、驴,只要碰上,立即诛杀,无一幸免。百姓忧愁恐惧,店铺及行商全都停止经营,家家户户白天闭门,路上行人几乎绝迹。针、锥、凿、锯,不离刘昱左右,只要稍看不顺眼,便顺手抓起凶器,当场杀人剖腹,一天不杀人,就闷闷不乐。宫廷侍从和朝廷官员,担忧惶恐,饮食作息都不能安稳。阮佃夫与直阁将军申伯宗等,密谋趁刘昱到江乘打野鸡之时,宣称奉皇太后命令,传唤仪仗卫队回京,关闭城门,派人逮捕刘昱,废黜,拥护安成王刘准。想不到密谋泄漏,甲戌(五月二日),刘昱逮捕阮佃夫等,将他们斩首。

太后数训戒帝,帝不悦。会端午,太后赐帝毛扇。帝嫌其不华,令太医煮药,欲鸩太后。左右止之曰:"若行此事,官便应作孝子,岂复得出入狡狯!"帝曰:"汝语大有理!"乃止。

六月甲戌,有告散骑常侍杜幼文、司徒左长史沈勃、游击将军孙超之与阮佃夫同谋者,帝登帅卫士,自掩三家,悉诛之,刳解脔割,婴孩不免。沈勃时居丧在庐,左右未至,帝挥刀独前。勃知不免,手搏帝耳,唾骂之曰:"汝罪逾桀、纣,屠戮无日",遂死。是日,大赦。

帝尝直入领军府。时盛热,萧道成昼卧裸袒。帝立道成于室内,画腹为的,自引满,将射之。道成敛版曰:"老臣无罪。"左右王天恩曰:"领军腹大,是佳射堋,一箭便死,后无复射。不如以骲箭射之。"帝乃更以骲箭射,正中其齐。投弓大笑曰:"此手何如!"帝忌道成威名,尝自磨铤,曰:"明日杀萧道成。"陈太妃骂之曰:"萧道成有功于国,若害之,谁复为汝尽力邪!"帝乃止。

道成忧惧,密与袁粲、褚渊谋废立。粲曰:"主上幼年,微过易改。伊、霍之事,非季世所行。纵使功成,亦终无全地。"渊默然。领军功曹丹阳纪僧真言于道成曰:"今朝廷猖狂,人不自保。天下之望,不在袁、褚,明公岂得坐受夷灭!存亡之机,仰希熟虑。"道成然之。

皇太后经常教训刘昱,刘昱很不高兴。正逢端午节,太后赏赐给刘昱一把羽毛扇,刘昱嫌它不够豪华,下令御医配制毒药,打算毒死太后。左右劝阻他说:"如果真的这样做,陛下便要当孝子守丧,怎么还能出入宫门玩耍游戏?"刘昱说:"你这话很有道理。"于是打消主意。

六月甲戌(二十二日),有人上告散骑常侍杜幼文、司徒左长史沈勃、游击将军孙超之,跟阮佃夫同谋。刘昱立即率领卫士,亲自突击三家,全部诛杀,砍断肢体,把肉一块块割下,连婴儿也不能幸免。沈勃当时正在家里守丧,卫队还没有到,刘昱挥刀独自一人冲在前面,沈勃知道不能避免,赤手空拳搏斗,猛击刘昱耳朵,唾骂道:"你的罪恶,超过桀、纣,死在眼前。"于是被砍死。当天,下诏大赦。

一天,刘昱径直闯入领军府,当时天气炎热,萧道成正裸身躺在那里睡觉。刘昱把萧道成叫醒,让他站在室内,在他肚子上画一个箭靶,自己拉紧了弓,就要发射。萧道成收起手版说:"老臣无罪。"左右侍卫王天恩说:"萧道成肚子大,是一个好箭靶,一箭射死,以后就再也找不到这样的箭靶了。不如改用圆骨箭头,多射几次。"刘昱就改用圆骨箭头,一箭射去,正中萧道成的肚脐。他把弓扔到地上,得意地大笑,说:"这只手如何!"刘昱对萧道成的威名十分畏惧忌恨,曾亲自磨短矛,说:"明天就杀萧道成。"陈太妃骂他说:"萧道成对国家有大功,如果杀了他,谁还为你尽力!"刘昱才住手。

萧道成忧愁恐惧,与尚书令袁粲、中书监褚渊密谋废黜刘昱,另立新君。袁粲说:"主上年纪还小,轻微的过失容易改正。伊尹、霍光的往事,在这末世已难实行。即使成功,最后仍无安身之地。"褚渊沉默不语。领军功曹丹阳人纪僧真对萧道成说:"现在皇上凶残疯狂,无人可以自保。天下百姓的希望,不在袁粲、褚渊,明公怎么能坐待被剿灭?存亡的关键,请深思熟虑。"萧道成同意。

　　或劝道成奔广陵起兵。道成世子赜,时为晋熙王长史,行郢州事,欲使赜将郢州兵东下会京口。道成密遣所亲刘僧副告其从兄行青、冀二州刺史刘善明曰:"人多见劝北固广陵,恐未为长算。今秋风行起,卿若能与垣东海微共动虏,则我诸计可立。"亦告东海太守垣荣祖。善明曰:"宋氏将亡,愚智共知。北虏若动,反为公患。公神武高世,唯当静以待之,因机奋发,功业自定,不可远去根本,自贻猖蹶。"荣祖亦曰:"领府去台百步,公走,人岂不知!若单骑轻行,广陵人闭门不受,公欲何之!公今动足下床,恐即有叩台门者,公事去矣。"纪僧真曰:"主上虽无道,国家累世之基犹为安固。公百口,北度必不得俱。纵得广陵城,天子居深宫,施号令,目公为逆,何以避之!此非万全策也。"道成族弟镇军长史顺之及次子骠骑从事中郎嶷,皆以为:"帝好单行道路,于此立计,易以成功。外州起兵,鲜有克捷,徒先人受祸耳。"道成乃止。

　　东中郎司马、行会稽郡事李安民欲奉江夏王跻起兵于东方,道成止之。

　　越骑校尉王敬则潜自结于道成,夜著青衣,扶匐道路,为道成听察帝之往来。道成命敬则阴结帝左右杨玉夫、杨万年、陈奉伯等一十五人于殿中,诇伺机便。

　　秋,七月丁亥夜,帝微行至领军府门。左右曰:"一府皆眠,何不缘墙入?"帝曰:"我今夕欲于一处作适,宜待明夕。"员外郎桓康等于道成门间听闻之。

有人劝萧道成回广陵起兵。萧道成的世子萧赜正任晋熙王刘燮的长史,兼行郢州事,萧道成打算命萧赜率郢州军顺长江东下,在京口会师。萧道成派他的亲信刘僧副,秘密通告堂兄代理青、冀二州刺史刘善明,说:"很多人劝我北上据守广陵,恐怕不是长远的打算。现在秋风将起,你如果能跟垣荣祖联合,稍稍挑动胡虏,我的各种计划当可实施。"同时也告诉东海太守垣荣祖。刘善明说:"宋国将亡,无论愚蠢人和明智人,都看得一清二楚。北虏如果有什么行动,反而会成为你的祸患。你的智慧韬略和英勇武功高过当世,只有一个办法,那就是安静地等待时机,再趁机猛烈出击,大业自然告成,不可以远离根本之地,自找灾祸。"垣荣祖也说:"领府距离宫城,不过一百步,如果你全家出奔,别人怎么会不知道? 如果单枪匹马轻装前往,广陵官员万一关闭城门,拒绝接纳,下一步将逃向哪里? 你只要举脚下床,马上就会有人敲宫城的城门,向朝廷告发,你的大事就糟糕了。"纪僧真说:"主上虽然凶暴丧失天道,可是刘家王朝几世建立的政权还算坚固。你百口之家,同时向北出奔,绝不可能。即使进入广陵,天子居住深宫之中,发号施令,指控你是叛逆,你有什么办法躲避! 这不是万全之策。"萧道成的族弟、镇军长史萧顺之,以及萧道成的次子、骠骑从事中郎萧嶷,都认为:"皇上喜爱单独出来乱窜,在这方面下手,比较容易成功。外州起兵,很少能够成功,反而徒然比别人先受灾祸。"萧道成这才取消原意。

东中郎司马、代理会稽郡事李安民,打算拥护江夏王刘跻,在东方起兵,萧道成加以制止。

越骑校尉王敬则主动暗中结交萧道成,一到夜里,王敬则就换上平民衣服,匍匐路旁,替萧道成侦察刘昱的行踪。萧道成命王敬则秘密结交刘昱左右亲信杨玉夫、杨万年、陈奉伯等一十五人,他们都在宫城内殿中任职,窥探有什么机会。

秋季,七月丁亥(初六),夜晚,刘昱身穿便装,走到领军府门口。左右侍从说:"府里的人全都睡熟,我们为什么不跳墙进去?"刘昱说:"今天晚上,我要到别的地方玩个痛快,明晚再来。"员外郎桓康等在领军府大门后全都听到。

　　戊子，帝乘露车，与左右于台冈赌跳，仍往青园尼寺，晚，至新安寺偷狗，就昙度道人煮之。饮酒醉，还仁寿殿寝。杨玉夫常得帝意，至是忽憎之，见辄切齿曰："明日当杀小子取肝肺！"是夜，令玉夫伺织女渡河，曰："见当报我；不见，将杀汝！"时帝出入无常，省内诸阁，夜皆不闭，厢下畏相逢值，无敢出者。宿卫并逃避，内外莫相禁摄。是夕，王敬则出外。玉夫伺帝熟寝，与杨万年取帝防身刀刜之。敕厢下奏伎，陈奉伯袖其首，依常行法，称敕开承明门出，以首与敬则。敬则驰诣领军府，叩门大呼，萧道成虑苍梧王诳之，不敢开门。敬则于墙上投其首，道成洗视，乃戎服乘马而出，敬则、桓康等皆从。入宫，至承明门，诈为行还。敬则恐内人觇见，以刀环塞窦孔，呼门甚急，门开而入。他夕，苍梧王每开门，门者震慑，不敢仰视，至是弗之疑。道成入殿，殿中惊怖。既而闻苍梧王死，咸称万岁。

　　己丑旦，道成戎服出殿庭槐树下，以太后令召袁粲、褚渊、刘秉入会议。道成谓秉曰："此使君家事，何以断之？"秉未答。道成须髯尽张，目光如电。秉曰："尚书众事，可以见付。军旅处分，一委领军。"道成次让袁粲，粲亦不敢当。王敬则拔白刃，在床侧跳跃曰："天下事皆应关萧公！敢有开一言者，血染敬则刀！"仍手取白纱帽加道成首，令即位，曰："今日谁敢复动！事须及热！"

戊子(初七),刘昱乘坐露天无篷车,跟左右侍从前往台冈,比赌跳高。然后,前往青园尼姑庵。夜晚,来到新安寺偷狗,偷来狗找到昙度道人,煮吃狗肉。吃过狗肉,醉醺醺地回仁寿殿睡觉。弄臣杨玉夫一向得到刘昱的宠信,而今天,刘昱忽然对杨玉夫大为痛恨,一看见他就咬牙切齿,说:"明天就杀了你这小子,挖出肝肺!"这天深夜,命杨玉夫观察织女渡河,说:"看见织女渡河时,马上叫醒我;看不见,就杀了你。"当时,刘昱出宫进宫,没有一定时间,宫中各阁门,夜间都不敢关闭,负责宫廷保卫的官员,惧怕跟皇帝见面,都不敢出门。禁卫军士卒更是躲得远远的,内外一片紊乱,互不相关,没有人管理。当天夜晚,王敬则出营等候消息。杨玉夫等到刘昱呼呼大睡时,与杨万年合伙取下刘昱的防身佩刀,砍下刘昱的人头。然后假传圣旨,命外庭演奏音乐。陈奉伯把刘昱的人头藏在袍袖里面,跟往常一样,神色自若,宣称奉皇帝派遣,打开承明门出宫,把人头交给王敬则。王敬则飞马奔向领军府,敲门大喊,萧道成恐怕是刘昱的诡计,不敢开门。王敬则把人头从墙上扔进去,萧道成令人洗净血迹辨识,果然不错,这才全副武装,骑马而出,王敬则、桓康等都随从其后。直往宫城,到了承明门,宣称皇帝御驾回宫。王敬则恐怕守门官兵从门洞往外察看,用刀柄堵住门洞,同时咆哮催促。门打开,他们进入宫城。从前,每逢夜晚,刘昱闯出闯进,都急躁凶暴,守门卫士震恐,从不敢抬头。所以,今晚之事,没有一人怀疑。萧道成进入仁寿殿,殿中官员惊慌恐怖。但紧接着听到刘昱已死的消息,都高呼万岁。

己丑(初八)早晨,萧道成全副武装站在殿前庭院中槐树下,以皇太后的命令召集尚书令袁粲、中书监褚渊、中书令刘秉入殿举行会议。萧道成对刘秉说:"这是你们刘家的事,应该如何决定?"刘秉没有回答。萧道成顿时大怒,胡子翘起,双目发出凶光,如同两道闪电。刘秉说:"尚书省的事,可以交付给我。军事措施,全依靠你。"萧道成依次让给袁粲,袁粲也推辞不敢当。王敬则拔出佩刀,在座位旁边跳起来,厉声道:"天下大事,全都要萧公裁决,谁胆敢说半个不字,血染我刀!"说着亲手取出白纱帽,戴到萧道成头上,要求萧道成登基称帝,并说:"今天谁敢乱动?大事要趁热一气呵成!"

道成正色呵之曰："卿都自不解！"粲欲有言，敬则叱之，乃止。褚渊曰："非萧公无以了此。"手取事授道成。道成曰："相与不肯，我安得辞！"乃下议，备法驾诣东城，迎立安成王。于是长刀遮粲、秉等，各失色而去。秉出，于路逢从弟韫，韫开车迎问曰："今日之事，当归兄邪？"秉曰："吾等已让领军矣。"韫拊膺曰："兄肉中讵有血邪！今年族矣！"

是日，以太后令，数苍梧王罪恶，曰："吾密令萧领军潜运明略。安成王准，宜临万国。"追封昱为苍梧王。仪卫至东府门，安成王令门者勿开，以待袁司徒。粲至，王乃入居朝堂。壬辰，王即皇帝位，时年十一，改元，大赦。葬苍梧王于郊坛西。

5　魏京兆康王子推卒。

6　甲午，萧道成出镇东府。丙申，以道成为司空、录尚书事、骠骑大将军；袁粲迁中书监，褚渊加开府仪同三司；刘秉迁尚书令，加中领军；以晋熙王燮为扬州刺史。刘秉始谓尚书万机，本以宗室居之，则天下无变；既而萧道成兼总军国，布置心膂，与夺自专，褚渊素相凭附，秉与袁粲阁手仰成矣。辛丑，以尚书右仆射王僧虔为仆射。丙午，以武陵王赞为郢州刺史，萧道成改领南徐州刺史。

7　八月壬子，魏大赦。

8　癸亥，诏袁粲镇石头。粲性冲静，每有朝命，常固辞，逼切不得已，乃就职。至是知萧道成有不臣之志，阴欲图之，即时顺命。

萧道成板起面孔，喝止说："你什么也不明白！"袁粲打算讲话，王敬则大声喝斥他闭嘴，他只好闭嘴。褚渊说："非萧公不足以办理善后！"就把处理一切事务的权力交给萧道成。萧道成说："既然大家都不肯接受，我怎么可以推辞。"于是，提议准备法驾前往东府城，迎接安成王刘准继任皇帝。萧道成卫士抽出佩刀，筑成刀墙，命袁粲、刘秉起身，二人面无人色离去。刘秉出宫，路上遇到堂弟刘韫，刘韫打开车门迎问："今天的事，该不该归你？"刘秉说："我们已让给萧道成。"刘韫捶胸说："你肉里有没有血？今年，全族难逃屠杀。"

当天，萧道成以皇太后的名义发布命令，列举刘昱罪状，说："我密令萧道成暗中运用智谋。安成王刘准，应君临万国。"追封刘昱为苍梧王。皇帝仪仗队抵达东府门前，刘准命守门的人不要开门，等待袁粲的到来。袁粲到了之后，刘准才动身到金銮殿。壬辰（十一日），刘准即皇帝位，本年十一岁，改年号，实行大赦。把刘昱安葬在南郊祭天神坛之西。

5　北魏京兆康王拓跋子推去世。

6　甲午（十三日），刘宋中领军萧道成亲自坐镇东府。丙申（十五日），任命萧道成为司空、录尚书事、骠骑大将军；袁粲为中书监；加授褚渊开府仪同三司；刘秉为尚书令，加授中领军；晋熙王刘燮为扬州刺史。刘秉原来以为尚书省总揽全国政务，由皇族主持，政权就可稳固。想不到萧道成手握军权，把心腹同党安排在重要位置，独断专行。褚渊又一向站在萧道成一边，刘秉与袁粲束手无策，不能有所作为。辛丑（二十日），任命尚书右仆射王僧虔为尚书仆射。丙午（二十五日），任命武陵王刘赞为郢州刺史，萧道成改兼南徐州刺史。

7　八月壬子（初一），北魏实行大赦。

8　癸亥（十二日），刘宋命袁粲出京镇守石头。袁粲性情淡泊，每次任命他新官职，都要坚决辞让，实在迫不得已，才勉强就职。现在他发现萧道成有推翻刘家王朝的野心，打算秘密谋划除掉萧道成，所以立即接受。

9 初，太宗使陈昭华母养顺帝。戊辰，尊昭华为皇太妃。

10 丙子，魏诏曰："工商皂隶，各有厥分，而有司纵滥，或染流俗。自今户内有工役者，唯止本部丞。若有勋劳者，不从此制。"

11 萧道成固让司空。庚辰，以为骠骑大将军、开府仪同三司。

12 九月乙酉，魏更定律令。

13 戊申，封杨玉夫等二十五人为侯、伯、子、男。

14 冬，十月，氐帅杨文度遣其弟文弘袭魏仇池，陷之。

15 初，魏徐州刺史李䜣，事显祖为仓部尚书，信用卢奴令范檦。䜣弟左将军璩谏曰："檦能降人以色，假人以财，轻德义而重势利。听其言也甘，察其行也贼，不早绝之，后悔无及。"䜣不从，腹心之事，皆以语檦。

尚书赵黑，与䜣皆有宠于显祖，对掌选部。䜣以其私用人为方州，黑对显祖发之，由是有隙。顷之，䜣发黑前为监藏，盗用官物，黑坐黜为门士。黑恨之，寝食为之衰少。逾年，复入为侍中、尚书左仆射，领选。

及显祖殂，黑白冯太后，称䜣专恣，出为徐州。范檦知太后怨䜣，乃告䜣谋外叛。太后征䜣至平城问状，䜣对无之，太后引檦使证之。䜣谓檦曰："汝今诬我，我复何言！然汝受我恩如此之厚，乃忍为尔乎！"檦曰："檦受公恩，何如公受李敷恩？公忍为之于敷，檦何为不忍于公！"䜣慨然叹曰："吾不用璩言，悔之何及！"赵黑复于中构成其罪，丙子，诛䜣及其子令和、令度。黑然后寝食如故。

9 当初,明帝命陈昭华抚养刘准。戊辰(十七日),刘准尊陈昭华为皇太妃。

10 丙子(二十五日),北魏下诏说:"工匠、商人、衙役,都有固定的身份,而有关部门放任纵容,使他们有的混入高贵的官场。从今以后,家庭里有人充当工匠的,他本人的官职最高只到各部的丞。能够建功立业的,不在此限。"

11 萧道成坚决辞让司空。庚辰(二十九日),任命萧道成为骠骑大将军、开府仪同三司。

12 九月乙酉(初五),北魏更改法令。

13 戊申(二十八日),刘宋朝廷分别封杨玉夫等二十五人为侯爵、伯爵、子爵、男爵。

14 冬季,十月,氐帅杨文度派他的弟弟杨文弘袭击北魏占领的仇池,攻克。

15 当初,北魏徐州刺史李䜣,在献文帝时任仓部尚书,对卢奴县令范檦宠爱信任。李䜣的弟弟、左将军李璞警告说:"范檦一直笑脸迎人,用财物结交权贵,鄙视恩德道义,眼中只有势利。听他说的话,比蜜还甜;观察他的行为,却十分邪恶。不及早跟他断绝来往,后悔莫及。"李䜣不但不相信,反而把心里的秘密,全都告诉范檦。

尚书赵黑跟李䜣都受献文帝的宠信,也同时任吏部尚书。李䜣用他的私人任州长,赵黑向献文帝报告了这件事,从此二人产生矛盾。不久,李䜣报复,检举赵黑在前任官职时,贪赃枉法,盗用国家财产。赵黑遂被罢免,充当城门看守员。赵黑对李䜣恨之入骨,为此,食不甘味,夜不能寐。过了一年,赵黑再次任侍中、尚书左仆射,兼任吏部。

献文帝去世后,赵黑向冯太后私下报告,说李䜣独断专横,于是被外放任徐州刺史。范檦知道冯太后痛恨李䜣,就告发李䜣通敌叛国。冯太后把李䜣召回平城审问,李䜣回答说:"根本没有此事。"冯太后命范檦当面作证。李䜣对范檦说:"你今天血口喷人,诬陷于我,我还能说什么!然而,你受我的恩惠如此之厚,怎么忍心下此毒手?"范檦说:"我受你的恩惠,怎比得上你受李敷的恩惠?你忍心对李敷下毒手,我为什么不能忍心对你!"李䜣叹息说:"我不听李璞的话,真是后悔莫及。"赵黑又在中间制造罪名。丙子(二十六日),斩李䜣及他的儿子李令和、李令度。赵黑的寝食,从此才恢复安稳。

16 十一月癸未,魏征西将军皮欢喜等三将军率众四万击杨文弘。

17 丁亥,魏怀州民伊祁苟自称尧后,聚众于重山作乱。洛州刺史冯熙讨灭之。冯太后欲尽诛阖城之民,雍州刺史张白泽谏曰:"凶渠逆党,尽已枭夷。城中岂无忠良仁信之士,奈何不问白黑,一切诛之!"乃止。

18 十二月,魏皮欢喜军至建安,杨文弘弃城走。

19 初,沈攸之与萧道成于大明、景和之间同直殿省,深相亲善,道成女为攸之子中书侍郎文和妇。攸之在荆州,直阁将军高道庆,家在华容,假还,过江陵,与攸之争戏槊。驰还建康,言攸之反状已成,请以三千人袭之。执政皆以为不可,道成仍保证其不然。杨运长等恶攸之,密与道庆谋遣刺客杀攸之,不克。会苍梧王遇弑,主簿宗俨之、功曹臧寅劝攸之因此起兵。攸之以其长子元琰在建康为司徒左长史,故未发。寅,凝之之子也。

时杨运长等已不在内,萧道成遣元琰以苍梧王刳剒之具示攸之。攸之以道成名位素出己下,一旦专制朝权,心不平,谓元琰曰:"吾宁为王凌死,不为贾充生。"然亦未暇举兵。乃上表称庆,因留元琰。

雍州刺史张敬儿,素与攸之司马刘攘兵善,疑攸之将起事,密以问攘兵。攘兵无所言,寄敬儿马镫一只,敬儿乃为之备。

攸之有素书十数行,常韬在裲裆角,云是明帝与己约誓。攸之将举兵,其妾崔氏谏曰:"官年已老,那不为百口计!"攸之指裲裆角示之,且称太后使至,赐攸之烛,割之,得太后手令云:"社稷之事,一以委公。"于是勒兵移檄,遣使邀张敬儿及豫州刺史刘怀珍、梁州刺史梓潼范柏年、司州刺史姚道和、湘州行事庾佩玉、巴陵内史王文和同举兵。

16 十一月癸未(初三),北魏征西将军皮欢喜等三名将军率军四万人攻击杨文弘。

17 丁亥(初七),北魏怀州平民伊祁苟自称尧的后裔,在重山聚众起兵制造叛乱。洛州刺史冯熙出兵把他们击败。冯太后打算屠杀全城的百姓,雍州刺史张白泽劝阻说:"凶恶的叛党,已经杀光。城里难道没有一个忠良仁义之士?怎么可以不分青红皂白全部诛杀!"冯太后这才打消念头。

18 十二月,北魏皮欢喜大军抵达建安,杨文弘弃城逃走。

19 当初,沈攸之与萧道成在孝武帝及废帝刘昱在位时,曾经同时担任朝廷警卫,轮流入殿值班。萧道成的女儿嫁给沈攸之的儿子、中书侍郎沈文和为妻。沈攸之在荆州,直阁将军高道庆家住华容,请假回家,路过江陵,跟沈攸之赌博,发生争执。高道庆返回建康,检举沈攸之已经准备叛变,请求朝廷调拨三千人,袭击沈攸之。在朝执政的官员都认为不可,萧道成更保证沈攸之不会谋反。杨运长等憎恶沈攸之,跟高道庆密谋派出刺客,准备刺杀沈攸之,失败。正在这时,苍梧王被杀,主簿宗俨之、功曹臧寅,都劝沈攸之抓住这个机会起兵。沈攸之因他的长子沈元琰在建康任司徒左长史,所以没有发动。臧寅是臧凝之的儿子。

当时,杨运长等已不在朝廷,萧道成派沈元琰携带苍梧王杀人剖腹时所用的凶器,请沈攸之过目。沈攸之因萧道成的名望、官位一向比自己低,却时来运转,控制朝廷,心里愤愤不平,对沈元琰说:"我宁为王凌,讨伐逆贼而死;也不愿做贾充,投降叛逆而生。"但也没马上起兵,反而上表向刘准祝贺,并把沈元琰留下。

雍州刺史张敬儿,一向同沈攸之的司马刘攘兵友好。张敬儿怀疑沈攸之将要发动兵变,派人秘密询问刘攘兵,刘攘兵一言不发,只送给张敬儿一只马镫,张敬儿领悟,暗中戒备。

沈攸之有一封写在白绸缎上、约有十几行的信件,平常总是藏在背心衣角里,宣称是明帝和他的盟誓。沈攸之将要起兵,他的妾崔氏规劝说:"你年纪已老,怎么不为百口之家想一想!"沈攸之指指背心衣角,又扬言皇太后使者到来,赐给沈攸之一双蜡烛,剖开蜡烛,看见太后手令,说:"国家大事,全交给你。"于是,沈攸之发动军队,发布檄文,派人邀请张敬儿和豫州刺史刘怀珍、梁州刺史梓潼人范柏年、司州刺史姚道和、湘州行事庾佩玉、巴陵内史王文和,一同起兵。

敬兒、怀珍、文和并斩其使，驰表以闻。文和寻弃州奔夏口。柏年、道和、佩玉皆怀两端。道和，后秦高祖之孙也。

辛酉，攸之遣辅国将军孙同等相继东下。攸之遗道成书，以为：“少帝昏狂，宜与诸公密议，共白太后，下令废之。奈何交结左右，亲行弑逆，乃至不殡，流虫在户？凡在臣下，谁不惋骇！又，移易朝旧，布置亲党，宫阃管龠，悉关家人。吾不知子孟、孔明遗训固如此乎！足下既有贼宋之心，吾宁敢捐包胥之节邪！”朝廷闻之，恼惧。

丁卯，道成入守朝堂，命侍中萧嶷代镇东府，抚军行参军萧映镇京口。映，嶷之弟也。戊辰，内外纂严。己巳，以郢州刺史武陵王赞为荆州刺史。庚午，以右卫将军黄回为郢州刺史，督前锋诸军以讨攸之。

初，道成以世子赜为晋熙王燮长史，行郢州事，修治器械以备攸之。及征燮为扬州，以赜为左卫将军，与燮俱下。刘怀珍言于道成曰：“夏口冲要，宜得其人。”道成与赜书曰：“汝既入朝，当须文武兼资与汝意合者，委以后事。”赜乃荐燮司马柳世隆自代。道成以世隆为武陵王赞长史，行郢州事。赜将行，谓世隆曰：“攸之一旦为变，焚夏口舟舰，沿流而东，不可制也。若得攸之留攻郢城，必未能猝拔。君为其内，我为其外，破之必矣。”及攸之起兵，赜行至寻阳，未得朝廷处分，众欲倍道趋建康，赜曰：“寻阳地居中流，密迩畿甸。若留屯溢口，内藩朝廷，外援夏首，保据形胜，控制西南，

张敬兒、刘怀珍、王文和都诛杀了沈攸之派去的使者,快马奏报朝廷。王文和不久就放弃巴陵,投奔夏口。范柏年、姚道和、庾佩玉都存心观望,一时难以决定。姚道和是后秦文桓帝姚兴的孙子。

辛酉(十二日),沈攸之派辅国将军孙同等,相继顺长江东下。沈攸之写信给萧道成,认为:"幼主昏暴疯狂,你应与朝中大臣秘密商议,共同报告太后,下令废黜。怎么可以勾结他的左右侍从,下手杀害,甚至不肯早日入殓下葬,致尸体生蛆,爬到门户之上!身为臣属,谁不惊骇叹息!另外你把朝廷的旧臣纷纷驱逐,全部安排你的党羽,宫殿官署的门禁钥匙,都由萧家的人掌管。霍光、诸葛亮的遗训,难道就是这样!你既然有灭亡宋国的野心,我岂敢捐弃申包胥乞秦救楚的节操!"朝廷听到这个消息,惊恐万状。

丁卯(十八日),萧道成入宫坐镇,命侍中萧嶷代替自己镇守东府,抚军行参军萧映镇守京口。萧映是萧嶷的弟弟。戊辰(十九日),朝廷内外戒严。己巳(二十日),任命郢州刺史武陵王刘赞为荆州刺史。庚午(二十一日),任命右卫将军黄回为郢州刺史,率前锋各支军,讨伐沈攸之。

当初,萧道成任命长子萧赜为晋熙王刘燮的长史,代理郢州事,整修城池,磨砺武器,以防备沈攸之。到萧道成征召刘燮任扬州刺史时,任命萧赜为左卫将军,与刘燮同时东下。刘怀珍对萧道成说:"夏口是军事要冲,应该有适当的人驻守。"萧道成写信给萧赜说:"你既然前来京师,应该物色一个文武双全而又与你见解一致的人,把你走后的大事委托给他。"萧赜乃推荐刘燮的司马柳世隆代替自己。萧道成遂命柳世隆任武陵王刘赞的长史,代理郢州事。萧赜将要动身,对柳世隆说:"沈攸之一旦叛变,纵火焚烧夏口战船,顺长江东下,就很难控制。如果能把沈攸之引诱到郢州城下,留他攻城,一定不会立即攻下。这样,你在城内,我在城外,两面夹击,一定可以击败他。"等到沈攸之宣布起兵,萧赜才到寻阳,还没有得到朝廷的指示,众人都打算加快速度,直回建康。萧赜说:"寻阳地处长江中游,接近京师,我们如果留下来据守湓口,内可以作朝廷的屏藩,外可以援助夏口,占据有利地形,控制西南。

今日会此,天所置也。"或以为溢口城小难固,左中郎将周山图曰:"今据中流,为四方势援,不可以小事难之,苟众心齐一,江山皆城隍也。"庚午,赜奉銮镇溢口,赜悉以事委山图。山图断取行旅船板以造楼橹,立水栅,旬日皆办。道成闻之,喜曰:"赜真我子也!"以赜为西讨都督,赜启山图为军副。时江州刺史邵陵王友镇寻阳,赜以为寻阳城不足固,表移友同镇溢口,留江州别驾豫章胡谐之守寻阳。

湘州刺史王蕴遭母丧罢归,至巴陵,与沈攸之深相结。时攸之未举兵,蕴过郢州,欲因萧赜出吊作难,据郢城。赜知之,不出。还,至东府,又欲因萧道成出吊作难,道成又不出。蕴乃与袁粲、刘秉密谋诛道成,将帅黄回、任候伯、孙昙瓘、王宜兴、卜伯兴等皆与通谋。伯兴,天与之子也。

道成初闻攸之事起,自往诣粲,粲辞不见。通直郎袁达谓粲,"不宜示异同",粲曰:"彼若以主幼时艰,与桂阳时不异,劫我入台,我何辞以拒之!一朝同止,欲异得乎!"道成乃召褚渊,与之连席,每事必引渊共之。时刘韫为领军将军,入直门下省。卜伯兴为直阁,黄回等诸将皆出屯新亭。

初,褚渊为卫将军,遭母忧去职,朝廷敦迫,不起。粲素有重名,自往譬说,渊乃从之。及粲为尚书令,遭母忧,渊譬说恳至,粲遂不起,渊由是恨之。及沈攸之事起,道成与渊议之。渊曰:"西夏衅难,事必无成,公当先备其内耳。"粲谋既定,将以告渊。众谓渊与道成素善,不可告。粲曰:"渊与彼虽善,岂容大作同异!今若不告,事定便应除之。"乃以谋告渊,渊即以告道成。

我们今天路过此地,全是上天的安排。"有人认为溢口城池太小,难以坚守。左中郎将周山图说:"我们据守长江中游,声援四方,不可以把这种小事当作困难,只要万众一心,到处都是城池。"庚午(二十一日),萧赜陪同刘燮镇守溢口,把军事的事情全部交给周山图。周山图封锁长江,掠取民间旅行船上的木板,建造战船,树立水中木栅,十天时间,全部完成。萧道成接到报告,高兴地说:"萧赜不愧是我的儿子!"任命萧赜为西讨都督,萧赜又推荐周山图任军副。当时,江州刺史邵陵王刘友镇守寻阳,萧赜认为寻阳城池不够坚固,上奏朝廷,命刘友同自己一起镇守溢口,留江州别驾豫章人胡谐之驻防寻阳。

湘州刺史王蕴因母亲去世,辞职回家守丧。路过巴陵,与沈攸之结交密切。当时,沈攸之还没有起兵。王蕴路过郢州时,打算趁萧赜出来吊丧时下手,占领郢城。萧赜知道,不肯出来吊丧。王蕴回到京师,前往东府,又打算趁萧道成出来吊丧时下手,而萧道成也拒绝出门。于是王蕴跟袁粲、刘秉密谋铲除萧道成。黄回、任候伯、孙昙瓘、王宜兴、卜伯兴等将领全都参与。卜伯兴是卜天与的儿子。

萧道成接到沈攸之起兵的消息时,亲自拜访袁粲,袁粲拒绝接见。通直郎袁达对袁粲说:"不应该表示不同的态度。"袁粲说:"如果他以主上年幼,时局艰难,跟桂阳王时的情形相同,用暴力挟持我进宫,我用什么理由拒绝!只要有一天同行同止,以后还怎么能反对他!"于是萧道成又召褚渊,跟他并肩共坐,每一件事情都跟褚渊研究商量。当时,刘韫为领军将军,入值门下省。卜伯兴担任直阁,黄回等诸将领率军出京驻防新亭。

当初,褚渊任卫将军,因母亲去世离职,朝廷一再征召起用他,他都拒绝。袁粲一向有高贵的声誉,亲自前去劝解,褚渊才接受。后来袁粲任尚书令,也因母亲去世离职,褚渊也去劝他复职,言辞恳切,袁粲始终不肯,褚渊于是深恨袁粲。沈攸之起兵之后,萧道成与褚渊共商对策。褚渊说:"西夏闹事,一定不会成功,你应该戒备的是内部。"袁粲图谋萧道成的计划已经确定,打算告诉褚渊。众人认为,褚渊跟萧道成的关系一向密切,不能让他知道。袁粲说:"褚渊虽然跟萧道成私交至深,难道能完全反对我们!今天如果不告诉他,事情平定之后,就应该把他杀掉。"于是把计划告诉了褚渊,褚渊立刻告诉萧道成。

  道成亦先闻其谋,遣军主苏烈、薛渊、太原王天生将兵助粲守石头。薛渊固辞,道成强之,渊不得已,涕泣拜辞。道成曰:"卿近在石头,日夕去来,何悲如是,且又何辞?"渊曰:"不审公能保袁公共为一家否? 今渊往,与之同则负公,不同则立受祸,何得不悲!"道成曰:"所以遣卿,正为能尽临事之宜,使我无西顾之忧耳。但当努力,无所多言。"渊,安都之从子也。道成又以骁骑将军王敬则为直阁,与伯兴共总禁兵。

  粲谋矫太后令,使韫、伯兴帅宿卫兵攻道成于朝堂,回等帅所领为应。刘秉、任候伯等并赴石头,本期壬申夜发,秉恇扰不知所为,晡后即束装。临去,啜羹,写胸上,手振不自禁。未暗,载妇女,尽室奔石头,部曲数百,赫奕满道。既至,见粲,粲惊曰:"何事遽来? 今败矣!"秉曰:"得见公,万死何恨!"孙昙瓘闻之,亦奔石头。丹阳丞王逊等走告道成,事乃大露。逊,僧绰之子也。

  道成密使人告王敬则。时阁已闭,敬则欲开阁出,卜伯兴严兵为备,敬则乃锯所止屋壁得出,至中书省收韫。韫已成严,列烛自照。见敬则猝至,惊起迎之,曰:"兄何能夜顾?"敬则呵之曰:"小子那敢作贼!"韫抱敬则,敬则拳殴其颊仆地而杀之,又杀伯兴。苏烈等据仓城拒粲。王蕴闻秉已走,叹曰:"事不成矣!"狼狈帅部曲数百向石头。本期开南门,时暗夜,薛渊据门射之。蕴谓粲已败,即散走。

萧道成早已得到消息,派军主苏烈、薛渊、太原人王天生,率军前往石头,增援袁粲。薛渊坚决不肯,萧道成强迫他非去不可,薛渊不得已,痛哭流涕告辞。萧道成说:"你到石头,近在咫尺,早上去晚上回来,何至如此悲伤? 又何至要正式辞行?"薛渊说:"不知道你能不能保全袁粲一家老小? 今天我奉命前往,赞成他,则辜负你;不赞成他,则立刻会被杀,怎么能不悲伤!"萧道成说:"所以派你去,是因为你能随机应变,使我解除西顾之忧。只管尽力,不要多说。"薛渊是薛安都的侄儿。萧道成又任命骁骑将军王敬则主管宫廷,与卜伯兴共同统领禁军。

袁粲谋划假传皇太后的命令,派刘韫、卜伯兴率领宫廷禁卫军,在宫中攻打萧道成,黄回等率军响应。刘秉、任候伯等同时赶赴石头,商定壬申(二十三日)夜晚动身出发。可是刘秉胆小如鼠,恐慌不安,不知如何是好,中午稍过,便吩咐收拾行李。临出发时,由于紧张过度,喝汤全都倾泻到胸脯上,双手发抖,不能自制。天还没黑,就用车马拉着妇女和全部财产,投奔石头,私人卫队数百人,挤满街道,车水马龙。到达石头后,晋见袁粲,袁粲大惊说:"发生了什么事,提前赶来,这次大事必败无疑了!"刘秉说:"能见公一面,万死无怨!"孙昙瓘听说后,也逃奔到石头。丹阳丞王逊等跑去报告萧道成,这事才彻底暴露。王逊是王僧绰的儿子。

萧道成秘密派人通知王敬则。当时,宫殿门户已经关闭,王敬则打算开门出去,而卜伯兴的部队已进入战斗状态。于是王敬则用锯把木墙锯成一个洞逃出,冲入中书省去逮捕刘韫。刘韫已经做好准备,火把通明,看见王敬则突然出现,惊慌起立迎去,说:"老兄,怎么能晚上来?"王敬则骂道:"好小子,你竟敢做叛徒!"刘韫突然抱住王敬则,王敬则用拳头猛击刘韫的面颊,刘韫跌倒在地,被王敬则诛杀,王敬则又杀了卜伯兴。苏烈等占领仓城,抵抗袁粲。王蕴听到刘秉先行逃走的消息,叹息说:"事情成功不了啦!"狼狈集结部众数百人,奔向石头。本来约定开南门进去,可是正值黑夜,薛渊在城楼上发箭射击,王蕴认为袁粲已经被捕,部众霎时四处逃走。

道成遣军主会稽戴僧静帅数百人向石头助烈等，自仓门得入，与之并力攻粲。孙昙瓘骁勇善战，台军死者百馀人。王天生殊死战，故得相持。自亥至丑，戴僧静分兵攻府西门，焚之。粲与秉在城东门，见火起，欲还赴府。秉与二子俣、陔逾城走。粲下城，烈烛自照，谓其子最曰："本知一木不能止大厦之崩，但以名义至此耳。"僧静乘暗逾城独进，最觉有异人，以身卫粲，僧静直前斫之。粲谓最曰："我不失忠臣，汝不失孝子！"遂父子俱死。百姓哀之，谣曰："可怜石头城，宁为袁粲死，不作褚渊生！"刘秉父子走至额檐湖，追执，斩之。任候伯等并乘船赴石头，既至，台军已集，不得入，乃驰还。

黄回严兵，期诘旦帅所领从御道直向台门攻道成。闻事泄，不敢发。道成抚之如旧。王蕴、孙昙瓘皆逃窜，先捕得蕴，斩之，其馀粲党皆无所问。

粲典签莫嗣祖为粲、秉宣通密谋，道成召诘之，曰："袁粲谋反，何不启闻？"嗣祖曰："小人无识，但知报恩，何敢泄其大事！今袁公已死，义不求生。"蕴嬖人张承伯藏匿蕴。道成并赦而用之。

粲简淡平素，而无经世之才；好饮酒，喜吟讽，身居剧任，不肯当事。主事每往谘决，或高咏对之。闲居高卧，门无杂宾，物情不接，故及于败。

萧道成派军主会稽人戴僧静率数百人前往石头,援助苏烈等人,自仓门进入,与苏烈联合攻击袁粲。孙昙瓘骁勇善战,朝廷军阵亡数百人。王天生带部众殊死搏斗,才得以阻止孙昙瓘的反扑。从亥时苦战到丑时,朝廷将领戴僧静抽出一部分兵力,攻击袁粲总部西门,纵火焚烧。袁粲与刘秉正在总部东门城楼上,望见西门起火,打算返回总部。刘秉跟两个儿子刘俣、刘陔,跳墙逃走。袁粲下城后,命燃起火把,对他的儿子袁最说:"本来就知道,一根木头不能支持住大厦的倒塌,只是为了名分和道义,才到今天这个地步。"戴僧静在黑夜掩护下,跳进城墙,一个人提刀前进。袁最发觉有外人,急忙用身体护住袁粲,戴僧静立刻上前,举刀猛砍,袁粲对袁最说:"我不失为忠臣,你不失为孝子。"父子同时被杀。民间百姓对这件事深为哀悼,流传歌谣说:"可怜石头城,宁为袁粲死,不作褚渊生!"刘秉父子逃到额檐湖,被官军追上,捉拿斩首。任候伯等一起率领战船,前往石头,到达时,朝廷大军已经聚集到,不能入城,于是迅速撤回。

　　黄回整肃部队,预计在天亮时,率部队从御用大道,直奔宫城城门,准备攻打萧道成。听说事情已经泄漏,不敢发动。萧道成待他跟从前一样。王蕴、孙昙瓘分别逃亡,萧道成先抓住了王蕴,斩首。袁粲的其他同党,则一律赦免。

　　袁粲的典签莫嗣祖为袁粲与刘秉的密谋充当联络,萧道成把他召来责问道:"袁粲叛变,你为什么不报告?"莫嗣祖回答说:"我地位卑下,没有见识,只知道报恩,怎么敢泄漏大事!现在袁公已死,从道义上说,我不要求活命。"王蕴的亲信张承伯窝藏王蕴。萧道成一起赦免了莫嗣祖和张承伯,并仍留他们继续任职做事。

　　袁粲的作风平易朴素,但是没有治理国家的能力;嗜好饮酒,喜爱吟诗讽诵;身负天下重任,却不肯过问事务。有关要事,尚书省主事请求他裁决时,他甚至高声吟咏,作为回答。生活闲散舒适,来往除了权贵外,没有不相干的宾客,对于人情世故完全不懂,所以失败。

裴子野论曰：袁景倩，民望国华，受付托之重。智不足以除奸，权不足以处变，萧条散落，危而不扶。及九鼎既轻，三才将换，区区斗城之里，出万死而不辞，盖蹈匹夫之节而无栋梁之具矣。

20　甲戌，大赦。

21　乙亥，以尚书仆射王僧虔为左仆射，新除中书令王延之为右仆射，度支尚书张岱为吏部尚书，吏部尚书王奂为丹杨尹。延之，裕之孙也。

刘秉弟遐为吴郡太守。司徒右长史张瓌，永之子也，遭父丧在吴，家素豪盛，萧道成使瓌伺间取遐。会遐召瓌诣府，瓌帅部曲十馀人直入斋中，执遐，斩之，郡中莫敢动。道成闻之，以告瓌从父领军冲，冲曰："瓌以百口一掷，出手得卢矣。"道成即以瓌为吴郡太守。

道成移屯阅武堂，犹以重兵付黄回使西上，而配以腹心。回素与王宜兴不协，恐宜兴反告其谋，闰月辛巳，因事收宜兴，斩之。诸将皆言回握强兵必反，宁朔将军桓康请独往刺之，道成曰："卿等何疑！彼无能为也。"

沈攸之遣中兵参军孙同等五将以三万人为前驱，司马刘攘兵等五将以二万人次之，又遣中兵参军王灵秀等四将分兵出夏口，据鲁山。癸巳，攸之至夏口，自恃兵强，有骄色。以郢城弱小，不足攻，云"欲问讯安西"，暂泊黄金浦，遣人告柳世隆曰："被太后令，当暂还都。卿既相与奉国，想得此意。"世隆曰："东下之师，久承声问。郢城小镇，自守而已。"宗俨之劝攸之攻郢城，臧寅以为："郢城兵虽少而地险，攻守势异，非旬日可拔。若不时举，挫锐损威。今顺流长驱，计日可捷。既倾根本，郢城岂能自固！"攸之从其计，欲留偏师守郢城，自将大众东下。

裴子野评论说:袁粲是民众的期望,国家的精英,身负重大责任。但智能不足以铲除奸恶,权术不足以处理变局。政权萧条崩溃,他面对危险却无力扶持。等到国家衰败,天下将要改朝换代,袁粲困在斗大的小城之内,面对万死而不推辞,这只是个人的节操,而非栋梁之材。

20　甲戌(二十五日),刘宋大赦天下。

21　乙亥(二十六日),任命尚书仆射王僧虔为左仆射,新任中书令王延之为右仆射,度支尚书张岱为吏部尚书,吏部尚书王奂为丹杨尹。王延之是王裕的孙子。

　　刘秉的弟弟刘遐任吴郡太守。司徒右长史张瓌是张永的儿子,因父亲去世,在吴郡守丧,家族势力强大,萧道成命张瓌伺机处理刘遐。正巧刘遐邀请张瓌到郡府,张瓌率部曲十多人,直入刘遐的书房,捉住刘遐,将他斩首,郡中没有人敢起来反抗。萧道成得到报告,告诉了张瓌的叔父中领军张冲,张瓌说:“张瓌以百口之家作赌注,第一次出手就赢得满贯。”萧道成当即任命张瓌为吴郡太守。

　　萧道成指挥部迁移到阅武堂,仍把主力部队交给黄回,派他西上讨伐沈攸之,但也在黄回周围安插上自己的心腹。黄回一向跟王宜兴不和,唯恐王宜兴反告他叛变,闰十二月辛巳(初二),寻找借口,逮捕王宜兴,将其斩首。萧道成手下的将领们都认为,黄回手握强兵,一定谋反。宁朔将军桓康请求独自前往观察刺探,萧道成说:“你们不必多疑,他不会反叛。”

　　沈攸之派中兵参军孙同等五位将领率三万人担任前锋,司马刘攘兵等五位将领率两万人随即出发,又派中兵参军王灵秀等四位将领,分别攻击夏口,占据鲁山。癸巳(十四日),沈攸之抵达夏口城外,仗恃兵强,面露骄傲神色。他认为郢城兵力薄弱,不值得攻打,只说:“要见刘赞问好!”便暂时停泊在黄金浦,派人通知行郢州事柳世隆:“奉皇太后命令,应暂时还都,你跟我一样效忠皇家,一定能了解我的意思。”柳世隆说:“东下军队的用意,我们早已听说。郢城不过是一个小镇,只求自保。”主簿宗俨之劝沈攸之攻打郢城,功曹臧寅认为:“郢城虽然兵力薄弱,可是地势险要,攻击和防守,是两种相反的情势,不是十天半月就能见分晓的。如果不能马上夺取,锐气一挫,声威便告消失。而今,顺长江而下,胜利的日子可以预期。只要根本被颠覆,郢城岂能独存?”沈攸之接受了他的建议,打算留下一小部分军队围守郢城,亲自率大军东下。

乙未,将发,柳世隆遣人于西渚挑战,前军中兵参军焦度于城楼上肆言骂攸之,且秽辱之。攸之怒,改计攻城,令诸军登岸烧郭邑,筑长围,昼夜攻战。世隆随宜拒应,攸之不能克。

道成命吴兴太守沈文秀督吴、钱唐军事。文秀收攸之弟新安太守登之,诛其宗族。

22 乙未,以后军将军杨运长为宣城太守。于是太宗嬖臣无在禁省者矣。

> 沈约论曰:夫人君南面,九重奥绝,陪奉朝夕,义隔卿士,阶闼之任,宜有司存。既而恩以狎生,信由恩固,无可惮之姿,有易亲之色。孝建、泰始,主威独运,而刑政纠杂,理难遍通,耳目所寄,事归近习。及觊觎愠,候惨舒,动中主情,举无谬旨。人主谓其身卑位薄,以为权不得重。曾不知鼠凭社贵,狐借虎威,外无逼主之嫌,内有专用之效,势倾天下,未之或悟。及太宗晚运,虑经盛衰,权幸之徒,慑惮宗戚,欲使幼主孤立,永窃国权,构造同异,兴树祸隙,帝弟宗王,相继屠剿。宝祚夙倾,实由于此矣。

23 辛丑,尚书左丞济阳江谧建议假萧道成黄钺,从之。

24 加北秦州刺史武都王杨文度都督北秦、雍二州诸军事,以龙骧将军杨文弘为略阳太守。壬寅,魏皮欢喜拔葭芦,斩文度。魏以杨难当族弟广香为阴平公、葭芦戍主,仍诏欢喜筑骆谷城。文弘奉表谢罪于魏,遣子苟奴入侍。魏以文弘为南秦州刺史、武都王。

乙未(十六日),即将出发,柳世隆派人到西渚挑战,前军中兵参军焦度在城楼上对沈攸之破口大骂,而且用脏话侮辱。沈攸之果然被激怒,撤销东下命令,回军攻郢州,命各军登陆,焚烧村庄,在郢州外城修筑长长的围城屏障,日夜攻打。柳世隆随机抵抗,沈攸之不能攻克。

萧道成命吴兴太守沈文秀督吴、钱唐军事。沈文秀逮捕了沈攸之的弟弟、新安太守沈登之,诛杀沈家全族。

22 乙未(十六日),任命后军将军杨运长为宣城太守。至此,明帝的亲信宠臣,全部离开朝廷重位。

　　沈约评论说:君王面向南面而坐,皇宫九重,与民间隔绝。早晚奉陪的都是受宠的左右侍从,而与朝廷大臣相距甚远。上下情况的沟通,应该由固定的机构执行。到后来,这些侍从由于生活上亲近而受到恩宠,由于宠爱进而受到信任。在君王眼里,左右侍从没有使人畏惧的力量,而只有取悦于人的脸色。文帝、明帝虽独揽大权,可是刑事案件和政治事件纠缠而复杂,不可能全部了解。情报的收集,资料的整理,不得不依靠左右侍从。他们观察人主的喜怒哀乐,顺着人主的意思说话,言语行动,都迎合人主的心意,而且从来没有差错。于是人主产生一种印象,认为他们地位卑微,身份低贱,不可能专权,擅作威福。没想到,鼠凭社贵,狐假虎威。外面,他们没有对人主造成伤害的嫌疑;内部,他们受人主的驱使,却有独揽大权的际遇。所以,当他们的权势膨胀到可以颠覆政权的时候,人主也许仍不能觉悟。明帝晚年,担心皇子孤危,考虑到国家的盛衰,而受宠信的弄臣,也恐惧皇族的压迫,打算使幼主陷于孤立,永远控制朝廷。于是,制造矛盾,挑起猜忌,使明帝的弟弟、皇室的亲王先后遭到屠杀。刘氏天下很快倾覆,原因就在于此。

23 辛丑(二十二日),尚书左丞济阳人江谧,建议朝廷授给萧道成黄钺,顺帝刘准批准。

24 加授北秦州刺史、武都王杨文度都督北秦、雍二州诸军事,任命龙骧将军杨文弘为略阳太守。壬寅(二十三日),北魏征西将军皮欢喜攻陷葭芦,斩杨文度。北魏封杨难当的族弟杨广香为阴平公、葭芦戍主,下诏命皮欢喜修筑骆谷城。杨文弘投降,上疏北魏请求处罚,派儿子杨苟奴前去充当人质。北魏任命杨文弘为南秦州刺史,封武都王。

25 乙巳,萧道成出顿新亭,谓骠骑参军江淹曰:"天下纷纷,君谓何如?"淹曰:"成败在德,不在众寡。公雄武有奇略,一胜也;宽容而仁恕,二胜也;贤能毕力,三胜也;民望所归,四胜也;奉天子以伐叛逆,五胜也。彼志锐而器小,一败也;有威而无恩,二败也;士卒解体,三败也;搢绅不怀,四败也;悬兵数千里而无同恶相济,五败也:虽豺狼十万,终为我获。"道成笑曰:"君谈过矣。"南徐州行事刘善明言于道成曰:"攸之收众聚骑,造舟治械,苞藏祸心,于今十年。性既险躁,才非持重,而起逆累旬,迟回不进。一则暗于兵机,二则人情离怨,三则有掣肘之患,四则天夺其魄。本虑其剽勇轻速,掩袭未备,决于一战。今六师齐奋,诸侯同举,此笼中之鸟耳。"萧赜问攸之于周山图,山图曰:"攸之相与邻乡,数共征伐,颇悉其人,性度险刻,士心不附。今顿兵坚城之下,适所以为离散之渐耳。"

二年(戊午,478)

1 春,正月己酉朔,百官戎服入朝。

沈攸之尽锐攻郢城,柳世隆乘间屡破之。萧赜遣军主桓敬等八军据西塞,为世隆声援。

攸之获郢府法曹南乡范云,使送书入城,饷武陵王赞犊一牸,柳世隆鱼三十尾,皆去其首。城中欲杀之,云曰:"老母弱弟,悬命沈氏,若违其命,祸必及亲。今日就戮,甘心如荠。"乃赦之。

25 乙巳(二十六日),萧道成出居新亭,对骠骑参军江淹说:"天下大乱,你认为形势如何?"江淹说:"成功失败在于德行,不在于人数的多少。你具有雄才大略,这是第一胜因。你宽宏大量,仁爱宽恕,这是第二胜因。贤能的人才,愿意为你竭尽全力,这是第三胜因。民心归附,这是第四胜因。奉天子之命,讨伐叛逆,名正言顺,这是第五胜因。沈攸之性情急躁,器量狭小,这是第一败因。只有威严,没有恩德,这是第二败因。士卒离心离德,这是第三败因。地方势力和豪门世族不支持他,这是第四败因。深入敌境几千里,而无同党援助,这是第五败因。他们即使是十万只豺狼,也会最终被我们活捉。"萧道成笑着说:"你的议论太过了。"南徐州行事刘善明对萧道成说:"沈攸之招兵买马,制造船只,铸造武器,野心勃勃,迄今已有十年。他的性情阴险而急躁,缺乏深谋远虑,起兵已经数十天,却迟迟不敢前进。他一是不懂军事,二是军心离散,三是受到牵制,四是上天夺取了他的灵魂。我本来担心他剽悍勇猛,轻装急进,在我们尚未准备妥当之前发动袭击,一战决定成败。而今朝廷各路大军已经集结,士气高昂,各地诸侯,都统一行动,沈攸之已成为笼中之鸟。"萧赜向周山图打听沈攸之的有关情况,周山图说:"沈攸之是我的邻乡,我们多次一同带兵出征,我非常了解他这个人,他性情阴险刻薄,不得军心。现在屯兵于坚城之下,正是离散逃亡的开始!"

宋顺帝升明二年(戊午,公元 478 年)

1 春季,正月己酉朔(初一),文武百官全副武装入朝,参加元旦御前祝贺。

沈攸之出动全部精锐部队,猛烈攻击郢城,柳世隆利用对方弱点,屡次击败敌人攻势。萧赜派军主桓敬等八支军队占据西塞,作为柳世隆的声援。

沈攸之俘虏了郢城法曹南乡人范云,命他带一封信回郢城,送给武陵王刘赞一只小牛,送给柳世隆三十条鱼,全都砍去头部。城中守军打算杀了范云,范云说:"我的老母亲和小弟弟的性命,都握在沈攸之的手中,如果拒绝沈攸之的派遣,灾祸一定会降临到亲人身上。今天被杀,死也甘心。"于是,释放了他。

攸之遣其将皇甫仲贤向武昌,中兵参军公孙方平向西阳。武昌太守臧涣降于攸之,西阳太守王毓奔溢城。方平据西阳,豫州刺史刘怀珍遣建宁太守张谟等将万人击之,辛酉,方平败走。平西将军黄回等军至西阳,溯流而进。

攸之素失人情,但劫以威力。初发江陵,已有逃者。及攻郢城,三十馀日不拔,逃者稍多。攸之日夕乘马历营抚慰,而去者不息。攸之大怒,召诸军主曰:"我被太后令,建义下都。大事若克,白纱帽共著耳。如其不振,朝廷自诛我百口,不关馀人。比军人叛散,皆卿等不以为意。我亦不能问叛身,自今军中有叛者,军主任其罪。"于是一人叛,遣人追之,亦去不返,莫敢发觉,咸有异计。

刘攘兵射书入城请降,柳世隆开门纳之。丁卯夜,攘兵烧营而去。军中见火起,争弃甲走,将帅不能禁。攸之闻之,怒,衔须咀之,收攘兵兄子天赐、女婿张平虏,斩之。向旦,攸之帅众过江,至鲁山,军遂大散,诸将皆走。臧寅曰:"幸其成而弃其败,吾不忍为也!"乃投水死。攸之犹有数十骑自随,宣令军中曰:"荆州城中大有钱,可相与还取以为资粮。"郢城未有追军,而散军畏蛮抄,更相聚结,可二万人,随攸之还江陵。

张敬兒既斩攸之使者,即勒兵。侦攸之下,遂袭江陵。攸之使子元琰与兼长史江乂、别驾傅宣共守江陵城。敬兒至沙桥,观望未进。城中夜闻鹤唳,谓为军来,乂、宣开门出走,吏民崩溃。元琰奔宠洲,为人所杀。敬兒至江陵,诛攸之二子、四孙。

沈攸之派他的将领皇甫仲贤攻打武昌,中兵参军公孙方平攻打西阳。武昌太守臧焕向沈攸之投降,西阳太守王毓逃往盆城。公孙方平占据了西阳,豫州刺史刘怀珍派建宁太守张谟等率一万人反击。辛酉(十三日),公孙方平战败逃走。平西将军黄回等军抵达西阳,逆流而上。

沈攸之一向丧失人心,只靠暴力来胁迫。刚从江陵出发时,便有人逃亡。后来攻击郢城,历时三十多天不能攻克,逃亡的人更多。沈攸之骑马日夜不停地视察各营,好言抚慰,可是逃亡者不见减少。沈攸之大怒,召集各军主说:“我奉皇太后的命令,首唱大义,前往京都。大事如果成功,有官大家做。如果失败,朝廷自然会杀我满门百口,跟任何人无关。最近士卒纷纷叛离,都是你们没有尽心。我也不能审问叛逃的士兵,从今天起,军中士卒逃亡,军主承担罪责。”于是,一个人逃亡,派人追捕,追捕的人也跟着逃亡,没有一个人敢报告沈攸之。军心不稳,各怀异心。

司马刘攘兵将请降书射入郢城,柳世隆开门接纳。丁卯(十九日)夜晚,刘攘兵纵火烧营,率军离去。沈攸之军中发现起火,士卒们纷纷弃甲逃命,将领们无法制止。沈攸之得到消息,暴跳如雷,气得咬住自己的胡须,立即逮捕刘攘兵的侄儿刘天赐、女婿张平虏,将他们斩首。天色微亮,沈攸之率军过江,抵达鲁山,部众纷纷溃散,各将领也都逃走。臧寅说:“贪图他侥幸成功,去享富贵,而在失败时把他抛弃,我不忍心这样做。”于是投水自杀。沈攸之身边仍有数十个骑兵侍卫,向军中士卒宣称:“荆州城有的是钱粮,你们可以回来,一同去取。”此时,郢城没有派兵追击,逃散的士卒又害怕遭到蛮族的劫杀,于是重新集结,约有两万人,跟随沈攸之折回江陵。

雍州刺史张敬兒杀了沈攸之的策反使者,随即整顿部队。得到沈攸之东下的消息,立即率兵袭击江陵。沈攸之命儿子沈元琰与兼长史江义、别驾傅宣,共同守卫江陵城。张敬兒率军抵达沙桥,驻军观望,暂不前进。江陵城中百姓夜晚听见鹤叫,非常惊慌,传言说敌军已到,江义、傅宣打开城门逃走,官民溃散。沈元琰逃到宠洲,被人诛杀。张敬兒开进江陵,杀了沈攸之的两个儿子、四个孙子。

攸之将至江陵百馀里,闻城已为敬兒所据,士卒随之者皆散。攸之无所归,与其子文和走至华容界,皆缢于栎林。己巳,村民斩首送江陵。敬兒擎之以楯,覆以青伞,徇诸市郭,乃送建康。敬兒诛攸之亲党,收其财物数十万,皆以入私。

初,仓曹参军金城边荣,为府录事所辱,攸之为荣鞭杀录事。及敬兒将至,荣为留府司马,或说之使诣敬兒降,荣曰:"受沈公厚恩,共如此大事,一朝缓急,便易本心,吾不能也。"城溃,军士执以见敬兒,敬兒曰:"边公何不早来!"荣曰:"沈公见留守城,不忍委去。本不祈生,何须见问!"敬兒曰:"死何难得!"命斩之。荣欢笑而去。荣客太山程邕之抱荣曰:"与边公周游,不忍见边公死,乞先见杀。"兵人不得行戮,以白敬兒,敬兒曰:"求死甚易,何为不许!"先杀邕之,然后及荣,军人莫不垂泣。孙同、宗俨之等皆伏诛。

丙子,解严,以侍中柳世隆为尚书右仆射,萧道成还镇东府。丁丑,以右卫将军萧赜为江州刺史,侍中萧嶷为中领军。二月庚辰,以尚书左仆射王僧虔为尚书令,右仆射王延之为左仆射。癸未,加萧道成太尉、都督南徐等十六州诸军事,以卫将军褚渊为中书监、司空。道成表送黄钺。

吏部郎王俭,僧绰之子也,神彩渊旷,好学博闻,少有宰相之志,时论亦推许之。道成以俭为太尉右长史,待遇隆密,事无大小专委之。

沈攸之率残兵西返,距江陵一百多里,得知江陵城已被张敬儿占领,士卒再度逃散。沈攸之走投无路,跟他的儿子沈文和逃到华容边界,在栎树林中上吊自杀。己巳(二十一日),乡民砍下沈攸之父子人头,送到江陵。张敬儿把沈攸之父子的首级放到盾牌上,用青布伞盖在上面,到各集市上展览,然后送到建康。张敬儿大肆屠杀沈攸之的亲友党羽,没收财产数十万,皆中饱私囊。

当初,仓曹参军金城人边荣受到府录事参军的侮辱,沈攸之为了替边荣报仇,将那个录事用皮鞭抽死。张敬儿快要进城时,边荣正任留府司马。有人劝他到张敬儿那儿投降,边荣说:"身受沈公厚恩,共同担负如此大事,一旦情况危急,就改变本心,我做不到。"城防崩溃,士卒捉住边荣带到张敬儿面前,张敬儿说:"你为什么不早来?"边荣说:"沈公命我守城,我不忍心丢下不管,自己逃走。本不希望活命,何必多问!"张敬儿说:"死有什么难得!"下令斩首。边荣含笑走出。边荣的门客太山人程邕之抱住边荣说:"我与边先生交游多年,不忍心看到边先生被杀,我宁愿先死。"刽子手不能下刀,报告张敬儿,张敬儿说:"求死容易得很,为什么不准?"先斩了程邕之,再斩了边荣,军卒们都流下了眼泪。辅国将军孙同、主簿宗俨之等,全被诛杀。

丙子(二十八日),朝廷解除戒严。任命侍中柳世隆为尚书右仆射,骠骑大将军萧道成返回,镇守东府。丁丑(二十九日),任命左卫将军萧赜为江州刺史,侍中萧嶷为中领军。二月庚辰(初二),朝廷提升尚书左仆射王僧虔为尚书令,右仆射王延之为左仆射。癸未(初五),加授萧道成太尉、都督南徐等十六州诸军事。任命卫将军褚渊为中书监、司空。萧道成上疏交还黄钺。

吏部郎王俭是王僧绰的儿子。他神采焕发,学而不倦,见识博广,从小就有当宰相的大志,朝野舆论对他很推崇。萧道成任命王俭为太尉右长史,对他十分尊重,二人关系密切,事情无论大小,全都交给他处理。

2　丁亥,魏主如代汤泉。癸卯,还。

3　宕昌王弥机初立。三月丙子,魏遣使拜弥机征南大将军、梁益二州牧、河南公、宕昌王。

4　黄回不乐在郢州,固求南兖,遂帅部曲辄还。辛卯,改都督南兖等五州诸军事、南兖州刺史。

5　初,王蕴去湘州,湘州刺史南阳王翙未之镇,长沙内史庾佩玉行府事。翙先遣中兵参军韩幼宗将兵戍湘州,与佩玉不相能。及沈攸之反,两人互相疑,佩玉袭杀幼宗。黄回至郢州,遣辅国将军任候伯行湘州事。候伯辄杀佩玉,冀以自免。湘州刺史吕安国之镇,萧道成使安国诛候伯。

6　夏,四月甲申,魏主如崞山。丁亥,还。

7　萧道成以黄回终为祸乱。回有部曲数千人,欲遣收,恐为乱。辛卯,召回入东府。至,停外斋,使桓康将数十人,数回罪而杀之,并其子竟陵相僧念。

甲午,以淮南、宣城二郡太守萧映行南兖州事,仍以其弟晃代之。

8　五月,魏禁皇族、贵戚及士民之家不顾氏族,下与非类婚偶,犯者以违制论。

9　魏主与太后临虎圈,有虎逸,登阁道,几至御座,侍卫皆惊靡。吏部尚书王叡执戟御之,太后称以为忠,亲任愈重。

10　六月丁酉,以辅国将军杨文弘为北秦州刺史、武都王。

2 丁亥(初九),魏主前往代郡温泉。癸卯(二十五日),返回平城。

3 宕昌王梁弥机刚刚接位。三月丙子(二十九日),北魏遣使任命梁弥机为征南大将军,梁、益二州州牧,封河南公、宕昌王。

4 郢州刺史黄回不愿留在郢州,坚持求任南兖州刺史,而且擅自率部曲东下。辛卯,朝廷改命黄回任都督南兖州等五州诸军事,兼南兖州刺史。

5 当初,湘州刺史王蕴离职时,新任湘州刺史、南阳王刘翙还没有到任,由长沙内史庾佩玉代理府州事。刘翙先派遣中兵参军韩幼宗率军进驻湘州,跟庾佩玉发生摩擦。等到沈攸之起兵反抗朝廷,二人更互相猜疑,庾佩玉就袭击诛杀了韩幼宗。黄回到郢州时,派辅国将军任候伯代理湘州事。任候伯又斩庾佩玉,希望能使自己幸免。朝廷新任命的湘州刺史吕安国到位后,接到萧道成命令,诛杀任候伯。

6 夏季,四月甲申(初七),魏主前往崞山。丁亥(初十),返回平城。

7 萧道成认为黄回终究是祸患。黄回有部曲数千人,萧道成打算遣散或收编,又恐怕激起反抗。辛卯(十四日),萧道成在东府召见黄回。黄回已到,萧道成留他在会客室,命桓康率数十人,一一列举黄回的罪状,然后连同黄回的儿子竟陵相黄僧念一并诛杀。

甲午(十七日),任命淮南、宣城二郡太守萧映代理南兖州事,而用他的弟弟萧晃接替二郡太守。

8 五月,北魏禁止皇族、贵戚及官员、士大夫不顾门第,与下层不同阶层人通婚,违者以违抗诏书论处。

9 北魏国主随冯太后一起去虎圈观看老虎,一只老虎突然逃出,跳上御道,几乎跑到御座前,左右侍卫吓得惊呆或逃跑。吏部尚书王叡手拿长矛抵挡,冯太后赞扬他的忠心,更是宠爱信任。

10 六月丁酉(二十一日),刘宋任命辅国将军杨文弘为北秦州刺史,封武都王。

11　庚子,魏皇叔若卒。

12　萧道成以大明以来,公私奢侈,秋,八月,奏罢御府,省二尚方雕饰器玩。辛卯,又奏禁民间华伪杂物,凡十七条。

13　乙未,以萧赜为领军将军,萧嶷为江州刺史。

14　九月乙巳朔,日有食之。

15　萧道成欲引时贤参赞大业,夜,召骠骑长史谢朏,屏人与语,久之,朏无言。唯二小儿捉烛,道成虑朏难之,仍取烛遣儿,朏又无言。道成乃呼左右。朏,庄之子也。

　　太尉右长史王俭知其指,他日,请间言于道成曰:“功高不赏,古今非一。以公今日位地,欲终北面,可乎?”道成正色裁之,而神采内和。俭因曰:“俭蒙公殊盼,所以吐所难吐,何赐拒之深!宋氏失德,非公岂复宁济!但人情浇薄,不能持久。公若小复推迁,则人望去矣。岂唯大业永沦,七尺亦不可得保。”道成曰:“卿言不无理。”俭曰:“公今名位,故是经常宰相,宜礼绝群后,微示变革。当先令褚公知之,俭请衔命。”道成曰:“我当自往。”经少日,道成自造褚渊,款言移暑。乃谓曰:“我梦应得官。”渊曰:“今授始尔,恐一二年间未容便移,且吉梦未必应在旦夕。”道成还,以告俭。俭曰:“褚是未达理耳。”俭乃唱议加道成太傅,假黄钺,使中书舍人虞整作诏。

11　庚子(二十四日),北魏皇叔拓跋若去世。

12　萧道成认为,自大明年间以来,官府与民间奢侈浪费成为风气。秋季,八月,上疏奏请撤销御府,撤销左右尚方署装饰及玩赏器物。辛卯(十六日),再上疏奏请禁止民间使用华贵的衣饰和用品,共十七条。

13　乙未(二十日),任命萧赜为领军将军,萧嶷为江州刺史。

14　九月乙巳朔(初一),出现日食。

15　萧道成计划延聘当时德高望重的人才,共同帮助他建立伟业。夜晚,召见骠骑长史谢朏,屏去左右侍从,说出了自己的打算,等了很久,谢朏却不说一句话。这时仍有两个手举蜡烛的男孩在旁侍候,萧道成想到谢朏认为还不够严密,于是萧道成自己手举蜡烛,把两个男孩打发出去,可是,谢朏仍不说一句话。萧道成只好把侍从唤回房内。谢朏是谢庄的儿子。

太尉右长史王俭知道萧道成的意图,有一天,他向萧道成请求密谈,王俭说:"功劳太高,就没有赏赐,这种事情,从古到今,不止一人。以公今天的地位,想要始终面北称臣,怎么可以?"萧道成严厉斥责他,但神色却很温和。王俭说:"我蒙公特殊爱护,所以说出别人不敢说的话,为什么拒绝得如此坚决?刘姓皇家失德,如果没有你,他们怎么能闯过难关?可是,人心浇薄,感恩之心,无法持久。只要你稍加推辞,人心就会失去,岂止大业不能建立,就是七尺之躯也不能自保。"萧道成说:"你说的不是没有道理。"王俭说:"你今天的名望和地位,本来是固定的常任宰相,最好在礼节上表现得跟一般官员不一样,略微显示政局将发生变化。不过此事应先告诉褚渊,我愿意传达这个意思。"萧道成说:"我亲自前往。"过了几天,萧道成亲自拜访褚渊,气氛融洽,谈了很久,萧道成才说:"我梦见升官。"褚渊说:"刚刚宣布任命,恐怕一二年间不会再有变更,而且,吉祥的梦,未必旦夕就能应验。"萧道成回来,告诉王俭,王俭说:"褚渊还没有开窍!"王俭就建议加授萧道成为太傅,再赐给黄钺,命中书舍人虞整撰写诏书。

道成所亲任遻曰:"此大事,应报褚公。"道成曰:"褚公不从,奈何?"遻曰:"彦回惜身保妻子,非有奇才异节,遻能制之。"渊果无违异。

丙午,诏进道成假黄钺、大都督中外诸军事、太傅、领扬州牧,剑履上殿,入朝不趋,赞拜不名,使持节、太尉、骠骑大将军、录尚书、南徐州刺史如故。道成固辞殊礼。

16 以扬州刺史晋熙王燮为司徒。

17 戊申,太傅道成以萧映为南衮州刺史。冬,十月丁丑,以萧晃为豫州刺史。

18 己卯,获孙昙瓘,杀之。

19 魏员外散骑常侍郑羲来聘。

20 壬寅,立皇后谢氏。后,庄之孙也。

21 十一月癸亥,临澧侯刘晃坐谋反,与其党皆伏诛。晃,秉之从子也。

22 甲子,徙南阳王翙为随郡王。

23 魏冯太后忌青州刺史南郡王李惠,诬云惠将南叛。十二月癸巳,诛惠及妻并其子弟。太后以猜嫌所夷灭者十馀家,而惠所历皆有善政,魏人尤冤惜之。

24 尚书令王僧虔奏以"朝廷礼乐,多违正典。大明中即以宫悬合和鞞拂,节数虽会,虑乖雅体。又,今之清商,实由铜爵,三祖风流,遗音盈耳,京、洛相高,江左弥贵,中庸和雅,莫近于斯。而情变听移,稍复销落,十数年间,亡者将半,民间竞造新声杂曲,烦淫无极,宜命有司悉加补缀。"朝廷从之。

25 是岁,魏怀州刺史高允以老疾告归乡里,寻复以安车征至平城,拜镇军大将军、中书监。固辞,不许。乘车入殿,朝贺不拜。

萧道成亲信任遐说:"这种大事,应该告诉褚渊。"萧道成说:"褚渊万一不同意,怎么办?"任遐说:"褚渊珍惜生命,爱护妻子儿女,并无奇特的才能和高尚的节操,我能制住他。"褚渊果然不表示反对。

丙午(初二),顺帝下诏,赐给萧道成持有黄钺,任命他为大都督中外诸军事、太傅,兼扬州牧,上殿时可以穿鞋佩剑,入朝时不必快步小跑,奏事时不称名,使持节、太尉、骠骑大将军、录尚书、南徐州刺史,仍然如故。萧道成坚决辞让特殊的礼遇。

16　任命扬州刺史、晋熙王刘燮为司徒。

17　戊申(初四),太傅萧道成任命萧映为南兖州刺史。冬季,十月丁丑(初三),任命萧晃为豫州刺史。

18　己卯(初五),抓获叛军将领孙昙瓘,斩首。

19　北魏员外散骑常侍郑羲前来访问。

20　壬寅(二十八日),顺帝立谢梵境为皇后。谢梵境是谢庄的孙女。

21　十一月癸亥(二十日),临澧侯刘晃谋反,连同他的同党,一并被诛杀。刘晃是刘秉的侄儿。

22　甲子(二十一日),改封南阳王刘翙为随郡王。

23　北魏冯太后猜忌青州刺史、南郡王李惠,于是诬陷李惠将投刘宋。十二月癸巳(二十日),诛杀李惠和他的妻子以及弟弟、儿子。冯太后因猜疑而屠灭十多家。李惠历任官职都有成绩,北魏的百姓特别为他呼冤痛惜。

24　刘宋尚书令王僧虔奏称:"朝廷所用的礼节和音乐,大多违反古代正式规范,大明中期,就把悬挂的钟磬用来伴奏鞞舞和拂舞,节奏虽然可以合拍,但不够高雅,有失体统。另外,现在流行的清商乐,实际上来自铜雀台。曹氏三代帝王的风韵,遗留下来的乐声仍在耳际。京师洛阳对它十分崇尚,到了长江以南,更显得高贵,没有再比它更中庸清雅的了。可是情况不断变化,欣赏趣味也跟着转移,后来逐渐衰落。十几年之间,失传的将近一半,民间竞相制作新的歌曲,淫乱杂芜,应该命令有关部门,加以整理补充。"朝廷批准。

25　这一年,北魏怀州刺史高允因年老及患病请准退职,回到家乡。不久,又被朝廷用安车征到平城,任命为镇军大将军、中书监。高允坚决辞让,朝廷不准。准许他坐车直接到上殿,朝贺时不用叩头行礼。